साथ जुड़ें साथ पढ़ें

आत्मकथा

यूँ गुज़री है अब तलक

यूँ गुज़री है अब तलक

सीमा कपूर

राजकमल पेपरबैक्स

राजकमल पेपरबैक्स में
पहला संस्करण : 2025

राजकमल पेपरबैक्स : उत्कृष्ट साहित्य के जनसुलभ संस्करण

राजकमल प्रकाशन प्रा. लि.
1-बी, नेताजी सुभाष मार्ग, दरियागंज
नई दिल्ली-110 002
द्वारा प्रकाशित

शाखाएँ : अशोक राजपथ, साइंस कॉलेज के सामने, पटना-800 006
पहली मंजिल, दरबारी बिल्डिंग, महात्मा गांधी मार्ग, प्रयागराज-211 001
1, अनमोल सोराबजी सन्तुक लेन, धोबी तलाव, मरीन लाइंस, बम्बई-400 002
वेबसाइट : www.rajkamalprakashan.com
ई-मेल : info@rajkamalprakashan.com

यश प्रिंटोग्राफिक्स
नोएडा-201 301 (उत्तर प्रदेश)
द्वारा मुद्रित

मूल्य : ₹599

YOON GUZARI HAI AB TALAK
An Autobiography by Seema Kapoor

ISBN : 978-93-6086-845-1

प्यारे माँ और बाबूजी को
जिनके आदर्श मेरे जीने का सम्बल हैं।

क्रम

भूमिका

इस संसार में 'ऑर्डिनरी' यानी साधारण होना अनेक विडम्बनाओं, अनेक दुखों का कारण है। फिर सोचिए, अति साधारण जीवन कैसा होगा? पूरी ज़िन्दगी झंझावातों से लड़ते बीत जाएगी। ऐसा ही एक अति साधारण जीवन जिसे मैंने क़रीब से देखा और जाना, मेरा है। मैं इसे क़लमबद्ध क्यों कर रही हूँ? क्योंकि मेरे साथ जुड़ी हैं, समाज के उपेक्षित और वंचित कुछ स्त्री-पुरुषों के साधारण जीवन की कहानियाँ जिन्हें मैंने अपने बाबूजी की नाटक-कम्पनी में देखा और जाना था। वे साधारण ज़िन्दगियाँ दुर्लभ और नायाब थीं।

मेरे साथ जुड़ी हैं कुछ और असाधारण नायाब ज़िन्दगियाँ, जिन्हें जानने-पहचानने का अवसर मुझे मिला, और मिला उनके साथ जीने का सौभाग्य।

लोगों को जानना और उन्हें पढ़ना मेरा पेशा, शौक़ और आनन्द है। इसलिए अपने साथ उनको भी लिये चलने का लोभ संवरण न कर सकी।

ज़िन्दगी को जब लिखने बैठो तो लगता है हज़ारों लम्हे इकट्ठे होकर क़लम से लिपटते हुए काग़ज़ पर उतरने को मचल रहे हों। कितना कुछ याद है, कितना कुछ भूल गई! लगता है ज़िन्दगी यों ही गुज़र गई। एक-एक लम्हा याद करने की जद्दोजहद है...यह मेरी अपनी ज़िन्दगी जो एक बीती कहानी सी प्रतीत होती है। फिर सोचती हूँ कितना कुछ बाक़ी रह गया है! लगता है जैसे क़लम की स्याही कभी ख़त्म नहीं होगी, मैं पूरी ज़िन्दगी लिखती ही चली जाऊँगी क्योंकि ज़िन्दगी के साल याद तो किये जा सकते हैं, ज़िन्दगी के लम्हे भी जिए जा सकते हैं लेकिन उन्हें काग़ज़ पर समेटना बहुत मुश्किल होता है। जीवन के वे पल, वे लम्हे और वे साँसें लिखी कैसे जाएँ?

फिर भी एक प्रयास है...चला-चली की बेला में गंतव्य की ओर मुँह किये 'पाथेय' को भी परोस रही हूँ। फिर आना हो न हो इसलिए साथ बैठकर कुछ कहना-सुनना ही हो जाए...!!

इसलिए लिख रही हूँ अपनी ज़िन्दगी—'यूँ गुज़री है अब तलक'।

—सीमा कपूर

बम्बई
26.9.2024

चीनी दार्शनिक च्यांगत्सू की तरह मैंने एक सपना देखा कि मैं एक तितली बन फूलों का रस ले रही हूँ।

प्रश्न—क्या यह नहीं हो सकता कि कोई तितली सपना देख रही हो कि वह सीमा बन गई है? जब सपने में मैं तितली बन सकती हूँ, तो कोई तितली भी सपने में सीमा बन सकती है? तो, मैं असल में हूँ कौन?

स्वप्न और जीवन—एक अनसुलझा प्रश्न।

क्या ऐसा नहीं हो सकता कि मृत्यु के बाद अचानक आँख खुले और पाएँ कि सत्तर-अस्सी साल लम्बा एक सपना देख रहे थे, जिसे जीवन मान बैठे थे। ऐसे ही एक बहुत लम्बे स्वप्न-सा मेरा जीवन है।

पैदा होने के बाद की पहली याद

एक काली, लम्बी कोलतार की सड़क। गर्मियों की झुलसती, नीरव दोपहरी। न चिड़ियों की कोई चहचहाहट, न लोगों की आवाज़ें, ऐसा लग रहा था जैसे गर्मी ने सबको अपने अन्दर पिघलाकर बन्द कर दिया हो। बस यह गर्मी अगर किसी को क़ाबू नहीं कर पाई थी तो वह थी, नदी के किनारे लगे कनेर के फूलों की भीनी-भीनी ख़ुशबू, जो दूर से नदी की काई की अजीब-सी गन्ध के साथ मिलकर चारों तरफ़ फैली हुई मुझ तक आ रही थी। नदी का सफ़ेद पानी, उसके किनारों पर फैली मटमैली मिट्टी और ढेर सारे सुनहरे बालू चमक रहे थे। ये किनारे दूर आगे जाकर सुकड़े हुए नज़र आते थे।

वहीं नदी के किनारे एक बड़ा-सा ऊँचा चबूतरा था, जिस पर टिन-शेड लगा हुआ था। उसमें अधजली लकड़ियों का अर्थ मैं नहीं समझ पा रही थी। चूँकि ज़िन्दगी शुरू ही नहीं हुई थी तो श्मशान का अर्थ क्या समझ पाती। उसी चबूतरे के किनारे कनेर की ऊँची-ऊँची झाड़ियों की क़तारें, पेड़ों का आभास दे रही थीं। ख़ैर मुझे तो बस कनेर के गुलाबी फूलों के वे गुच्छे, उनकी भीनी सुगन्ध और यह सन्नाटा लुभा रहा था। गर्मी का इन सब पर कोई बस नहीं चल पा रहा था।

पूरी सड़क पर दूर तक फैला सन्नाटा और उस पर दिखती धूप की चिलक के अलावा एक चीज़ और थी जो इस सन्नाटे में समा रही थी। वह थी, दो लोगों की तेज़ चलती साँसों की आवाज़ें। दो छोटे-छोटे नाज़ुक-से गोरे-गोरे पैर, जिनमें कपड़े के पुराने जूते थे। वे मेरे बड़े भाई के थे और उनके साथ चल रहे थे दो और नन्हे-नन्हे पैर, जिनमें रबड़ की चप्पलें थीं, वे मेरे थे।

हम दोनों अभी-अभी हरसूद गाँव से आने वाली बस से, सनावद के छोटे-से बस-स्टैंड पर उतरे थे। हरसूद में मेरे बाबूजी की नाटक-कम्पनी लगी थी। बाँध बनने से हरसूद क़स्बा अब पानी में डूब चुका है। उसके अवशेष भी बाक़ी नहीं रहे हैं, लेकिन जिस तरह हरसूद जलमग्न होकर भी मेरी स्मृति में शेष है, उसी प्रकार मेरा बचपन मेरी यादों में शेष है।

तो मैं काकाजी के साथ हरसूद से आ रही थी। काकाजी यानी मेरे सबसे बड़े भाई रंजीत जिन्हें सब काकाजी कहकर बुलाते थे। दरअसल पंजाबियों में काका

बच्चे को पुकारते हैं, तो माँ-बाबूजी उन्हें काका बुलाते और बाबूजी की कम्पनी के तक़रीबन ढाई सौ कर्मचारी उन्हें काकाजी पुकारते, बस इसीलिए मैं और मुझसे तीन साल बड़े मेरे अन्नू भैया भी उन्हें काकाजी पुकारते थे। मैं बाबूजी की नाटक-कम्पनी में थी। मेरी बड़ी मौसी बहुत बीमार थीं, वे मुझे देखना चाह रही थीं। माँ ने मुझे लिवा लाने के लिए काकाजी को भेजा था।

मैं चुपचाप काकाजी की उँगली पकड़े, अपनी पुरानी फ्रॉक के दामन में लगी चुन्नटों वाली झालर को देखती चली जा रही थी।

काकाजी बारह-तेरह साल के थे और मैं दो-ढाई साल की।

गर्मियों के रास्ते वैसे ही बहुत लम्बे होते हैं, उस पर मुझे बड़ी मौसी से मिलने की जल्दी थी। बस-स्टैंड से हमारे घर का रास्ता नदी से होकर जाता था। नदी मुझे बहुत लुभाती थी। नदी के ख़त्म होते ही यह काली, बेजान डामर की सड़क आ गई थी। इस लम्बी सड़क में कुछ भी ऐसा नहीं था जो मुझे लुभा सकता, इसीलिए मेरी नज़र अपनी रबड़ की चप्पल और काकाजी के मटमैले जूतों पर थी। हम अपने घर की सीढ़ियों के एकदम नीचे पहुँच चुके थे।

हमारा घर सड़क के किनारे ही था। घर के ऐन नीचे एक नल था, जिसके चारों तरफ़ पक्की मुँडेर यानी पंडेरी सी बनी थी। उसी के पास से टनलनुमा सीढ़ियाँ हमारे घर में ऊपर जाती थीं। सीढ़ियाँ दाएँ हाथ से बाएँ हाथ तक, लम्बे लेकिन सँकरे लम्बोतरे एक कमरे में ख़त्म होती थीं। उस कमरे में बिना सलाखों वाली, दरवाज़ेनुमा एक लम्बी आदमक़द खिड़की थी। शायद मैं छोटी थी इसलिए मुझे वह खिड़की बहुत बड़ी लगती थी। उस खिड़की से झाँकने पर अन्दर भी उसी तरह का एक सँकरा, लम्बोतरा कमरा नज़र आता था। उसके बाद एक रसोई और रसोई के पीछे की तरफ़ लोहे का छोटा-सा कम ऊँचा एक दरवाज़ा था, जो एक ढलवाँ टिन-शेड की तरफ़ खुलता था।

यह टिन-शेड हमारी मकान-मालकिन, जिन्हें माँ अम्मा कहकर बुलाती थीं, उनके आँगन में झाँकता था। वहीं आँगन में अम्मा की दो भैंसें बँधी होती थीं। सूखे चारे और गोबर की गन्ध से वह आँगन सराबोर रहता था। बूढ़ी-सी मकान-मालकिन अम्मा, सफ़ेद, पतले, नीले किनार की साड़ी में लिपटी प्यारी-सी हँसी होंठों पर लिए इधर-से-उधर किसी-न-किसी से काम करवाती दिख जाती थीं। यह मेरे घर का जोगराफिया था, जो कि मध्य प्रदेश के एक छोटे-से क़स्बे 'सनावद' में था।

मैं चलते-चलते थक-सी गई थी। काकाजी मेरी उँगली थामे टनल जैसी सीढ़ियाँ चढ़ रहे थे। ज़ीने बड़े ऊँचे-ऊँचे थे या शायद मेरे पैर छोटे थे। हम जैसे ही ऊपर पहुँचे, खिड़की से मैंने झाँका, अन्दर बहुत सारी स्त्रियाँ, मेरी माँ और मेरी नानी के पास आधा गोला-सा बनाए बैठी हुई थीं। उन सबके बीच, माँ की बड़ी दीदी यानी मेरी बड़ी मौसी खजूर की चटाई पर पेटीकोट और ब्लाउज़ में उन्हीं स्त्रियों से घिरी,

पीठ के बल लेटी हुई थीं। निश्चल, निस्तेज, मौन। मुझे याद है वह ख़ामोशी जो बड़ी अजीब थी। इतने लोगों के होते हुए भी एक अजीब सन्नाटा था, जो मेरी समझ से परे था। बड़ी मौसी के शरीर में साँसों के आने-जाने पर भी कम्पन नहीं हो रहा था। उस दिन न जाने क्यों, मैं, और दिनों की तरह दौड़कर उनसे लिपटी नहीं। बस उन्हें देखती रही। जैसे ही माँ ने मुझे खिड़की से झाँकते हुए देखा, फ़ौरन मौसी से बोलीं, "बड़ी दीदी गुड्डो आ गई।" मौसी ने आँखें खोलीं, उनकी आँखें खुलते ही ख़ामोशी सरसराहट बुदबुदाहट में बदल गई। बड़ी मौसी कोहनी के बल, अधलेटी उठकर मुझे देखने लगीं और बोलीं, "तू आ गई गुड्डो!" मैं उन्हें देख रही थी और वे मुझे। उन आँखों में मेरे लिए अगाध प्रेम, उदासी और तृप्ति थी। मुझे देखकर एक थकी मुस्कराहट उनके होंठों पर आई। मैं भी उन्हें देखती ही रही। मैं जैसे जड़-सी हो गई थी। हम बिना कुछ कहे-सुने एक-दूसरे को देखते रहे। न जाने कितनी देर। ये प्रेम के सिर्फ़ कुछ लम्हे थे। समय रुक सा गया था। मुझे अथाह प्रेम करने वाली मेरी मौसी और मैं बस मौन थे। किन्तु वे आँखें कुछ कह रही थीं। प्रेम के पल युगों-से होते हों शायद। वे पल ख़त्म हुए। और बस। मौसी फिर से लेटते हुए बोलीं, "अरे जान गई! अरे जान गई!"

एक पल में सब कुछ फिर से शान्त हो गया।

उस सन्नाटे में अब सिर्फ़ माँ और नानी की सिसकियाँ सुनाई दे रही थीं। माँ की बड़ी दीदी जो उस समय सिर्फ़ चालीस-बयालीस साल की थीं, विदा हो गई थीं। शायद आख़िरी बार मेरी एक झलक देखने के लिए उन्होंने मृत्यु को कुछ देर के लिए रोका हुआ था। वह प्रगाढ़ प्रेम जो बड़ी मौसी और मेरे बीच घटित हुआ। जो मृत्यु से कह सका, 'ज़रा ठहर अपने प्रेम को मुझे अन्तिम बार जी-भरकर देख लेने दे।'

बड़ी मौसी के जाते ही, उसी क्षण मेरा पहला परिचय हुआ, मृत्यु और प्रेम से। प्रेम के पहले सुख और मृत्यु की पहली पीड़ा का मेरा पहला अनुभव। आगे जीवन में भी प्रेम और मृत्यु के पल मुझसे जुदा नहीं हो पाए।

मेरी बड़ी मौसी के पति उनसे उम्र में बहुत अधिक थे। शादी के बाद जब मौसी मात्र सोलह-सत्रह साल की ही थीं वे मौसी को छोड़कर संन्यासी हो गए थे। बुढ़ापे में, बहुत ख़स्ता और जर्जर हाल में जब कहीं जाने का कोई ठिकाना नहीं बचा तो लौटकर मौसी के पास आ गए। लेकिन मौसी ने उनसे मिलने से इनकार कर दिया। उनका तख़्त बरामदे में लगवा दिया गया। मौसी उनकी थाली परोसकर नौकर के हाथों बाहर भिजवा देती थीं। यह सिलसिला बरसों चला। यह एक मूक आदान-प्रदान था। एक पुरुष की हार का, जो बलशाली था। और एक स्त्री की जीत का, जो कहने को कमज़ोर थी। पुरुष-प्रधान समाज का शक्तिशाली व्यक्ति मजबूर और बेसहारा होकर सहारे की तलाश में आया था। उसी स्त्री के पास जिसने समाज में पुरुष द्वारा छोड़े जाने का दंश सहा था। जिसे पता था लोग उसे तरह-तरह के नामों

से बुलाते थे। मौसा के आ जाने के बाद वही लोग उसी स्त्री को सती-सावित्री जैसे नामों से नवाज़ रहे थे। स्त्री को सदा नामों से ही नवाज़ा गया है। स्त्री को मात्र स्त्री रहने का सौभाग्य कब मिलेगा मालूम नहीं।

मौसी को उनके लौट आने का न गर्व था न ही किसी प्रकार का रोष। वे जब तक ज़िन्दा रहे मौसी नौकरों के हाथों खाना बदस्तूर बाहर भिजवा देती थीं, लेकिन कभी उनकी सूरत नहीं देखी। अलबत्ता उनकी देखभाल में कोई कमी नहीं रखी थी। यह मौसी की करुणा थी या रिश्ते की अब भी बची हुई कोई महीन लकीर या एक तमाचा? मौसी की थाली हर रोज़ मौसाजी के लिए एक उपहास होती थी। जिस ईश्वर के लिए मौसा ने उन्हें बेसहारा छोड़ा था वह ईश्वर मौसा को मिला या नहीं मिला, पता नहीं, लेकिन मौसी को घर बैठे हुए ही मिल गया था, करुणा के रूप में।

मौसी बेहद करुणावान स्त्री थीं। मेरी बड़ी मौसी स्वाभिमानी महिला थीं। माँ बताती थीं कि वे कथक नृत्य बहुत अच्छा करती थीं। वही जीवन के अजब खेल की विजेता अब ख़त्म हो, चेहरे पर स्निग्ध, तृप्त भाव लिये चिर निद्रा में सो रही थीं। सब रो रहे थे। माँ के चेहरे पर शोक के बदले अब चिन्ता के बादल छाए हुए थे।

पूरे घर में एक अजीब-सी दुविधा और ख़ामोशी थी। हिन्दुओं के घर की बड़ी दीदी की आख़िरी इच्छा थी कि उन्हें मुसलमानों की तरह दफ़नाया जाए। शायद मेरी मौसी ने आख़िरी समय में इस्लाम धर्म स्वीकार किया था। माँ के सामने मौसी की यह विकट अन्तिम इच्छा, चुनौती की तरह खड़ी थी। कैसे करें यह इच्छा पूरी? करें भी या नहीं? क्योंकि उन्हें पता था, हिन्दू-मुसलमान दंगों के शौक़ीन लोगों को किसी की अन्तिम इच्छा से क्या लेना-देना? भीड़ को भावनाओं, संवेदनाओं से क्या लेना देना? धर्म की किताबों के निर्जीव पन्नों में छपे निर्जीव शब्द, जिनके तोड़-मरोड़कर निकाले गए अर्थ, भीड़ की हिंसक मानसिकता की तुष्टि के लिए सहायक होते हैं। इसलिए भीड़ को किसी भी निर्दोष की हत्या करने का न तो ख़ौफ़ होता है और न ही किसी तरह का अपराध-बोध। अभी थोड़ी देर पहले तक जीवित बहिन को खोने का दुख अब चिन्ता और कर्तव्य के बीच की जद्दोजहद बन गया था।

मेरी बूढ़ी नानी, अकेली माँ और छोटे-छोटे हम तीन बच्चे। बाबूजी कम्पनी में थे। सूचना पहुँचाने का कोई ज़रिया नहीं था। उस समय छोटे क़स्बों में शरीर को ज़्यादा देर रखने का कोई साधन नहीं होता था। लेकिन, मेरी माँ थीं बड़ी हिम्मती, प्रेममयी और व्यवहार-कुशल। सबसे दोस्ती, रिश्तेदारी जल्दी कर लेती थीं। इसलिए सनावद में बिताए सिर्फ़ छह महीनों की उनकी पहचान ने कुछ रिश्ते बना लिए थे, जिनमें कुछ मुसलमान परिवार भी थे।

माँ का साहस, नानी की ख़ामोशी और छोटी जगह के आपसी सौहार्द से माँ की

बड़ी दीदी को आयतों और दुआओं के साथ सनावद के क़ब्रिस्तान में दफ़ना दिया गया। माँ कितनी क्रान्तिकारी, साहसी, निडर और वादा निभाने वाली थीं, यह मैं बाद में जान पाई। मैं माँ जैसा साहस जीवन में कभी नहीं दिखा पाई।

सनावद की सुबह

मेरी नींद माँ के मीठे गाने की आवाज़ से खुली। वे गा रही थीं, 'जोगन बन जाऊँगी बिल्लू तोरे कारन।' बिल्लू हमारे कुत्ते का नाम था। जिसके आगे के दोनों पैर टेढ़े थे। माँ बिल्लू को यह गाना गाकर प्यार करती थीं। बिल्लू भी दोनों पैर उठाकर उसी लय पर नाचता था। मैं गाने की दिशा में टीन के छज्जे तक पहुँची। माँ गा रही थीं, बिल्लू नाच रहा था। मैं दरवाज़े पर खड़ी दूर से ही उन दोनों को देख रही थी। मुझे टिन-शेड पर फिसल जाने का डर रहता था। मकान-मालकिन अम्मा नीचे से भैंसों को चारा देते हुए कह रही थीं, "अरे कमली! जोगन भी बनेगी तो इस बिल्लू के लिए री!" मेरी माँ का नाम कमल था। अम्मा उन्हें प्यार से कमली पुकारती थीं।

माँ तब सिर्फ़ बत्तीस साल की थीं। गोरा रंग, गुलाबी होंठ, लावण्यमयी, लम्बी पर नाज़ुक-सी बेहद बुद्धिमान, शास्त्रीय संगीत में निपुण, गले में सोज़। बेहद मीठा गाने वाली, कोमलहृदया माँ। कभी-कभी अनुशासन के मामले में काफ़ी सख़्त हो जाया करती थीं। उस समय मुझे वे इतनी प्यारी नहीं लगती थीं।

रोटी पकाने के बाद आख़िरी छोटी-सी लोई मेरे लिए बचा दी जाती, जिसे मैं अपने छोटे-छोटे हाथों से आड़ा-टेढ़ा बेलती और बहुत ख़ुश होती। मध्यवर्ग में लड़कियों को रोटी बनाने की ट्रेनिंग ऐसे ही दी जाती थी। वह दूसरी बात थी कि काकाजी और अन्नू भैया भी माँ से यह ट्रेनिंग ले चुके थे।

मुझे आज भी याद है। सनावद की एक सुबह। हम सब कहीं जाने के लिए घर से निकले ही थे कि मैं सड़क पर दौड़ पड़ी। तभी सामने से बारह-तेरह साल का एक लड़का, कैंची साइकिल चलाता आ रहा था। अचानक मुझे बीच सड़क पर देखकर वह भी हड़बड़ा गया। मैं भी साइकिल देखकर अपना सन्तुलन खो बैठी। वे महाशय साइकिल लिये, मेरे पेट के ऊपर से गुज़र गए। फिर थोड़ी ही दूरी पर अपनी साइकिल समेत वे चारों खाने चित। मैं भी दूसरे छोर पर चित। माँ के डर से मैं रो भी नहीं पा रही थी। आख़िर वही हुआ जिसका ख़तरा था। बड़े ज़ोर का एक झन्नाटेदार थप्पड़ मेरे गाल पर पड़ा। यह मेरी माँ की अदा थी। बच्चा चोट खाए तो पहले उसे थप्पड़ रसीद करके 'शॉक ट्रीटमेंट' दो। मुझे थप्पड़ खाते देख वह लड़का रोने लगा। माँ ने उसे प्यार से उठाया। उसकी साइकिल का हैंडल टेढ़ा हो गया था। काकाजी किसी बड़े मैकेनिक की तरह दोनों घुटनों के बीच हैंडल फँसाए, होंठों को दाँतों में दबाकर, थोड़ा सा टेढ़े, यानी अर्ध-बैठक की मुद्रा में टेढ़े खड़े होकर, उस

हैंडल को सीधा कर रहे थे। वे ख़ुद भी उसी लड़के की उम्र के थे। उन दिनों हर कोई छोटा-मोटा मैकेनिक हुआ करता था। सनावद की वह सुबह आज भी याद है।

सनावद की दोपहर

चिलचिलाती धूप में ठंडे पानी की नदी में नहाना रोज़ का शग़ल था। वहीं मैं नदी किनारे के बालू में धँसते पैर की गुदगुदी को महसूस करती। कभी-कभी श्मशान के चबूतरे के बीचोबीच राख में से हल्का-हल्का उठता धुआँ देखकर कौतूहल से भर जाती। काकाजी का कपड़े धोना और नहाने के बाद दोस्तों के साथ, मुझे लिये हुए नदी के किनारे-किनारे वापस लौटना। याद आता है, काकाजी का गर्मी से बचने के लिए और जल्दी सुखाने के लिए पट्टे वाली चड्डी को सर पर रखकर चलना, और मेरा नदी के किनारे श्मशान के चबूतरे पर क़तारबद्ध संन्यासी-से शान्त खड़े कनेर के ढेरों दरख़्तों के पास से गुज़रते हुए, कनेर के फूलों से उठती भीनी-भीनी ख़ुशबू से लिपट जाना। सनावद की दोपहर एक अजीब ख़ुशबू से भरी होती थी।

सनावद की शाम

शाम के झुटपुटे से थोड़ा पहले। पंछियों की घर-वापसी की चहचहाहट। नदी किनारे के मन्दिर से आती घंटियों की आवाज़। पास की मस्जिद की अज़ान। सनावद के पिक्चर हॉल में शाम की फ़िल्म शुरू होने के पहले, नई फ़िल्मों के रेकॉर्ड पर बजते गाने। यह आवाज़ दूर तक सुरमई होकर, क़स्बे की शाम के साथ घुल जाती थी। 'जो वादा किया वो निभाना पड़ेगा', और 'कहीं दीप जले कहीं दिल'-'तेरा मेरा प्यार अमर, फिर क्यों मुझको लगता है डर' ये गाने हमेशा मुझे सनावद की टिन की छत पर ले जाते हैं।

अलविदा सनावद

हम सनावद छोड़ रहे थे। मकान-मालकिन अम्मा बड़ी उदास हो गई थीं। जाते हुए वे माँ से बाबूजी की एक बड़ी-सी ऑइल पेंट से बनी तसवीर माँगते हुए बोलीं, "अपने शेर की यह तसवीर देती जा कमली।" माँ ने उन्हें बाबूजी की तसवीर दे दी थी। माँ बताती थीं, सनावद हम सिर्फ़ दस-ग्यारह महीने ही रहे थे, लेकिन कनेर के फूलों की ख़ुशबू और लता मंगेशकर और मोहम्मद रफ़ी के गाने 'जो वादा किया वो निभाना पड़ेगा' से आज भी मुझे सनावद याद आता है। घर में किसी को यक़ीन नहीं होता कि मुझे इतने बचपन की बातें कैसे याद हैं? माँ कहतीं कि तुमने हमसे सुनी होंगी।

अब मैं कैसे यक़ीन दिलाऊँ कि मुझे तो सनावद से भी पहले काकाजी और माँ के साथ साँची का स्तूप देखने जाना भी याद है, जब मैं मात्र डेढ़ साल की थी। वे घर, क्यारी के फूलों के रंग, नाले में बहते लट्ठे और पड़ोसियों की पहचान, इतने छोटे बच्चे को याद हो, सबके लिए यक़ीन करना मुश्किल था। मैं अपने वजूद में वे रंग, वे यादें और वक़्त की वह ख़ुशबू लिये आज भी एकदम साफ़-साफ़ देख पाती हूँ।

सुनी-सुनाई बातें : यायावर ख़ानदान से परिचय

9 जून, 1909 में मेरे बाबूजी मदनलाल कपूर का जन्म एक सम्पन्न और सम्भ्रान्त पंजाबी परिवार में, भेरा नामक शहर में हुआ था। भेरा शहर भारत की आज़ादी के बाद पाकिस्तान के हिस्से में चला गया।

मेरे दादाजी डॉक्टर कृपाराम कपूर आर्मी में कर्नल थे। उनके दो बेटे, बलराज, और मदन, तथा दो बेटियाँ थीं। बाबूजी बताते थे कि मेरी बड़ी बुआ और उनका परिवार पाकिस्तान के कोयटा शहर में आए ज़लज़ले यानी भूकम्प में समाप्त हो गया था। मेरी छोटी बुआ लीलावती की शादी खन्नाओं में हुई थी। बाद में उन्होंने अपने देवर चुन्नीलाल खन्ना के बेटे जतिन को पाला था जो आगे चलकर हिन्दी सिनेमा के सुपर स्टार राजेश खन्ना बने।

मेरे बाबूजी का नाम मदन होने से दादी उन्हें 'मद्दू' कहकर बुलाती थीं। भेरा उस समय भी था और विभाजन के बाद आज भी, कुलीन वर्ग के लोगों के रहने की जगह है। अंग्रेज़ों ने मेरे दादा को, रहने के लिए ख़ास तौर से छह कमरों की एक कोठी बनवाकर भेंट की थी। दादाजी बहुत ख़ूबसूरत थे। आर्मी के तमगों से सजा उनका सीना। सर पर तुर्रेदार साफ़ा। सौम्य, ख़ूबसूरत, मासूम चेहरे वाले मेरे दादा महज़ पैंतीस साल की उम्र में गुज़र गए थे।

बाबूजी लाहौर डी.ए.वी. कॉलेज में अंग्रेज़ी माध्यम से पढ़े थे। उन्हें केवल अंग्रेज़ी और उर्दू भाषा ही आती थीं। बी.एससी. के बाद, एक साल वेटरनरी डॉक्टर (जानवरों के डॉक्टर) की ट्रेनिंग ली। क़ानून पढ़ा। फिर न जाने क्या सूझा उन्होंने सब छोड़ दिया। उन पर नाटक का जुनून सवार हुआ और वह जुनून उन्हें लाहौर से दिल्ली और दिल्ली से भोपाल ले आया। फिर कुछ ही सालों में उन्होंने सन् 1932-34 के क़रीब एक पारसी नाटक-कम्पनी खोल ली। पता नहीं इतने पढ़े-लिखे, कुलीन परिवार के बाबूजी का, क्यों और कैसे इस कला की सेवा की तरफ़ झुकाव हुआ, जिसे लोग अच्छी दृष्टि से नहीं देखते थे! नाटक-कम्पनी यानी समाज का सबसे निकृष्ट काम। जिनमें काम करने वाले पुरुष दलाल और नाटक में काम करनेवाली महिलाएँ 'रंडी' कहलाती थीं। यहाँ तक कि मेरी दादी ने भी बाबूजी के इस साहित्यिक-व्यापार को 'भँडुए' की संज्ञा से नवाज़ दिया था। वे बाबूजी से

कहतीं, "इतने बड़े ख़ानदान का लड़का 'रंडियाँ' नचवाता है।" मेरी ताईजी जो उम्र में बाबूजी से बहुत बड़ी थीं, उन्हें 'मद्दू भड़वा' पुकारती थीं। उस समय उत्तर भारत में नाटक, नाचने-गाने और फ़िल्मों में काम करनेवाली स्त्री-पुरुषों को इन्हीं नामों से पुकारा जाता था।

आर्मी ऑफ़िसर और वकीलों के घर में, एक फक्कड़-यायावर समाज की सारी मान्यताओं को ताक़ पर रखने वाले बाबूजी पैदा हो गए जिनके कला, साहित्य और नाटकों के प्रति प्रेम ने सारी मान्यताएँ और वर्जनाएँ तोड़ दी थीं।

यह कम्पनी एक कार्निवाल थी। इसमें सर्कस के साथ चीनी और अफ्रीकन ग्रुप थे जो अपने करतब और कार्यक्रम प्रस्तुत करते, उसके बाद नाटक होते थे। ये नाटक अधिकतर समाज से जुड़ी कुरीतियों पर आधारित होते। बाबूजी ने अपनी नाटक-कम्पनी के समय के साथ कई नाम बदले। 'हमीदिया पार्क', 'जय हिन्द थियेटर' और अन्त में, 'भोपाल थियेटर'। बाबूजी ने अपना जीवन पूरी तरह से नाटक-कम्पनी को न्योछावर कर दिया था।

नाटक को व्यवसाय बनाने के कारण बाबूजी को परिवार और रिश्तेदारों ने घर से निष्कासित कर दिया।

बाबूजी के घर छोड़कर आने के बाद अंग्रेज़ बलराज ताऊजी को आगे की पढ़ाई के लिए लन्दन भेजना चाह रहे थे। पर दादी ने उन्हें मना कर दिया। एक बेटा घर छोड़कर नाटक-कम्पनी चलाने को परदेस चला गया है। अब एक ही बेटा रह गया है। उसे मैं नहीं खो सकती। इस कारण ताऊजी को लाहौर का रेलवे सुपरिंटेंडेंट बना दिया गया। बाद में सैंतालीस के विभाजन के समय, कौन-सी ट्रेन कब निकालनी चाहिए, यात्रियों को सुरक्षित दिल्ली कैसे पहुँचाना है, सारी गाड़ियों की ज़िम्मेदारी ताऊजी पर थी।

8 जून, 1928 को मेरी माँ कमल चटर्जी का जन्म पश्चिम बंगाल के मिदनापुर में हुआ था। माँ एक सीधे-सादे बंगाली ब्राह्मण-परिवार से थीं। माँ से बड़ी दो बहनें थीं। माँ तीसरे नम्बर की थीं। मेरे नाना बंसीनाथ चटर्जी क्रान्तिकारी थे। अंग्रेज़ों की नज़र में वे आ चुके थे। उस समय क्रान्तिकारियों के संरक्षण के कुछ ठिकानों में टीकमगढ़ रियासत भी एक अहम ठिकाना थी। टीकमगढ़ के राजा अपनी रियासत में क्रान्तिकारियों को संरक्षण देते थे। पत्नी, बच्चों की जान बचाने के लिए नाना मध्य प्रदेश की इस ख़ूबसूरत रियासत, टीकमगढ़ आ गए।

माँ तब बहुत छोटी थीं। मेरे नाना सरोद बहुत अच्छा बजाते थे इसलिए एक कलाकार के रूप में राजाजी ने उन्हें दरबार में रख लिया। बाद में उन्हें दीवान भी बना दिया। नाना को टीकमगढ़ महाराज ने ख़ुश होकर रहने के लिए, खेती की कई बीघा ज़मीन दी थी। उस खेत के बीचोबीच नाना ने अपना घर बना लिया था। यह खेत टीकमगढ़ के किले से दो-तीन मील दूर और क़स्बे से पाँच-छह मील दूर था।

खेत को तीन तरफ़ से छोटी-छोटी पहाड़ियों और महुआ, पीपल, आम और नीम के बहुत सारे पेड़ों ने घेरा हुआ था। उपजाऊ ज़मीन पर चावल, गेहूँ और दालें ज़्यादा बोई जाती थीं। जहाँ तक नज़र जाए ये खेत फैले हुए थे। वे पहाड़ियाँ भी दूर होने के कारण छोटी नज़र आती थीं। घर से बाहर जाने के लिए सजी हुई बैलगाड़ी होती थी जिसे 'शिकरम' कहते थे। शिकरम उच्चवर्ग के लोगों के लिए ही इस्तेमाल होती थी।

माँ का बचपन, टीकमगढ़ के राज-परिवार के बच्चों के साथ बीता। वहाँ की राजकुमारी सुधा जिज्जी माँ की दोस्त थीं। वे माँ को अपने साथ शिकार पर ले जाती थीं। माँ ने बचपन में तेंदुआ भी पाला था। नानी ने शास्त्रीय संगीत सीखा हुआ था। कृष्ण-जन्माष्टमी पर राज-परिवार के आग्रह पर टीकमगढ़ का राम-मन्दिर नानी के गाये सूरदास के पदों से गूँजा करता था जिसका रसास्वादन टीकमगढ़ की प्रजा तन्मय होकर करती थी। माँ ने अपने माता-पिता के घर में किसी तरह का अभाव नहीं देखा। उनके घर में कभी शाम को कच्चा खाना नहीं बना। यानी रात को हमेशा पूड़ी-सब्ज़ी, मिष्ठान्न ही बना करते थे।

माँ को पढ़ने के लिए नागपुर भिजवा दिया गया। वे ईसाइयों के कॉन्वेंट स्कूल में पढ़ने लगीं।

माँ अभी छोटी ही थीं कि एक दुखद घटना हुई। नाना जो उस समय मध्यम आयु के ही थे अचानक चल बसे। नाना की असमय मृत्यु से सारा परिवार हिल गया। माँ को पढ़ाई छोड़कर टीकमगढ़ वापस आना पड़ा। नाना के परिवार में कोई नहीं था। इस कारण, नानी के सौतेले भाइयों ने सारी ज़मीन-जायदाद हड़प ली। नानी पूरी तरह अपने सौतेले भाइयों पर निर्भर थीं। सारी ज़मीन-जायदाद की देखरेख वे ही लोग करते थे। नानी टीकमगढ़ में अपने भाइयों के साथ ही रहती थीं लेकिन अब जायदाद पर उनका कोई ज़ोर नहीं था।

उस समय महिलाओं को पुरुषों पर ही निर्भर रहना पड़ता था। मेरी दोनों मौसियों की शादी हो चुकी थी। बस नानी और माँ टीकमगढ़ में थीं। एक दिन माँ राजकुमारी के साथ खेलकर लौट रही थीं तभी राज-परिवार के एक सदस्य की नज़र उन पर पड़ गई। उसने माँ को पकड़ लिया। इत्तेफ़ाक़ से राजकुमारी के वहाँ आ जाने से वह चला गया। नानी को जब यह बात पता चली तो वे चिन्ता में डूब गईं। वह युग राजा-महाराजाओं का था। नानी अकेली अपनी बेटी की रक्षा राजा-महाराजाओं से कैसे करतीं? नानी माँ को लेकर अपनी मँझली बेटी के पास झाँसी आ गईं। मेरी मँझली मौसी के पति आर्मी में थे।

1945 के क़रीब माँ और बाबूजी शादी हो गई। नानी की चिन्ता दूर हुई। उस समय माँ शायद पन्द्रह-सोलह साल की थीं।

पढ़ने में माँ की रुचि देख बाबूजी ने उन्हें शादी के बाद ख़ुद पढ़ाया जिसमें कोर्स की किताबों के अलावा अंग्रेज़ी साहित्य भी शामिल था। बाबूजी साहित्य-प्रेमी थे।

उनके कुछ प्रिय लेखकों में सबसे पहले नम्बर पर फ़्रांसीसी लेखक विक्टर ह्यूगो थे। उनका उपन्यास 'ला मिज़रेबल' बाबूजी के लिए गीता थी। कीट्स और वड्र्सवर्थ जैसे अंग्रेज़ी कवियों के अलावा, उर्दू के मीर और ग़ालिब भी उनको प्रिय थे।

बाबूजी ने राह दिखाई और माँ शिक्षा के साथ अपनी साहित्यिक योग्यता को भी बढ़ाती रहीं। उनकी साहित्यिक अभिरुचि को भोपाल की लाइब्रेरी और कुछ साहित्यकारों के सान्निध्य से ऊँचाइयाँ मिलती चली गईं।

हम तीनों बच्चों के पैदा होने के बाद यानी 1960-61 तक आते-आते समाज में काफ़ी बदलाव आ चुके थे। समाज में मनोरंजन के मापदंड बदलने लगे थे। दर्शकों को सिनेमा के रूप में मनोरंजन का नया और सशक्त माध्यम मिल गया था। फ़िल्में अपनी जवानी पर थीं। हर क़स्बे में एक-न-एक सिनेमाघर हो गया था। नाटकों का दौर ख़त्म होता जा रहा था। नाटक के पंडाल ख़ाली रहने लगे थे।

एक तो बाबूजी ईमानदार, उस पर व्यवसायी बिलकुल नहीं थे। इसका फ़ायदा बहुत से चालाक कलाकार उठाते थे। जब बरसात में दूसरी कम्पनियाँ बन्द हो जाती तो उनके कलाकार और मज़दूर अपने ख़ानदान के साथ सीधे हमारी कम्पनी का रुख करते। मेरे बाबूजी के पास किसी के लिए कभी न नहीं होती थी।

बहुत सारी नाटक-कम्पनियाँ तो सिरे से ही बन्द हो गई थीं। उन बन्द कम्पनियों के कलाकारों को भी बाबूजी ने अपनी कम्पनी में शरण दे दी थी। उनका कहना था, ये कलाकार न तो पढ़े-लिखे हैं न इन्हें कोई और काम आता है, सब जाएँगे कहाँ? इस कारण कम्पनी डेढ़-दो सौ लोगों की जगह तीन सौ लोगों का क़ाफ़िला हो गई थी।

बाबूजी की नाटक-कम्पनी किसी भी गाँव या क़स्बे में एक महीने से ज़्यादा नहीं टिकती थी। अब कम्पनी में कभी तो आमदनी होती और कभी फ़ाक़े पड़ते। बारिश के मौसम में तो नाटक का हाल और भी बुरा होता। एक भी शो नहीं हो पाता था। शो नहीं होने पर कम्पनी के कर्मचारियों को आधा वेतन देना पड़ता था। इतने लोगों को आमदनी न होने पर भी आधी तनख़्वाह देने की इस दरियादिली की वजह से, बाबूजी पर बहुत क़र्ज़ा चढ़ गया। कम्पनी के निरन्तर ख़स्ता होते हाल की वजह से माँ के गहने और बचत के पैसे कम्पनी के कलाकारों और कर्मचारियों की नज़र चढ़ गए।

साहित्य और कला में रुचि और कलाकार होने के बावजूद माँ को यायावर-जीवन पसन्द नहीं था। यूँ शहर-शहर, क़स्बे-क़स्बे भटकना, नाटक-कम्पनी का माहौल और अनिश्चितता से वे तंग आ गई थीं। ऐसी यायावर-ज़िन्दगी का ढब उन्हें नहीं भा रहा था। माँ ने बाबूजी से कई बार किसी एक क़स्बे में बस जाने का आग्रह किया, लेकिन बाबूजी का जीवन कम्पनी थी और कम्पनी बंजारों की ऐसी बस्ती थी जो कभी एक जगह बसी ही नहीं।

माँ को स्थायित्व पसन्द था। काकाजी और अन्नू भैया के थोड़ा बड़े होते ही माँ ने चाहा कि दोनों को किसी अच्छे स्कूल में शिक्षा दिलवाई जाए।

बाबूजी ने कम्पनी के बच्चों को पढ़ाने के लिए एक शिक्षक तनख़्वाह पर रखा हुआ था। वे माँ से कहते, "बच्चों को स्कूल में डिग्री मिल सकती है परन्तु ज्ञान के लिए स्कूल जाना ज़रूरी नहीं, बच्चे कम्पनी के स्कूल में पढ़ लेंगे।" ठीक इसके विपरीत, माँ के लिए शैक्षणिक संस्थान ज़रूरी था। ताकि भविष्य में बच्चे सरकारी स्थायी नौकरी कर नाटक-कम्पनी के माहौल से निकल सकें। समाज में इज़्ज़त से रह सकें। नाचने-गाने वाले न कहलाएँ। बाबूजी को समाज की तनिक भी परवाह नहीं थी।

अपनी यायावर और मस्तमौला प्रकृति के बावजूद बाबूजी ने माँ पर कभी अपना जीने का दर्शन नहीं थोपा। माँ को अपनी तरह से जीने की पूरी आज़ादी दी। बस यही कारण था, माँ छोटे-छोटे गाँव-क़स्बों में कम्पनी के जाने के बाद भी रुक जाती।

रोज़ी तलाशती और हमारी ज़िम्मेदारी के साथ अपनी आगे की शिक्षा प्राइवेट जारी रखतीं। कई बार जब वे परीक्षा की तैयारी कर रही होतीं तब हम उन्हें टुकुर-टुकुर ताकते। हमें नहीं पता था कि माँ एक नहीं, दो-दो परीक्षाएँ एक साथ दे रही थीं। एक अपनी पढ़ाई की और दूसरी संघर्षपूर्ण जीवन की।

क़स्बे पर क़स्बे बदले जाते। पर न रोज़ी मिलती, न रोटी।

दौर अभावों का था। माँ बिना पैसे के, किस तकलीफ़ से अजनबी क़स्बों में घर चला रही थीं? उस तकलीफ़ से हम बिलकुल अनजान थे। इन्हीं क़स्बों की यात्रा में मेरे जीवन का दूसरा अस्थायी पड़ाव बना—सोनकच्छ।

यायावर ज़िन्दगी का दूसरा पड़ाव : सोनकच्छ

सोनकच्छ। मध्य प्रदेश का ही एक और छोटा-सा क़स्बा। एक ऊँचे-से टीले पर बना कवेलू (खपरैल) वाला, अँधेरा-सा अलसाया वह घर। ऐसा लगता था, जैसे अफ़ीम खाकर कोई बेख़बर सोया पड़ा हो। वह तो शुक्र था कि थोड़ी-सी ऊर्जा के लिए, इस अफ़ीमची घर के बाहर एक पीपल का ऊँचा लेकिन कम घना पेड़ था। हवा से पत्तों की सरसराहट कभी-कभी इस 'अंटाग़फ़ील' पड़े घर को चौंका देती थी। वर्ना यह नशेड़ी घर सोता ही रहता था। इसी घर के नीचे सीधे हाथ की तरफ़, बड़े-बड़े पत्थरों वाला एक रास्ता था जो नाले के किनारे से होता हुआ बाज़ार की तरफ़ जाता था, जहाँ माँ के मुँहबोले भाई सोनकच्छ के थानेदार, त्यागी मामाजी अपने परिवार के साथ रहते थे।

बाबूजी की कम्पनी कुछ महीने यहाँ लगी थी, इस कारण, थोड़े से समय में

कुछ पहचान के लोग बन गए थे। कम्पनी तो घाटा खाकर जा चुकी थी। माँ रुक गई थीं। नानी भी माँ के पास आ गई थीं। माँ ने सोनकच्छ के सरकारी प्राथमिक स्कूल में नौकरी के लिए आवेदन दिया था। उसी नौकरी की उम्मीद में समय गुज़र रहा था। नौकरी के इंटरव्यू का बुलावा तो नहीं आया, अलबत्ता कम्पनी से भापाजी आ गए थे। ये बूढ़े भापाजी हमारे घर कभी-कभी कम्पनी से आकर महीनों साथ रह जाते थे। बिलकुल परिवार के सदस्य की तरह। कम्पनी का हर सदस्य परिवार की तरह ही था। माँ बताती थीं कि यह दुबले-पतले तीखी नाक वाले भापाजी भारतीय सिनेमा के खलनायक प्राण के दूर के रिश्तेदार थे। लेकिन जीवन शायद दूर के रिश्तों से नहीं चलता। उनका पास का अपना कोई नहीं था। इसलिए वे हमारे पास आ जाते थे। वे मुझे प्रेम से खग्गा मच्छी पुकारते थे, क्योंकि मेरा मुँह छोटा-सा था।

मुझे याद है सोनकच्छ का वह झरनेनुमा नाला जिसे नदी पुकारा जाता था। वहाँ भापाजी हम सबके गन्दे कपड़ों की पोटली, धोने के लिए लाए थे। वे कपड़े धोते हुए, अपनी बेसुरी आवाज़ में, पंजाबी में कुछ गा रहे थे। उन्होंने मुझे नहलाने के बाद, खादी के एक तौलिये में लपेटकर झरने के किनारे की काली चट्टान पर बिठा दिया था। मैं उनके बेसुरे पंजाबी गाने से बेख़बर, उस झरने की आवाज़ सुन रही थी और देख रही थी उस चट्टान को, जिस पर मेरे गीले बदन से बहकर पानी की लकीरें बन रही थीं। भापाजी का कपड़े धोना, उनका गाना और मेरा उस झरने जैसी नदी को देखना रोज़ का नियम बन गया था।

एक रोज़ जब हम नदी से लौटकर घर आए तो देखा, घर में कोहराम मचा हुआ है। पता चला, चुनमुन को ढूँढ़ा जा रहा था। माँ रो रही थीं। नानी उन्हें चुप कराने में ख़ुद भी भावुक हुई जा रही थीं। आसपास के दो-चार घरों के बच्चे भी इस ढुँढ़ाई अभियान का हिस्सा बनकर टूटी पलंग और खपरैल पर चढ़ने की चेष्टा में दो-चार खपरैल गिराकर तोड़ चुके थे। घबराये भापाजी माजरा जानना चाह रहे थे। वे बस पंजाबी में एक ही वाक्य बोले जा रहे थे, आख़िर हुआ की है?

दरअसल माँ ने गिलहरी के एक ज़ख़्मी बच्चे को बचाया था जिसका नाम चुनमुन रखा गया था। माँ ने चुनमुन की महीनों तीमारदारी की थी। वह गिलहरी का बच्चा घर में ही घूमता-फिरता, माँ और नानी के साथ अठखेलियाँ करता था। महीनों बाद वह न जाने कहाँ ग़ायब हो गया था। माँ का रो-रो कर बुरा हाल था। नानी, मैं, भापाजी, काकाजी, अन्नू भैया और पड़ोसी सब माँ की चुनमुन को ढूँढ़ रहे थे। भापाजी जीवन का दर्शन बघार रहे थे। उनका मानना था कि गिलहरियाँ बेवफ़ा जानवर होती हैं। मतलब निकल गया तो पहचानती नहीं है। नानी का कहना था, तुमने उसे बचाकर अपना फ़र्ज़ निभाया। वह जंगल का जीव है। उसमें इनसानों जैसा मोह नहीं होता। पर माँ को कौन समझाता, वे तो बस इतना जानती थीं कि जिसे प्यार किया तो किया। वह कौन था, क्या था, हमें क्या मतलब? उन्हें तो बस इतना ही

जानना था कि चुनमुन सही-सलामत है या नहीं? बस एक बार ख़बर मिले तो मुक्त हो जाएँ। वह पूरी रात माँ ने चिन्ता में काटी—चुनमुन कहाँ होगी? इतनी छोटी हमारे पास आई थी। उसे तो अपनी सुरक्षा भी करनी नहीं आती। ग़रीबी और उस पर मोह, दुख बढ़ा देते हैं। इसी तरह दुख में कई दिन बीत गए।

न बाबूजी की कम्पनी से कुछ भी पैसा आया, न ही माँ की नौकरी का कुछ अता-पता था। घर में खाने को कुछ नहीं था। बाबूजी की उर्दू की तालीम में माँ ने इज़ाफ़ा कर उर्दू के साथ अरबी-फ़ारसी भाषा का ज्ञान भी अर्जित कर लिया था।

माँ को बौद्ध, जैन और हिन्दू धर्म के साथ-साथ इस्लाम धर्म की भी अच्छी-ख़ासी जानकारी थी। लेकिन ज्ञान से पेट नहीं भरता, पेट भरने को तो रोटी चाहिए। हम सबके भाग्य से माँ को काम मिल गया जो छोटा था पर पेट पूरा भर जाता था।

माँ को मर्सिया (मृतक की याद में लिखे शोकगीत) पढ़ने का न्योता आ गया। चुनमुन के दुख के दिनों में, मुहर्रम के महीने के ये दुख और सुख के दिन भी जुड़ गए थे। दुख इसका कि मुहर्रम इमाम हसन, हुसैन की शहादत के दिन होते हैं। सुख इसका कि अब माँ को मर्सिये पढ़ने के एवज़ में थाली भरकर 'सीधा' मिला करेगा, जिससे हमारे घर भी अच्छा खाना बन सकेगा। सीधा यानी खाने का कच्चा सामान—आटा, घी, दाल वग़ैरह।

शिया मुसलमान माँ को मर्सिया पढ़ने को बुला लेते थे। मैं भी माँ के साथ जाती थी। उन सबके बीच माँ किसी रानी से कम नज़र नहीं आती थीं। उनका सौन्दर्य, सौम्यता, गम्भीरता, मीठी सुरीली आवाज़ और विनम्रता! उस पर उनका हसन-हुसैन की क़ुर्बानी के क़िस्से गाकर पूरी शिद्दत और श्रद्धा से मर्सिया पढ़ना। सचमुच, लोगों की सिसकियाँ निकल जाती थीं और माँ को थाली भरकर सीधा मिल जाता था।

उर्दू की एक बहुत अच्छी शायरा, हिन्दी की कवयित्री और सम्पन्न परिवार की लड़की आज 'सीधा की थाली' पर निर्भर थी। इस तरह मर्सिया का 'सीधा' सीधे हमारे पेट में पहुँचता था।

कुलीन, सभ्य और सम्पन्न पारिवारिक माहौल और सम्मान की आदी माँ को यह अभाव ज़रूर सालता होगा। लेकिन स्त्रियाँ और वे भी उस समय की, निभाना जानती थीं। उन्होंने न कभी बाबूजी से और न किसी और से इस अभाव और दुर्दिन की शिकायत की, न ही कभी अपने मायके की सम्पन्नता का ज़िक्र किया। इसे कहते हैं ज़र्फ़।

उन्हीं दिनों नानी, माँ के पास कुछ दिनों के लिए आ जाया करती थीं। अभावों के बावजूद माँ ने कभी नानी से मदद लेकर बाबूजी को शर्मिन्दा नहीं किया।

मुहर्रम ख़त्म हुए अर्सा हो गया था। घर में खाने के लाले थे। इमाम हुसैन-हसन के ग़म के दिन मुक़र्रर होते हैं, उनकी अवधि होती है। साल में चालीस दिन का

मातम होता है। लेकिन हमारा तो हर दिन मुहर्रम था। घर में चूल्हा न जला। बच्चे भूखे रहते, नानी के पैसे भी मानो चूल्हे की लकड़ी में जल गए थे। मकान का किराया, बनिए की उधारी। हमारा घर कर्बला बना हुआ था। हमारे लिए हर जगह कर्बला और हर रोटी छीनने वाला यज़ीद होता था!

नीम की निबौरी का व्यापार

घर में उदासी छाई हुई थी। नीचे, नाले के पास से गुज़रती ऊबड़-खाबड़ खड़ंजा पत्थरों की सड़क पर गहमागहमी थी। बाज़ार भरा हुआ था। दुकानों पर सब्ज़ी, फल, खिलौने। खाने-पीने के ठेले भी लगे थे। घर के बाहर खड़ी मैं नीचे बाज़ार को हसरत से देख रही थी। अभी-अभी सामने के किसान-परिवार के घर से खेलकर आई थी। उनके यहाँ अरहर की दाल और चूल्हे पर बन रही रोटी की ख़ुशबू ने भूख भड़का दी थी। माँ ने सिखाया था कि कोई खाने के लिए पूछे तो 'हाँ' नहीं करते। मैं भी खाने से इनकार कर, खाना खाने के लिए घर आ गई थी। पर यहाँ तो चूल्हे ठंडे पड़े थे।

शाम घिरने को थी। दिन-भर के ग़ायब अन्नू भैया बड़ी ख़ुशी-ख़ुशी आए और उन्होंने माँ के हाथ में बारह पैसे रख दिये। एक ज़ोर का थप्पड़ अन्नू भैया के गाल पर जड़, माँ ने ग़ुस्से से पूछा, "यह पैसा कहाँ से लाया? किसी से माँगे या चुराए?"

थप्पड़ और माँ के रौद्र रूप से सब सन्नाटे में थे। मैं रोने लगी। मानो चोट मुझे लगी हो। अन्नू भैया ने रोते हुए बताया कि वे ग़रीब बच्चों के साथ नीम की निबौरियाँ बीनकर, उन्हें बेचने के लिए पूरा दिन हाट में बैठे थे। बारह पैसे उन्हीं निबौरियों के थे। अब रोने की बारी माँ और नानी की थी। अपने बड़े भाई को रोता हुआ न मैं तब देख सकती थी और न अब देख सकती हूँ।

मदनलाल कपूर और कमला का पाँच-छह साल का बेटा। हाट में दूसरे ग़रीब बच्चों के साथ निबौरियाँ बेच रहा था, जिसके ख़ुद के घर में कभी नौकरों की फ़ौज हुआ करती थी। भापाजी भी उसी फ़ौज का हिस्सा थे।

माँ अन्नू भैया को सीने से लगाकर ख़ूब रोईं। नानी ने भापाजी को वही बारह पैसे देकर चने-मुरमुरे लाने दौड़ाया।

उस दिन नानी ने प्याज़, हरा धनिया और नमक डालकर चने-मुरमुरे बनाए। अभी सबको परोसा ही जाने वाला था कि एक अजीब बात हुई। चुनमुन, कुछ और गिलहरियों को अपने साथ लेकर आई और बिना किसी से मिले पूरे घर में सब गिलहरियों के साथ घूमने लगी, वह उन्हें घर के एक-एक कोने में ले गई। उन सबने घूम-घूमकर पूरा घर देखा। घर दिखाकर जब चुनमुन को तसल्ली हो गई तब आकर माँ की गोद में चढ़ गई और लाड़ करते हुए साथियों को देख-देखकर इतराती रही।

माँ कहती थीं, वह अपने रिश्तेदारों को दिखाने लाई थी। जैसे कह रही हो, मैं यहाँ रहती थी। फिर उसने और उसके रिश्तेदारों ने भी हमारे चने-मुरमुरे में हिस्सा लगाया। सबने मिल-जुलकर बड़े चाव से खाया। फिर जीवन में वैसा स्वाद चने-मुरमुरे का कभी नहीं आया।

अब चुनमुन अपने रिश्तेदारों के साथ ही रहती थी। रोज़ दिन में एकाध बार घर का चक्कर लगाना उसका नियम बन गया था।

अचानक चमत्कार हुआ। सोनकच्छ के सरकारी स्कूल में माँ को अस्थायी शिक्षिका की नौकरी मिल गई। यह नौकरी कुछ सालों में स्थायी होने वाली थी। घर में दो वक़्त का खाना बाक़ायदा बनने लगा। तनख़्वाह वाले दिन पाव भर गोश्त की हाँड़ी भी महकने लगी। तब डालडा या वनस्पति घी नहीं आया था इसलिए कभी-कभी जब ख़स्ता पूड़ी और हलवा बनता तब देसी घी और इलायची की सोंधी ख़ुशबू से हम झूम उठते।

हमारी ख़ुशियों से उस अफ़ीमची नशेड़ी घर की भी आँखें खुलती नज़र आतीं। इस छोटी-सी नौकरी से हमारा गुज़ारा बहुत अच्छे से चलने लगा था। लेकिन हमारी ख़ुशियों पर दुर्भाग्य की एक बार फिर नज़र पड़ गई। हुआ यह कि उस समय भोपाल में मध्य प्रदेश के शिक्षा मंत्री शंकरदयाल शर्मा थे, जो बाद में भारत के राष्ट्रपति भी बने। उन्हीं से माँ ने अपने साथ हुए अन्याय के प्रसंग में झगड़ा कर लिया। माँ जिस स्कूल में शिक्षिका थीं वहाँ की हेड मास्टरनी श्रीमती ज्योति मात्वंकर, शर्माजी की रिश्तेदार या परिचित थीं। वह माँ से न जाने क्यों ख़ार खाती थीं।

दरअसल माँ के सौन्दर्य और बुद्धिमानी की वजह से लोग अक्सर माँ को ही हेड मास्टरनी समझते थे। उन बेचारी का कोई दोष नहीं था। माँ की ख़ूबसूरती थी ही राजसी। वे माँ के सामने चपरासिन प्रतीत होती थीं। दूसरे, जब माँ भोपाल में थीं। स्कूल में काकाजी के साथ शंकरदयाल शर्मा के भाई या भाई के लड़के ने गेंद छीन कर काकाजी को धक्का मारा था। माँ ने उसकी बदतमीज़ी की वजह से उस लड़के को बुरी तरह डाँट दिया था। बस, वहीं से हमारे दुर्दिन शुरू हुए थे जिन्होंने हमारा साथ सोनकच्छ में भी नहीं छोड़ा।

हुआ यह कि मेरी बीमारी की वजह से माँ को छुट्टी लेनी पड़ी। छुट्टी की दरख़्वास्त भी समय पर भिजवा दी गई थी। ज्योति मात्वंकर हर बार चुपचाप दरख़्वास्त फाड़कर फेंक देती थीं। माँ इस बात से अनभिज्ञ थीं। चूँकि माँ की नौकरी अभी स्थायी नहीं हुई थी, इस वजह से बिना दरख़्वास्त छुट्टी लेने के अपराध में उन्हें नौकरी से निकाल दिया गया।

अब शुरू हुई नौकरी को बचाने की कवायद। हमें घर में भापाजी और नानी के सहारे छोड़, माँ बारह घंटे का सफ़र तय करके भोपाल जातीं, मंत्रीजी से मिलकर अपनी सचाई बताने के लिए।

शिक्षा मंत्री के ऑफ़िस में रोज़ चार-पाँच घंटे बिताने के बाद, कल आने के लिए कहा जाता। माँ ने विस्तार से पूरी घटना अपनी अर्ज़ी में मंत्रीजी को भिजवा दी थी। एक दिन वह मंत्रीजी के ऑफ़िस में बैठी रोज़ की तरह इन्तज़ार कर रही थीं। मात्वंकर आईं और शर्माजी के चेम्बर में चली गईं। कुछ देर बाद बाहर आईं और जाते हुए, माँ पर उपहास उड़ाती दृष्टि डाल चली गईं।

माँ के सब्र का बाँध टूट चुका था। घर पर तीन बच्चों को अकेला छोड़कर इतनी दूर, चिलचिलाती गर्मी में शर्माजी के ऑफ़िस में घंटों बैठना और निरपराध होने पर भी नौकरी से निकाला जाना उन्हें भारी तकलीफ़ दे रहा था। माँ ने शंकरदयाल शर्मा को उन्हीं के ऑफ़िस में ख़ूब खरी-खोटी सुनाई और घर आ गईं।

माँ नौकरी से निकाल दी गईं। इस तरह मंत्रीजी ने अपनी पहचान और रिश्तेदारी निभाई। जब घर के अकेले कमाने वाले के पेट पर कोई लात मारता है, तब चोट पूरे ख़ानदान के पेट को सहनी पड़ती है।

सोनकच्छ से छह मील दूर एक छोटा-सा गाँव था गन्धर्वपुरी। जैसा नाम वैसा ही गाँव। तसवीर-सा सुन्दर। लाल मिट्टी के चौड़े रास्तों वाला साफ़-सुथरा। एक क़तार में बने, मिट्टी-गोबर से लिपे और चूने से पुते घर। हर घर के आँगन में नीम, पीपल के पेड़। घर के आँगन को घेरे छोटे-छोटे पौधों में चमकते सफ़ेद, गुलाबी, और कासनी रंग के बारहमासी फूल। वहाँ की पंचायत में माँ की एक पहचान वाली नौकरी करती थीं।

पच्चीस साला, पतली-सी साँवली-सी तारा जिन्हें 'तारा मौसी' सम्बोधन देने को हमें कहा गया था। भरी जवानी भी तारा मौसी के चेहरे पर नूर लाने में असमर्थ हो गई थी।

माँ अक्सर पैदल या किसी किसान की आती-जाती बैलगाड़ी में, काम की तलाश में हम सबको लेकर गन्धर्वपुरी जाती थीं।

आहा, बैलगाड़ी की वह सवारी, बैलों के गले में बँधे घुँघरुओं की मीठी आवाज़; वह रास्ता, वे बेर, इमली, आम, जंगल जलेबी के बड़े-बड़े पेड़। पगडंडी के किनारों पर झाड़ियों में लदे बेतहाशा लाल-लाल झड़बेर। बैलगाड़ी में बैठे हुए हमारा खेतों के बीच से गुज़रना। वह खेतों की मेंड़ और हम सब भाई-बहन का उस बैलगाड़ी में बैठकर छह मील का सफ़र। वह बयार। बहुत याद आते हैं। वे दिन-रात, वह कच्ची पगडंडी, वह बैलगाड़ी, गाड़ीवान के पास से आती खेत, चारे और मवेशियों की सोंधी ख़ुशबू, आज भी एक परीकथा-सी लगती है। इस परीकथा में कभी-कभी ख़ून-खच्चर भी हो जाया करता था।

माँ जब तारा मौसी से अपनी नौकरी की चर्चा करतीं, मैं और अन्नू भैया खेलने निकल जाते।

तारा मौसी का घर दरअसल पंचायत का दफ़्तर था। मक्की, ज्वार या दालों की

फसल कट जाने के बाद अधकटे खेत ऐसे लगते थे, जैसे छोटे-छोटे भाले खेत में दूर तक गड़े हुए हों। ये नुकीले धारदार ठूँठ आज भी मेरी यादों में हैं, जहाँ खेलते हुए मेरे और अन्नू भैया के घुटनों में इनके धँसने से ख़ून रिसा था। हमने मार के डर से माँ से यह चोट छुपा ली थी। हम दोनों के घुटनों पर वे कटे के निशान आज भी वहाँ की याद दिलाते हैं।

माँ को गन्धर्वपुरी में नौकरी नहीं मिली। लेकिन अपनी भरपूर असमर्थ जवानी के बावजूद तारा मौसी को एक अदद प्रेमी मिल ही गया था। वह था, गन्धर्वपुरी के सरपंच का बेटा, जिसकी वजह से तारा मौसी 'खेत' रही। तारा मौसी का मर्डर हो गया था। उन्हें किसी ने चाक़ू मार दिया था। यों तारा मौसी की कहानी ख़त्म हुई और नौकरी नहीं मिलने की वजह से सोनकच्छ और गन्धर्वपुरी से हमारा नाता। फिर भी रफ़ी साहब का गाना 'चाँद-सा मुखड़ा क्यों शरमाया, आँख मिली और दिल घबराया' और आरती फ़िल्म का गाना 'आपने याद दिलाया तो मुझे याद आया' जब भी सुनती हूँ, मैं सोनकच्छ और गन्धर्वपुरी में होती हूँ।

मसीद घाट, करौंदे के फूल, मेरे राजकुमार और हनुमानजी

भारत सेवक समाज के एक छोटे-से स्कूल में, सोनकच्छ के न जाने किस कनेक्शन से माँ की मध्य प्रदेश के एक गाँव में ही नौकरी लग गई। गाँव का नाम था 'इन्दार'। कच्चे घरों का छोटा-सा गाँव। चूँकि गाँव में सिर्फ़ भारत सेवक समाज की प्राथमिक यानी पाँचवीं कक्षा तक की ही पाठशाला थी, इसलिए काकाजी को आठवीं कक्षा में पढ़ने के लिए बाबूजी की कम्पनी के मैनेजर, भाई मियाँ के घर भोपाल भेज दिया था। हालाँकि कम्पनी चलाते बाबूजी को छब्बीस-सत्ताईस साल हो चुके थे लेकिन वे अपने लिए एक छोटा-सा कमरा भी नहीं बना पाए थे। इधर भाई मियाँ ने कुछ ही सालों की कम्पनी की मैनेजरी से भोपाल में दोमंज़िला मकान बना लिया था। यह जलवा था महा-बेईमान होने का और यह ख़मियाज़ा था बाबूजी के विश्वास का और व्यापारी नहीं बन पाने का।

काकाजी छुट्टियों में भोपाल से इन्दार आ जाते थे। इन्दार की नदी का लड़ैया घाट सिर्फ़ पुरुषों के लिए था! वहाँ काकाजी और अन्नू भैया गूलर के पेड़ की ऊँची डालों से कूदकर गाँव के दूसरे बच्चों के साथ नहाते थे। मैं गूलर के फल खाते हुए सोचती कि मैं कब बड़ी होऊँगी और पेड़ से कूदकर नदी में से कुछ शंख, कुछ सीपियाँ और कुछ मोती निकाल लाऊँगी।

मेरी नानी की कहानियों में हीरे-मोती का अक्सर ज़िक्र हुआ करता था, जो एक राजकुमार किसी सागर या नदी से लाया करता था। सुनहरे बालों वाली राजकुमारी भी उसे नदी के आसपास ही मिल जाती थी। फिर 'जैसे उनके दिन फिरे' वाली

लाइन से नानी की कहानी ख़त्म होती और मेरी शुरू हो जाती थी। मैं छत पर सफ़ेद चादर पर लेटकर, दूर तक फैले आकाश में चाँद को बादलों से निकलते और फिर बादलों में छुपते देखा करती। चाँद और बादलों की लुका-छिपी का खेल मुझे इतना लुभाता कि मैं रात को ही नदी के पास भाग जाना चाहती। मुझे डर होता कहीं वह राजकुमार निकल न जाए। उसे सुनहरे बालों वाली मिल गई तो? मेरी यानी काले बालों वाली की पूछ ही ख़त्म हो जाएगी।

कहानियों को मैं संजीदगी से लेती थी (यह आदत आज तक है)। कहानियों के एक-एक पात्र और एक-एक दृश्य मेरा अपना जीवन बन जाते।

एक रात एक कहानी ने मेरा पूरा नज़रिया ही बदल दिया, इस संसार और संसार बनाने वाले के लिए। मैं अकेली से और अकेली होती चली गई।

हुआ यों कि इन्दार में एक कक्का थे। नाम भूल रही हूँ उनका। फटी-पुरानी धोती, क़मीज़ और फटे कम्बल वाले। बीड़ी की अजीब-सी तीखी गन्ध उनके पास से आती रहती थी। पोपले मुँह और दुबली काया के धनी कक्का के चेहरे पर अनगिनत झुर्रियाँ थीं। उनका ताँबे जैसा रंग गवाही देता था कि उन्होंने अपना पूरा जीवन खेतों में मेहनत करते, हर मौसम से जूझते बिताया था। जीवन के इस युद्ध के बावजूद उनका चेहरा बड़ा मासूम और प्यारा था। एक मुस्तकिल मुस्कान उनके होंठों पर रहा करती थी। बच्चों में वे बहुत लोकप्रिय थे, अपने बेहतरीन तरीक़े से कहानी सुनाने की कला के कारण। उनकी क़िस्सागोई और मंज़रकशी ऐसी थी कि सुनने वाले दर्शक बन जाते थे। रात में हम सारे बच्चे, कहानी सुनने के लिए उन्हें घेर लेते थे। कभी उनकी कथा के पात्र महाभारत के होते, कभी गाँव के पीपल का ब्रह्मराक्षस या इमली की चुड़ैल। हम बच्चे उनकी कथा के साथ हँसते, डरते या स्वप्न में खो जाते।

माँ ने इन्दार में एक घर किराये पर लिया था। उसका एक बड़ा-सा महलनुमा दरवाज़ा हमेशा बन्द रहता था, क्योंकि आने-जाने के लिए उसी बड़े दरवाज़े में बने एक छोटे-से दरवाज़े का इस्तेमाल किया जाता था। अन्दर बड़ा-सा बाड़ा था। उसी बाड़े में सामने की तरफ़ मकान-मालकिन का घर था। दूसरी तरफ़ हमारा एक कमरे का घर था, जिसका लोहे का दरवाज़ा हरे रंग के डिस्टेम्परनुमा पेंट से रँगा हुआ था। कमरे के सामने ही हमारा छोटा-सा व्यक्तिगत आँगन था। उसके चारों ओर तीन फुट ऊँची मुँडेर थी।

रात को बड़ा दरवाज़ा और छोटा दरवाज़ा अन्दर से बन्द होने के बाद सब सुरक्षित हो जाता था। फिर शुरू होती थीं कक्का की कहानियाँ।

उस रात कक्का ने रामचन्द्रजी और हनुमानजी की कथा सुनाई।

हनुमानजी मुझे हमेशा कौतूहल से भर देते थे। अजीब बड़ी-सी काया। इतनी शक्ति और इतनी कम अक़्ल। यहाँ तक कि मैं भी उस समय, उनसे, अपने-आपको

ज़्यादा समझदार पाती थी। हनुमानजी को उनकी ख़ुद की शक्ति का पता ही नहीं। लोगों को बताना पड़ता था कि भैया आपमें इतनी शक्ति है। लेकिन हनुमानजी की भक्ति और रामचन्द्रजी में विश्वास, उनका उड़ना, उनके बन्दर साथी, और कक्का का विश्वास सब आश्चर्यजनक था।

कक्का का मानना था कि हनुमानजी अब भी हम सबके साथ बैठे हमारी बातें सुन रहे हैं। मैं अपने-आपको हनुमानजी से चारों तरफ़ से घिरा पाती थी। हनुमानजी को याद करते ही मुझमें शक्ति-सी आ जाती थी।

एक दिन माँ स्कूल गई थीं। काकाजी और अन्नू भैया लढइया घाट नहाने गए हुए थे। मुझे नहीं ले गए थे।

मैं अकेली और गर्मियों की सायँ-सायँ करती दोपहरी। थोड़ा डर, थोड़ा रोमांच और मुझे कक्का की कहानी याद आ गई। हनुमानजी और रामचन्द्रजी। बस मुझमें अचानक हनुमानजी आ गए। हनुमानजी की तरह उड़ने की अदम्य और तीव्र इच्छा जाग्रत हो गई। इन्दार के मन्दिर में लटके कैलेंडर में हनुमानजी की फ़ोटो की तरह, मैंने आँगन की मुँडेर पर चढ़, हाथ में द्रोण गिरि पर्वत को उठाकर कहा, जय श्रीराम और उड़ चली हवा में।

हवा, आसमान और बादल ऊपर ही रह गए और मैं धम्म से औंधे मुँह ज़मीन पर। दाँत होंठ में गड़ा और मुँह से ख़ून निकलने लगा। इतना ही नहीं, इसके साथ ही गाल पर एक झन्नाटेदार थप्पड़ पड़ा। माँ का शॉक ट्रीटमेंट। वह थप्पड़ मारकर चोट के झटके को ठीक करती थीं। मुझे ऐसा शॉक लगा कि हनुमानजी फ़ेल, रामचन्द्रजी फ़ेल और मैं नास्तिक हो गई।

इन्दार का छूटना

फ़िज़ाओं में गूँजती माँ के गाने की मीठी आवाज़ 'लग जा गले के फिर ये हसीं रात हो न हो'। ऊँचे-ऊँचे पेड़ों से भरा, दूर तक फैला जंगल। उसके बीचोबीच मटमैली, अलसाई, साँप की तरह बलखाती नग्न लेटी इन्दार की नदी।

गाँव से मसीद घाट तक जाती वह कच्ची पगडंडी, जो पेड़ों से गिरे सूखे पत्तों से अपने जिस्म को कहीं से ढाँके, कहीं से उघाड़े हुए थी। वह अधनंगी पगडंडी चलते हुए ख़ामोशी से हमें नदी तक ले जा रही थी। चारों तरफ़ से आती करौंदे के फूलों की मीठी, मादक ख़ुशबू ने माँ के गाने के साथ इस जंगल को अपने वश में कर लिया था।

मैं माँ के पीछे-पीछे चल रही थी। मेरे हाथ में भी कपड़े की छोटी-सी पोटली थी। जंगल के एकान्त में माँ की सुरीली आवाज़ पर ताल दे रही थी, पगडंडी पर गिरे सूखे पत्तों पर चलने से आती चर्र-चर्र की आवाज़। ऐसा लग रहा था, प्रकृति पत्तों

की आवाज़ और करौंदे के फूलों की ख़ुशबू से साज़ों की कमी पूरा कर रही हो। मैं बता नहीं सकती वह क्या नज़ारा था।

माँ मसीद घाट पर नहाने जाया करती थीं। बड़े घर की बेटी को बिना स्नानघर के नहाने में अटपटा लगता था। इसलिए सुनसान नदी का मसीद घाट उन्होंने तलाश कर लिया था।

यहाँ कभी-कभार ही कोई आता होगा। घाट कहलाता था पर घाट के नाम पर नदी के किनारे रखा एक बड़ा-सा पत्थर था। उसी पर कपड़े धुलते। उसी पर हमें नहलाकर, माँ साड़ी समेत नदी में कूद जातीं और दूर तक तैरती रहतीं। मैं किनारे के पत्थर को पकड़े पानी में छप-छप करते हुए, हरे-हरे पानी में साड़ी के नीचे से नज़र आती माँ की गोरी-गोरी पिंडलियों से अभिभूत होकर रंगों का नज़ारा देखती। यह हमारा रोज़ का नियम था, लेकिन यह नज़ारा कोई और भी छिपकर देखता था, जिसका न माँ को न मुझे और न अन्नू भैया को पता था।

अचानक एक दिन माँ को मसीद घाट पर किसी के होने का एहसास हुआ। माँ फ़ौरन मुझे और अन्नू भैया को लेकर गाँव आ गईं।

वह छिपकर देखने वाला शख़्स था इन्दार के ज़मींदार या सरपंच का बदमाश बेटा। गाँव के लोगों ने माँ को उसकी बदनीयत और बदमाशी के बारे में बताया। माँ ने तुरन्त इन्दार छोड़ने का फ़ैसला कर लिया। वैसे भी वे शिवपुरी में अपनी नौकरी के लिए अर्ज़ी दे चुकी थीं, बस इन्तज़ार नियुक्ति-पत्र के आने का था। लेकिन इस घटना के बाद उन्होंने जल्दी शिवपुरी जाना उचित समझा।

माँ तब चौंतीस साल की थीं और अकेली थीं। मैं और अन्नू भैया छोटे-छोटे थे।

माँ, अन्नू भैया और मैं, गाँव के बाहर, इन्दार की कच्ची पगडंडी पर खड़े थे। यहाँ मध्य प्रदेश परिवहन की एक अदद बस, शिवपुरी जाने के लिए रुका करती थी।

हम गाँव छोड़कर हमेशा के लिए जा रहे थे। हमारे साथ थीं, माँ के स्कूल की चपरासन, 'सम्पत बुआ'। वे हमें छोड़ने बिना स्टैंड के उस बस-स्टैंड आई थीं।

सम्पत बुआ से मुझे हमेशा घिन आती थी। इसका कारण था। जब कभी माँ उन्हें खाने को कुछ देतीं, सम्पत बुआ खाने के बाद उसी कटोरी में पानी डालतीं, उसे धोतीं, और फिर उस पानी को पी जाती थीं। उनकी इस तरह की 'अनाज बचत योजना' मुझे कराहियत से भर देती थी। मैं वमन कर देती थी। सब इसे मेरे पेट की ख़राबी समझते। किसे विश्वास होता कि तीन-चार साल की बच्ची को सम्पत बुआ के इस कृत्य से घिन आती थी।

हम इन्दार के बस-स्टैंड पर थे। पान की एक गुमटी पर रेडियो बज रहा था। अचानक गाना बन्द हो गया। गाने की जगह कोई ख़बर आ रही थी। माँ मेरा हाथ पकड़कर, बेतहाशा रोते हुए शिवपुरी जाने के बजाय इन्दार गाँव वापस हो लीं। माँ को रोता देख मैं भी रो रही थी। देश के प्रधानमंत्री, पं. जवाहरलाल नेहरू नहीं रहे थे।

उस दिन के बाद मैंने माँ को फिर किसी नेता की मृत्यु पर रोते नहीं देखा।

मेरे पैदा होने का रहस्य

भोपाल के सुल्तानिया ज़नाना अस्पताल के एक वार्ड में, 12 मई की झुलसती गर्मी में, मैं सन् 1959 की सुबह पैदा हुई थी। अपना जन्मदिन तो मैंने ऐसे ही बता दिया है। किसी की ज़िन्दगी में जन्मदिन का कोई महत्त्व नहीं होता। जाने कितने पैदा होते हैं और मर जाते हैं। ख़ास तो है इन दोनों छोर के बीच का सफ़र और इसी सफ़र को नापने के लिए दोनों छोर ज़रूरी हैं, लेकिन इनके बीच के दिन, महीने, साल सबके लिए एक जैसे नहीं होते हैं। यह जो बीच का वक़्त है वह बड़ा अजीब होता है, कभी तो साल पल में बदल जाते हैं और कभी पल, मकड़ी के जाले में फँसे पतंगे की तरह बरसों छटपटाते हैं। ख़ैर साहब, मैं अपने पैदा होने और मर जाने की तारीख़ के चक्कर में नहीं पड़ती। आगे मुलाहज़ा फ़रमाइए।

पैदा होते ही पता चला, मैं शरीर से बहुत कमज़ोर थी, इतनी कि कुछ ही दिनों में मेरे पेट के ऑपरेशन की नौबत आ गई। दूध हज़म नहीं हो रहा था। पर बिना ऑपरेशन के मैं ठीक भी हो गई। मैं बेहद काली और वज़न में बहुत कम थी। यही कोई डेढ़-पौने दो किलो। माँ जब अस्पताल से घर आ गईं तो एक दिन वे मुझे गोद में उठाए हुए थीं, तभी उन्हें चक्कर आ गए। उन्होंने काकाजी से मुझे गोद में लेने को कहा, मेरे प्यारे ग्यारह साल के भाई मुझसे घिनिया गए और माँ से बोले, 'फेंक दीजिए बड़ी गन्दी है।' यह है मेरे बचपन के रूप की व्याख्या।

काफ़ी सालों बाद, जब मैंने अपने-आपको ढूँढ़ने की मुहिम पर नया-नया चलना शुरू किया था। स्वयं की तलाश। मैं कौन हूँ, जन्म से पहले कहाँ थी, कहाँ से मेरी आत्मा आई होगी, वग़ैरह-वग़ैरह। तब माँ ने मेरे सवालों के जवाब में बताया था—जब मैं उनके पेट में तीन महीने की रही होऊँगी, तब माँ को गुर्दे में दर्द उठा था। उन दिनों माँ जैन धर्म से प्रभावित थीं। उन्होंने पार्श्वनाथ जी से प्रार्थना की, यदि उन्हें दर्द से मुक्ति मिल जाए, तो वे कुंडलपुर मन्दिर में जब तक पार्श्वनाथ जी के दर्शन नहीं कर लेंगी अन्न-जल ग्रहण नहीं करेंगी। अचानक चमत्कार हुआ। उनका दर्द बन्द हो गया।

माँ ने अपना वादा निभाया। भोपाल से आठ-दस घंटे की दूरी पर उस दुरूह पहाड़ पर चढ़ माँ ने दर्शन करने के बाद ही पानी पिया था। पार्श्वनाथ जी ने अपना वादा निभाया और माँ ने अपना। आगे ज़िन्दगी में माँ को गुर्दे का दर्द फिर कभी नहीं उठा। मुझे लगता है मेरी आत्मा भी उन्हीं दर्शनों के दौरान माँ के गर्भ में प्रवेश कर गई होगी, क्योंकि मेरे गर्भ में रहते हुए माँ को मांस से नफ़रत हो गई थी। सिर्फ़ पापड़ और दही पर उन्होंने नौ महीने निर्वाह किया था।

भोपाल में इतवारा मोहल्ले के मोड़ों की बगिया में हम किराये से रहते थे। यह पहली मंज़िल का चूड़ीवालों का मकान था। घर के पास बड़ा चौड़ा-सा मैदान था जहाँ पीपल के बड़े-से दरख़्त के नीचे चाय की एक गुमटी थी। वहीं ताँगे वालों का अड्डा भी था। पास ही कम्युनिस्ट पार्टी का दफ़्तर था। जहाँ जुझारू नेता कॉमरेड शाकिर अली रहते थे। माँ अक्सर उनके कार्यक्रमों में हिस्सा लेती रहती थीं। माँ को वहाँ सब इतना चाहते थे कि जब कभी उन्हें कहीं जाना होता, सारे ताँगे वाले उनसे अपने ताँगे में ले जाने का आग्रह करते—जीजी बाई आज तो हमारे ताँगे में बैठिए। माँ को भोपाल में सब जीजी बाई यानी बड़ी बहन कहकर पुकारते थे।

ऐनीबेसेंट थिओसोफ़िकल सोसाइटी की सदस्य होने के कारण, धर्म के साथ व धर्म की प्रयोगशाला में माँ के प्रयोग लगातार चलते रहते थे। 1960-61 में माँ बुद्ध की शरण में थीं। पूरी तरह बौद्ध हो गई थीं। उस समय साँची और बौद्ध संन्यासी उनके जीवन के अंग हो गए थे। उन दिनों उनकी आध्यात्मिक यात्रा 'बुद्धं शरणं गच्छामि' थी। इसीलिए माँ ने बचपन में मेरा नाम संघमित्रा और अन्नू भैया का अनिल की जगह देवधर्मा रख दिया। लेकिन स्कूल में अन्नू भैया का नाम अनिल ही रहा। बहुत बाद में काकाजी ने माँ को मेरा नाम बदलने के लिए राज़ी कर लिया। उनका कहना था, संघमित्रा बहुत मुश्किल नाम है। इस तरह काकाजी ने मुझे सीमा नाम की परिधि में बाँध दिया, जिसमें मैं आज तक बँधी हुई हूँ। यायावर ज़िन्दगी में नाम का यह बन्धन भी मुझे कभी नहीं भाया। जीवन और स्वतंत्रता मुझे बहुत प्रिय है, जिनके लिए मैं कुछ भी खोने को तैयार हूँ।

यह भी उन्हीं दिनों की बात है, जब हम भोपाल में थे। अन्नू भैया तीन साल के रहे होंगे। एक दिन, माँ घर में कुछ काम कर रही थीं। नीचे दुकानों में अचानक भगदड़ मच गई। लोग ज़ोर-ज़ोर से चिल्ला रहे थे, "जीजी बाई! अन्नू ऊपर से गिर गया!" अन्नू भैया पहली मंज़िल से नीचे पक्की सड़क पर गिर गए थे। माँ बेतहाशा भागीं। नीचे लोग अन्नू भैया को घेरे खड़े थे। वे रो नहीं रहे थे। बस दूर कहीं क्षितिज में देख रहे थे। लोग उन्हें नाम से पुकार रहे थे। पर सब व्यर्थ। तभी माँ ने एक झन्नाटेदार थप्पड़ उनके गाल पर रसीद कर दिया।

मैंने बताया था न कि ये थप्पड़ माँ के शॉक ट्रीटमेंट हुआ करते थे! यह अन्नू भैया के काफ़ी काम आया। वे रोए और उनका रोना सब में राहत भर गया था।

माँ उन्हें फ़ौरन अस्पताल ले गईं। डॉक्टरों ने माँ की तारीफ़ की। कहा, "अगर यह शॉक न दिया होता तो बच्चे का न जाने क्या होता।" ताज्जुब की बात यह थी कि अन्नू भैया को खरोंच भी नहीं आई थी।

उसी दौरान अन्नू भैया को टी.बी. हो गई थी। उस ज़माने में क्षय रोग असाध्य हुआ करता था। माँ बताती थीं, अन्नू की कमर पूरी झुक गई थी। वह बूढ़ों की तरह झुककर चलते थे।

माँ द्वारा दिन-रात की सेवा और जीवन-ऊर्जा से भरे हुए जीने की चाह से लबालब अन्नू भैया ने टी.बी. को मात दे दी थी। फिर उन्हें कोई बीमारी नहीं हुई। उनमें जिजीविषा ज़बरदस्त थी और आज भी है।

अन्नू भैया और मैं दोनों ही सुल्तानिया ज़नाना अस्पताल में पैदा हुए थे। मुझसे ग्यारह साल बड़े काकाजी की पैदाइश भोपाल के पास सीहोर क़स्बे की थी।

तब काकाजी सात-आठ साल के रहे होंगे। एक शाम की बात है। भोपाल में हमारे घर के नीचे, एक बूढ़ी अम्मा अपनी छोटी-सी टोकरी में राजगीर के लड्डू बेच रही थीं। उनकी छोटी-सी लकड़ी की डलिया में मिट्टी के तेल की एक ढिबरी अपनी मरियल-सी रौशनी फैला रही थी। तभी काकाजी दो पैसे के लड्डू लेने पहुँचे।

काकाजी दो पैसे के लड्डू लेकर घर आए। ज़्यादा लड्डू देख माँ ने पूछा, "दो पैसे में इतने लड्डू?" काकाजी ने बताया, "बूढ़ी अम्मा ने दो पैसे को भूल से पाँच पैसे समझकर दे दिये, मैं ले आया।"

माँ नन्हे काकाजी को प्यार से बूढ़ी अम्मा के पास ले गईं और अम्मा से कहा, "अम्मा! आपने भूल में बच्चे को ज़्यादा लड्डू दे दिये थे।" उसी के साथ उन्होंने काकाजी के हाथों बाक़ी लड्डुओं के पैसे अम्मा को दिलवाए। इस तरह काकाजी ने पाई बूढ़ी अम्मा की ढेर सारी दुआएँ और ईमानदारी की सीख।

अपने बाबूजी से मेरा पहला परिचय

अचानक घर में हलचल-सी मची हुई थी। बहुत सारे पकवान बन रहे थे। कबाब, क़ोरमा, यख़नीपुलाव, ज़र्दा, और न जाने क्या-क्या! पकाने, काटने और पीसने में माँ के साथ घर के सारे नौकर भी जुटे हुए थे। माँ बहुत अच्छी तरह सिंगार किये थीं। वे अपना पसन्दीदा, उस ज़माने का महँगा विदेशी परफ़्यूम 'सेवेंथ हेवन' लगाए ख़ुशबू फैलाती कभी रसोई, कभी आँगन में उस अजनबी शख़्स के पास आ-जा रही थीं।

चौड़े माथे वाले एक ख़ूबसूरत-से पचास-बावन साल के गोरे, लम्बे और प्यारे-से व्यक्ति का अचानक घर में आना और हमारे साथ रहना। अजीब लग रहा था। माँ का उनका विशेष ध्यान रखना और उनकी खाने की भिन्न-भिन्न फ़रमाइशें पूरी करना। सब कौतूहल पैदा कर रहा था।

यह शख़्स कौन है? हमारे घर में इतने अधिकार से कैसे है? अजनबी होते हुए भी इनसे डर क्यों नहीं लग रहा था? पास बैठकर सिर्फ़ चेहरा देखते रहने का जी क्यों कर रहा था? ये सवाल मेरे बाल-मन में उमड़-घुमड़ रहे थे। वे भाव मुझे आज भी याद हैं। तब मैं चार या पाँच साल की थी।

मेरे लिए वह अजनबी बड़ा प्यारा था। उनमें एक अजीब स्नेह की कशिश थी। जब वे मेरे सिर पर धीरे से अपना स्नेह-भरा हाथ रखते तो ममता और वात्सल्य का

झरना-सा बह जाता। अन्नू भैया और काकाजी की तरह मुझे भी उन्हें बाबूजी पुकारना पड़ रहा था। यह था उस अजनबी से मेरा पहला परिचय। वे मेरे बाबूजी यानी पिता थे। बाबूजी की मुझे यही पहली याद है। वे हमारी थियेटर कम्पनी से थोड़े-थोड़े दिनों में घर आते रहते थे, शायद इस कारण मुझे वे अजनबी प्रतीत होते थे।

बाबूजी ने मुझे अपनी तरह पूरा मांसाहारी बना दिया था। मैं मांस के बिना खाना नहीं खाती थी। बाबूजी मेरी हर पसन्द को पूरी करते थे।

माँ कई बार बाबूजी से कहतीं, लड़की ज़ात है, पराये घर जाएगी। इसे तो मटन-मच्छी पर मत लगाइए। लेकिन न मेरे न बाबूजी के कानों पर जूँ रेंगती।

अगर घर में गोश्त न बना हो, तो मेरे जैसे गोश्तखोर के लिए पीतल की भर्तिया में (एक छोटा पात्र) ख़ास तौर से बाज़ार से आधा प्लेट मँगवाया जाता था। लबालब भरे गोश्त की ख़ुशबू से पूरा घर महक जाता। हम चटखारे लेकर खाते। बाबूजी कहा करते, मांस बिना सब घास रसोई।

कहाँ मेरे दादाजी देव समाजी। मूर्ति-पूजा और कर्मकांड में उन्हें विश्वास नहीं था। शुद्ध शाकाहारी थे। आर्मी में होकर, उस पर तीन साल लन्दन में गुज़ारने पर भी, उन्होंने शराब और मांस को छुआ तक नहीं था। लेकिन बाबूजी इसके बिलकुल उलट थे। शराब तो कभी नहीं पीते थे, अलबत्ता उनका कहना था, "चारपायों में चारपाई और उड़ने वालों में पतंग को छोड़कर हमने सब खाया है।" मांसाहार के मामले में मैं बाबूजी के पदचिन्हों पर चल रही थी। मुझे बाबूजी अक्सर कम्पनी में ले जाते थे, जहाँ मुझे एक-दो नहीं, तीन सौ लोगों का लाड़-दुलार मिलता। मैं सातवें असमान में होती।

नाटक-कम्पनी का भूगोल

फ़िल्मों के पैर पसारने से पहले, नाटक, नौटंकी, सर्कस और तवायफ़ों के मुजरे ही लोगों के मनोरंजन के साधन थे। तब हमारी कम्पनी अपने शिखर पर थी। रुपयों की भरमार थी। बाबूजी के पास कार थी,कम्पनी को एक जगह से दूसरी जगह ले जाने के लिए ट्रक थे। सम्पन्नता थी। बाबूजी सिर्फ़ घोड़ा बोस्की के महँगे कपड़े का सूट ही पहनते थे। पेशावरी सैंडिल उनका स्टाइल हुआ करता।

माँ बताती थीं। तब कम्पनी की इतनी आमदनी होती थी कि सुरक्षा के लिए टेंट में बाबूजी को अपने गद्दे के नीचे नोटों की गड्डियाँ बिछाकर सोना पड़ता था। टिकट-बिक्री में आए छुट्टे पैसे एक ट्रंक में भर दिये जाते। सुबह वही रेज़गारी काकाजी के ऊपर से सदका उतारकर भिखारियों में बाँट दी जाती थी। हर ओर ख़ुशहाली और ऐश्वर्य था।

जब कभी मुझे अपने बचपन की यादें ताज़ा करनी होती हैं, मैं उन गाँवों-क़स्बों

से गुज़रती हूँ। मुझे हैरानी होती है कि मेरे बाबूजी जीवन भर व्यापारी नहीं बन पाए। जो गाँव पचास साल बाद आज भी इतने छोटे और शहरी सुविधाओं से दूर हैं, जहाँ इक्कीसवीं सदी में आज भी लोग ग़रीब, फ़टेहाल और ख़ाली जेब हैं, सोचती हूँ, उस समय नाटक के कैसे टिकट ख़रीदते होंगे?

मुझे और अन्नू भैया को छुट्टियों में बाबूजी, माँ या काकाजी कम्पनी में ले जाया करते थे। मैं आज भी अपना बचपन, कम्पनी का पूरा माहौल, एकदम साफ़ देख सकती हूँ। मुझे कम्पनी में बहुत अच्छा लगता था। इतने बड़े संसार के अन्दर, बाबूजी ने अपनी एक छोटी-सी दुनिया बसा रखी थी और वे उस दुनिया के मालिक थे। मालिक की ज़िम्मेदारी होती है, चाहे कम्पनी चले या न चले, अपने कर्मचारियों का पेट भरना।

गर्मी मेरा पसन्दीदा मौसम होता था। मई-जून में हमारे स्कूल में दो महीने की गर्मियों की छुट्टियाँ होती थीं। इसलिए गर्मियाँ मुझे और भी पसन्द थीं। उस ज़माने में हमारे पास समय ही समय था, जो आज के बच्चों के पास देखने को नहीं मिलता है। उत्तर भारत में गर्मी बहुत ज़्यादा पड़ती थी लेकिन कम्पनी में गर्मियों की शामें बड़ी ख़ुशगवार हुआ करती थीं।

मैं मीटर या फुट में तो नहीं बता सकती, लेकिन इतना ज़रूर बता सकती हूँ कि मेला, मैदान या कोई बड़ा-सा खेत कम्पनी का खेमा लगाने के लिए ले लिया जाता था, जहाँ कम्पनी एक-दो महीने रहा करती थी। इसके लिए कलेक्टर से इजाज़त लेनी होती थी। पढ़े-लिखे बाबूजी के लिए कलेक्टर से बात करके परमिशन लेना बहुत आसान होता था। कई बार दूसरी कम्पनी वालों के अनुरोध पर बाबूजी उन लोगों की परमिशन भी सहर्ष करवा दिया करते थे।

किसी भी क़स्बे में जब कम्पनी के ट्रक रुकते, मज़दूर बाँस, बल्लियाँ, पर्दे, बड़े-बड़े बक्से और भी न जाने क्या-क्या उतारते, तब गाँव वालों और बच्चों की भीड़ लग जाती। वे सब कौतूहल से अजनबी लोगों का उनके गाँव में एक और संसार बनते देखते।

कम्पनी लगाने के लिए मैदान की परिधि को चारों ओर बहुत सारी बल्लियाँ गाड़ एक बड़ा-सा गोल घेरा बनाया जाता था। बल्लियों पर दस फ़ीट ऊँचा और कई मीटर लम्बा मज़बूत मारकीन का कपड़ा बाँधकर चारों तरफ़ से दीवार की तरह घेराबन्दी कर दी जाती थी। इसे क़नात कहा जाता था। यह गोल घेरा एक संसार होता था—कम्पनी वालों का संसार।

क़नात के घेरे के अन्दर सर्कस और नाटक के कलाकारों के रहने के लिए चालीस-पैंतालीस टेंट होते। छोटे टेंटों को छोलदारी कहा जाता। छोलदारी छोटे-मोटे या बिना परिवार के अकेले रहने वाले कलाकारों के रहने के लिए होती थी। बड़े टेंट बड़े कलाकारों-डांसरों और उनके परिवारों के रहने के लिए होते थे। कम्पनी के

मैनेजर का अलग से टेंट होता था।

टेंट में अन्दर का बाँस अलगनी का यानी कपड़े टाँगने के काम आता। अन्दर रस्सी के बुने पलंग, दोनों तरफ़ रखे होते। बीच में लाइन से रखी बड़ी-बड़ी पेटियाँ विभाजन का काम करती थीं।

नाटक की स्त्रियों की दुनिया, उनके टेंट, परिवार और रात को मंच से दूर बैठे दर्शकों तक ही सिमटी होती थी। बाहर की दुनिया का उन्हें कोई भी ज्ञान नहीं था। वे छोटे से टेंट ही उनके ड्राइंग रूम, रसोई, बच्चों के कमरे, बूढ़े लोगों के ठिकाने और मुहब्बत करने के कोने होते, उन्हीं कोनों के परिणामस्वरूप ढेर सारे बच्चे पैदा होते।

जहाँ तक नज़र जाती मटमैले टेंट और उनके बीच में बने रास्ते नज़र आते थे। इन रास्तों पर कपड़े सुखाने के लिए आड़े-टेढ़े ढंग से बाँधी गई रस्सी होती। रस्सी पर तो डांसरों के कपड़े सूखते और रास्तों पर उनके बच्चे खेलते नज़र आते। कभी-कभी ये रास्ते किसी कलाकार का बिछौना होते, जब वह नशे में धुत्त चित पड़ा होता।

बाबूजी का 'ई पी' नामक टेंट सबसे बड़ा टेंट होता था। टेंट की ज़मीन को मिट्टी और गोबर से लीपकर कलात्मकता के साथ रहने लायक़ बनाया जाता। इस टेंट में एक तरफ़ बाबूजी का पलंग होता था, दूसरी तरफ़ बड़ी-बड़ी पेटियाँ होतीं। ये पेटियाँ, कम्पनी के टिकट, बिल, रजिस्टर, हिसाब-किताब और कलाकारों के कपड़े और कम्पनी की आमदनी के पैसे रखने के काम आती थीं। टेंट के अन्दर ही एक तरफ़ रसोई के नाम पर मिट्टी का एक चूल्हा और पंडेरी पर रखा मिट्टी का घड़ा होता था।

नाटक में काम करने वाले पुरुष, कलाकार कहलाते थे। वहीं नाटक में काम करने वाली स्त्री को कम्पनी वाले डांसर और बाहर का समाज नाचने वाली या रंडी पुकारता था। समाज और यहाँ तक कि कम्पनी वालों के इस स्त्री-पुरुष कलाकार का नाम-विभाजन मेरी बाल-बुद्धि को कभी समझ नहीं आया। ख़ैर...

टेंटों के पास कुछ दूरी पर नाटक के लिए मंच और दर्शक-दीर्घा बनाई जाती थी। इसे बनाने के लिए तीन-चार फुट गहरी ज़मीन खोदी जाती। फिर उस खोदी हुई ज़मीन की मिट्टी से तक़रीबन चार फुट ऊँचा, चालीस फुट चौड़ा और तीस फुट लम्बा चौकोर मंच बनता। मिट्टी के इस मंच पर पानी का छिड़काव कर उसे कूटकर समतल किया जाता। कलाकारों के पैरो में कंकड़ न चुभें इसके लिए मंच के ऊपर एक तिरपाल बिछा होता। मंच पर कई गैस बत्तियाँ यहाँ-वहाँ टाँगी जातीं। माइक सामने की ओर लटके होते।

हारमोनियम, ढोलक, तबले और नगाड़े बजाने वाले साज़िन्दे मंच के एकदम आगे तीन फुट चौड़े, पाँच फुट लम्बे और दो फुट गहरे गढ्ढे में बैठकर कलाकारों की संगत कर अपनी कला का प्रदर्शन करते। मंच और साज़िन्दों के बाद, दर्शकों के बैठने की व्यवस्था का ज़िक्र होना ज़रूरी है।

साज़िन्दों के गढ्ढे के बाद प्रथम श्रेणी के दर्शकों के लिए लोहे की 'फ़ोल्डिंग' कुर्सियाँ लगाई जाती थीं। उसके बाद दूसरी श्रेणी के दर्शकों के लिए गद्दे बिछाए जाते थे।

मंच से काफ़ी दूर तीसरी श्रेणी के लिए सिर्फ़ दरियों पर बैठने की व्यवस्था होती थी। पहली श्रेणी के टिकट का मूल्य एक रुपया। दूसरी श्रेणी का अठन्नी और तीसरी श्रेणी के टिकट का मूल्य चवन्नी था। सर्कस का टिकट मात्र दस पैसे होता था।

नाटक के मंच से थोड़ी ही दूरी पर सर्कस का रिंग बनाया जाता था। यह रिंग रस्सी से बनाया एक बड़ा-सा गोल घेरा होता। जिसके बाहर दर्शक होते और उस घेरे के अन्दर सर्कस होता। जब मैंने होश सँभाला उस समय कमला सर्कस से आए केरल के राघो बाबा, अफ़गानिस्तान के सार्जेंट बाबा, जान मोहम्मद, सिन्ध के चेतन बाबा मुख्य सर्कस वाले थे, मथुरा के श्यामलाल सर्कस के रिंग मास्टर थे, जिन्हें हम श्यामू मामा पुकारते थे।

कम्पनी के टेंट लगाने से लेकर, सर्कस की रिंग तैयार करने के लिए ज़मीन को समतल करना, स्टेज बनाना, ज़मीन लीपना, कनात लगाना, शो शुरू होने से पहले दर्शकों के लिए कुर्सियाँ लगाना, दरी बिछाना, फिर शो ख़त्म होने के बाद आधी रात को उन्हें उठाकर व्यवस्थित रखना, कम्पनी के एक क़स्बे से दूसरे क़स्बे जाने के समय टेंट, बाँस-बल्लियाँ और सब लोगों के सामान को ट्रक में लादना, उस ट्रक के साथ यात्रा करना, नये क़स्बे में पहुँचने के बाद ट्रक को अनलोड करना, और न जाने कितने अनकहे काम थे जो कम्पनी के मज़दूर करते थे। फिर भी इनके अपने लिए कोई टेंट नहीं होते थे। शो ख़त्म होने के बाद, ये लोग मंच या दर्शक-दीर्घा में उन्हीं कनातों से लिपटकर सोते नज़र आते थे। हम इन मज़दूर वर्ग को नाम लेकर नहीं पुकार सकते थे, बाबूजी-माँ ने हमें सिखाया था उम्र में बड़े लोगों के नाम नहीं लिये जाते। इसलिए, भैया, चाचा, मामा, नाना जैसे रिश्ते बन जाते थे।

कम्पनी में कहावत प्रचलित थी, जिसने कम्पनी का पानी पिया, घुँघरू की आवाज़ जिसके कानों में पड़ी, फिर वह कहीं का नहीं रहता। इन्हीं 'कहीं के नहीं रहे लोग' जिन्होंने कम्पनी का पानी पिया, घुँघरुओं की आवाज़ सुनी और बस कम्पनी के हो गए, उनमें विशेष मज़दूर थे—परसराम भैया, इस्माइल भैया, शमसुद्दीन भैया, अंजाम भाई, बाबूजी के ख़ानसामा गोवर्धन भैया और लच्छू मामा, जिनका असली नाम लखमीचन्द जैन था।

लच्छू मामा का इतिहास बड़ा अजीबोग़रीब है। जब मामा कोई दस साल के रहे होंगे, उनके पिता की मृत्यु हो गई थी। उनके पिता सोना-चाँदी रहन रखने का काम करते थे। पिता की मृत्यु के बाद उनकी माताजी का धन चाचाओं ने हड़प लिया था। मामा के जीजाजी जीवन की सारी कटुता मामा पर निकालते। मार से घबराकर दस साल के नन्हे लच्छू मामा विदिशा से भागकर सिरोंज आ गए।

सिरोंज में अच्छन मियाँ के बन्द पड़े निशात टॉकीज में, बाबूजी की कम्पनी लगी थी। मामा वहीं चने बेचते हुए आए और हमेशा के लिए कम्पनी के हो गए। कुछ ही दिनों में लच्छू मामा की पदोन्नति हुई और घर के कामों में हाथ बँटाने के लिए माँ के पास भोपाल भेज दिये गए। अपने वाचाल स्वभाव, छोटी-मोटी चोरी, बीड़ी पीने की आदत और थोड़ा बड़े होने पर कभी-कभार गाँजे के सुट्टे लगा लेने की वजह से माँ से बहुत मार खाते थे, फिर यही लखमीचन्द जैन का माँ ने नामकरण कर दिया, वे लच्छू कहलाए जाने लगे। माँ उन्हें राखी बाँधने लगीं और फिर वे लच्छू से हम बच्चों के लच्छू मामा बन गए और हमेशा के लिए हमारे हो गए।

तनख़्वाह की बात करें तो, डांसर और कलाकारों की तनख़्वाह, जिसे सब 'राशन' कहते थे, दस रुपये और इन मज़दूरों की एक रुपया या अठन्नी रोज़ हुआ करती थी।

तक़रीबन सारे मज़दूर-दलों का जमावड़ा बाबूजी के 'रसोड़े' में खाना खाता था। कारण, रसोड़े में तीस पैसे देकर 'तर-माल' मिलता था। माँ-बाबूजी जो खाते, वही खाना सब सदस्यों के लिए होता था। उन्होंने कभी नौकरों को अलग से सस्ता खाना खिलाने का प्रचलन नहीं रखा। सबके अपने-अपने टेंट और अपने-अपने चूल्हे यानी रसोई होती थी। इस रसोई का काम था, जब कम्पनी चले तो गोश्त मुतंजन से महके और कम्पनी बन्द हो तो ख़ामोश, अपने ठंडे चूल्हे के साथ ऊँघें।

कभी-कभी कम्पनी अपनी खुमारी से जाग भी जाती थी, यह तब होता जब दो गुटों में किन्हीं छोटे-मोटे कारणों से सिरफुटौवल हो जाता। एक बार हथियार बनाकर लोहे के भारी तवे को दूसरी पार्टी पर फेंका गया, बाबूजी बचाव के लिए कूदे, तवा उनकी आँख पर लगा। लड़ाई थम गई। लेकिन बाबूजी की एक आँख हमेशा के लिए थोड़ी क्षतिग्रस्त हो गई।

नाटक, कल्पना को सच का आभास करवाने का माध्यम है। जो है नहीं उसे दिखाना और दर्शक को उस आभास में पूरी तरह डुबा देना ही कला है। इसीलिए पर्दों पर पेंटर द्वारा राम का वनवास, जंगल, महल, स्वर्ग और भी तरह-तरह के चित्र बनवाये जाते। नाटक के दृश्य के अनुसार ये पर्दे पृष्ठभूमि की तरह इस्तेमाल होते थे। लिपी-पुती नर्तकियों के साथ दर्शक स्वर्ग-लोक की यात्रा करते। इसी काल्पनिक आभास के लिए लोग अपने-आपको भूलकर नाटक देखने आते थे।

अहसान लखनवी और मुंशी दिल जैसे प्रसिद्ध नाटककारों के नाटक हमारी कम्पनी में होते थे। उन दिनों नाटक-लेखकों में सबसे बड़ा नाम आग़ा हश्र कश्मीरी का था। हमारी कम्पनी में, उनके लिखे नाटक सबसे ज़्यादा मंचित किये गए थे। उन्हें उर्दू ज़बान का शेक्सपियर कहा जाता था। नाटक जिनके नाम मुझे याद हैं वे थे, शीरी फ़रहाद, बिल्वा-मंगल, लैला-मजनू, सीता-बनवास, भीष्म-प्रतिज्ञा, दिल की प्यास, आँख का नशा, बेटी का सौदा, ख़ूबसूरत बला तथा यहूदी की लड़की।

जब कभी कोई धार्मिक नाटक जैसे सती-सावित्री, हरिश्चन्द्र-तारामती या सीता-बनवास होता तो कभी-कभार महिलाएँ भी आतीं क्योंकि वे आदमियों के साथ बैठकर नाटक नहीं देख सकती थीं, इसलिए उनके बैठने के लिए स्टेज की विंग में व्यवस्था की जाती थी। स्त्रियों के टिकट का मूल्य भी थर्ड क्लास वाला यानी चवन्नी ही होता था।

मुझे लगता है नाटक देखने की इजाज़त, यह मौक़ा स्त्रियों को बरसों में कभी मिलता होगा। आख़िर वे भी तो मनोरंजन की हक़दार थीं। स्त्रियाँ इन मार्मिक नाटकों को देखकर रोती थीं। यहाँ तक कि पुरुषों की आँखें भी भर आती थीं। उस समय के नाटक सामाजिक समस्याओं और कुरीतियों पर आधारित होते थे।

जब खेला अच्छा चलता तब त्योहारों पर तो कम्पनी की रौनक देखते बनती थी। ईद, दीवाली, होली और रमज़ान पर बाबूजी की तरफ़ से दावतें होतीं जिनका इन्तज़ाम बाबूजी के मैनेजर भाई मियाँ, बाबूलाल शर्मा, बच्चन शुक्ला और जॉन मोहम्मद यानी जॉन मामू करते थे।

कम्पनी में ढेर सारे लोग और ढेर सारे रिश्ते होते थे।

नाटक-कम्पनी की दिनचर्या

नाटक-कम्पनी को मैं दिन से शुरू करने के बजाय रात से उसकी दिनचर्या मेरा मतलब 'रातचर्या' शुरू करूँगी।

कम्पनी की रातें

मैं ऐसा सोचती हूँ कि जब भी आप कुछ लिखने बैठते हैं, तब दिनचर्या सुबह से शाम तक की होनी चाहिए। ज़िन्दगी सुबह से शुरू होती है। पंछियों की चहचहाहट से पूरी सृष्टि जागती है। ऐसा होता भी है। हमारी ज़िन्दगी भी वही है। पैदा होना यानी ज़िन्दगी की सुबह। जवानी, दोपहर। अधेड़ अवस्था, शाम और फिर होती है रात यानी मृत्यु। फिर सब कुछ उस नीरवता में, अन्धकार में, मृत्यु की गहरी खाई में समाप्त हो जाता है। लेकिन कम्पनी की सुबह, रात से शुरू होती थी। दिन वहाँ अन्धकारमय होते थे। कम्पनी की रातें जगमग, शोर-शराबे में सराबोर होती थीं। शाम होने से पहले, ज़मीन पर पानी का छिड़काव होता। ताकि दर्शक और कलाकार धूल-मिट्टी से बचें। कम्पनी में शाम से ही ख़ुशगवार रात की रौनकों की आहटें शुरू हो जाती थीं।

शाम होने से पहले गैसबत्ती (पेट्रोमैक्स) के काँच पर जमी कालिमा का सफ़ाई-अभियान शुरू होता। फिर गैसबत्ती की रौशनी सर्कस के रिंग में फैल जाती।

शाम को सर्कस शुरू होने से पहले नई फ़िल्मों के गाने रिकॉर्ड पर बजाए जाते।

लाउडस्पीकर से उनकी आवाज़ दूर-दूर तक क़स्बे में पहुँच जाती। लगता जैसे कम्पनी में आने का हर एक को न्योता दे रही हो। छह बजे से आठ बजे तक सर्कस होता, फिर नौ बजे से नाटक शुरू होता था, जो सुबह के तीन-चार बजे तक चलता।

सर्कस के ख़त्म होते ही नाटक के लिए, बुकिंग-खिड़की पर फिर से लोगों का जमावड़ा लगना शुरू हो जाता।

पुरुष-प्रधान समाज में कम्पनी की इन औरतों को हेय-दृष्टि से तो देखा जाता था, परन्तु उसी समाज के पुरुष, मनोरंजन के लिए इन्हीं औरतों की अदाकारी पर, उनकी सुन्दर काया पर और उनके चेहरे पर पैसा लुटाने में ज़रा भी संकोच नहीं करते थे।

शो यानी नाटक और घुँघरुओं की छम-छम

नाटक शुरू होने के पहले रात के राजाओं यानी क़स्बे के शोहदे लड़कों का दौर शुरू होता। कुछ लोग टिकट ख़रीदकर अन्दर आने का इन्तज़ार करते। कुछ शोहदे यों ही चक्कर लगाते। कुछ लोग कम्पनी में काम करने वाले आदमियों से दोस्ती की फ़िराक में रहते। ताकि उन्हें किसी भी तरह से कम्पनी की हीरोइनों की ज़िन्दगी के बारे में पता लगे, कि वे क्या खाती हैं? मेकअप के बिना कैसी दिखती हैं?

शहर के कुछ मनचले पैसे वाले लड़कों को तमन्ना रहती, किसी तरह कम्पनी की मशहूर डांसरों से मिल लें। ये सारी हीरोइनें क़स्बे के लोगों के लिए किसी अप्सरा से कम नहीं होती थीं। कम्पनी की कुछ हीरोइनें जैसे रूप कुमारी, मुश्शो, इन्दिरा, ज़रीना या चन्दा, इनसे मिलने, पहचान करने के लिए क़स्बे के लड़के, सरपंच, ज़मींदार तरसते थे। उनकी तमन्ना रहती बस अपने हाथों इन अप्सराओं को कुछ इनाम-इकराम दे दें।

मैं भी इसी तरह की एक अप्सरा डांसर की मुरीद थी। उन्हें हम और कम्पनी के सभी बच्चे कक्का पुकारते थे। कक्का के स्टेज का नाम रूप कुमारी था। न जाने उनका असली नाम क्या था? नाटक के पात्रों में या यूँ कहूँ की कमाकर घर चलाने में इन स्त्रियों के अपने नाम, धर्म और अस्तित्व कहीं खो जाते थे। वे या तो मंच के लिए रखे गए नाम भर होकर रह जाती थीं या उनके बचपन के मुख़्तसर नाम उनकी पहचान होते थे। वे बिब्बो, बुग्गी, जन्नो, मुश्शो, मुन्नी या बब्बे बनकर रह जाती थीं।

मध्य प्रदेश के छोटे-से गाँव मऊरानीपुर में कम्पनी लगी हुई थी। अन्नू भैया और काकाजी की गर्मियों की छुट्टियाँ लग गई थीं। मैं तब मात्र पाँच साल की थी। मऊरानीपुर में पहली बार मैंने कक्का को सजते हुए देखा था।

कम्पनी में शाम की रौनक़ अपने उरूज पर थी। साज़िन्दे साज़ पर राग

चन्द्रकौंस का नग्मा बजा रहे थे। हमारे साज़िन्दे शास्त्रीय संगीत के जानकार थे। मैं भी टेंटों के बीच के रास्तों पर चलती हुई स्टेज के पीछे, कक्का के टेंट तक आ गई।

कक्का टेंट में अपने छोटे-से आईने के सामने बैठी मेकअप कर रही थीं। उनके चेहरे पर पिउड़ी (एक तरह का पाउडर, जो चेहरा गोरा बना देता था) लगी थी। पिघले मोम में उन्होंने काजल मिलाया हुआ था। एक छोटे-से टूटे हुए टूथब्रश से उनका पलकों पर मोम वाला काजल लगाना और पलकों का बड़ी हो जाना। मैं मंत्र-मुग्ध होकर उन्हें सजते देखने का सुख ले रही थी। हर ओर रौशनी थी। टेंटों में हलचल थी। सभी डांसरों के चेहरे पिउड़ी से, गाल लाली से और होंठ लिपस्टिक से पुते हुए थे। पिघले मोम मिले काजल की गन्ध चारों ओर फैली हुई थी।

दर्शकों को लुभाने का कोई भी अस्त्र नहीं छोड़ा जाता था। रसोई के औज़ार से बालों को घुँघराले बनते मैंने देखा है। सँड़सी का काम होता था, गरम बरतन को पकड़ने का, लेकिन आवश्यकता आविष्कार की जननी है, यह विज्ञान का सिद्धान्त मैंने स्कूल में आने से पहले ही सीख लिया था। सँड़सी की डंडी को गरम कर बालों की लटों को घुँघराला बनाया जाता।

जब स्टेज पर नाचते हुए, कम्पनी की डांसरें इन घुँघराली लटों को अपने चेहरे पर बिखरातीं तो दर्शकों की सिसकारी निकल जाया करती थी। किसे पता था, रसोई की बेजान लोहे की सँड़सी दर्शकों की आह निकलवाने का औज़ार बन सकती है, कल्पना से परे की बात है।

उन्हीं दिनों फ़िल्मों से प्रभावित होकर कम्पनी में 'मछली ड्रेस' का चलन भी हुआ था। वर्षों बाद मैंने हिन्दी फ़िल्मों की खलनायिकाओं को मछली ड्रेस पहनकर कैबरे करते देखा था।

कम्पनी में रात की रौनक देखने वाली होती थी। नाटक को बीच में थोड़ा रोका जाता। फिर आता नर्तकियों का नम्बर। वे नाचतीं और गातीं। नाटक के बीच में रंगारंग नाच-गाना चलता।

इन्द्र की सभा में नर्तकियाँ ठेठ उर्दू भाषा में फ़िल्मी गीत गाने से नहीं चूकतीं। जैसे इन्द्र का दरबार है और अप्सरा गा रही होतीं, 'उनसे मिली नज़र के मेरे होश उड़ गए' या इन्द्र को सोमरस अर्पित करते हुए गातीं, 'शीशे से पी या पैमाने से पी'।

माँ मुझे नाटक देखने की इजाज़त नहीं देती थीं। लेकिन नौ बजे रात से सुबह के तीन-चार बजे तक चलने वाले नाटक को देखने की छूट अन्नू भैया और काकाजी को थी। मेरे लड़की होने की वजह से माँ का पक्षपात यहाँ साफ़ नज़र आता था।

बाबूजी इन सबसे दूर, पलंग पर लेट अपने छोटे-से रेडियो (ट्रांजिस्टर) को पेट पर रखे बी.बी.सी. की ख़बरें सुना करते थे। बाबूजी को ख़बरों का इतना

शौक़ था कि उनका रेडियो संस्कृत में ख़बरें आने पर भी बन्द नहीं होता था। हम अगर कहते, "अभी तो संस्कृत में ख़बरें आ रही हैं। इस बीच क्या हम गाने सुन सकते हैं?" तब हमें टका-सा जवाब सुनने को मिलता, "बस इसके बाद अंग्रेज़ी में ख़बरें आएँगी।"

इन सबके बीच हमारे लहजे और तलफ़्फ़ुज़ पर भी माँ ध्यान देती थीं। मुझे अच्छी तरह याद है, कम्पनी में, रात में जब एक तरफ़ कोई अच्छा-सा गाना, 'झुमका गिरा रे बरेली के बाज़ार में' गाया जा रहा होता, तब टेंट के कोने में माँ की उर्दू-क्लास लगी होती। मुझसे उर्दू का 'क़' शब्द नहीं निकलता था। माँ को कई दिन लगे थे। पानी मुँह में भरकर जिस तरह ग़रारे करते हैं, कभी वैसी आवाज़ निकलवातीं। जब उर्दू शब्दों के सही तलफ़्फ़ुज़ न निकल पाते तो माँ उन्हें हमारे गालों से निकलवाने की कोशिश करतीं, यानी वही झन्नाटेदार थप्पड़।

ख़ैर साहब, इन 'क़' और 'ग़' शब्द को कई तरीक़े से हमारे गले में उतारने का श्रेय माँ को जाता है। उनकी वजह से आज भी हम सब बहन-भाइयों के तलफ़्फ़ुज़ बहुत साफ़ हैं। मेरे लिए यह तलफ़्फ़ुज़ की क्लास, जिसमें थप्पड़ की गूँज शामिल होती थी, कम्पनी में डांसरों के घुँघरुओं और गीतों की मधुर आवाज़ के बीच कितनी असह्य होती होगी? समझदार समझ सकता है!

मैं दूर स्टेज से स्पीकर पर गूँजती, नर्तकियों के घुँघरुओं की छम-छम, उनकी मधुर गाने की आवाज़ और ढोलक की लय पर जुगलबन्दी सुनते हुए सो जाती थी।

दूसरों की ज़िन्दगी में झाँकने का लुत्फ़

मुझे दरअसल दूसरों की ज़िन्दगियों में झाँकना बहुत अच्छा लगता है। मनुष्य को समझने की अदम्य इच्छा मुझे ऐसा करने पर मजबूर करती है। स्त्री और पुरुष के मैंने अलग-अलग रूप देखे हैं। इनसानियत से भरा डाकू देखा और हैवानियत से भरा सभ्य कहे जाने वाले समाज का पुरुष देखा।

मनुष्य हो या राक्षस, इनसान इस छोटी-सी ज़िन्दगी में कितना गाफ़िल हो सकता है। इसलिए मैंने सोचा कि कम्पनी के कुछ पुरुष और कुछ स्त्रियों की ज़िन्दगी को समेट लाऊँ। कम्पनी के कुछ प्रमुख लोग जो मुझे याद हैं साफ़-साफ़!

कम्पनी के कुछ पुरुष कलाकार

ख़ुराफ़ाती शरीफ़ भाई

कम्पनी में एक ख़ुराफ़ाती दिमाग़ वाले थे शरीफ़ अहमद। उन्हें सब शरीफ़ भाई कहते

थे। उन्होंने दर्शकों को लुभाने के लिए उस वक़्त कम्पनी में कई स्कीमें निकालीं।

जिन स्कीमों को मैं आज टीवी पर देखती हूँ कुछ वैसी ही इनाम का प्रलोभन मार्केटिंग रणनीति की तरह हर तरफ़ फैल गया है। वही प्रलोभन। वही बिना मेहनत झटपट पैसा मिल जाने के सपने। वही सपनों को हक़ीक़त बनाने की स्कीमें हैं। सब वही है। बस लोग बदल गए हैं।

तो शरीफ़ भाई ने सर्कस के दस पैसे के टिकट पर इनाम रखा था 'गृहस्थी' का। 'गृहस्थी' इनाम में सुई से लेकर चूल्हा, पीतल का घड़ा, थाली, कटोरियाँ, गिलास, साइकिल सब कुछ उस दस पैसे में शामिल था।

टिकट का आधा टुकड़ा दर्शक के पास होता था और प्रवेश के वक़्त जो टिकट फाड़ा जाता था उसका आधा टुकड़ा एक पीपे यानी टिन के कनस्तर में होता। सर्कस के ख़त्म होते ही दर्शकों में से किसी एक बच्चे को बुलाकर उससे कनस्तर से टिकट निकलवाया जाता और शरीफ़ भाई उस टिकट का नम्बर माइक पर घोषित करते। जिस भी भाग्यशाली का उस आधे टिकट से नम्बर मिल जाता, वह दस पैसे में पूरे सामान का मालिक बन जाता था। उसे अपनी बेटी की शादी के लिए गृहस्थी का सामान जुटाने की ज़रूरत नहीं पड़ती। शरीफ़ भाई के ख़ुराफ़ाती दिमाग़ में हर वक़्त नई-नई स्कीमें उभरतीं।

कम्पनी के लिए शरीफ़ भाई 'सम्पत्ति' थे, कम्पनी की बेशक़ीमती धरोहर थे।

शरीफ़ भाई की एक और ख़ासियत थी, जिसकी वजह से लोग उनसे दूर रहते थे। वे सिर्फ़ ईद के ईद ही नहाते थे। जी, आपने सही सुना। वे साल में बस एक ही बार ईद पर नहाते थे। बाक़ी तीन सौ चौंसठ दिन वे पानी की बचत करते। मैंने ख़ुद अपनी आँखों से उनके हाथ-पैरों पर चढ़ी मैल की काली परत देखी है। दाँत का तो कहना ही क्या? उस पर तो कत्थे और सुपारी का एकाधिकार होता था। जब वह माइक पर बोलते तो माइक के सारे छिद्रों में सुपारी-कत्थे और पान के टुकड़े जम जाते। इस तरह उनके माइक को कोई भी हाथ नहीं लगाता था।

उन्होंने शो को हमेशा सँभाला चाहे कैसी भी परिस्थिति हो।

दिन में रात के शो की पूरे गाँव में पब्लिसिटी होती। एक तिकोने से बोर्ड के कैनवस पर नाटक का नाम लिखा होता। जिन्हें रघुवीर भैया चूने और नील से लिखते थे, क्योंकि उनकी हैंड राइटिंग अच्छी थी। या कम्पनी के पेंटर जो स्टेज के पर्दों पर जंगल, महल और और भी तरह-तरह के सीन बनाते थे, वे बोर्ड लिखते थे।

ठेले पर यह बोर्ड रखा होता जिसे लेकर दिन-भर लच्छू मामा लाउडस्पीकर पर तुकबन्दी के संवादों से लोगों का मनोरंजन करते। बच्चे ठेले को घेरे मामा के साथ पूरे गाँव का भ्रमण करते। इसी पब्लिसिटी में शरीफ़ भाई ने घोषणा करवा दी कि दिल्ली से रेडियो के बड़े कलाकार तबलावादक आज रात नाटक में ढोलक बजाएँगे।

दिल्ली के और फिर रेडियो वाले तबलावादक को देखने के लिए भीड़ जुट

गई। नाटक का पंडाल यानी हॉल खचाखच भरा था। शो से पहले न जाने किसकी करतूत थी कि पता चला, ढोलक फट गई है। सबकी सिट्टी-पिट्टी गुम। शरीफ़ भाई मंच पर आकर लोगों को बोले, 'आपने तबला-ढोलक तो ख़ूब सुनी होगी, किसी ने कुर्सी बजते सुना है?'

उस रात पूरे शो में फ़र्स्ट क्लास में लगने वाली लोहे की कुर्सी को गानों पर बजाया गया। दर्शकों ने कुर्सी की लय का आनन्द उठाया। कम्पनी वाले शरीफ़ भाई के दिमाग़ का लोहा मान गए। ऐसे ही एक जगह ढोलक के अभाव में उन्होंने टिन का पीपा बजवाकर लोगों को आनन्दित किया था। लेकिन शरीफ़ भाई का एक और भी रूप था।

यों तो हमारी कम्पनी के लोग कई-कई शादियाँ कर लेते थे। इसी तरह शरीफ़ भाई ने भी कई शादियाँ की थीं। उनकी मुख्य पर्दानशीन बीवी दिल्ली में जामा मस्जिद के पास बच्चों के साथ रहती थीं। उन्हें कभी भी शरीफ़ भाई कम्पनी में नहीं लाए। बाक़ी शरीफ़ भाई अपनी शराफ़त ताक पर रखकर, कम्पनी की बेहतरीन डांसर हीरोइनों को शिकार बनाते। जिन्हें जनता से ख़ूब इनाम-इकराम मिलता वे शरीफ़ भाई की स्कीम के तहत खेत हो जातीं।

कम्पनी की औरतें और आदमी पढ़े-लिखे तो होते नहीं थे इसलिए शरीफ़ भाई कम्पनी की किसी भी हीरोइन के भाई पर झूठी चोरी का इल्ज़ाम लगाकर हवालात में बन्द करवा देते। बेचारी हीरोइनों को पुलिस, कोर्ट-कचहरी से डर लगता। वे शरीफ़ भाई के ख़ुराफ़ाती दिमाग़ से वाक़िफ़ थीं। घर के सदस्यों को हवालात से छुड़वाने की एवज़ में उन्हें डर के मारे समर्पण कर शरीफ़ भाई से निकाह करना पड़ता।

इन अभागी डांसरों में 'बिजली' नाम की एक प्रसिद्ध नायिका भी शामिल थी।

आज मैं समझ सकती हूँ उन कमसिन, मासूम, प्यारी, भोली सूरत वालियों को। मिसरी घोलने वाली आवाज़ों की मलिकाएँ, जिनके गीत-ग़ज़ल सुनकर लोगों की आहें निकल जाती थीं। वे युवा, अधेड़ और बूढ़ों की रातों की धड़कन, स्वप्न की फ़ंतासी हुआ करती थीं। ये हीरोइनें जब शरीफ़ भाई के अंक में होती होंगी तो उन्हें नरक का अनुभव करने के लिए मृत्यु का इन्तज़ार नहीं करना पड़ता होगा।

मेरे बाबूजी न्यायप्रिय थे। लेकिन शरीफ़ भाई के व्यक्तिगत मामले में उनका कहना था, "जब तक वे औरतें मुझसे सहायता न माँगें, मैं उनके व्यक्तिगत मामले में दख़ल देने वाला कौन?" उन हीरोइनों ने शादी के बाद कभी कोई शिकायत दर्ज नहीं की, न ही उनके परिवार को कोई परेशानी हुई। ये थे शरीफ़ भाई, जिन्हें शराफ़त छूकर भी नहीं गई थी।

शरीफ़ भाई बूढ़े हो चले थे फिर भी शिकार करने से बाज़ नहीं आते थे। उनका अन्तिम शिकार थीं, कम्पनी की नम्बर एक हीरोइन रूपकुमारी। उनके घरवालों की 'बुग्गी' और हम बच्चों की 'कक्का'।

रघुवीर भैया

कम्पनी उस समय मऊरानीपुर में लगी हुई थी। कुछ दिनों के लिए हम कम्पनी में ही आ गए थे। उसी दौरान एक लड़का अपने घर जबलपुर से भागकर हमारी कम्पनी में काम की तलाश में आया। बाबूजी ने दसवीं पास इस बच्चे की क़ाबिलियत को परखने का ज़िम्मा माँ को सौंप दिया। मुझे अच्छी तरह याद है, उस लड़के ने गाना सुनाया था। हम बच्चे कौतूहल वश उस बच्चे की परीक्षा देख रहे थे, जिसमें हमारी माँ किसी को पास या फ़ेल करने वाली थीं। उस लड़के ने गायक मुकेश की आवाज़ में 'मिलन' फ़िल्म का गाना सुनाया, 'मुबारक हो तुमको समाँ यह सुहाना, मैं ख़ुस हूँ मेरे आँसुओं पर न जाना मैं तो दीवाना दीवाना दीवाना।' यह जो 'ख़ुश' शब्द को 'खुस' कहा गया था, बस यही गड़बड़ हो गई थी। बाबूजी ने कहा, "आवाज़ तो ठीक है पर तलफ़्फ़ुज़ ग़लत है।" माँ ने समझाया, "बाबूजी! लड़के में सलाहियत है। धीरे-धीरे ठीक हो जाएगा।" हुआ भी वही, माँ और कम्पनी के दूसरे लोगों की मदद और लड़के की मेहनत रंग लाई। जल्द ही वह मुख्य किरदार निभाने लगा और उसके अभिनय को माँजा हमारी कम्पनी के दिग्गज कलाकारों ने।

इसी के साथ वह लड़का हमारे लिए 'रघुवीर भैया' बनकर हमारे परिवार का अहम हिस्सा हो गया। बाद में काकाजी ने ज़बरदस्ती रघुवीर भैया का एन. एस. डी. में दाख़िला करवाया और आज रघुवीर यादव हिन्दी फ़िल्म इंडस्ट्री के सीनियर एवं बेहतरीन कलाकारों में शुमार किये जाते हैं। छुट्टी ख़त्म, मऊरानीपुर-हरपालपुर की यात्रा भी ख़त्म हुई।

कम्पनी के प्रमुख पुरुष कलाकार थे, पुत्तन बाबा, गुलाब बाबा, वदूद बाबा, रघुवीर यादव और अंजाम।

उस ज़माने में चूँकि फ़िल्में छोटे क़स्बों में नहीं पहुँची थीं और टेलीविज़न था नहीं इसलिए पान की दुकान पर बजता रेडियो पूरे गाँव के मर्दों के लिए गाना सुनने का अड्डा हुआ करता था।

नाटक-कम्पनी अगर कहीं क़स्बे में आ जाए तो यही एकमात्र मनोरंजन का साधन होती थी। वह भी जीवन्त। किसी कलाकार को साक्षात सामने देखने का लुत्फ़ ही अलग होता है।

मोती बाबा

मोती बाबा हमारे यहाँ के हास्य अभिनेता थे। वे वाक़ई बहुत अच्छे कलाकार थे।

हम जब बड़े हुए और नाटक तथा सिनेमा को जाना; तब हमें उन कलाकारों का मूल्य पता चला कि वे लोग किस स्तर के महान कलाकार थे। मोती बाबा

ने एक सौ आठ साल की उम्र पाई। सौ साल की उम्र में भी वे सुई में धागा पिरो लेते थे।

चाहे अभिनेता हो या कोई अन्य। पुरुष की ज़िम्मेदारी, चौका-चूल्हा सँभालने की और बच्चों को पालने की थी। आहा! क्या मज़ा! वे लोग बिना विदेश गए इतने आधुनिक थे।

सुबह जब डांसरें रात के नाटक के बाद देर तक सोई रहतीं तब कम्पनी के पुरुष जाग जाते और फिर अपने-अपने टेंट में चूल्हे सुलगाते।

मोती बाबा चूल्हे पर सुबह से गोश्त चढ़ाते। उसमें घर के हर सदस्य की पसन्द की सब्ज़ियाँ डालते। मसलन उनके गोश्त की हाँड़ी में मसालों के साथ, शलजम, भिंडी और आलू से लेकर लौकी भी हुआ करती। इनका गोश्त बहुत लज़ीज़ बनता। न मैंने और न माँ ने कभी उनके हाथ का खाना खाया। वे मुझे बहुत गन्दे लगते थे। वे नहाते नहीं थे, कत्थे और पान से पुते उनके दाँत, और एक ही कपड़े को महीनों पहनना। हाँ अलबत्ता बाबूजी को उनके हाथ का गोश्त खाने से कोई परहेज़ नहीं था।

डांसर दोपहर में सोकर उठतीं, उनके उठने से पहले उनके घर के पुरुष खाना बनाकर तैयार रखते। कुछ पति सुबह मछली पकड़ने जाते और कुछ डांसरों और बच्चों के कपड़े नदी पर धोने के लिए ले जाते।

इस तरह के जाँबाज़ हीरो और पुरुषों से कम्पनी भरी पड़ी थी।

कम्पनी की औरतें

माँ, बड़ी मौसी, पंछी और जानवरों को जानने की वजह से स्त्री के प्रति मेरे मन में संवेदना रही है। नारी के प्रेम, स्नेह और घृणा को मैंने बहुत पास से देखा है। मैंने बचपन में पाया कि हर वर्ग की स्त्री, असीम दुख और पीड़ा को मौन होकर अपनी नियति मानकर सह रही थी। इसीलिए कम्पनी की स्त्रियों को जानने के प्रति मेरा विशेष रुझान रहा। उनसे मुझे बहुत स्नेह मिला। उनकी वेदना, दुख और तकलीफ़ की मैं साक्षी रही हूँ। उन स्त्रियों के जीवन में जब झाँककर देखती हूँ तो...कुछ चाह जगती है, कुछ आह उभरती है। फिर कहीं दुखों का अम्बार पाती हूँ तो कहीं सुखों की भरमार हो जाती है। कहीं प्रीत है, कहीं प्रेम का अभाव है। कहीं रचना की छटपटाहट दिखी, कहीं ज़िन्दगी का सूनापन और अकेलापन। न जाने कैसी निस्तब्धता थी। फिर गीत की एक मधुर आवाज़ गूँजी। और मेरी कविता का जन्म हुआ। वह कविता थी, कम्पनी की एक स्त्री रूपकुमारी। जिन्हें मैंने मेकअप करते देखा था। तब से ही वह मुझे अच्छी लगती थीं।

रूपकुमारी उर्फ़ जवाँ दिलों की धड़कन

मैं कम्पनी की उन ज़िन्दगियों से परिचित हुई, जो बहीं और बहती रहीं—गीतों, ग़ज़लों, छन्दों में। आँसुओं के बहाव में। संघर्षों की लय पर। सुरों में लिखी पाती, और कुछ ख़ुराफ़ाती लोगों की शिकार बनतीं, इनकी ज़िन्दगी कहानियों जैसी थी...

कम्पनी की उस वक़्त की मशहूर कलाकार, युवा दिलों की धड़कन, 'रूपकुमारी'। रूपकुमारी! जैसा नाम वैसी ही सूरत। पतली सी नाज़ुक, गोल चेहरा, बहुत ख़ूबसूरत हँसी। कोमल दिल की कक्का। मैं जब श्रीदेवी को देखती हूँ तो मुझे कक्का की झलक आती है। उस तरह का चेहरा था उनका। लेकिन बहुत ही सीधी, सौम्य, हँसतीं तो दाँत मोती से चमकते। वे जनता के दिलों की धड़कन थीं। कम्पनी की बहुत बड़ी हीरोइन थीं। लोग उन्हीं की वजह से नाटक देखने आते थे। वह नाटकों में मुख्य भूमिका अदा करतीं। मैंने उनका नाटक देखा 'दही वाली उर्फ़ मस्तानी गूजरी' जिसमें वह दही वाली बनती थीं।

वे अपने ख़ास रंग-बिरंगे घड़े को बजाकर गाना गाती थीं। अपनी दसों उँगलियों में अँगूठी पहनकर उससे घड़े पर ताल देतीं और गातीं; 'हम तेरे प्यार में सारा आलम खो बैठे'। मुझे याद है उनका एक और गाना, 'दिलरुबा मैंने तेरे प्यार में क्या-क्या न किया, दिल दिया दर्द लिया'। इन गानों पर उन्हें बहुत इनाम मिला करता था।

उस ज़माने में जब सिर्फ़ चौवन पैसे में एक किलो गेहूँ मिलता था। तीन रुपये किलो असली शुद्ध देसी घी था। सरकारी स्कूल मास्टरों की पूरे महीने की तनख़्वाह मात्र सौ-डेढ़ सौ रुपये होती। उस समय रूपकुमारी को पचास-साठ रुपये रोज़ के इनाम में मिलते थे। इतना इनाम किसी कलाकार को नहीं आता था। लेकिन बाक़ी कलाकार भी पीछे नहीं थीं। उन्हें भी इनाम-इकराम आते थे। लेकिन इन महिलाओं के पास पैसा टिकता नहीं था।

पढ़ी-लिखी तो थीं नहीं। टेंट के बाहर की दुनिया से बिलकुल अपरिचित थीं। घर के सारे सदस्यों को पालने की ज़िम्मेदारी भी इन्हीं पर होती। ज़्यादातर इनके घरों में लड़के आवारा और पैसा उड़ाने वाले होते। घर और बाहर, सब तरफ़ लुटती रहतीं। आसानी से बेवक़ूफ़ बनने वाली ये औरतें जाने कितनों के पेट पालती थीं। रूपकुमारी के दो छोटे भाई थे, अनीस और शकील।

यह उस समय की घटना है जब कक्का किसी और की कम्पनी में थीं। इन महिलाओं को इनके परिवार वाले ज़्यादा पैसों के लालच में कम्पनी बदलवा देते थे। जब दूसरी कम्पनी बन्द हो जाती या इनके पैसे खा लिए जाते तब ये हमारी कम्पनी में फिर से आ जातीं और बाबूजी बिना उलाहना दिये इन्हें रख लेते थे। उनकी कमाई और उनकी ज़िन्दगी, सब कुछ उनके घरवाले पुरुषों के हाथ होती थीं।

पैंसठसाला शरीफ़ भाई ने रूपकुमारी के भाइयों पर चोरी का इलज़ाम लगाकर, पुलिस के छोटे-मोटे सिपाहियों से मिलकर, झूठी बरामदगी करवा उन्हें हवालात में बन्द करवा दिया था। बेचारी रूपकुमारी गिड़गिड़ाती हुई शरीफ़ भाई से निकाह करने को तैयार हो गईं। कक्का की दो बहनें थीं जो उतनी अच्छी कलाकार नहीं थीं। एक बहन चन्दा का मर्डर हो गया था, जन्नो का कुछ पता नहीं।

चालीस साल का उम्र का अन्तर, बीस-बाईस साल की कक्का और बासठ-पैंसठ के शरीफ़ भाई। इस अन्तर के बावजूद, रूपकुमारी ने शरीफ़ भाई का साथ पूरी ज़िन्दगी निभाया।

बहुत कम उम्र में टी.बी. हो जाने के कारण उन्होंने संसार छोड़ दिया।

मुझे आभास होता है जैसे वे ऊपर जाकर इन्द्र की सभा में अपने रंगीन घड़े पर ताल देकर गा रही होंगी, 'दिल दिया दर्द लिया'।

रूपकुमारी जैसी सद्‌चरित्र स्त्री खोजना मुश्किल है। उनके जीवन को याद कर मैं उदास हो जाती हूँ। ऐसी न जाने कितनी औरतें कम्पनी में थीं जो सभ्य कहे जाने वाले समाज के लिए पतिता और चरित्रहीन थीं पर मेरे लिए देवी थीं। समाज के इन ढोंगी सभ्य पुरुषों की चाह इन्हीं स्त्रियों को पाने की होती। यह दोगलापन सदियों से चला आ रहा है।

इन स्त्रियों के प्रति उदारता साहित्य में तो पहले से ही थी, लेकिन सत्तर के दशक में, फ़िल्मों में तो कम-से-कम इन स्त्रियों को स्थान मिल गया था। कुछ फ़िल्में सफल भी हो गई थीं। लेकिन समाज में अब भी ये स्त्रियाँ अस्पृश्य ही थीं।

मैंने तो जीवन को ही एक भ्रम और दुखान्त नाटक समझा था। तभी तो पन्द्रह साल की छोटी उम्र में लिख सकी :

मैं कभी-कभी स्वयं को, किसी रोमांटिक उपन्यास के
प्रथम अध्याय में पड़ा पाती हूँ।
बहुत कुछ सोचकर, किसी दुखान्त नाटक की तरह समाप्त हो जाती हूँ।

पाँच पतियों वाली शीला मामी

कम्पनी में रूपकुमारी के एकदम उलट थीं शीला मामी। जगत मामी शीला मामी। उन्हें सब मामी क्यों बुलाते थे? यह रहस्य है। शायद कोई प्रसिद्ध मामा उनका पति बना होगा। अब मामा तो फ़ना हो गए लेकिन छोड़ गए अपने पीछे, एक सम्बोधन जो उम्र भर के लिए शीला 'मामी' बनकर रह गया।

शीला मामी हर सामाजिक मान्यता को तोड़ने वाली स्त्री थीं। अपनी मर्ज़ी और सोच ही उनका अपना दर्शन था। यूँ तो कम्पनी में काम करने वाली महिलाओं

के लिए एक-दो शादी रचा लेना कोई बड़ा सामाजिक कलंक नहीं था। सभ्य सामन्तवादी समाज में पुरुष कई शादियाँ अपनी जेब की हैसियत के अनुसार पहले भी और अब भी राजाओं, ज़मींदारों, और अमीरों में कई-कई पत्नियाँ और सेविकाएँ रखने का प्रचलन है।

लेकिन, कम्पनी की छोटी-सी दुनिया को मैं सलाम करती हूँ जहाँ कम-से-कम स्त्री को अपना पति और कई पति चुनने की स्वतंत्रता थी। यहाँ रखैल शब्द की कोई अवधारणा नहीं थी। यह दूसरी बात है कि सामन्तवादी विचार यहाँ अपने बदले हुए रूप में था। यहाँ की भी शादियाँ पुरुष के वर्चस्व को कायम रखती थीं। इन स्त्रियों को मज़बूत संरक्षक चाहिए होता था। इसी कारण कमाऊ स्त्री के हाथ से निकलने के बावजूद छोड़ा गया पति कुछ नहीं कहता था। न कोई काज़ी न पंडित, सब गन्धर्व विवाह को सर्वश्रेष्ठ मानते थे।

वैसे शीला मामी की भी कम्पनी में गुपचुप तरीक़े से आलोचना होती। यहाँ की स्त्रियाँ ही सबसे बड़ी आलोचक थीं। इस आलोचना में निन्दा और स्वयं को अघोषित तरीक़े से श्रेष्ठ बताने का मनोविज्ञान होता था, क्योंकि शादियों के मामले में शीला मामी सबसे बाज़ी मार ले गई थीं।

उनके दिल को फिसलन पसन्द थी। ऐसे ही फिसलते-फिसलते, शीला मामी ने पाँच शादियाँ की थीं।

शीला मामी सब पतियों की ख़ासियतें सार्वजनिक रूप से याद करती थीं। किसी की पकाई कढ़ी, किसी की चटनी, किसी की दाल और किसी के प्रेम करने के अन्दाज़ का बखान वह बड़े चाव से करती थीं। इनके कुछ पति कम्पनी से थे और कुछ बाहर के समाज से। जैसे सन्नू ताँगेवाले या सोगानी इलेक्ट्रीशियन। शीला मामी के भाँति-भाँति के पति होते हुए भी उनमें एक बात कॉमन थी, जो पाँचों पतियों को जोड़ती थी। वह थी सब फोकटिया यानी बेरोज़गार और बे-कमाऊ थे। यहाँ तक कि सन्नू ताँगेवाला सिर्फ़ नाम भर के ताँगेवाले थे, उनका ताँगा तो उनके पिताजी के साथ ही स्वर्ग सिधार गया था।

लेकिन साहब, एक बड़े मज़े की बात थी शीला मामी में, उन्होंने कभी किसी पति की बुराई नहीं की। हमेशा यही कहा, सोगानी जी बहुत अच्छे थे, सिन्धी कढ़ी बनाने में उनका कोई जवाब नहीं।

थोड़े से समय के बाद मामी का दिल सिन्धी कढ़ी से ऊब जाता तो वे मुगलाई कोरमा की ओर झुक जातीं। पति से जब बात जमी नहीं तो उनकी मीठी यादों को अपने फिसलन वाले दिल में सँजोए उसे छोड़ भर देती थीं।

शायद साधु की यही पहचान होती है। तभी कबीर कह गए, 'सार सार को गहि रहै, थोथा देइ उड़ाय'।

शीला मामी में बहुत सारी ख़ासियतें थीं, जैसे वे न तो अच्छा गाती थीं, न अच्छी

डांसर थीं। और थुलथुल अलग थीं। कलाकार कुछ इस तरह की थीं कि बस स्टेज पर उनका नम्बर तब आता जब मुख्य डांसरें थक जातीं या अपने पात्र के कपड़े बदलने में उन्हें समय लगता। इस समय का दुरुपयोग करने के लिए शीला मामी को स्टेज पर उतारा जाता। दर्शकगण को शीला मामी से कोई शिकायत कभी नहीं हुई, आख़िर चार-पाँच घंटे के नाटक में कोई पेशाब-पानी को जाएगा कि नहीं?

मेरे होश सँभालने तक वे पाँच पतियों की पटरानी बन चुकी थीं।

रघुवीर भाई बड़े शैतान थे। अक्सर जानबूझकर शीला मामी से उनके पतियों का ज़िक्र करते। बहाने से पूछते, 'मामी, मामा नारियल की चटनी बड़ी अच्छी बनाते थे?' मासूमियत से शीला मामी पूछतीं, "कौन से वाले मामा, बेटा?"

फिर ख़ुद ही याद कर कहतीं, "अच्छा! तीसरे—गुलाबगंज वाले।" बेचारी शीला मामी को पता ही नहीं चलता कि ये ख़ुराफ़ाती सवाल थे।

मैंने देखा था। वे सर्कस के श्यामू मामा को नया-नया स्वादिष्ट खाना बनाकर लुभाने की नाकाम कोशिश करने में लगी हुई थीं। शायद छठे पति की तलाश में थीं, श्यामू मामा जो उन्हीं की उम्र के थे शायद अविवाहित थे। वे शीला मामी से दूर भागते थे। बेचारी मामी की छठवीं शादी का सपना अधूरा ही रह गया या पूरा हुआ? इस ज्ञान से मैं आज तक वंचित हूँ।

आज का समाज और आज की स्त्री शीला मामी को सराहेगी। उन्हें समझ सकेगी। क्योंकि आज स्त्री अपने प्रतिबिम्ब में नहीं जीती। वह देह के अलावा भी कुछ है, यह उसने जान लिया है। सारी वर्जनाओं को तोड़ चुकी है आज की स्त्री। शीला मामी अकेली नहीं थीं। कम्पनी में कई औरतें थीं जिन्होंने अपनी मर्ज़ी से कई-कई शादियाँ की थीं।

शीला मामी ने मनोरंजन या देह के लिए विवाह नहीं किये थे। शायद वे स्थायित्व, सम्मान और सुरक्षा चाहती थीं। उनके पास थोड़ा पैसा था, जो नाकारा पुरुषों को लुभाने के लिए काफ़ी था। भावुकता का मुलम्मा जब उतर जाता, तब मामी के सामने उस व्यक्ति का सही रूप उजागर होता। कम्पनी वाली होने के कारण वे उस रिश्ते को ढोने के बजाय तोड़ना पसन्द करती थीं। शायद शीला मामी समय से बहुत पहले पैदा हो गई थीं।

कम्पनी की स्त्रियों की एक और ख़ास बात होती थी। पति चले जाते लेकिन उनकी सन्तानें स्त्रियों के पास ही रहतीं। एक ख़ास बात और होती, धर्म का यहाँ कोई बन्धन नहीं होता। बच्चों के नाम उसी क्रम में रखे जाते। एक ही माँ के बच्चों के हिन्दू, मुस्लिम और ईसाई नाम होते। धर्म और नाम के ज़्यादा झंझट से बचने के लिए, नपुंसक लिंग की तरह ऐसे नाम रखे जाते, जिनसे दुनिया के किसी माई के लाल का धर्म से कोई सम्बन्ध नहीं होता।

नामों का मुलाहिजा फ़रमाइए—मुन्ना, मुश्शो, मुक्कू, रानी, गुलाबो, बेटी,

कल्लो, जन्नो, पप्पे, बिब्बी, बटाटिया, सेंडो पहलवान, बिट्टी, कट्टू आदि-आदि। जब कभी नाम जप कम होते नज़र आते तो झंझट मिटाने को जिस क़स्बे में बच्चा पैदा होता उस क़स्बे को ही बच्चा समर्पित करते हुए नामकरण कर देते—मसलन, बोलिया, बड़ोद, बेटी, सांगोद। पढ़े-लिखे नहीं थे वर्ना, मोस्को, बेजिंग और कोरिया रख लिये जाते।

इन महिलाओं की मर्ज़ी मान्य थी। वे स्त्रियाँ अकेली कमाने और परिवार की ज़िम्मेदारी उठाने वाली थीं। जब कमाने की स्वतंत्रता पुरुष उन्हें दे सकते थे, तब अपनी मर्ज़ी से शादी करने की भी तो स्वतंत्रता होनी चाहिए।

भानुमती 'बिब्बी'

कम्पनी के कलाकार, दर्शकों के लिए सितारे होते थे। उनमें से एक सितारा थीं 'बिब्बी' उर्फ़ भानुमती। माँ कहा करती थीं, भानुमती एक बेहतरीन कलाकार थीं।

एक बार भोपाल में कम्पनी लगी थी। बिब्बी माँ के साथ फ़िल्म देखने जाने की ज़िद करने लगीं। माँ को पता था कि लोगों ने पहचान लिया तो भीड़ लग जाएगी। फिर भी उनकी ज़िद के आगे माँ को झुकना पड़ा और वही हुआ जिसका माँ को डर था। लोगों ने जैसे ही भानुमती को देखा, उनके चारों तरफ़ भीड़ जुट गई। बड़ी मुश्किल से माँ उनको वहाँ से निकाल सकीं। हमारी कम्पनी के सफल हास्य अभिनेता मोती बाबा ने उन्हें पाला था।

ये औरतें सफल, सुन्दर, अच्छी कलाकार और कमाई का ज़रिया होने के बावजूद पूरी तरह से परिवार के पुरुषों के अधीन होती थीं।

यों तो कम्पनी में बहुत सारी स्त्रियाँ थीं। कुछ एकदम जवान थीं। कुछ बच्चियाँ थीं जो अभी ट्रेनिंग ले रही थीं। कुछ अच्छी गाने वाली थीं तो कुछ अच्छी सूरतें थीं। कुछ अच्छी डांसर थीं। कुछ अच्छी कलाकार थीं, वे मुख्य भूमिका अदा करती थीं, और कुछ अधेड़ हो चुकी थीं। अधेड़ महिलाएँ अपने समय को याद करतीं और नई लड़कियों को नाटक के पात्रों के संवाद रटातीं।

विशेष उल्लेखनीय महिला कलाकार

हमारी कम्पनी में जिन महिलाओं ने बचपन से काम सीखा और बहुत अच्छी कलाकारों में शुमार हुईं, उनमें से कुछ उल्लेखनीय नाम हैं। शकीला बानो भोपाली, मुश्शो, इन्दिरा, जन्नो, चन्दा, शान्ति, कनीज़ आपा, बेगम, बिजली, बुलबुले पंजाब, ज़रीना, भानुमती, पप्पे, अनवरी, रूपकुमारी, शान्ता आपा महिला कलाकारों में

मुख्य थीं। सबकी अपनी-अपनी व्यथा भरी कहानियाँ थीं।

इन सबकी ज़िन्दगी का मुझ पर बहुत प्रभाव पड़ा। मैंने उस दुख में भी उन्हें हँसते-गाते, खिलखिलाते देखा है। जीवन की यह स्वीकारोक्ति बड़े-बड़े दार्शनिकों और योगियों में पाई जाती है, जो मैंने उन महिलाओं में पाई।

मैंने बचपन में ही स्त्री को समझना और उसे सराहना शुरू कर दिया था। उस समय शब्द नहीं थे मेरे पास। आज शब्द दे सकती हूँ। चाहे माँ हों या कम्पनी की औरतें, स्त्री को किसी स्त्री ईश्वर ने ही बनाया होगा। पुरुष ईश्वर के बस की बात नहीं, उस स्नेह की थाह पाना, प्रेम में सर्वस्व दे देना।

बाबूजी का व्यवसायी नहीं होने का ख़मियाज़ा

श्योपुर कला क़स्बे में कम्पनी बहुत अच्छी चल रही थी। ख़ूब पैसा आ रहा था। अचानक बाबूजी को न जाने क्या सूझी, वे पूरी कम्पनी को कैला देवी ले गए। कैला देवी का एक मन्दिर है जहाँ आदिवासियों और गाँव वालों का मेला लगता था।

दो ट्रक भर के सामान और दो सौ आदमियों के साथ कैला देवी के मेले में कम्पनी लग गई। एक दिन, दो दिन, पन्द्रह दिन दर्शकों के इन्तज़ार में बीत गए। कैला देवी के मन्दिर में साल में एक बार मेला लगता था। मेला भी एक छोटे हाट-बाज़ार जैसा। आसपास के गाँवों के लोग दिन में आते। शाम ढलते चले जाते। बस रह जातीं कुछ खाने-पीने की दुकानें।

बाबूजी श्योपुर से जो कमाकर लाए थे वह सारा पैसा यहाँ सबको तनख़्वाह देने और खाने-पीने में ख़त्म हो गया। वापसी के लिए भी पैसों का इन्तज़ाम करना पड़ रहा था। आख़िर में थककर माँ ने पूछ ही लिया, 'बाबूजी, यहाँ कम्पनी लगाने का सुविचार आपको कैसे आया?' जवाब सुनकर पूरे दो सौ लोगों ने सिर पीट लिया। बच्चों के लिए काग़ज़ की रंग-बिरंगी फिरकी बनाने वाले ने उन्हें बताया था कि उसकी फिरकी कैला देवी में ख़ूब बिकी। उसका धन्धा ख़ूब चला था। उसने सलाह दी कि बाबूजी कैला देवी में कम्पनी भी ख़ूब चलेगी। बेचारे भूखे-नंगे, ग़रीब आदिवासियों को आग़ा हश्र कश्मीरी का नाटक दिखाना यानी अन्धों के गाँव में सुरमा बेचना!

एक फिरकी वाले ने एक महीने में सौ रुपये कमाए थे और कम्पनी में दिन के हज़ार रुपये लगते थे। एक फिरकी वाले की सलाह कमाल कर गई। ऐसे कमाल और महान व्यापारी थे बाबूजी।

व्यापार से याद आया, हमारे बाबूजी ने साझेदारी में कपड़े की दुकान लगाई थी। माँ कम्पनी की अस्थिरता से परेशान थीं। वे जीवन में ठहराव चाहती थीं। तो इस दुकान का जन्म हुआ।

बाबूजी और उनका पार्टनर दिल्ली से कपड़ा लाए। बाबूजी भी दुकान पर बैठे। ग्राहक को उनके पार्टनर ने कपड़ा बेचा। कपड़े की क़ीमत बताई डेढ़ रुपये मीटर। फ़ौरन बाबूजी बोल पड़े, "हैं जी, आप डेढ़ रुपये मीटर कैसे बेच रहे हैं, यह तो हम दिल्ली से पचहतर पैसे मीटर में लाए हैं।"

पार्टनर ने बाद में लाख समझाया कि धन्धा कैसे चलेगा? आने-जाने, बिल्टी छुड़ाने का ख़र्चा और अपनी कमाई, सब जोड़ना पड़ता है। बाबूजी बोले, "कमाई कितनी करनी है यह कौन निर्णय लेगा? दोगुना मुनाफ़ा लेकर आप लोगों को लूट रहे हो। अपने से यह बेईमानी का धन्धा नहीं होगा। वे बोले, "हमारी कम्पनी में जो भी आते हैं अपनी मर्ज़ी से टिकट लेकर आते हैं। हमारे धन्धे में बेईमानी नहीं है, मैं चला।"

सारी दुकान उसे सौंपकर बाबूजी कम्पनी में चले गए थे।

कम्पनी में बाबूजी ने सब कुछ मैनेजरों पर छोड़ रखा था। कोई कहता बाबूजी थोड़ा तो देखा करिए क्या हो रहा है? कितने टिकट बिक रहे हैं? बाबूजी कहते, "लो जी, यह कोई पूछने की बात है? सुबह जब आधे फाड़े हुए टिकट गिने जाएँगे तब पता पड़ ही जाएगा कि कितने टिकट बिके।" अब उन्हें कौन समझाता की बेईमानी के कितने तरीक़े होते हैं? बिना टिकट पैसा लेकर भी तो बिठाया जा सकता है। ऐसा होता भी था। लेकिन बाबूजी ने किसी पर भी अविश्वास करना सीखा ही नहीं था।

कमज़ोर पड़ती कम्पनी और कम्पनी वाले

समय बदल रहा था। फ़िल्मों के बढ़ते दौर और कम्पनी के वही पुराने ढर्रे पर चलते रहने से परेशानियाँ बढ़ गई थीं। नई पीढ़ी की पसन्द अब साड़ी पहने देवी और सती-सावित्रीनुमा औरतों की जगह तंग कपड़ों वाली, नाभि-दर्शना साड़ियों और पैंट, टी-शर्ट पहनने वाली फ़िल्म की हीरोइनों ने ले ली थी। नाटक-नौटंकी के ज़माने भी लदने लगे थे। अब कम्पनी को चलाना बाबूजी के लिए मुश्किल होता जा रहा था।

1967 में कम्पनी मध्य प्रदेश के गुना क़स्बे में लगी थी। इस बार बाबूजी ने कम्पनी में टेंट के बदले एक कमरा किराये पर ले लिया था। कमरे के पीछे एक आँगन था। उसमें एक हैंड-पम्प लगा था, और सामने एक बड़ा-सा मैदान था जिसमें पशु मेला लगा था।

यहाँ कम्पनी बिलकुल नहीं चल रही थी। रोटियाँ गिनती की बन रही थीं। मुझे और रघुवीर भैया को भूख भी कुछ ज़्यादा लगती थी। मैं, रघुवीर भाई और काकाजी हम तीनों चूल्हे के पास ही बैठ जाते और फूली-फूली चूल्हे की रोटियों को और कभी बाबूजी के ख़ानसामा गोवर्धन भैया को देखते। चार रोटी की भूख में सिर्फ़ एक रोटी का मिलना! सोचती हूँ बेचारी आँतों का क्या हाल होता होगा।

पहले हम हर गोरे व्यक्ति को अंग्रेज़ ही कहते थे। एक अंग्रेज़ मेले की तसवीर

खींच रहा था। अन्नू भैया अंग्रेज़ी बोलने के लिए शायद बेकरार हो रहे थे। अपनी आदत के चलते वे गए उससे दोस्ती करने। मैं, काकाजी और रघुवीर भैया, अन्नू भैया की शौर्य-गाथा के साक्षी बने दरवाज़े पर खड़े थे।

गर्व से अन्नू भैया ने अंग्रेज़ से कहा, 'एक्सक्यूज़ मी।' वह पलटा और अचानक उसने दस साल के नन्हे अन्नू भैया के गाल पर चाँटा जड़ दिया। मैं तो रोने लगी। काकाजी और रघु भाई सब सन्न। मेरे रोने की आवाज़ बाबूजी के कानों तक पहुँची। वे सीधे उस अंग्रेज़ के पास गए, बड़ी विनम्रता से परिष्कृत अंग्रेज़ी में पूछा कि आपने बच्चे को क्यों मारा? इसके जवाब में वह अंग्रेज़ सिर्फ़ इतना बोला, 'ब्लडी इंडियन्स', बाबूजी जिनको हमने कभी ग़ुस्से में नहीं देखा था 'ब्लडी इंडियन' शब्द जैसे उनके कान में पिघले सीसे-सा पड़ गया था। बाबूजी जिन्होंने भगत सिंह के गरम दल में शामिल होकर, अंग्रेज़ों से भारत को आज़ाद करने की क़सम खाई थी, उनके भारतीय होने को गाली दी जा रही थी। उस जले का निशान उनकी हथेली के पिछले भाग पर चमकते हुए कहता था कि उन्होंने आज़ादी की लड़ाई में योगदान दिया था। उस व्यक्ति के देश और देशवासियों को वे गाली कैसे सहन कर सकते थे। बाबूजी के मज़बूत हाथ का एक ज़ोरदार थप्पड़ उस अंग्रेज़ के गाल पर पड़ा। वह लड़खड़ाकर कुछ दूरी पर गिरा।

शान्त, सौम्य बाबूजी को मैंने पहली बार हाथ उठाते देखा था। मेरा दिल ज़ोर-ज़ोर से धड़क रहा था। भीड़ लग गई थी।

कम्पनी के ऐसे अनगिनत हादसे और यादें जीवन में रंग भर देती हैं। कम्पनी के लोग, उनकी ज़िन्दगियाँ, इतनी अलग और इतने रंगों में थीं, जिनसे एक पूरा संसार बन जाए।

वे पल हमारी ज़िन्दगी में आते तो थे पर कुछ दिनों के लिए।

समाज के मापदंड हर समय बदलते रहते हैं। उस समय नाटक वाली औरतों को किसी वेश्या से कम नहीं समझा जाता था। सच कहूँ तो माँ को 'थियेटर वाले' कहलाने में इसीलिए शर्म आती थी। आती भी क्यों न? वह स्त्री थीं, वह भी नाटक-कम्पनी वाले की।

संस्कारी और सभ्य कहे जाने वाले समाज के पुरुषों को लगता नाटक वाली औरत है। इस वजह से माँ से स्वतंत्रता लेने लगते और फिर कितनी ही बार उन पुरुषों को माँ से खरी-खोटी सुननी पड़ती।

जब माँ हमारी शिक्षा के लिए क़स्बों में नौकरी करतीं तब वे कम्पनी से अपना नाता किसी भी तरह से समाज को नहीं बतातीं। इसलिए हर क़स्बे में लोगों को बाबूजी का व्यवसाय बदलकर बताया जाता।

कहीं बाबूजी की मोटर पार्ट्स की दिल्ली में दुकान होती, किसी क़स्बे में बाबूजी का कुछ और व्यवसाय बताया जाता। माँ अपनी छोटी-मोटी नौकरी से साख बनातीं।

बाबूजी थोड़े दिनों में उसी क़स्बे में कम्पनी लगा लेते। सबको पता चल जाता कि हमारे बाबूजी का धन्धा क्या है।

माँ समाज से डरती थीं। इसके एकदम उलट थे बाबूजी। निडर और साहसी। समाज की उन्हें परवाह नहीं थी। उनका प्रिय वाक्य था, 'कर नहीं तो डर नहीं।' मुझे दोनों सही लगते हैं। दार्शनिक ढंग से बाबूजी सही थे, लेकिन नौकरी, केवल ज्ञान होने से नहीं बल्कि डिग्री पास में होने से मिलती है। यदि माँ ने ज़िद न की होती तो हम शैक्षिक योग्यता से वंचित रह जाते।

कई क़स्बों में कम्पनी के पुरुष, बनियों और लोगों से, माँ के नाम पर उधार सामान ले लेते। जब कम्पनी वहाँ से चली जाती तब माँ को उस उधारी का पता चलता। वे बाबूजी से इसकी शिकायत करतीं। बाबूजी शर्मिन्दा होकर माँ को आश्वासन देते कि कम्पनी के चलने पर वे उनके उधार को जल्दी चुका देंगे।

बेचारी माँ को अपनी छोटी-सी तनख़्वाह से कम्पनी वालों के उधार चुकाने पड़ते। कम्पनी के उस क़स्बे से चले जाने के बाद, माँ को कम्पनी की औरत होने का ख़मियाज़ा भुगतना पड़ता। इस तरह वह क़स्बा छूट जाता और हमारे दोस्त बनने से पहले बिछड़ जाते। सिर्फ़ उन क़स्बों, गाँव के गली-कूचे, खेत-खलिहान, नदी, पहाड़ और दरख़्तों से मेरी यादें जुड़ी रहतीं।

माँ-बाबूजी की विचारधारा अलग-अलग होने के बावजूद दोनों ने साथ रहकर एक-दूसरे को पूरी स्वतंत्रता दी। दोनों में प्रेम और एक-दूसरे के प्रति सम्मान कभी कम नहीं दिखा। बाबूजी माँ को कम्मोजी पुकारते और माँ उन्हें बाबूजी। उस आज़ादी का कभी किसी ने अनुचित फ़ायदा नहीं उठाया।

माँ के पास नानी और बाबूजी की दी हुई ज़री की अनगिनत महँगी साड़ियाँ और उनके मैच करते सोने के जड़ाऊ सेट थे, जिनमें फिरोज़ा, पन्ना, जमुर्रद, रूबी तथा बसरे के मोती जड़े होते थे। वे गहने जो बिक चुके थे। अब ज़री की साड़ियों का नम्बर था जिन्हें गरम तवे पर जलाकर चाँदी-सोना निकालते और बेचते मैंने माँ को देखा है।

उन साड़ियों को जलाते हुए माँ की आँखों में एक गहरी उदासी होती थी, जिसे वे हमसे छिपाने की कोशिश करती थीं। वे साड़ियाँ, कुछ रेंगती-घिसटती कम्पनी, कुछ हमारी पढ़ाई और खाने-पीने पर शहीद हो गईं।

मैंने कभी माँ, बाबूजी को ज़िन्दगी से शिकायत करते नहीं सुना। माँ-बाबूजी का अपनी तरह जीने के उनके चुनाव का रास्ता अभाव भरा था। जिस पर चलकर उन दोनों को कभी पछतावा, शिकायत या मलाल नहीं हुआ। दोनों भारत के राजनेताओं की तरह हमेशा हमें आश्वासन देते रहते थे, "बेटा जब अच्छे दिन नहीं रहे तो बुरे दिन भी नहीं रहेंगे।" हम भी देश की जनता की तरह, उन अच्छे दिनों की आस में जी रहे थे।

यायावर ज़िन्दगी का एक और पड़ाव : शिवपुरी

इन्दार गाँव के बाद ज़िन्दगी शिवपुरी में ले आई। शिवपुरी, आहा शिवपुरी!

चारों ओर विंध्याचल के पर्वतों से घिरा, झील और झरनों से भरा, लाल-रेतीली मिट्टी और काले पत्थरों की पथरीली ज़मीन से लिपटा शहर।

यहाँ माँ को सरकारी अस्पताल में अस्थायी सोशल वर्कर की नौकरी मिल गई थी।

शिवपुरी मेरे स्वर्णिम बचपन की ज़रीदार चादर का एक और धागा है। जहाँ मैं थी सिर्फ़ मैं। न कोई अतीत न कोई भविष्य, सिर्फ़ वर्तमान के पल थे। सोने जैसे दिन और चाँदी जैसी रातें। नानी की हँसी, माँ की खिलखिलाहट, सब याद आती हैं। वे परियों के साथ बिताई रातें, वे हँसते-खिलखिलाते फूलों भरे दिन।

इन्दार से आते ही हम लोगों ने शिवपुरी में कई मकान बदले। एक तो गली में सारे मकानों के पीछे था। जहाँ सारे शौचालयों के खुले मोखे आते-जाते नज़र आते थे। बदबू के मारे और मेहतरानी की बड़ी सी टोकरी में मैला उठाए देखकर माँ से पहले मैं वमन करती हुई चलती थी। उस मकान में शायद हम चार-पाँच दिन ही रहे थे। लेकिन वे चार दिन नरक से कम न थे।

दो-तीन मकान बदलने के बाद एक बड़ा सुन्दर मकान मिला। जिसकी पहली मंज़िल दूध की तरह सफ़ेद और साफ़-सुथरी थी। इस घर की ख़ासियत थी, बालकनी के गमलों में लगे बारहमासी और ऑफ़िस टाइम के बड़े-बड़े चटख रानी और गुलाबी रंग के ढेर सारे फूल। मैं तो बस फूलों को निहारती ही रहती थी।

माँ ने घर बहुत अच्छी तरह सजा लिया था। मकान-मालकिन मोटी-सी दबंग अधेड़ हँसमुख महिला थी। हर समय अपने गमलों के फूलों की देखभाल करती दिखाई देती थीं। उन्हें अपने फूलों से बड़ा प्रेम था।

हे भैया, अभी तो मैं फूलों का लुत्फ़ ही न ले सकी थी कि अचानक माँ ने सामान समेट लिया, न जाने कब माँ दूसरा मकान भी देख आई थीं और आनन-फ़ानन में हम वहाँ से चल दिये।

बाद में पता चला कि वे मकान-मालकिन शायद जिनका नाम दक्खो बाई था, वे कुख्यात डाकू मोहर सिंह या किसी और डाकू की महिला मित्र थीं, जिससे वे डाकू महाशय पुलिस से छिपकर अक्सर मिलने आते थे। माँ को यह सूचना मिलते ही, हम वहाँ से चल दिये थे।

उन दिनों शिवपुरी ग्वालियर के बीहड़ में डाकुओं का बोलबाला था। मेरी समझ में आज तक यह नहीं आया कि एक ख़ूँख़्वार हत्यारे डाकू से प्रेम करने वाली महिला कैसे सुन्दर फूलों से भी प्रेम करती थी। प्रेम के कितने रूप होते हैं।

शिवपुरी की ठंडी सड़क। जी हाँ, उस जगह की सड़क का नाम ठंडी सड़क

था। जहाँ हमारा घर था। लढा साहब का सड़क के किनारे बना छोटा-सा मकान। मकान के सामने सड़क और सड़क के उस पार एक नाला था। नाले के दोनों किनारों पर अमलतास और न जाने और भी कितने पेड़ और उनके आसपास झूलती बेले थीं। जिन पर मैं कभी झूले का मज़ा लिया करती तो कभी पेड़ की डाल पर चढ़ अपने-आपको लम्बा महसूस कर दूर का नज़ारा लेती।

लढा साहब के मकान की छोटी-सी छत पूरी तरह, चाँद-तारों से भरी हुआ करती थी। उस छत पर छोटे से चाँद के साथ छोटी-छोटी रातें थीं। उन रातों में सिमटी मेरी नानी की छोटी-छोटी कहानियाँ होतीं, जो हर रात एक-एक करके उनके पिटारे से निकला करती थीं।

मेरी नानी क़िस्सागो बहुत अच्छी थीं। उन रातों को नानी कभी हातिमताई के सात सवालों से तो कभी बूचे कुत्ते की मार्मिक दुखान्त कथा से रौशन करतीं। मुझे लगता बस नानी कहानी सुनाती रहें और रात नहीं बीते। मैं आँखों में नींद के पट बन्द कर देना चाहती थी, बस चाहती नींद न आए। यूँ लगता कहानी सुनती रहूँ, बस सुनती रहूँ।

नानी की 'गुलबकावली' कहानी मुझे बहुत लुभाती थी। नानी की कहानी में बस एक ही खोट होती थी, उनकी कहानी मुख्तसर लगती थी। कहानी सुनाते-सुनाते नानी को नींद आ जाती, जबकि मैं 'गुलबकावली' के राजकुमार वाली यात्रा बरसों तक करना चाहती थी। जब सब सो जाते, तब मेरा घोड़ा राजकुमार को लेकर उड़ने लगता था।

मुझे अपने पड़ोस में एक राजकुमार मिल ही गया। उसका नाम राजकुमार ही था। मेरा हमउम्र, यही कोई पाँच-छह साल का होगा। उसे मैं हसरत भरी नज़रों से देखती, क्योंकि उसके पास तीन पहियों की लाल रंग की साइकिल थी, जिसे वह दिन-भर चलाता था। इस मकान में अभी हम लोग नये थे। किसी से पहचान और दोस्ती का तो सवाल ही नहीं था।

ख़ैर साहब! दोस्ती कब, कहाँ और कैसे शुरू हुई यह तो पता नहीं। बस इतना याद है कि मैं राजकुमार को हर रोज़ एक कहानी सुनाती थी।

वह कहानी यूँ थी कि मेरी यह माँ असली नहीं, सौतेली हैं। सौतेली माँ का इंट्रो यानी परिचय नानी अपनी कहानियों में करवा ही चुकी थीं। मैं परेशान थी माँ से। एक तो, आते-जाते, बोलते-खाते नसीहतें—चप-चप करके मत खाओ, एक हाथ से रोटी तोड़ो, दूसरा हाथ जूठा नहीं होना चाहिए, दाँत माँजो, रोज़-रोज़ नहाओ, हद है भई। फिर किसी बड़े को नाम लेकर नहीं पुकारो, मैला उठाने वाली मेहतरानी को भी बुआ या मौसी पुकारो, घर में आए मेहमानों को नमस्ते करो, पैर छूओ, हद होती है हर बात की। दूसरा—अगर इनसान इसमें से कुछ भूल जाए तो शॉक ट्रीटमेंट यानी थप्पड़। माँ के थप्पड़ मुझे बिलकुल पसन्द नहीं थे। अत्याचार की

इन्तहा यह थी कि पाखाने से आने के बाद की हिदायतें, पहले सिर्फ़ बाएँ हाथ को साबुन से धोओ, फिर दोनों हाथों को ख़ूब मल-मलकर धोओ, फिर लोटे को माँजो, फिर दोनों हाथों को साबुन से धोओ, अब बताइए यह मनुष्य जो पाखाने से आने के बाद हाथ की धुलाई तक की मेरी मौलिकता का हनन करता हो, वह सौतेला नहीं तो क्या सगा होगा?

इसलिए यह कहानी उपजी। तीसरा और मुख्य कारण वह तीन पहिये की लाल साइकिल था। मैं उसे कहती, मेरी असली माँ तो एक परी है। वह हर रोज़ आधी रात को एक बड़े-से फूल के अन्दर से निकलती है। मुझे घुमाने के लिए अपने साथ ले जाती है। अब हर रोज़ मेरी परी-कथा होती और राजकुमार की तीन पहिये की साइकिल। मैं राजकुमार को कहानियाँ सुनाती और राजकुमार साइकिल को धक्का लगाता।

एक दिन राजकुमार की माँ ने अपने बेटे पर होते इस ज़ुल्म को देख लिया। उसके बाद वह राजकुमार चाहकर भी मुझसे मेरी परी-कथा नहीं सुन सका। इस तरह मेरी साइकिल-यात्रा और कहानी-साहित्य समाप्त हुए।

माँ अस्पताल के किसी उत्सव की तैयारी में जुटी थीं। अन्नू भैया सात-आठ साल के थे और मैं अभी पाँच-छह में ही विचर रही थी। अस्पताल के उत्सव में अन्नू भैया ने पहली बार एक नाटक 'मुझे ले चलो' का निर्देशन किया था। यह नाटक बच्चों के द्वारा अभिनीत था। अन्नू भैया ख़ुद मुख्य किरदार में। वे एक राजा के मंत्री बने थे और मैं राजा के पागल बच्चे का इलाज करने आई एक डॉक्टर। नाटक में अन्नू भैया की बहुत तारीफ़ हुई थी। उनका आत्मविश्वास देखकर लोगों ने दाँतों तले उँगली दबा ली थी। कहते हैं न, पूत के पाँव पालने में नज़र आते हैं।

शिवपुरी के साथ-साथ कुछ और रिश्ते हमारे परिवार का अभिन्न हिस्सा हो गए थे। इनमें काकाजी के सहपाठी रफ़त अधीर, धन्नालाल गुप्ता, छुट्टन भैया यानी कृष्णकान्त शर्मा और उनके परिवार। माँ के राखीबन्द भाई गाडगिल अंकल, उनकी पत्नी मालन आंटी। शिवपुरी और उसके बाद के कालखंड में ये हमारे जीवन के बड़े महत्त्वपूर्ण नाम हैं।

गाडगिल अंकल आई.पी.एस. अफ़सर थे। वे शिवपुरी में भारतीय इंटेलिजेंस विभाग में एस.पी. थे। आंटी घर सँभालती थीं। दोनों को उस समय कोई बच्चा नहीं था इसलिए अंकल के भाई के बच्चे, स्मिता और सुधीर भैया उनके पास ही रहते थे। मुझे उनके घर जाना बहुत अच्छा लगता था। उनकी रिहाइश शिवपुरी पैलेस में थी। भव्यता लिये हुए यह पैलेस दूर-दूर तक बंजर ज़मीन और जंगल से घिरा गर्व से अकेला सर उठाए खड़ा नज़र आता था।

हमारे घर से पैलेस का सुहावना रास्ता, बहुत लम्बा और अच्छी-ख़ासी चढ़ाई पर था। वहाँ बहुत सारे पीले कनेर, नीम, पीपल के पेड़ और लम्बी-लम्बी घास

के जंगल थे। जब हमें वहाँ जाना होता तो पैलेस की चढ़ाई किसी हिमालय से कम न होती।

आंटी की रसोई से आती खाने की ख़ुशबू हमें लुभाती। माँ की हिदायत याद आ जाती, किसी के घर रोज़-रोज़ खाना नहीं खाते। उन लोगों के बार-बार खाने के लिए पूछने के बावजूद माँ की हिदायत की वजह से खाने को मना करती और मन मसोसकर रह जाती।

शराब, शराबी और मेरा डर

मार्च महीने की हवा में खुनकी थी। होली के त्योहार का रसीलापन सरसराती हवा तक में घुला हुआ था। मैं घर में सबको देखकर ख़ुश थी। आँगन में माँ गुझिया और पपरियाँ बना रही थीं। पूड़ी-सब्ज़ी और घी की ख़ुशबू चारों ओर फैली हुई थी। घर में बन रहे पकवान सूचना दे रहे थे कि बाबूजी घर पर हैं। एक तरफ़ मेरी पोपले दाँत वाली नानी अपनी पीतल की पन-कुट्टी में हौले-हौले पान-सुपारी कूट रही थीं। उनकी पनकुट्टी की आवाज़, गाँव की गर्मियों की दोपहर में दूर से आती मधुर पनचक्की की पुक-पुक-पुक की आवाज़-सी मधुर लगती थी।

दूसरी तरफ़ माँ पपरियाँ बेल रही थीं। लच्छू मामा कम्पनी से माँ की मदद को बुला लिये गए थे। यह भोपाल के इतवारा से ही लगातार हम लोगों से लिफ़ाफ़े पर टिकिट की तरह चिपक गए थे। मामा शिवपुरी में उस समय तक़रीबन बीस-इक्कीस साल के रहे होंगे, लेकिन अपनी हरकतों और क़द-काठी से पन्द्रह साल के लगते थे। वे इस समय माँ के एक नाकारा सहयोगी साबित हो रहे थे, जो काम में मदद करने के बजाय बिगाड़ने में ज़्यादा विश्वास कर रहे थे। जिसका कारण बेवक़ूफ़ी और कामचोरी था। लच्छू मामा बिना कॉमा और फुल स्टॉप के माँ की डाँट खा रहे थे।

हमारे घर में रहते हुए सालों बीत जाने के बावजूद उनकी बेवक़ूफ़ियों में मजाल है कि कोई कमी आई हो। लच्छू मामा को माँ न सुधार पाईं। यहाँ माँ की असफलता साफ़ नज़र आती है। इतने गुण होने के बावजूद माँ का प्रेम उन पर से कम ही नहीं होता था। माँ ने बच्चे की तरह जो पाला था। अपने स्वर्णिम इतिहास के साथ मामा डाँट खाते हुए होली की पपरियों में घी का मोयन लगाते हुए, भुनभुना रहे थे।

जानवर को भगाने के लिए कभी माँ भारी चीज़ों का इस्तेमाल नहीं करती थीं। उनके लिए चीज़ें मुकर्रर की हुई थीं। मसलन मटर के छिलके, आलू, गाजर का टुकड़ा इत्यादि-इत्यादि।

मामा के पीटने का फ़िल्मी स्टाइल का यह मंज़र तक़रीबन हर रोज़ का होता था। तीज-त्योहारों पर इसकी फ्रीक्वेंसी बढ़ जाया करती थी।

ख़ैर, पूरा घर भरा-पूरा था। मैं भी इधर-उधर से आते-जाते एकाध पपड़ी या मीठे खुरमे खा रही थी और घर की चहल-पहल देख ख़ुश थी।

अन्नू भैया, काकाजी शायद मित्र-मंडली के साथ हमारी नाटक-कम्पनी में गए हुए थे। इस बार कम्पनी शिवपुरी में ही हमारे घर के सामने नाले के उस पार लगी थी।

सब ओर ढोल बज रहे थे। रंग पुते लोग टोलियाँ बनाए सड़क से गुज़र रहे थे। मुझे ढोल-ढमाकों से हमेशा घबराहट होती थी। दूर से आती ढोल की आवाज़ धीरे-धीरे पास आकर अचानक हमारे दरवाज़े पर रुक गई। बाहर कोई बाबूजी को पुकार रहा था। बाबूजी उठकर दरवाज़े तक गए। कौतूहलवश मैं भी बाबूजी के साथ दरवाज़े की चौखट पर खड़ी हो गई। बाहर कम्पनी के ही कुछ लोग नशे में धुत्त खड़े ढोल बजा रहे थे। वह बाबूजी से हाथ जोड़कर भाँग और शराब के पैसे माँग रहे थे। बाबूजी उन्हें डाँट रहे थे और वे नशे में झूमे जा रहे थे। सबके चेहरे गुलाबी, हरे, पीले, काले रंग के गुलाल से पुते हुए थे।

ढोल की कान फाड़ने वाली आवाज़ के शोर में शराबियों की लड़खड़ाती आवाज़ें। शराब की तीखी बदबू और उनके ख़ौफ़नाक लाल, पीले, हरे रंग से रँगे शरीर। यह दृश्य मेरे लिए बहुत डरावना था। बस उस दिन से मुझे शराबियों से डर के साथ-साथ जुगुप्सा हो गई। मैंने घर में किसी को भी कभी शराब पीते नहीं देखा था। शराबियों को देखने का यह मेरा पहला मौक़ा था, जो बड़ा भयानक था।

जीवन की पहली फ़िल्म, पहली कविता और मैं

जीवन बड़ा बेबूझ है। इतना लम्बा, फिर भी छोटा-सा रह जाने वाला, और यादें, उनका तो कहना ही क्या। ऐसा लगता है कि आँखों की पुतलियों में दिन-रात एक बड़े-से प्रोजेक्टर पर यादों की फ़िल्म का कभी रंगीन तो कभी ब्लैक एंड व्हाइट शो चलता रहता है।

यही ठंडी सड़क वाला वह मकान था, जहाँ मैंने काकाजी के साथ अपने जीवन की पहली फ़िल्म, 'ग़ज़ल' या 'आरज़ू' दुर्गा टॉकीज़ में देखी थी। फ़िल्म तो कुछ समझ नहीं आई थी पर पर्दे पर चलती काली-सफ़ेद आकृतियाँ और गाने अच्छे लगे थे।

माँ को शिवपुरी के अस्पताल में सोशल वर्कर की छोटी-सी नौकरी मिल ही गई थी।

मैं शिवपुरी के कोतवाली स्कूल में पहली या दूसरी में आ गई थी। अन्नू भैया पाँचवीं में थे। मैं बेहद अजीब थी। संकोच और डर की वजह से जब मास्टर जी क्लास में मुझसे कोई प्रश्न पूछते तो उत्तर जानते हुए भी मैं उत्तर देने में संकोच करती

थी। शिक्षकों को लगता मुझे जवाब नहीं आता है। मैं पढ़ने में कमज़ोर हूँ। घर में भी नानी के अलावा मेरा और किसी से बोलना मुझे याद नहीं।

घर पर मैं अकेली थी। तभी अन्नू भैया स्कूल से आए और मुझसे कहा, जल्दी तैयार हो जा, चलना है। अब मैं कैसे तैयार होती? छोटी-सी तो थी। मेरी आफ़त देख अन्नू भैया ने जल्दी से मेरे कपड़े बदले। अपने नन्हे-नन्हे हाथों से मेरी आड़ी-टेढ़ी चोटी बनाई। मेरे छोटे-छोटे पैरों में नये काले जूते पहनाकर मेरी उँगली पकड़, ले चले दुर्गा टॉकीज़।

उस दिन अन्नू भैया के स्कूल की तरफ़ से बच्चों को फ़िल्म दिखाई जा रही थी।

अन्नू भैया और मैं जब हॉल में बैठ गए तब अन्नू भैया ने बड़े गर्व से मुझे बताया था, गुड्डो हम फ़र्स्ट क्लास में बैठे हैं। पूरी एक चवन्नी का टिकट लगा है। मैं अपने भाई के साथ ही ख़ुश थी। इस ख़ुशी में काली-सफ़ेद तसवीरें कई गुणा इज़ाफ़ा कर रही थीं। फ़िल्म डिवीज़न की बच्चों की फ़िल्म थी। पहली फ़िल्म थी 'एकता' और दूसरी 'गुरु भक्ति'। बहुत मज़ा आया था।

शिवपुरी साहित्य और कला से जुड़ा शहर था। माँ ने वहीं से मुशायरों और कवि-सम्मेलनों में जाना शुरू किया था। माँ का तख़ल्लुस (उपनाम) 'शबनम' था। मुशायरों में उन्हें, कमल शबनम के नाम से जाना जाता था।

काकाजी अब कॉलेज में थे। उनके मित्र रफ़त भाई साहित्य-प्रेमी थे। छोटी उम्र से ही कविता लिखते थे और उन्होंने अपना तख़ल्लुस 'अधीर' रखा था। रफ़त भाई इतनी कम उम्र में काव्य गोष्ठियाँ आयोजित करवाते थे।

हरिवंशराय बच्चन, गोपालदास नीरज, साहिर, इन्दीवर, और कृष्ण चन्द्र जैसे दिग्गज साहित्यकारों का आना-जाना उन गोष्ठियों में था, जिसका सारा श्रेय रफ़त अधीर भाई को जाता था। काकाजी बढ़-चढ़कर उन कार्यक्रमों में भाग लिया करते थे। मैंने माँ का कविता पाठ वहीं सुना था। माँ कविता पढ़तीं, ख़ूब तालियाँ बजतीं। तालियों की गड़गड़ाहट से माँ का व्यक्तित्व मुझे और भी बड़ा लगने लगा था। वे हमेशा हम लोगों को गोष्ठियों में ले जाती थीं। उनका मानना था बच्चों को चाहे कुछ समझ आए न आए साहित्यकारों की सोहबत में बैठकर ज़ौक उपजेगा। अवचेतन मन में कुछ तो साहित्य जाएगा।

इतनी प्रगतिशील माँ अनुशासन में कोई कमी नहीं आने देती थीं। प्रिय माँ का फ़रमान था—सारे बच्चे सूरज डूबने से पहले घर आ जाने चाहिए।

अक्सर काकाजी को आने में देर हो जाया करती तो ऐसे में वे रफ़त भाई को साथ लेकर आते थे। माँ का उसूल था, कभी बच्चों को किसी के सामने नहीं डाँटती थीं।

बार-बार बाहर जाने और देर से आने की वजह से माँ ने काकाजी का नाम 'उचकदलाला' रख दिया था। वे नाम रखने में माहिर थीं। इन नामों का कोई अर्थ

नहीं होता था। व्यक्तित्व के अनुसार ध्वनि और शब्द होते थे। अन्नू भैया चुलबुले और जल्दबाज़ थे। उन्हें वे 'लबड़ धोंधों' और 'भड़भड़िया' पुकारतीं और मैं थी 'बिज्मक्खो'।

ठंडी सड़क के उस मकान में मुझे एक और काम करना पड़ता था। अक्सर मुझे काकाजी के प्रेमपत्र लेकर गुड्डी बहन जी के घर जाना पड़ता था। यह रास्ता मुझे बहुत लम्बा और उबाऊ लगता था। आना-कानी करने पर, कभी-कभार काकाजी से चपत भी पड़ जाती थी। यानी काकाजी अब बड़े हो चले थे।

मन जैसे धरती पर गिरा हुआ पारा

बचपन की टूटी-फूटी यादों की मैंने कभी मरम्मत नहीं की। ये तुतलाती यादें बस यों ही टूटी-फूटी रहें और हमेशा मन लुभाती रहें। मुझे याद है वह दिन, जब काकाजी मेरी थकन देखकर मुझे पीठ पर लादे हुए पैलेस से घर लाए थे। कितने संवेदनशील थे वह। अपनी हस्सास तबीयत के चलते सबकी पीड़ा समझ जाते थे।

हुआ यों कि एक रोज़ मैं और काकाजी शाम ढले, पैलेस से लौट रहे थे। हम गाडगिल अंकल और मालती आंटी से मिलने अक्सर जाया करते थे। आंटी की माँ से ख़ूब अच्छी दोस्ती थी। वे शिवपुरी पैलेस में रहते थे। पहले यह महल सिन्धिया राज-परिवार का था। दिन बीते, राजपाट गए और फिर शायद भारत सरकार ने इसे किराये पर लिया हुआ था। यहाँ 'इंडियन तिब्बतन फ़ोर्स' यानी आई.टी.बी.पी. की ट्रेनिंग हुआ करती और सी.बी.आई. का दफ़्तर खुल गया था। यहाँ आर्मी और सी.बी.आई. के अधिकारी रहा करते थे। पैलेस में आम आदमी नहीं जा सकता था।

यह शहर से काफ़ी दूर ऊँचाई पर था। पैलेस जाने के लिए थोड़ी चढ़ाई चढ़नी पड़ती और फिर कुछ मीलों का लम्बा रास्ता तय करना पड़ता था, एक जंगल को भी पार करना पड़ता था। कभी-कभी हम दिन-भर पैलेस में ही रह जाया करते थे।

पैलेस के बड़े-बड़े कमरों में काले और सफ़ेद संगमरमर के चौकोर पत्थर के फ़र्श थे। पैलेस क्या था। ताजमहल था। पैलेस की दूर तक फैली भव्य छत, उसके काले-सफ़ेद चौकोर पत्थर ऐसे लगते थे, मानो दूर तक बड़ी-सी शतरंज की बिसात बिछी हो। अन्नू भैया, स्मिता, सुधीर भैया और मेरे लिए खेल का मैदान होती थी।

उस दिन भी खेलते हुए शाम का झुटपुटा हो चला था। माँ के फ़रमान की मियाद निकल चुकी थी।

सूरज तो पैलेस में ही डूब गया था।

ख़ैर साहब, काकाजी और मैं पैलेस से घर के लिए रवाना हो गए। दिन-भर के खेल और पैलेस की लम्बी यात्रा से मैं बेहद थकी हुई थी। अभी तो आधा रास्ता भी पार नहीं हुआ था। चारों ओर अँधेरा था। चाँदनी की मध्यम रौशनी में क़तारबद्ध पेड़

भूत की तरह लग रहे थे। दोनों ओर फैले जंगल के एन बीचोबीच छोटी-सी दूर तक जाती सफ़ेद-सी कच्ची पगडंडी, चाँदनी रात में ऐसी लग रही थी जैसे माँ के काले घने बालों से झाँकती सफ़ेद माँग।

न जाने क्यों, उस दिन मुझे वह रास्ता बहुत लम्बा लग रहा था। थकान के कारण सफ़र ख़त्म होने का नाम ही नहीं ले रहा था। जीवन में आगे भी मैं इस अनुभव से गुज़री हूँ। थक जाने पर रास्ते और रिश्ते दोनों कितने लम्बे, कठिन और बोझिल लगने लगते हैं।

मैं थके क़दमों को बमुश्किल रख पा रही थी कि अचानक काकाजी ने मुझे उठाकर पीठ पर लाद लिया। मैं अपना सारा भार काकाजी को सौंप, उनकी पीठ पर बैठी चारों ओर छिटकी चाँदनी, नीम और कनेर के फूलों से आती ख़ुशबू का आनन्द लिये जा रही थी। तब लग रहा था कि यह सफ़र ख़त्म ही न हो। इतनी ऊँचाई से कभी नज़ारा लिया नहीं था। अपना बोझ मुझे महसूस ही नहीं हो रहा था।

शायद बचपन इसीलिए दुनिया का सबसे अच्छा समय होता है, जब आपका भार कोई और उठा रहा होता है। बड़े होकर तो बकौल जीसस, हम सब अपनी-अपनी सलीब का बोझ अपने कन्धों पर ढो रहे होते हैं। यहाँ मेरा बड़ा भाई मेरा बोझ उठाए हुए था। मुझे आज भी ताज्जुब होता है। उस समय उन्होंने कैसे जाना कि मैं थकी हुई हूँ। शायद हम दोनों एक ही गर्भ-नाल से जुड़े हुए थे जो कभी काटी ही नहीं गई थी।

मेरी थकन को बिना कहे समझने वाला मेरा भाई मुझे पीठ पर उठाए फिसलन भरा ढलुआ, अँधेरा रास्ता तय कर रहा था। मैं पीठ पर लदी रास्ते का आनन्द ले रही थी। काकाजी को शायद डर लग रहा था। वे भी पन्द्रह-सोलह साल के ही तो थे। डर में वे अपनी ही लिखी कविता गुनगुना रहे थे। 'संध्या से पहले हम आँगन बुहार लें' शुरू की पंक्तियाँ मुझे याद नहीं हैं पर आगे कुछ यूँ था :

ख़ुद को मैं आज तक समझ-समझ हारा
मन जैसे धरती पर, गिरा हुआ पारा

आज जब वे कविताएँ याद करती हूँ तो सोचती हूँ कि कोई सोलह साल में ही जीवन को इतनी गहराई से कैसे समझ सकता था। दरअसल, माँ के साथ काकाजी और रफ़त भाई मुशायरों में जाया करते थे। दोनों का काम नोनी को सँभालना होता था। काकाजी ने भी कविताएँ लिखनी शुरू कर दी थीं। कवि और साहित्यकार बनाए नहीं जा सकते, वे पैदा होते हैं।

डाकू माधो सिंह द्वारा काकाजी का अपहरण

शिवपुरी बड़ा प्यारा-दुलारा अच्छे लोगों से भरा हुआ क़स्बा था। लेकिन किसे पता

था कि इस ख़ूबसूरत क़स्बे के बीहड़ों में कुछ ऐसे चोट खाए लोग भी रहते थे, जो बड़े ख़तरनाक थे।

8 अगस्त, 1965 का दिन था। कुछ उमस थी। कुछ बादल छाए थे। मालन आंटी ने भदैया कुंड जाने का प्रोग्राम बनाया।

भदैया कुंड शहर से दूर जंगल में था। रंजीत भाई न चाहते हुए भी माँ के डर से हमारे साथ चल रहे थे। माँ की सहेली लेडी डॉक्टर (नाम याद नहीं) उनकी बेटी श्यामा, रंजीत भाई, अन्नू भैया, सुधीर दादा, स्मिता तथा मैं, हम सब एक जीप में सवार, शहर से आठ-दस मील दूर भदैया कुंड के लिए रवाना हो गए।

गाडगिल अंकल के कांस्टेबल विशम्भर भैया सादे कपड़ों में जीप चला रहे थे। कुंड का रास्ता बड़ा प्यारा था। एक तरफ़ दूर-दूर तक फैला जंगल तो दूसरी तरफ़ शिवपुरी की झील का गहरा हरा पानी। लाल मिट्टी की कच्ची सड़क पर सरपट भागती जीप। मैं जीप में पीछे बैठी नज़ारा देख रही थी कि अचानक चाँदपाटा बोटिंग क्लब के पास एक गिलहरी जीप के नीचे आ गई। पीछे बैठी माँ ने देखा उसे तड़पते, मैंने भी देखा। सबने चाहा, जीप रुकवाकर गिलहरी को उठा लें। सब यही चाहते थे, लेकिन गाड़ी की तेज़ी ने सबका गिलहरी की जान बचाने का जज़्बा कहीं गुम कर दिया था।

कभी-कभी तेज़ गति के कारण भी कुछ अवसर रास्ते में छूट जाते हैं। उस दिन यदि गिलहरी बचाने को रुक जाते तो आने वाली बला टल जाती।

भदैया कुंड में शिवपुरी गर्ल्स कॉलेज की लड़कियाँ अपनी शिक्षिकाओं के साथ पिकनिक पर आई हुई थीं। लड़कियाँ हों और लड़के न आएँ! लड़के भी झुंड में पिकनिक मना रहे थे। किसे पता था वह पिकनिक एक दु:स्वप्न में परिवर्तित हो जाएगी, जिसमें अट्ठारह लड़कों के साथ हम सबकी आँखों के सामने क़ाकाजी का भी अपहरण हो जाएगा।

भदैया कुंड जाने के लिए बहुत सारी सीढ़ियाँ उतरनी पड़ती थीं। उसके बाद नीचे मन्दिर था और फिर दूर तक फैली झील और जंगल थे। जीप, साइकिल, स्कूटर सब ऊपर ही रुकते थे। नीचे जो दूर तक फैला जंगल था, उसमें से बीहड़ में जाने के लिए एक कच्चा रास्ता था, लेकिन जंगली जानवरों के डर से कोई उस रास्ते का इस्तेमाल नहीं करता था।

हम लोग भी भदैया कुंड पहुँचे। देखा चारों ओर पुलिस वाले बन्दूक़ों के साथ नीचे जाने को थे। जीप की आवाज़ से वे रुक गए। हमारी गाड़ी के रुकते ही उनमें से एक सिपाही बोला, गाड़ी के टायर को गोली मार दो और इसके ड्राइवर को भी गोली मार दो। माँ जीप से उतरकर ग़ुस्से से सिपाही के पास गईं और बोलीं, "क्या सरकार ने तुम्हें बन्दूक़ लोगों को गोलियाँ मारने के लिए दी हैं?" सिपाही ने जवाब दिया, "हम औरतों से बात नहीं करते" और काकाजी को नीचे धकेलते हुए बोला,

"नीचे चल।" मैंने जो देखा वह शायद सिपाहियों और माँ की नज़र से भी बच गया था। विशम्भर भैया धीरे से सिपाहियों की नज़र बचाकर जीप के पीछे छिप गए थे। ऐसा उन्होंने क्यों किया था? मुझे क्यों सब कुछ अजीब लग रहा था? क्यों मैं चाह रही थी कि हम सब फ़ौरन घर लौट जाएँ।

माँ का पारा सातवें आसमान पर था। वे बोलीं, "ठीक है, हम तुम्हारी शिकायत तुम्हारे अफ़सर से करेंगे।"

वे हमें साथ लेकर नीचे उतरने लगीं। जहाँ से नीचे सिपाही और ऑफ़िसर खड़े दिखाई दे रहे थे। हम नीचे आ गए थे।

नीचे कुंड के पास गर्ल्स कॉलेज के लेक्चरर, लड़कियों और लड़कों को एक लाइन में खड़ा किया हुआ था। सब सर झुकाए, डरे-सहमे खड़े थे। कुछ था जो सामान्य नहीं था। मैं समझ नहीं पा रही थी, मेरे रोंगटे खड़े हो रहे थे? क्या कुछ अजीब था? जो मुझे बड़ी मौसी की मृत्यु के वक़्त लगा था। वह था—पाँच सौ लोगों की भीड़ और कोई आवाज़ नहीं।

मैं याद करती हूँ तो मुझे इतना याद है कि मुझे उस सन्नाटे से कुछ दहशत जैसा महसूस हो रहा था। इतने सारे लोगों के होने के बावजूद सन्नाटा माँ को नज़र नहीं आया था। शायद क्रोध इसका कारण था।

नीचे एक पुलिस की खुली ओपन वैन खड़ी थी। जिसमें कुछ लड़के सहमे-से खड़े थे। एक बन्दूक़धारी रोबीला पुलिस ऑफ़िसर भी वहाँ खड़ा हुआ था।

माँ ग़ुस्से से दनदनाती हुईं उस पुलिस ऑफ़िसर के पास जाकर बोलीं, "पुलिस नागरिकों की हिफ़ाज़त के लिए होती है, न कि नागरिकों के साथ बदतमीज़ी के लिए। आपका सिपाही बदतमीज़ है।" ऑफ़िसर हैरानी से माँ के कन्धे पर हाथ रखकर बोला, "तुम कौन हो?" माँ का ग़ुस्सा और भी जोर पकड़ गया था। वे तमतमाकर बोलीं, "दूर से बात कीजिए। मैं तो आपसे आप करके बात कर रही हूँ, और आप 'तुम' करके बात कर रहे हैं? मैं सोशल वर्कर हूँ।" ऑफ़िसर ने हैरानी से पूछा, "वह क्या होता है?" अब माँ के हैरान होने की बारी थी। वे बोलीं, "आपको सोशल वर्कर नहीं मालूम? आप पुलिस ऑफ़िसर हैं या नहीं?" फिर माँ काकाजी की तरफ़ पलटकर बोलीं, "चलो रंजीत, हमें नहीं मनानी पिकनिक।" कॉलेज की प्रिंसिपल जो माँ को जानती थीं, वे माँ को चुप रहने का इशारा कर रही थीं।

माँ ने देखा। पुलिस वैन में कॉलेज के कुछ लड़के खड़े थे। एक सिपाही काकाजी को धक्का देकर वैन में बैठने को कह रहा था।

काकाजी उस समय सिर्फ़ सत्रह साल के थे। कुछ समझ नहीं पा रहे थे। वे बोले, "मेरी माँ के साथ जाऊँगा।" माँ ने काकाजी का हाथ पकड़कर रोकते हुए उस सिपाही से कहा, "मेरे बच्चे को कहाँ ले जा रहे हो?" माँ को लग रहा था कि यह पुलिस की कोई ख़ास तरह की ट्रेनिंग है। माँ जानना चाहती थीं कि आख़िर हो

क्या रहा है? अचानक वह ऑफ़िसर बन्दूक़ उठाकर बोला, "मैं माधो सिंह डाकू हूँ। लड़कों को ले जा रहा हूँ। महिलाओं और बच्चियों को डरने की ज़रूरत नहीं है।"

माँ सकते में थीं। मैं कुछ नहीं समझते हुए भी सहमी खड़ी थी। न रो रही थी न डरकर माँ के आँचल में छिप रही थी।

काकाजी को जाते देख माँ माधो सिंह से बोलीं, "बच्चों ने क्या किया है? बच्चे क्यों?" उसने कहा, "तुम्हारे बच्चों को ले जा रहा हूँ, पैसे दे के छुड़वा लेना।"

माधो सिंह और दूसरे डाकू तेज़ी से वैन लेकर जंगल की तरफ़ चले गए। मुझे याद है, बहुत सारे लड़कों के बीच काकाजी वैन में खड़े, मुस्कराते हुए बाय-बाय की मुद्रा में हाथ हिला रहे थे। वैन काकाजी, लड़कों और डाकुओं को लेकर चली गई।

डाकुओं के जाते भगदड़ मच गई थी। एकमात्र ऊपर जाने की सीढ़ियों की तरफ़ सब भागे। वहाँ न जाने कहाँ से निकलकर विशम्भर भैया आ गए थे। श्यामा दीदी को उलटी हो गई। स्मिता रो रही थी। लड़के और लड़कियाँ ऊपर की तरफ़ दौड़े जा रहे थे।

माँ जहाँ की तहाँ खड़ी चारों तरफ़ अजनबियों की तरह देख रही थीं। मालन आंटी उन्हें कह रही थीं, "कमल जल्दी चलो।" माँ बोलीं, "कौन?" मालन आंटी ने कहा, "मैं मालती तुम्हारी मालन।" माँ अजनबियों की तरह मालन आंटी की तरफ़ देखकर बोलीं, "कौन मालन?"

अचानक न जाने माँ को क्या हो गया था, वे किसी को पहचान नहीं पा रही थीं। किसी तरह सब उन्हें सहारा देकर सीढ़ी चढ़ा रहे थे क्योंकि उन्हें सीढ़ियाँ नज़र नहीं आ रही थीं।

माँ को दिखाई देना बन्द हो गया था। शायद दर्द का हद से गुज़रना इसकी वजह रही हो। वरना हम तीन बच्चों को पैदा करने में माँ को कितने शारीरिक कष्ट से गुज़ारना पड़ा होगा? लेकिन शायद उस पीड़ा में सृजन का आनन्द था। और यहाँ तो माँ के जीवन के सर्वोत्तम प्रिय सृजन को डाकू उठा के ले गए थे। उनके बेटे का जीवन संकट में था। पीड़ा की पराकाष्ठा के कारण शायद शरीर ने कुछ भी देखने-पहचानने की क्षमता खो दी थी।

माँ कुछ घंटों के लिए अन्धी हो गई थीं।

माँ की हालत देखकर मालन आंटी चिन्तित थीं, क्योंकि माँ सात महीने की गर्भवती थीं, हमारा सबसे छोटा भाई नोनी पैदा होने वाला था।

डाकुओं के बीच काकाजी के पचास दिन

घर आकर माँ को लिटा दिया गया। हर ओर गहरा अवसाद था। मुझे याद नहीं पड़ता की कब, कैसे और किसके उपचार से माँ की तबीयत सँभली थी। बाबूजी यह ख़बर

सुनते ही कम्पनी से दौड़े चले आए थे।

देश, चीन के साथ युद्ध से जूझ चुका था। अब पाकिस्तान से युद्ध में उलझा हुआ था। मुझे याद हैं वे दिन जो बोझिल हुआ करते थे।

अक्सर माँ हमें हँसाने के लिए कुछ हास्यास्पद किया करती थीं। कभी बिल्ली की आवाज़ निकालतीं, कभी कुछ, कभी कुछ। उन दिनों सब कुछ ग़ायब था। मैं सोचती, क्यों माँ उदास और बदहवास रहती हैं? क्यों खानों से स्वाद उठ गया है? क्यों बाबूजी की फ़रमाइशें बन्द हो गईं? क्यों बाबूजी, माँ चुपचाप गहरी सोच और बातों में हमें नज़रअन्दाज़ कर रहे थे? काकाजी अब तक घर आए क्यों नहीं?

उन दिनों, दिन उदास और रातें भयानक होती थीं। मैं अपने बिस्तर में दुबकी होती। नानी की कहानियाँ गुम थीं। मेरी परियों ने आने से मानो इनकार किया हुआ था। युद्ध की वजह से रात को खिड़कियों पर काले कपड़े डाल दिये जाते। माँ की दादी के समय की काँसे की भारी ढिबरी अपनी मरियल-सी रौशनी पूरे कमरे में फेंकने की पुरज़ोर कोशिश में बिना हवा के भी थरथराती हुई जलती रहती थी, जो माहौल को और भी भयानक बना देती थी। मैं अपने बिस्तर पर नीचे लेटी टुकुर-टुकुर माँ को देखती, जिन्होंने हँसना-बोलना, खाना-पीना सब बन्द ही कर दिया था।

माँ पूरी-पूरी रात सात महीने के नोनी को पेट में लिये बेचैन, कमरे में इधर-से-उधर पता नहीं क्या सोचती हुई टहलती रहती थीं।

माँ डाकुओं में फँसे अपने पहले, लाड़ले बेटे की फ़िक्र में इधर-से-उधर दौड़ रही थीं। गाडगिल अंकल के दोस्त मेजर जसपाल ने डाकुओं की तलाश में हेलिकॉप्टर भी दौड़ाए पर माधो सिंह की अक़्ल के आगे सब फ़ेल हो गए।

माधो सिंह एक बेहद चालाक और सजग डाकू था। गाँव वालों की मदद करने के कारण उसे उनकी मदद मिलती थी।

माँ की निढाल हालत देख बाबूजी माँ को सँभाल रहे थे। वे ख़ुद भी बिलकुल टूट चुके थे। वे माँ से कहते, "कम्मो अपने को सँभालो, हमारे काका को कुछ नहीं होगा, कैसे भी काका को छुड़ा लेंगे।" बाबूजी ने पुलिस स्टेशन के चक्कर लगाने शुरू कर दिये थे।

माँ फिर से वीरांगना की तरह संघर्ष की एक और चुनौती को ललकारती बाबूजी के साथ खड़ी हो गई थीं। उन्होंने अस्पताल जाना शुरू कर दिया था। शायद पुलिस के अलावा कोई ख़बर मिले। हुआ भी ऐसा ही।

एक दिन जब माँ अपनी ड्यूटी करने के लिए अस्पताल पहुँचीं तो एक गाँव का आदमी माँ का इन्तज़ार कर रहा था। उसके पैर में चोट लगी हुई थी और वह माँ से ही पट्टी करवाने की ज़िद कर रहा था। नर्सें परेशान हो रही थीं। सब माँ के आने के इन्तज़ार में थीं। माँ ने उसे लाख समझाया कि वे नर्स नहीं हैं। लेकिन वह ज़िद पर अड़ा रहा, पट्टी तो कमला सिस्टर से ही करवानी है। उसका आग्रह माँ को अजीब

लग रहा था। हारकर वे उसे पट्टी करने के लिए ड्रेसिंग रूम में ले गईं। उसने पैर खोला तो माँ एकदम चौंक गईं, क्योंकि वह गोली का घाव था।

वह आदमी माधो सिंह के गिरोह का एक डाकू था। वह डाकू इत्मीनान से बोला, "आप पट्टी करो या न करो, एक ख़बर देनी है, मास्साब (सारे डाकू माधो सिंह को मास्साब कहते थे। शायद पहले वह मास्टर था।) ने कहा है कि आपका लड़का आपको सुरक्षित पहुँचा दिया जाएगा, फिरौती की रक़म देनी होगी।"

मुझे याद तो नहीं है कितनी रक़म थी बस इतना याद है कि बाबूजी और माँ के बस से कोसों दूर की माँग की गई थी। वह डाकू जाते-जाते धमकी भी दे गया था, बोला, "पुलिस को बताया या पैसा टाइम पर नहीं दिया तो तुम्हारे बेटे की लाश माधव चौराहे पर मिलेगी।" माँ भौचक्की खड़ी थीं। फिर दोबारा आने को कहकर वह चला गया।

घर में कोहराम मच गया था। माँ-बाबूजी किसी गहरी चिन्ता और योजना में मशगूल थे। इतनी बड़ी रक़म एक तरफ़, दूसरी तरफ़ अनमोल प्यारा बेटा। ख़ुद बिक जाए तो भी इतना पैसा इकट्ठा नहीं होने वाला था।

बाबूजी अपने रिश्तेदारों से पैसा इकट्ठा करने दिल्ली, देहरादून और न जाने कहाँ-कहाँ गए। माँ भी शिवपुरी में जितने जानने वाले थे सबसे पैसा इकट्ठा कर रही थीं। गाडगिल अंकल और मालन आंटी ने भी उस समय पैसों से मदद की।

रुपये इकट्ठे तो हुए लेकिन पर्याप्त नहीं थे कि काकाजी को छुड़ाया जा सके। माधो सिंह का दिया समय निकला जा रहा था। वह माधो सिंह का आदमी दोबारा माँ से मिलने आया। माँ की जान अधर में थी। पुलिस को बताया जाए, या नहीं? पुलिस के निर्देश थे, माधो सिंह सन्देश ज़रूर भिजवाएगा, फिरौती की रक़म के लिए। उस हालत में पुलिस को तुरन्त सूचना दें। यदि पुलिस उस सन्देशवाहक को पकड़ लेती तो माधो सिंह के ठिकाने का पता लगाया जा सकता था। लेकिन अगर कुछ उलटा हो जाए तो? माँ असमंजस में थीं। एक तरफ़ क़ानून था, दूसरी तरफ़ एक डाकू, जो कभी भी, किसी एक ज़रा-सी ग़लती से बेटे की जान ले सकता था। बाबूजी की अनुपस्थिति में, पुलिस को कुछ भी नहीं बताने का निर्णय माँ ने लिया।

कई बार माँ उन लोगों से मिलीं जिनके बच्चे अगवा हुए थे। पुलिस से छिपकर सब मुलाक़ातें होतीं। डर बना रहता, पुलिस के मुखबिर का। सब डरे हुए थे। एक ज़रा-सी चूक बच्चों की जान ले सकती थी। घर पर बाबूजी भी नहीं थे। पैसों के इन्तज़ाम में दिल्ली-देहरादून भटक रहे थे।

माँ को बस बाबूजी का इन्तज़ार था। उस समय फ़ोन की सुविधा नहीं हुआ करती थी। ख़ास तौर से मध्यवर्ग में तो हर काम पत्र से ही चलता था। जिसकी गति बहुत धीमी होती थी। किसी का कोई भी समाचार चार दिन में पहुँचता था।

एक तरफ़ देश में युद्ध के कारण सन्नाटा और कर्फ़्यू पसरा था। दूसरी तरफ़ बाबूजी दिन-रात कभी दिल्ली, कभी देहरादून के चक्कर लगाकर, रिश्तेदारों के आगे

हाथ फैला रहे थे। जिस आदमी ने हमेशा देना सीखा हो उसे किसी के आगे यों हाथ फैलाते हुए कैसा लग रहा होगा?

बाबूजी कुछ ही रुपये इकट्ठा कर सके। कम ही लोगों ने मदद की थी। बाबूजी का उस समय का सबसे बदनाम व्यापार, नाटक-कम्पनी, इस असहयोग का कारण थी।

उसी समय एक घटना और घटी मैं जिसकी साक्षी हूँ। करेरा (शिवपुरी के पास का एक क़स्बा) के पत्रकार थे राधेश्याम द्विवेदी, माँ उन्हें 'दद्दा' पुकारती थीं। काकाजी ने नौवीं-दसवीं उन्हीं के पास करेरा में रहकर पढ़ी थी। उन्होंने अपने अख़बार में 'बच्चों के अपहरण' की ख़बर छापी। इसमें उन्होंने माँ के लिए लिखा, 'काले चश्मे में दमकते चेहरे वाली कमला जी जीप से उतरीं और सीधे माधो सिंह के सामने बहस करने चली गईं। सौन्दर्य की छटा बिखराती सिंहनी की तरह।' यह अख़बार में छापने के बाद वे माँ से मिलने शिवपुरी आए। मैंने माँ को इतने ग़ुस्से में कभी नहीं देखा था। दद्दा को दरवाज़े से ही माँ ने खदेड़ दिया था। वे बहुत ज़ोर से चिल्लाई थीं। इस तरह की ख़बर जिससे काकाजी का जीवन ख़तरे में पड़ सकता था माँ को नागवार गुज़री थी।

मुझे याद नहीं कि उन दिनों घर में खाना भी बनता था या नहीं? लेकिन माँ को खाना खाते मैंने नहीं देखा था। नानी के कहने पर दो-एक निवाले ज़िन्दा रहने के लिए खा लिये तो खा लिये।

बाबूजी के आने में देरी होती जा रही थी। डाकुओं की दी गई मियाद की आख़िरी तारीख़ क़रीब आ रही थी।

माँ के सामने फिर वही डाकू खड़ा था। माँ उससे थोड़ा और समय माँग रही थीं। वह डाकू बोला, "मैं तुम्हारा सन्देश उन तक पहुँचा दूँगा, पर मुझे लगता नहीं कि मास्साब मानेंगे।"

माँ ने एक ख़त डाकू को पकड़ा दिया और कहा, "इसे माधो सिंह जी को दे देना। सुना है कभी वह भी एक शिक्षक थे। इसे पढ़ लेंगे।"

माँ ने पत्र में एक राखी का डोरा भी भेजा था। पत्र कुछ इस तरह था, "आदरणीय भाई साहब, मैं यह राखी का डोरा भेज रही हूँ। मैंने सुना है ठाकुर डोले वापस कर देते हैं, डोरे नहीं। पत्र इसलिए नहीं लिख रही कि मैं पैसा नहीं दे पा रही हूँ, या कि रियायत चाहती हूँ। बहन के नाते, बस इतना चाहती हूँ कि चाहे मेरे बेटे को गोली मार देना, पर गाली और यातना मत देना। हम आपका पैसा ज़रूर देंगे थोड़ा समय लग रहा है। बस इतना कहना है। आपकी बहन कमला।"

जिन बच्चों के चेहरे पर माधो सिंह को रईसी नज़र आई बस उन्हीं बच्चों को अगवा किया। रंजीत भैया के तो चेहरे से ही रईसी टपकती थी। शहर से अठारह बच्चे अगवा हुए थे। उन्नीसवाँ स्वयं चलकर अगवा हुआ था।

माधोसिंह और मोहर सिंह चम्बल के कुख्यात डाकू थे। पुलिस से एक क़दम आगे चलते थे। जब बच्चों को इन लोगों ने शिवपुरी से अगवा किया था तब पुलिस का सोचना था कि ये लोग भागकर अपने गढ़ की तरफ़ ग्वालियर जाएँगे। लेकिन वे लोग उलटी दिशा में गए। रास्ते में एक लड़का सड़क पर किसी वाहन का इन्तज़ार कर रहा था। थका हुआ था। वैन देखकर सड़क के बीच में खड़ा हो गया। उसे डाकुओं ने अपनी वैन में बिठा लिया। यह उन्नीसवाँ 'स्वयं अपहृत' लड़का था जिसे बाद में छोड़ दिया गया था।

कुछ मील के बाद डाकुओं ने वह पुलिस की वैन छोड़ दी और पैदल जंगल में सारे लड़कों के साथ पुलिस से छिपते-छिपाते भागते रहे शिवपुरी की सरहद से दूर। वे दिन जंगलों में रुककर गुज़ारते और रात को चलते थे। बरसात से बचने के लिए तिरपाल की छाया होती, आसपास के गाँवों से राशन मँगवाते और जंगल में खाना पकता।

पहले कुछ दिनों में माधो सिंह ने सब लड़कों से बारी-बारी परिचय लिया। काकाजी के दिये परिचय से वह दुविधा में पड़ गया। नाटक-कम्पनी तो उसकी समझ में आ गई। माँ का सोशल वर्कर होना, बड़ी मुश्किल से समझ आया। उन लड़कों में एक धोबी के सुपुत्र भी थे। उनके गोरे होने के कारण डाकू धोखा खा बैठे थे। उनके व्यवसाय ने उन पर कृपा की और वे छोड़ दिये गए। काकाजी बड़े आज्ञाकारी और सीधे थे, इसलिए सबके प्रिय होते जा रहे थे।

एक रोज़ किसी ग़लती के कारण एक डाकू ने किसी लड़के को बन्दूक़ की बट से मार दिया, माधो सिंह को जब पता चला तो वह उस डाकू पर बहुत नाराज़ हुआ। उसने सबको हिदायत दी, "ये लड़के हमारे मेहमान हैं। इन्हें सँभाल के रखो।"

डाकू और पुलिस के एनकाउंटर के बीच डाकुओं और लड़कों को जंगलों में भागना पड़ता। इस बीच जंगल में पड़ाव भी पड़ते। तब कुछ डाकू खाना बनाते और माधो सिंह ताश खेलता। धीरे-धीरे पहचान बढ़ी और काकाजी को ताश बाँटने में लगा दिया गया।

इन लड़कों में काकाजी के कॉलेज के भी लड़के थे, एक लड़के ने हिम्मत कर, माधो सिंह से कहा, "मास्साब, रंजीत हमारे कॉलेज का गायक है।" बस, अब रोज़ माधो सिंह और अन्य डाकू, हर रोज़ काकाजी से गाने सुनते। माधो सिंह ने काकाजी का नाम ही 'रेडियो' रख दिया था।

इसी बीच राखी का त्योहार आ गया। गाँव से पंडित को बुलाया गया। जंगल में पूड़ी-खीर बनी। माधो सिंह ने पंडित से सब लड़कों को राखी बँधवाई। जो-जो अपनी बहनों को देते थे, सबसे पूछकर पंडित को दिलवाया गया।

असली घी लड़कों को ख़ूब खिलाया जाता, ताकि बच्चे दुबले न हो जाएँ। मास्साब का मानना था कि ये "लड़के हमारी रोज़ी-रोटी हैं।"

काकाजी को पता था कि उनके माँ-बाप, इतना पैसा देने योग्य नहीं हैं। एक अनजान डर उन्हें था, न जाने किस दिन उन्हें गोली मार दी जाए, यदि समय पर पैसा नहीं आया तो? उस बीहड़ में ख़ूँख़्वार लोगों की बन्दूक़ों के बीच काकाजी का एक ही सहारा था, वह थी घर की चाबी। भदैया कुंड जाने से पहले घर से चलते हुए उन्होंने ही ताला लगाया था। वह चाबी उनकी जेब में पड़ी रह गई थी। बियाबान घने जंगल में, रातों को मौत के ख़ौफ़ के बीच जब माँ-बाबूजी हमारी और घर की याद उन्हें सताती तो वे उस चाबी को ज़ोर से अपने सीने से लगा लेते थे। बस एक वही लोहे की चाबी उनके परिवार की एक कड़ी थी जो उन्हें अपनी लगती थी।

डाकुओं की दी हुई मियाद निकल चुकी थी। बाबूजी दिल्ली से आ गए थे। उस सुबह बाबूजी सिर पर हाथ धरे पूरे झुके हुए माँ के सामने बैठे थे। बाबूजी जैसा लम्बा-चौड़ा इनसान गठरी-सा प्रतीत हो रहा था। रुपयों की पोटली दोनों के बीच ज़मीन पर रखी हुई थी। उन दोनों की पीड़ा मुझ तक पहुँच रही थी। हताश बाबूजी माँ से बोले, "कम्मो इन पैसों को आग लगा दो। अब ये किसी काम के नहीं। हमारा काका कहीं किसी चौराहे पर गोली खाया पड़ा मिलेगा।" जीवन की कई विकटतम परिस्थितियों में भी जो नहीं हारे थे, वे इतने हताश, निराश और उदास बैठे थे।

बाबूजी जिनका भेरे में अपना छह कमरों का बड़ा-सा हवेलीनुमा घर था। वह घर जिसके हर कमरे की चिमनी सर्दियों में रौशन हुआ करती थी। वह घर जो भारत-पाकिस्तान के विभाजन में छिन गया था। वे बाबूजी जिनके गाँव में चिनार के पेड़ों की सरसराहट शाम की बर्फ़ीली सर्द हवा को और भी सर्द बना देती थी। वह घर जिसकी हर खिड़की के पार, गलियों में बाबूजी का बचपन दौड़ता था। जिसके दोस्त, पहचान वाले कहीं छूट गए थे, जिस लाहौर में तख़्ती पर उनके अक्षरों ने चलना सीखा था, जिन्होंने शहर के बीचोबीच बहती नहर में डुबकियाँ लगाई थीं, जिनकी माँ, अपनी जान बचाने को ट्रेन की भीड़ में खड़ी चिल्लाती रही, लाहौर रेलवे स्टेशन पर ट्रेन में बैठते ही कुली, उनके पति की, उनके बचपन की, उनकी ज़िन्दगी भर से सहेजे चाँदी के बर्तनों की बोरी और सारी जीवन की कमाई ले भागा था।

वे बाबूजी जिनके सर से बहुत छोटी उम्र में पिता का साया छिन गया था। जिनका बचपन और वतन दोनों विभाजित हो गए थे। जिन्होंने कभी स्वतंत्रता संग्राम में भगत सिंह के दल में शामिल हो जलती मोमबत्ती पर हाथ जलाकर देश को आज़ाद करवाने की क़सम खाई थी। वे बाबूजी जो अपने कुछ साथियों की अंग्रेज़ों द्वारा हत्या हो जाने पर भी नहीं डरे थे। वे बाबूजी जिन्होंने आज़ादी की जंग में बिना डरे अपने साथियों का साथ दिया था। वे बाबूजी जो दोस्तों से शर्तें लगाकर पूरी रात श्मशान में गुज़ारकर मुस्कराते हुए सुबह वापस आकर शर्त जीत गए थे। वही बाबूजी आज पुत्र-प्रेम में, उसे खोने के भय से काँप रहे थे। समयावधि ख़त्म होने

ने जैसे उनके जीवन का समय भी ख़त्म कर दिया था। बाबूजी जो किसी परिस्थिति में भी हताश नहीं हुए थे, उस दिन इतने शक्तिहीन और असहाय दिख रहे थे। क्या यह वही बाबूजी थे?

माधो सिंह ने माँ की राखी की लाज रखी। काकाजी सही-सलामत थे। देर से ही सही पैसा माधो सिंह को भेज दिया गया। माधो सिंह ने सब लड़कों की विदाई के समय काकाजी से गाना सुनाने की फ़रमाइश की, "चल रेडियो, गाना सुना दे।" काकाजी ने उन दिनों का प्रसिद्ध गीत गाया। "हम छोड़ चलें हैं महफ़िल को याद आएँ कभी तो मत रोना।"

माधो सिंह जिस पर सैकड़ों ख़ून के इलज़ाम थे, लोगों में जिसकी दहशत थी उसी माधो सिंह की आँखों में आँसू झिलमिला रहे थे। वह बोला, "रेडियो तू मेरा भानजा है। अगर तू थोड़े दिन और रुक जाए तो मैं तुझे धौलपुर ले जाऊँ और जिज्जी (माँ) को पैसे भी नहीं देने पड़ेंगे। यहाँ गिरोह की वजह से ऐसा नहीं कर पाऊँगा।" काकाजी ने हाथ जोड़ लिये कहा, "मेरे माँ-बाबूजी मर जाएँगे मामाजी। मुझे जाने दें।"

सारे लड़कों को जंगल में छोड़ा जा रहा था। जंगल की पगडंडी पर चलते-चलते काकाजी ने मुड़कर डाकुओं की तरफ़ देखा था। माधो सिंह अपनी बन्दूक़ की बट पर अपनी ठोड़ी टिकाए सब लड़कों को जाते हुए बड़ी देर तक देखता रहा, दूर तक।

मैं सोचती हूँ, इनसान के कितने आयाम होते हैं। कहीं वह नृशंस, वहशी है। कहीं उसके उसी क्रूर दिल में कोई बच्चा गुनगुनाता है, खिलखिलाता है और फिर उदास हो जाता है।

लौट आओ देस अपने ओ प्रवासी मन

ठंडी सड़क पर लढा साहब का वह मकान अब ढेर सारे क़र्ज़ और अभावों से लबरेज़ था। इसके कोने-कोने में छिटकी उन पचास दिन और पचास रातों की उदासी अब अचानक ख़ुशियों में बदल गई थी।

काकाजी पूरे पचास दिन डाकुओं के बीच गुज़ारकर 25 सितम्बर को सही-सलामत कच्ची उम्र में बहुत सारे परिपक्व अनुभव लेकर घर लौट आए थे।

माँ के दिल का सारा दर्द जैसे उनके पेट में उतर चुका था। एक महीने बाद 30 अक्टूबर, 1965 को माँ ने हमारे सबसे छोटे भाई निखिल को जन्म दिया। जिसे हम सब प्यार से 'नोनी' कहते हैं।

नोनी का ज़िन्दगी को देखने का नज़रिया, उसकी उदासी, हर चीज़ में नकारात्मक को ढूँढ़ने की कला, संशय, उसकी हार मान लेने की प्रवृत्ति और ज़िद्दी स्वभाव, इन सबने उसके जीवन में हमेशा के लिए बसेरा कर लिया है। इसका

मूल कारण मुझे वही पचास दिन लगते हैं। माँ की वे साँसें, जो उन्होंने अथाह दुख, दुविधा, संशय, निराशा और डर में ली थीं। शायद वही साँसें नोनी अब तक ले रहा है। माँ के गर्भ के अन्दर के इस समुद्र-मन्थन ने उसे शायर बना दिया। ऐसा शायर, जो ख़ुद लिखता है, माँ को सुनाता है या फिर मुझे। उसकी शायरी में जीवन का एक उदास फ़लसफ़ा है। हम दोनों यानी माँ और मैं, नोनी के श्रोता और दर्शक हैं। इतने अच्छे अशआर के लिए किताब छपवाने के नाम पर उसका एक उदासीन जवाब होता है, "क्या करना है? उससे क्या होगा?" यानी उसका शायरी का सफ़र भी बस इतना मुख़्तसर-सा है।

माँ कहती थीं, 'पाकिस्तान बनने से तो लोग एक बार बेघर हुए परन्तु हमारा तो तीन बार पाकिस्तान बना। पहली बार, 1947 में भेरा छोड़ना पड़ा। दूसरी बार, भोपाल के घर में आग लगने से जब सब जल गया। माँ का किताबों का संग्रह बहुत बड़ा था। एक बहुत बड़ा कमरा जिसे माँ ने लाइब्रेरी बनाया हुआ था। उसके जल जाने का माँ को बहुत अफ़सोस था। तीसरी बार, काकाजी के अपहरण के कारण। अब कुछ भी तो नहीं बचा था हमारे पास। क़र्ज़ों ने अलग कमर तोड़ दी थी। माँ पूरी तरह टूट गई थीं। नोनी के पैदा होने के बाद बहुत कमज़ोर भी हो गई थीं।

तीन बच्चे, उस पर नन्हा नोनी! बाबूजी कम्पनी में लौट गए, इस उम्मीद पर कि कम्पनी चले तो क़र्ज़े उतारे जा सकें। जाकर लच्छू मामा को माँ की मदद के लिए भिजवा दिया था। शुक्र था कि माँ की अस्पताल की नौकरी बरक़रार थी। अस्थायी होने की वजह से तनख़्वाह ज़रा कम थी। तनख़्वाह से कुछ क़र्ज़े उतरते, बाक़ी जो थोड़ा-बहुत बचता उससे 'टूटी-फूटी लँगड़ी रसोई' घिसटती हुई चल रही थी।

कामचोर होने के बावजूद, लच्छू मामा ने घर का थोड़ा-बहुत काम सँभाल लिया था। माँ नौकरी पर जातीं, तो उन्हें आते-आते शाम हो जाती। मैं नोनी को गोदी में लटकाए घूमती रहती। नोनी मोटा और गोरा था, मेरे काली और दुबली-पतली, बिखरी-सी होने के कारण, लोग मुझे नोनी की आया समझते थे। मामा आधे से ज़्यादा काम मुझसे करवा लिया करते थे।

उस शाम माँ ने तनख़्वाह लाकर ट्रंक में रख दी (हमारे घर में पेटियों में ताला लगाने का चलन नहीं था।) अगले दिन माँ को अस्पताल से आकर गेहूँ-चावल ख़रीदना था और कुछ क़र्ज़े चुकाने थे। सुबह वे ड्यूटी पर अस्पताल चली गईं।

उस दिन लच्छू मामा ने अचानक अपने ज़िम्मे घर की धुलाई का निर्णय ले लिया। सारा सामान बाहर सड़क के किनारे निकालकर मुझे और अन्नू भैया को बाहर बिठा दिया। हम दोनों खेल रहे थे। हमें समय का पता ही नहीं चला कि कब माँ ड्यूटी से घर आ गईं। हमें बाहर देख हैरानी से बोलीं, "बाहर क्यों बैठे हो?" माँ, लच्छू मामा को आवाज़ लगाती हुई अन्दर गईं। मामा छह महीने के नोनी को लेकर वहाँ से नदारद थे।

माँ बदहवास-सी पड़ोस के घरों में नोनी को ढूँढ़ रही थीं। मामा हमारे पड़ोसी चिन्तामणि जी के घर नोनी को छोड़कर चले गए थे। वे लोग भी सुबह से परेशान थे। नोनी भूखा था। नोनी तो मिल गया। माँ की जान में जान आई। मामा के ग़ायब होने से माँ को सबसे पहले ट्रंक का ख़याल आया, मामा वाकई पूरे घर की धुलाई बहुत अच्छी तरह कर गए थे। पूरे महीने की तनख़्वाह ग़ायब थी।

माँ ने कैसे काटा होगा वह महीना, मुझे कुछ याद नहीं। हाँ, इतना याद है कि कुछ महीनों बाद लच्छू मामा रोते हुए माँ के पैरों पर गिरकर माफ़ी माँग रहे थे। उस पर ताज्जुब यह कि माँ ने रोते हुए उन्हें माफ़ भी कर दिया। बस इतना बोलीं, "बेटा! तुम्हें ऐसा नहीं करना चाहिए था।" ऐसी दयालु थीं, मेरी माँ।

काकाजी के डाकुओं से लौट आने और मेरे छोटे भाई के पैदा होने के बाद हम लोगों ने लढा साहब का मकान छोड़ दिया था।

पान, थप्पड़ और मैं

उम्र का वह पड़ाव था कि कभी कोई छोटी-मोटी चीजें लेने बाज़ार भी जाना पड़ता था। अब मैं बड़ी जो हो गई थी। पूरे छह-साढ़े छह साल की! एक दिन मुझे मेहमानों के लिए जे.बी. मंघाराम के बिस्कुट का पैकेट लाने बाज़ार भेजा गया। रास्ते में पान की एक दुकान पड़ती थी, जब भी मैं उसे देखती मेरी दिली तमन्ना होती, किसी दिन मैं भी आदमियों की तरह दुकान पर खड़ी हो, आईने में अपने-आपको देखते हुए पान खाऊँ। कहते हैं, कुछ दिन क़यामत के होते हैं, या जब चन्द्रमा कुंडली में छठे, आठवें या बारहवें भाव में आता है, तब वह क़यामत जैसा होता है। मेरा भी चन्द्रमा शायद इन्हीं भावों में उस दिन गोचर कर रहा था। बस उसी चन्द्रमा ने रोक लिया और मैंने दुकान पर रुककर बच्चों वाला छोटा-सा पान लगवाया और दुकान पर लगे आईने में ख़ुद को निहारते हुए खाया। मुझे इस बात का ज़रा इल्म नहीं था कि उस समय मुझे कोई और भी निहार रहा था।

अगले कुछ ही क्षणों में जे.बी. मंघाराम के बिस्कुट घर में नीचे बिखरे हुए थे और उसका कारण था माँ का शॉक ट्रीटमेंट।

मेरे घर के अन्दर घुसते ही एक झन्नाटेदार थप्पड़ गाल को रँग गया। थप्पड़ के असर से मैं दूर जा गिरी। एक तरफ़ पड़ी सोच रही थी कि यह मेरे साथ क्या हुआ? काकाजी खड़े मुझे ही देख रहे थे। कुछ अपराधबोध से ग्रस्त लग रहे थे। शायद उन्हें भी नहीं पता होगा कि उनकी लगाई चुगली मेरे गाल को इस क़दर रँग जाएगी। अपनी लड़की के कुछ साल बाद के भविष्य की चिन्ता में पूरी रणचंडी बनी हुईं माँ बोल रही थीं, "पान खाएगी दुकान पर खड़े होकर? आवारा बनेगी? अभी से यह हाल है तो बड़ी होकर तो नाक ही कटवाएगी।"

ख़ैर साहब, पिटाई के बाद माँ का वही जी-भरकर प्यार करना और गले लगाकर रोना, मैंने भी उस दिन सोच लिया था। एक पान, उसके बाद कुछ थप्पड़ और इतना ढेर सारा प्यार सौदा कुछ महँगा नहीं।

इसी फ़िलॉसफ़ी को सिद्धान्त बनाने के कारण ऐसी न जाने कितनी पिटाइयाँ आगे भी आने वाली थीं।

जब कभी याद करती हूँ वह पिटाई तो बड़ी मीठी लगती है। तड़प जाती हूँ माँ के उस थप्पड़ के लिए जब वह मेरे रोने के बाद मुझे गले लगा लेती थीं और ख़ुद भी रोती थीं।

मेरी ज़िन्दगी में, हिन्दी सिनेमा के गीतों का मेरी यादों से बहुत गहरा सम्बन्ध रहा है। जब कभी 'दोस्ती' फ़िल्म का कोई गाना मेरे कानों में पड़ता है तो मन, बचपन की रहगुज़र पर चलने लगता है। 'जाने वालों ज़रा मुड़ के देखो मुझे, एक इनसान हूँ मैं तुम्हारी तरह' या 'राही मनवा दुख की चिन्ता क्यों सताती है, दुख तो अपना साथी है' जब भी सुनती हूँ तो मैं ठंडी सड़क वाले लढा साहब के मकान में पहुँच जाती हूँ।

लढा साहब के मकान के बाद हम लोग कुछ दिनों के लिए या यों कहें कि एकाध महीने के लिए पांडे जी के मकान में आ गए थे। इसमें रहकर मुझे, रंजीत भैया और माँ को कई बार भूतों के अनुभव हुए। माँ उस मकान में बीमार रहने लगी थीं। डरावने सपनों ने उनकी रातों की नींद उड़ा दी थी। आनन-फ़ानन में हम लोगों ने वह मकान छोड़ दिया और शुरू हुआ शिवपुरी में फिर एक नये मकान की तलाश का सिलसिला।

शिवपुरी में नये मकान की तलाश

हमारी, या यों कहें कि उस समय भारत के निम्न-मध्यवर्गीय लोगों की नियति ही किराए के मकानों में भटकते रहने की थी। अपना मकान तो बस सपना ही होता था। अगर मैं लिखने बैठूँ कि हमने कितने मकान बदले तो उसकी फ़ेहरिस्त से ही किताब पूरी भर जाएगी।

शिवपुरी में ही हम आ गए दुबेजी के मकान में, जो ठंडी सड़क के नाले के पार ही था।

छोटे गाँव या क़स्बे में न मकानों में और न ही इनसानों में ज़्यादा दूरियाँ हुआ करती थीं।

दुबेजी के मकान के ऊपर एम्प्लॉयमेंट एक्सचेंज था। उस समय भी बेरोज़गार अपना नाम लिखवाने वहाँ आते थे। अक्सर मैं वहाँ लोगों की आवाज़ाही देखा करती थी। इसका मतलब, जनसंख्या देश की कितनी ही कम क्यों न हो पर बेरोज़गारी ने कभी हमारे मुल्क का साथ नहीं छोड़ा।

दुबेजी का मकान कुछ धँसा हुआ सा था, मानो एहसास-ए-कमतरी में दबा हुआ-सा चुपचाप सर झुकाए खड़ा हो। यह मकान तीन कमरों का था। एक के बाद एक रेल के डिब्बे जैसे कमरे। तीसरे कमरे के बाद आँगन था और रसोई। लेकिन दूसरे कमरे में घुप्प अँधेरा हुआ करता था। मैं आँगन में जाने के लिए या तो लम्बा चक्कर लगाकर, यानी घर के बाहर से घूमकर पिछवाड़े के दरवाज़े से जाती या तेज़ी से दौड़कर उन कमरों को पार करती कि कहीं बीच में कोई भूत-वूत न पकड़ ले।

ऊपर की मंज़िल पर तैलंग-परिवार रहता था, उनकी लड़की उषा मेरी हमउम्र थी और मेरी दोस्त भी बन गई थी। हम साथ खेला करते थे। सामने ही एक और मकान था जिसके नीचे ताड़ का रस 'नीरा' बोतलों में मिला करता था। मैंने भी पिया है मीठा-मीठा, ठंडा-ठंडा। आहा नीरा! बड़े मज़े का होता था। उसी मकान के ऊपर क़रीब पैंतीस-चालीस साल की एक महिला रहती थीं। वे शायद शिक्षा विभाग में कार्यरत थीं और अविवाहित थीं। (इस अधेड़ उम्र में अविवाहित होना उस समय किसी अजूबे से कम नहीं था।)

अक्सर रातों की नीरवता में उनके गाने की आवाज़ आती थी जो माँ को बड़ी नागवार गुज़रती थी और वह महिला माँ की आलोचना का शिकार होती थी। माँ को शालीनता के बाहर हर चीज़ नागवार गुज़रती थी। लेकिन इससे उन अधेड़ अविवाहिता को कोई फ़र्क़ नहीं पड़ता था। क्योंकि वह तो माँ को सुन ही नहीं पाती थी। इन सारे शब्द-बाणों का शिकार होते थे हम लोग। लेकिन न जाने क्यों, मुझे उनका यों रात में ज़ोर-ज़ोर से फ़िल्म के गाने गाना मुझे 'आज़ादी का ऐलान' लगता था। मैं उन जैसी अकेली, निर्भीक औरत से बेहद प्रभावित थी।

काकाजी के डाकुओं से लौटकर आने के बाद, लीला बुआजी दुबेजी वाले मकान में आई थीं। बस वही मेरी उनसे पहली और आख़िरी मुलाक़ात थी जो आज भी तसवीर की तरह आँखों में समाई हुई है। मैं तब थोड़ा-थोड़ा पढ़ना सीख गई थी। तो उन्हें अपनी पहली या दूसरी कक्षा की किताब से कहानी सुनाती थी। उत्तानपाद राजा और ध्रुव तारे की। मैं उत्तानपाद न कहकर 'उतना पाद' कहती थी। लीला बुआ मुझे गले लगाकर हँसते-हँसते न जाने क्यों रो देती थीं। बाबूजी के बाक़ी रिश्तेदार सब दिल्ली, हिमाचल और भी अन्य जगहों पर आर्मी में ऊँचे ओहदों पर थे लेकिन हम उनसे बड़े होने के बाद भी नहीं मिले, कारण? कम्पनी के कारण जो उपेक्षा और अपमान उनके द्वारा माँ-बाबूजी का हुआ वह मेरे दिल में तो घर कर गया था।

माँ कहती थीं, लीला बुआजी के हाथ की सिली सलवार दुनिया की सबसे अच्छी सलवार होती है।

काकाजी का गुपचुप विवाह

शिवपुरी की अविस्मरणीय घटनाओं में एक घटना और थी—बाबूजी की कम्पनी का हमारे घर के पास लगना। मैं दिन-भर नोनी को गोदी में लादे कम्पनी तक चली जाती थी। वहाँ कलाकारों से मिलती। उनसे मिलने वाला प्यार मुझे अच्छा लगता।

उन दिनों दो कलाकारों की बहुत चर्चा थी। वे पहली बार हमारी कम्पनी में लखनऊ से आई थीं। सरोज मिश्रा और राज मिश्रा। दोनों बहनें थीं। सरोज बड़ी और राज छोटी। दोनों उस समय सत्रह-अठारह साल की रही होंगी। वे शिवपुरी और कम्पनी के लिहाज़ से काफ़ी आधुनिक थीं क्योंकि वे लखनऊ जैसे महानगर से आई थीं। राज रिकॉर्ड पर डांस करतीं और सरोज माइक पर खड़े रहकर सिर्फ़ फ़िल्मी गाने गाती थीं। आवाज़ में सुर था और दिखने में दुबली-पतली और आकर्षक।

सरोज जब मुझे मिलीं उस समय मैं नोनी को कमर पर लादे टेढ़ी हुई जा रही थी। मैं काली, दुबली, अनाकर्षक, छह साल छह महीने की बच्ची और नोनी मोटा, गोरा एवं सुन्दर। सरोज को लगा कि मैं कम्पनी के मालिक, बाबूजी के बच्चे की नौकरानी हूँ। यह जानकर कि नोनी मेरा भाई है, उन्हें मुझ पर बड़ा प्यार आया और हमारी दोस्ती हो गई।

सरोज को शान्ति भी पुकारा जाता था और शान्ति का उलटा तिषा होता है। राज, सरोज को 'तिषा' कहकर सम्बोधित करती थी। मैंने अन्नू भैया को भी इन दोनों से मिलवाया और फिर ये हमारी तिषा दीदी और राज दीदी हो गईं।

आगे चलकर तिषा दीदी और काकाजी में प्रेम हुआ और माँ-बाबूजी के डर से दोनों ने छुपकर शादी कर ली। काकाजी को यह अन्देशा था कि माँ कम्पनी की लड़की को बहू नहीं बनाएँगी। सिर्फ़ अठारह की उम्र में काकाजी प्रेम के मोह-पाश में बुरी तरह बँध गए थे। माँ-बाबूजी को कानों-कान इस प्रेम की ख़बर नहीं थी।

जवानी में हार्मोन इनसान से क्या-क्या नहीं करवा डालते और हम इन्हें प्रेम की उपमा दे बैठते हैं। दुर्भाग्य से हमें इस गहरी बात का पता तब चलता है जब 'जवानी' सिर्फ़ एक 'शब्द' रह जाती है, भूतकाल में विचरण करने लगती है। तब यह समझ उपजती है कि 'प्रेम सिर्फ़ हार्मोनों का खेल है।' अफ़सोस! तब तक बहुत देर हो चुकी होती है। प्रेम तिरोहित हो जाता है। इन नालायक हार्मोनों ने आगे चलकर भी काकाजी के साथ बहुत खेल किये। उनसे बार-बार प्रेम करवाए और नतीजा बड़ा भारी पड़ा यानी कई शादियाँ टूटीं।

बस एक चीज़ जो नहीं टूटी, वह थीं तिषा दीदी और परिवार। तिषा दीदी से काकाजी का प्रेम कभी कम नहीं हुआ।

एक बेहद ज़हीन, बुद्धिजीवी, भारत के प्रसिद्ध लेखक, नाटककार एवं निर्देशक

को इन नासपीटे हार्मोन ने चकरघिन्नी बना डाला। आगे चलकर मुझे फ़िल्म और कला क्षेत्र की ऐसी अनेक हस्तियाँ मिलीं जो इन हार्मोनों का शिकार थीं।

मेरा मुझसे परिचय

मैं बहुत दब्बू थी। मुझमें, माँ और अन्नू भैया की तरह आत्मविश्वास नहीं था। न तो मैं अन्नू भैया की तरह अंग्रेज़ी बोल सकती थी और न ही उनकी तरह ढेरों दोस्त बना पाती थी। अन्नू भैया और माँ, दोस्ती करने में माहिर थे।

शिवपुरी में आईं दो मिशनरी महिलाएँ, अमेरिका की मार्ग्रेट विग्लैंड और कनाडा की आयोना हेप्नर से माँ की दोस्ती हो गई थी। उनके घर हमारा बहुत आना-जाना था। दोनों ईसाई धर्म की प्रचारक थीं।

उन दिनों अन्नू भैया ईसाई धर्म के दीवाने हो गए थे। संडे स्कूल में पादरी साहब बच्चों को खेल खिलाते और मिठाइयाँ बाँटते। अन्नू भैया हमें भी वहाँ अपने साथ ले जाते थे। मेरे लिए तो यह अनुभव कौतूहल-भरा और बेहद मज़ेदार था। अन्नू भैया बहुत गम्भीर ईसाई होने लगे थे। हर समय बाइबल उनके हाथ में होती थी। इसी जुनून के चलते उनकी अंग्रेज़ी काफ़ी अच्छी हो गई थी। उन्हें विदेशियों से दोस्ती करना बहुत अच्छा लगता था।

एक दिन अन्नू भैया बाज़ार में ईसाई धर्म का प्रचार कर रहे थे। तभी उन्होंने देखा कि फल वाला एक फ्रांसीसी युवा दम्पती को दोगुने दामों में फल बेच रहा है। अन्नू भैया ने उसे समझाया, 'ये विदेशी पर्यटक हमारे देश में मेहमान हैं। इनसे बेईमानी मत करो।' यही नहीं, अन्नू भैया उन विदेशियों को दूसरी दुकान पर ले गए और सही दामों पर फल दिलवाया। उन्होंने समझा, शायद यह बच्चा कुछ पैसे चाहता होगा। वे अन्नू भैया को पैसे देने लगे। अन्नू भैया ने पैसे लेने से साफ़ इनकार कर दिया और उन्हें घर ले आए। माँ ने उन दोनों का स्वागत किया, चाय पिलाई। मैं भी उन लोगों को ध्यान से देख रही थी।

शाम की मुलायम धूप उनके चेहरों को और भी चमका रही थी। उन लोगों से सबका परिचय हुआ। काकाजी, माँ और हम सब थे। नोनी बहुत छोटा था। ख़ास बात यह कि किसी ने भी उन लोगों से मेरा परिचय नहीं करवाया। इसके बाद मेहमानों को छोड़ने के लिए सब बाहर तक गए, पीछे-पीछे मैं भी थी। मुझे अच्छी तरह याद है। दुबेजी के मकान के सामने ज़रा-सी चढ़ाई थी। उसके बाद मुख्य सड़क। हम सब वहाँ तक उन दोनों विदेशियों को छोड़ने गए थे। फ़ोटो खींचकर दोनों इस दिन को यादगार बनाना चाहते थे।

पति के हाथ में कैमरा था। सब लाइन में खड़े हो गए। माँ ने गोद में नोनी को लिया हुआ था। काकाजी, अन्नू भैया और वह फ्रेंच लड़की। मैं भी सकुचाती हुई

लाइन में लगने को ज्यों ही आई, उस फ्रेंच ने कैमरे के लेंस में देखते हुए ही हाथ से मुझे फ्रेम से हट जाने का इशारा किया। उसके मुँह से शब्द निकले, "ऐ, ऐ!" मैं तुरन्त, वहाँ से हट गई। फ़ोटो खींची जा चुकी थी। बाय-बाय के साथ मेहमान विदा हो गए और किसी ने मुझे फ़ोटो के लिए नहीं बुलाया। मुझे अपने-आप पर शर्म आई।

उस दिन उस डेढ़ फुट की बच्ची के 'डेढ़ इंच के दिल' को पहली ठेस लगी थी। उसी दिन मुझे पता चला कि इन सब गोरे और सुन्दर लोगों के बीच, मैं काली, भद्दी और कुरूप हूँ। इसीलिए मुझे कभी-कभी कल्लो कहकर भी पुकारा जाता था। 'न शक्ल की न अक़्ल की, क्या होगा इस लड़की का' इन संवादों से नवाज़ा जाता था। 'किसी ताँगे वाले के साथ शादी कर देंगे' और फिर एक ज़ोरदार ठहाका। ये ठहाके मेरे अन्तर्मन को भेद जाते थे। लेकिन आज तो बाहर वालों ने भी मुहर लगा दी थी। आत्मविश्वास की कमी, आपके जीवन की सारी ख़ूबियों को अमरलता की तरह जकड़कर धीरे-धीरे ख़त्म कर देती है।

उस दिन मेरा मुझसे परिचय हुआ था। फिर मैं, अपने-आपमें सिमटती चली गई। अपने खोल के अन्दर ही गुम होने लगी। सबसे कटी-कटी।

कृष्ण जन्माष्टमी की रात : मेरे जीवन की सबसे काली रात

चूँकि मैं एक दब्बू, डरी-सहमी, दुबली-पतली, शर्मीली एवं काली-सी लड़की थी तो सबकी हाँ में हाँ मिलाना अपना धर्म समझने लगी थी।

तैलंग-परिवार, यानी मेरी सहेली उषा के घर में कृष्ण जन्माष्टमी के दिन झाँकी सजाई जाती थी। घर पर बनी फूलों की लड़ियाँ, सिगड़ी में जलने वाले लकड़ी के बुरादे से पहाड़, गोकुल की गलियाँ और बीच में यमुना नदी, जिसमें सफ़ेद कपड़ों में दिये जाने वाले नील से नीला किया गया पानी बहता था। इन सबके बीचोबीच मोर-पंख और पीले कनेर के फूलों से सजे चाँदी के झूले पर बाल-गोपाल कृष्ण झूल रहे थे। मैं अभिभूत होकर वह झाँकी देख रही थी। फिर जाकर ख़ुद भी पीले कनेर के फूल बीन लाई पर हमारे घर में झाँकी बनाने की ज़हमत उठाने वाला कोई नहीं था।

माँ सुबह-सवेरे ड्यूटी पर अस्पताल निकल जाती थीं। काकाजी कॉलेज, अन्नू भैया अपने दोस्तों के यहाँ या स्कूल या फिर पढ़ाकू होने के नाते अपनी किताबों में मग्न। रह गई मैं और मेरा छोटा भाई नोनी जो साल भर का भी नहीं था। उस पर छह साला मैं। अब बताएँ कि झाँकी कैसे बने? इसलिए मैं उषा के घर ही चली गई। उषा का क़रीने से सजा, साफ़-सुथरा घर था। जन्माष्टमी पर उसके घर में सब लोगों का उपवास था। उषा ने मुझसे पूछा, "तुमने उपवास रखा है?" मैंने झूठे ही हाँ कह दी।

हाँ-में-हाँ मिलाने की आदत जो थी। उषा के पिता समझ गए कि मैं झूठ बोल रही हूँ। उन्होंने मुझसे पूछा, "सुबह नाश्ता किया था?" मैंने हाँ में सर हिला दिया। उषा बोली, "तो फिर उपवास टूट गया।" उषा के पिता ने उसे डाँटा और कहा, "सीमा ने एक दाढ़ का उपवास रखा होगा।" मुझसे पूछा, "बेटा कौन-सी दाढ़ से खाना खाया था?" मैंने भी अपनी क़ाबिलियत बताते हुए तुरन्त किसी एक दाढ़ की तरफ़ इशारा कर दिया। सब बहुत हँसे। मन-ही-मन मैं भी हँसी कि चलो आज मेरा भी एक दाढ़ का उपवास हो गया। बाद में कहीं, मुझे यह रहस्य समझ आया कि उस दिन कैसी फ़ज़ीहत हुई थी मेरी।

शिवपुरी भुलाए नहीं भूलती। यादों के दस्तावेज़ की गठरी में बँधा एक पुलिन्दा जब-तब निकालकर आज भी पढ़ने बैठ जाती हूँ।

मैंने महसूस किया कि ज़िन्दगी के कुछ लम्हे सदियों से भी लम्बे होते हैं। कुछ ऐसे ही उम्र से लम्बे लम्हों का जोड़-तोड़ है मेरा बचपन, जो ख़त्म होने का नाम ही नहीं लेता। मेरा बस चलता तो कभी एक पल के लिए भी बड़ी नहीं होती।

बचपन की रातों में कुछ रातों के सपने बहुत भयानक होते थे। एक बहुत बड़ा, गहरा समन्दर। उसके ऐन बीचोबीच एक बड़ा राक्षस। समुद्र का पानी जिसके घुटनों तक ही पहुँचता था। वह राक्षस तेज़ी से मेरी तरफ़ बढ़ा चला आ रहा है। मैं भागना चाहती हूँ पर भाग नहीं पाती। मैं चीख़ना चाहती हूँ पर चीख़ नहीं पाती। ऐसा लगता कि बस कोई इस नींद से, ज़ोर से झकझोरकर जगा दे।

मुझे क्या पता था! कभी-कभी सपने भी सच हो जाते हैं।

उस जन्माष्टमी के दिन, रात होते ही सब लोग कृष्ण के जन्म का उत्सव मनाने की तैयारी में जुटे हुए थे। लेकिन! उस दिन किसी और का भी जन्म होने वाला था। वह थी मैं। मैं, जो अब तक जीवन के हर संघर्ष से दूर, अपनों पर विश्वास करने वाली। इतनी भावुक कि जब मोहल्ले में एक बूढ़े भिखारी लँगड़े पंडित जी को पैर घिसट-घिसट के बमुश्किल चलते देखती तो छत पर भाग जाती थी। वहाँ उनकी पीड़ा को ख़ुद महसूस कर रोती।

माँ ने तो ईश्वर से सिर्फ़ इतना परिचय करवाया था कि वही है जो सबके मन की बात सुनकर उसे पूरी करता है। मुझे नहीं पता था कि वह कैसा है? कहाँ रहता है? हनुमानजी से धोखा इन्दार में खा ही चुकी थी। पर मैं मन-ही-मन सोचती, यह आकाश ही उसका ठिकाना होगा जो कि दूर, बहुत दूर है। अगर भगवान पास होते तो पंडित जी को इतना दुख क्यों सहना पड़ता? मैं छत पर खड़ी उन्हें देखती और प्रार्थना करती, "हे भगवान! इन पंडित जी और मम्मी के अस्पताल में पड़े कराहते हुए लोगों की बीमारी मुझे दे दे। इन सबको ठीक कर दे ताकि दर्द से सिर्फ़ एक ही इनसान छटपटाए और बाक़ी सब ठीक हो जाएँ।"

वह मासूम, नन्ही-सी बच्ची, जिसे अपने सपने में दिखे राक्षस और अन्नू भैया

की 'चन्दा मामा' पत्रिका के अन्दर बने हुए बड़े-बड़े राक्षसों से ही डर लगता था।

उस नन्ही बच्ची के सारे नज़रिये पर एक जाला-सा छा गया, उस रात।

मैं उषा के घर थी। जन्माष्टमी-उत्सव के बाद सब लोग थके हुए थे। अँधेरा घना हो गया था। उषा की माताजी ने अपने बड़े बेटे से जो बीस-बाईस साल का होगा, मुझे घर छोड़कर आने के लिए कहा। उषा और हमारे घर के बीच की सीढ़ी और रास्ते पर घुप्प अँधेरा हुआ करता था। मैं अकेले नीचे जाने से डरती थी।

मैं अँधेरे में निडरता से उषा के बड़े भाई की उँगली पकड़े चल रही थी। जब कोई बड़ा अपने साथ हो तो अँधेरे और भूत से डर नहीं लगता।

मैं सीढ़ी उतर रही थी कि अचानक उस घुप्प अँधेरे में उषा के बड़े भाई ने मुझे अपनी तरफ़ खींच लिया और वह ज़ोर-ज़ोर से मेरे उन अंगों को छूने और मसलने लगा जो अभी अविकसित थे। उस अंग को जिसे ढाँकने के लिए माँ बार-बार टोकती थीं। वह अंग जो लोगों के सामने पड़ जाए तो शर्म का विषय होता था। उस समय, उषा का भाई मेरे अंगों को छूने के साथ-साथ अपने अंग के साथ भी खिलवाड़ कर रहा था। यह सब मुझे अजीब-सी घृणा से भर रहा था। मैं नहीं जानती थी कि इसका मतलब क्या होता है? परन्तु मुझे उससे डर लग रहा था। उसके अंग से रिसता पीप जैसा द्रव्य मुझे जुगुप्सा से भर रहा था। मैं रोने लगी। अपने-आपको उसकी पकड़ से छुड़ाकर मैं तेज़ी से सीढ़ी उतरने लगी। उसने धमकाया, "मैं तुझे छोड़ने नीचे तक नहीं आऊँगा। रुक जा! अँधेरे में भूत तुझे पकड़ लेगा।"

मैं अकेली ही बेतहाशा दौड़ पड़ी थी। मैं रोती हुई सीढ़ी उतर रही थी। उस दिन अनजान भूत से ज़्यादा भय एक जाने-पहचाने इनसान से लग रहा था। आज मैं विश्वास से कह सकती हूँ कि हर नन्ही बच्ची में एक औरत छिपी होती है। उस औरत को अच्छी-बुरी छुअन का पता होता है। उसे पता होता है उसकी मर्ज़ी के बिना उसके अंगों को छूने वाला हैवान होता है। जो किसी भूत और राक्षस से भी ज़्यादा ख़तरनाक होता है।

माँ की नौकरी का छूटना और शिवपुरी से अलविदा

माँ की अस्थायी नौकरी छूट गई थी। छोटी-सी शिवपुरी में अब कोई और नौकरी नहीं थी। इसलिए किसी बड़े शहर की तलाश थी, जहाँ पहचान हो। जहाँ नई नौकरी मिलने तक कुछ दिन रहा जा सके। हमारी शिक्षा का भी प्रश्न था। माँ नहीं चाहती थीं, कम्पनी में जाकर पढ़ना पड़े और हमारा साल ख़राब हो।

एक रास्ता मिला और हमने शिवपुरी छोड़ने का फ़ैसला कर लिया।

शिवपुरी छूटने के साथ ही छूट गए विन्ध्याचल-अरावली के पर्वत। लाल-मिट्टी की ज़मीन। पैलेस। वे सड़कें। प्यारे-प्यारे लोग। रफ़त भाई, डॉक्टर ढींगरा

और चौधरी अंकल, साथ छूट गया मेरे छोटे-से कोतवाली स्कूल में पढ़ी रसखान की कविता, कबीर के दोहों वाली, मेरी किताब, उस किताब का नन्हा ध्रुव, मेरा बचपन और नानी की सारी कहानियाँ...शिवपुरी से रुख़सत होकर हम आ गए जबलपुर।

दुख का एक और पड़ाव : जबलपुर

जबलपुर में कुछ दिनों के लिए माँ को नौकरी मिल गई थी। जबलपुर में एक अंकल रहते थे। माँ के बचपन के पड़ोसी, मित्र, जिनसे माँ के परिवार की घनिष्ठता थी। अंकल मुसलमान थे। इस वजह से शहर के बीचोबीच, घंटाघर के सामने एक मुस्लिम मुसाफ़िरख़ाना में पहली मंज़िल पर रहते थे। पहली मंज़िल पर लाइन से कमरे थे, जिनके आगे बालकनी थी। नीचे एक कोयले की टाल थी। उसी के ठीक ऊपर दो कमरे थे। उनमें अंकल रहा करते थे। उनकी पत्नी और बेटी यासमीन ललितपुर में रहती थीं। अंकल स्कूल-टीचर थे। मुझे पहली नज़र में वह अच्छे नहीं लगे थे। हम अंकल के इस घर में कुछ दिनों के लिए रहने आए थे। माँ नौकरी ज्वाइन करें और पहले वेतन से माँ कहीं किराए का घर ले लें।

अजनबी शहर, अजनबी लोग और यह अंकल। कुछ भी तो अच्छा नहीं था। कुछ था जो मुझे साल रहा था।

मेरा लड़कियों के स्कूल में और अन्नू भैया का लड़कों के स्कूल में दाख़िला हो गया। मैं शायद दूसरी में थी और अन्नू भैया पाँचवीं-छठी में। नोनी लगभग एक साल का हो गया था।

रात का समय था। कम पावर के पीले-पीले बल्ब रास्तों के अँधेरों को उजालों से भरने की कोशिश में थे। इक्का-दुक्का साइकिल रिक्शा और गाड़ियाँ सड़क पर से गुज़र रही थीं। जबलपुर के उदास दिन और उदास रातों में उस दिन उदास शाम भी जुड़ गई थी।

वह अंकल अपनी पत्नी और मेरे बराबर की बेटी के साथ आए हुए थे। यहाँ जबलपुर तो उन्हें नौकरी की वजह से रहना पड़ता था। बाहर गैलरी में खड़ी मैं साफ़ देख पा रही थी, वह अपनी पत्नी और बेटी के साथ बैठे, माँ से गप्पें लड़ा रहे थे। उनकी बेटी माँ की गोद में थी। माँ ने उनकी बेटी के लिए कहा, "यह मेरी बेटी है।" मैं इन्तज़ार कर रही थी। कब माँ मुझे बुलाएँ और कहें, "यह है मेरी बेटी गुड्डो।" मेरा इन्तज़ार ख़त्म नहीं हुआ।

न जाने क्यों मैंने कभी अपना हक़ ज़बरदस्ती नहीं माँगा। बस इन्तज़ार किया। मिला तो ठीक। वरना उस दुख के साथ मुझे जीना आ गया। माँ की भी मजबूरी समझ सकती थी। उनकी नौकरी थी। जबलपुर में रहने के लिए इन्हीं लोगों का घर था। मैं तो उनकी थी। उसकी बेटी को ज़्यादा प्यार देना लाज़िमी था। अंकल की

पत्नी को उस समय का असाध्य रोग, टी.बी. हो गया था।

जबलपुर में जहाँ हम रहते थे, मेरा स्कूल उसके बिलकुल पास था। आधी छुट्टी में खाना खाने मैं घर आ जाया करती थी। नोनी अब थोड़ा-थोड़ा बोलने लगा था। पहली मंज़िल पर बने वे दो बड़े-बड़े कमरे, जिनके दोनों तरफ़ लकड़ी की रेलिंग की बालकनी थी, उसके एक तरफ़ कोतवाली और दूसरी तरफ़ बड़ा-सा आँगन और थोड़ी दूरी पर एक नाला नज़र आता था। वहीं से मुझे अपने स्कूल का बड़ा-सा घास से लिपटा दालान दिखाई देता था।

स्कूल में दोस्त के नाम पर धब्बेनुमा दो लड़कियाँ रेहाना और रुक्मिणी मिलीं। सीधी-सादी, काली, दुबली-पतली और चुपचाप रहने वाली मेरी जैसी एक नई लड़की से उन्होंने ब्लैकमेलिंग का धन्धा शुरू कर दिया। उन्होंने जब-तब मुझसे पैसे माँगने शुरू कर दिये। पाँच-दस पैसे की उगाही करती थीं दोनों। वरना मुझे डराती थीं कि हेड मास्टरनी से कहकर मुझे पिटवा देंगी।

मेरी नई कॉपी जिसको अन्नू भैया अपने हाथों से ख़ाकी कवर चढ़ाकर मेरी ओर ऐसे देखते थे कि 'अब कर मेरी तारीफ़' या कहते, 'ऐसी जिल्द कोई चढ़ा के बता दे तो नाम बदल दूँ।' मैं प्रशंसा से अपने भाई को देखती। तीन साल बड़े भाई से कभी मेरी दोस्ती नहीं हो पाई। उनका बड़े होने का रोब और जब-तब किसी भी ग़लती पर चपत, इसका सीधा-सा कारण था।

मेरा स्कूल सुबह का था। मैं दोपहर तक घर आ जाती थी। अन्नू भैया दस बजे स्कूल जाते और शाम को लौटते। माँ भी दिन में नौकरी के लिए चली जातीं। अंकल और मेरे स्कूल का समय शायद एक ही था। दिन-भर मैं नोनी को खेलाती और ख़ुद खेलती।

नोनी बहुत छोटा और मोटा था। भारत में मध्यम और निम्न-मध्यवर्ग के मझले बच्चों का अनकहा अनुबन्ध होता है, अपने छोटे भाई-बहनों को सँभालने का। तो जी, आठ किलो की गुड्डो की कमर पर चार किलो के नोनी, दिन-भर लदे रहते थे। उस पर रोटी के साथ दाल पकाने की मेरी ट्रेनिंग भी शुरू हो ही गई थी। उस पर अन्नू भैया मुझे घर में पढ़ाते थे। सवाल समझ न आने पर उनके जब-तब यहाँ-वहाँ के थप्पड़ या चपत से भी मुझे सजग रहना पड़ता था। उस पर मेरा स्कूल मेरे लिए सुरक्षित नहीं था। क्योंकि वहाँ दो आतंकवादी थे। रेहाना और रुक्मिणी। उनकी बढ़ती फिरौती की माँग। धमकी, किसी सवाल पर अटक जाने पर नहीं बताने का असहयोग आन्दोलन मुझे आतंकित कर जाता था। उन दोनों की असीमित माँगों ने उस छोटी-सी छह-सात साला ज़िन्दगी को परेशान किया हुआ था। मैं पूरे समय व्यस्त रहती थी, अपनी परेशानी में।

मुझे नहीं भूलता वह दिन, मेरे पास एक कम्पस था जिसमें मैंने एक काग़ज़ के नीचे बाबूजी का दिया हुआ एक रुपये का कड़क नोट रखा हुआ था। जब-तब

उनकी याद आती तो उसी को निकालकर सबसे छिपकर बाबूजी की फ़ोटो समझकर देख लिया करती थी। उन दिनों फ़ोटो बहुत दुर्लभ वस्तु हुआ करती थी।

एक दिन न जाने कैसे रेहाना रुक्मिणी को इस बात की ख़बर हो गई और लगीं वे दोनों मेरा रुपया माँगने। मेरे लिए वह एक रुपया नहीं, बाबूजी की यादें थीं। पहली बार उन दोनों का मेरे ऊपर ज़ोर नहीं चला। शायद प्यार, हर डर को लाँघ जाता है। बाबूजी की मुझे बहुत याद आती थी। मैं चुपके-चुपके कमरे की दीवारों पर पेंसिल से उनका नाम लिखती, 'बाबूजी' और मिटा देती थी। बाबूजी का जबलपुर आना इसलिए सम्भव नहीं हो पा रहा था क्योंकि कम्पनी बहुत दूर लगी थी। उनकी याद की एकमात्र धरोहर मैं किसी को कैसे दे सकती थी? मैंने रुपया नहीं दिया। उन दोनों ने हमारी अध्यापिका, सुमन बहनजी से मेरी शिकायत कर दी।

सुमन बहनजी, जिनके काले चेहरे पर चेचक के दाग थे, पर वे बहुत प्यारी और दयालु थीं। इन दोनों ने उनसे कहा कि 'उनका एक रुपया किसी ने चुरा लिया है। तभी वहाँ से हमारी हेड मास्टरनी गुज़रीं। उनके शरीर पर सफ़ेद दाग़ थे। मैं अपने जीवन की क्रूरतम महिलाओं में उन्हें शुमार करती हूँ।

बस, फिर क्या था, सबके बस्तों की तलाशी शुरू हुई। मैं चूँकि पढ़ने में 'ढा' यानी ज़ीरो यानी शून्य थी। इसलिए सबसे पीछे बिठाई जाती थी। मेरा नम्बर आने में देर थी। मुझे पता था कि मेरे पास एक रुपया है। उन दिनों एक रुपया बहुत बड़ी चीज़ हुआ करती थी। मेरा रुपया मेरा है, यह मैं कैसे साबित करूँगी? बल्कि सबके सामने चोर ज़रूर साबित हो जाऊँगी।

मैंने अपने पास खड़ी सुमन बहनजी को बाथरूम जाने का इशारा किया। सुमन बहनजी हाँ में सर हिलाकर दूसरी तरफ़ बढ़ गईं। तलाशी अभी पहली लाइन की ही चल रही थी। मुझ तक पहुँचने में अभी बहुत समय था। मैंने चुपके से अपना कम्पस उठाया और पिछले दरवाज़े से दौड़ती घर तक आई। कम्पस घर पर रखा, वापस स्कूल। अभी तक मेरी लाइन की तलाशी शुरू नहीं हुई थी।

उधर मेरे बस्ते की तलाशी हो रही थी और इधर मेरा जीवन से परिचय चल रहा था। सत्य अगर कमज़ोर के हाथ हो तो भी वह असत्य जैसा ही होता है। सत्य को सँभालने के लिए साहस भरपूर होना चाहिए। वरना उसे साबित करना बहुत मुश्किल होता है।

अन्नू भैया में मैंने वह हिम्मत देखी। हुआ यों कि मेरी एकदम नई कॉपी रेहाना ने छीन ली थी। मुझे पढ़ाते हुए अन्नू भैया ने कॉपी के बारे में पूछा। चपत के डर से मैंने अपने आतंकवादियों का नाम बता दिया। बस फिर क्या था, ग्यारह साल के अन्नू भैया सीधे हेड मास्टरनी के कमरे में मुझे लेकर पहुँच गए। मैं मरी ही नहीं थी बस। बाक़ी मृत्यु-तुल्य कष्ट और भय से काँप रही थी। कहीं मुझे ही ग़लत न साबित कर दें। कहीं मुझे ही सज़ा न मिले, और सबसे ज़्यादा डर था कि कहीं मेरे अन्नू भैया ही

मुझे झूठा न समझ लें। अब मैं समझ सकती हूँ कि बेचारे व्यापारी या फ़िल्म-निर्माता तब किस दर्द से गुज़रते होंगे जब कोई गुंडा उन्हें धमकाकर पैसे माँगता होगा।

मेरे लिए तो आतंकवादी, ये दोनों लड़कियाँ थीं। इससे यह साबित होता है कि आतंकवाद था, है और रहेगा। क्योंकि इनसान तो वही हैं न!

लेकिन अन्नू भैया की वजह से फ़ैसला मेरे हक़ में हुआ। आख़िर वे दोनों भी तो बच्चियाँ ही थीं। अन्नू भैया के हाथ पीछे बँधे थे, सीना तना था और गहरे विश्वास के साथ वे हेड मास्टरनी से इंग्लिश में बात कर रहे थे। इंग्लिश ने मास्टरनी जी को पस्त कर दिया था। यह इंग्लिश भाषा की ग़ुलामी उस दिन मेरे काम आई थी। मेरा भाई उस दिन मेरा हीरो बन गया। लेकिन उनकी अप्रत्याशित चपत ज़रूर जारी थी, जिसकी वजह से हम कभी दोस्त या राज़दार बहन-भाई नहीं बन सके।

जबलपुर में मेरा एक राज़दार दोस्त था, जिसने मुसाफ़िरख़ाने में सीढ़ियों के नीचे डेरा डाला हुआ था। बढ़ी हुई दाढ़ी, गन्दे-चीकट लम्बे-काले चोग़े वाला, जिसे सब पगला कहते थे। लेकिन उसका, मेरा एक अनकहा अनुबन्ध था। उससे मुझे डर नहीं लगता था। आते-जाते कभी-कभी वह मुझे पत्तों की फिरकी बनाकर देता। जिसे मैं हवा में गोल घूमते देख ख़ुश होती थी।

इन सबके बावजूद उस घर में मनहूसियत थी। क्यों? क्योंकि उस घर में मेरे सपनों में आने वाला राक्षस साक्षात अंकल के रूप में रहता था। मुझे याद नहीं और याद करना भी नहीं चाहती कि कब और कैसे कहाँ उस दर्द की शुरुआत हुई थी।

वह छोटी-सी बच्ची जिसने अभी-अभी चलना सीखा था और जो अभी छह-सात साल पहले ही इस संसार में आई थी। जिसे अभी बहुत सारी तितलियों, जुगनुओं, फूलों और रंग-बिरंगे उड़ते गुब्बारों से परिचित होना था। उस नन्ही बच्ची के अंगों को, उसकी आत्मा को वह राक्षस जब-तब रौंदता था। मुझे उसके हाथों, उँगलियों से जुगुप्सा होती। क्योंकि यही वे हाथ थे, जो मेरे शरीर को छूते थे। यही वे हाथ होते जिनसे मुझे वह अपने अंगों को छूने को कहता। शारीरिक पीड़ा और मानसिक पीड़ा से मैं गुज़र रही थी। मुझे उसकी हर चीज़ से घिन आती। उसका उस घर में होना मुझे घृणास्पद और आतंक से भर देता था। जब वह मेरे अंगों को छूता, उस समय अपनी गन्दी गलीज़ बातों से मुझे भेदता। मैं सहमी रहती थी। समझ नहीं आता था किससे कहूँ? डरती भी थी।

एक रोज़ राक्षस घर पर नहीं था। माँ और मैं अकेले थे। माँ घर में खाना बना रही थीं। मैं उनके पास बैठी थी। मेरे पास शब्दों का अभाव था। क्या कहूँ? कितना कुछ हुआ है, माँ के नहीं रहते। मैं उसी हैवान के शब्दों को समेटने की कोशिश कर रही थी। उस लगातार गुज़र रही पीड़ा के पलों को एक ही शब्द में माँ तक पहुँचाना चाह रही थी। मैंने डरते-डरते माँ से कहा, "माँ, अंकल मुझसे कहते हैं कि जब मैं बड़ी हो जाऊँगी तो वह मुझसे शादी करेंगे, और वह..." तड़ाक! एक ज़ोरदार

थप्पड़ मेरे मुँह पर पड़ा। मेरे अधूरे शब्द हमेशा के लिए कहीं खो गए। वह शब्द जो आज स्याही के रूप में पहली बार इस काग़ज़ पर उतर रहे हैं।

माँ को देवी से इनसान बनने में सिर्फ़ उतना ही समय लगा जितना कि उस थप्पड़ को गाल पर लगने में। यह पहला थप्पड़ था जब माँ गले लगाकर रोई भी नहीं थीं।

टीकमगढ़

उस थप्पड़ के तुरन्त बाद मेरा और अन्नू भैया का टीकमगढ़ में एडमिशन करवा दिया गया। शायद माँ को नौकरी समेटकर आने में अभी समय था। उन दिनों एक ही प्रदेश में शहर बदलने पर मध्यावधि में भी सरकारी स्कूल में भर्ती हो जाती थी।

जबलपुर का यह दु:स्वप्न मेरी ज़िन्दगी में बस कुछ महीनों का ही था। किन्तु आज भी याद करके शरीर में झुरझुरी आ जाती है। मन जुगुप्सा से भर जाता है। ग़ालिब का यह शेर मुझसे ज़्यादा अच्छी तरह कौन समझ सकता है : 'हद कि दुश्वार है हर काम का आसां होना, आदमी को भी मयस्सर नहीं इनसान होना।' उस आदमीनुमा हैवान से एक बार फिर मेरी मुलाक़ात हुई। मैं शायद सातवीं या आठवीं में पढ़ती थी। यही कोई बारह-तेरह साल की थी। उस वक़्त भी मुझे वैसा ही एक झन्नाटेदार थप्पड़ पड़ा था। लेकिन इस बार के थप्पड़ से मैं सहमी नहीं थी। इस बार मैं थप्पड़ मारने वाले की आँखों में देख रही थी। उसी दिन मेरे अन्दर कहीं एक क्रान्ति का बीज उपजा था।

टीकमगढ़ छोटा था। लोग बड़े भोले थे। मैं और अन्नू भैया एक रिक्शेवाले के घर के ऊपर एक कमरे में किराए पर रहे। उसके बाद एक साइकिल की दुकान के मालिक हैरी भैया के घर पर। उनका मकान कच्चा था लेकिन लिपा-पुता एवं साफ़-सुथरा। उन्हीं के घर के बाहर एक छोटा-सा कच्चा रास्ता था और सामने भी कुछ टूटे-फूटे कच्चे घर थे।

शायद सर्दियों का मौसम था। सामने वाले मकान के एक वृद्ध महोदय हर रोज़ सुबह-सुबह अपने घर के बाहर उकड़ू बैठ के गाते थे, 'पढ़ते-पढ़ते आँखें फूटीं लिखते-लिखते उँगली टूटी, आओ भाई खेलें-कूदें! खेलें-कूदें!!' वह पगले-से दिखने वाले बूढ़े नित यह गाना गाते और मैं सुनती। मुझे बहुत आनन्द आता था।

हैरी भैया ईसाई थे। अन्नू भैया की उनसे ख़ूब पटती थी। एक ही विचारधारा के लोग जो हो गए थे। वैसे भी अगर आप अपना धर्म छोड़कर किसी दूसरे धर्म को अपना लेते हैं तो उस धर्म वालों के लिए यह गर्व का विषय होता है। उनके धर्म को संख्या की बढ़ोतरी के साथ-साथ अच्छा धर्म होने का प्रमाण भी मिल जाता है। इसका दूसरा पहलू, जिस धर्म को छोड़ा गया है उस धर्म के मानने वालों के लिए वह व्यक्ति सबसे बड़ा अधर्मी हो जाता है।

टीकमगढ़ के दिन भी बड़े अच्छे थे। मैं ही रोटी बनाती और दोनों बहन-भाई मिलकर खाते। फिर भी मुझे उस राक्षस का डर बना रहता। जबलपुर से कब वह यहाँ आ जाए, क्या पता?

अचानक एक दिन सिर घुटाए काकाजी हमारे सामने खड़े थे। मैं अपने बड़े भाई को देखकर झूम उठी थी। एक दिन रुककर काकाजी ने दो-चार दिन में फिर लौटने का वादा किया और चले गए। वापस आकर वे हमें बाबूजी के पास ले जाने वाले थे।

अन्नू भैया और मेरे दिन काटे नहीं कट रहे थे। काकाजी शायद कम्पनी चले गए थे और वहाँ जाकर उन्हें बुख़ार हो गया था। ख़ैर साहब! दिन तो गुज़रने थे सो गुज़र गए। फिर एक दिन काकाजी हमें लेने आ ही गए।

मैं और अन्नू भैया बस में बैठे थे। अपने बड़े भाई की सुरक्षा में हम अगस्त 1969 में गरोठ, (मध्य प्रदेश का एक छोटा-सा क़स्बा) कम्पनी में आ गए। निस्तेज-से कलाकारों के चेहरे बता रहे थे कि कम्पनी चल नहीं, बस किसी तरह घिसट रही थी।

गरोठ : नये युग की शुरुआत

छोटी-छोटी गलियों और सँकरे मकानों से बना मध्य प्रदेश का यह छोटा-सा क़स्बा गरोठ। एक बड़े-से अहाते में (जो शायद कभी हवेली का हिस्सा रहा होगा) कम्पनी के लोग रह रहे थे। अहाते में ऊपर लम्बे से दालाननुमा मेहराबों वाले कमरे में बाबूजी, काकाजी और माँ में बहस छिड़ी हुई थी। तिषा दीदी मेरी गर्दन के पीछे उभर आए दाने पर पिसा लहसुन लगा रही थीं। मैं इस बहस से डरी-सहमी सोच रही थी कि कहीं फिर से हमें जबलपुर न भेज दिया जाए! अन्नू भैया सहमे हुए-से एक तरफ़ बैठे थे। नोनी पलंग पर सो रहा था। बाबूजी की ख़ामोशी मुझे खल रही थी। काकाजी ने माँ को साफ़ शब्दों में कह दिया था, "अगर आप अन्नू, गुड्डो को ले गईं तो मैं ज़हर खा लूँगा।" माँ हार गईं। इस तरह हम लोग फिर से एक शहर, नये क़स्बे और अजनबी लोगों की भीड़ में आ गए। इस क़स्बे का नाम था 'भवानी मंडी'।

भवानी मंडी : कांस्य युग का पदार्पण

वे स्वर्ण-से दिन और रजत-सी रातें

1969 में भवानी मंडी, क़स्बा आधा राजस्थान में और आधा मध्य प्रदेश में था। एक छोटा-सा रेलवे स्टेशन, वह भी दो-दो राज्यों में बँटा हुआ था। ट्रेन के आधे डिब्बे

मध्य प्रदेश में और आधे राजस्थान में होते थे। यहाँ नाम के लिए, सिर्फ़ दो ट्रेनें रुकती थीं जिन्हें लोकल या पैसेंजर ट्रेन कहा जाता था। देहारादून एक्सप्रेस भी पैसेंजर ट्रेन की तरह ही थी। उसका भी दो-तीन मिनट का यहाँ पर विराम होता था।

भवानी मंडी और इसके आसपास के गाँव और क़स्बों में अफ़ीम की खेती होती थी। इसलिए यह क़स्बा उस समय इंटेलिजेंस ब्यूरो के रडार पर था। उस समय यहाँ अफ़ीम की तस्करी अपनी पूरी जवानी पर थी।

ट्रेन के आधे-आधे डिब्बों का दो राज्यों में खड़ा होना, तस्करों को एक राज्य से दूसरे राज्य में भागने की पूरी सुविधा देता था। वहाँ दो बड़े तस्करों के गैंग थे जिनमें आपस में ही मार-काट मची रहती थी।

हम लोग भवानी मंडी के इस इतिहास से अनभिज्ञ थे। 1969 से 1977 तक भवानी मंडी में बिताए गए वे आठ साल मेरे जीवन का स्वर्णिम युग था।

परन्तु तब, दुर्भाग्य और दरिद्रता की देवी की हम पर असीम कृपा थी। माँ अपनी दो सूती साड़ियों को सहेजकर रखतीं। उन्हें घर पर ही चावल के माड़ का कलफ़ लगातीं। फिर हर स्कूल में नौकरी के लिए इंटरव्यू देने निकल जातीं। ट्यूशन ढूँढ़ने की कोशिश भी जारी थी परन्तु हर ओर असफलता।

एक तो माँ का सुन्दर स्त्री होना, उस पर अजनबी होना और फिर उस पर नाटक-मंडली की छाप। इस क़स्बे में सिवाय उपेक्षा के उस समय कुछ नहीं मिला।

भवानी मंडी का पहला घर होटल चन्द्रलोक

चन्द्रलोक होटल की पहली मंज़िल पर खाना खाया जाता था। दूसरी मंज़िल पर आते ही सबसे पहले एक बड़ी-सी छत थी। उसके दूसरे छोर पर दो बड़े-बड़े कमरे थे। एक तरफ़ बाथरूम था। यह होटल हमारा भवानी मंडी का पहला घर बना। चन्द्रलोक के मालिक साधुराम अच्छे आदमी थे।

इस घर की ख़ासियत यह थी कि छत से रेलवे स्टेशन, वहाँ की गहमागहमी साफ़ नज़र आती थी। मैं ट्रेन की सीटी सुनते ही दौड़कर छत पर आती और जब तक ट्रेन की पूँछ में लगी लाल बत्ती दिखना बन्द न हो जाती, मैं ताकती रहती। न जाने रेल और रेलवे स्टेशन मुझे क्यों इतना सम्मोहित करते थे। उन दिनों ट्रेनें भाप से चला करती थीं। पक्के कोयले की गन्ध मुझे अच्छी लगती थी।

'चन्द्रलोक' के ही नीचे मैदान में कम्पनी लगी थी। शाम होते ही स्टेज के छिड़काव के बाद काकाजी रिकॉर्डिंग पर बैठ जाते थे। दिल्ली से लाए गए नई फ़िल्मों के गानों की आवाज़ दूर-दूर तक बिखर जाती। अगरबत्ती का धुआँ रिकॉर्डर के पास फैला रहता। काकाजी वहाँ बैठे रहते। तिषा दीदी, जिन्हें पहला बच्चा होने वाला था चन्द्रलोक में उनका इन्तज़ार करतीं।

मैं अभी जबलपुर के सदमे से उभरी भी नहीं थी कि मुझ पर मज़ाक़ बनाने वालों में एक नाम और जुड़ गया था। वह थीं तिषा दीदी। अब उन्हें मेरे होंठ मोटे लगते। मैं हँसती तो मेरे मसूड़े दिखते। बहुत दुबली हो, आदि-आदि अलंकारों के विभूषण ने मुझे और अकेला कर दिया था।

आज मैं उन्हें भी समझ पाती हूँ कि वे भी तो महज़ बीस साल की थीं। उन्हें क्या पता था कि दो प्रकार के बच्चे होते हैं, पहला—जिन्हें अगर कहो कि "तुम पढ़ाई में कमज़ोर हो, तुम अच्छा नहीं गाते" वग़ैरह-वग़ैरह, तो वह बच्चा आपको ग़लत साबित करने के लिए जी-जान लगा देता है। इस पहले प्रकार के बच्चों में अन्नू भैया आते थे। दूसरे प्रकार के बच्चे—"तुमसे न होगी पढ़ाई, यह तुम्हारे बस का नहीं है।" अब अगर उसके अन्दर करने की क्षमता हो तो भी, वह बच्चा आपको कभी निराश नहीं करता और आपको सही साबित करने के लिए अपनी हताशा को लेकर ख़ुद फ़ेल हो जाता है। इस दूसरे प्रकार में, मैं आती थी।

नरवर-भितरवार और एक और हादसा

हमारी कम्पनी छोटे-छोटे क़स्बों में लगती थी जहाँ मैं हमेशा जाया करती थी। अगर मैं सिर्फ़ उन जगहों के नाम और अनुभव ही लिखने बैठूँ तो सैकड़ों पन्ने भर जाएँगे। मध्य प्रदेश के गाँव के दो छोटे क़स्बे, नरवर और भितरवार मेरे लिए भूलने वाली जगहें नहीं थीं।

जबलपुर के गहरे-काले दिन-रात ने मेरे मन पर भय की एक चादर-सी डाल दी थी। मुझे सबसे डर लगता था। लेकिन कम्पनी में अच्छा लगता था। रघुवीर भैया के साथ मैं सहज महसूस करती थी। बाबूजी का सान्निध्य मुझमें सुरक्षा की भावना भरता था। लेकिन...एक दिन, मैं उनसे भी डर गई।

भितरवार-नरवर पहाड़ियों से घिरे क़स्बे थे। भितरवार के बीचोबीच से एक नहर गुज़रती थी। कम्पनी के लोग वहाँ नहाने जाया करते थे।

एक बार मैं, वदूद नाना (वरिष्ठ कलाकार), रघुवीर भैया और बाबूजी नहर पर नहाने गए। पानी नीचा था और नहर के किनारे पक्के और ढलुआ थे। मैं किनारे पर इस इन्तज़ार में खड़ी थी कि कब रघुवीर भैया मुझे नहर में उतारकर नहलाएँगे। बाबूजी तौलिया बाँधे नहर में उतर रहे थे। अचानक, बाबूजी का पैर फिसला और वे नहर में लुढ़क गए। उन्हें चोट तो नहीं लगी परन्तु मैं आहत हो गई। पैर फिसलने से बाबूजी का तौलिया आधा गिर गया था और जो अंग उजागर हुआ वह तो उन दोनों राक्षसों जैसा ही था। मैं एक बार फिर सहम गई थी। मेरे बाबूजी, जो मेरी सबसे बड़ी हिम्मत थे वे भी उन जैसे ही थे। मैं बता नहीं सकती कि उस दिन मैं कितना डर गई थी। वह बच्ची जो बाबूजी के ऊपर पैर रखकर बिना उनकी थपकियों के सो

नहीं पाती थी, उस दिन नीचे ज़मीन पर लगे बिस्तर में अकेली ही दुबकी हुई थी। मेरे ज़ेहन से उदासी जा ही नहीं रही थी।

एक बाबूजी ही तो सम्बल थे। वह भी उन जैसे ही थे। पुरुष शरीर का एक अंग मेरे लिए विभीषिका बन गया था। बाबूजी से मुझे ऐसी उम्मीद नहीं थी कि वे भी उन जैसे होंगे। अब क्या होगा? यही सोचती हुई बिस्तर में दुबकी थी कि बाबूजी आए और मुझे उठाकर अपने पास पलंग पर लिटा दिया। मैं जाग रही थी, डरी हुई थी। साँस रोके किसी अनहोनी और घिनौनी घटना का इन्तज़ार कर रही थी। इसी डर में न जाने कब नींद आ गई।

कई रातें इसी डर में गुज़ारने के बाद, अचानक मैंने पाया कि बाबूजी पर मेरा विश्वास फिर से लौटने लगा था। मैं सोचने लगी थी कि हैं तो बाबूजी भी उस राक्षस जैसे ही, फिर भी उस राक्षस से बिलकुल अलग। इनके पास मुझे डर नहीं, सुरक्षा मिलती है। असीम स्नेह, ममता और प्रेम मिलता है।

धीरे-धीरे विश्वास और स्नेह की थपकियाँ लौट आईं। अब मैं फिर से उनके ऊपर टाँग रखकर उनकी थपकियों से निश्चिन्तता की नींद में खो जाया करती थी।

नया दौर

हम भवानी मंडी लौट आए थे। भवानी मंडी से कोई छह-सात किलोमीटर दूर धुआँ खेड़ी गाँव था। वहाँ के सरपंच कालू दादा नाटक-नौटंकी के शौक़ीन थे। उन्होंने कुछ पैसे बाबूजी को कम्पनी के लिए उधार दिये थे, जिसकी वजह से कम्पनी थोड़ी-बहुत चल रही थी। या यों कहें कि रेंग रही थी। मुझे याद है, हम सबको गिनकर रोटी मिला करती थी। एक रोटी मेरी, एक रोटी अन्नू भैया की, एक रघुवीर भैया की और साथ में चटनी। यह एक रोटी ही नाश्ता और यही दोपहर का खाना। माँ बिना खाए ही प्राइवेट और सरकारी स्कूलों में नौकरी की तलाश में निकल जाती थीं।

इस बीच कुछ मसलों पर माँ और तिषा दीदी में थोड़ी तना-तनी रहने लगी थी। सास-बहू का चिरकाल से चलने वाला नाटक। इसी खींचा-तानी और बेरोज़गारी की वजह से शायद काकाजी कुछ उदास हो गए थे। पता नहीं क्यों वह हर शाम, मेरी उँगली पकड़कर रेलवे स्टेशन निकल जाया करते थे।

मुझे तो जैसे वरदान मिल गया था। एक तो मेरी प्रिय जगह रेलवे प्लेटफ़ार्म, उस पर बड़े भाई का साथ। बहुत दिनों तक हम दोनों की यही दिनचर्या थी।

शाम की लोकल ट्रेन के आने से पहले तक यहाँ सन्नाटा पसरा रहता था। कभी किसी मालगाड़ी को हरी झंडी दिखाई जाती और वह धड़धड़ाती हुई बिना रुके निकल जाती थी। थोड़ा-सा शोर और एक बार फिर से ख़ामोशी।

स्टेशन पर मैं और काकाजी देर तक बेंच पर बैठे रहते।

इक्का-दुक्का लोग, छोटा-सा अग्रवाल बुक-स्टॉल, जहाँ से ख़रीदकर अन्नू भैया और मैंने कई चम्पक, नन्दन, चन्दामामा, बेताल (फैंटम) और मेंड्रिक जादूगर की किताबें पढ़ी थीं। कभी-कभी काकाजी बुक-स्टॉल से कोई किताब उधार ख़रीद लेते थे। अब तक माँ की पहचान उस किताब वाले से बन चुकी थी। माँ ने किताब उधार लेनी शुरू कर दी थी।

स्टेशन पर न जाने किस फूल के लम्बे-लम्बे पेड़ लगे हुए थे। उनसे ग़ज़ब की ख़ुशबू आती थी। पूरा स्टेशन इस ख़ुशबू से गमक जाता था। शाम के इस सौम्य मौन को वह ख़ुशबू, तोतों की टें-टें और काले कोयले वाले इंजन की सीटी भंग करती थी। यात्री प्लेटफ़ार्म के एकदम किनारे, पटरियों के पास बार-बार जाकर रेलगाड़ी को देखने की कोशिश करते। दूर से नज़र आती रेलगाड़ी किसी बड़े-से अजगर की तरह धीमी होकर प्लेटफ़ार्म में प्रवेश करती। दो-चार इने-गिने यात्रियों में हलचल मच जाती।

वह कोलाहल और चहल-पहल जैसे पूरे स्टेशन को जगा देती थी। कोई ट्रेन से उतरकर स्टेशन पर बने प्याऊ से सुराही भरता। कोई अग्रवाल बुक स्टॉल से अख़बार या किताब लेता। पकौड़ों की रेहड़ी पर बेइन्तहा भीड़ उमड़ती। इसी दृश्य में एक और दृश्य शामिल होता। चन्द्रलोक के मालिक साधुराम जी अपने एक सहयोगी के साथ दो बाल्टियों में पानी भरकर सब यत्रियों को पानी पिलाते या उनकी सुराहियाँ भरते नज़र आते। साधुराम जी सफ़ेद धोती-कुर्ता और गांधी-टोपी पहने हर रोज़ पानी की सेवा करते नज़र आते थे।

रेलगाड़ी के जाने के बाद फिर सब कुछ शान्त हो जाता। मैं और काकाजी बेंच पर बैठे स्टेशन का शान्त होता कोलाहल देखते।

मुझे नहीं पता, उस समय काकाजी क्या सोचते होंगे पर मेरे लिए नीरवता, कोलाहल और फिर से नीरवता का यह चक्र कौतुक-भरा था। यह क्या था? क्यों मुझे अच्छा लगता था? शायद, जन्म से पहले की शान्ति फिर जीवन का कोलाहल, और फिर अन्त और अनन्त की शान्ति। शायद समय और वह प्लेटफ़ार्म मुझे यही समझाना चाहते थे। मैं मात्र दस साल की थी।

चन्द्रलोक के सामने, रेल की पटरियों के उस पार कुछ दूर मेरा स्कूल था, 'आश्रम'। जैसा नाम वैसा ही स्कूल भी था। मुझे वहाँ पाँचवीं कक्षा में प्रवेश दिलवाया गया था। स्कूल की ख़ासियत यह थी कि मुझे वहाँ किसी से डर नहीं लगता था। सबसे पहले वहाँ प्रार्थना करवाई जाती थी। फिर वहाँ की क्यारियों में पड़े पत्तों को हम उठाकर उन्हें साफ़ करते थे।

बड़े-बड़े पत्तों वाले पीपल-बरगद के पेड़ थे, चमेली और बेला के फूलों की बेलें थीं। ढेरों कासनी, सफ़ेद, गुलाबी, मखमली पंखुड़ियों वाले छोटे-छोटे गुल-

मेहँदी के फूलों से क्यारी भरी होती थी। जिन्हें क्यारी साफ़ करने के बहाने मैं प्यार से छू लिया करती थी।

अचानक जैसे प्रकृति ने मुझे छू लिया था। जबलपुर की दबी-सहमी लड़की, जिसे पढ़ाई-लिखाई नहीं आती थी, 'आश्रम' स्कूल में आते ही पाँचवीं कक्षा में प्रथम श्रेणी में उत्तीर्ण हो गई। अचानक मुझे अपने पाठ्यक्रम की सारी कविताएँ कंठस्थ हो गई थीं। गणित के सब पहाड़े याद हो गए थे, ऐसा लगा जैसे मैंने फिर से जन्म ले लिया था।

माँ का हमें, बच्चों का साहित्य पढ़ने के लिए किताबें लाकर देना अनवरत जारी था, चाहे उधार ही सही। इसी चन्द्रलोक में हमें एक और सौग़ात मिली थी। 'घरेलू लाइब्रेरी योजना' के चलते माँ ने हमारे लिए वी.पी.पी. के द्वारा हिन्दी की किताबें मँगवाई थीं। जिल्द और चित्र वाली वे किताबें थीं, 'काला गुलाब', 'मूँगे का द्वीप', 'रोबिन हुड' तथा 'रोबिनसन क्रूसो' जिन्हें मैंने कई-कई बार पढ़ा था। अर्से बाद मुझे समझ में आया कि माँ ने कितनी सहजता से हमें विश्व-साहित्य पढ़ा दिया था।

भवानी मंडी में हमने कई मकान बदले। बाबूजी किसी तरह से कम्पनी को सँभालने और उसे फिर से ज़िन्दा करने में लगे हुए थे। अब बाबूजी जल्दी-जल्दी घर आने लगे थे। कम्पनी आसपास के गाँवों में ही लगा करती थी। चन्द्रलोक के ठीक नीचे सट्टेबाज़ी होती थी। रोज़ वहाँ भीड़ होती। हमें वहीं से गुज़रकर स्कूल या बाज़ार जाना होता था। ज्योंही माँ को सट्टेबाज़ी का पता चला, उन्होंने चन्द्रलोक छोड़ने का फ़ैसला कर लिया।

अब हम किराए पर सरदार जी के मकान में आ गए। लेकिन कुछ दिनों में सुनने को मिला कि उस मकान के मालिक अफ़ीम की तस्करी में संलग्न थे। बाबूजी ने फ़ौरन दूसरे मकान में चलने के लिए बोरिया-बिस्तर बँधवाना शुरू कर दिया।

इस तरह हम आ गए मथुरा दास के मकान में। यहाँ हम सबसे लम्बे समय तक रहे थे।

इसी मकान में मेरे वे स्वर्णिम दिन बीते जिन्हें सही मायने में बचपन कहते हैं।

यह पहली मंज़िल पर बना ढाई कमरों का बड़ा-सा घर था। जिसके साथ एक विशालकाय छत भी थी। उस छत पर नीम के पेड़ की डालियाँ झुकी हुई थीं। जिन्हें पकड़कर मैं झूला करती।

यह मकान ऊपरी मंज़िल पर था। दो-ढाई फुट चौड़ी लम्बी-सी बालकनी थी जो हमारे मकान से सटे हुए दो और मकानों को जोड़ती थी। ऊपर आने के लिए जहाँ से हमारी सीढ़ियाँ शुरू होती थीं, वहीं नीचे एक दर्जी की गुमटी थी।

घर के साथ लगी बड़ी-सी छत, उस पर झुका नीम, यह घर मुझे बहुत प्यारा लगता था। इस मकान के पीछे की तरफ़, नीचे एक आँगन था जिसके आसपास

छोटे-छोटे कमरे बने थे। दो कमरों के एक मकान में जागीरदार कहा जाने वाला परिवार रहता था, जिसमें दो बच्चे थे। उन्हीं के यहाँ नल लगा था। माँ जागीरदारनी मौसी जी को महीने के कुछ पैसे देती थीं ताकि हम उनके यहाँ से बेरोक टोक पानी भर पाएँ।

मेरी ड्यूटी होती थी पानी भरने की। पानी भरकर नीचे से ऊपर लाने की चकल्लस से बचने के लिए मैं ऊपर से बाल्टी लटका देती, मौसी जी उसमें पानी भर देतीं और मैं बाल्टी खींच लेती थी। इस तरह मेरे हाथ भी मज़बूत होने लगे थे।

वहीं नीचे छोटे से कमरे में एक ग़रीब ब्राह्मण रहते थे जो गली-गली आटा माँगकर गुज़ारा करते थे। उनकी पत्नी का नाम भी कमला था। जो कभी-कभी हमारे बर्तन माँजा करती थीं।

भवानी मंडी बहुत छोटा क़स्बा होते हुए भी विकसित था। एक तो यहाँ रेलवे स्टेशन था, दूसरा, यहाँ कपड़े की आर.टी.एम. मिल थी।

यहाँ दो सिनेमाघर थे—'विजय टॉकीज़' और 'मोहन टॉकीज़'। यहाँ नई-नई फ़िल्में लगाई जाती थीं। मिल-मज़दूरों के लिए ये सिनेमाहॉल एकमात्र मनोरंजन का ठिकाना थे।

'मोहन टॉकीज़' हमारे इस नये घर के इतना पास था कि रात को जब सारे क़स्बे में आठ बजे के बाद शान्ति हो जाती (उन दिनों छोटी जगहों में रात बड़ी जल्दी हो जाया करती थी) तब वहाँ चल रही फ़िल्म के डायलॉग और गानों की आवाज़ हमारे घर तक सुनाई देती थी। अक्सर अन्नू भैया बाहर गैलरी में सोते और फ़िल्मों के डायलॉग सुना करते थे। अगर क़िस्मत से फ़िल्म हमारी देखी होती तो मज़ा और भी बढ़ जाता था।

मैं अब छठी कक्षा में भैसोदा गाँव के आदर्श माध्यमिक स्कूल में आ गई थी। यह स्कूल हमारे घर से आठ किलोमीटर दूर था।

अन्नू भैया भैसोदा में ही पढ़ते थे। मगर हमारे स्कूल से उनका स्कूल और भी दूर था। न जाने कहाँ से अन्नू भैया के पास एक साइकिल आ गई थी। मुझे पीछे कैरियर पर उचककर बैठना नहीं आता था इसलिए अन्नू भैया मुझे सामने डंडे पर बिठाते थे। रास्ते में मुझे मेरे स्कूल छोड़ते हुए वे अपने स्कूल चले जाते थे। यह साइकिल-यात्रा ऊबड़-खाबड़ पगडंडियों, जंगल, खेतों-खलिहानों से होती हुई मेरे स्कूल पहुँचकर पूरी होती। बड़ा मज़ा आता था।

एक-दो बार गिरना भी हुआ, जिसके लिए मुझे ही डाँट खानी पड़ी। "तू ठीक से बैठती नहीं है," अन्नू भैया गिरने का यही कारण बताते। मैं अपने बैठने में वह कारण ढूँढ़ने की कोशिश करती फिर सोचती, ठीक ही तो बैठी थी। मैं जानती थी कि यह दिल दहलाने वाली डाँट कभी भी चपत में बदल सकती थी। अन्नू भैया गिरने की शर्मिन्दगी मेरे मत्थे मढ़ते। यह यात्रा मज़ेदार होने के बदले आतंकित करने

वाली हो जाती। मन-ही-मन यह प्रार्थना करती कि अन्नू भैया गिरें ही न, वरना कभी भी चपत पड़ जाएगी।

सौभाग्य से यह साइकिल यात्रा ज़्यादा दिनों तक नहीं चली क्योंकि हम दोनों के स्कूल का समय अलग-अलग हो गया। वह साइकिल जिसकी थी वह ले गया।

कुछ दिनों बाद अन्नू भैया को पढ़ने के लिए नीमच क़स्बे में भेज दिया क्योंकि गाँव में आठवीं के आगे स्कूल नहीं था।

मेरा सौभाग्य कि मुझे इस आतंकी से छुटकारा मिला और खेतों-खलिहानों व जंगल से गुज़रती आठ मील लम्बी यात्रा का सुख।

मेरे साथ भवानी मंडी की दो लड़कियाँ, नसीम और शकुन्तला भी पढ़ने जाती थीं। शकुन्तला मुझसे और नसीम से एक क्लास आगे थी। हम दोनों छठी में थे। नसीम के पिता भैसोदा मंडी की पुलिस चौकी के 'हेड साब' (हेड कांस्टेबल) थे। यह बहुत ही छोटी-सी पुलिस चौकी थी। एक बार मैं नसीम के घर खेलने गई। तब मैंने देखा था कि उसके अब्बा एक चोर को बेंत से मार रहे थे। तब से मैं उनसे डरने लगी थी।

एक बात मुझे बहुत सालती थी। मैं जब अपनी किसी सहेली के घर जाती तो उनके घरवाले मुझे पसन्द नहीं करते थे। मेरी सहेलियाँ भी मुझे देखकर सहम जाती थीं, क्योंकि मेरे आने पर उन्हें डाँट पड़ती। जब कभी मैं उन्हें अपने घर खेलने के लिए बुलाती तो वे मना कर देती थीं।

एक दिन नसीम ने इसका राज़ खोलते हुए बोली, "अब्बा तेरे घर जाने को मना करते हैं, और तू भी मेरे घर मत आना। अब्बा डाँटते हैं, तुम लोग नाटकवाले हो ना इसलिए। क्योंकि नाटकवालों की औरतें अच्छी औरतें नहीं होतीं।"

इस तरह मेरे घर में न कोई औरत आती थी न ही मेरी सहेलियाँ। हमारा घर बिना किसी वजह के बदनाम घर था। दोष था तो हमारी कम्पनी का जिसे समाज में मनोरंजन का साधन समझा जाता था। उसमें काम करने वाली औरतें ग़लत समझी जातीं। उस समय ये सब बातें मेरे लिए कोई मायने नहीं रखती थीं।

स्कूल से हम तीनों एक साथ ही वापस आते थे। लेकिन अक्सर स्कूल जाते हुए मैं अकेली ही होती थी। सम्पर्क का कोई साधन नहीं था एवं शकुन्तला और नसीम के घर दूर-दूर थे। दूसरे, नसीम ज़्यादातर बस से जाती थी।

रोडवेज़ की भानपुरा जाने वाली बस हमारे भैसोदा गाँव से गुज़रती थी। यह खटारा बस बच्चों को 'फ्री' तो बिठाती थी लेकिन बहुत सारे छोटे-छोटे गाँव से गुज़रकर भैसोदा पहुँचती थी। मुझे बस के डीजल और सवारियों के पसीने की गन्ध बहुत बुरी लगती थी। कहाँ वह डिब्बा बस और कहाँ वे खुले-खुले खेत, फूल, चिड़ियाँ, तितलियाँ! मुझे आठ मील दूर स्कूल पहुँचने में समय तो लगता था, पर यह समय सिर्फ़ मेरा होता था। मैं, मेरा धूल भरा रास्ता, मेरे खेत, मेरे पंछी। मैं ज़ोर-ज़ोर से गाने गाती चली जाती थी। दोनों तरफ़ खेत या बबूल का जंगल। रास्ते में झाड़ी

से लाल छोटे बेर खाती, बबूल के पेड़ों से निकलती गोंद चबाती, किसी खेत में घुस जाती, लोबिया-ककड़ी या मूँगफली उखाड़-उखाड़ कर खाती अपनी भूख मिटाती, हिरनी-सी चली जाती थी।

मेरे स्कूल का रास्ता और पगडंडी हर मौसम में अपना रूप-रंग बदल लेते थे। गर्मियों में लू के थपेड़ों के साथ धूल उड़ाती पगडंडी, तो सर्दियों में बर्फ़-सी सर्द ज़मीन। और बरसात में? आहा! बरसात में यह पगडंडी कीचड़ से लथपथ रहती। पगडंडी के दोनों तरफ़ क्षितिज तक खेत दिखाई देते थे। गर्मियों में जो खेत और रास्ते बंजर लगते, बरसात आते ही हरे हो जाते। सर्दियों में तो हर खेत की रंगत ही अलग होती।

खेतों में जब अलसी बोई जाती तब ऐसा लगता कि धरती ने फूलों की नीली चादर ओढ़ ली है। पगडंडी के दूसरी तरफ़ धनिये के सफ़ेद फूलों की चादर बिछी होती या फिर सरसों के पीले खेत यों लगते मानो धरती को पीलिया हो गया हो।

उन तीन सालों में न जाने कितनी बार अकेले उस रास्ते पर चली थी। अनगिनत दोस्त बनाए थे। उनमें एक मेरा पक्का दोस्त था जो बाँहें फैलाए हर मौसम में मेरा इन्तज़ार करता था। वह था, पगडंडी के बीचोबीच खड़ा महुए का विशालकाय पेड़। गर्मियों में स्कूल जाते हुए मैं उसके नीचे बैठकर सुस्ताती। उसकी घनी शाखों के नीचे बैठकर ठंडी-ठंडी हवा को महसूस करती।

सर्दियों में सुबह का स्कूल हुआ करता था। यह महुआ मेरे लिए ढेर सारे मोती और अंगूर जैसे अपने फूल ज़मीन पर बिखराए मुस्कराते हुए मेरा इन्तज़ार करता। मैं सारे महुए बीनती, उसकी ख़ुशबू लेती। कुछ खाती, कुछ बस्ते में रखती और फिर उससे विदा लेती।

मेरे साथी तो और भी थे। रंग-बिरंगे खेत, जंगल, तालाब के ऊपर बनी पाल, शाखों पर बैठी रंग-बिरंगी चिड़िया, कोयल और मोर। मेरी एक और घनिष्ठ दोस्त थी ईगल।

काकाजी को 20 जुलाई, 1969 के दिन गरोठ के इंस्पेक्टर ने एक अलसेशियन फीमेल डॉग दी थी। उस दिन 'ईगल अपोलो' यान चन्द्रमा पर उतरा था। तो काकाजी ने उसका नाम ईगल रख दिया।

संगी-साथी के नाम पर बस ईगल थी जो मेरी आत्मिक मित्र थी। काकाजी हमारे पास उसे शायद प्रसाद के रूप में छोड़ गए थे। उसे न जाने कैसे पता चल जाता था कि मैं स्कूल से आने वाली हूँ। वह छत के छज्जे पर बैठकर उसी दिशा में देखती रहती जिधर से मैं आती थी। माँ को भी वह बहुत प्रिय थी। धीरे-धीरे मैं अपने अकेलेपन के इन्हीं साथियों में ख़ुशी तलाशने लगी थी।

स्कूल आते-जाते मुझे रास्ते में कई बार गाँव के लोग मिल जाते। कई बार तो हमें साइकिल पर बिठाकर भवानी मंडी भी छोड़ देते थे। ताज्जुब है, उन सैकड़ों

दिनों की हमारी यात्रा में कभी किसी ने हमें छेड़ा नहीं। कोई हादसा नहीं हुआ। आज सोचकर सिहर जाती हूँ। आज के ज़माने में अकेली बच्चियाँ क्या इतने एकान्त में सुरक्षित हैं? इसका मतलब उस समय के लोगों में राक्षस कम इनसान ज़्यादा होते थे।

माँ ने बाबूजी से कहकर सारे नौकरों को वापस कम्पनी में भिजवा दिया था। माँ का कहना था, "हमारा पेट भरता नहीं है, इन लोगों की तनख़्वाह और रोटी कहाँ से मुहैया करेगें?" बाबूजी सब नौकरों को लेकर कम्पनी चले गए थे। उन पर पूरी कम्पनी की ज़िम्मेदारी थी। बस, एक लच्छू मामा ही थे जिन्होंने जाने से इनकार कर दिया था। उन्होंने जागीरदार की कचौड़ी, पोहे की दुकान पर बतौर हलवाई नौकरी कर ली वह भी इस शर्त पर कि वे रात को सोने के लिए घर आया करेंगे। माँ मान गई थीं।

माँ को किसी कवि-सम्मेलन से बुलावा आ गया था। नोनी, मैं और मामा घर पर थे। पूरे घर की ज़िम्मेदारी मुझ पर थी।

नोनी भवानी मंडी के आदर्श स्कूल की दूसरी कक्षा में पढ़ता था। मेरा स्कूल सुबह दस बजे का था। उस दिन मैंने जैसे-तैसे रोटी बनाकर नोनी को स्कूल के लिए तैयार किया। ख़ुद तैयार हुई। लेकिन अचानक नोनी साहब ने ज़िद पकड़ ली कि वह आज अपने स्कूल नहीं जाएँगे। मेरे साथ मेरे स्कूल चलकर सलामी दी जाएगी।

उस दिन इत्तेफ़ाक़ से हम सब सहेलियाँ साथ थीं। शकुन्तला का भाई चम्पू भी अब हमारे साथ ही पढ़ने आ गया था। चम्पू अपने नाम के मुताबिक़ ही था। अजीब-सी लम्बी-लम्बी टाँगें, लम्बे हाथ और मूर्खताभरा चेहरा लिये चुपचाप रहने वाला महामूर्ख। उसकी इसी ख़ासियत ने उसे हम सबके मनोरंजन का शिकार बना दिया था। उस दिन वह कच्ची पगडंडी, बरसात की वजह से कीचड़ से सनी थी। कीचड़ देख सफ़ाईपसन्द नोनी ने आगे बढ़ने से इनकार कर दिया। उससे कीचड़ में पैर ही नहीं रखा जा रहा था। मेरे पास कोई चारा नहीं था। मैंने अपना बस्ता नोनी की पीठ पर लादा। अपनी रबड़ की चप्पल उसके हाथ में पकड़ाई और उसे पीठ पर बिठा लिया। मेरी सहेलियाँ पूछ रही थीं, कैसे ले जाएगी, इतने बोझ को उठाकर आठ मील?

उस दिन तेरह किलो की गुड्डो ने जाना था। पीठ पर लदे सात किलो का छोटा भाई बोझ नहीं होता। न ही आठ मील का कच्चा रास्ता लम्बा।

उसी दौरान 1970 के क़रीब की ही बात है। कम्पनी मध्य प्रदेश के जावरा क़स्बे में लगी हुई थी। माँ को जावरा के कवि-सम्मेलन से बुलावा आया था। मुझे कम्पनी में जाकर बाबूजी से मिलना और माँ के साथ कवि-सम्मेलन में जाना, दोनों ही बातें बहुत उत्साहित कर रही थीं।

तारीफ़ के दो शब्द

उसी शाम मंच पर जाने से पहले, एक बड़े ही ख़ूबसूरत, गम्भीर और लापरवाह-से दिखने वाले शख़्स से माँ ने हम बच्चों का परिचय करवाया। माँ ने कहा, "नीरज जी यह है मेरी बेटी, आशीर्वाद दीजिए।" नीरज जी ने मेरे सिर पर हाथ रखकर पूछा, "क्या नाम है?" मैंने सकुचाते हुए कहा, "सीमा।" नीरज जी बोले, "वेरी गुड।" मैंने कहा, "मैं वेरी गुड हूँ?" नीरज जी बोले, "बिलकुल।" यह तारीफ़ छप गई मेरे मानस पर।

जिस बच्ची को किसी ने नहीं सराहा। इतना बड़ा कवि गोपालदास नीरज, जिसके सम्मान में यह कवि-सम्मलेन 'नीरज निशा' रखा गया था, मेरी तारीफ़ कर रहा था। उस दिन नीरज जी में मुझे बाबूजी नज़र आए थे। नीरज जी मुझे प्रिय हो गए। उनके मधुर गीत रेडियो पर सुनकर मैं विभोर हो जाती। उनके गीतों ने मेरा बचपन महकाया हुआ था जिन्हें गुनगुनाते हुए मेरे स्कूल की मीलों लम्बी पगडंडी सिमटकर छोटी हो जाती थी। जिन गीतों में मिट्टी की महक होती थी। बचपन की दहलीज़ हो या युवावस्था की दस्तक, सब समय के साथ बदल जाता है। बस एक ही चीज़ है जो नहीं बदलती, वे होते हैं, गीत। वह होती है कविता।

कभी-कभी सोचती हूँ यह कविता क्या होती है? कहाँ से आती है? क्यों आती है? यहीं से मुझमें भी कुछ पंक्तियों ने जन्म लेना शुरू किया था। लेकिन वे शब्द, वे कविताएँ, मेरी पुरानी डायरी के पन्नों पर हैं (जो अब जीर्ण-शीर्ण हो गई है)।

सम्मोहन, चुड़ैल, सपने और साइकिल

एक अजीब शौक़ चर्राया था मुझको। 'कादम्बिनी' में एक लेख आया था—सम्मोहन कैसे सीखते हैं। चाँद को रात में एकटक देखो और किसी को भी सम्मोहित कर लो। बड़े-बड़े योगी सूर्य को देखकर किसी को भी भस्म कर देते थे। दीवार पर बने काले बिन्दु पर ताको। मैंने भी छिपकर स्टोर रूम की दीवार पर एक काला बिन्दु बना लिया था। जब-तब जाकर सबसे छिपकर बिन्दु को निहारती। कुछ लोगों को भस्म करने की इच्छा लिये सूरज को देखती।

एक दिन सुबह छत पर खड़े होकर सूर्य को देखना शुरू कर दिया। अभी साधना करते हुए दो ही दिन हुए थे कि ज़बरदस्त परिणाम सामने से नहीं पीछे से आया। माँ के थप्पड़ के साथ उनकी आवाज़, 'आँखें ख़राब करेगी?' तो जी, 'भस्म अभियान' वहीं स्थगित करना पड़ा।

मुझे अक्सर रातों को घुँघरू की आवाज़ सुनाई देती थी। उन दिनों माँ की मझली बहन जिन्हें वे मझली दीदी पुकारती थीं, भवानी मंडी आई हुई थीं। मैंने

इस घुँघरू की आवाज़ का राज़ अपनी मौसी को बताया। उनके अनुसार, यह चुड़ैल की पायल की आवाज़ ही हो सकती थी। उनके अनुसार, अगर चुड़ैल की चुटिया काट के अपने पास रख ली जाए तो उससे कोई भी काम करवाया जा सकता है।

मझली मौसी तो वापस अपने घर चली गई थीं। मैंने गैलरी में सोना शुरू कर दिया था। चुपके से अपने सिरहाने कैंची रखने लगी थी। हर रात इन्तज़ार करती उस घुँघरू वाली चुड़ैल का, ताकि उसकी चुटिया काटकर बैंक से माँ-बाबूजी के लिए ढेर सारे रुपये मँगवा सकूँ।

चुड़ैल नहीं आ रही थी। अलबत्ता माँ के कई थप्पड़ आ गए। कैंची सिरहाने रखने का राज़ जब मैंने उनसे साझा कर उन्हें भी अपनी स्कीम में शामिल करना चाहा। वे एक और थप्पड़ रसीद करती हुई बोलीं, "शरीफ़ भाई की तरह ये जल्दी पैसा कमाने के ढंग कभी अच्छे नहीं होते।" उन्होंने उस घुँघरू वाली आवाज़ का पर्दा भी फ़ाश कर दिया। वह झींगुरों की आवाज़ थी जो रात में आया करती थी। मेरा दिल टूट गया। सोचती रहती काश कोई चुड़ैल होती! वैसे आगे आने वाली ज़िन्दगी में काफ़ी चुड़ैलों से सामना हुआ, लेकिन वे इतनी प्यारी नहीं थीं, जो बचपन में होती थीं।

सपने जो हक़ीक़त में बदले

बचपन से ही मुझे लगता था कि मैं दुनिया का हर काम सीख सकती हूँ। अन्दर से आवाज़ आती, 'तू कर सकती है।'

इन सपनों में साइकिल चलाने का सपना उन दिनों जुनून बन गया था। मेरे कुछ दिवास्वप्न होते, जैसे मैं नोनी को डंडे पर बिठाकर साइकिल चला रही हूँ। जब मैं सोती तो मेरी दोनों टांगें हवा में होतीं और मैं उन्हें साइकिल की तरह चला रही होती। अक्सर रात में माँ उन्हें थामकर मुझे थपकी देकर सुला देतीं। सोने से पहले और जागने के बाद मेरे ख़यालों में साइकिल ही होती।

मेरा यह सपना कम्पनी के प्रसिद्ध जगलर राघो बाबा ने पूरा किया। कम्पनी दोबारा भवानी मंडी में लगी थी। मैं दस-पन्द्रह पैसे रोज़ बाबूजी से झटक लेती। दस पैसे घंटे पर चौबीस इंच, अपने से तीन गुना बड़ी साइकिल किराए पर लाती। छोटी साइकिल को वहाँ अद्धा कहते थे। अद्धा महँगा आता था। साइकिल पर कैंची चलाने का अभ्यास राघो बाबा रोज़ करवाते। एक टीले के ऊपर से बाबा साइकिल को पीछे से पकड़े मेरे साथ दौड़ते। एक दिन मैंने कैंची चलाते हुए पीछे मुड़कर देखा, राघो बाबा टीले पर खड़े नज़र आए। मैं मुँह के बल गिरी। और इस तरह मैंने कैंची चलाना सीख लिया।

अब अपने सपने को पूरा करने का समय आ गया था। अति-उत्साह में एक दिन नोनी को बिठाकर चलाते समय मैंने उसे गिरा दिया। बेचारा पाँच साल का नोनी, सड़क के किनारे गिट्टियों के ढेर पर गिरा। उसका रोना, चुस्की खिलाने पर भी बन्द नहीं हो रहा था।

आख़िर मुझे पिटवाकर ही उसने साँस ली। मेरी धुनाई हो रही थी और वह चुस्की खा रहा था। यह चुस्की मैंने अपने बचत के पैसों से उसे चुप करने के लिए ख़रीदी थी। उस चुस्की पर मेरा पहला हक़ था।

अक्सर पिटाई के बाद माँ जब थक जातीं तो अपने काम में व्यस्त हो जाती थीं। यही वह मौक़ा था जब मैंने नोनी से अपनी चुस्की छीनकर खा ली थी और वह फिर रोने लगा था, नतीजा? फिर एक और राउंड की धुनाई।

माँ की पिटाई हम बच्चों तक ही सीमित नहीं थी, वह कम्पनी के किसी भी बच्चे की उद्दंडता पर अपनी पिटाई का पूर्ण अधिकार रखती थीं।

मैं ज़िद्दी थी। मेरी छिपी हुई ज़िद को कोई नहीं देख सकता था। सबको ऊपर की डरी हुई लड़की नज़र आती थी। अब मेरी दिली इच्छा थी कि नोनी साइकिल चलाना सीखे। कोई भी नया काम सीखने को उसे बोलो तो उसके मुँह से एक ही वाक्य बचपन से सुनती आ रही हूँ, "मैं तो यह कर ही नहीं सकता, मुझसे नहीं होगा, देखो, परीक्षा देने तो जा रहा हूँ, होना-जाना तो कुछ है नहीं।" मुझे उसकी इन बातों से बड़ी चिढ़ होती थी। बिना कोशिश किये कोई ऐसा कैसे बोल सकता है कि वह काम नहीं होगा। नोनी का नकारात्मक रवैया मुझे इतनी झुँझलाहट से भर देता कि मैं उसे शॉक ट्रीटमेंट देने लगी थी, यानी पिटाई करने लगी थी।

मेरे अन्दर एक और परिवर्तन होने लगा था। मैं रोज़ सपने देखती और माँ को सुनाती। माँ उनकी ताबीर करतीं। वे हमेशा कहतीं, "सपनों को ख़राब नहीं कहना चाहिए। उनकी ताबीर उलट जाती है।" लेकिन मेरे सपने दिन-ब-दिन रहस्यमय होते जा रहे थे क्योंकि वे सच हो जाते थे। इसलिए माँ मेरे सपनों को ध्यान से सुनने लगी थीं। सपने में मुझे कुछ संकेत मिलते थे, जो गूढ़ होते।

एक बार की घटना है। मध्य प्रदेश के कुरवाई क़स्बे के मेले में कम्पनी लगी थी। कुरवाई एक छोटी रियासत थी। वहाँ के नवाब साहब और उनकी बेटी साहित्य और शायरी में रुचि रखते थे। माँ को वहाँ नवाब साहब ने नशिस्त (काव्य गोष्ठी) में आमंत्रित किया। माँ को वहाँ जाना ही था, इसलिए बाबूजी ने वदूद नाना को भेजकर मुझे माँ से पहले ही बुलवा लिया था। बाबूजी ने यहाँ भी एक कमरा किराए पर लिया हुआ था। कमरा क्या था, कच्चा लम्बा-सा हॉल था।

एक रात मैंने सपना देखा। माँ, मैं और नोनी मेटाडोर जैसी गाड़ी में बैठकर दिलीप कुमार की कोई फ़िल्म देखने जा रहे हैं। माँ आगे बैठी हैं। गाड़ी में ही पिक्चर चल रही है। अचानक दुर्घटना हो जाती है। माँ मुँह के बल आगे को गिरती हैं। माँ

सिर उठाकर मेरी तरफ़ देखकर कहती हैं, "देख बेटा यह क्या हो गया?" माँ के होंठ से ख़ून बह रहा था।

यह सपना इतना भयानक था कि घबराकर मेरी नींद खुल गई। बाबूजी पास ही सो रहे थे। घबराई मैं बाबूजी से डरकर लिपट गई। बाबूजी के पूछने पर मैंने सपने वाली बात बताई। उन्होंने मुझे थपकियाँ देकर सुला दिया।

अगले दिन माँ भी कुरवाई आ गईं। मैंने उन्हें भी अपना भयानक सपना सुना दिया। उनका रटा-रटाया जवाब, "अच्छा सपना है।"

कुरवाई नवाब साहब के महल में ही मुशायरे का इन्तज़ाम था। मैं भी गई थी। महल के चारों तरफ़ फूल ही फूल खिले थे। उनकी बेटी जब ख़ुद जीप चलाकर मेले में आतीं तब मुझे वह किसी फ़िल्म की हीरोइन से कम नहीं लगतीं। मैं दूर से उन्हें सराहती थी। उस दिन नवाब साहब के महल में उन्हें पास देखकर मैं गद्‌गद थी।

मुशायरे में माँ के क़लाम की बहुत तारीफ़ हुई। मुशायरे के बाद कमाल का खाना। वाह! इतना सारा कोरमा, कबाब, रोटियाँ और बिरयानी। जी चाह रहा था की टूट के पड़ जाऊँ खाने पर। लेकिन माँ के प्रवचन और सभ्यता का तक़ाज़ा। मैं अपनी प्रिय बोटियाँ छोड़कर आधा-अधूरा पेट लिये आ गई।

कुछ दिन कुरवाई में घूमने-फिरने के बाद वापसी की तैयारी हो रही थी। वहाँ ऋषि कपूर की नई फ़िल्म लगी थी, 'लैला-मजनूँ।' मैंने बाबूजी से फ़िल्म देखने की ज़िद की। बाबूजी ने ज़िन्दगी में बस दो-चार अंग्रेज़ी फ़िल्में, वे भी लाहौर में ही देखी थीं। उनका जाना तो असम्भव था लेकिन उन्होंने मेरे साथ जाने के लिए माँ को मना लिया था। फ़िल्म हो या साहित्य, माँ सदैव चुनिन्दा फ़िल्में ही देखती थीं।

माँ मन मारकर राज़ी हुईं। माँ, मैं और नोनी पहली बार शहर जा रहे थे। साइकिल रिक्शा गलियों से गुज़र रहा था, और मुझे ऐसा लग रहा था जैसे मैंने यह जगह पहले भी कभी देखी है। सँकरी, छोटी गलियाँ, घुमावदार सड़कें...अचानक जब हमारा रिक्शा ढलान पर तेज़ी से उतर रहा था, तभी सामने से एक रिक्शा ऊपर चढ़ रहा था। न जाने क्यों मैं डर रही थी। तभी पता नहीं कैसे दोनों रिक्शों के पहिये आपस में उलझ गए।

माँ छिटककर नीचे जा गिरीं। उन्होंने अपना चेहरा उठाया, उनके होंठ से ख़ून निकल रहा था। माँ बोलीं, "देख बेटा यह क्या हो गया?" मैं जैसे होश में आई। मैंने देखा, माँ का चेहरा ख़ून से लथपथ था। मेरा सपना मेरी आँखों के सामने कौंध गया।

उस दिन माँ के होंठ पर चार टाँके लगे। उसी दिन से माँ मेरे सपनों की तरफ़ और ज़्यादा ध्यान देने लगी थीं। सपने में मुझे हमेशा संकेत मिलते लेकिन उस समय समझ नहीं पाती थी।

सपनों ने मुझे जीवन में आगाह किया है। लेकिन सपनों की गूढ़ भाषा कभी समझी, कभी समझ नहीं पाई। जब कुछ घटा, तब सपना समझ में आया।

महीदपुर, आलोट और वह मज़ार

आलोट में कम्पनी लगी हुई थी। वहाँ मन्दिर के अहाते में एक बड़ा-सा कुंड था। मैं, मुन्ना भाई (भानुमति के बड़े बेटे) और रघुवीर भैया कुंड में नहाने जाते। इन दोनों से मेरी बहुत पटने लगी थी। शो देर रात तक होता तो सब देर से उठते। मैं अपनी स्कूल की कोई किताब लेकर कम्पनी के टेंट से थोड़ी दूरी पर बनी मज़ार पर चली जाती।

मज़ार के आसपास दूर तक खजूर के पेड़ थे। एक छोटा-सा साफ़-सुथरा नाला बहता था। मज़ार एक बड़े-से इमली के पेड़ के नीचे था। उस पेड़ पर चमेली के फूलों की बेल चढ़ी हुई थी। जब सुबह-सुबह मैं वहाँ जाती तो बहुत सारे चमेली के सफ़ेद फूल मज़ार पर बिखरे होते। जैसे वे फूल इस सोए हुए सूफ़ी फ़क़ीर की तपस्या पर ख़ुश होकर, ख़ुद बिखरकर उन्हें गले लगा रहे हों। मुझे मज़ार पर जाकर बड़ा अच्छा लगता। मैं वहाँ रखे झाड़ू से उस जगह की सफ़ाई करती। उस पेड़ और चमेली के मँड़वे के नीचे बैठकर पढ़ती। तोते और चिड़ियों के कलरव सुनती। हवाओं का आनन्द लेती। मज़ार और मेरा यह रिश्ता एक राज़ था जो सिर्फ़ मुझे पता था। मुझे आज भी वहाँ की ठंडक और सुकून याद है।

ताल में कम्पनी लगी थी

माहितपुर आलोट के बाद कम्पनी ताल क़स्बे में आ गई थी। कम्पनी जहाँ-जहाँ लगती सबसे पहले हम कोई नदी या तालाब ढूँढ़ते, क्योंकि पानी की किल्लत होती। दिशा-मैदान जाना, कपड़ों का धुलना, तैरना और नहाना सब नदी पर होता। ताल में एक बड़ी-सी नदी थी। क़स्बे से चार मील दूर।

बचपन में पैर में ताक़त और दिल में इतनी ख़ुशी होती थी कि मीलों चलने के बाद भी थकान नहीं होती थी। मैं, रघुवीर भाई और मुन्ना भाई—यह तिकड़ी, कपड़े की गठरी और सनलाइट साबुन। हम नदी पर होते। नदी क्या थी, जहाँ तक देखो दूर तक फैला पाट। तेज़ बहाव, किनारे पर काली-काली, बड़ी-बड़ी चट्टानें जैसे इधर-उधर उग आई हों। हम तैरते। फिर कपड़े धोते। ख़ूब मज़ा आता। लेकिन वापसी में भूख के मारे चला न जाता।

मैंने एक तरकीब निकाली। रात की रोटी और थोड़ी सब्ज़ी अख़बार में बाँधकर नदी पर लाती। तीनों खाते और मज़े से चले आते। लेकिन मेरे जीवन में ख़ुशियाँ ज़्यादा देर टिकती नहीं हैं। माँ को पता चला। किसी ने उन्हें कह दिया था कि वह नदी बलि लेती है।

नदी में डूबने की ख़बर यदि लगातार आए तो लोगों में यह धारणा बन जाती है

की नदी बलि लेती है। दूसरे, मैं बड़ी हो रही थी। पहले के ज़माने में लड़कियों के अंगों के विकास से पहले ही उन्हें बाहर दूसरों के साथ ज़्यादा नहीं निकलने दिया जाता था। मैं आठवीं में आ गई थी।

लड़कियों को कहा जाता, "यह मत करो तुम अब बड़ी हो गई हो।" दूसरे ही दिन विरोधाभासी वक़्तव्य आता, "अभी तुम बच्ची हो, नहीं समझोगी।" मैं समझ नहीं पाती थी कि मैं कब बड़ी हो जाती हूँ और कब छोटी। मैं इस बड़े-छोटे होने से परेशान हो गई थी। मैंने मन-ही-मन फ़ैसला कर लिया था कि कोई कुछ भी कहे, मैं अपने-आपको वही समझूँगी जो मैं अपने-आपको समझती हूँ।

माँ ने नदी पर जाने से सख़्त मना कर दिया था। नदी एक नशा थी। खेल में एक आत्मिक सुख होता है। भला कैसे रुका जाता। तय यह हुआ कि चुपके से सुबह ही निकला जाया करेंगे। बाबूजी का मुझे पूरा समर्थन और सहयोग प्राप्त था।

मैं रघुवीर भाई की तरह नदी के बीच नहीं जाती थी क्योंकि नदी का एक तो पाट बड़ा था, तिस पर धार बहुत तेज़ थी। मैं किनारे, आसपास पड़े लकड़ी के कोयले से मंजन करती। कपड़े धोती। थोड़ी दूरी तक तैरती।

एक दिन मुझे नदी के किनारे पड़ा एक नारियल दिखा। मैंने रघुवीर भैया को बताया। उन्होंने उसे फोड़ा और हम तीनों ने मीठा नारियल खाया। अब रोज़ हम तैरते कम, नारियल ज़्यादा ढूँढ़ते। यह राज़ हमने किसी को नहीं बताया था। हम तीनों में एकता थी। लेकिन इस एकता को एक लाल कपड़े और उसी कपड़े से तीन चड्डी बनने के असम्भव सपने ने चकनाचूर कर दिया।

हुआ यह कि एक दिन नारियल ढूँढ़ते हुए मुझे एकदम नया, कोरा एक मीटर के बराबर लाल कपड़ा मिला। मैंने सोच लिया था कि मैं इसकी चड्डी बनवाऊँगी। बस वह कपड़ा इन दोनों को दिखाना ग़ज़ब हो गया। रघुवीर भैया ने वह कपड़ा मुझसे छीन लिया, बोले, "मैं इसकी चड्डी बनाऊँगा।" मुन्ना भैया अलग कपड़े पर दाँत गड़ा रहे थे। इस सबमें चूँकि मैं छोटी थी इसलिए इन लोगों ने कपड़ा ले लिया। हम लोगों में फूट पड़ गई। मैं रोती हुई कम्पनी में आई और चुपके से माँ को लाल कपड़े का यह रहस्य समझा दिया।

उसके बाद हम तीनों एक लाइन में खड़े थे। लाइन से थप्पड़ पड़ रहे थे। मेरा कुसूर मुझे समझ नहीं आ रहा था। मैं तो 'लूज़र' थी। हम मार खा रहे थे। वह लाल कपड़ा हमें मुँह चिढ़ा रहा था।

माँ कह रही थी यह लड़की तो बड़ी होकर हमारी नाक कटवाएगी। उस समय मुझे पता नहीं था कि नाक कैसे कटवाई जाती है। पर मैं सोच रही थी, कब बड़ी होऊँ ताकि माँ की नाक कटवा सकूँ।

ख़ैर! उस दिन माँ ने ही हम तीनों पर एक और रहस्योद्घाटन किया। जिन नारियलों को हम खाते थे और जिस कोयले से मैं अपने दाँत को चमकाती थी और

यह जो लाल कपड़ा हमें मिला था। वह दरअसल नदी के किनारे जलाए जाने वाले मुर्दों का होता था।

इस तरह देखें तो नदी किनारे की चिताओं ने भी मेरे जीवन में बहुत कुछ योगदान दिया है, जिसमें मेरे जो चमकते हुए दाँत हैं, वे विशेष हैं।

मैं, अन्नू भैया, फ़िल्में और पिटाई

कभी-कभार हमारा घर पैसे आ जाने पर कुछ अच्छे नज़ारे भी देख लेता था। मसलन, जब कभी पैसे आते तो खाने की चीज़ें बनने का उत्सव हुआ करता था। छत पर माँ तरह-तरह के अचार बनाकर बरनी में धूप दिखाया करतीं। कभी तरह-तरह के पापड़ सूखा करते। कई तरह के पकवान, मीठे, नमकपारे, पूड़ियाँ, गुझियाँ, पपरियाँ बना करतीं। मैं और नोनी उन्हें हाथ में लिये कुतरते, इधर-से-उधर दौड़ा करते। यहीं कभी कम्पनी में बाबूजी माँ से यख़नी पुलाव, कोरमा, शामी कबाब, ज़र्दा सब एक साथ बनवाते। उस दिन सारे ख़ानसामाओं की छुट्टी कर दी जाती, क्योंकि बाबूजी को माँ के हाथ का कोरमा, कबाब और पुलाव पसन्द था। गोश्त भूनते हुए ही मैं न जाने कितनी बोटियाँ माँ से माँगकर खा जाती थी। हाय रे वे दिन।

बस यह कुछ दिनों की बात होती। जैसे चार दिन की चाँदनी फिर अँधेरी रात। उसके बाद तो हम रसोई से आती खानों की महक को तरस जाते थे। यहाँ तक कि हम नाक से ही खाने का लुत्फ़ उठा लिया करते।

हुआ यह कि भवानी मंडी में गुरुद्वारे के पास एक सरदार जी का घर था। एक दिन वहाँ से गुज़रते हुए अचानक मेरे और माँ के पाँव ठिठक गए। दूर से आमलेट बनने की ख़ुशबू आ रही थी। बड़ी देर तक हम उस ख़ुशबू का आनन्द लेते रहे, ख़ास कर मैं। अंडे खाने को जब तरस जाएँ तो नाक से भी स्वाद लिया जा सकता है।

मैं संकोची इतनी थी कि अपनी आँखों के सामने होती चोरी से मुँह फेर लेती थी। चोर तक को शर्मिन्दा होते देख नहीं सकती थी।

माँ को पढ़ने, बुनाई करने और कपड़ों पर कढ़ाई करने का बहुत शौक़ था। मेरे पास एक पीला बेलबॉटम था। उसके पाँयचे पर माँ ने ऑइल पेंट से फूलों की बेल बनाई थी। मुझे याद है मेरे पास आसमानी रंग का एक कुरता था। इसके गले पर माँ ने गहरे नीले रेशमी धागे से छोटे-छोटे फूल बनाए थे। यह हुनर कहीं-कहीं रोटी कमाने के लिए भी उन्होंने इस्तेमाल किया था। भोपाल में लोगों की चादरों से लेकर साड़ियों तक पर रेशमी फूल बनाए थे। यही हुनर उन्होंने मुझे भी उपहार में दिया। सर्दियों में हमने उन्हीं के हाथों के स्वेटर पहने थे। कहीं भी मुशायरे में जातीं तो स्वेटर की डिज़ाइन व घर सजाने की विदेशी सचित्र किताबें ज़रूर लाती थीं। माँ

के पास स्वेटर और कपड़ों की डिज़ाइनों की एक फ्रेंच भाषा की मोटी-सी किताब थी। उसका हर पन्ना चिकना, चमकीला और सुन्दर रंग-बिरंगे स्वेटर की डिज़ाइन से भरा था।

मेरी एक पड़ोसी सहेली जो पास के घर की उसी मंज़िल पर रहा करती थी, कभी-कभी अपने माता-पिता से छिपकर हमारी बड़ी-सी छत पर खेलने आ जाती थी। उसने वह किताब देखी और मुझसे माँगी। माँ के डर से मैंने उसे किताब देने से इनकार कर दिया।

एक दिन मैंने देखा, वह चुपके से वह किताब ले जा रही थी। मैं उसे पकड़ने के बजाय छिप गई। मैं उसे पकड़कर शर्मिन्दा नहीं करना चाहती थी।

मकर संक्रान्ति थी। नीला आकाश रंग-बिरंगी पतंगों से भरा था। अन्नू भैया और उनके दोस्त भी पतंग उड़ा रहे थे। मुझे अन्नू भैया अपने साथ नहीं खिलाते थे। मैंने सोचा मत खिलाओ, मैंने और नोनी ने भी एक पतंग का जुगाड़ कर लिया। घर में पड़े पीले ऊन के गोले से हम पतंग उड़ाने लगे। ख़ूब ऊँची उड़ी पतंग, जितनी ऊँची जाती, गोला उतना और खुलता। खुलते-खुलते मेरे हाथ से वह पीला ऊन का गोला छूट गया। हवा और पतंग उस ऊन के गोले को लेकर न जाने कहाँ चली गई।

अब घर में दो चीज़ों को ढूँढ़ने की मुहिम मची थी। पहली तो वह कपड़ों के डिज़ाइन वाली फ्रेंच भाषा की किताब थी। ख़ैर साहब, माँ को किताब के बारे में मुझे बताना पड़ा। माँ फ़ौरन मेरी सहेली के पास गईं और प्यार से बोलीं, "बेटा जो किताब तुम पढ़ने के लिए ले गई थी, वह मुझे स्वेटर के डिज़ाइन के लिए चाहिए। नोनी का स्वेटर आधा ही बना है। तुम बाद में ले जाना।" किताब तो माँ को वापस मिल गई पर दूसरी चीज़ यानी वह ऊन का पीला गोला ढूँढ़े न मिला। माँ ढूँढ़ती रहीं। वह ऊन का पीला गोला जो पतंग के साथ न जाने कहाँ भटकता हुआ किसी पेड़ की डाल में उलझा ढूँढ़ता होगा अपनी नियति की सलाइयों को, जिनसे उसे बुना जाना था। किसी का स्वेटर बनना था। किसी के सीने से लगकर उसको गरमाहट देनी थी। माँ को ऊन का गोला नहीं मिला। क्या करें, कुछ ऊन के गोलों की नियति स्वेटर बनना नहीं होती। इस तरह माँ के लाख ढूँढ़ने पर वह ऊन का गोला नहीं मिला। नोनी का पीला स्वेटर कभी पूरा नहीं हो पाया। ऊन के गोले के इस राज़ को सिर्फ़ मैं और नोनी ही जानते थे।

पर वे छोटे-छोटे घर कितने सुन्दर थे। जहाँ माँ, बाबूजी और सारे भाई-बहन होते थे। कम्पनी से आने वाले बाबूजी के कलाकार होते थे। ज़रा से आटे से बनी रोटियों के वे भी हिस्सेदार होते थे। हँसी थी, ठहाके थे। क़हक़हे थे। बचपन की अजीबोग़रीब हरकतें थीं।

मैं अन्नू भैया से बहुत प्रभावित थी। वे हर कर्यक्रम में बढ़-चढ़ कर भाग लेते, पढ़ने में तेज़ थे। अन्नू भैया हमारे घर के अकेले बच्चे थे जिन्हें स्कूल जाने का शौक़

था। हम तीनों बहन-भाई को स्कूल जाने के बदले छुट्टियाँ अच्छी लगती थीं। लेकिन घर में अकेले अन्नू भैया ही थे, जो बचपन में स्कूल जाने के लिए रोते थे और एक हम लोग थे जो स्कूल नहीं जाने के लिए रोते थे। इसी रोने की वजह से माँ ने अन्नू भैया की उम्र एक साल बढ़ाकर स्कूल में लिखवाई थी।

उस ज़माने में पाँच साल से कम के बच्चे को दाख़िला नहीं दिया जाता था। पढ़ने में अन्नू भैया हमारे घर में सबसे तेज़ थे। हमेशा क्लास में प्रथम आते थे। वैसे काकाजी और नोनी भी हमेशा स्कूल में प्रथम आते थे। मेरे तो कहने ही क्या? जब घर में तीन-तीन मेधावी हैं तो चौथे को कुछ और भी तो होना चाहिए कि नहीं? फिर मूर्ख शब्द बेचारा किसके काम आएगा? इसलिए मैं हमेशा अन्नू भैया का अनुसरण करती थी।

एक बार हम दोनों बाज़ार जा रहे थे। मोहन टॉकीज़ के सामने से गुज़रते हुए, फ़िल्म का एक पोस्टर देख, अन्नू भैया ठिठक गए। फ़िल्म थी, 'मैं सुन्दर हूँ।' अन्नू भैया बोले, "देखना एक दिन मेरा भी फ़ोटो ऐसे पोस्टर पर होगा।" मैंने उनका दिल रखने के लिए कह दिया, "हाँ होगा।" लेकिन अन्दर-ही-अन्दर मैं सोच रही थी, न अन्नू भैया राजेश खन्ना लगते हैं न धर्मेन्द्र, फिर इनका पोस्टर? यह सोचते हुए हम घर आ गए।

मैं और अन्नू भैया घर में अकेले थे। उन्होंने माँ के घर पर नहीं होने का फ़ायदा उठाया। बाल्टी भर पानी में थोड़ा-सा सर्फ़ घोला और हमारे कमरे के पत्थर के फ़र्श पर फेंक दिया। फ़र्श फिसलन वाला हो गया। इसके बाद वे लगे नाचने। मैं सुन्दर हूँ का गाना 'नाच मेरी जान फटाफट।' हम दोनों छोटे-छोटे बहन-भाई ट्विस्ट कर रहे थे। मैं अन्नू भैया की नक़ल कर रही थी। अन्नू भैया शायद चौदह-पन्द्रह साल के थे मैं बारह-तेरह की।

थककर जब चूर हो गए तो हमें अचानक होश आया। माँ जब देखेंगी कि साबुन नहीं है तो? माँ के हाथों में करंट भी था। पतली-पतली उँगलियों से जब वह थप्पड़ रसीद करती थीं या दीवार की तरफ़ मुँह करके घंटों खड़ा कर देतीं, वह सज़ा बड़ी भयानक होती थी।

हुआ भी वही। अन्नू भैया पिटे। मैंने तो कह दिया, अन्नू भैया ने साबुन घोला था। लेकिन नाच तो मैं भी रही थी न! तो भाई, पिटाई तो लाज़िमी थी।

जवानी पर निषेध

हमारे घर में कुछ शब्दों के बोलने पर पाबन्दी थी। जैसे, 'जवानी' और 'साला' वग़ैरह। फ़िल्म देखने पर भी पाबन्दी थी। अन्नू भैया को थोड़ी छूट थी। वे दोस्तों के साथ देख आते थे। दूर कहीं रेडियो पर राजेश खन्ना की फ़िल्म का गाना बज रहा

था, 'यहाँ-वहाँ सारे जहाँ पे तेरा राज है, जवानी ओ दीवानी तू ज़िन्दाबाद।' मैं गाने के सुर में सुर मिलाकर गा रही थी और नोनी को ले राजेश खन्ना की तरह नाच रही थी। अन्नू भैया अन्दर गए और माँ से बोले, "माँ गुड्डो जवानी का गाना गा रही है।" बस, माँ शामत की तरह आईं और जमाया गाल पर चाँटा, "जवानी का गाना गाएगी।" मैं कहना चाह रही थी कि यह युवा-वर्ग की बात है न कि प्रेम वाली जवानी की। मैंने अपना ज्ञान बघारा। मैं बोली, "माँ यह वह वाली जवानी नहीं है..." दूसरा थप्पड़, "तुझे सारी जवानियाँ पता हैं?" तो जी, जो कुछ भी कहो, अगर थप्पड़ ही मिलना है तो मैंने सबके सामने गाना बन्द कर दिया। सोचा अपने तो पंछी, खेत, पगडंडी भले। जहाँ कुछ भी गाओ, जवानी-दीवानी या शास्त्रीय संगीत कोई आपको टोकने या थपड़ियाने वाला नहीं। इस तरह दुनिया एक महान गायक से वंचित हो गई। अब गाने के बाद फ़िल्म का नम्बर था।

माँ बहुत कम फ़िल्में देखती थीं। उनकी पसन्द बहुत कलात्मक थी। अन्नू भैया 'धरती' फ़िल्म देखकर आए। माँ से तारीफ़ों के पुल बाँधे। माँ वहीदा रहमान को अच्छी अभिनेत्री मानती थीं। वे चलने को राज़ी हो गईं। मैं ख़ुशी से नाच उठी। हम सब पिक्चर देखने गए। मैं, नोनी और माँ लेडीज़ क्लास में बैठे, अन्नू भैया जेंट्स में।

हमारे घर के पास का मोहन टॉकीज़ था। एक ढलुआ, लम्बा पिक्चर हॉल। इसमें लेडीज़ और जेंट्स यानी महिला और पुरुष की क्लास के बीच में तीन फुट की दीवार थी। यानी लेडीज़ आराम से पिक्चर देखते हुए जेंट्स को देख सकती थीं। हाँ पुरुषों को हॉल में बैठी महिलाओं को देखने के लिए गर्दन पीछे घुमानी पड़ती थी, ऐसे दुस्साहसी भी हुआ करते थे। लेकिन आज वाला माहौल नहीं था। फ़िल्म रोंगटे खड़े कर देने वाली थी। यह अलग बात है कि उन दिनों 'फ़िल्म' शब्द से ही मेरे रोंगटे खड़े हो जाते थे। लेकिन हमारी माताजी का साहित्य-प्रेम सदैव हमारे मज़े में आड़े आ जाता था। उनके हिसाब से फ़िल्म निहायत ही वाहियात थी। फ़िल्म के इंटरवल में दीवार के उस तरफ़ बैठे अन्नू भैया से माँ ने कहा, "घर चलो, मुझे पता है आगे क्या होगा।" मेरा दिल धक-धक कर रहा था। आधी फ़िल्म छोड़कर जाना, अनर्थ होगा? शुक्र है, अन्नू भैया ने माँ से कहा, "माँ आगे देशभक्ति आएगी।" माँ ख़ामोशी से बैठ गईं। माँ की ख़ासियत थी। कभी किसी के सामने बच्चों को नहीं डाँटती थीं।

घर आकर अन्नू भैया की पिटाई हुई। माँ के शब्दों में, "इतनी बकवास फ़िल्म, और यह वहीदा को क्या हो गया? छोटे-छोटे कपड़े और भीगते हुए गाना? ऐसी फ़िल्म की तारीफ़ करते हो। ऐसी है तुम्हारी पसन्द।"

मैंने डर के मारे सिर तक रज़ाई ओढ़ ली। अपने-आपको समझा रही थी। मेरा तो कोई कसूर नहीं। अन्नू भैया माँ को ले गए थे। मेरी पिटाई थोड़े न होगी। लेकिन बकरे की अम्मा कब तक ख़ैर मनाती। माँ की आदत थी। सबको बराबर का बाँटती

थीं। अचानक उनकी आवाज़ गूँजी, "और वह कहाँ है, बड़े शौक़ से रानी साहिबा फ़िल्म देख रही थीं।" फिर जी, रानी साहिबा को भी दो हत्थड़ पड़े।

फ़िल्म और उसके गानों ने हमारे गाल बड़े लाल किये हैं। काकाजी और अन्नू भैया ने फ़िल्मों में आकर सारी कसर निकाल ली। मैं भी उनके पीछे ही थी।

वह ज़माना था जब बचपन बड़ा लम्बा होता था। मेरा बचपन बहुत बड़े होने तक रहा।

मेरी ड्यूटी थी बाज़ार से सब्ज़ी और राशन लाना। चक्की पर गेहूँ पिसवाने के लिए जाना। पिस जाए तो चौदह किलो का डिब्बा लादकर लाना। अगर कहीं जाना हो तो छह साल के छोटे भाई नोनी को साथ ले जाना, क्योंकि अकेले जाने से भी लड़कियों की बदनामी होती थी। इस मजबूरी में नोनी मुझे ब्लैकमेल करता। सहेलियों के यहाँ जाने में आना-कानी करता।

पुरुष-प्रधान समाज में पुरुष कितना ही छोटा और कमज़ोर हो, उसका साथ आपको सुरक्षित करता है। यह धारणा हमेशा से रही है। मैं इस सुरक्षा का पूरा फ़ायदा उठाती। मेरा सबसे प्रिय खेल था, आँख मूँदकर सड़क पर चलना। बीच-बीच में नोनी से पूछना, देख, कोई बैलगाड़ी या साइकिल तो नहीं आ रही। नोनी इस खेल से चिढ़ता, कई बार जानबूझकर मुझे गड्ढों में गिरने देता था।

बिछोह, यादें और इन्तज़ार

काकाजी और तिषा दीदी का पहला बच्चा 'पुन्नू' लखनऊ में हो चुका था। काकाजी पुन्नू और तिषा दीदी के साथ भवानी मंडी, लक्ष्मण दास वाले घर में आ गए। पुन्नू शायद साल भर का था। नोनी से चार साल ही छोटा था। पुन्नू बड़ा सुन्दर बच्चा था। सब उसे पाकर ख़ुश थे, ख़ास तौर से माँ। घर में दो बच्चे हो गए थे। मेरी ड्यूटी बढ़ गई थी। मैं न तो बच्चों में थी, न बड़ों में।

घर की हालत में कुछ भी सुधार नहीं था। कोई आमदनी नहीं थी। तिषा दीदी के घर की हालत हमसे थोड़ा बेहतर थी। खाने-पीने की उतनी समस्या नहीं थी। उनके 'बप्पा' (पिता) उस समय साइकिल रिक्शा चलाते थे। यही कारण था कि उन लोगों की हर दिन कुछ-न-कुछ आमदनी हो जाती थी।

हमारे घर का तो हाल बेहाल था। ईश्वर हमें उतना ही देता था, जितने में हम ज़िन्दा रह सकें। वह कहावत 'भगवान भूखा उठाता है, भूखा सुलाता नहीं' हम पर फ़ेल थी।

माँ की आदत थी। हमेशा तीस-चालीस पैसे की रेज़गारी मसाले के डिब्बे में छिपाकर रखती थीं। इस ख़ज़ाने का राज़ सिर्फ़ मुझे ही पता था। क्योंकि खाना तो मैं ही बनाती थी। तिषा दीदी हमेशा रसोई से बचती थीं। उन्हें घर के काम

बोझ प्रतीत होते थे। उनकी भरसक कोशिश रहती कि वे दूसरों से जितना हो सके अपना काम करवा लें। शायद एक यह भी बड़ा कारण हो, माँ और उनके बीच शीत-युद्ध का।

माँ का कवि-सम्मेलनों, मुशायरों में जाना, नौकरी के कारण पुरुषों के साथ उठना-बैठना, मुख्य बात, उनका युवा, सुन्दर और बुद्धिमान होना, यह सब कुछ, कुल मिलाकर मध्यम और निम्न-मध्यवर्ग के लोगों और उनकी सोच के लिए, ज़हरीला और घातक था। इस ज़हर का शिकार वह कभी-कभी अपनों से भी हो जाया करती थीं।

एक बार माँ किसी मुशायरे में गई थीं। हमें कुछ पैसे सब्ज़ी के लिए दे गई थीं। तिषा दीदी फ़िल्मों की दीवानी थीं। फ़िल्म देखने की दीवानगी तो मुझे भी थी।

उन दिनों सिनेमाघर में लेडीज क्लास का टिकट शायद पचपन पैसे का था। हम दोनों ने मसाले के डिब्बे, ट्रंक कपड़ों के नीचे, सब जगह से दो पैसे, चार पैसे, पाँच पैसे इकट्ठे किये और चले गए फ़िल्म देखने। मनोज कुमार की फ़िल्म थी 'यादगार'। तिषा दीदी फ़िल्म देखते हुए मुझे फ़िल्म के पात्रों का ज्ञान भी देती चलती थीं। इसी ज्ञान ने घर में बवंडर मचा दिया।

'यादगार' फ़िल्म में एक आदमी, दूसरे आदमी को गोली मार देता है। मेरी समझ में यह नहीं आ रहा था कि गोली क्यों मारी। दीदी ने मेरे ज्ञान में वृद्धि की और बताया कि जिसने गोली खाई है वह गोली मारने वाले आदमी की पत्नी का 'लवर' है। मैं तब लवर का मतलब नहीं समझती थी। तिषा दीदी ने ज्ञान में और ज़्यादा वृद्धि करने के लिए मुझे उदाहरणार्थ कहा कि जैसे माँ के जो 'फलाँ' पहचान वाले हैं न वे उनके लवर हैं।

कुछ दिन बाद माँ आ गईं। मैंने उन्हें यादगार फ़िल्म की कहानी सुना दी। और अपना ज्ञान बघारते हुए तिषा दीदी द्वारा दिये उदाहरण के साथ बताया कि लवर क्या होता है? माँ का चेहरा ग़ुस्से से लाल। फिर भी वे चुप रहीं और मुझे लेकर फ़िल्म देखने गईं। मुझे निर्देश दिया कि जब वह चरित्र आए जिसे लवर कहा गया है तो उन्हें बता दूँ। फ़िल्म ख़त्म हुई और हमारा पारिवारिक ड्रामा शुरू हो गया। माँ ने काकाजी को बहुत डाँटा, बात बहुत आगे बढ़ी, काकाजी ने मुझे एक थप्पड़ लगाया। माँ ने भी मुझे एक थप्पड़ लगाया, मेरी तो कुछ समझ में भी नहीं आ रहा था कि मुझसे कहाँ ग़लती हो गई है?

उस दिन से एक और चीज़ तय हो गई, काकाजी और तिषा दीदी ने मुझे चुगलख़ोर घोषित कर दिया।

मेरे नाम की संज्ञा में काली, बेवक़ूफ़ और बेकार के साथ यह चुगलख़ोर भी जुड़ गया। मैं मात्र बारह-तेरह साल की थी।

स्त्री के आँसुओं से पुरुष घबराता है, झंझट ख़त्म करने के लिए रास्ता वह

चुनता है जो आसान हो। माँ से रिश्ता किसी हालत में टूटने से रहा, तो एक ही रास्ता बचा था वह रास्ता काकाजी को आसान लगा। तिषा दीदी और काकाजी अपने बेटे पुन्नू को लेकर हमेशा के लिए घर से चले गए। लखनऊ। माँ बहुत रोईं, जब रोकर मन हल्का नहीं हुआ तो क़लम उठा ली, लिखा :

अब किसी पे वफ़ा की क़ैद नहीं
कोई जीता नहीं निभाने को
फीके-फीके हैं दर्द के रिश्ते
जाने क्या हो गया ज़माने को

काकाजी पूरी तरह से लखनऊ में बस गए थे। हाँ कभी-कभी आना होता था। माँ और मैं उनकी चिट्ठियों का इन्तज़ार करते। कभी-कभी माँ सुबह-सुबह मुझे रात में आया अपना सपना सुनातीं और कहतीं, 'इस सपने की ताबीर यह कहती है कि काका का ख़त आना चाहिए।' ख़त नहीं आता तो कहतीं, "सपनों की ताबीर छह दिन तक सच होती हैं।" काकाजी की चिट्ठी के लिए माँ बेसब्री से भवानी मंडी के पोस्टमैन इब्राहीम चाचा का इन्तज़ार करतीं। उनकी साइकिल की घंटी माँ को बड़े ग़ुलाम अली ख़ाँ साहब का आलाप लगती।

ईगल को इब्राहीम चाचा बिलकुल नहीं भाते थे। उन्हें देखते ही वह भौंकने लगती। ईगल के डर से वे ऊपर नहीं आते थे और अपनी महीन मिमियाती आवाज़ में अन्नू भैया की ग़ैरहाज़िरी में भी उन्हीं को आवाज़ लगाते थे, 'अनिल' की जगह ज़ोर 'अनील' पुकारते! मैं और माँ दोनों दौड़े-दौड़े नीचे चले आते थे। इस तरह माँ का एकमात्र सपना भी कभी-कभी सच हो जाता।

काकाजी के ख़त में ज़्यादा कुछ नहीं कुशल-क्षेम ही होती। पर माँ उसे बार-बार पढ़तीं। लाइन के बीच की ख़ाली जगह को भरने की कोशिश करतीं। पहले बच्चे का प्यार, बिछोह और पीड़ा, जिसे माँ कभी काकाजी तक पहुँचा नहीं पाईं, लेकिन मैं उस प्रेम, उदासी और पीड़ा की गवाह हूँ। काश! बच्चे माँ को समझ पाते।

बहुत बार माँ काग़ज़ लेकर उस पर पेंसिल से अपने भविष्य के घर का चित्र बनातीं। मुझे बतातीं, यह एक कमरा गुड्डो का, यह कमरा काका का, यह अन्नू का, यह नोनी का और यह मेरा। लाइब्रेरी बनातीं, जहाँ रैक में बहुत-सी किताबें होतीं। उनके काग़ज़ पर बने घर के पास एक नदी भी बहती थी। फूलों की छोटी-सी बगिया भी होती थी। यह सपनों का घर पहले वह काकाजी के साथ बनाया करती थीं। काकाजी ने अपना अलग आशियाना बना लिया था। अब माँ के सपनों के घर की मैं साझेदार थी। काकाजी चले गए थे, फिर भी उनका कमरा माँ ज़रूर बनाती थीं। माँ के काग़ज़ पर बनाए घर में पहला कमरा काकाजी का ही होता था।

आज माँ को समझने पर आँखें भर आती हैं। उनका कोई भी तो सपना पूरा नहीं

हुआ, फिर भी कभी निराश नहीं हुईं, कभी किसी के लिए कड़वाहट नहीं।

आज सोचती हूँ कि देवी-देवता को देखने के लिये कहीं जाने की ज़रूरत नहीं। बस माँ-बाबूजी को जी-भरकर देख लो। आज समझ में आया कि शास्त्रों में गणपति को सबसे पहले क्यों रखा गया है। जब ब्रह्मांड की परिक्रमा लगाने को कहा गया तो गणेश ने अपने माता-पिता के चक्कर लगा लिये। मेरा भी सम्पूर्ण ब्रह्मांड मेरे माँ-बाबूजी ही थे।

धीरे-धीरे माँ बड़े-बड़े मुशायरों में जाने लगी थीं। उनकी ग़ज़लों-कविताओं में गम्भीरता के साथ निखार भी आ गया था। वही एक ज़रिया था जो थोड़ी-बहुत, आधा-पेट ही सही, रोटी चल रही थी।

माँ की ग़ज़लों के सबसे बड़े प्रशंसक मेरे बाबूजी थे, जो अब विक्टर ह्यूगो की तरह माँ के 'शेरों' को बार-बार दोहराते थे। बाबूजी अब घर अक्सर आने लगे थे। लेकिन जर्जर कम्पनी में भी चले जाते थे। शायद वे माँ पर बोझ नहीं बनना चाहते थे। माँ का एक-न-एक शेर उनकी ज़बान पर हरदम रहता था—

मुहब्बत में इल्ज़ाम क्या देखता है
यह आगाज़ - ओ - अंजाम क्या देखता है
जो करना है काबू में कुल मयकदा कर
यह टूटे हुए जाम क्या देखता है।

या

कुछ ऐसे मोड़ पे मुझको मिली है नाकामी,
जहाँ से हौसले अक्सर जवान होते हैं

या

ज़िन्दगी आज़माइशों में कटी वो तो कहिए कि हौसले थे जवाँ
आगे बढ़ते गए क़दम जितने पीछे आता गया तमाम जहाँ

या

तीरगी से रौशनी का फ़ासला अपनी जगह,
इम्तिहाने दीद का हर सिलसिला अपनी जगह,
मंज़िलें परछाइयों की शक्ल में ढलती गईं,
राहबर अपनी जगह और क़ाफ़िला अपनी जगह,
यूँ लगा ठहरा हुआ है मेरी बर्बादी के बाद,
गर्दिशे दौराँ का इक-इक हादसा अपनी जगह!!

कितनी भी भुखमरी हो या लाचारी, माँ-बाबूजी ने कभी हम तक हताशा नहीं आने दी। उनकी लेखनी और बाबूजी की पसन्द में कहीं-कहीं वह उदासी नज़र आती थी।

धीरे-धीरे भवानी मंडी क़स्बे की गोष्ठियों में माँ को बुलाया जाने लगा। उन्हें कवि के रूप में बहुत सम्मान मिलने लगा, लेकिन बस काव्य-गोष्ठियों तक। एक जवान, सुन्दर महिला का मर्दों के बीच बैठकर कविता, ग़ज़लें पढ़ना और उसके पति का नाटक-कम्पनी चलाना, समाज पचा नहीं पा रहा था। इसलिए लोगों का, ख़ास तौर पर महिलाओं का हमारे घर आना-जाना शुरू नहीं हुआ था। नाटक-नौटंकी की छाप अभी भी हमारे ऊपर कलंक की तरह लगी हुई थी।

मुशायरों में भी माँ के शायरों से गाहे-बगाहे झगड़े हो जाते, क्योंकि उन्हें पुरुष शायरों की महिला शायराओं से स्वतंत्रता लेना, स्तरहीन मज़ाक़ करना पसन्द नहीं था। इस कारण वे गम्भीर बन सबसे कटी-कटी रहतीं। इसलिए मुशायरे चुनिन्दा ही मिलते।

बड़ा अजीब था हम लोगों का जीवन। जेबें ख़ाली थीं, लेकिन नौकरों की भरमार थी। उस पर पढ़े-लिखे और कुलीन घर के माता-पिता होने की वजह से हमारा वर्ग अजीब हो गया था।

भवानी मंडी के साहित्यकारों में काकाजी और माँ का ख़ूब आदर-सत्कार था। क्योंकि उन दिनों 'सारिका' पत्रिका भारत में साहित्य की बड़ी मैगज़ीन हुआ करती थी। काकाजी की कहानी 'नींद' और माँ की कहानी 'क़ब्र खुदा' नाम और पते के साथ 'सारिका' में छपी थी।

भवानी मंडी के जो प्रबुद्ध और साहित्यिक लोग थे उनके अचरज की सीमा नहीं रही कि भवानी मंडी जैसे क़स्बे में इस तरह के साहित्यकार रहते हैं, जो 'सारिका' में छपते हैं। इन लोगों में मुख्य थे वकील ईश्वरचन्द्र भटनागर जिन्हें हम ईश्वर अंकल पुकारते थे। ईश्वर अंकल और उनकी पत्नी माया आंटी ने हमेशा हमारा, हमारे परिवार का सम्मान किया और उनका हमारे घर आना-जाना रहा। आंटी ज़रा कम हमारे घर आती थीं। शायद नाटक वाला होने के कारण, लेकिन ईश्वर अंकल आते थे। वे बड़े हाज़िर-जवाब और मज़ाहिया तबीयत रखते थे।

भवानी मंडी में माँ की एक दोस्त बन गई थीं, रईसा जिलानी। वे ख़ुद भी शिक्षिका थीं, और माँ को बहुत प्यार करती थीं। रईसा आंटी और अंकल बिना किसी की परवाह किये हमारे घर आते थे, और हम उनके घर जाया करते थे।

बाबूजी और माँ ने अपना सम्मान किसी भी क़ीमत पर कम नहीं होने दिया था। जो भूख थी, वह तो पेट में थी। चेहरों पर, पढ़ाई, ख़ानदान और ईमानदारी का तेज़

था। बातचीत से ही प्रबुद्ध होना टपकता था।

मेरी दादी, माँ से कहा करती थीं, "कमली जी, कपड़े हमेशा अच्छे पहनो, वही नज़र आते हैं, पेट में क्या पड़ा है उसे कोई नहीं देखता।"

माँ ने दादी के इस वाक्य में कुछ और भी जोड़ दिया था। वे कहती थीं, "आपका पढ़ा हुआ और आपकी अच्छी सोच से चेहरे पर तेज़ आता है, इसलिए हमें निरन्तर अच्छा साहित्य पढ़ना और उसे समझना चाहिए।" इसलिए चाहे कितनी भी मुफ़लिसी रहे हमारे घर में बच्चों और बड़ों के लिए सारी पत्रिकाएँ जैसे 'चंपक', 'नन्दन', 'चन्दामामा' से लेकर 'धर्मयुग', 'सारिका' और 'साप्ताहिक हिन्दुस्तान' ज़रूर आती थीं।

एक बार माँ को मेरे स्कूल में मुख्य अतिथि बनने का निमंत्रण मिला। मैं और माँ रास्ते से पैदल-पैदल जा रहे थे। छह मील का लम्बा सफ़र। चारों तरफ़ खेत, तभी माँ की निगाह पड़ी खेतों में दूर तक लगे पौधों पर। खिले सफ़ेद, गुलाबी फूल खेत में दूर-दूर तक फैले थे। ऐसा लग रहा था, मानो कमल पानी की जगह ज़मीन पर दो-तीन फ़ीट की ऊँचाई पर खिले हों।

माँ ने एक फूल तोड़ा और अपने कोट में लगा लिया। यह देखकर खेत का किसान दौड़ा आया बोला, "अरे बाई सा यह फूल क्यों तोड़ा?" माँ ने कहा, "बाबा, बस एक ही तो तोड़ा है।" किसान बोला, "इस फूल से पता है कितनी अफ़ीम निकलती?"

माँ को तब पहली बार पता चला अफ़ीम की खेती होती है, और यह प्रदेश उसके लिए मशहूर है। यह भी कि जो फूल उन्होंने तोड़ा वह अफ़ीम का था।

माँ की आदत थी, जब भी पैसा आता वह दो-तीन बोरी गेहूँ ख़रीद लेती थीं। फिर उस गेहूँ को छानना-बीनना और सूपड़े से छोड़ना होता। चपटे-टूटे गेहूँ को चिड़ियों के लिए अलग से निकालकर ड्रम में भरने, सुखाने का महा अभियान चलता। इस अभियान की अग्रणी नेता माँ होतीं और मैं सहायक। माँ का मानना था कि अगर घर में गेहूँ हो तो कम-से-कम रोटी-चटनी तो खाई जा सकती है।

अच्छा गेहूँ उस समय सिर्फ़ साठ पैसे किलो था। चौदह किलो गेहूँ की पिसाई के बारह पैसे होते थे। आटे के पीपे को चक्की पर ले जाना-लाना मेरा काम था क्योंकि अन्नू भैया बड़े थे, उन्हें पीपा ले जाने में शायद शर्म आती थी।

नोनी छोटा था, चौदह किलो उठा नहीं सकता था। लच्छू मामा और परसराम जो हमारे स्थायी नौकर थे, उन्हें माँ ने कह दिया था कि हम तुम्हारा खाना-पीना, तनख़्वाह नहीं दे सकते कहीं काम ढूँढ़ लो। परसराम भैया कम्पनी चले गए थे। लच्छू मामा, मोहन टॉकीज़ के पास जागीरदार की दुकान पर पोहे-जलेबी बनाने लगे थे, पन्द्रह रुपये महीने में।

1970-71 का युद्ध और हमारी भागीदारी

इसी बीच भारत-पाक युद्ध छिड़ गया। हमें लाल गेहूँ खाने को मिल रहे थे। सारे ड्रम ख़ाली होने की कगार पर थे। बाबूजी कुछ भी पैसा नहीं भेज सके थे। इस बीच मुशायरे भी नहीं हुए थे। उधर नीमच में अन्नू भैया की हॉस्टल की फ़ीस नहीं भरी गई थी। ऐसे में मैंने माँ से कहा, "माँ, मुझे अपने स्कूल में कविता पाठ करना है।"

हमारे भैसोदा गाँव का एक फ़ौजी युद्ध से लौटा था। उन्हें हमारा स्कूल सम्मानित कर रहा था।

माँ ने उसी वक़्त नज़्म लिखी और मुझे रटा दी।

ऐ मेरे प्यारे वतन—ऐ मेरे प्यारे वतन, तेरी धरती को झूला झुलाए गगन
सिर है ताज-ए-हिमालय सँभाले हुए
पाँव गंगा की पाज़ेब डाले हुए
जिस्म की जोत से भीख माँगे किरण। ऐ मेरे प्यारे वतन।

मैंने जोश के साथ पूरे गाँव के सामने यह नज़्म पढ़ी। छोटा-सा गाँव लेकिन बड़ा-सा मैदान था। चारों तरफ़ इमली-नीम के पेड़, बीच में मैदान, उसी मैदान में पंडाल लगाया गया था। मुख्य अतिथि वह फ़ौजी जवान था। सारे लोग यहाँ तक कि मेरे अध्यापक भी मेरी नज़्म पर झूम उठे।

मैं अपनी इस उपलब्धि पर बहुत ख़ुश थी, और जल्दी घर जाकर माँ को बताना चाहती थी। स्कूल में उस दिन खाना नहीं लाई थी क्योंकि घर में बना नहीं था। दो दिन से माँ हमें वह चपटे, लाल गेहूँ जिन्हें चिड़ियों को डाला जाता था, उबालकर खिला रही थीं, नमक-मिर्च की चटनी के साथ और कहतीं, 'यह सेहत के लिए मुफ़ीद है।'

ऐसी परिस्थिति में लोगों की तालियों ने मुझे जोश से भर दिया था। थोड़ी देर को ही सही, मेरा संकोच ख़त्म हो गया था। भूख भी मिट गई थी। अचानक मेरे शिक्षक वशिष्ठ जी मास्साब मेरे पास माइक पर आए और उन्होंने ऐलान किया, "इस छोटी बच्ची सीमा कपूर के कविता-पाठ को सुनकर हमारे गाँव के वयोवृद्ध स्वतंत्रता सेनानी (नाम भूल गई) ने पाँच रुपये का इनाम देने की घोषणा की है।"

वशिष्ठ जी के हाथ में पाँच का कड़कड़ाता नोट था। मुझे साठ पैसे किलो के गेहूँ और गेहूँ से भरा कनस्तर नज़र आ रहा था। गरम-गरम रोटियाँ नज़र आ रही थीं। लेकिन यह क्या? मेरे मास्टर जी ने मुझे दो शब्द बोलने को कहा। और धीरे से कहा, "यह पाँच रुपये फ़ौज के सहायता कोष में दे दो।" मैं हतप्रभ थी। मेरा इनाम यह पाँच रुपया जिससे आटा, चावल, दाल कुछ भी आ सकता था। घर में भर-पेट रोटी मिल सकती थी। यह राशि कैसे दी जा सकती है लेकिन सामने माइक था। गाँव

के बहुत सारे लोग थे, मेरे टीचर थे। और थीं ढेर सारी तालियाँ। मैंने वह राशि फ़ौज के सहायतार्थ भेंट कर दी।

माँ ने कुछ नियम बनाए हुए थे। चाहे एक साबुन के चार टुकड़े करें पर साबुन-तौलिया सबका अलग होगा। खाना खाते हुए दोनों हाथ जूठे नहीं किये जाएँगे। रोटी का कौर (टुकड़ा) एक ही हाथ से तोड़ा जाएगा। मुँह से खाने की चप-चप आवाज़ नहीं होगी। मुँह खोलकर कोई नहीं खाएगा। खाते हुए बातचीत नहीं करनी है। चम्मच की खट-खट थाली या प्लेट में नहीं हो और निश्चित समय पर सबको एक साथ ही खाना होगा।

खाने के लिए नीचे ज़मीन पर दरी या चटाई बिछाई जाती। उस पर एक विशेष साफ़-सुथरा सफ़ेद रंग का चौकोर दस्तरख़्वान बिछाया जाता था। उस पर सारा खाना रखा जाता, थालियों में परोसा जाता और खाया जाता। खाने से पहले सबको हाथ जोड़कर प्रार्थना भी करनी होती थी। जो खाना मिला है, उसका भगवान को धन्यवाद माँ ज़रूर देती थीं।

माँ हमें वे उबले चपटे बेमज़ा गेहूँ परोस रही थीं। मैंने उन्हें इनाम के पाँच रुपये हाथ से निकल जाने की बात बताई। मैं बदले में डाँट या थप्पड़ की अपेक्षा कर रही थी, क्योंकि नोनी वे उबले गेहूँ मुँह से बार-बार उगल रहा था। मेरे आश्चर्य का पारावार नहीं रहा जब माँ ने कहा, "अच्छा तो किया वशिष्ठ जी ने, उन रुपयों की जितनी ज़रूरत हमारी फ़ौज को है, हमें नहीं।" इसी के साथ भगवान को हाथ जोड़कर, खाना देने के लिए धन्यवाद के लिए ख़ुद भी और हमसे प्रार्थना करवाने लगीं। धन्यवाद तो देना ही था। चाहे वह उबले चिड़ियों को डालने वाले गेहूँ ही क्यों न हों।

सोचती हूँ, ऐसे खाने पर धन्यवाद पाकर 'वह' ख़ुश हुआ होगा या शर्मिन्दा?

मौसम, नास्तिक और भगवान

माँ जब कभी बाहर कहीं जातीं तो चाबी ईंट के नीचे रख जाती थीं। एक बार मैं और नोनी स्कूल से आए, चाबी लेकर दरवाज़ा खोलने के बजाय छत पर खेलने लगे। खेल ख़त्म हुआ। चाबी ग़ायब। ख़ूब ढूँढ़ी। दोनों को माँ के थप्पड़ याद आए। एक तो घर की चाबी, उस पर माँ बनारस के मुशायरे से चन्दन की लकड़ी से बना चाबी रखने का छल्ला लाई थीं। वह शंख की आकृति वाला था। हरदम ख़ुशबू बिखेरने वाला वह छल्ला चाबी के साथ ही ग़ायब था। माँ का रौद्र रूप,लापरवाही की सज़ा। उफ़। सब याद करके हम दोनों काँप रहे थे। कोई उम्मीद नज़र नहीं आ रही थी। नोनी मुझे आशा से देख रहा था। उसे यक़ीन था मैं कोई न कोई रास्ता निकाल लूँगी। अब उसके यक़ीन को मैं कैसे तोड़ सकती थी भला? मैंने अपनी नास्तिकता को कुछ

देर के लिए ताक़ में रखा और मरता क्या ना करता, भगवान से हाथ जोड़ प्रार्थना की, "भगवान, चाबी ढूँढ़ दो, पाँच पैसे का प्रसाद चढ़ाएँगे।"

कुछ देर में चाबी मिल गई। नोनी नीचे हलवाई से पाँच पैसे के दो पेड़े उधार लाया। हम दोनों ने हवा में भगवान को पेड़े दिखाए, ईगल को थोड़ी रिश्वत दी। फिर हमने खाये। इस तरह से दो काम हो गए। भगवान को भोग भी लगा और हमने मिठाई भी खाई। इसी तरह मैं कभी-कभी भगवान को मान भी लिया करती थी।

भवानी मंडी में गर्मियों में शाम को छत पर पानी का छिड़काव होता। मैं बाल्टी में पानी छत पर ले जाती। नोनी मग्गे से छिड़काव करता। अगर अन्नू भैया होते तो उनकी ड्यूटी होती गद्दे-चादरें और तकिए छत पर पहुँचाने की। गर्मियाँ होतीं तो उस समय भी आज की ही तरह थीं, पर शरीर को आदत थी उस गर्मी की।

घर में एक अदद हरे रंग का टेबल फैन होता था, जिसके ऊपर की जाली हटा दी गई थी। क्योंकि चालू वह तभी होता था जब मेरे बस्ते की स्केल से उसकी पंखुड़ियों को कई बार घुमाया जाता था। इसलिए मेरी स्केल अब चार पाँव की हिलती-डुलती टेबल पर ही पड़ी रहती थी।

बाबूजी जब भी घर आते तो उनका इस पंखे पर एकाधिकार होता था। पंखा पूरे परिवार की हवा की पूर्ति करने में असमर्थ था, इसलिए छत ही उस ज़माने में सबसे उपयुक्त एयर कंडीशनर मानी जाती थी।

मैं शाम को झाड़ू लेकर पूरी छत पर बिखरे नीम के पत्ते साफ़ करती। कई बार तो जब पूरी छत साफ़ हो जाती और कचरा उठाने को ही होती, तभी हवा का एक झोंका पूरा कचरा वापस छत पर बिखरा देता। उस समय मेरे ग़ुस्से का पारावार नहीं होता। छोटे-छोटे हाथों की मेहनत, हवा एक पल में गारत कर देती। मैं उसी झाड़ू को हवा में आसमान की तरफ़ हिला-हिला कर हनुमानजी को ख़ूब भला-बुरा कहती क्योंकि वे ही पवन-पुत्र थे। इन्दार गाँव के कक्का कहते थे न कि हनुमानजी ही हवा चलाते हैं। नास्तिक होते हुए भी हनुमानजी से मेरा नाता भले ही ग़ुस्से का रहा, पर रहा।

रात सब बिस्तर छत पर बिछे होते। माँ की पसन्दीदा सफ़ेद रंग की साफ़ चादरें, छत की ज़मीन को सजदा करतीं नीम की डालियाँ, गर्मी के मौसम में उस नीम के फूलों से आती एक अजीब मीठी-कड़वी सुगन्ध जो चारों ओर हवा बिखेर रही होती। दूर से किसी रेडियो पर कोई गाना धीमी-धीमी आवाज़ में सुनाई पड़ रहा होता। सुतली से चारों तरफ़ से बँधी, शेर के मुँह वाली सुराही छत की मुँडेर पर रखी होती। कटोरदान में रोटियाँ, ख़रबूज़े का पना, भरवाँ भिंडी और कच्ची कैरी की चटनी होती (यह खाना मुझे याद है। क्योंकि यह दावत उन दिनों कभी-कभी होती थी)।

वह खाना...मीठा-मीठा ख़रबूज़ा...सफ़ेद चादरें...नीम के फूलों की बयार और फिर लम्बी, ठंडी रातें।

मैं बिस्तर पर पड़ी देर तक तारों को निहारती। बादलों की अठखेलियाँ देखती। घनी, स्याह अँधेरी रातों में ढेर सारे तारे, फिर चाँद की महीन लकीर को हर रोज़ बढ़ते, फिर पूरा चन्द्रमा बनते देखती।

ये रातें चाँदी की तरह होतीं। आसमान...तारे...हर मौसम का चाँद...,

मुझे ऐसा लगता था कि काश मुझे नींद न आए, बस जागती रहूँ, जागती रहूँ। पूर्णिमा के चाँद की ठंडक को अपनी पलकों में समेट लूँ। ऐसा नज़ारा कहीं निकल न जाए। पर कमबख़्त नींद, बचपन और जवानी में बहुत आती थी। न जाने कब रात बीत जाती और सुबह-सुबह जब गर्मी का दामन छोड़ हवा, ठंडक देने को होती, माँ की आवाज़ आती, "उठो, स्कूल जाना है।" लो!! अभी तो चाँद से बात ही चल रही थी। अभी-अभी तो नींद में सपनों ने दस्तक दी थी। उफ़!!!, मैं उस समय क़सम खाती कि जब बड़ी हो जाऊँगी तो दो काम मैं ख़ूब करूँगी। सोना, ख़ूब सोना और रात-दिन सोना। दूसरा, फ़िल्में देखना और देखना, बस फ़िल्म देखना।

ख़ैर साहब, बचपन बीतते ही निन्यानबे के फेर ने नींद उड़ा दी।

हाँ, लेकिन बचपन में मिट्टी, धूल, पेड़, पंछी और उनसे संवाद...जितना मैंने किया है बहुत कम लोगों की क़िस्मत में रहा होगा।

एक बार स्कूल से आते हुए, गाँव के बाहर, कच्चे कुएँ के पास कुछ बच्चों की भीड़ को कुएँ में झाँकते देख मैं भी तमाशा देखने कुएँ के अन्दर झाँकने गई। देखा, चिड़िया का एक बच्चा पानी के बीचोबीच पत्ते पर बैठा काँप रहा है। मैं कच्चे कुएँ में गहराई तक जाती कच्ची सीढ़ियों से उतरकर बड़ी मुश्किल से उस बच्चे को निकालकर लाई। घर पर स्वागत के साथ उसका 'चीची' नामकरण भी हो गया।

स्कूल से घर आते हुए मैंने देखा, कुछ बच्चे कीचड़ में लथपथ एक गिलहरी के बच्चे को सता रहे हैं। वह बच्चा भागने में असमर्थ था। मेरे पास पाँच पैसे बस्ते में पड़े थे, वह पैसे देकर मैं 'चुनमुन' को घर ले आई। बड़े जतन से उसे पाला।

ईगल को हमारे किसी भी पंछी या गिलहरी से कोई दुराव नहीं होता था। हमारे ख़रगोश 'रमतूला' से भी उसकी दोस्ती थी। इसके बावजूद कि कभी-कभी रमतूला उसे सताता भी था। इसलिए घर में चिड़िया, गिलहरी, ख़रगोश, ईगल और मैं बड़े प्यार से रहते। चुनमुन मेरे साथ ही सोती। सुबह उठने के साथ मेरा पहला दर्शन उसी का होता। एक सुबह मैं उठी, चुनमुन को पुकारा वह नहीं आई मैंने सब जगह तलाश किया। घर में कोई नहीं था। माँ कहीं गई हुई थीं। मैं उदास वापस अपने बिस्तर पर आ गई। अचानक देखती हूँ चुनमुन मेरे बिस्तर पर मरी हुई पड़ी है। रात मेरे ही नीचे दब गई थी। मैं रोने लगी। अपराध-बोध से जीना मुश्किल हो रहा था। मैं भगवान से कहने लगी, "इसे ज़िन्दा कर दो भगवान, मैं किसी से नहीं कहूँगी कि तुमने इसे ज़िन्दा कर दिया है।" घंटों मैं इसी हाल में रही। आख़िरकार माँ ने आकर मुझे सँभाला था।

अपने बचपन की इस गफ़लत को मैं आज भी माफ़ नहीं कर पाई। आज भी मुझे उसकी याद आती है, तो मैं आश्चर्य करती हूँ, उन अजीबोग़रीब रिश्तों के बारे में सोचकर। वे ख़ुशगवार रिश्ते जो बचपन से आज तक मेरे और जानवरों के बीच बनते आए। इत्तफ़ाक़ कहूँ या क़ुदरत का कोई इशारा, सैकड़ों ज़ख़्मी, बीमार, लाचार गौरैया के बच्चे, बिल्ली के बच्चे, कुत्ते, नेवले, कोयल, तोते मुझे मिल जाते हैं या यह कहना सही होगा कि मुझे ढूँढ़ लेते हैं। मुझसे तीमारदारी करवाते हैं, और फिर चले जाते हैं।

पंछियों को मैं पिंजरे में रखने के ख़िलाफ़ हूँ। उन्हें पिंजरे में देखकर मुझे घुटन होती है। मैं तीमारदारी के बाद उन्हें उड़ा देती हूँ। यही रिश्ता मेरा पेड़-पौधों के साथ भी है। मुझे लगता है जैसे वे मेरी और मैं उनकी बोली समझती हूँ। मेरे लिए जानवरों को समझना आसान है, लेकिन मुझे इनसानों को समझने के लिए बहुत मशक़्क़त करनी पड़ती है।

काली-काली दूर तक समानान्तर फैली, बल खाती रेल की पटरियाँ। कभी-कभी हम अपने स्कूल इन पटरियों से होकर भी जाते थे। जिनके ऊपर चलना और अपने को सर्कस के विदूषक की भाँति सन्तुलन बनाना हमारा खेल होता था। वही दूर तक फैली पटरियाँ उस दिन एक बोझ लग रही थीं। क्योंकि एक तो उनके किनारे चलने का माताजी का फ़रमान, दूसरा अनाज का बोझ।

धुआँखेड़ी गाँव, भवानी मंडी से दस किलोमीटर दूर था, जहाँ के सरपंच कालू दादा कृषक थे, जिनसे बाबूजी ने कम्पनी के कर्मचारियों के लिए ढेर सारा उधार लिया हुआ था। उनके घर से मैं और माँ पाँच किलो गेहूँ और दो किलो चना उधार लेकर आ रहे थे। दो किलो बोझ मैंने उठाया हुआ था, पाँच किलो माँ ने।

माँ उदास धीरे-धीरे चल रही थीं। तभी एक गाँव वाले ने हम पर तरस खाकर हमारी पोटली अपनी साइकिल के कैरिअर पर रख ली।

आगे रेलवे के फाटक पर छोड़ देने का कह वह अपनी साइकिल पर चला गया। लोगों के आने-जाने से पटरी के पास एक साँप के बच्चे की तरह पतली-सी किन्तु ख़तरनाक पगडंडी बन गई थी जिस पर हम चल रहे थे और वह साइकिल वाला सरपट दो पहियों पर भाग रहा था।

यक़ीन नहीं होता, भूख के इतने आयाम होते हैं? रेल की उन पटरियों पर चलते-चलते मेरे हाथ-पैर दुख रहे थे। माँ उस साइकिल वाले मसीहा को दुआएँ दे रही थीं जिसने हमारा बोझ कम कर दिया था।

हम घर आए, माँ ने रोटियाँ बनाईं, हम सब खाकर सो गए। मैं जाग रही थी और टुकुर-टुकुर माँ को देख रही थी, जो बचे-खुचे सरसों के तेल में लहसुन चटकाकर गरम करके अपने पैरों में मल रही थीं।

नीमच से अन्नू भैया की चिट्ठी भी आ गई थी। उन्हें स्कूल और हॉस्टल की

कई महीने की फ़ीस न भरने की चेतावनी मिल चुकी थी। परीक्षाएँ सिर पर थीं। शायद उनका बिना फ़ीस भरे परीक्षा में बैठना मुश्किल था। माँ का बुरा हाल था। बच्चे का साल ख़राब होगा क्या? बाबूजी तो क़र्ज़ में डूबे थे। मजबूरी ने ज़िन्दगी को जकड़ रखा था। शहर में कहाँ से, किससे अन्नू भैया की फ़ीस के पैसे लिये जाएँ? इत्तफ़ाक़ से माँ को किसी से ख़बर मिली कि कोटा शहर के दशहरे मेले में सरताज रहमानी साहब ने मुशायरा रखा है। बस इस मुशायरे की शिरकत से मिलने वाली रक़म अन्नू भैया का साल बचा सकती थी। लेकिन माँ को दावतनामा तो आया नहीं था। इसकी वजह शायद यह रही कि जिन बड़े शायरों को माँ ने डाँटा था वे मुशायरे में आ रहे थे।

अन्नू भैया के साल का सवाल था। कैसे भी यह मुशायरा पढ़ना होगा। शायद रहमानी साहब के सामने जाने से वे मुशायरे में माँ को पढ़ने के लिए मदु कर दें यानी निमंत्रण दे दें। लेकिन कोटा जाने के पैसे भी तो हों।

अचानक माँ की निगाह रेडियो यानी हमारे छोटे-से ट्रांजिस्टर पर पड़ी, तत्काल प्रभाव से उसे थैली में लपेटकर मेरी तरफ़ बढ़ाया। मुझे मालूम था क्या करना है, जो पहले भी कई बार किया जा चुका था। जागीरदारनी के यहाँ रेहन रखना था। पैसे आने पर ब्याज सहित छुड़ाना होता था।

जागीरदारनी कहने को जागीरदार थीं। उनकी मोहन टॉकीज़ के पास पोहे-जलेबी की दुकान थी। उनके पति का उपनाम जागीरदार था। इस तरह उनकी पत्नी जागीरदारनी हो गई थीं, जिन्हें मुझे जागीरदारनी मौसी जी पुकारना पड़ता था। उन्हीं के घर के पिछवाड़े के आँगन में वही भिखारी पंडित जी रहा करते थे जो लँगड़ाकर मोहल्ले-मोहल्ले जाकर आटा माँगा करते थे। मुझे याद है जब एक बार मुझे उसी ब्राह्मण भिखारी से एक पतीली आटा माँगने भेजा गया था। एक पतीली आटा उधार माँगते हुए मैं ज़मीन में गड़ी जा रही थी। मैंने हकलाते हुए कहा था, "बाबा, चक्की से आटा नहीं आया है। एक पतीली आटा दे दो। जल्दी वापस कर देंगे।" उस दिन आटा मिला था। बहुत सारे घरों का दान हमें एक पतीली में मिला था। जिन भिखारियों को काकाजी के जन्मदिन पर सूप में भर-भरकर चिल्लर (खुले पैसे) दान में दिये जाते थे। उसी तरह के एक भिखारी से आटा माँगकर लाई थी मैं। उस दिन यह नज़ारा जागीरदारनी देख रही थी, उसके होंठों पर एक विद्रूप मुस्कराहट थी। उसी ज़ालिम के पास मैं अपने उस छोटे-से खज़ाने को ले जा रही थी, जो मेरे मनोरंजन का एकमात्र सहारा था।

वह ट्रांजिस्टर, जिसे बाबूजी लेटकर पेट पर रखे हुए सारी दुनिया की ख़बरें सुनते हुए घूम आया करते थे। बड़ा वाला रेडियो तो धुआँखेड़ी के सरपंच कालू मामा को ब्याज में दिया जा चुका था। यह रेहन रखने का काम मुझ ग़रीब के नसीब में होता

था। मैं ही थी जो इन कामों के लिए उपयुक्त थी। नोनी छोटा था और एक घर में मैं ही बड़ी रह गई थी।

मुझे ही जागीरदारनी की खरी-खोटी सुननी पड़ती थी, "तुम लोग बड़े लीचड़ हो, टाइम पर ब्याज नहीं देते। चीज़ रखने तो बड़ी जल्दी आते हो, देते हुए नानी मरती है।" उन क्षणों में, मैं ज़मीन में गड़ जाती थी। जागीरदारनी मौसी जी की यह सब बातें मैं माँ से छिपा लिया करती थी। उन्हें मैं और दुखी नहीं करना चाहती थी। आज रेडियो 'रखने' पर फिर वह अपने मन के सारे ज़हर मुझ पर उगलने वाली थीं। यही सोचकर मैं रेडियो लेकर सीढ़ियाँ उतर रही थी। एक-एक सीढ़ी एक-एक मंज़िल की तरह लग रही थी। दिल चाह रहा था कोई करिश्मा हो जाए। कोई रॉबिन हुड मिल जाए या हिमबाला और सात बौने (स्नो व्हाइट एंड सेवेन डुआफ़) का वह राजकुमार जिसने राजकुमारी के होंठों को चूमकर उसे फिर से ज़िन्दा कर दिया था। काश ये सीढ़ियाँ कभी न ख़त्म हों!

लेकिन कहानियाँ, तो कहानियाँ होती हैं और ज़िन्दगी, ज़िन्दगी। न राजकुमार था न कोई रॉबिन हुड। सामने बैठी थी, मौसी जी और सुना रही थी, "पिछली बार एक महीने का ब्याज रह गया था। कहाँ से दोगे? जब पैसे नहीं हैं खीसे में, तो इतने ख़र्चे क्यों? कहीं बर्तन क्यों नहीं माँजता अन्नू, पढ़ाई में क्या रखा है। इस बार तो मैं बस तीन रुपये ही दूँगी।"

मैं सोच रही थी, सिर्फ़ तीन रुपये? यह तो लगभग कोटा का एक तरफ़ का ही किराया था।

मैं अपने साथ तीन रुपये के साथ ढेरों गालियाँ लेकर लौटी। माँ ने देरी नहीं की और फ़ौरन कोटा के लिए लोकल पैसेंजर ट्रेन से रवाना हो गईं।

दो घंटे में वह सरताज रहमानी साहब के घर पर थीं। पहली और आख़िरी बार माँ ने झूठ बोला था, "रहमानी साहब कुछ काम से कोटा आई थी, सोचा आप लोगों से मिल लूँ।" रहमानी साहब ख़ुश हो गए बोले, "शबनम साहिबा अब आप आई हैं तो आज मुशायरा पढ़कर ही जाइए।" माँ ने झूठे ही ना-नुकर की और इस तरह से मुशायरे में शामिल हुईं।

मुशायरा बड़ा अच्छा रहा। माँ को राजस्थान में भी सराहना मिली। अगले दिन माँ मुशायरे के पैसे लेकर आईं और फिर छह मील दूर पहचान वालों के घर गईं ताकि अगले दिन अन्नू भैया को नीमच में बस-कंडक्टर के ज़रिये फ़ीस भिजवाई जा सके।

अफ़सोस, कुछ समय बाद घर की हालत के चलते अन्नू भैया को नीमच में पढ़ाई छोड़कर वापस भवानी मंडी आना पड़ा। अन्नू भैया दसवीं में थे और नीमच के हॉस्टल और स्कूल की फ़ीस भरने में, माँ और बाबूजी असमर्थ थे।

अन्नू भैया पढ़ने में बहुत तेज़ थे और डॉक्टर बनना चाहते थे। मेरी और नोनी की पढ़ाई जारी थी। अन्नू भैया की पढ़ाई छूट गई थी।

माधो सिंह से फिर एक मुलाक़ात

1970 के दशक में समाजवादी-गांधीवादी नेता जयप्रकाश नारायण के प्रयास से माधो सिंह व मोहर सिंह ने अपने पाँच सौ साथियों के साथ आत्मसमर्पण कर दिया था। इन ख़ूँख़्वार डाकुओं को देखने के लिए गाँव में हुजूम लगा था।

मध्य प्रदेश के एक छोटे-से क़स्बे मुंगावली में इन सब डाकुओं को एक खुली जेल में रखा गया था, जहाँ से वे इजाज़त लेकर आराम से क़स्बे के बाज़ार आ-जा सकते थे। इन सबको फिर से आम आदमी से जोड़ने की यह एक पहल थी। 1973-74 के क़रीब बाबूजी ने किसी के साथ पार्टनरशिप में कम्पनी बना ली थी। कम्पनी मुंगावली में थी। हम भी पहुँच गए। माँ का जीवट देखिए, हमें लेकर पहुँच गईं माधो सिंह से मिलने खुली जेल।

चारों ओर दो-तीन फुट ऊँची बाउंड्री से घिरा मैदान। नीम, बबूल के बेतरतीब इधर-उधर लगे घने वृक्ष। मैदान के बीच में कुआँ। कुएँ पर नहाता एक पुलिस वाला। अन्दर जाने के लिए लोहे के गेट, गेट के अन्दर कमरे, जहाँ डाकू रहते थे। यह खुली जेल का नक़्शा था, जो मुझे डरा रहा था।

मैंने 'मेरा गाँव मेरा देश' फ़िल्म देखी थी और देख चुकी थी इसी माधो सिंह को, जो काकाजी और अन्य बच्चों का अपहरण कर शिवपुरी से ले गया था। मैं डाकुओं से डरती भी थी। जबकि मैं आठवीं कक्षा पास कर चुकी थी, और अपने-आपको बहुत बड़ा समझती थी।

इसी डर से मैंने अन्दर जाने से मना कर दिया। मैं उस कुएँ पर नहाते पुलिस वाले के पास अपने-आपको सुरक्षित महसूस कर रही थी।

माँ मुझे वहीं छोड़कर नोनी के साथ अन्दर चली गईं। वह पुलिसवाला मुझसे बोला, "मौड़ी अन्दर क्यों नहीं गई?" मैंने कहा, "नहीं! अन्दर डाकू हैं।" वह बोला, "हम भी तो डाकू हैं।" मैं सरपट सीधे अन्दर भागी।

अन्दर जाते ही सामने के कमरे में माँ और नोनी नज़र आए।

वह एक सामान्य-सा कमरा था जिसमें लोहे के दो छोटे पलंग आमने-सामने लगे हुए थे। पलंग पर रुई के गद्दों पर चादर बिछी हुई थी। एक पलंग पर दद्दा यानी माधो सिंह थे। एक पर माँ और नोनी। माधो सिंह को माँ पहले ही मेरे बारे में बता चुकी थीं। माधो सिंह बोले, "बिटिया, इते आओ मामा के कने बैठो" (इधर आओ, मामा के पास बैठो) माँ के हाँ के इशारे पर मैं उनके पास गई, माधो सिंह मामाजी ने मुझे फ़ौरन अपने पास पलंग पर बिठा लिया और सिर पर हाथ रख बोले, "डरप रई ओ?" फिर माँ से बोले, "जिज्जी, मौड़ी डरप रई है" (दीदी, लड़की डर रही है)।

मैंने माधो सिंह मामाजी की आँखों में देखा, बाप रे! उन ख़ूँख़्वार आँखों में शेर

की चमक थी, या डर के मारे मुझे ऐसी नज़र आ रही थीं। माधो सिंह मामाजी उस दिन माँ से बोले, "जिज्जी, मैं राखी का कुछ कर नहीं पाया। पर मौड़ी की शादी में मुझे बुलाना। मैं मामा का फ़र्ज़ पूरा करूँगा सारी व्यवस्था मेरी होगी।" शुक्र है मेरी शादी तक मामाजी स्वर्ग सिधार चुके थे। माँ का कोई भरोसा नहीं था। क्या जाने वादा निभा देतीं और बरातियों में सारे डाकू ही डाकू होते।

ख़ैर, उस मुलाक़ात के बाद माधो सिंह का ज़िक्र हमारे घर में कभी नहीं चला।

नया स्कूल, उपन्यास का असर और कैशोर्य की ओर

मेरा बच्ची से किशोरी बनने की प्रक्रिया की भवानी मंडी साक्षी है। अब मैं किशोर-वय के क़रीब आने लगी थी। चेहरे के साथ-साथ शरीर में भी बदलाव दिख रहे थे। दिल की आवाज़ सुनाई देने लगी थी। कभी-कभी साँसें भी तेज़ हो जाया करती थीं। पंछी, तितलियों, फूलों के साथ एक नाम भी मन पर अंकित होने लगा था, जिसे याद करके चेहरे पर हल्की शर्म की लाली फैल जाती थी। चाँदनी रातों में कभी-कभी वह चेहरा सफ़ेद बादलों में दिखाई देता। कभी चाँद में, कभी नीम के फूलों की ख़ुशबू में महकता। यह मेरे दिल का एक बहुत बड़ा राज़ था जिसे सिर्फ़ याद करके ही मैं अपराधबोध से भर जाती। पर दिल के हाथों मजबूर उस चेहरे, उस नाम को सबसे छिपाए हुए अपने मन के ख़ज़ाने में रखती।

दिल ही दिल में उसे हज़ारों चिट्ठियाँ लिखती और वे चिट्ठियाँ बिना पोस्ट किये ही कहीं दब जातीं। फिर सोचती, उसे तो हज़ारों ख़त आते होंगे। लेकिन शायद वह मुझे इसलिए पसन्द करेगा क्योंकि मैं उसे ख़त नहीं लिखती। इस ख़त न लिखने की वजह से मुझे चाहेगा! ख़ैर! वह चाहता, न चाहता मैं तो उसी के बारे में सोचती। वह था 'सच्चा-झूठा' फ़िल्म का हीरो राजेश खन्ना। गुड्डो की तन्हाई का साथी! मैं उसकी दीवानी थी।

मकान-मालिक को कई महीने से मकान का किराया नहीं मिला था, इस वजह से उसने हमारे मकान की लाइट काट दी थी। पर मन के चलचित्र बिना बिजली, जनरेटर के चलते हैं।

आठवीं करने के बाद मेरी आगे की पढ़ाई का मसला था, कहाँ जाएँ? भैसोदा गाँव में आठवीं के बाद स्कूल नहीं था। एक तरफ़ ख़ुशी थी कि आठवीं बहुत अच्छे नम्बरों में पास की। दूसरी तरफ़ एक टीस थी कि अब गाँव छूट जाएगा।

कितनी ही चीज़ें छूट रही थीं। तीन साल जिन पर चली थी, पगडंडियाँ, वे खेत, महुआ का वह पेड़ जिसके नीचे बैठकर उससे बातें की थीं, बबूल की गोंद जिसने कभी-कभी मेरा पेट भरा था, चिड़ियों की वह चहचहाहट जो पूरे रास्ते मुझे लुभाती थी। वह छोटा-सा कत्तलपोश छत (पतले-पतले पत्थर के टुकड़ों से ढाँकी गई छत)

जो हर बरसात में जिस-तिस जगह से पानी की धार बहाती थी जिसकी वजह से हम अपने बस्तों को भीगने से बचाते थे। बिना दरवाज़ों की खिड़कियों से आती बौछारें हमें भिगो जाती थीं। भीगने पर हम सब बच्चे खिलखिलाकर हँसते थे। सर्दी में सुबह-सुबह की दुबली-पतली धूप के साथ खिड़कियों की सान्द्र और दरारों से आती सर्द हवा में हम सब ठिठुरते, नाक सुड़कते।

गर्मियों में लू के थपेड़ों से झुलसते।

स्कूल के आँगन में नीम या इमली के नीचे बैठकर अपने ऊपर गिरती इमली की गडारों (इमली के फल को वहाँ गडार कहते थे।) को लपकते और झट से बस्ते में छिपा लेते। फिर वहाँ की दीवारें भी तो थीं। उन पर बत्ती से कुछ-कुछ बनाते। प्यारे-प्यारे टीचर थे और प्यारा-सा बचपन था। सारा माहौल सब कुछ कितना प्यारा था। मैं यादों में उन्हें सँजोए जब-तब पिटारा खोलकर उन्हें देखने बैठ जाया करती थी।

भैसोदा गाँव छूट गया।

तय हुआ कि मुझे राजस्थान के स्कूल में भरती किया जाए। भवानी मंडी का आनन्दीलाल पोद्दार हायर सेकंडरी स्कूल मेरा नया स्कूल था। हमारे घर के एकदम पास। इतना पास कि घर में स्कूल की घंटी भी सुनाई देती थी। स्कूल में प्रवेश के लिए लोहे का एक बड़ा दरवाज़ा था। उसके बाद बगीचा जो हमारे घर से भी नज़र आता था। उसके बाद बड़े-बड़े कमरे।

कहाँ भैसोदा की फटी, जर्जर टाट-पट्टी और यहाँ हर कमरे में बैठने के लिए बेंच और लम्बी टेबल। था तो यह भी मुफ़्त का सरकारी स्कूल, लेकिन गाँव तो गाँव था। मैं तो इस स्कूल की अमीरी से डर-सी गई थी। मुझे अपना वह छोटा-सा स्कूल याद आता, जहाँ कभी-कभी हम लड़कियाँ पुरोहित जी (मास्टर साब) जो अकेले रहते थे, उनकी अनुपस्थिति में उनके घर झाड़ू लगा आती थीं। हमारे हिन्दी के मास्टर पीताम्बर जी (जिनकी वजह से हिन्दी कविता का बोध हुआ था) याद आते थे। यहाँ कुछ भी तो वैसा नहीं था। गाँव के बच्चों की जगह शहरी बच्चे। एकदम नया माहौल।

इस स्कूल में एक चीज़ लुभाती थी। स्कूल के पीछे का बड़ा-सा मैदान। जहाँ तक नज़र जाती थी क्षितिज तक फैला हुआ लगता और वहीं छोटे-से एक टीले पर बनी ईदगाह थी। मैं जहाँ बैठती थी, उसकी खिड़की के शीशे से साफ़ नज़र आती थीं सीढ़ियाँ, मेहराब और नमाज़ पढ़ने का चबूतरा। शाम को स्कूल की छुट्टी से कुछ पहले, सूरज पहाड़ी के पीछे धीरे-धीरे उतर रहा होता और ईदगाह के पीछे चला जाता। तब सफ़ेद ईदगाह काली छाया में बदल जाती।

आकाश की लालिमा, बादलों के बदलते रंग। क़ुदरत के इस चमत्कार को मैं हर रोज़ देखती। आकाश का रंग, सूरज के डूबने पर उभर आईं बादलों की आकृति यहाँ हर सुबह, हर शाम अलग होती थीं। हर बार रंग भी बदल जाते थे, प्रकृति मेरे

लिए हमेशा एक अजूबा रही है।

भवानी मंडी में जिस आटा चक्की पर मैं गेहूँ पिसवाने जाती थी, उसी के पास लड़कियों का स्कूल था। उसी से सटे पीपल के विशाल पेड़ के नीचे पान की एक गुमटी थी। पान वाला किराये पर जासूसी नॉवेल देता था जिसे हमारे घर में बच्चों को पढ़ने की मनाही थी।

अन्नू भैया पाँच या दस पैसे में दो-तीन दिन के लिए नॉवेल किराए पर लाते, माँ से छिपकर पढ़ते और अन्नू भैया से छिपकर मैं पढ़ती। छिपकर पढ़ने की वजह से मेरी पढ़ने की गति बड़ी तेज़ हो गई थी। यही हाल किराए की साइकिल का होता था। उस समय पचीस पैसे में पूरे दिन के लिए साइकिल मिलती थी। मैं अच्छी चलाती थी।

मैंने इब्ने सफ़ी के कई उपन्यास पढ़े थे। उनके स्थायी पात्र कर्नल विनोद और कैप्टन हमीद थे। भगत सिंह, रॉबिन हुड की तरह अब मेरे हीरो में एक नाम और जुड़ गया था, कर्नल विनोद।

नौवीं कक्षा में मुझे विषय का चुनाव करना था। मैंने अन्नू भैया से पूछा, "कर्नल विनोद ने नाइंथ में क्या सब्जेक्ट लिया होगा?" अन्नू भैया बोले, "इतना बुद्धिमान है तो ज़रूर साइंस, मैथ्स ली होगी।" उस ज़माने में साइंस या गणित विषय लेने वाले सबसे बुद्धिमान माने जाते थे। इसीलिए अन्नू भैया ने भी ऐसा मार्गदर्शन किया। आख़िर वे भी तो बच्चे ही थे। वे भी उपन्यास के पात्रों को सच मानते थे। लेकिन अन्नू भैया भी मेरे हीरो थे। मुझे लगता कि वे ज्ञानी हैं क्योंकि उन्होंने भी नौवीं कक्षा में गणित विषय ही लिया हुआ था।

मैं कर्नल विनोद के पदचिन्हों पर चली और गणित विषय ले लिया। लेकिन रिजल्ट आने पर कर्नल विनोद बनने का सपना चूर-चूर हो गया।

मैंने जीवन का पहला जासूसी उपन्यास पाँचवीं कक्षा में छिपकर पढ़ा था इब्ने सफ़ी का 'क़ातिल हसीना की वापसी' और पहला साहित्यिक उपन्यास 'निकोलाई ऑस्त्रोवस्की' का 'अग्निदीक्षा' दसवीं में पढ़ा था। वहीं से मेरे पढ़ने का दायरा और विचारों की धारा बदली।

पढ़ाई के लिए रोने वाले अन्नू भैया की पढ़ाई ही छूट गई थी। वे छटपटा रहे थे। बहुत परेशान थे। यों ख़ाली बैठना उन्हें अखरता था। उन्होंने एक भक्त-मंडली बना ली थी। भवानी मंडी के कुछ पहलवान उनके दोस्त बन गए थे। वे अखाड़े में जाकर पहलवानी करने लगे थे। उनके दोस्तों में प्रमुख थे गोपी वर्मा, हमारे लिए गोपी भैया।

अन्नू भैया सुबह-सुबह दंड-बैठक और पहलवानी के लिए अखाड़े जाने लगे थे। रात को कीर्तन-मंडली में ढोलक, हारमोनियम पर फ़िल्मी गानों आधारित भजनों से गुलजार संध्या होती। अन्नू भैया ने मेरे छिपाए पैसों से ख़ूब सिगरेटें पी। उन्हीं दिनों दीवाली पर अन्नू भैया ने पटाखों का व्यापार किया।

लकड़ी के एक खोखे पर कुछ पटाखों को रखा गया और घर के नीचे सड़क पर बैठकर अन्नू भैया ने पटाखे बेचे। उनकी उस छोटी कमाई से उस दीपावली पर माँ ने मिट्टी के पाँच दीपक जलाए थे।

अन्नू भैया में परिवार के लिए ज़िम्मेदारियाँ उठाने की प्रवृत्ति थी जो काकाजी में ग़ायब थी।

मैं बाबूजी की मुँहलगी बेटी थी जिसे सात ख़ून माफ़ थे। मैं हर किसी के जीवन को कुरेदने में माहिर थी। मैं अक्सर बाबूजी के साथ सोती थी। उनके पेट या पीठ पर टाँग रखकर सोना मेरा सबसे प्यारा शग़ल हुआ करता था। जो मेरे भाइयों को नसीब नहीं था।

एक दिन यूँ ही जब बाबूजी मुझे किसी उर्दू पत्रिका से पढ़कर कहानी सुना रहे थे तब अचानक मेरी नज़र उनकी हथेली के पीछे जले गोल निशान पर पड़ी। कौतूहलवश निशान का कारण पूछने पर मैंने जो जाना उससे मेरा सिर गर्व से ऊँचा हो गया था। **जलती मोमबत्ती पर हाथ रखकर शहीद भगत सिंह के दल के लोगों को शपथ दी जाती थी। बाबूजी उस दल में शामिल थे।** वह निशान उनके स्वतंत्रता सेनानी होने का सबूत था। यह बात सिर्फ़ मुझे और माँ को पता थी। क्योंकि काकाजी और अन्नू भैया का बाबूजी के साथ इतना दोस्ताना नहीं था। बाबूजी भी कभी अपनी ज़िन्दगी की इस गौरव-गाथा का उल्लेख नहीं करते थे।

पंजाब यूनिवर्सिटी लाहौर के ग्रेजुएट, आर्मी के कर्नल डॉक्टर कृपाराम कपूर के बेटे, क्रान्तिकारी शहीद भगत सिंह के दल के सदस्य बाबूजी की कम्पनी की आख़िरी बल्ली भी कालू दादा अपने रुपयों के बदले ले जा रहे थे और वे निर्विकार भाव से लेटे हुए अपने खरखराते ट्रांजिस्टर पर अस्पष्ट समाचार सुन रहे थे। कालू दादा का भाई नन्दा हमारा बड़ा महँगा जर्मन रीड का हारमोनियम अपनी बैलगाड़ी में रख रहा था। मैं कभी-कभी उसे बजा लिया करती थी, और माँ की डाँट खाती थी।

माँ शास्त्रीय संगीत की निपुण गायिका थीं, फिर भी उन्होंने मुझे कभी गाना सिखाने की कोशिश नहीं की। यह जानते हुए भी कि मेरी आवाज़ सुरीली है, मुझे कभी स्कूल में गाने के किसी कार्यक्रम में हिस्सा नहीं लेने दिया। कारण था, लोग और समाज। लोग कहेंगे कि नाचने-गाने वालों की लड़की गाएगी नहीं तो और क्या करेगी। यही डर था उन्हें। यह हारमोनियम यों तो घर में समाज के लोगों की वजह से ख़ामोश पड़ा रहता था। हाँ, कभी-कभी माँ ख़ुद हारमोनियम बजा लेती थीं।

मेरे पैदा होने से पहले की बात है। बाबूजी की सहमति से माँ ऑडिशन देने बम्बई गई थीं। उस समय हिन्दी-सिनेमा के मशहूर संगीतकार बसन्त देसाई ने माँ का गाना सुनकर उन्हें अपनी फ़िल्म 'वीणा' के सारे छह गाने गाने के लिए अनुबन्धित कर लिया। बाबूजी दोहरे मापदंड के नहीं थे, उन्होंने माँ को हमेशा गाने के लिए प्रोत्साहित किया था, लेकिन मेरी दादी ने माँ से कहा, "अस्सी-मिरासी हैं, जो हमारे

घर की बहू फ़िल्मों में गाने गाएगी?" माँ ने दादी की बात मानी। उसके बाद माँ ने न कभी शिकायत की और न कभी गाने का सोचा।

जब से सारिका पत्रिका में माँ की कहानी 'क़ब्र खुदा' और काकाजी की कहानी 'नींद' छपी थी, तब से सारिका के सम्पादक कमलेश्वर जी और उनकी पत्नी गायत्री जी के माँ से पारिवारिक सम्बन्ध हो गए थे। माँ बम्बई में उन्हीं के घर ठहरती थीं। 1971 में कमलेश्वर जी की कहानी पर एक फ़िल्म बन रही थी 'बदनाम बस्ती'। कमलेश्वर जी के कहने पर फ़िल्म 'बदनाम बस्ती' के लिए माँ ने एक लोकगीत 'सैयाँ गाड़ीवान मोरा बलमा गाड़ीवान' गाया था।

एक बार जब हम कालू दादा के गाँव धुआँखेड़ी गेहूँ उधार लेने गए तब हमने देखा, वह जर्मन रीड का महँगा हारमोनियम कालू दादा के खेत में गेहूँ के भूसे में पड़ा अपनी क़िस्मत को रो रहा था। माँ ने उसे देखकर उदासी से अपना मुँह दूसरी तरफ़ फेर लिया। माँ की आवाज़ भी कूड़े में पड़े हीरे जैसी थी। उस दिन उस हारमोनियम को देख मैंने जाना, पेट की कर्कश भूख, जर्मन रीड के हारमोनियम की मधुर स्वर-लहरी से कहीं ज़्यादा महत्त्वपूर्ण होती है।

अब बाबूजी हमारे साथ ही रहते थे। मुझे और नोनी को अपने अगल-बग़ल लिटा लेते। महीनों पहले टूटी उनके चश्मे की एक डंडी जो कभी बन नहीं पाई थी, जिसे माँ ने धागे से बाँधकर नाक पर टिकने योग्य बना दिया था। उसे अपनी नाक पर चढ़ाए उर्दू की किताबों से कृश्न चन्दर की कहानियाँ पढ़कर सुनाते। पेरी मेसन के उपन्यास अंग्रेज़ी में सुनाते जो मेरे और नोनी के सिर के ऊपर से गुज़र जाते। हम हिन्दी माध्यम से पढ़ने वाले बच्चे थे। बाबूजी को अंग्रेज़ी और उर्दू ही आती थी। बीच-बीच में बाबूजी कभी-कभी दूसरी किसी कम्पनी वालों के द्वारा बुलाए जाने पर उनकी मदद करने चले जाते, क्योंकि कलेक्टर से कम्पनी लगाने की अनुमति लेने के लिए बातचीत करने का सलीका किसी के पास नहीं था।

1971-72 के दौरान माँ को भवानी मंडी से सात-आठ मील दूर बने गुरुकुल स्कूल में नौकरी मिल गई। पेपर पर अनुबन्ध चार सौ रुपये महीने का था और अस्सी रुपये महीना तनख़्वाह दी जाती थी।

माँ ने मंजूरी दे दी थी। कम-से-कम रोटी तो बन ही सकती थी। बहुत थे अस्सी रुपये उस समय।

अथ श्री रोटी-चूहा कथा

भवानी मंडी में गुरुकुल की नौकरी तो लग गई थी पर तनख़्वाह मिलने में अभी तीस दिन बाक़ी थे। शायद यही सोचते हुए माँ झाड़ू लगा रही थीं। घर में आटा तो सिर्फ़ दो-चार रोटी का ही था। ईगल ही चार-पाँच रोटी खा जाती थी। माँ को हमसे ज़्यादा

ईगल की चिन्ता होती थी, क्योंकि ईगल बेज़ुबान जानवर थी।

ईगल की एक ख़ासियत थी, वह गुरुवार के दिन उपवास रखती थी, कुछ नहीं खाती थी। उस दिन गुरुवार ही था। माँ की चिन्ता ईगल की तरफ़ से ख़त्म हो गई। लेकिन हम तीन बच्चे तो थे ही। शायद यही सोचते हुए माँ झाड़ू लगा रही थीं। रोटी की चिन्ता में वह इतना खो गईं कि कचरा इकट्ठा कर कचरे के डिब्बे में डालने के बजाय उन्होंने आटे के डिब्बे में डाल दिया।

अचानक माँ को होश आया। उन्होंने मुझे और अन्नू भैया को पुकारा दी। हम दोनों दौड़े-दौड़े अन्दर गए। माँ ने अफ़सोस जताते हुए कहा, "मुझसे ग़लती से आटे में कचरा मिल गया है। तुम और गुड्डो छान लेना, और गुड्डो तुम रोटी बना लेना, ताकि कम-से-कम एक-एक रोटी तो मिल सके।"

माँ गुरुकुल चली गईं। हम दोनों ने आटे को किसी तरह छानकर कचरा निकाला। एक अख़बार में आटा, दूसरे में कचरे वाला आटा। वैसे सच कहूँ तो आटे और कचरे में ज़्यादा फ़र्क़ दिखाई नहीं पड़ रहा था। फिर भी कुछ तो कचरा कम हुआ। इस सारी प्रक्रिया में हम थक चुके थे। नोनी को मैंने कचरा बाहर फेंक आने को कहा। नोनी बेचारा ठहरा बच्चा, आटे और कचरे में फ़र्क़ न समझ सका और आटे को अख़बार समेत बाहर फेंक आया।

अन्नू भैया ने मुझे डाँटकर बाहर बुलाया। देखा, तो आटा जो कि सचमुच कचरे की तरह ही मटमैला था, बाहर अख़बार सहित रखा था। अन्नू भैया मेरे इस काम के हस्तान्तरण पर नाराज़ हो रहे थे। मैंने क्यों नोनी को इतना महत्त्वपूर्ण काम सौंपा था? अन्नू भैया ग़ुस्से में मुझे डाँट रहे थे, शायद एकाध थप्पड़ भी पड़ा था। मेरे लिए थप्पड़ मारा इतना सहज और रोज़मर्रा की बात थी कि कई थप्पड़ तो याद भी नहीं रहते थे। लेकिन मेरी पिटाई छह-सात साल के मेरे छोटे भाई नोनी से बर्दाश्त नहीं हुई, उसने अन्नू भैया का एकमात्र कुर्ता पकड़ लिया और कुर्ता फट गया। अन्नू भैया झुँझलाकर घर से बाहर चले गए।

मैंने आटा उठाया, माँ के आदेश के अनुसार उसकी छोटी-छोटी रोटियाँ पकाकर कटोरदान में रख दीं। 'चन्दामामा' लेकर बाहर के कमरे में पलंग पर आराम से लेटकर पढ़ने लगी। बाबूजी के बाहर जाने पर यह एकमात्र पलंग मेरे अधिकार-क्षेत्र में होता था।

रसोई से खट-पट की आवाज़ आ रही थी, लेकिन मैं 'चन्दामामा' के राजकुमारी एवं राजकुमार वाली सपनों की दुनिया में इस तरह लीन थी कि मुझे यथार्थ के मोटे-मोटे चूहों के आखेट का पता ही नहीं चला।

लेकिन जब पता चला तब तक देर हो चुकी थी। कटोरदान से सारी रोटियाँ ग़ायब थीं। अन्नू भैया की डाँट और माँ के थप्पड़ों ने मुझे चूहों के बिल ढूँढ़ने पर मजबूर कर दिया। हम सब जानते थे कि चूहों का बिल कहाँ-कहाँ है। चूहों के सारे बिल

स्टोररूम में रखे लोहे के ट्रंकों के पीछे, दीवार के कोनों में जगह-जगह बने हुए थे।

रोटियाँ मिलीं। कुछ कुतरी हुईं, कुछ चूहों के बिलों में न ले जाई जा सकने की जद्दोजहद में बाहर ही पड़ी हुईं। मैंने उन्हें पोंछकर साफ़ किया और कटोरदान में ज्यों-का-त्यों रख दिया। मैं भूख के बावजूद उस दिन कुछ न खा सकी थी।

अन्नू भैया का चुपचाप घर छोड़ देना

अचानक एक दिन तिषा दीदी के छोटे भाई इन्दु भैया लखनऊ से भागकर हमारे घर भवानी मंडी आ गए। उन्हें ढूँढ़ते हुए तिषा दीदी आईं और कुछ दिन रुकीं। फिर एक खिचड़ी पकी। उन दिनों अपनी पढ़ाई छूटने और कुछ न कर पाने से अन्नू भैया परेशान थे। तिषा दीदी ने अन्नू भैया को समझाया कि उनके परिचित कमलेश जी की 'परिषद' कम्पनी में वह काम दिलवा देंगी।

अब प्रश्न था माँ को समझाना। माँ तो क़तई किसी नाटक-कम्पनी में उन्हें नहीं जाने देंगी। सबको पता था माँ अन्नू भैया की पढ़ाई के लिए जद्दोजहद कर रही हैं। एक लड़का (काकाजी जो अब ससुराल में यानी लखनऊ में रहते थे) हाथ से निकल चुका था। दूसरे को खोना हरगिज़ नहीं चाहेंगी। नाटकों से तो उन्हें वैसे भी सिवाय बदनामी के कुछ नहीं मिला था। अन्नू भैया ने तय किया कि चुपचाप भागा जाए।

अन्नू भैया ने मुझे माँ को देने के लिए एक पत्र दिया और तिषा दीदी तथा इन्दु भैया के साथ चुपचाप लखनऊ चले गए।

मैंने बचपन में अन्नू भैया के निर्देशन में जो नाटक किया था, अब दोबारा उन्हीं के लिए अभिनय कर रही थी। जानती थी वे भाग गए हैं। पर माँ के सामने अनभिज्ञ बनना था। कितना मुश्किल था!

रात हो चली थी। अन्नू भैया, तिषा दीदी और इन्दू भैया को छोड़ने रेलवे स्टेशन गए पर, लौटे ही नहीं। माँ अन्नू भैया को पागलों की तरह ढूँढ़ रही थीं। मैं जानते हुए भी कुछ बता नहीं पा रही थी। अन्नू भैया जिस कॉपी में माँ के नाम पत्र रख गए थे, माँ वह कॉपी खोल ही नहीं रही थीं। वे मुझे लेकर दो बार स्टेशन भी अन्नू भैया को ढूँढ़ आई थीं। अन्नू भैया थे भी तो मात्र पन्द्रह साल के। माँ की चिन्ता लाज़िमी थी। मुझसे माँ की बेचैनी देखी नहीं जा रही थी। मैंने अभिनय करते हुए वही कॉपी खोली और माँ को अन्नू भैया का पत्र थमा दिया। शुक्र है, बेटे के खो जाने की पीड़ा में माँ को मेरे कमज़ोर और डरे हुए अभिनय का पता नहीं चला।

अन्नू भैया की चिट्ठी में घर छोड़कर जाने की बात पढ़ते ही माँ की आँखों के आगे अँधेरा छा गया। माँ का दूसरा बेटा भी गया।

अन्नू भैया को तिषा दीदी ने कमलेश जी की नाटक-कम्पनी में भर्ती करवा दिया था।

एक बार माँ को कवि-सम्मेलन में जाना था। गुरुकुल की नौकरी में छुट्टी की तनख़्वाह कटती थी। तय हुआ कि मैं, नोनी और बाबूजी स्कूल में माँ के एवज़ में पढ़ाने जाएँगे। पहले गुरुकुल आठ किलोमीटर दूर था। अब वह राधेश्याम मन्दिर में शहर के बीचोबीच आ गया था। न बाबूजी को पढ़ाने का कोई तजुर्बा था, न मुझे। ख़ैर स्कूल गए। पूरा दिन स्कूल में शोर-शराबा बच्चों की चिल्ल-पों, शाम को घर आते-आते मैं और बाबूजी पस्त हो गए।

उस दिन मेरी समझ में आया था कि इतने बच्चों को रोज़ पढ़ाना, उसके बाद घर का सारा काम सँभालना और मुस्कराना कितना मुश्किल होता है। माँ यह रोज़ करती थीं...।

ज़िन्दगी अपने ढर्रे पर चल रही थी। बाबूजी बाबूलाल शर्माजी की कम्पनी में चले गए। बाबूलाल शर्मा को कम्पनी लगाने की परमिशन, प्रार्थना-पत्र आदि के लिए बाबूजी की मदद की ज़रूरत थी। बाबूजी पैंसठ साल के हो गए थे। माँ नहीं चाहती थीं कि वे कहीं जाएँ। माँ के लाख मना करने के बावजूद बाबूजी चले गए। शायद वे माँ पर बोझ नहीं बनना चाहते थे।

दिल्ली से पहली मुलाक़ात

काकाजी लखनऊ से दिल्ली एन.एस.डी. (नेशनल स्कूल ऑफ़ ड्रामा) जा चुके थे। मैं नौवीं कक्षा में थी। छुट्टियाँ पड़ गई थीं। मैंने काकाजी को ख़त लिखा कि मैं दिल्ली देखना चाहती हूँ। मेरी दिल्ली देखने की तीव्र इच्छा का काकाजी ने मान रखा। काकाजी की चिट्ठी आई, उन्होंने माँ को लिखा था कि मुझे दिल्ली भिजवा दें।

दिल्ली जाने की समस्या भी हल हो गई। ईश्वर अंकल वकील थे, उन्हें अक्सर दिल्ली जाना पड़ता था। वे किसी केस के सिलसिले में दिल्ली जा रहे थे। बस फिर क्या था? जितने भी कपड़े थे (दो-तीन) उनकी धुलाई-सुखाई और लगातार तीन दिन तक तकिए के नीचे तह करके प्रेस किये। हमारे कपड़े वैसे तो प्रेस होते नहीं थे, और होते तो तकिए के नीचे सिरहाने रखकर। मेरी पैकिंग हो चुकी थी। माँ और नोनी मुझे छोड़ने स्टेशन आए।

ईश्वर अंकल मुझे एन.एस.डी. हॉस्टल छोड़ गए। दिल्ली बड़ा शहर। चौड़ी-चौड़ी सड़कें। लड़के-लड़कियों का हॉस्टल में एक साथ रहना। एक नई दुनिया से परिचय हो रहा था। पहली बार एक लड़की को सबके सामने सिगरेट पीते देखकर मेरी तो आँखें झपक ही नहीं रही थीं। लड़की बेहद सुन्दर थी, अंग्रेज़ी बोलती थी, भारतीय थी और बड़े घराने की।

हे भगवान! उसकी सिगरेट पीने की अदा! मेरा मन कर रहा था देखती रहूँ, देखती रहूँ। मैंने अपनी कम्पनी की कई औरतों को तथा गाँव की औरतों को बीड़ी

पीते देखा था लेकिन पढ़ी-लिखी लड़की को पहली बार देख रही थी। अचानक किसी ने मेरा हाथ पकड़ा, मुझे लगभग घसीटते हुए बाहर ले आया। ये थे रघुवीर भैया।

एन.एस.डी. हॉस्टल के पीछे की तरफ़ ढेर सारे पेड़ लगे थे। वहाँ ले जाकर रघुवीर भैया ने मुझे बड़े रहस्यमय अन्दाज़ में कहा, "ऐसे घूर-घूरकर मत देख। ऐसे अजूबे तुझे यहाँ बहुत मिलेंगे। देख लेना पर आँखें चिपकाना मत।" मैंने यह ज्ञान गाँठ में बाँध लिया। अचानक पेड़ पर से गिरा हुआ एक आम मुझे नीचे मिला। मैंने उसे उठाया और पोंछकर खाने लगी। थोड़ा-सा सड़ा हुआ था, पर मीठा था। आम मेरी कमज़ोरी है।

बाज़ार जाकर कुछ सामान लेकर जब हम उसी रास्ते से वापस लौट रहे थे, अचानक रघुवीर भैया वहीं रुक गए, जहाँ पेड़ से गिरा आम मैंने खाया था। थोड़ा सोचकर बोले, "तू इतने प्यार से आम खा रही थी। मैंने बोला नहीं। ऊपर देख, यहाँ आम का एक भी पेड़ नहीं है। शायद तूने किसी का फेंका आम खा लिया है। ख़ैर! कोई बात नहीं, मुर्दों के नारियल से तो अच्छा ही है।"

काकाजी को नेशनल स्कूल ऑफ़ ड्रामा से छात्रवृत्ति मिलती थी। इसलिए पैसे बिलकुल सीमित होते थे। उनके स्कूल के मेस में मेरा खाना हो नहीं सकता था, क्योंकि खाने के पैसे दिये नहीं गए थे।

दिल्ली में मेरा खाना काकाजी के दोस्तों पर और उधारी पर होने लगा।

बंगाली मार्केट के पास रिफ़्यूजी मार्केट था। उसके एक ढाबे पर एन.एस.डी. के विद्यार्थियों की उधारी चलती थी। काकाजी का भी वहाँ खाता था। काकाजी के खाते में रघुवीर भैया और न जाने कितनों की लिस्ट थी। उधार ज़्यादा होने से ढाबे वाले ने उधारी बन्द कर दी थी।

महीने के आख़िरी दिन, उस पर मैं भी दिल्ली में। उस दिन मेरे भोजन की ज़िम्मेदारी रंजीत भैया के दोस्त सहपाठी भानु भारती पर थी।

दिल्ली में मैंने जितने विविध प्रकार के खाने देखे, कहीं नहीं देखे। छोटे ढाबे हों या साइकिल पर बिकते कुल्चे। रेहड़ी की चाट हो या चाँदनी चौक की पराँठे वाली गली के पराँठे। हर खाने का स्वाद लाजवाब होता था। बंगाली मार्केट तो चाट और मिठाइयों के लिए ही बना था।

उस रोज़ शाम का झुटपुटा हो चला था। भानु भाई मुझे बंगाली मार्केट ले चले। मैं मज़े में थी। आज भानु भाई मुझे चाट-वाट खिलाएँगे।

अचानक बंगाली मार्केट के एक घर के सामने रुककर भानु भाई बोले, "यह सर्वेश्वरदयाल सक्सेना जी का घर है। आओ उनसे मिलते हुए चलते हैं।" सर्वेश्वरदयाल सक्सेना, यह नाम मेरे लिए अनजान नहीं था। वे उस समय के जाने-माने प्रगतिशील लेखक माने जाते थे। उनके नाटक 'बकरी' का मंचन रंजीत भाई ने सफलतापूर्वक किया था।

मुझे सर्वेश्वरदयाल जी से और उनकी बेटी विभा से मिलकर बड़ी ख़ुशी हुई। विभा मुझे अपने कमरे में ले गई, गप्पें हुईं। इसी बीच विभा ने मुझसे खाने का भी पूछा, मैंने मना कर दिया (जैसी कि हममें आदत डाली गई थी।) एक-डेढ़ घंटा बैठकर भानु भाई ने मुझे आवाज़ दी और हम सबसे विदा लेकर निकल आए। भूख के मारे मेरा पेट मरोड़े खा रहा था और भानु भाई फिर से हॉस्टल की तरफ़ जा रहे थे।

रास्ते में भानु भाई ने सर्वेश्वरदयाल जी के घर के खाने की तारीफ़ की और पूछा, "तूने पेट भर के खाया ना?" मैं अवाक् थी। मैंने तो समझा सर्वेश्वरदयाल जी के घर मिलने आए थे। फिर बंगाली मार्केट में कुछ खाएँगे। मेरे खाना नहीं खाने पर काकाजी और भानु भाई से मुझे 'लताड़' पड़ी। सर्वेश्वरदयाल जी के घर जाना मुझे खाना खिलाने की स्कीम के तहत था। उस दिन काकाजी दो केलों का डिनर कर रहे थे। एक केला मुझे देते हुए बोले, "लो खा लो और आइन्दा कोई खाने को पूछे तो मना मत करना।"

कभी-कभी मैं सोचती। जिनके घर में सरस्वती निवास करती है उनके घर से लक्ष्मी और अन्न देवता क्यों रूठ जाते हैं।

मेरी पूरी ज़िम्मेदारी रघुवीर भैया को सौंपकर काकाजी निश्चिन्त थे।

मैं भी रघुवीर भैया के साथ मज़े में थी। भैया मुझे रोज़ हबीब तनवीर साहब के घर, रिहर्सल में त्रिमूर्ति ले जाते। हबीब साहब बहुत बड़े और नामी नाटककार थे। उस समय वे राज्यसभा के सदस्य भी थे। इसीलिए उन्हें त्रिमूर्ति में बड़ा-सा घर मिला हुआ था। जहाँ मैं और रघुवीर भैया रिहर्सल देखने जाते थे।

वहाँ का माहौल, उनका घर मुझे बहुत अच्छा लगता। हबीब साहब और उनकी पत्नी मोनिका जी और बेटी नगीन जो उस समय शायद आठ-नौ साल की थी, सब मुझे बहुत प्यार करने लगे थे। एक दिन हबीब साहब और मोनिका जी ने काकाजी से कहा कि वे लोग मुझे गोद लेना चाहते हैं। फिर मुझे लन्दन पढ़ने भिजवाना चाहते हैं।

काकाजी भी हतप्रभ थे। वे जानते थे, मैं माँ के जिगर का टुकड़ा और बाबूजी की आँख का तारा थी। कोई क्यों कर अपनी बच्ची किसी को देगा? और वह बच्ची भी क्यों अपने प्यारे माँ-बाबूजी को छोड़कर जाएगी? भले ही भूखे रहें पर हम सब साथ थे, प्रेम से थे।

लेकिन मैं शुक्रगुज़ार हूँ हबीब साहब और मोनिका जी की, उन्होंने मुझे इतना अपना समझा।

उन्हीं दिनों हबीब साहब 'उत्तररामचरित' नाटक कर रहे थे। उसी की रिहर्सल में रघुवीर भैया मुझे ले जाते थे, जिसे मैं बड़े कौतूहल से देखती थी। नीलिमा अज़ीम 'आत्रेयी' की भूमिका कर रही थी। एक दिन नीलिमा नहीं आईं तो हबीब साहब ने मुझे वह रोल 'प्रोक्सी' करने के लिए पढ़ने को दिया। मेरे तलफ़्फ़ुज़ से प्रभावित

होकर हबीब साहब मुझे वह रोल करने को कहने लगे। मुझे माँ के शॉक ट्रीटमेंट याद आने लगे। जिसे घर में गाना गाने तक की मनाही थी, वह स्टेज पर लोगों के सामने अभिनय करेगी? भवानी मंडी में लोग हमारे घर पर पत्थर फेंकने लगेंगे। राम-राम करके तो क़स्बे में इज़्ज़त बनी है। मैं डर गई।

शाम को जब काकाजी त्रिमूर्ति आए तो मुझसे रौब से पूछने लगे, "सुना है तुम एक्टिंग कर रही हो?" मेरी तो जान ही निकल गई। अचानक काकाजी हँसने लगे और बोले, "बड़ी बात है, तुम हबीब साहब के प्ले में काम कर रही हो। आज नहीं तो कल तुम इसकी क़ीमत समझोगी।" मैं एक शर्त पर राज़ी हुई कि माँ को इसकी ख़बर नहीं लगनी चाहिए। काकाजी ने यह वादा पूरा नहीं किया और माँ को बहुत बाद में ही सही, यह बात पता चल गई।

हबीब साहब अपना नाटक 'उत्तररामचरित' लेकर उज्जैन के कालिदास समारोह में गए। कालिदास समारोह में अलग-अलग शहरों से नाटककार अपने नाटक लेकर आए थे। एन.एस.डी. का भी नाटक हमारे नाटक के बाद होना था।

मेरा इतने बड़े मंच पर आना, काकाजी को शायद थोड़ा डर था। काकाजी और एन.एस.डी. के निदेशक इब्राहिम अल्क़ाज़ी मंच के किनारे विंग में खड़े थे।

अल्काज़ी, जिन्हें इन्दिरा गांधी विशेष आग्रह करके नेशनल स्कूल ऑफ़ ड्रामा के संचालन के लिए लन्दन से भारत लाई थीं। काकाजी उनके प्रिय शिष्य थे। वे दोनों विंग में खड़े होकर मेरा अभिनय देख रहे थे। मैं जैसे ही अपना रोल अदा कर नेपथ्य में आई तो, विंग में खड़े अल्काज़ी साहब ने काकाजी से पूछा, "यह बच्ची कौन है?" जब अल्काज़ी साहब को पता चला कि मैं काकाजी की बहन हूँ तो उन्होंने काकाजी से कहा, "तुम्हारी बहन को मैं बिना इंटरव्यू के एन.एस.डी. में दाख़िला देता हूँ।" रंजीत भाई ने उन्हें समझाया कि सीमा ने अभी दसवीं भी पूरी नहीं की है। अल्काज़ी साहब मेरी ग्यारहवीं पूरी होने का इन्तज़ार करते रहे। माँ ने बड़ी सख़्ती से मुझे एन.एस.डी. में पढ़ने भेजने से मना कर दिया।

दिल्ली से नये अनुभव और ढेर सारी सराहना लिये मैं वापस भवानी मंडी आ गई। यहाँ कुछ हादसे बैठे मेरी प्रतीक्षा में टुकुर-टुकुर ताक रहे थे।

पहला हादसा

बारिश से पहले की उमस, और फिर हल्की-सी फुहार। मौसम बहुत अच्छा हो रहा था। मैं फुहार से बिलकुल भी नहीं बच रही थी। कुछ गुनगुनाती हुई, आँख बन्द किये रास्ते पर नोनी के साथ चल रही थी। मैं उससे पूछ रही थी, आगे गड्ढा तो नहीं? वह चिढ़ रहा था। मेरे मन को फुहार से ठंडक मिल रही थी, नोनी के चिढ़ने पर मुझे मज़ा आता था, इसलिए पूरे रास्ते उसको 'खेद सहित' कहकर चिढ़ाती चली आ रही थी।

मैंने उसका नाम 'खेद सहित' रख दिया था, क्योंकि वह अपनी कविताएँ और कहानियाँ बच्चों की पत्रिका 'चम्पक' में छपने के लिए भेजता था और वे खेद सहित वापस आ जाती थीं।

नोनी तब मात्र छह साल का था। तब से मैं उसे इस नाम से बुला रही थी। मैं अपने इस क्रूर और अ-संवेदनशील मज़ाक़ पर आज भी पछताती हूँ। क्या गुज़रती होगी उस छोटे-से बच्चे पर। कई बार माफ़ी भी माँग चुकी हूँ। उसने मुझे माफ़ कर दिया है, पर मैंने अपने-आपको कभी माफ़ नहीं किया। क्योंकि उसके बाद से उसने अपनी रचनाएँ छपने के लिए कभी नहीं भेजीं। यह सारा दोष मैं अपना मानती हूँ।

अब तो हम बड़े हो गए थे। मैं नौवीं में थी और नोनी चौथी कक्षा में। फिर भी मैं सड़क पर आँख मूँदे चल रही थी। बारिश की बूँदों में उलटे पैर या आख मूँदकर चलना मुझे भा रहा था। माँ ने सबकी पसन्द की अरहर की दाल और बासमती चावल बनाए थे। पाव भर कीमा भी मैं लेकर आई थी। ज़रूर बना होगा।

माँ को गुरुकुल से तनख़्वाह मिली थी। नोनी को भी खाना खाने की जल्दी थी। घर भी आ गया था लेकिन घर पहुँचते ही जैसे मेरे ऊपर आकाश पर छाए बादलों से बिजली गिरी।

जबलपुर वाला वही राक्षस अंकल बैठा था। उस राक्षस को घर में बैठा देख, अचानक मेरे अन्दर वही कमज़ोर, डरी-सहमी सीमा फिर से उतर आई।

अभी-अभी तो मैंने खिलखिलाना, चिढ़ना-चिढ़ाना, गुनगुनाना, मुस्कराना शुरू किया था। मेरे हाथ-पाँव उसे देखकर सुन्न हो गए। मुझे देखते ही, वह राक्षस उठा, बड़े झूठे प्यार से उसने मेरे सिर पर हाथ रखा और धीरे से बोला, ताकि माँ ना सुन लें, "बड़ी हो गई हो और भी मज़ेदार लगोगी।" मेरे कानों में जैसे चिनगारी भर गई थी। मेरी नस-नस में घृणा का लावा बहने लगा।

इस आदमी को समझने में और मेरी पीड़ा को नहीं समझने में, माँ से कैसे चूक हो गई थी? क्यों मेरे मुँह पर तमाचा मारकर, उस दिन मेरे अधूरे वाक्य को पूरा समझ नहीं पाई थीं? आकाश पर अचानक जैसे गहरे काले-काले बादल भयानक रूप लेने लगे। बादलों ने भयंकर गरजना शुरू कर दिया। वह गर्जना मेरे अन्दर भी न जाने कैसे उतरने लगी।

दस्तरख़्वान पर खाना लगा हुआ था। मैं, माँ, नोनी और वह राक्षस बैठे थे। सब खाना खा रहे थे। मैं खा नहीं रही थी। दाल-चावल हाथ से मिला रही थी। मिलाती गई, मिलाती गई...।

माँ, शायद अचार लेने, अन्दर रसोई में गईं। इस अवसर का फ़ायदा उठाकर उस राक्षस ने अचानक मुझे पकड़कर मेरे होंठों को बड़ी ज़ोर से अपने होंठों में लेकर काट लिया। न जाने कहाँ से मेरे अन्दर हिम्मत आ गई कि हाथ का दाल-चावल, मैंने ज़ोर से उसके मुँह पर फेंककर दे मारा। उसी समय माँ आ गईं। एक ज़ोर का थप्पड़

मेरे मुँह पर मारते हुए बोलीं, 'बड़ों के साथ बदतमीज़ी कहाँ से सीखी?' माँ ग़ुस्से में थीं और वह राक्षस प्यार का नाटक करते हुए माँ को समझाने लगा, "कोई बात नहीं, बच्ची ही तो है।" लेकिन माँ को मेरी यह हरकत हज़म नहीं हो रही थी। उस राक्षस का मेरा पक्ष लेना मुझे और भी ग़ुस्से से भर रहा था। माँ ग़ुस्से में बोलीं, 'अंकल से माफ़ी माँगो।' मैं ढीठ बनी खड़ी रही। माँ कुछ और तमाचे मारतीं कि अचानक उनका हाथ रुक गया। मुझे उन्होंने शायद पहली बार ग़ुस्से में देखा था। मैं ग़ुस्से में, माँ की आँखों में आँखें डाले खड़ी थी। खड़ी रही उन्हें दृढ़ता और ग़ुस्से से देखती रही। माँ ख़ामोशी से मुझे देख रही थीं, मेरे इस बदले रूप को। नोनी सहमा-सा था।

मैं खाना फेंककर वहाँ से चली गई। उस दिन मेरी आँखों में शायद माँ ने वह सब देख लिया था, जो वह जबलपुर में नहीं देख पाई थीं।

मैं आपे में नहीं थी, बस चली जा रही थी। दूर जहाँ सूरज डूबता था, नदी थी और एक सुनसान शिव मन्दिर था।

मुझे नहीं पता कितनी देर मैं वहाँ बैठी रही। उस सुनसान इलाक़े में कोई अकेले नहीं जाता था। शहर से दूर, सुनसान में यह मन्दिर गाँजा और शराब पीने वालों का अड्डा था। यह जगह किसी अकेली लड़की के लिए बहुत ख़तरनाक थी।

झुटपुटा हो चला था। माँ मुझे ढूँढ़ते हुए, रोते हुए वहाँ पहुँचीं। मेरे पास ख़ामोशी से बैठ गईं। हम दोनों बड़ी देर तक बैठे रहे। किसी के पास शब्द नहीं थे। अचानक माँ मुझे गले लगाकर फूट-फूटकर रोने लगीं। मेरा ग़ुस्सा अब रोने में बदल गया। हम दोनों का विलाप जैसे पिछले सारे दर्द को बहाकर न जाने कहाँ ले जा रहा था।

उस दिन के बाद से न वह आदमी हमारे घर में आया, न उसका कभी नाम ही लिया गया। हाँ, जाते-जाते वह अपनी मनहूसियत ज़रूर छोड़ गया था।

दूसरा हादसा

माँ को गुरुकुल की नौकरी छोड़नी पड़ी थी। पुरुषों के समाज में नाटक-कम्पनी की सुन्दर, युवा स्त्री शोषण के ख़िलाफ़ अगर स्कूल के बड़े अधिकारी को थप्पड़ मारे तो क्या होगा? या तो वह नौकरी से निकाली जाएगी या अपना सम्मान रखने के लिए उसे नौकरी से त्यागपत्र देना पड़ेगा। माँ ने त्यागपत्र दे दिया था।

वही ढाक के तीन पात। वही दिन, वही रातें! हाँ, अब कुछ अनजाने-से शब्द मेरे आसपास घूमने लगे थे। उन शब्दों को काग़ज़ पर उतारने को मैं बेचैन होने लगी थी। एक छोटी-सी डायरी थी जिस पर हल्के जामुनी रंग की जिल्द चढ़ी हुई थी, वह शायद माँ को किसी कवि-सम्मेलन में भेंट में मिली थी। उस डायरी पर मैं कुछ शब्द, जो मैंने कभी किसी से सुने भी नहीं थे लिखने लगी। जैसे—

कुछ संज्ञाहीन नाम, कुछ दिशाहीन रास्ते,
मुझ अस्तित्वहीन को बुलाते हैं।

वग़ैरह-वग़ैरह। मैं सबसे छिपकर लिखने लगी थी। ये कविताएँ थीं। जो पन्द्रह साल की एक लड़की लिख रही थी। (आज जब उस फ़टेहाल डायरी को कभी-कभार पढ़ती हूँ तो ख़ुद पर ताज्जुब होता है। उन शब्दों पर और अनुभवहीन के अनुभव पर।

तीसरा हादसा

हमारे पैदा होने से पहले भी भवानी मंडी में कम्पनी लगी थी। कम्पनी की आर्थिक ऊँचाइयों का दौर था। चूँकि भवानी मंडी रेलवे स्टेशन था, इसलिए वहाँ ग़रीबों का एक बड़ा अनोखा रोज़गार था। ट्रेन गुज़र जाने के बाद इंजन से पटरियों पर गिरे गरम-गरम सुर्ख कोयलों को बीनना।

उन दिनों भाप-इंजन के लिए पक्का कोयला उपयोग में लाया जाता था। उस कोयले की गन्ध अजीब होती थी, लकड़ी के कोयले से अलग।

धधकते हुए वही कोयले इंजन से गिरते और ठंडे हो जाते, फिर उन्हीं कोयलों से बहुत सारे लोगों के चूल्हे जलते। ग़रीब बच्चे उन कोयलों को इकट्ठा करके बेचते थे। कुछ अपने घरों में सिगड़ियों में जलाने के लिए ले जाते थे।

इन्हीं बच्चों में, दो ऐसे भी थे जो बाबूजी से काम माँगने आए थे। बाबूजी ने उनकी बहुत मदद की थी। फिर कम्पनी चली गई थी। बाबूजी बरसों बाद वापस जब भवानी मंडी आए तब तक वे बच्चे जवान हो चुके थे और भवानी मंडी के बहुत बड़े तस्कर गैंग के बॉस बन चुके थे। नाम था 'सिंह' जिससे माँ और बाबूजी अनभिज्ञ थे।

अन्नू भैया तिषा दीदी के साथ कमलेश जी की कम्पनी में थे। मेरी अभी दसवीं की परीक्षा नहीं हुई थी। मैं स्कूल जाती थी। कुछ दिनों से स्कूल में एक लड़का मुझे देखकर सलाम करने लगा था। इधर-उधर से आते-जाते जब देखो फ़िल्मी स्टाइल में सलाम करे। मुझे बहुत बुरा लगता। लड़कियों में काना-फूसी होने लगी थी। वे मुझे राय देतीं, "उसके मुँह मत लगना। उसका बाप अफ़ीम का धन्धा करता है। ये लोग बड़े बदमाश होते हैं।"

हमारा घर स्कूल के एकदम नज़दीक था। स्कूल के अहाते में ही बगीचा था और फिर बाहर जाने के लिए एक लोहे का बड़ा सा फाटक। एक दिन आधी छुट्टी के समय, घर जाने के लिए स्कूल से बाहर बगीचे में आई ही थी कि सामने से आते हुए उसी लड़के ने मुझे सलाम किया। मैंने उसे बड़े प्यार से, इशारा करके अपने

पास बुलाया और ज़ोर का चाँटा उसके मुँह पर जड़ दिया। आधी छुट्टी थी इसलिए सारे लड़के-लड़कियाँ और शिक्षक बाहर बगीचे में ही खड़े थे। सारे लोग अवाक् हो गए। वह लड़का भवानी मंडी के एक जरायमपेशा आदमी का बेटा था। उसका बड़ा भाई वहाँ का दादा था। वह लड़का अपमानित होकर सबके सामने बौखलाया हुआ बोला, "आज पिस्तौल लाकर तेरे को न मारा तो मेरा नाम नहीं।"

मेरे टीचर्स डर गए। वे कुछ नहीं देखने का नाटक कर इधर-उधर हो रहे थे। मैं अचानक भीड़ में अपने-आपको अकेला पा रही थी। मैं जल्दी-जल्दी घर आई। डर के मारे माँ-बाबूजी से कुछ नहीं कहा। खाना भी नहीं खाया। मैं किसी अनहोनी की आशंका से काँप रही थी। मुझे बस एक ही डर खाए जा रहा था कि कहीं बाबूजी, माँ, नोनी को कोई मार न डाले या अगर बाबूजी को पता चल गया तो वे उसे मार देंगे।

लेकिन बाबूजी को इस घटना का पता चल चुका था। उन्होंने मुझसे कहा, "तुमने सही किया है। इसलिए डरो मत। कर नहीं तो डर नहीं।" फिर भी मेरा डर कम नहीं हुआ। आशंका से परेशान रही।

रात का समय था। घर के नीचे मोटरसाइकिल की आवाज़ आई और किसी ने पुकारा, "कपूर साहब!", रात को आवाज़ पूरे मोहल्ले में गूँज रही थी। माँ और बाबूजी दोनों ने गैलरी में आकर झाँका। वही कोयला बीनने वाला बच्चा जो अब भवानी मंडी का बड़ा स्मगलर बन चुका था, मोटरसाइकिल पर बैठा था। साथ ही लहूलुहान मुझे सलाम करने वाला लड़का था, जिसे यह 'सिंह' अपनी मोटरसाइकिल पर घसीटता हुआ लाया था। 'सिंह' ने उस लड़के को हमारा घर दिखाते हुए कहा, "देख ले, मेरे कपूर बाबूजी का घर है। इधर नज़र भी उठाई तो आँखें फोड़ दूँगा, सीमा मेरी छोटी बहन है। इन लोगों के मुझ पर बड़े एहसान हैं।" सिंह को बाबूजी बचपन के बाद अब देख रहे थे। सिंह ने बाबूजी को याद दिलाया कि किस तरह बाबूजी ने उन दोनों भाइयों की मदद की थी। यह सब संवाद बाबूजी बाहर गैलरी में खड़े-खड़े ही कर रहे थे। सिंह को उन्होंने नीचे से ऊपर बुलाया भी नहीं, बल्कि बाबूजी ने कहा, "सिंह! आज के बाद हमारे घर मत आना, न ही हमारे व्यक्तिगत मामलों में दख़ल देना। हम ख़ुद सक्षम हैं गुंडों से निपटने के लिए।" सिंह और वह लड़का चले गए। यह क़िस्सा पूरे क़स्बे में आग की तरह फैल गया। अगले दिन बाबूजी भानुमती के बुलाने और मदद माँगने पर, भानुमती की कम्पनी चले गए उन लोगों की सहायता करने।

चौथा हादसा

अर्सा हुआ कम्पनी को बन्द हुए लेकिन बाबूजी के ख़ानसामा गोवर्धन भैया, परसराम भैया, बाबूजी के मैनेजर जॉन मामू, सब हमारे पास आ गए, उनके जाने

के लिए कोई और ठिकाना नहीं था। तीन वे लोग और पाँच हम—मैं, नोनी, ईगल, मामा, माँ और बाबूजी। नौ लोगों का खाना किसी भी तरह से मुहैया कर पाना माँ-बाबूजी के लिए असम्भव था। माँ-बाबूजी सबसे जाने को कहते तो सबका जवाब होता कि जब सुख में साथ रहे हैं तो दुख में छोड़कर कैसे जाएँ? गोवर्धन भैया को मिन्नतें करके उनके घर मथुरा पहुँचाया गया, जहाँ कुछ महीने बाद ही उनकी मृत्यु हो गई। परसराम भैया को बाबूजी ने चिट्ठी लिखकर एक रामलीला में काम दिलवा दिया। जॉन मामू ने भी ट्रेन में अपना पुराना तीन पत्ती यानी जुए का काम शुरू कर दिया, लेकिन मजाल है मामा टस-से-मस हुए हों। लच्छू मामा सदा थे और सदा रहे। मामा ने भवानी मंडी के अपने एक पार्टनर के साथ नमकीन बेचने का धन्धा शुरू किया। बस मामा ने एक ठेला दिलाने की माँग की, ईश्वर अंकल ने बैंक में मामा के लोन की गारंटी ली और तीन सौ रुपये का चार पहिये वाला न्यू ब्रांड ठेला मामा को मिल गया। ठेले की क़िस्त पन्द्रह रुपये महीना थी, जिसे चुकाने में मामा को पसीना आता और माँ को एसिडिटी होती। बाद में किसी भी तरह उन्हें ही पैसे जुटाने पड़े थे। मामा उस ठेले पर तरह-तरह के नमकीन बेचते और गर्मियों में कुल्फ़ी।

ठेले का वह धन्धा ज़्यादा दिनों तक नहीं चला और लुटे-पिटे मामा वापस हमारी आधी रोटी में हिस्सा बँटाने घर आ गए। बाद में माँ उनके ठेले का क़र्ज़ा उतारती रहीं। अभी खाने और जीने की जद्दोजहद में सब फँसे हुए ही थे कि काकाजी के बेटे पुन्नू की ख़बर मिली कि उसे मैनिंजाइटिस नामक बीमारी हो गई है। माँ के पास लखनऊ जाने के पैसे नहीं थे। दुख में और ज़्यादा दुख आना कोई नई बात नहीं, ऐसी दुख भरी ख़बर के साथ...लखनऊ जाने के लिए कहीं से पैसों का इन्तज़ाम करने ही वाली थीं कि अचानक कुर्की आ गई...

पाँचवाँ हादसा : कुर्की

मथुरा दास के मकान का किराया मात्र चालीस रुपये प्रति माह था, जो दो साल से नहीं दिया गया था। बेचारा मकान-मालिक क्या करता? उसने वकील से नोटिस भिजवा दिया। मकान-मालिक के वकील थे श्री राजेन्द्र प्रसाद जैन जो माँ को शबनम बहन जी कहते थे। कई कवि-सम्मेलन और गोष्ठियों में उन्होंने माँ की रचनाएँ सुनी थीं। लेकिन यदि वह केस नहीं लेते तो कोई और लेता, घोड़ा घास से दोस्ती करेगा तो खाएगा क्या?

माँ ने ईश्वर अंकल को पेपर दिखाए। ईश्वर अंकल ने सब ठीक हो जाने का आश्वासन दिया। ईश्वर अंकल और माया आंटी की नई-नई शादी हुई थी। इसलिए वे कहीं बाहर चले गए थे।

मैं पड़ोस की सहेली कल्पना के साथ अपनी चप्पल में कील लगवाकर घर आई ही थी कि ईगल ज़ोरों से भौंकने लगी। राजेन्द्र वकील साहब का सन्देश लेकर एक लड़का आया था। सन्देश था, "कल आपके घर कुर्की के पेपर लेकर पुलिस आएगी। आपको सामान सहित घर से निकाल दिया जाएगा।" राजेन्द्र जी ने अपनी असमर्थता जताते हुए यह भी कहलवाया था, "बहन जी, मैं आपके लिए सिर्फ़ सूचना ही पहुँचा सका। उसके लिए क्षमा चाहता हूँ। किसी भी तरह से आज रात आप घर ख़ाली कर दें वर्ना मैं कल कुछ भी नहीं कर पाऊँगा।"

माँ, नोनी और मैं। हम दोनों छोटे-छोटे थे और हाथ में बचा हुआ समय, सिर्फ़ आधा दिन और रात। अब ऐसे में कहाँ जाएँ? किसका मकान मिलेगा? कोई भी तो नहीं है जिससे मदद माँगी जा सके।

समय कभी-कभी कितना छोटा हो जाता है। इस बात का एहसास हमें उस दिन हुआ। माँ मुझे सामान बाँधने का कह, कहीं चली गई थीं कोई मकान ढूँढ़ने।

मेरी समझ में यह नहीं आ रहा था कि इतना अच्छा मकान, प्यारी-सी छत और यह नीम का पेड़ हम छोड़कर क्योंकर जा रहे हैं? मैं बहुत उदास थी।

रात का समय था। सब लोग सो चुके थे। ठेले पर सामान लादा जा रहा था। मामा, मैं, नोनी हम सब ऊपर से ला-लाकर सामान लाद रहे थे। मन-ही-मन प्रार्थना कर रही थी कि किसी भी तरह से कुछ करिश्मा हो जाए। काश! हम लोग इसी मकान में रुक जाएँ।

नहीं, बिलकुल नहीं। जब-जब मैंने कुछ चाहा वह हुआ नहीं, हाँ, जब कुछ नहीं चाहा तो बहुत कुछ हुआ।

कुछ सामान साथ लेकर और कुछ वहीं छोड़कर, हम आ गए सेफ़ू ऑयल मिल के मकान में। दो कमरे और एक छोटी रसोई वाला यह हँसता हुआ घर, एक छोटे आँगन से शुरू होता था। इसके सीधे हाथ की तरफ़ ऊपर छत पर जाती सीढ़ियाँ थीं और बाईं तरफ़ रसोई, और सामने दो कमरे। एक कमरा पक्का था और दूसरे कमरे का फ़र्श कच्चा था। यह कच्चा कमरा कुछ धँसा हुआ था।

इसे मैं गोबर से लीपा करती थी। पानी की भी इस घर में बड़ी समस्या थी।

हमारे घर के पीछे सैफ़ू यानी सैफ़ुद्दीन जी, हमारे नये मकान-मालिक की तेल की मिल थी, बस मुझे ऑयल मिल में अन्दर जाकर पानी लाना पड़ता था। इस मिल के बड़े-से आँगननुमा मैदान में जयपुर गोल्डन कम्पनी के ट्रक खड़े हुआ करते थे। चूँकि अब मैं बड़ी हो गई थी तो लोगों की निगाहें चुभने लगी थीं।

सैफ़ू ऑयल मिल के मकान में बिजली नहीं थी लेकिन मकान भाग्यशाली था। हम अभी इसमें पूरी तरह से व्यवस्थित हुए भी नहीं थे कि माँ को पढ़ाने के लिए आर.टी.एम. मिल में दो ट्यूशन मिल गईं—आर.टी.एम. मिल के मैनेजर गुप्ता जी की बेटी प्रभा को गाना सिखाने और एक बच्ची जो नौवीं में थी उसे गणित पढ़ाने की।

माँ की गणित कमज़ोर होने की वजह से मुझे उस बच्ची को गणित पढ़ानी पड़ती थी जो लगभग मेरी ही उम्र की थी।

अब रोज़ मैं और माँ आठ मील दूर की यात्रा करते थे। एक ट्यूशन सुबह के समय थी और दूसरी ट्यूशन शाम की थी। इस तरह हमें एक दिन में दो बार टेक्सटाइल मिल जाना पड़ता था।

अमेरिका से आया लाल गेहूँ और भारत की सस्ती लाल ज्वार चाहे पेट ख़राब कर देते थे, पर पेट भर ज़रूर देते थे।

देश के किसी भी राज्य में अकाल पड़े, उसका असर दूसरे राज्यों में तो होता ही था। क्योंकि ग़रीब और ग़रीबी हर जगह होती है।

मेरी दसवीं की परीक्षाएँ सर पर थीं। हम माँ-बेटी का रोज़ मिल में आना-जाना हो रहा था। ट्यूशन पढ़ाते हुए अभी हमें दस-बारह दिन ही हुए थे। महीना पूरा होने में बीस-बाईस दिन बचे थे। तनख़्वाह मिलने में कितना समय और रह गया था, इसके लिए माँ से ज़्यादा मैं, दिन गिन रही थी।

दीवाली आने वाली थी। सैफ़ू ऑयल मिल के मकान की यह पहली दीवाली थी। नये कपड़े और नई चप्पल के बारे में सोचना भी बेकार था। घर में कुछ था ही नहीं। वैसे तो हमें इसकी आदत-सी थी। लेकिन दीपक जलाने को तेल न हो तो कैसी दीवाली?

उस रोज़, लक्ष्मी-पूजन के दिन शाम घिरने लगी थी। झुटपुटा हो गया था। आसपास के घरों में दीपों की रौशनी हो चुकी थी। पूरे मोहल्ले में एक हमारा ही घर था जिसके अन्दर या बाहर दूर-दूर तक कोई दीपक नहीं जल रहा था।

माँ उदास थीं। बाबूजी लालटेन की रौशनी में पेरी मेसन के नॉवेल को पढ़ने की कोशिश कर रहे थे। नोनी सीढ़ियों पर फुलझड़ी के इन्तज़ार में बैठा था।

सेफ़ू जी का घर एक मंज़िला था, जिसका दरवाज़ा गली में खुलता था। दरवाज़े के बाहर एक थोड़ी सी टूटी सीढ़ी थी जो उस सँकरी गली में अपनी एकमात्र होने के गर्व में बैठी थी। इस घर की गली बिलकुल सुनसान रहा करती थी क्योंकि यह घर का प्रवेश, सब घरों का पिछला हिस्सा ही था। इस तरफ़ के सारे मकानों का प्रवेशद्वार मुख्य सड़क की तरफ़ था। हमारी गली में किसी का भी दरवाज़ा नहीं खुलता था। सुबह सिर्फ़ मेहतरानी का आगमन होता था। अगर किसी वाहन या किसी के आने की आवाज़ होती, तो समझिए कि वह हमारे ही घर का मेहमान था। फिर दीवाली के दिन, कौन किसके घर आता है। सबके घरों में पूजा और उत्सव होता है।

अचानक बाहर गली में एक स्कूटर के रुकने की आवाज़ आई। घर में इतनी उदासी थी कि उस आहट पर हम दौड़कर दरवाज़ा खोलने भी नहीं गए। अचानक बाहर से किसी ने पुकारा, "शबनम दीदी।" माँ अपना नाम सुनकर जल्दी से

दरवाज़ा खोलने गईं। सामने अतिका के पिता खड़े थे, अतिका जिसे हम ट्यूशन पढ़ाने मिल जाते थे। अतिका के पिता ने पूरे महीने की तनख़्वाह माँ के हाथ पर रख दी। महीना पूरा होने में बीस दिन बाक़ी थे। माँ ने लेने से इनकार भी किया लेकिन वे यह कहते हुए चले गए कि दीदी हिसाब, बाद में कर लेंगे।

हम सबका विश्वास उस दिन इनसानियत पर और भी प्रगाढ़ हो गया था। एक व्यक्ति जिसे हम ठीक से जानते भी नहीं थे। उसने यह कैसे जान लिया कि हमारे घर में दीये भी नहीं जल रहे हैं? पूरे महीने की तनख़्वाह पूरे तीस रुपये मिले थे उस दिन।

वह दीवाली कमाल की थी। मैं और नोनी जितनी तेज़ी से बाहर जा सकते थे गए। तेल, घी, आटा, चावल, दूध, फूल, दीपक, सब ले आए। पूरियाँ बनीं, खीर बनी, पपरियाँ बनीं और भी न जाने क्या-क्या बना हमारे घर।

लक्ष्मीजी की पूजा उस रात हमारे घर में बहुत धूमधाम से हुई। फुलझड़ियों से घर के सामने की अँधेरी गली रौशन हो गई। और लक्ष्मीजी वाक़ई ख़ुश हो गई थीं।

दसवीं में मैं फ़ेल हो गई थी। इब्ने सफ़ी के जासूसी नॉवेल के पात्र कर्नल विनोद और अन्नू भैया के ज्ञान ने मेरी यह दुर्गति कर दी थी। मैंने आपको बताया था न कि मैंने अन्नू भैया से पूछा था कि जासूस कर्नल विनोद ने नौवीं कक्षा में कौन सा विषय लिया होगा? तब मेरे प्यारे भाई ने कहा था, ज़रूर साइंस, मैथ्स सब्जेक्ट लिया होगा। मुझे कर्नल विनोद बनना था। मैंने भी विज्ञान और वह भी गणित विषय लिया। नौवीं तो गिरते-पड़ते पास कर ली पर दसवीं के बोर्ड की परीक्षा में जासूस कर्नल विनोद ने फेल करा दिया।

मेरे माता-पिता ने हम बच्चों के असफल होने पर शर्मिन्दा नहीं किया।

भवानी मंडी में दसवीं के आगे स्कूल नहीं था, न ही कॉलेज था। मेरे लिए भी अब आगे की पढ़ाई की समस्या उठ खड़ी हुई थी। जैसे-तैसे माँ ने ग्यारहवीं का फॉर्म मध्य प्रदेश से भरवा दिया था। उधर, अन्नू भैया लखनऊ से आ गए थे। काकाजी ने उनसे एन.एस.डी. में इंटरव्यू दिलवा दिया था। इंटरव्यू अच्छा हुआ था किन्तु उनके ग्यारहवीं पास न होने के कारण दाख़िला नहीं हो सकता था। इसलिए उनसे कहा गया कि उनकी एन.एस.डी. में सीट सुरक्षित है और वह ग्यारहवीं पास करके आ सकते हैं।

तीन साल आगे पढ़ने वाले भाई को पैसे न होने के कारण मेरे साथ ग्यारहवीं की परीक्षा देनी पड़ रही थी। शामगढ़ हम दोनों का परीक्षा केन्द्र था।

रात का समय था। शामगढ़ के छोटे-से रेलवे स्टेशन पर, आटे के कनस्तर में थोड़ा राशन, थोड़े बर्तन और खाना बनाने के अन्य सामान लेकर मैं, अन्नू भैया और तिषा दीदी शामगढ़ आ गए।

तिषा दीदी की एक और ख़ासियत थी। जहाँ से सब सुरक्षित गुज़र जाते, वहाँ भी उन्हें ठोकर लग जाती थी। वह गिर जाती थीं। पहले उनके गिरने पर चिन्ता होती थी, बाद में उनका गिरना गुदगुदा जाता था। लेकिन डाँट के डर से हँसी रोकनी पड़ती थी। उस दिन भी ऐसा ही हुआ। हम जैसे ही अपनी छोटी-सी गृहस्थी लेकर स्टेशन पर उतरे, प्लेटफ़ार्म पर चलते-चलते अचानक तिषा दीदी धम्म से गिर गईं। हँसी दबाने के लिए मुझे उस दिन अपने दाँतों से अपनी ज़बान काटनी पड़ी वरना...

अगली ट्रेन से तिषा दीदी हमें छोड़कर वापस लखनऊ चली गईं। मैं और अन्नू भैया आ गए, जैन मन्दिर धर्मशाला में।

धर्मशाला में जो कमरा हमें मिला था उसमें लोहे के दो फ़ोल्डिंग पलंग थे। जिनमें हज़ारों की संख्या में खटमल वास कर रहे थे। आधे घंटे में ही हम दोनों भाई-बहन परेशान हो अपनी दरी लेकर छत पर सोने चले गए। खाना बनाना, बर्तन धोना, कपड़े धोना, इन कर्तव्यों का निर्वहन करते-करते मुझे रात को जल्दी नींद आ जाती थी। मैं बहुत सोती थी। अन्नू भैया अपने काम और पढ़ाई में हमेशा से ईमानदार और मेहनती रहे हैं। मैं ईमानदार थी लेकिन मस्तमौला, जीवन को गम्भीरता से नहीं लेती थी। इसलिए पढ़ाई के बदले निश्चिन्तता की नींद मुझे प्रिय थी। लेकिन जिसका बड़ा भाई अन्नू भैया जैसा हो तो कोई पढ़ने को नज़रअन्दाज़ कैसे कर सकता है? वे शामगढ़ की छत पर ख़ुद बैठकर सड़क पर लगे खम्भे की रौशनी में पढ़ते और मुझे डाँटकर उठाते और पढ़ने को बिठा देते थे।

मैंने भी सोने के लिए एक युक्ति निकाली थी—लेटकर पढ़ने की। किताब खुली रहती थी और मैं सो जाती थी। इस सोने का नतीजा यह हुआ कि अन्नू भैया सेकेंड डिवीज़न से पास हुए और मैं थर्ड डिवीज़न से।

भैसोदा गाँव के स्कूल के मेरे एक शिक्षक कभी-कभी बाबूजी से मिलने और हालचाल पूछने हमारे घर आ जाया करते थे। मेरे प्राइवेट हायर सेकंडरी के रिज़ल्ट को जानने के लिए वे घर आए। मुझसे बोले, "प्रथम तो आई होगी?"

जिस स्कूल में मैं हमेशा फ़र्स्ट क्लास में पास होती आई थी, उस स्कूल के शिक्षक को अपना थर्ड क्लास का रिज़ल्ट किस मुँह से दिखाती? मैंने अपने सत्यवादी बाबूजी को अपनी क़सम दी कि मेरे टीचर को मेरा रिज़ल्ट न बताएँ। बाबूजी बोले, "तुम मुझसे झूठ बुलवाना चाहती हो।" मैंने कहा, "मैं झूठ बोलने को नहीं कह रही हूँ। बस आप सत्य न कहें।" बाबूजी का कोई भरोसा नहीं था। बाबूजी को सच बोलने की कुछ बीमारी ही थी।

सत्य बोलने की इस बीमारी के चलते बाबूजी कहीं मेरे टीचर के सामने मेरी पोल न खोल दें। इसी डर की वजह से मैं चाय बनाने के लिए रसोई में नहीं जा रही थी। बाबूजी के ज़ोर देने पर मैं चाय बनाने के लिए जाते हुए नोनी को ताकीद कर गई कि ज्यों ही बाबूजी मेरे रिज़ल्ट की बात करें वह मुझे फ़ौरन बुला ले। लेकिन

जिस बात का डर था वही हुआ। मेरा रिज़ल्ट लीक हो गया। झूठ पर सत्य का रिसाव बाबूजी कर चुके थे। मेरे टीचर जाते हुए मुझे कह गए कि कोई बात नहीं अगले साल प्रथम आ जाना। बाबूजी के सच से मुझे कितनी शर्मिन्दगी हुई थी, बता नहीं सकती।

बाबूजी के सत्य का भयानक रूप मैं थोड़े दिन पहले देख चुकी थी। मैं कम्पनी में बाबूजी के पास गई थी। 'पिपरई' (मध्य प्रदेश का एक छोटा-सा गाँव) में बाबूजी ने ठाकुरों की बस्ती में एक कमरा लिया हुआ था। जहाँ पर हम रहते थे। वहीं भोपाल के मुसलमान राजा भैया भी थे। एक दिन मैं और राजा भैया बाहर बरामदे में खड़े थे। राजा भैया उन दिनों का प्रचलित गाना 'पीतल की पायलिया जो पहनूँ मैं पाँव में, सोने के भाव घट जाएँ' गा रहे थे। इत्तफ़ाक़ से तभी वहाँ से ठाकुरों की महिलाएँ घूँघट किये गुज़रीं, उनके पैरों में पायल थी। यह वाक़िया दिन में घटा और बाबूजी की सत्यता का नमूना हमें रात को देखने को मिला।

रात हमारे कमरे में खाना बन रहा था। बाबूजी लेटे हुए थे। उनके सीने पर छोटा-सा ट्रांजिस्टर रखा था। जो अपनी खर्र-खर्र की आवाज़ के साथ विविध भाषाओं में ख़बरें सुना रहा था। अचानक बाहर शोर होने लगा।

मैंने खिड़की से झाँककर देखा। चौपाल में हमारे कमरे के बाहर बहुत सारे राजपूत हाथों में तलवार लिये चिल्ला रहे थे। वे पिये हुए थे और राजा भैया को बाहर बुलाकर मारना चाह रहे थे। इतने शोर-शराबे में भी बाबूजी बिना विचलित हुए ख़बरें सुनते रहे। कमरे में राजा भैया, मुन्ना भैया के पिता, रशीद भाई और गोवर्धन भैया जो खाना बना रहे थे, डर से सहमे हुए थे। मैं भीड़ और तलवारें देख के डर से काँप रही थी। उन राजपूतों का कहना था कि हमें किसी और से मतलब नहीं सिर्फ़ उस मुसलमान को बाहर भेज दो। राजा भैया पत्ते की तरह काँप रहे थे लेकिन बाबूजी टस-से-मस नहीं हुए। पुलिस आ गई थी। पुलिस के हेड साहब भी राजपूत थे और नशे में धुत्त हमारे कमरे के बाहर बैठे थे।

अचानक बाहर से किसी ने बहुत गन्दी गाली दी। बस बाबूजी की दहाड़ के लिए इतना काफ़ी था। मैंने बाबूजी को ग़ुस्से में भी देखा है लेकिन कभी भी उनके मुँह से गाली नहीं सुनी थी। बाबूजी को गालियों से नफ़रत थी। वे किसी से नाराज़गी में एक ही गाली देते थे 'उल्लू का पट्ठा' उसके बाद कहते, "तौबा-तौबा ज़बान ख़राब करवा दी।"

गाली सुन बाबूजी दहाड़ते हुए बाहर निकले और सब लोगों के सामने बोले, "गाली किसने दी? अन्दर मेरी बेटी बैठी है।"

हेड साहब दहाड़ से न जाने क्यों सहम-से गए थे। राजपूत नेता ने पूछा, "क्या वह मुसलमान लड़का राजा यहाँ है?" बाबूजी बेख़ौफ़ बोले, "राजा अन्दर है।"

उनकी सत्यता पर हम सबको उस समय बहुत ग़ुस्सा आया था। हम जानते थे कि अब सब काट दिये जाएँगे। लेकिन बाबूजी के अन्दर न मालूम क्या करिश्मा

था। शायद सत्य का ही करिश्मा था कि वे सारे लोग और पुलिसवाले सब थोड़ी-सी बातचीत के बाद चुपचाप सिर झुकाकर वहाँ से चले गए थे।

बाबूजी सबसे ज़्यादा पढ़े-लिखे, ख़ानदानी और मालिक होने के बावजूद न तो घर बना सके न ही ख़राब समय के लिए कुछ बचा सके। मैंने एक बार उनसे पूछा था, "बाबूजी आपके मैनेजरों ने तो ख़ूब कमाई की, उनके बच्चे मज़े से साइकिल पर चलते हैं, अपने ख़ुद के मकान में रहते हैं। आपने हमारे लिए एक घर भी नहीं बनाया?" उन्होंने मेरे सवाल के जवाब में मुझसे ही सवाल किया, "बड़े मकान में रहती और यह कहा जाता कि इसका बाप बेईमान था तो यह सुनना पसन्द करती या यह कि इसके पिता के पास कुछ नहीं था, लेकिन सच्चा और ईमानदार आदमी था?"

वैसे उन्हें पता था उनकी बेटी क्या सुनना पसन्द करती, आख़िर बेटी भी तो उन्हीं की थी।

हायर सेकंडरी के बाद अन्नू भैया दिल्ली एन.एस.डी. चले गए। मैं भवानी मंडी ही रह गई। जहाँ न तो आगे पढ़ने के लिए कोई कॉलेज था न ही किसी प्रकार की कोई गतिविधि थी। हाँ, मैं बस अब कवि-गोष्ठियों में भी बैठने लगी थी। वहीं मेरा परिचय रूसी लेखक निकोलाई अस्त्रोवस्की से हुआ। 'अग्नि दीक्षा' उपन्यास बैंक में काम करने वाले मार्क्सवादी विचारधारा के सुभाष नामक युवक ने मुझे पढ़ने के लिए दी थी।

'अग्नि दीक्षा' पढ़कर मुझमें जीने का जोश भर गया। धीरे-धीरे ऐसी कुछ किताबों से मार्क्सवाद मेरे अन्दर जगह बनाने लगा। कार्ल मार्क्स मेरी ज़िन्दगी में सही समय पर आए थे। उस विचारधारा की वजह से मुझे मेरे अभाव और ग़रीबी में भी एक गरिमा नज़र आने लगी। मुझे लगता, एक हम अकेले ही सर्वहारा नहीं हैं। ऐसे सर्वहारा लोगों से दुनिया भरी पड़ी है।

अब मेरा प्रेम शिफ़्ट हो गया है। मैं बेवफ़ा हो चुकी थी, क्योंकि अब मैं रूसी लेखक मैक्सिम गोर्की के उपन्यास 'मदर' के पावेल नामक पात्र से प्यार करने लगी थी। मुझे अब राजेश खन्ना नहीं लुभाते थे। मेरे अन्दर पढ़ने का जज़्बा और बढ़ गया था। इसीलिए मैंने काकाजी को पत्र लिखा कि मैं दिल्ली आकर आगे पढ़ना चाहती हूँ। भवानी मंडी में कॉलेज नहीं था। काकाजी का पत्र ही नहीं आ रहा था। मेरा धैर्य समाप्त हो रहा था।

1975

माँ ने झालावाड़ के एम्प्लॉयमेंट एक्सचेंज में बेरोज़गारों की लिस्ट में अपना नाम लिखवा दिया था। झालावाड़ भवानी मंडी का ज़िला था। माँ और बाबूजी का पिछला

जीवन और उनका परिवेश, शिक्षा और साहित्य, उनकी शैक्षणिक योग्यता सब कुछ तो सही था। दोनों मेहनती और ईमानदार थे, फिर कहाँ कमी रह गई थी? फिर भी क्यों इतनी परेशानियों में उलझे हुए थे? मैं इन्हीं विचारों में खोने लगी थी। मुझे कुछ रास्ता नज़र नहीं आता था।

इसी तरह के दिन और रात के बीच न वह जाने कौन-सी रात थी जब मैं बहुत परेशानी और बेचैनी में इधर-से-उधर घूम रही थी। मुझे कुछ सूझ नहीं रहा था। कुछ लिखने को मन बेचैन हो गया था। मेरे शब्द घुमड़-घुमड़कर काग़ज़ पर उतरना चाह रहे थे। सामने ही माँ का रजिस्टर पड़ा हुआ था।

माँ घर का राशन, सब्ज़ी तथा लेन-देन का हिसाब आदि एक रजिस्टर में लिखती थीं। ग़ज़लें, नज़्में, कविताएँ और शेर भी वे उसी रजिस्टर में लिखती थीं। मैंने उस रजिस्टर के दो पन्ने फाड़े। पास ही रखा लाल स्याही का पेन उठाया और चुपके से सबकी नज़र बचाकर मैं छत पर चली गई। भगवान का पोस्टल एड्रेस तो पता नहीं था कि उसे लिखती। ऊपर से मार्क्स ने नास्तिक बना दिया था। माँ-बाबूजी को कुछ कहकर दुखी नहीं कर सकती थी। अब ले-देकर देश का सबसे शक्तिशाली व्यक्ति ही मेरे शब्दों के बाण सहने को बचा था। छत पर दूर से आती लैम्प-पोस्ट की मरियल-सी रौशनी में कुछ लिखने लगी। शब्द तो मुझे पूरे याद नहीं, लेकिन मैंने लिखा :

'आदरणीया श्रीमती इन्दिरा गांधी जी'

मुझे होश नहीं था कि मैं भारत की प्रधानमंत्री से अपने घर, अपने दिल और अपने अभाव का, ग़ुस्सा बाँट रही हूँ। मैंने प्रधानमंत्री इन्दिरा गांधी को लिखा कि प्रतिभाशाली लोगों का क्या हश्र हो रहा है, इस देश में। मेरी इतनी पढ़ी-लिखी माँ के पास नौकरी नहीं है। मेरे बाबूजी जिनके पूरे परिवार ने आर्मी में रहकर देशसेवा की, मेरे केवल चाचा ने 1965 के युद्ध में जान गँवाई। मेरे बाबूजी ने अपना जीवन नाटक को समर्पित किया। मैं आगे पढ़ना चाहती हूँ पर कहीं पढ़ने जाने के लिए पैसे नहीं हैं।

पूरा मज़मून मुझे याद नहीं, बस इतना याद है कि मैंने अपना सारा ग़ुस्सा, आक्रोश अपने परिवार की पृष्ठभूमि, अपनी मायूसी और राजनीति के झूठे दावे और वादे की उस पत्र में चर्चा की थी। मैंने लिखा, "बीस सूत्री कार्यक्रम के तहत घर-घर प्रकाश पहुँचाने का आपका दावा सही नहीं है। आपके बीस सूत्री कार्यक्रम की रौशनी हमारे घर के अलावा सब जगह पहुँच रही है। हमारे घर तक आते-आते सब फ़ेल हो गए हैं। बिजली की रौशनी तो दूर, हमें लालटेन में डालने के लिए मिट्टी का तेल भी नसीब नहीं। वग़ैरह-वग़ैरह।"

मुझे याद है, वे दो बड़े पन्ने थे, जिनके दोनों तरफ़ लाल स्याही के पेन से मैंने यह पत्र लिखा था, पूरा होने के बाद मैं थोड़ा हल्का महसूस कर रही थी। बड़े

आत्मविश्वास के साथ पत्र के नीचे मैंने अपना पूरा नाम लिखा—

आपकी, सीमा कपूर,
भवानी मंडी, राजस्थान।

मुझे याद नहीं, मैंने बचपने और ग़ुस्से में, अपनी बहुत ख़राब हैंड राइटिंग में और न जाने क्या-क्या लिख दिया था।

पत्र समाप्त करके, एक पुराने रद्दी में पड़े लिफ़ाफ़े में रख दिया, जिस पर टिकट भी नहीं लगा था। उस लिफ़ाफ़े के ऊपर मैंने पता लिखा—

श्रीमती इन्दिरा गांधी
प्रधानमंत्री, भारत
नई दिल्ली।

यह बैरंग लिफ़ाफ़ा दो-चार दिन तक घर के सारे सदस्यों की नज़र से बचाकर मैंने मन्दिर में भगवान की फ़ोटो के पीछे रखा। एक दिन जोश में वह बैरंग लिफ़ाफ़ा मैंने चुपके से लेटर-बॉक्स में डाल दिया।

लेटर-बॉक्स में पत्र डालते ही जैसे मैं अब होश में आई। यह क्या कर दिया था मैंने? प्रधानमंत्री को अनाप-शनाप लिख दिया। देश का सर्वोच्च व्यक्ति जिसके आगे-पीछे पुलिस, सेना और न जाने कितने कलेक्टर चलते हैं, उसके कहने पर पुलिस मुझे जेल में डाल देगी। डर के मारे मुझे बुख़ार चढ़ गया था। मैं रज़ाई से बाहर ही नहीं निकल रही थी। माँ काढ़ा बनाकर पिला रही थीं। हर आहट पर मुझे लगता, इन्दिरा गांधी की पुलिस मुझे पकड़ने आ रही है। दो-तीन दिन मैं काँपते हुए पुलिस की कार्रवाई का इन्तज़ार करती रही। रोज़ सोचती, काश वह पत्र इन्दिरा गांधी जी को न मिले। पछताती कि मैंने अपना नाम क्यों लिख दिया?

दो-चार रोज़ गुज़रने के बाद जब पुलिस नहीं आई, कुछ नहीं हुआ, तो मैं भी निश्चिन्त हो गई। मैंने चैन की ठंडी साँस ली। शायद बैरंग पत्र के पैसे चुकाना प्रधानमंत्री कोष में नहीं होगा। हमारी तरह वह कोष भी ख़ाली होगा।

समय ज्यों-ज्यों गुज़रने लगा, मैं भूल ही गई कि मैंने कोई ख़त लिखा था। ज़िन्दगी फिर से पुराने ढर्रे पर चलने लगी।

ईगल बीमार हो गई थी। भवानी मंडी में जानवरों का अस्पताल नहीं था, पैसे भी नहीं थे कि कोटा जाकर उसका इलाज करवाया जा सके। माँ ने बिना किसी संकोच अतिका के पिता से ईगल के इलाज के लिए महीना पूरा होने के पहले ही अपनी ट्यूशन पढ़ाने की तनख़्वाह के पैसे माँग लिये।

ईगल को लेकर माँ कोटा चली गईं। वहाँ स्टेशन के पास एक धर्मशाला में माँ ने सात-आठ दिन बिताए। ईगल का ऑपरेशन करवाकर वापस आईं।

लच्छू मामा जिनका पिछला रिकॉर्ड रहा है कि वे कहीं भी चार महीने से अधिक नौकरी नहीं करते थे, लौटकर फिर घर आ जाते थे। अब माँ की तीस रुपये महीने की ट्यूशन में मामा को भी लाल ज्वार की रोटी में हिस्सा देकर, नोनी या मेरी रोटी कम करना सम्भव नहीं था। मामा का बोझ अब माँ-बाबूजी से उठाया नहीं जा रहा था। बाबूजी के कहने पर मन मारकर लच्छू मामा ने फिर से नौकरी कर ली। फिर वही शर्त, नौकरी कहीं भी पर रात को घर आकर सोया करेंगे। अब मामा रेलवे फाटक, भवानी मंडी के एक मोहल्ले पंचपहाड़ में, कचौड़ी के ढाबे पर हलवाई के तौर पर पन्द्रह रुपये महीने की नौकरी पर थे। मामा सुबह चार या पाँच बजे निकल जाते क्योंकि उन्हें भट्ठी जलानी होती थी।

लच्छू मामा ने बड़ी-बड़ी मूँछें रखी हुई थीं। जब भी वह चाय पीते, चाय में उनकी लटकी हुई मूँछों के बाल डूब जाते। मामा मूँछों के बालों को मुँह में लेकर चूस लेते थे। एक दिन मेरी नज़र इस मूँछ-सफ़ाई पर पड़ गई। मैं कराहियत से भर गई। बस, मैं उनसे मूँछ कटवाने की ज़िद करने लगी। जब मैं अपने लक्ष्य में सफल नहीं हुई, तो मैंने तरकीब सोची। एक रात जब लच्छू मामा गहरी नींद में सो रहे थे, मैंने उनकी एक मूँछ सिरे से ही साफ़ कर दी।

मामा ने मुझसे बोलना बन्द कर दिया क्योंकि मेरे कारण उनको अपनी दूसरी मूँछ से भी हाथ धोना पड़ा था।

ख़ैर! ज़िन्दगी की ठहरी हुई झील में बहुत दिनों बाद एक कंकड़ पड़ा और लहरें उठने लगीं।

काकाजी का पत्र आया था। पत्र देखकर सब ख़ुश थे। सबसे ज़्यादा ख़ुशी, मुझे हो रही थी। काकाजी ने मुझे आगे पढ़ने के लिए दिल्ली बुलाया था। महानगर में पढ़ने की उमंग और आशा दिल में लिये मैं दोबारा दिल्ली पहुँच गई।

उन दिनों, काकाजी ने एन.एस.डी. से डिप्लोमा कोर्स पूरा कर लिया था। तिषा दीदी को दूसरा बच्चा होने वाला था और वह काकाजी के पास दिल्ली आ गई थीं। शायद इसलिए काकाजी ने हॉस्टल छोड़ दिया था। एन.एस.डी. हॉस्टल के पास ही धोबी बाड़ा था जिसमें किराए का एक कमरा लेकर वे लोग रह रहे थे। वह इकलौता कमरा, सोने, खाना पकाने, मेहमानों की दावत करने यानी हर काम के लिए था।

लाल रंग की कई सारी बिल्डिंग, रस्सियों पर सूखते हज़ारों कपड़े, उनसे आती तरह-तरह की गन्ध, यह धोबियों का मोहल्ला था।

नौकरी न होने के कारण काकाजी ख़ुद भी परेशानियों से जूझ रहे थे। फिर उनके एन.एस.डी. के दोस्त आ जाया करते थे। एक रोज़ दोस्तों का जमावड़ा काकाजी के कमरे में हुआ। मेरा दिल धक से रह गया। काकाजी दोस्तों के साथ

शराब पी रहे थे। मैं ज़ोर-ज़ोर से रोने लगी। काकाजी मेरा सिर अपनी गोद में रखकर थपकियाँ दे रहे थे। सारे लोग ताज्जुब में थे, आख़िर हुआ क्या था? तिषा दीदी ख़ूँख़्वार नज़रों से देख रही थीं। बस मैं और काकाजी समझ पा रहे थे। मैंने पहली बार घर में किसी को शराब पीते देखा था, वह भी काकाजी को। यह मेरे लिए बहुत बड़ा झटका था।

काकाजी काम ढूँढ़ रहे थे। किसी तरह की कोई आमदनी तो थी नहीं, उस पर मेरा आना। तिषा दीदी को बेहद खल रहा था। आज मैं समझ सकती हूँ लेकिन उन्होंने यह स्थिति समझाने के बदले मुझमें खिन्नता भर दी। मेरे कारण दोनों में झगड़े होते। दीदी मुझे वहाँ से वापस भेजना चाहतीं, काकाजी आशावाद में कहते, जैसे ही नौकरी लगेगी गुड्डो का एडमिशन दिल्ली में करा देंगे।

मैं दोनों के झगड़े देख घबरा जाती। मेरी समझ में नहीं आता कि बात क्या है? मेरे आने से दीदी क्यों नाराज़ हैं? रोज़-रोज़ के लड़ाई-झगड़ों से मैं भी तंग आ चुकी थी।

आज मैं कह सकती हूँ कि छोटों को अगर आप अच्छी तरह समझाएँ कि स्थिति क्या है तो वे असलियत को समझ जाते हैं। वरना, दिल में खलिश रह जाती है। ख़ैर! मुझे तिषा दीदी के घर लखनऊ भेज दिया गया।

तिषा दीदी के घर लखनऊ में दो-तीन महीने मेरे बहुत ख़राब बीते। आगे की शिक्षा का नामोनिशान नहीं और ढेरों काम। इस तरह मेरी पढ़ाई का एक साल बरबाद हो गया। एक दिन मैंने काकाजी से चुपके से घर वापस जाने की इच्छा जताई। मुझे दिल्ली से ही भवानी मंडी जाना था। मैं दिल्ली आ गई, जहाँ एक मुसीबत मेरा इन्तज़ार कर रही थी।

प्रधानमंत्री की कार्रवाई

चूँकि अन्नू भैया का दाख़िला भी एन.एस.डी. में हो गया था। इसलिए वे भी दिल्ली में थे। मैं उन्हें वहाँ पाकर ख़ुश थी। अन्नू भैया को माँ की चिट्ठी मिली पोस्टकार्ड के रूप में। उन दिनों अन्तर्देशीय पत्र या पोस्टकार्ड चला करते थे। अन्नू भैया को माँ ने पोस्टकार्ड में लिखा, 'सीमा ने जो इन्दिरा जी को पत्र लिखा था उसका जवाब आया है।'

अन्नू भैया ने मुझसे पूछा कि क्या तूने कोई ख़त प्रधानमंत्री को लिखा था? सच मानिए, मैं ज़िन्दगी में कभी इतना नहीं डरी थी, जितना उस रोज़ डर गई थी। मुझे चारों तरफ़ पुलिस और हथकड़ियाँ दिख रही थीं। ग़श खाने ही वाली थी कि अन्नू भैया ने धीरे से कहा, 'तेरी चिट्ठी की वजह से माँ को स्थायी सरकारी नौकरी मिल गई है झालावाड़ में।'

भवानी मंडी आने के बाद मुझे पता चला कि मेरे उस पत्र से, प्रधानमंत्री-ऑफ़िस से लेकर जयपुर मुख्यमंत्री-कार्यालय और जयपुर से झालावाड़ के कलेक्टर-ऑफ़िस तक प्रशासन हिल गया था।

उस पत्र की वजह से उर्दू टीचर की जगह निकाली गई। झालावाड़ में 'आदर्श स्कूल' जिसे 'कलेक्टरी स्कूल' कहते थे, उसमें माँ को स्थायी सरकारी नौकरी मिल गई।

हमारे स्थायी भरपूर भोजन के दिनों का शुभारम्भ उस बैरंग लेटर से हो चुका था। उस समय यानी 1975-76 की 62 करोड़ जनसंख्या वाले देश के एक छोटे से क़स्बे में रहने वाली, एक हिन्दीभाषी लड़की की लाल-स्याही वाली टूटी-फूटी क़लम से लिखी बातों को देश की प्रधानमंत्री ने पढ़ा और उत्तर दिया और दी उसकी माँ के लिए स्थायी नौकरी। यह किसी चमत्कार से कम नहीं था।

मेरे जीवन में इस तरह के चमत्कारों की कोई सीमा नहीं है। लगता है जैसे लिखने वाला कोई जादूगर रहा होगा। नित नये चमत्कारों से लबरेज़ मेरे इस जीवन ने आगे बहुत सारे गुल खिलाए! उसी दौरान ईश्वर अंकल को इमरजेंसी के दौरान जेल में डाल दिया गया था। वे जॉर्ज फ़र्नांडिस के साथ यानी जनता दल में थे और इमरजेंसी के ख़िलाफ़ पब्लिक मीटिंग में बोल रहे थे।

स्वर्णिम दिनों की शुरुआत

'कलेक्टरी स्कूल' में माँ का प्रारम्भिक वेतन 455 रुपये था।

मैं दिल्ली से जब भवानी मंडी पहुँची तो घर पर बाबूजी और परसराम भैया ही थे। माँ, नोनी को लेकर झालावाड़ चली गई थीं। तब तक उन्होंने नौकरी ज्वाइन भी कर ली थी। कई महीनों के बाद मैं लौटी थी। बाबूजी से मिलने के बाद माँ और नोनी को देखने की बेचैनी थी। मैंने झालावाड़ जाने का फ़ैसला किया। बाबूजी ने लच्छू मामा को साथ ले जाने के आदेश के साथ सहमति दे दी।

मामा की मूँछ कटाई के तक़रीबन छह महीने गुज़र चुके थे। झालावाड़ जाने के लिए मामा को साथ ले जाना ज़रूरी था। मुझे लगा मूँछ-कांड के बाद मामा अभी भी नाराज़ होंगे तो उन्हें मनाने हेतु उसी समय छह मील दूर 'पचपहाड़' पैदल ही निकल गई।

मेरा काम आसान हो गया क्योंकि मामा की बाँछें मुझे देखते ही खिल गईं। यह दूसरी बात है कि उनकी मूँछों ने फिर से ताव खाना शुरू कर दिया था, और काफ़ी बड़ी होकर फिर से लहलहाने लगी थीं। हम दोनों अगली बस से झालावाड़ के लिए रवाना हो गए।

झालावाड़

काली सिन्ध और आहू नाम की दो नदियों से घिरा, छह बड़े-बड़े तालाबों से भरा, छोटे-बड़े पहाड़ और पहाड़ियों से घिरा इमली, नीम, पीपल, बरगद की छाँव में बसा, छोटा-सा क़स्बा था झालावाड़। इसकी गलियाँ, बाज़ार, घर, इमारतें, स्थापत्य, सब इसके राजे-रजवाड़ों के इतिहास का बखान करते थे।

यूँ तो झालावाड़ हम पहले भी आ चुके थे। जब काकाजी ने एक सरकारी नाटक 'दायरे' किया था। दूसरी बार जब कवि शैल चतुर्वेदी आए थे। उस कवि-सम्मेलन में मैं, नोनी, अन्नू भैया और माँ के साथ गई थी लेकिन अब का आना कुछ और ही था।

मैं और लच्छू मामा बस में बैठे। झालावाड़ पहुँचते-पहुँचते हमें शाम हो गई।

अजनबी शहर। न हमारे पास माँ का कोई पता था, न हम किसी को जानते ही थे। काकाजी के शिवपुरी वाले मित्र डी.एल. (धन्नालाल गुप्ता) भाई ही एक परिचित थे जो झालावाड़ में वकील थे। लेकिन उनका भी पता-ठिकाना हमारे पास नहीं था।

माँ के स्कूल का नाम तो हमें मालूम था,लेकिन तब तक वहाँ छुट्टी हो चुकी थी। झालावाड़ बस-स्टैंड पर खड़े हम, सिर पर घिर आती रात को देख रहे थे। मामा तो मुझसे भी गए-बीते थे। उन्होंने हाय-तौबा मचा रखी थी। उन्हें वापस जाना था। सुबह उन्हें अपने ढाबे की भट्ठी जलानी थी।

मैं बड़े-से दिखने वाले एक रास्ते पर चल पड़ी थी। मुझे कुछ सूझ नहीं रहा था। अचानक एक घर के बाहर बोर्ड देखा, जिस पर लिखा था 'गजोत्तम जैन एडवोकेट'। बस रास्ता मिल गया था। गजोत्तम जी ने न सिर्फ़ रास्ता बताया बल्कि हमें छोड़ने के लिए डी. एल. भाई के घर तक आए।

छोटी जगह के लोगों का निश्छल स्नेह और मदद का जज़्बा आज भी याद है। माँ और नोनी दोनों धन्नालाल भाई के घर पर ठहरे हुए थे। मुझे देखकर दोनों बहुत ख़ुश हुए। कई महीनों के बाद मिलने पर माँ को मैं दुबली और काली लग रही थी। मामा अगली बस पकड़कर वापस भवानी मंडी चले गए थे। दो दिन रहने के बाद मैं भी वापस भवानी मंडी आ गई थी।

लँगड़ाती ज़िन्दगी की बैसाखी यह नौकरी

कुछ दिनों में माँ ने झालावाड़ की एक हवेली में कमरा किराए पर ले लिया। पहचान के लोगों का झालावाड़ से भवानी मंडी आना-जाना लगा रहता। माँ उनके हाथों कभी गेहूँ तो कभी ज्वार का एक-दो किलो आटा या राशन का कुछ सामान भिजवा देती थीं। इस तरह राम-राम करके हमारे घर में दोनों वक़्त चूल्हा जलने लगा था।

एक दिन अचानक एक छोटा-सा बच्चा, जिसकी नाक थोड़ी मोटी थी और जो साँवला व दुबला-पतला था। आटा-चीनी और कुछ मसाले लेकर झालावाड़ से भवानी मंडी आया। उसका नाम कैलाश था। माँ ने उसे सारा सामान लेकर बस पर चढ़ा दिया था।

कैलाश पाँचवीं कक्षा में माँ के स्कूल में था। माँ से उसे इतना प्यार था कि हमारे ही पास रहने लगा। झालावाड़ में जो हमारा पहला किराये का कमरा था, कैलाश का परिवार वहीं पड़ोस में रहता था।

हर वक़्त हम लोगों से डाँट खाने वाला कैलाश, नोनी से एकाध साल ही बड़ा था। धीरे-धीरे कैलाश हमारे घर का हिस्सा बन गया। वह अपने घर नहीं जाता था। हमारे घर को ही बसेरा बना लिया था। नोनी के लिए जो भी कपड़े बनते, माँ वैसे ही कपड़े कैलाश के लिए बनवाती थीं।

इस तरह मुझे रौब झाड़ने के लिए अब दो छोटे भाई मिल गए थे। कैलाश और नोनी।

भवानी मंडी में एक दिन दोपहर को हम लोग खाना खाकर बैठे थे। मैं अपने उसी पुराने रेडियो को चलाने की जद्दोजहद में लगी हुई थी। बाबूजी इन्तज़ार में थे कि कब रेडियो बोले और वे अपनी ख़बरें सुनें। तभी अचानक दरवाज़े पर दस्तक हुई, मैंने दरवाज़ा खोला तो सामने एक शर्मीला, साँवला, दुबला-पतला, चौड़ी मोहरी का बेलबॉटम पहने राजेश खन्ना व अन्नू भैया की तरह लम्बे बाल वाला, हाथ में पुराना-सा ब्रीफकेस लिये एक युवक खड़ा था, जिसका नाम था 'फ़रहत ख़ान'।

ज़िन्दगी बहुतेरे लोगों के सहयोग से अपने अन्त तक पहुँचती है। हज़ारों लोगों का योगदान मेरे जीवन में रहा जिनमें फ़रहत ख़ान जिन्हें हम फ़रहत भाई कहते थे, बहुत महत्त्वपूर्ण हैं।

फ़रहत भाई उम्र में अन्नू भैया से तीन-चार साल ही बड़े होंगे। माँ ने उनके हाथों झालावाड़ से आटा, चावल, चीनी और मसाले भिजवाए थे। माँ अभी तक झालावाड़ में पूरी तरह व्यवस्थित नहीं हुई थीं, इसलिए हम अभी तक 'सेफ़ू ऑयल मिल' वाले मकान में ही थे।

मैंने फ़रहत भाई को पानी पिलाया। फिर सब बातें करने लगे।

कुछ देर इधर-उधर की बातें करने के बाद वही हुआ जिसका मुझे डर था। अचानक बाबूजी मुझसे बोले, "फ़रहत को खाना तो खिलाओ।" यह सुनते ही मैं सकते में आ गई, क्योंकि रसोई में सिर्फ़ एक रोटी बची हुई थी। उस दिन लाल ज्वार की रोटी और भरवा भिंडी बनी थी। मुझे ज्वार की रोटी बनानी नहीं आती थी। हमारे ख़ानसामा परसराम भैया भी अपने घर भरतपुर जा चुके थे। हम लोग माँ के पैसों के इन्तज़ार में ही बैठे थे कि कब पैसा आए और कब हम तेल वग़ैरह लाएँ।

पीतल के स्टोव में मिट्टी का तेल आख़िरी हिचकी ले चुका था। कुछ और बनने की उम्मीद भी नहीं थी।

ज्वार की वह बची हुई रोटी कुछ मोटी, कच्ची और कुछ जली-सी थी। न जाने क्यों भिंडी भी एक ही बची थी।

ख़ैर बाबूजी कहते थे, 'दावत-ए-शीराज़'। जो कुछ भी हो अपने पास वही मेहमान को पेश करो। तो लाल ज्वार की एक मोटी रोटी और उस पर एक अदद भिंडी ही फ़रहत भाई को परोसी गई। उन्होंने बड़े चाव से वह रोटी खाई। राज़ बाद में पता चला। भूख के मारे उनके पेट में चूहे दौड़ रहे थे।

फ़रहत भाई से माँ का परिचय ट्रेन में हुआ था। जब माँ मुशायरे में मेरठ जा रही थीं और फ़रहत भाई अलीगढ़ यूनिवर्सिटी। दो बतुन्नों (ज़्यादा बात करने वाले) में पहचान हो गई। इस तरह फ़रहत भाई हमारे परिवार का अभिन्न अंग हो गए।

फ़रहत भाई अलीगढ़ यूनिवर्सिटी में जिओलॉजी में एम.एससी. कर रहे थे, और पार्ट टाइम में 'लोकधन बचत योजना' का काम भी करते थे ताकि कुछ आमदनी हो जाए। बहुत सारे खेत और ज़मीन के बावजूद उनका घर भी अभाव से घिरा हुआ था। तीन भाइयों का परिवार एक ही घर में रहता था।

उनके बड़े-से मकान को शहर में कोठी के नाम से पुकारा जाता था। कोठी लगभग दस हज़ार स्क्वायर फ़ीट में बनी हुई थी, जिसके चारों तरफ़ दूर-दूर तक खेत थे। जब ये तीनों भाई-बहन छोटे ही थे, तभी उनके पिता की मृत्यु हो गई थी। सबसे बड़ी बेटी थीं कमरुन आपा। वे उस समय सिर्फ़ तेरह-चौदह की थीं। उसके बाद नसरत भाई, रफ़त भाई और फ़रहत भाई। सबसे छोटी मुन्नों आपा थीं। अम्मी (फ़रहत भाई की माताजी) का एक तो सीधी-सादी पर्दानशीं होना, दूसरे, पढ़ी-लिखी न होना, ये दोनों बातें दुनिया में लुटने और बरबाद होने के लिए काफ़ी थीं। इसलिए अम्मी के छोटे भाई जिन्हें हम सब भी बड़े मामू पुकारते थे, वे हमेशा के लिए बहन की सहायता करने झालावाड़ आ गए। दोनों ने मिलकर पाँचों बच्चों को पाला।

इन सब लोगों से हमारा इतना घरोपा हुआ कि इन तीनों भाइयों को माँ राखी बाँधने लगीं। नसरत भाई की बीवी रानी भाभी और रफ़त भाई की बीवी अफ़सर भाभी, दोनों माँ और बाबूजी को बहुत प्यार करतीं, सारे तीज-त्योहार रस्मों पर मामी और भाभी की भूमिका निभातीं। हम लोग एक-दूसरे के सुख-दुख में हमेशा शामिल होते। माँ को अम्मी का 'कमल' कहकर पुकारना बहुत अच्छा लगता था।

ईगल की विदाई

गली में मेहतरानी के झाड़ू की खच-खच से सुबह होने की आहट आ रही थी। माँ झालावाड़ में थीं। हम सब भवानी मंडी में थे। घर की ज़िम्मेदारियाँ, मुझे जल्दी उठने

पर मजबूर करतीं। जब तक ईगल मुझे चूमकर अपनी भाषा में कुछ-कुछ कहकर न उठाती, मैं पड़ी ही रहती थी।

उस दिन ईगल का मेहतरानी को देखकर भौंकना भी सुनाई नहीं पड़ रहा था। मैं उठकर आँगन में आई। ईगल आँगन के बीचोबीच पड़ी हुई थी। मुझे उसका इस तरह सोना अजीब लगा, क्योंकि मेरी आहट पर उसका पूँछ हिलाना, मुझे चूमना, चाटना, कुछ भी नहीं हो रहा था। मैं उसके पास गई, उसकी आँखें खुली थीं, साँसें थमी थीं। मेहतरानी ने मेरी तन्द्रा तोड़ी—"सीमा बाई तुम्हारी ईगल चली गई।"

ईगल जा चुकी थी। मेरे जीवन का वह हिस्सा नहीं रहा जो अपना था, जिसका नि:स्वार्थ प्यार हर पल, हर क्षण नया था। वह मेरी आहट को दूर से पहचान लेती थी। उसे पता था, मेरे स्कूल की छुट्टी कब होती थी। उसे मेरा बेसब्री से इन्तज़ार रहता था। उसने सबसे बुरे दिन हमारे साथ देखे थे।

मैं रोई, ख़ूब रोई। मैंने ईगल से शिकायतें कीं, "ईगल तुम इतनी जल्दी चली गईं, अभी तो माँ की नौकरी लगी थी। भरपेट दूध-रोटी खाने के दिन ज़्यादा दूर नहीं थे। कितने सालों तुमने आधा-अधूरा खाना ही खाया था। अब जबकि सब ठीक हो रहा था, तुम चली गईं।"

मेरा रोना थम ही नहीं रहा था। माँ फ़ौरन झालावाड़ से भवानी मंडी आईं। ईगल को दफ़नाया। ईगल ने हर हाल में हमारा साथ दिया था। कभी किसी के दरवाज़े जाकर रोटी नहीं माँगी। जैसे हम भूखे रहे वैसे ही वह भी रही। प्यार में उसके कोई कमी नहीं आई थी। उसके जाने के बाद माँ जब भी फ़िल्म 'हिन्दुस्तान की क़सम' का गाना 'है तेरे साथ मेरी वफ़ा, मैं नहीं तो क्या' सुनतीं तो रो पड़ती थीं। इस गाने से मुझे लगता जैसे ईगल हमें आश्वासन दे रही हो। सोचती हूँ, क्या ईगल फिर कभी मिलेगी?

यह प्रेम और मृत्यु से मेरा दूसरा साक्षात्कार था।

अलविदा भवानी मंडी

छोटी-सी तनख़्वाह में अब माँ पर दो घरों का ख़र्चा आ गया था। इसलिए तय हुआ कि भवानी मंडी छोड़ दी जाए और एक ही जगह का ख़र्च उठाया जाए। हमेशा के लिए भवानी मंडी को अलविदा कह दिया। भवानी मंडी के साथ ही छूटी वह ज़मीन, जहाँ गहरी मिट्टी में ईगल दफ़न थी। छूटे वे गाँव, वे गलियाँ, वह बचपन। छूटी भूखे सोने की वह आदत और नाटक-कम्पनी की औरत होने का अपमान और सामाजिक बहिष्कार।

1976 में हम सब झालावाड़ आ गए। अब था नया शहर, नये लोग, नया परिवेश।

यहाँ दूसरा किराये का घर था, फ़रहत भाई की कोठी।

कोठी क्या थी छोटा-मोटा महल था। चारों तरफ़ दूर-दूर तक फैले फ़रहत भाई के खेतों के बीच सफ़ेद रंग में पुती यह कोठी सिर उठाए, बाँहें फैलाए हमारा स्वागत कर रही थी।

कोठी वाला घर

कोठी में हमारे पास जो हिस्सा था, उसका किराया भी चालीस रुपये था। दो कमरे, एक रसोई, एक बड़ा सा कच्चा आँगन और बाहर दालान। कोठी अब हमारा घर हो गई थी और फ़रहत भाई का परिवार हमारा परिवार। बाबूजी उस घर के सबसे बड़े सदस्य हो गए थे। उनकी बहुओं पर माँ-बाबूजी का हक़ उनकी अपनी बहू से ज़्यादा था। वे सब बाबूजी का विशेष ध्यान रखती थीं।

अब तक पूरा शहर माँ को बड़ी दीदी के नाम से पुकारने लगा था। आदर्श स्कूल के सारे बच्चे माँ को बेहद प्यार करने लगे थे। शहर में कोई भी काव्य-गोष्ठी, मुशायरा, सभा और शादी-ब्याह माँ के बिना अधूरे थे। बाबूजी के खाने के शौक़ की वजह से सब्ज़ी-मंडी के सारे सब्ज़ीवाले बाबूजी को प्यार करने लगे थे। बाबूजी उन्हें कभी शलजम, कभी भेरे या कश्मीर की गुच्छी और मशरूम के बारे में बताते। सब्ज़ीवालों ने उनका नाम भी नहीं सुना होता था। बाबूजी उन सब्ज़ियों को बनाने की विधि से भी सब्ज़ी-मंडी वालों के ज्ञान को विकसित करते।

माँ पूरी तनख़्वाह लाकर मेरे हाथ में रख देती थीं। मुझे ही सब हिसाब-किताब रखना होता था। शायद माँ मुझे घर-गृहस्थी चलाने का ढंग सिखा रही थीं।

सब्ज़ी-मंडी में ही कविराज ज्ञानेन्द्र पथिक जी की हवेली थी। पथिक जी को माँ, बाबूजी पुकारा करती थीं, उनकी पत्नी को भाभी। उनके बड़े बेटे सर्वेश्वरदत्त, पत्रकार, कवि, समाजसेवी और कम्युनिस्ट थे। सर्वेश्वरदत्त कम्युनिस्ट पार्टी में थे। मुझसे उनकी ख़ूब छनती थी। उन्हें मैं बाद में कॉमरेड कहकर पुकारने लगी। बाद के वर्षों में कॉमरेड मेरे प्रिय मित्र बन गए। उनके घर के नाम से माँ उन्हें खुन्ना पुकारतीं।

इस तरह शहर में सम्मान, स्नेह और परिवार बढ़ता गया।

यहाँ माँ-बाबूजी को बहुत सम्मान मिला। उन्होंने पूरे शहर को एक परिवार में परिवर्तित कर दिया था। उन्हीं दिनों मुझ पर बागबानी का भूत सवार हुआ। मैंने घर के कच्चे आँगन में लौकी और सेम की बेलें लगाईं। उनमें इतनी लौकी और सेम आती कि वे लौकियाँ और सेमफलियाँ पूरे झालावाड़ में बाँटी जातीं। हाल यह हुआ कि लोग कई बार सेमफली लेने से हाथ जोड़ने लगे। घर में लौकी और सेम की इतनी सब्ज़ी बनने लगी कि नोनी ने अनशन कर दिया। एक साल तक इस घर में अगर ये दोनों सब्ज़ियाँ बनीं तो मैं खाना छोड़ दूँगा। अब नोनी बड़ा हो गया था।

बाबूजी को खाने और खाना बनवाने का बड़ा शौक़ था। उन्हें इन सेम की

फलियों के उपयोग की युक्ति सूझी। मेरी शामत आई। मुझसे उन्होंने सेम का अचार बनवाया। इस विषय पर मेरी और उनकी बड़ी झिक-झिक भी हुई। माँ तो स्कूल चली जातीं। घर की पूरी ज़िम्मेदारी मुझ पर होती। उस पर अचार का मसाला बीनना-कूटना, अचार डालना। कहाँ की मगज़मारी। पर बाबूजी की ज़िद और दहाड़ सी आवाज़ के आगे हम सब चूहे हो जाते थे। अचार बना। पूरा फेंका गया। कभी सेम का भी अचार पड़ता है? तेल-मसाले और मेरी मेहनत, सब बेकार। बाबूजी का मानना था, राई की कमी के कारण अचार में फफूँदी आई थी।

लेकिन सेम और लौकी की बढ़त देख, फ़रहत भाई की अम्मी अपने खेतों में पहला बीज अब मेरे हाथ से डलवाने लगी थीं। उनका कहना था, "सीमा के हाथ से बीज फलता है।"

इसी बीच अन्नू भैया झालावाड़ आ गए। मैं, माँ, नोनी और अन्नू भैया फ़रहत भाई की शादी में शामिल होने कोटा गए। उनकी पत्नी का नाम शकीला था, जो बाद में मेरी बड़ी अच्छी दोस्त बन गईं। वह दोस्ती आज भी कायम है।

अलीगढ़ : पढ़ाई और मुसीबतें

मेरे पढ़ने का प्रश्न था। एक साल लखनऊ में ख़राब हो गया था। उसका अब क्या करें? फ़रहत भाई ने रास्ता निकाला अलीगढ़ में अब भी प्राइवेट फॉर्म भरने की तारीख़ थी। मुझे मालूम था कि महीने के आख़िरी दिनों घर के ख़र्चे के लिए ही पैसे नहीं बचते। फिर माँ कैसे मेरा अलीगढ़ का दो सौ रुपये फ़ीस का ख़र्चा उठा पाएँगी? लेकिन माँ तो माँ होती है, सरकारी नौकरी में लोन की व्यवस्था होती ही थी।

मैं पहुँच गई अलीगढ़। फ़रहत भाई के दोस्त शाहिद फारूख़ वहाँ जिओलॉजी डिपार्टमेंट में थे। फ़रहत भाई और शाहिद भाई ने एम.एससी. एक साथ किया था। शाहिद भाई मेरे लोकल अभिभावक बन गए।

देर से अलीगढ़ जाने की वजह से मुझे हॉस्टल नहीं मिल सका था। हिन्दी के एक प्रोफ़ेसर की कोठी को, प्राइवेट पढ़ने वाली लड़कियों का हॉस्टल बना दिया गया था। वहाँ कई कमरे थे बड़े-बड़े। हर कमरे में तीन-चार पलंग और उतनी ही लड़कियाँ! वही हॉस्टल मेरा भी ठिकाना बना।

उस हॉस्टल का इन्तज़ाम शाहिद भाई ने ही किया था। हॉस्टल की एक ख़ासियत थी कि किसी लड़की के भाईजान भी वहाँ मिलने नहीं आ सकते थे।

मुझे यह व्यवस्था अजीब लगी। बाद में यह रहस्योद्‌घाटन हुआ कि लड़कियाँ प्रेमियों को भी भाई कहकर बुला लेती थीं। यह बात मेरे लिए एक सांस्कृतिक आघात थी। हम तो जिस तरह के घर से थे, वहाँ मुँहबोले, राखीबन्द भाई के बारे में ऐसी सोच भी असम्भव थी।

ख़ैर, जिस दिन उस हॉस्टल के अपने कमरे में मैं पहुँची, उस दिन गर्मी अपनी जवानी पर थी। लड़कियाँ अभी आई नहीं थीं। कमरे में ख़ाली पलंग थे। एक अकेली मैं ही थी पूरे कमरे में। मैं थकी थी, सो गई। रात को बहुत तेज गर्मी और मच्छरों के हमले से नींद खुली। बाहर से आती मध्यम रौशनी में मैंने पंखे का बटन दबाया। छत का पंखा खड़-खड़ की आवाज़ के साथ चला और मैं उसकी हवा की ठंडक और मच्छरों से निजात पाकर फिर से गहरी नींद में सो गई।

सुबह मेरी आँखें कुछ शोर से खुलीं। देखा, कमरे में उस हॉस्टल की मालकिन थीं और स्टूल पर चढ़ा एक आदमी पंखे को उतार रहा था। हॉस्टल की मालकिन थोड़ा शर्मिन्दा-सी होकर मुझसे बोलीं, "अरे बिटिया कैसे सोई होगी रात? यह नालायक (मिस्त्री को सम्बोधित किया गया था) तीन दिन से पकड़ में ही नहीं आया।"

रहस्य खुला कि इस पंखे को ख़राब हुए कई दिन हो चुके थे। वह चल ही नहीं रहा था। शायद दो दिन के ट्रेन और चार-पाँच घंटे बस-यात्रा से शरीर चूर था। न गर्मी का पता चला, न मच्छरों का।

इस घटना से मैंने एक बात सीखी कि जवानी की नींद, थकान और दिमाग़ का 'ऑटो सजेशन' आपको किसी भी तरह की गर्मी और मच्छरों से बचा सकता है।

कहावत है न कि 'सिर मुँड़ाते ही ओले पड़े'। मेरे अलीगढ़ में दाख़िला लेते ही, वहाँ हिन्दू-मुस्लिम फ़साद शुरू हो गए। फ़साद होते ही मुझे अलीगढ़ छोड़ना होता।

झालावाड़ से अलीगढ़ कोई सीधी ट्रेन नहीं थी। दो जगह बदलनी पड़ती थी। इसलिए मुझे कोटा या रामगंज मंडी से ट्रेन में बिठा दिया जाता। दिल्ली में स्टेशन पर काकाजी मुझे लेने आ जाते। एक-दो दिन उनके पास रहकर मुझे अलीगढ़ की बस में चढ़ा दिया जाता। बस-स्टैंड पर मुझे लेने शाहिद भाई आ जाते। यह क्रम चलता ही रहा, क्योंकि फ़सादों की वजह से मुझे जल्दी-जल्दी अलीगढ़ से झालावाड़ आना पड़ता था। ये फ़साद हमें छुट्टी दिलवाते। और फिर मैं, नोनी और कैलाश... हम तीनों की तिकड़ी बनती। उसकी सरगना मैं होती।

मैं अपनी तैराकी के करतब इन लोगों को दिखाया करती। फ़रहत भाई की कोठी के पीछे के खेत में एक कुआँ था। उसका चबूतरा पक्का था। उसके किनारे कबीट का एक घना पेड़ था। इस पेड़ के नीचे भैरो देवता की मूर्ति स्थापित थी। हम तीनों, माँ और बाबूजी से छिपकर यहाँ आते। नोनी को पानी से डर लगता तो वह किनारे पर बैठा रहता। मैं जो भी कपड़े पहने आती उसी में कुएँ में कूद-कूदकर घंटों तक तैरती थी। एक दिन मैक्सी पहने हुए ही मैं कुएँ में कूद गई। उस मैक्सी की झालर, जो शायद नीचे से थोड़ी-सी फट गई थी, मेरे पैरों में उलझ गई। मैं जितनी ऊँचाई से कूदी थी उतनी ही गहराई में अन्दर जा रही थी। ऊपर आने के लिए ज्यों ही मैंने पानी

में पैर चलाया, मेरे दोनों पैर फटी हुई झालर में और उलझ गए। मैं ऊपर आने के बदले धीरे-धीरे अन्दर जाने लगी। मेरी साँस घुटने लगी। इस घबराहट में मैंने आँखें खोली और मुझे सामने कुएँ की दीवार में एक बड़ा-सा दरवाज़ा नज़र आया, जिस पर एक पुराना ताला लगा हुआ था। वह दरवाज़ा और वह पुराना ताला देखकर मेरी घिग्घी बँध गई। मैं दहशत में न जाने क्या कर बैठी कि मेरे पैर झालर से बाहर आ गए और मैं पानी की सतह पर। उस दिन के बाद से मैंने स्वयं ही कुएँ में कूदने के अपने करतब पर पूर्णविराम लगा दिया।

लेकिन कुएँ के पास बैठकर मुझे जो ठंडक का एहसास होता था उसके लिए मैं बहुत देर तक कुएँ के पास बैठी रहती थी।

गर्मियों की दोपहर में पनचक्की और ढेकल (एक पक्षी) की दूर से आवाज़ एक अजीब-सा सन्नाटा पैदा करती थी। खाना खाकर माँ-बाबूजी जब सो जाते, तब हम तीनों पीछे के खेत में और उसी कुएँ की मुँडेर पर बैठते। मैं सूखे पड़े काले-मिट्टी के खेतों और दूर नज़र आते तालाब में खिले कमल के फूलों को देखती। मुझे पता नहीं नोनी और कैलाश, जो उस समय दस-बारह साल के रहे होंगे, क्या सोचते थे। लेकिन मैं आज भी बता सकती हूँ उस नज़ारे को देखकर मुझे शान्ति मिलती थी। आज उसके बारे में लिखकर भी वही महसूस हो रहा है।

जैसे-जैसे मेरा परिचय मार्क्सवाद और उससे सम्बन्धित भारतीय और विदेशी साहित्य से हो रहा था, वैसे-वैसे मेरी सोच, मेरी समझ अलग ही रूप ले रही थी। रूसी साहित्य ने हीन-भावना से ग्रस्त मेरे मानस को थोड़ा-थोड़ा बल देना शुरू कर दिया था। समाज और व्यक्तियों की सीमित सोच मुझे परेशान करने लगी थी। ऐसी ही एक घटना मैंने प्रत्यक्ष अपनी आँखों के सामने होते देखी। उसे देखकर प्रेम, स्नेह, आदर जैसे शब्दों के ऊपर सामाजिक मान्यताओं का क्रूर होने की हद तक असर देखा। मैं, टॉल्स्टॉय की 'अन्ना कैरेनिना' को समझने लगी थी। इसलिए एक लड़की के बिना शादी के माँ बनने की घटना ने मुझे समाज के बारे में सोचने पर मजबूर कर दिया।

अचानक कोठी के पड़ोस में एक मुस्लिम लड़की के चर्चे होने लगे, जो बिना शादी के माँ बनने वाली थी। लड़की के परिवार वाले उसको और उसके प्रेमी को मार डालना चाहते थे। जवानी, और जवानी के हार्मोन कितने घातक होते हैं यह समाज को पता नहीं होता। वह लड़का उसका दूर का भाई था। आनन-फ़ानन में उन लोगों की शादी करने का फ़ैसला होने लगा। लेकिन लड़का शादी के क़तई ख़िलाफ़ था, क्योंकि लड़की काली थी और देखने में सुन्दर नहीं थी। पूरे समाज में लड़की की ही थू-थू हो रही थी। लड़के के बारे में कोई चर्चा नहीं कर रहा था। लड़की ने आत्महत्या करने की कोशिश की।

मैं सोच रही थी यह प्रेम कितना उथला और कितना सतही था। साँवली लड़की

के साथ सोया जा सकता है, लेकिन शादी नहीं की जा सकती।

इस घटना से मुझे समाज के कुरूप चेहरे को देखने का मौक़ा मिला। स्त्री कितनी अकेली है। सामाजिक रूप से कहे या समझे जाने वाले गुनाह की सिर्फ़ वही अकेली गुनहगार होती है। साहित्य ने और मार्क्सवाद ने मेरी सोच को संकीर्ण नहीं होने दिया। मैं छोटी-सी जगह पर रहकर भी, संकीर्ण सोचवाले समाज में रहकर भी, कम-से-कम स्त्री के बारे में वैसा नहीं सोचती थी।

कॉमरेड सर्वेश्वर से मिलने जेल जाना

मैं मार्क्सवाद से प्रभावित होने के साथ-साथ मार्क्सवादियों से भी बहुत प्रभावित थी। इसलिए झालावाड़ में सी.पी.आई. यानी कम्युनिस्ट पार्टी ऑफ़ इंडिया के ज़िला सेक्रेटरी कॉमरेड सर्वेश्वरदत्त से मेरी जल्दी दोस्ती हो गई। वे जुझारू, मददगार होने के साथ-साथ कवि भी थे। इसी बीच एक घटना हुई। सर्वेश्वर जी के दोस्त थे जिनकी अंग्रेज़ी बहुत अच्छी थी। माँ ने उनसे आग्रह किया कि वह मुझे अंग्रेज़ी पढ़ा दें। अब उनका प्रतिदिन का काम था, मुझे एक घंटा अंग्रेज़ी पढ़ाना। माँ का स्कूल दोपहर का था। वे सुबह दस बजे चली जातीं और शाम को पाँच-छह बजे तक वापस घर आतीं। सर्वेश्वर जी के दोस्त इसी बीच आकर मुझे पढ़ा जाते। एक दिन वह जल्दी आ गए। पढ़ाने लगे तो पढ़ाते ही गए। दोपहर हो गई। नोनी और मैं भूखे थे। हमने खाना नहीं खाया था। इन्तज़ार में थे कि कब यह महाशय जाएँ और हम खाना खाएँ। लेकिन वे जाने का नाम ही नहीं ले रहे थे। नोनी ऊँघने लगा। मैं इन महोदय को समय याद दिलाना चाहती थी, काफ़ी समय हो गया, अब आप जाइए। अपने इन टीचर महोदय को इशारे से समझाने के लिए नोनी से कहा कि "अगर तुझे नींद आ रही है तो तू सो जा।" दुर्भाग्य से इन महोदय ने इसे लाइन क्लियर करने का मेरा इशारा समझा और वह मुझसे अंग्रेज़ी में चुम्बन माँग बैठे। मैं बहुत डर गई। मेरी समझ में नहीं आ रहा था कि मैं क्या करूँ। सौभाग्यवश मुझे दूर से आते सर्वेश्वर जी नज़र आए। मैं बेतहाशा दौड़ती हुई उनके पास गई और उनके गले लगकर रो पड़ी। वे समझ गए कि कुछ गड़बड़ हुई है। उस समय वे अपनी पार्टी की रैली में लोगों को लेकर जयपुर जा रहे थे। सर्वेश्वर जी को देखकर उनके दोस्त तो वहाँ से निकल लिये लेकिन तब से मेरा और सर्वेश्वर जी का अटूट मैत्री और स्नेह का एक रिश्ता बन गया जो आज तक है। वह मेरे हर अच्छे-बुरे समय में साथ रहे। उनसे मेरा बाबूजी की तरह सात ख़ून माफ़ करने वाला रिश्ता बन गया।

उन दिनों प्रदर्शन का दौर चल रहा था। झालावाड़ में प्रदर्शन के दौरान कॉमरेड सर्वेश्वर पर पुलिस की बहुत लाठियाँ पड़ीं और उन्हें व उनके प्रदर्शनकारी साथियों को जेल में डाल दिया गया।

मैं नोनी को लेकर जेल पहुँच गई अपने कॉमरेड से मिलने। इस ख़बर से पूरे शहर में हड़कम्प मच गया। उन दिनों किसी मध्यवर्गीय लड़की का जेल में किसी से मिलने जाना अपने-आपमें बहुत बड़ी बदनामी की बात थी। हालाँकि सर्वेश्वर जी राजनीतिक बन्दी थे लेकिन मुझे जेल में मिलने आया देख वे भी सकपका गए। उन्होंने मुझे आइन्दा आने से मना कर दिया। माँ ने मुझे इस तरह जेल जाने पर बहुत लताड़ लगाई। उस दिन मुझे खाना भी नहीं दिया गया। बाबूजी के लिए यह इतनी कोई बड़ी बात नहीं थी। वे सर्वेश्वर जी को बहुत प्यार करते थे। माँ अपनी जगह सही थीं। माँ को हमेशा से ही लोगों की चिन्ता रही थी। बड़ी मुश्किल से तो यहाँ समाज में सम्मान मिल रहा था। यहाँ कम्पनी की औरत का तमगा जो नहीं लगा था। सर्वेश्वर जी से जेल में तो मिला नहीं जा सकता था लेकिन देखा तो जा सकता था।

जिस जेल में सर्वेश्वर जी थे, उसके अहाते में दीवार से लगा नीम का एक बहुत ऊँचा, विशाल पेड़ था। सर्वेश्वर जी उस पेड़ पर बैठकर बाँसुरी बजाते थे। मैं और नोनी थोड़ी दूरी पर सड़क पर खड़े होकर उन्हें हाथ हिलाते थे। स्नेह के रिश्ते इतने मज़बूत होते हैं यह मैंने उस समय जाना था। अब उस नीम के पेड़ पर सर्वेश्वर जी को बाँसुरी के साथ रोज़ देखा जा सकता था। हम लोग रोज़ वहाँ एक-दूसरे की तरफ़ हाथ हिलाते और हँसते। जेल के अधिकारी परेशान थे। हमारे इस नीम के मिलन ने बेचारे नीम को शहीद कर दिया। अधिकारियों ने उस नीम की डालियाँ कटवा दीं, जो जेल की ऊँची-ऊँची दीवारों से भी ऊपर जा रही थीं। राजनीतिक क़ैदियों को जेल ज़्यादा समय तक चारदीवारी में रखने में असमर्थ होती है। कॉमरेड सर्वेश्वरदत्त बाहर आ गए थे।

मैं अनुशासन में ज़रूर थी, पर मन में एक विद्रोही मार्क्सवादी के अंकुर फूटने लगे थे। मेरा मार्क्सवादी कम्युनिस्ट पार्टी सी.पी.एम. की तरफ़ रुझान हो गया। इसी बीच कोटा की कम्युनिस्ट पार्टी वालों के सम्पर्क में आई और पार्टी के लिए काम करने लगी। जैसे किताबें पढ़ना, बारां क़स्बे के कॉलेज में जाकर ग़रीबों के हक़ के लिए बोलना।

झालावाड़ कॉलेज के विद्यार्थियों को एस.एफ.आई. यानी स्टूडेंट फ़ेडरेशन ऑफ़ इंडिया, जो मार्क्सवादी पार्टी का युवा घटक था से मैंने परिचित करवाया और विद्यार्थियों को उसका सदस्य बनाया।

कभी-कभी झालावाड़ में पार्टी की मीटिंग होती। कई बार कोठी के आँगन में मैंने पार्टी की मीटिंग आयोजित की, जिनमें बाबूजी ने हिस्सा लिया, वह मुख्य वक़्ता होते थे।

कई मीटिंग में कुछ बड़े मार्क्सवादी नेता भी शामिल हुए। बाबूजी की राजनीतिक जानकारी और उनके मार्क्सवाद पर बोलने पर सब अचम्भित थे। उस दिन मैंने

बाबूजी का एक नया आयाम देखा।

शहीद दिवस के सिलसिले में कोटा शहर में बहुत बड़े स्तर पर आयोजन किया जा रहा था। भगत सिंह, राजगुरु और अशफ़ाक उल्ला ख़ान के फाँसी वाले दिन को पार्टी बड़े स्तर पर मनाती थी। कोटा में यह आयोजन था। इसके लिए मुझे भी झालावाड़ से बुलाया गया था। मैं अपने-आपको कॉमरेड सीमा कहलवाने पर गौरवान्वित महसूस करती थी। मैंने माँ को मनाया और वह मुझे दूसरे कॉमरेड साथियों के साथ कोटा भेजने के लिए तैयार हो गईं। अलग-अलग प्रदेशों से मज़दूर और लीडर आए थे। जोश का माहौल था। मैं सब लोगों की एकता, समर्पण और नेताओं की बुद्धिमानी देखकर ख़ुश थी।

एक कॉमरेड साथी ने मुझे कुछ लीडरों से मिलवाया। मथुरा के कॉमरेड सव्यसाची, कॉमरेड हरकिशन सिंह सुरजीत और केरल के कॉमरेड ई.एस. नम्बूदरीपाद का बोलना सुनकर मैं अभिभूत थी।

मुझे शाम से पहले वापस घर पहुँचना था, लेकिन कार्यक्रम के चलते देरी हो गई और हम रात की आख़िरी बस से झालावाड़ आए।

माँ ने दरवाज़ा खोलने से इनकार कर दिया। मेरे कॉमरेड साथी मुझे छोड़कर अपने-अपने घर चले गए। मैं पूरी रात घर के बाहर बैठी रही।

सुबह माँ ने मुझसे बात तक नहीं की। मेरे माफ़ी माँगने पर उन्होंने मुझे माफ़ तो कर दिया, लेकिन मेरी समझ में एक बात आ गई थी। अब मैं बड़ी हो गई थी। इसलिए माँ का हाथ मेरे ऊपर नहीं उठा था। पता नहीं क्यों, ऐसा लगा जैसे बड़े होते ही माँ से दूरी हो गई थी।

मैं पूरी तरह से मार्क्सवादी हो गई। और हो गई पक्की नास्तिक।

अब मुझे सुनी हुई बातों से क्रान्ति लानी थी। अचानक मेरी नज़र फ़रहत भाई के खेत में हल चलाते गुलाबा और बीज बोती उसकी बीवी पर पड़ी। मैं उन्हें समाजवाद और उसके बाद की दुनिया के बारे में बताने लगी। जहाँ सबके पास मुफ़्त के घर, रोटी और शिक्षा होने वाली थी। ऐसा स्वप्न जैसा देश, रूस है, यह बात अपने लीडरों के भाषण में कई बार सुन चुकी थी। सारा रूसी साहित्य भरा पड़ा था ऐसे सपनों से। मेरा भाषण सुनकर गुलाबा गद्गद हो गया। उसकी बीवी तो अभी से सपनों में खो गई बोली, "तो बाई सा यो समाजवाद इस महीने आ जावेगो?" तभी गुलाबा ने अपनी बीवी के अनपढ़ दिमाग़ को कोसा—"अरे बाउली अतरीक़ जल्दी थोड़ी आवेगो, हाल साल-छह महीना तो लागेंगे, क्यों न सीमा बाई?" (अरे पगली इतनी जल्दी थोड़ी आएगा, अभी साल-छह महीने लगेंगे)

छह महीने के बाद से सीमा बाई उन राजस्थानी मियाँ-बीवी के सामने पड़ते ही रास्ता बदल देती थीं। वे लोग आज तक समाजवाद की राह देख रहे हैं।

छोटे-मोटे दिल के मसले

मैं अभी बी.ए. के पहले साल में ही थी, और फ़साद के चलते घर झालावाड़ आई हुई थी कि एक दिन अचानक जैसे शहर और मेरे जीवन में ज़लज़ला आ गया।

हुआ यों कि झालावाड़ में नये युवा कलेक्टर साहब का बड़ा बोलबाला हो गया था। शायद उन्होंने किसी ग़रीब किसान की वजह से वहाँ के एम.एल.ए. को थप्पड़ मार दिया था। बस, ऐसे जाँबाज़ कलेक्टर को देखने की इच्छा मेरे मन में जाग गई।

सत्रह-अठारह साल की उम्र में दिल धड़कना तो लाज़िमी था। मैं, नोनी और कैलाश (इन दोनों को मेरा साथ मजबूरी में देना पड़ता था), तीनों कलेक्ट्रेट के सामने खड़े थे। एम्बेसडर कार तेज़ी से आकर अचानक हमारे पास रुकी। एक दुबला-पतला स्मार्ट युवक तेज़-तेज़ क़दमों से सीढ़ियाँ चढ़ता हुआ ऑफ़िस में चला गया। हम तीनों उसे ऐसे देख रहे थे जैसे फ़िल्म का कोई हीरो सिनेमा के पर्दे से निकलकर साक्षात सामने आ गया हो।

कलेक्टर ऑफ़िस में जितने लोग काम करते थे तक़रीबन सबसे हमारा परिचय था। अब मैं उन लोगों से मिलने में रुचि लेने लगी थी। मैं उनसे उस कलेक्टर के बारे में पूछती और मुझे उसकी तरह-तरह की जाँबाज़ी की कहानियाँ सुनने को मिलतीं।

एक रोज़ इतवार की दोपहर मैं, नोनी और कैलाश को लेकर कलेक्टर साहब के घर चली गई। दरबान से कहा कि हम उनसे मिलना चाहते हैं। कलेक्टर साहब ने हमें फ़ौरन बुला लिया। हमसे पूछा, "क्या काम है!" मेरे पास कोई जवाब तो था ही नहीं, मैंने कहा, "शहर में हमसे ज़्यादा ईमानदार कौन है उसे देखने आए हैं।" वे मुस्कराए और हम उन पर और भी ज़्यादा फिदा हो गए। मुझे उसका मेरे प्रति बच्चों की तरह व्यवहार अखर रहा था (वैसे वह भी बेचारा मजबूर था, मैं थी ही इतनी छोटी)। लेकिन उसे कहाँ पता था कि मुझे उसमें गोर्की के उपन्यास का 'पावेल' नज़र आ रहा था।

दूसरी मुलाक़ात के लिए भी मुझे बड़े पापड़ बेलने पड़े। कॉलेज के लड़कों को इकट्ठा किया। कोई मुद्दा निकालने के लिए मैंने एक तरकीब सोची। जितने भी विद्यार्थी गाँव से आकर झालावाड़ में रहने लगे हैं, उनके लिए अस्थायी राशन कार्ड बनवाया जाए, ताकि उनको मिट्टी-तेल लेने में समस्या न आए। इस मुद्दे को लेकर हमने एक रैली निकाली। आगे-आगे मैं नारे लगाती जा रही थी, साथ में नोनी और कैलाश ने बैनर पकड़ा हुआ था और थोड़ी ही देर बाद हम कलेक्टर साहब के सामने थे। कलेक्टर ने दो-तीन लोगों को ही अन्दर बुलाया और हमारी माँगें जाननी चाही। मैंने उन्हें मिट्टी-तेल के बारे में बताया, वे मुस्कराए और उन्होंने कहा कि हम अस्थायी राशनकार्ड बनवा देंगे। अब मेरे पास वहाँ और बैठने का कोई बहाना नहीं था। जब मैं जाने लगी तो उन्होंने मुझे आवाज़ दी और कहा, 'माँगें तो कुछ

बड़ी लाया कीजिए!'

अब उस कलेक्टर को देखना, हर रोज़ का काम हो गया था। जहाँ-जहाँ से वह गुज़रते थे, हम उन्हीं रास्तों पर खड़े हो जाते और उन्हें जाते हुए देखते। उन दिनों कलेक्टर भी बहुत ऊँची चीज़ हुआ करते थे। आम लोगों की पहुँच से बहुत दूर। तो यह जो अनुपलब्धता थी वह लोगों में उत्सुकता और हीरोइज्म पैदा करती थी।

फिर मैंने तो अभी बच्ची का खोल उतारा ही था। दिल ने थोड़ा-थोड़ा अलग ही तरह से धड़कना शुरू किया था। यह रोज़ का देवता-दर्शन, नोनी और कैलाश के अन्दर चिढ़ पैदा कर रहा था। उन्हें बेकार में ही सड़क के किसी भी कोने-किनारे धूप में खड़े रहना पड़ता था। मुझे तो दर्शन-लाभ और ख़ुशी मिल रही थी। उनके लिए पाने को कुछ भी न था। तीसरी जो बड़ी बात थी, वह थी, छोटा शहर जहाँ लड़कियों का सड़क पर खड़े होना अच्छा भी नहीं समझा जाता था।

जब कलेक्टर अपने घर से सुबह दफ़्तर निकलते, बस एक वही टाइम था जब उनके दर्शन-लाभ होते थे। कर्मठ व्यक्ति था इसलिए ऑफ़िस छोड़कर जाने का उसका कोई टाइम निश्चित नहीं था। वैसे भी सूरज डूबने के बाद हमारे कहीं भी जाने पर मनाही थी। ले-देकर सुबह नौ से दस बजे का टाइम मुझे मिलता, जब माँ स्कूल चली जाती थीं। नोनी-कैलाश के स्कूल दोपहर से होते थे। मैं किसी-न-किसी बहाने उनके रास्ते पर खड़ी हो जाती।

एक दिन मैंने एक तरकीब निकाली। साइकिल की चेन उतारकर उसको चढ़ाने का नाटक करें और इस बहाने रास्ते पर तब तक खड़े रहें, जब तक वे महाशय अपनी एम्बेसडर कार से वहाँ से गुज़र न जाएँ। चेन उतारी गई पर न हमारी चेन चढ़ पा रही थी और न कलेक्टर साहब ही निकल रहे थे। उन्हें शायद उस दिन देर हो गई थी। एक घंटे से चेन नहीं चढ़ने की वजह से, सामने रहने वाले दुलीचन्द जी वकील साहब ने हमसे पूछा, "क्या हो गया बच्चों? अच्छा साइकिल की चेन उतर गई?" उन्होंने फ़ौरन अपने नौकर से चेन चढ़वा दी। इश्क़ का भूत साइकिल की चेन चढ़ने के साथ ही उतर गया।

आज कभी जब सोचती हूँ, तो अपने-आप पर हँसी आती है। बचपन में कैसे-कैसे इश्क़ हो जाते थे। देखने भर से ही तसल्ली हो जाया करती थी।

अभी मैं तीसरी रैली निकालने का मुद्दा सोच ही रही थी कि कलेक्टर साहब का ट्रांसफ़र हो गया। उन दिनों मैं गायक मुकेश के विरह के गीत ज़्यादा गाने लगी थी।

इश्क़ नम्बर टू और
एक गुनाह जो मुझे आज भी सताता है

यह भी उन्हीं फ़साद के छुट्टी वाले दिनों की बात है। कलेक्टर साहब के जाते ही

अन्नू भैया दिल्ली एन.एस.डी. से कुछ दिनों के लिए घर आ गए। घर में जैसे बहार आ गई थी।

उन्हीं दिनों भारत-पाक क्रिकेट मैच चल रहा था। बाबूजी रेडियो पर घर के अन्दर दिन-भर मैच की कमेंट्री सुनते रहते। कोठी के बाहर मैं, नोनी और अन्नू भैया क्रिकेट खेलते। हालाँकि मुझे क्रिकेट में कोई दिलचस्पी नहीं थी। अन्नू भैया ने मुझे एक पुरानी जींस और क़मीज़ भी दे दी थी। जींस और क़मीज़ हो तो क्रिकेट ही खेला जाता है। हमारा खेल बीच-बीच में थोड़ा रुक जाता, क्योंकि बाबूजी पेशाब करने नीम के नीचे आते।

बाबूजी की आदत थी, पेशाब करने जाते तो अपनी बड़ी मोहरी के पाजामे का पाँयचा दूर से ही उठा लेते थे। बाबूजी को आता देख अन्नू भैया उनसे स्कोर पूछते, इत्तफ़ाक़ से जितनी बार वे बाहर आते हमें भारत के किसी विकेट के गिरने की सूचना देते। हमारी समझ में तब आया कि बाबूजी को भारत के विकेट गिरने का तनाव होता था। इसलिए बाबूजी ने विषाक्त पानी के विसर्जन को तनाव-मुक्ति का साधन बना लिया था!

इधर मैं थी कि न तो रन ही बना रही थी और न ये दोनों मुझे आउट कर पा रहे थे। उधर बाबूजी का विसर्जन के लिए बाहर आना बढ़ने लगा था। बाबूजी इस बार बाहर आए, लेकिन विसर्जन के लिए नहीं बल्कि ख़ुशख़बरी देने कि भारत मैच जीत गया था। हमारे मैच का अन्त कुछ यों हुआ कि मुझे आउट नहीं कर पाने की वजह से अन्नू भैया ने झुँझलाहट में बैट फेंक दिया।

इस तरह क्रिकेट और अन्नू भैया की छुट्टियाँ, दोनों ख़त्म हुईं और वे कुछ दिन कोठी पर रहकर दिल्ली वापस चले गए। हमारी ज़िन्दगी फिर अपने ढर्रे पर चलने लगी। अब उसमें जींस और शर्ट भी शामिल हो गई थीं। माँ ने एक बकरी भी पाल ली थी। बकरी का नाम था 'कस्तूरी'। माँ कस्तूरी को बहुत प्यार करती थीं। कस्तूरी को एक बच्चा भी हो गया। बच्चा बकरा था, फिर भी माँ उसे बेचना नहीं चाहती थीं। जब कभी घर में दूध ख़त्म हो जाता, कोई मेहमान आ जाता तो माँ फ़ौरन कस्तूरी को आवाज़ लगातीं, वह माँ के पुकारने पर जवाब भी देती थी। माँ कहतीं, कस्तूरी दो कप चाय के लिए दूध चाहिए। और लो जी, दूध तैयार। एक-दो कप चाय के लिए दूध तो वह हर वक़्त दे ही देती थी। लेकिन उसकी पत्ती और घास बाज़ार से लाने की ज़िम्मेदारी मेरी ही थी।

अन्नू भैया के आने से मैं कलेक्टर साहब को भूल गई थी, उनके जाते ही मैं फिर से देवदास बन गई। मेरे अन्दर के गायक मुकेश मुखर हो उठे।

ऐसी ही उदासी में गर्मियों की एक दोपहर, अपने टूटे दिल को किसी तरह समेटे हुए मैं आँगन की बगिया में अपनी छोटी-सी लौकी और सेम की बेलों की गुड़ाई कर रही थी, तभी एक अजनबी शोर ने ध्यान खींचा।

कोठी और आसपास के खेत में काम करने वाले लोग भी अपनी झोंपड़ियों और घरों से बाहर निकलकर आकाश की तरफ़ देखने लगे। यह आवाज़ झालावाड़ के लिए बिलकुल नई थी।

आकाश में दो हेलिकॉप्टर तैर रहे थे। बरसों-बरस में कभी कोई बड़ा नेता भूले से झालावाड़ आया था, उसके लिए शहर से बाहर हेलिपैड बनाया गया था। वहाँ अब एक कच्चा समतल मैदान नज़र आता था। हम सब देख रहे थे, उन हेलिकॉप्टरों ने दूर ज़मीन पर धीरे-धीरे उतरना शुरू कर दिया था। हम लोगों के कौतूहल का ठिकाना नहीं रहा। देखते ही देखते अचानक कबीट वाले कुएँ पर आर्मी के जवान दिखाई देने लगे। उन्होंने टेंट लगाना शुरू कर दिया। यह आर्मी वालों की ड्रिल थी।

अब हमारे लिए मनोरंजन का साधन आ गया था। मैंने साइकिल उठाई, नोनी आगे डंडे पर और कैलाश उचककर कैरियर पर बैठ गया। हम भागे-भागे हेलिपैड पर गए, आर्मी के दो हेलिकॉप्टर खड़े थे। एक कैप्टन (बाद में पता चला, उनका नाम कैप्टन नेहरा था। थोड़ी उम्र वाले थे) ने कहा, "बच्चों हेलिकॉप्टर नज़दीक से देखना है?" नोनी और कैलाश हेलिकॉप्टर को देखने पास चले गए। मैं अपने-आपको चूँकि बड़ा समझ रही थी, इसलिए थोड़ी दूरी पर खड़ी साइकिल सँभाले हेलिकॉप्टर को कौतूहल से देखती रही।

उसी कौतूहल से कोई मुझे भी देख रहा था और वह था, एक युवा कैप्टन जो अभी-अभी हेलिकॉप्टर से उतरा था। आर्मी-ऑफ़िसरों का हेलिकॉप्टर चलाना और उनकी वर्दी सब कुछ बहुत आकर्षित करने वाला था।

कबीट वाले कुएँ के खेत पर अब बहुत चहल-पहल हो गई थी। गर्मियों के सन्नाटे की जगह अब आर्मी अफ़सरों के टेंट लगा दिये गए थे।

आर्मी के जवान अब इधर-से-उधर आते-जाते दिखाई दे जाते थे। मैं नोनी और कैलाश कस्तूरी को लेकर पीछे निकल जाते और आर्मी वालों के आने-जाने को दूर से देखा करते। एक दिन मैं कुएँ की मुँडेर पर बैठी हुई थी। दूर लगे टेंट को देख रही थी कि अचानक आर्मी का एक जवान, कटे हुए फलों की प्लेट लिये मेरे पास आया। ऑफ़िसर्स के टेंट की तरफ़ इशारा करके मुझसे बोला, "साहब ने आपके लिए पहुँचाई है।" मैंने देखा, टेंट में अफ़सरों के साथ एक आकर्षक नौजवान कैप्टन सिगरेट पीते हुए मुझे देख रहा था। मुझे उसका इस तरह फल भेजना अच्छा नहीं लगा। खिन्न मन से इनकार कर मैं वहाँ से चली आई।

दो-तीन दिन तक कबीट वाले कुएँ पर गई ही नहीं। हाँ, हेलिकॉप्टरों का उड़ना, आर्मी वालों का उन्हें उड़ाना, हम सबका उन्हें दूर से देखना जारी था।

पाँच साल में कभी-कभार आने वाले नेताओं के लिए बनाया गया ऊबड़-खाबड़ हेलिपैड अब आबाद हो गया था। दूर-दराज़ के गाँवों से लोग 'चीलगाड़ी' यानी हेलिकॉप्टर देखने आने लगे थे। भीड़ देखकर एक-दो नमकीन के ठेले, खोमचे

वाले, चाय की गुमटियाँ और बच्चों की फिरकी वाले भी बिक्री के लिए आ गए थे। गाँव की औरतें घूँघट में अपने पति, बच्चों के साथ कौतूहल से 'चीलगाड़ी' को देखतीं। बड़ा सुहावना नज़ारा था—आदमियों के कन्धे पर बैठे बच्चे, उनके पीछे चलतीं औरतें। एक हुजूम-सा बरपा था।

कैप्टन नेहरा और दूसरे कैप्टन हम लोगों से बातें भी करने लगे थे। कुछ दिनों में उनसे हमारी दोस्ती-सी हो गई, लेकिन उस कैप्टन ने मुझसे कभी बात नहीं की अलबत्ता मुस्कराते हुए दूर से देखता। मैं भी उसे देख लेती थी, पर ऐसी बन जाती जैसे देखा न हो।

हेलिकॉप्टर ने पूरे इलाक़े में हलचल मचा दी थी। लेकिन यह हलचल सिर्फ़ गाँव वालों में नहीं मची थी, 'चीलगाड़ी' उड़ाने वाले एक कैप्टन के दिल में भी इस गाँव की एक लड़की को देखकर मची हुई थी। उसे मैं अच्छी लगने लगी थी। यह एहसास कि कोई आपको पसन्द कर रहा है, मेरे दिल को भी अच्छा लगने लगा था।

मुझे यह पक्का पता नहीं था कि वह मुझे पसन्द करता है या नहीं लेकिन मुझे उसको देखकर ख़ुशी होने लगी थी।

वह था कैप्टन सारस्वत। गम्भीर और शर्मीला, भारी आवाज़ (उसकी आवाज़ नोनी को अमिताभ बच्चन की आवाज़ लगती थी। मुझे भी)। उसका व्यक्तित्व काफ़ी आकर्षक था।

वे आपस में अंग्रेज़ी बोलते और मैं अंग्रेज़ी से थर्राती।

भारत में कोई नहीं चाहता कि किसी को पता चले कि उसे अंग्रेज़ी नहीं आती। अंग्रेज़ी के ये 'हादसे' मेरे जीवन में कई बार हुए। उस दिन भी एक हादसा सर से गुज़र गया।

एक दिन कैप्टन नेहरा ने हमें अपना बंकर देखने के लिए बुलाया। मैं, नोनी और कैलाश पहुँच गए। पहली बार मैंने देखा था, आर्मी के लोग किस तरह मेहनत से ज़मीन खोदकर, अन्दर रहने के लिए कमरा बनाते हैं। मैं अभी सराहना से भरी देख ही रही थी कि अचानक कैप्टन नेहरा ने मुझसे अंग्रेज़ी में कुछ पूछा जिसका जवाब मैंने धड़ल्ले से दिया, "नहीं हम चाय नहीं पीते।"

दरअसल वह मुझसे पूछ रहे थे कि "क्या हमें अपने घर चाय पिलाओगी?" अपनी लड़खड़ाती अंग्रेज़ी की वजह से मैं समझ नहीं पाई थी। वह तो नोनी ने बात सँभाली। बोला, "दीदी नेहरा अंकल चाय पर आना चाहते हैं।" मैं अंग्रेज़ी से आतंकित बस इतना ही पूछ सकी, "कब?" पता लगा उसी शाम। यानी एक घंटे के बाद।

हम तीनों कोठी के पीछे उनके कैम्प से दौड़े-दौड़े घर आए। माँ-बाबूजी आराम से लेटे हुए थे। मैंने उन्हें बताया कि एक घंटे में आर्मी ऑफ़िसर मेहमान चाय पर घर आ रहे हैं। (मुझे अब अपने बाबूजी और माँ पर गर्व होता है, हमारे मेहमानों के

लिए एक बार भी हमें न डाँटा, न ही सवाल किये बल्कि स्वागत को तैयार हो गए।)

कस्तूरी के दूध से काम चल नहीं सकता था इसलिए माँ ने मुझे और नोनी को बाज़ार से दूध और बिस्कुट लाने के लिए दौड़ाया। बाज़ार कोठी से कम-से-कम दो-ढाई मील दूर था।

मैंने उस दिन जितनी तेज़ साइकिल चलाई उतनी तेज़ पहले कभी नहीं चलाई थी। शाम से पहले सोफ़े और कुर्सी हमने घर के बाहर नीम के नीचे निकालकर लगा दिये। पाँच-छह कैप्टन, मेजर कावसजी और कैप्टन सारस्वत सब लोग आ गए।

कैप्टन सारस्वत पूरे समय चुपचाप बैठा मुस्कराता रहा। कनखियों से मुझे देखता, नज़र मिलते ही नज़रें चुरा लेता। शाम ढल रही थी, सुनहरी धूप की मुलायम किरणें चारों तरफ़ फैली हुई थीं। दिल में गुदगुदी-सी थी।

चाय के बाद सबने मेरा गाना सुना। कैप्टन सारस्वत के दोस्तों के मुताबिक उन सब में एक वही अच्छा गाने वाला था। उसके दोस्तों और माँ-बाबूजी के आग्रह पर उसने शरमाते हुए गाना सीटी के साथ शुरू किया :

"ये शाम मस्तानी मदहोश किये जाए, मुझे डोर कोई खींचे तेरी ओर लिये जाए।" दूसरी लाइन पर उसने कनखियों से मेरी तरफ़ देखा। उस समय ऐसा लगा कि समय बस थम जाए, यह शाम ना ढले बस वहीं की वहीं थम जाए। लेकिन शाम को ढलना था सो ढलने लगी। साथ ही समय भी ढल गया। सब मेहमान अपने कैम्प में लौट गए।

मध्यवर्ग के लोगों की एक अदा होती है, मेहमानों के सामने बड़े संस्कारी बनते हुए या तो बहुत कम खाते हैं या खाते ही नहीं। लेकिन मेहमान के जाने के बाद उसके छोड़े नाश्ते पर टूट पड़ते हैं। मैं और नोनी भी बिस्कुट पर हाथ साफ़ कर रहे थे। मेरे मुँह में बिस्कुट, हाथ में बिस्कुट और अचानक देखती हूँ कि कैप्टन नेहरा और मेजर कावसजी सामने खड़े हैं। दोनों बिस्कुट से भरा मेरा मुँह देखकर मुस्कराए। मैं शर्मिन्दा होकर बिस्कुट निगलने की कोशिश कर रही थी। माँ-बाबूजी ने मुस्कराकर दोनों को बैठने के लिए कहा। दोनों ने थोड़ा इधर-उधर की बात की फिर कैप्टन नेहरा ने मुझे वहाँ से जाने को कहा। उन्हें माँ-बाबूजी से कुछ बात करनी थी।

मेरी समझ में नहीं आ रहा था कि ये लोग मेरी शिकायत करने आए हैं या कुछ और बात है? मैंने बड़ी कोशिश की दूसरे कमरे से उन लोगों की बातें सुनने की, नोनी को जासूसी करने के लिए भेजा पर उसे भी भगा दिया गया। मेरा दिल धड़क रहा था। क्या बात हो सकती है?

अजीब संयोग था। दोनों मेरे रिश्ते की बात करने आए थे, कैप्टन सारस्वत ने उन्हें भेजा था, वे मुझसे शादी करना चाहते थे।

इतने सारे युवा कैप्टनों के बीच में कैप्टन सारस्वत का मुझे अच्छा लगना सिर्फ़

मेरे मन का फितूर नहीं था, उसका भी वही हाल था। बात जंगल में आग की तरह कोठी पर फैल गई, सब ख़ुश थे।

उस दिन मुझे यह पता चला कि छठी इन्द्री भी होती है। और कभी-कभी छठी इन्द्री काम भी करती है, और वह जो भी कहती है, सही कहती है। वह दूसरी बात थी कि कलेक्टर साहब के केस में मेरी छठी इन्द्री फ़ेल हो गई थी।

वैसे बल्लियाँ कहीं दिख नहीं रही थीं, पर दिल बल्लियों उछल रहा था और इस दिल के चक्कर में पेट की तरफ़ से मैं बिलकुल ग़ाफ़िल हो गई थी। दिल से भूख का शायद कोई सम्बन्ध था। दिल के अलग तरह से धड़कने के उपलक्ष्य में मैंने कैलाश के घर, मिर्च वाली दाल और ढेर सारे घी में बनी बाटियाँ दबाकर खा लीं। परिणामस्वरूप, पेट ने जलवा दिखा दिया। मुझे पेचिश लग गई। इस नामुराद 'अमीबा' को अभी ही पेट में उतरना था?

रोमांस के दिनों में शरीर की इस तरह की हरकत, बिलकुल अशोभनीय थी। लेकिन मरता क्या न करता। जल्दी ठीक होने के लिए बाबूजी ने इंट्रोवायफ़ाम गोली की झड़ी लगा दी। इस नासपीटे 'अमीबा' के कारण दो-तीन दिन से कुएँ पर भी जाना नहीं हुआ था।

एक शाम विरह के मारे कैप्टन साहब ख़ुद आ गए हमसे मिलने। मेरा दिल वैसे ही धड़क रहा था जैसे कलेक्टर साहब को देखकर धड़कता था। लेकिन इस धड़कन में दहशत का एक धड़का भी था। मुझे डर था, कहीं मेरे सत्यवान पिताश्री, कैप्टन साहब को मेरे पेट का हाल न बता दें।

अपने पिछले कुछ अनुभवों के आधार पर यह बात सत्य साबित हो गई थी कि बाबूजी को सच बोलने की गम्भीर बीमारी थी। वे हालात-ए-बयानी को मचल जाते थे। इसलिए मैंने एहतियातन नोनी को बाबूजी के ऊपर नज़र रखने के लिए लगा दिया और ताकीद कर दी कि जैसे ही बाबूजी मेरी बीमारी की बात छेड़ें तुरन्त मुझे पुकारा जाए ताकि मैं दौड़कर आ सकूँ और फ़ौरन विषय बदल दूँ।

अपने जासूस को लाम पर छोड़ मैं निश्चिन्त होकर शरबत बनाने रसोई में चली गई। शरबत का गिलास कैप्टन को दिया। एक-दूसरे की उँगलियाँ थोड़ी-सी छू गईं। फ़िल्मों में बजने वाली शहनाइयाँ, चारों तरफ़ बजने लगीं।

कैप्टन सारस्वत शरबत पीते-पीते बाबूजी से बातें करते रहे। उनका विषय मुझे कुछ याद नहीं। बस इतना याद है, वे मुझे कभी-कभी ताक लेते, मेरे और उनके होंठों पर प्यारी-सी मुस्कराहट बिखर जाती फिर उसे समेटकर वह बाबूजी से बातें करने लगते, और मैं फिर उसी मुस्कराहट का इन्तज़ार करती। समयावधि ख़त्म हो गई और कैप्टन जाने लगे तो मैं उन्हें छोड़ने दरवाज़े के बाहर तक आई। वह धीरे से सबकी नज़रें बचाकर मेरी तरफ़ अँधेरे में झुके, मेरे कान के पास अपना मुँह लाए, किसी अनजाने वाक्य को सुनने के लिए मैं दम-साधे वहीं जम-सी गई थी। वे धीरे से

फुसफुसाए। उनकी साँसों की गरमाहट मेरे कानों को छू गई। मैं ट्रांस में थी, अंग्रेज़ी के वे तीन शब्द सुनने को मेरी आँखें बन्द थीं, वे शब्द जो हर हिन्दीभाषी को आते थे, जूली फ़िल्म के गाने ने जिसे प्रचलित कर दिया था। जूली, आय लव यू। वे बोले, "एंट्रोवायफ़ार्म खाती रहना, ठीक हो जाओगी।" मैं समझ गई कि मेरा पर्दाफ़ाश हो गया था। मेरी अनुपस्थिति का फ़ायदा उठाया गया था। मुझे आज भी लगता है, उस पूरे प्रकरण में नोनी की शिरकत भी लाज़िमी रही होगी। ख़ैर, मैंने आख़िरी कोशिश की एकदम अनभिज्ञ बनने की। मैंने कहा, 'क्यों, मुझे क्या हुआ है?' वह मुस्कराया और बोला, 'मुझे बाबूजी ने सब बता दिया है।' सच बोलती हूँ इतनी शर्म आई, इतनी शर्म आई कि बस पूछिए मत। एक तो यह रोमांसविहीन बीमारी पर। दूसरे, उस पर बाबूजी और नोनी का विश्वासघात। काश! मुझे कोई दिलकश बीमारी होती, फ़िल्म 'मिली' की तरह, जिसमें जया भादुड़ी को कैंसर हुआ था और अमिताभ बच्चन फूल लेकर आते थे, कुछ वैसा ही कैंसर-वैंसर होता तो बात कुछ और होती। कैप्टन के हाथों फूल-वूल...इस सड़ी पेचिश ने विद्यापति और रीतिकाल के बिहारी और केशव दास की शृंगाररस वाली कविता को बर्बाद कर दिया था।

मेरी बोलचाल बाबूजी से उस दिन बन्द हो गई। नोनी का मुस्कराना मेरे दिल पर छुरियाँ चला रहा था। ख़ैर! पेट पर दिल की विजय हुई। कैप्टन और मेरे दिल का धड़कना एक ख़ास अन्दाज़ में बदस्तूर जारी रहा।

पेट-कांड के अगले ही दिन उनकी ड्रिल का आख़िरी दिन था। कैप्टन सारस्वत दो मिनट के लिए मिलने आए और चले गए। मैं उन्हें छोड़ने दूर तक जाना चाहती थी, लेकिन उन्होंने मना कर दिया। मैं उदास घर आ गई। दूर से ही हेलिकॉप्टरों को देखने की कोशिश कर रही थी।

अचानक हेलिकॉप्टर की ज़ोर की आवाज़ सर के ऊपर से आई। हम सब लोग घरों से बाहर आ गए। कैप्टन सारस्वत अपने हेलिकॉप्टर से हमारे घर के ऊपर चक्कर लगा रहे थे, उन्होंने हेलिकॉप्टर चलाते हुए इशारे से बाय-बाय की मुद्रा में हाथ हिलाया। रफ़त भाई यह नज़ारा देखकर बोले, "हेलिकॉप्टर से पाँच फेरे तो हो गए, दो शादी के बाद।" मैं शरमाकर हेलिकॉप्टर को देखने लगी थी। पाँच-छह चक्कर लगाकर देखते ही देखते वह हेलिकॉप्टर दूर होता चला गया। आकाश का वह टुकड़ा जहाँ से वह गुज़रा था, मेरे लिए एकटक ताकते रहने का ठिकाना बन गया।

उन दिनों का प्यार और आकर्षण इतने तक ही सीमित थे। शरीर का उसमें कम-से-कम उपयोग हुआ करता था। जैसे आँखों का उपयोग; चोरी-चोरी देखना। ज़बान का उपयोग; 'नमस्ते', उँगलियों का स्पर्श; शरबत का गिलास देते हुए छू जाना आदि-आदि। लेकिन हाँ, दिल के और मन के उपयोग ख़ूब होते थे। इसी दिल में एक अजीब-सी टीस उठने लगी थी। न जाने क्यों मैं उस खेत में चली जाती थी।

जो अब सूना हो गया था। कबीट वाले कुएँ की मुँडेर पर बैठ, ज़मीन पर तम्बुओं के उखड़ने से बने निशानों को देखती। कैप्टन सारस्वत के टेंट के पास उसके बचे हुए सिगरेट के टोटे (टुकड़े) चुपके से बीनती, उन्हें एक छोटे-से डिब्बे में रख सहेजकर अपनी धरोहर बनाती, और न जाने किसका इन्तज़ार करती।

माँ-बाबूजी को रिश्ता पसन्द आया था, ख़ासतौर से बाबूजी को, क्योंकि सारस्वत पंजाबी, सुशील, पढ़ा-लिखा, ख़ानदानी, आर्मी वाला था।

घर में अब कैप्टन सारस्वत की चर्चा हर वक़्त होने लगी थी। मेरा आईना देखना थोड़ा बढ़ गया था। मुझे अपने अन्दर एक साँवली-सी सुन्दरी नज़र आने लगी थी। एक दिन माँ, बाबूजी से कह रही थीं, 'अपनी गुड्डो के चेहरे में नमक है।' माँ के गीत की पंक्तियाँ अब मेरी समझ में आने लगी थीं :

चौपालों में बात चल गई, गाँव में पड़ गए क़िस्से,
जाने किन आँखों ने कर दिये कुछ मासूम इशारे, हम तो जोगी हो गए।

इस गीत में माँ ने एक छन्द का इज़ाफ़ा और कर दिया था, यह छन्द मुझ पर लिखा गया था। माँ बाबूजी को सुना रही थीं।

इन्द्रधनुष के सात रंगों-सी आँखों में लहराए,
सरतापा इक शेर ग़ज़ल का धीरे-धीरे गाये
तुलसी जैसी काया उसकी शाम बरन कहलाए, हम तो जोगी हो गए।

माँ का मुझ पर छन्द लिखना, मेरे होने को, सार्थक-सा कर रहा था। मध्यम, निम्न-मध्यवर्ग में किसी अच्छे खाते-पीते, या अच्छी पोस्ट के रिश्ते का ख़ुद चलकर आना उस समय बड़ी बात हुआ करती थी। घर में अजीब-सी ख़ुशी थी।

मैं बार-बार नोनी से कैप्टन सारस्वत की बातें करती। दिन पर दिन वे मुझे और भी अच्छे लगते जा रहे थे। अमिताभ बच्चन की आवाज़ मुझे अच्छी लगने लगी थी। मैं एक अजीब उमंग दिल में लिये धूम रही थी।

मेरे साथ सबको कैप्टन सारस्वत का इन्तज़ार था। ख़ैर साहब, दिन बीते, महीना बीत गया। अब सबकी, ख़ास तौर से मेरी बेचैनी बढ़ रही थी। माँ-बाबूजी भी किसी सन्देश के इन्तज़ार में थे।

एक दिन भटिंडा से एक ख़त आया, जिस पर एयरफोर्स का लोगो था। पोस्टमैन से मेरे हाथ तक और मुझसे माँ के हाथ तक पहुँचते-पहुँचते मेरे कानों में सैकड़ों शहनाइयाँ बज गईं। कैप्टन सारस्वत का अंग्रेज़ी में ख़त था लेकिन मेरे लिए नहीं, माँ-बाबूजी के लिए। उसमें लिखा था, "सीमा अभी बहुत छोटी है, उसके लिए भविष्य में और भी अच्छे रिश्ते आएँगे। मैं अपने माता-पिता की मर्ज़ी से शादी कर रहा हूँ। सीमा के भविष्य के लिए मैं अपनी शुभकामनाएँ देता हूँ।"

मैं इतनी भी छोटी न थी कि दिल की धड़कन न पहचानूँ, इतनी भी नहीं कि दिल में दर्द न हो। इतनी भी छोटी नहीं कि अस्वीकार की पीड़ा न हो।

इस अस्वीकार का दंश बहुत गहरा लगा था। माँ और बाबूजी को थोड़ा बुरा भी लगा। शान्त झील में कंकर उसी ने फेंका था। अचानक शिवपुरी वाली सीमा फिर पैदा होने लगी। बचपन से जो उपेक्षा-अस्वीकार झेला था, इस पत्र से वह और भी मज़बूत हो गया। मैं छटपटा गई। अभी-अभी तो मुझमें 'कुछ होने' का एहसास जगा था; किसी को मेरा अस्तित्व पसन्द आया था, किसी ने मुझे सराहा, स्वीकार किया था; यहाँ तक कि माँ ने कविता में छन्द भी जोड़ दिया था वह छन्द बिखर गया था। वह आत्मविश्वास फिर डगमगा गया था। मैं ख़ामोश से ख़ामोश होती चली गई। माँ समझ रही थी कि मुझे कैप्टन से प्यार हो गया है। उसके इनकार ने मुझे उदास कर दिया था।

मुझे ऐसा भी लगने लगा था कि शायद, मेरा चेहरा, हमारा मध्यवर्गीय घर, सोफ़े, कुर्सियाँ देखकर ही कैप्टन सारस्वत ने मुझे अस्वीकार कर दिया था। चेहरे का तो मैं कुछ नहीं कर सकती थी। घर को सजाने से मुझे शायद शान्ति मिले, यह सोचकर, पता नहीं किस जुनून में घर को सजाना शुरू कर दिया। इसी बीच, बाबूजी 'राजश्री' की कम्पनी में चले गए और माँ मुशायरे में।

मैं और नोनी अकेले थे। माँ की अनुपस्थिति ने मुझे इसका पूरा अवसर दिया कि मैं सोफ़े का नया कवर बनवा लूँ। पैसे थे नहीं। हमारे यहाँ बर्तन माँजने वाली बाई 'बूली' जिसके बच्चों के बाल मैं मुफ्त काट दिया करती थी, उसने शायद मुझे सुझाव दिया था, 'अब कस्तूरी बूढ़ी हो चली है। दूध भी नहीं देती, किसी काम की नहीं है, कस्तूरी को हाट में बेच दो।' कस्तूरी का बेटा (बकरा) चोरी चला गया था, तब से वह उदास भी रहने लगी थी। पता नहीं, बाई बूली ने मुझे यह सब कहा था या अपना अपराध-बोध मिटाने के लिए मैंने ही यह बहाना गढ़ा। लेकिन एक बात पक्की थी, मैं सोफ़ा-कवर बनाने के लिए कपड़ा ख़रीदने को ज़्यादा उत्सुक थी।

मैं और नोनी कस्तूरी को हॉट बाज़ार में बेच आए। बूढ़ी कस्तूरी की रस्सी कसाई के हाथ में देकर हम वापस हो लिए। बीच रास्ते मुड़कर मैंने कस्तूरी को देखा, वह सिर्फ़ हमारी तरफ़ देख रही थी। कातर, निरीह आँखें, जैसे मुझसे कह रही हो, "अपने शौक़ और दर्द के लिए मुझे कसाई को सौंपकर जा रही है? क्या तुझे मेरे दर्द का पता है? माँ को तकलीफ़ होगी, मेरी गर्दन कटने से। इसका ज़रा भी इल्म है?" वे आँखें, वह ख़ामोशी, और उसका दूर तक मुझे देखना! आज भी भुलाए नहीं भूलता।

कभी-कभी मैं आज भी छटपटा जाती हूँ। मेरी समझ में यह आज तक नहीं आया कि मैं इतनी क्रूर कैसे हो गई थी। आज भी जब मैं उसके बारे में लिख रही हूँ तो मेरा जी भर रहा है। इनसान कभी-कभी अपने छोटे-छोटे सपनों को साकार

करने के लिए कितने बड़े गुनाह कर सकता है। मैं, जिसने कई पंछियों, जानवरों को बचाया था अपने ही घर की बूढ़ी बकरी को कैसे बेच आई। मैंने अपने-आपको उस अपराध के लिए आज तक माफ़ नहीं किया है। मेरी ज़िन्दगी के गुनाहों की फ़ेहरिस्त में यह गुनाह पहले नम्बर पर है।

बी.ए. बेरोज़गार स्कीम में प्लॉट लेना

कोठी पर दिन गुज़र रहे थे। एक दिन नसरत भाई एक स्कीम लेकर आए। एक फ़ार्म देते हुए मुझसे बोले, "सरकार बेरोज़गार बी.ए. को प्लॉट एलॉट कर रही है।" उसमें मैंने कोई रुचि नहीं ली। लेकिन उनके बार-बार कहने पर मैंने वह फ़ार्म भर दिया। इस तरह एक ढाई-तीन हज़ार स्क्वायर फुट का प्लॉट मेरे नाम से मिल गया। इस प्लॉट में सालों बाद बाबूजी और माँ रहे। यह घर आज भी सिर ऊँचा किये खड़ा है, जिसके एक-एक पत्थर, आसपास लगे पेड़ों पर माँ और बाबूजी की यादें सिमटी हुई हैं।

भोलूराम

अलीगढ़ यूनिवर्सिटी में मेरी पढ़ाई रुक-रुककर चल ही रही थी। अलीगढ़ में होते फ़सादों की वजह से मेरा झालावाड़ में रहना बहुत ज़्यादा होता था। उन्हीं दिनों एक दिन माँ-बाबूजी के परिचित भँवरलाल अंकल के साथ मैं पास के ही तालाब पर मुर्गाबी के शिकार के लिए गई। बाबूजी ने तो मुर्गाबी के इन्तज़ार में लच्छू मामा से मसाले पिसवाकर पकाने की तैयारी भी शुरू करवा दी थी। वे और मैं मांसाहार के बड़े शौक़ीन थे।

मैं मुर्गाबी तो नहीं ला पाई। हाँ, एक अदद ज़ख़्मी नेवले के बच्चे को बचाकर घर ले आई थी। उसका नाम मैंने भोलूराम रखा। वह काफ़ी दिनों तक हमारे पास रहा। पूरे शहर में मेरे नेवले की चर्चा रही।

अलीगढ़, फ़साद और मैं

मेरे लिए अलीगढ़ आना-जाना बड़ा मुश्किल था। कोई डायरेक्ट ट्रेन नहीं थी। आधी रात को टूंडला में ट्रेन बदलकर दूसरी ट्रेन पकड़ना अठारह-उन्नीस साल की लड़की के लिए सुरक्षित नहीं था। अलीगढ़ में जब-तब कुकुरमुत्ते की तरह फ़साद उग आया करते थे। इस वजह से मुझे बार-बार दिल्ली, झालावाड़ और अलीगढ़ के चक्कर लगाने पड़ते थे।

फ़रहत भाई के परिचित झालावाड़ के कय्यूम मंसूरी भी अलीगढ़ में पढ़ते थे, मुझसे दो साल सीनियर। अत: कभी-कभी मुझे अलीगढ़ जाने के लिए उनका साथ मिल जाता। अभी मुझे रेगुलर होने में देर थी। प्राइवेट ही परीक्षा दे रही थी। एक बार इत्तफ़ाक़ से मुझे अलीगढ़ जाने के लिए कय्यूम का साथ मिल गया। कय्यूम का ज़ोर-ज़ोर से हँसना मुझे चिढ़ा जाता। मैं सोच रही थी फ़रहत भाई ने भी किसके साथ भेज दिया है। ख़ैर साहब, कय्यूम ने मुझे ऊपर की बर्थ पर सुला दिया और दूसरी तरफ़ ऊपरी बर्थ पर ख़ुद सोने चला गया, मुझे आदेश दे दिया कि अलीगढ़ आए तो जगा देना।

अजीब आदमी है भई। मेरी ज़िम्मेदारी लेने के बदले मुझे ही ज़िम्मेदारी दे ख़ुद सोने चला गया। नींद तो नींद होती है। न जाने क्यों मुझे ऐसा लगा कि नीचे सोई हुई सवारियाँ अलीगढ़ जा रही हैं। मेरी जब भी नींद खुलती, नीचे देखती, सवारियों को सोया देख मैं भी सो जाती। अचानक किसी ने मुझे झिंझोड़ा। यह कय्यूम था, जो घबराया हुआ मुझे उठा रहा था। अलीगढ़ कब का निकल चुका था, खुर्जा आ गया था। मुझ पर थोड़ा चिढ़ा हुआ कय्यूम बोला, “हम आगे निकल आए हैं, चल जल्दी उतरना है।” मैं उतरते हुए अभी तक निश्चिन्त सोती सवारियों को देख रही थी।

आधी रात। अँधेरे में सुनसान प्लेटफ़ार्म। न आदम न आदमज़ात। घबराया कय्यूम मुझे सामान के साथ एक बेंच पर बिठाकर खुर्जा के प्लेटफ़ार्म पर छोड़ चला गया। स्टेशन मास्टर से अगली गाड़ी का समय पूछने। मैं अँधेरे में बैठी कय्यूम पर और भी भड़क रही थी। एक पैसेंजर या मालगाड़ी भी आकर खड़ी थी। कय्यूम घबराया-सा जल्दी-जल्दी आया। सामान उठाकर बोला, “चल जल्दी।” हम दोनों ट्रेन में बैठे। सुनसान ट्रेन। उस पूरी ट्रेन में हम दो ही सवारी थे। जब तक ट्रेन नहीं चली तब तक कय्यूम दम साधे बैठा रहा। बरसों बाद मुझे पता चला कि कय्यूम क्यों घबराया हुआ था। दरअसल स्टेशन मास्टर ने उसे कह दिया था कि आपके साथ महिला सवारी है, हमारी या पुलिस की कोई ज़िम्मेदारी नहीं है। दरअसल वह शहर बहुत बदनाम था अप्रिय घटनाओं के लिए।

जैसे-तैसे हम अलीगढ़ पहुँचे। कय्यूम मुझे लाल डिग्गी, मेरे हॉस्टल छोड़कर चला गया। कय्यूम से चिढ़ की वजह से मैंने नहीं पूछा कि वह किस हॉस्टल में रहता है।

अभी मैं कॉलेज जाकर अपनी परीक्षा के बारे में पता लगाने का सोच ही रही थी कि हॉस्टल में बदहवासी फैल गई। हिन्दू-मुस्लिम फ़साद छिड़ गए थे। वार्डन लड़कियों को जल्द से जल्द हॉस्टल से घर वापस चले जाने को कह रही थीं। यूनिवर्सिटी बन्द हो गई थी। बाक़ी लड़कियों के कोई न कोई रिश्तेदार अलीगढ़ में थे। कुछ के आसपास के शहरों में। उन्हें जैसे ही फ़साद की ख़बर मिली वे आकर उन लड़कियों को ले गए। देखते-देखते हॉस्टल ख़ाली हो गया। एक मैं ही अकेली

थी जिसे दूर-दूर तक उम्मीद नहीं थी कि कोई आएगा। एक तो सन्देश पहुँचाने का कोई साधन नहीं था। मैं उस कोठीनुमा बड़े-से हॉस्टल में अकेली रह गई थी और रह गया था उस हॉस्टल के मालिक का परिवार। सामान बाँधे मैं सोच रही थी, शहर में हिन्दू-मुस्लिम फ़साद छिड़ा है, यह मकान-मालकिन जो मुस्लिम थीं, रोज़ आकर मुझे सुनातीं कि शहर में किस तरह से हिन्दू लोग मुसलमानों पर अत्याचार कर रहे हैं, उन्हें काट रहे हैं, लाशें बिखरी पड़ी हैं। मैं उनके सामने अपने हिन्दू होने से शर्मिन्दा महसूस करती। मुझे पता नहीं था कि अफ़वाहों का बाज़ार गर्म था। मैं अगर किसी हिन्दू-परिवार में होती तो यही कहानी कुछ दूसरे ढंग से सुननी पड़ती। वहाँ मुसलमान अत्याचार कर रहे होते। वार्डन मुझे बार-बार वहाँ से चले जाने को कह रही थीं, अब एक हिन्दू लड़की उनकी ज़िम्मेदारी हो गई थी।

मुझे पहली बार अपने भाइयों और बाबूजी पर ग़ुस्सा आ रहा था। क्यों मुझे अकेले ही सफ़र करना पड़ता है, क्यों कोई मेरी ज़िम्मेदारी नहीं लेता है। मैं ऐसी भयानक स्थिति में कहाँ और कैसे अकेली जाऊँ? जवान लड़की तो बिना फ़साद के भी सुरक्षित नहीं। मुझे कुछ नहीं सूझ रहा था। अचानक वार्डन ने सूचित किया कि कोई मुझसे मिलने आया है।

यह कय्यूम था। मुसीबत की इस घड़ी में, मैं असहाय महसूस करने लगी थी और ऐसे में यह बन्दा किसी फ़रिश्ते से कम नहीं लग रहा था। उसने इस मुसीबत में भी मेरे बारे में सोचा, मैं अभी कृतज्ञता में कुछ बोलती कि उसने मुझे जल्दी से चलने को कहा, साइकिल रिक्शा लेकर ही आया था। मैं तुरन्त वार्डन को सूचित करके रिक्शे में सामान डालकर कय्यूम के साथ निकल गई। ख़ुशी के मारे मेरा बुरा हाल था, मैं हँस रही थी।

रास्ते में सबसे पहले कय्यूम ने मुझे मेरे माथे की बिन्दी हटा देने के लिए कहा। मैं ताज्जुब में थी। फ़साद का बिन्दी से क्या लेना-देना? कय्यूम घबरा रहा था। चिढ़कर धीरे से बोला, "यह माथे से बिन्दी पोंछ दे। हँस मत।" यह बिन्दी हिन्दू औरतों का ट्रेड मार्क थी और कय्यूम नहीं चाहता था कि मुस्लिम बाहुल्य क्षेत्रों से निकलते हुए किसी को पता चले कि मैं हिन्दू हूँ। किसी तरह हम अलीगढ़ रेलवे स्टेशन पहुँचे। वहाँ सुना कि खुर्जा स्टेशन पर हिन्दू लोग ट्रेन रुकवाकर मुसलमानों को मार रहे हैं। इन अफ़वाहों ने हम दोनों के अन्दर दहशत पैदा कर दी। कहीं हिन्दू की बिन्दी ख़तरा पैदा कर रही थी और कहीं कय्यूम का मुसलमान होना ख़तरा पैदा कर रहा था। जो भी हो, इस समय दोनों दोस्त मुसीबत में थे। अपने-अपने धर्मों की वजह से। उस वक़्त मुझे लग रहा था काश! मैं चूहा होती, किसी बिल में दुबककर छिप जाती। एक इनसान का वहशीपन, दूसरे को कैसे जानवर होने पर मजबूर कर देता है। यह, मैंने उस दिन जाना था।

रेलवे प्लेटफ़ार्म लोगों से खचाखच भरा हुआ था, हर कोई अलीगढ़ से भागने

की कोशिश में था। उसी भीड़ में हम भी शामिल थे। खचाखच भरी हुई ट्रेन प्लेटफ़ार्म पर आई। भीड़ का रेला बहा। ऐसा लग रहा था, जैसे 1947 का बँटवारा हो गया हो और लोग भाग रहे हों। कय्यूम तो किसी तरह जनरल कम्पार्टमेंट में चढ़ गया, लेकिन भीड़ की वजह से मैं नीचे ही खड़ी रह गई। कय्यूम को जितनी जद्दोजहद ऊपर चढ़ने में हुई थी उससे भी ज़्यादा उसे उतरने में हुई। वह झुँझलाया हुआ मेरे पास आया और बोला, "किसी भी तरह चढ़ो, पर इसी ट्रेन से जाना होगा। कोई और ट्रेन है नहीं, अलीगढ़ में रुकने की जगह नहीं है। कोई भी जगह सुरक्षित नहीं है।" वह मुझे दिल्ली काकाजी के पास छोड़कर उदयपुर निकलने वाला था। भीड़ देखकर मैंने जाने से साफ़ इनकार कर दिया। मुझसे भीड़ में जाना हो नहीं पा रहा था। कोई रास्ता नहीं था सिवाय इसके कि हम प्रथम श्रेणी में सफ़र करते। उसके लिए हम दोनों के पास पर्याप्त पैसे नहीं थे। मुझे दिल्ली छोड़कर कय्यूम को उदयपुर निकलना था। उसके पास सिर्फ़ उदयपुर जाने भर के पैसे थे।

मेरी ज़िद के कारण कय्यूम को ग़ुस्सा आ रहा था। मैंने उसे आश्वासन दिया, "प्रथम श्रेणी का मेरा और अपना टिकट ले लो। दिल्ली पहुँचते ही मैं तुम्हारे पैसे काकाजी, अन्नू भैया या रघुवीर भैया से वापस दिलवा दूँगी।" वह मान गया। हमने प्रथम श्रेणी में सफ़र किया जो ठसाठस भरी हुई थी।

उन दिनों कय्यूम का सायरा यानी गुड्डी से ज़ोरों का इश्क़ चल रहा था। वह उदयपुर में रहती थी, जहाँ कय्यूम उससे मिलने जा रहा था। कुछ सालों बाद इन दोनों की शादी भी हो गई थी।

दिन के सिर्फ़ ग्यारह बजे थे। तीन घंटे का दिल्ली तक का सफ़र युगों में बदल गया था। हम धीरे-धीरे खुर्जा स्टेशन की तरफ़ बढ़ रहे थे, जहाँ ट्रेन रोकी जा रही थी। जैसे ही ट्रेन धीमी हुई, सबकी घिग्घी बँध गई। भरी ट्रेन में सन्नाटा बिखरा पड़ा था। मैं मन-ही-मन अपना नया नाम रट रही थी। मेरा नाम सीमा डिसूज़ा, बाप का नाम डेविड डिसूज़ा, माँ का नाम मेरी डिसूज़ा। मैंने यह हिन्दू-मुसलमान का चक्कर ही समाप्त करने की ठान ली थी। न हिन्दू, न मुसलमान, थोड़ी देर के लिए मैं क्रिश्चियन हो गई थी। ख़ैर साहब, धर्म-परिवर्तन की नौबत नहीं आई और दिल्ली आ गई। कय्यूम की उधारी के पूरे पचहत्तर रुपये का इन्तज़ाम करने में तीनों भाइयों को पूरे तीन दिन लगे थे। तीन दिनों तक कय्यूम को ढाबे पर तीन टाइम उधार खाना खिलाया भाइयों को और मुझे उसके तक़ाज़े की धौंस उठते-बैठते सुननी पड़ी सो अलग।

बम्बई से और पुरी साहब से पहली मुलाक़ात

फ़रहत भाई की कोठी पर मेरे बहुत अच्छे दिन गुज़र रहे थे। माँ स्कूल चली जातीं। रसोई पर और घर पर मेरा ही राज होता। फ़रहत भाई की पत्नी शकीला भाभी से

मेरी बहुत अच्छी दोस्ती हो गई थी। दिन-भर उनके साथ गुज़र जाता। उनको एक बेटा भी हो गया था, जिसका नाम शहरोज रखा गया। उधर उसी साल 1978 में काकाजी को भी एक बेटी हो गई, जिसे घर में सब 'बग्गू' (जो आज की जानी-मानी अभिनेत्री ग्रुशा कपूर है) पुकारते थे। अचानक एक दिन तिषा दीदी झालावाड़ आ गई। प्यारी-सी बग्गू को देखकर हम सब बहुत ख़ुश थे। काकाजी, एन.एस.डी. के 'स्वर्ण पदक यानी गोल्ड मेडल' के साथ नाटक की दुनिया में नाम कर चुके थे। इस कारण उन्हें बम्बई में मोलियर के नाटक 'बिच्छू' का निर्देशन करने के लिए निमंत्रण मिला था, वे बम्बई में थे। तिषा दीदी बम्बई जाना चाहती थीं लेकिन अकेली होने की वजह से उनको डर लग रहा था। तय हुआ कि मैं, बग्गू और तिषा दीदी तीनों बम्बई चले जाएँ।

बाबूजी हमें भवानी मंडी रेलवे स्टेशन छोड़ने आए थे। हम देहरादून एक्सप्रेस ट्रेन में स्लीपर क्लास से बम्बई के लिए रवाना हो गए।

बम्बई सपनों का शहर। इसे हमने फ़िल्मों में ही देखा था। यह तिषा दीदी और मेरा बम्बई का पहला सफ़र था। हम दोनों डर रहे थे। बम्बई में चोर सामान उठाकर भाग जाते हैं। लड़कियों को पकड़कर ले जाते हैं। खलनायक अजीत या सी.एस. दुबे (जो फ़िल्मों में विलेन बना करते थे।) न टकरा जाएँ। यही बातें करते दो दिन का सफ़र बीत गया। गाड़ी की पटरी बदलने की आवाज़ के साथ, बम्बई के प्लेटफ़ार्म पर हमने प्रवेश किया। किसे पता था कि यह शहर कुछ सालों में मुझे ज़िन्दगी की सारी पीड़ा, सारी ख़ुशियों से परिचित करवाने वाला साबित होने जा रहा था।

अगस्त, 1979। उमस भरी सुबह। बम्बई महानगर के अँधेरे ने हमारा स्वागत किया। हल्की बूँदा-बाँदी के बीच, ट्रेन बम्बई सेंट्रल पहुँची। हम तीनों उतर गए। एक बेंच पर बैठकर सुबह होने का इन्तज़ार करने लगे। सूरज की रौशनी में देखा—भीड़, सिर्फ़ भीड़। लोकल ट्रेनों की आवाज़ाही के बीच लोगों की भीड़ के रेले आते, धक्का-मुक्की होती, लोकल चली जाती। हर मिनट चढ़ते-उतरते अपने में तल्लीन लोग। इतनी भीड़ देखकर मेरे तो हाथ-पाँव ही फूल गए थे।

काकाजी ने चिट्ठी में लिख दिया था कि हमें लेने कोई आएगा। अब यह 'कोई' कौन होगा, हमें नहीं मालूम था। हम उसे कैसे पहचानेंगे, यह भी नहीं मालूम था। इसलिए हम कहीं भी आ-जा नहीं रहे थे। काकाजी ने एक फ़ोन नम्बर दिया था। तिषा दीदी ने मुझे सार्वजनिक टेलीफ़ोन बूथ से फ़ोन करने के लिए कहा। वह बग्गू को लेकर सामान के पास ही बैठी रही। मुझे सिर्फ़ इतना याद है, मैं डर रही थी। अचानक रेलवे की रेलिंग के पीछे से एक युवक ने मुझे सीटी मारी। मेरी तो जैसे घिग्घी ही बँध गई थी। दरअसल वे एक्टर किरण थे जो हमें लेने स्टेशन आए थे। उन्हें काकाजी ने भेजा था। बम्बई वालों को सीटी मारकर बुलाने की आदत थी। हमारे लिए सीटी लड़कियों को छेड़ने का साधन थी।

उस समय मेरे पास काले-सफ़ेद छींट के दो स्लीवलेस कुरते, एक काली सलवार और एक काला दुपट्टा हुआ करता था। मुझे अच्छी तरह याद है, मैंने वही काली सलवार और काले दुपट्टे के साथ स्लीवलेस कुरता पहना हुआ था। जुहू के 'पृथ्वी थियेटर' में काकाजी अपने नाटक 'बिच्छू' का रिहर्सल कर रहे थे। मैं, तिषा दीदी और नन्ही बग्गू ने हॉल में प्रवेश किया।

स्टेज पर पुरी साहब और अन्य लोग रिहर्सल कर रहे थे। तिषा दीदी बग्गू को गोद में उठाए आगे-आगे दर्शकदीर्घा में बढ़ रही थीं, मैं उनके पीछे-पीछे थी। अचानक ओम पुरी साहब की नज़र हम पर पड़ी। वे रुककर अपने किरदार के ही लहज़े में बोले, "और हुज़ूर यह तिषा बग्गू को गोद में लिये हॉल में प्रवेश कर चुकी हैं।" फिर मुझे देखकर बोले, "और उनके साथ और भी कोई है हुज़ूर।" सब हँस रहे थे, वे मुस्करा रहे थे। मैं फ़ालतू की गम्भीरता ओढ़े चुपचाप स्टेज के सामने लगी सीढ़ीनुमा दर्शक-दीर्घा में बैठ गई। पुरी साहब को मैं पहली बार देख रही थी। उस समय मेरी नज़र में पुरी साहब में कोई भी आकर्षण नहीं था। दुबले होने की वजह से चेचक के दाग़ ज़्यादा नज़र आ रहे थे। बिलकुल देसी, जैसे झालावाड़ में कलेक्ट्रेट में काम करने वाला कोई क्लर्क हो।

माहिम चर्च के पीछे एक बड़े-से गोदाम में निर्देशक बासु भट्टाचार्य की फ़िल्म 'गृह प्रवेश' का सेट लगा था। काकाजी को उसी गोदाम में ठहराया गया था, जो शुल्कमुक्त था। दरअसल इस नाटक को पुरी साहब ही प्रोड्यूस कर रहे थे और उनके पास किसी भी होटल में ठहराने के पैसे नहीं थे।

यह एक बड़ा-सा गोदाम था जिसके बीच में एक बड़ा-सा पलंग उसके चारों तरफ़ 'चिक' के पर्दे लगे थे और एक तरफ़ बाथरूम था। पूरा दिन हमारा पृथ्वी थियेटर में बीतता। हम सब साथ उठते-बैठते-खाते। दिन-भर रिहर्सल होती। इससे ज़्यादा मुझे उन आठ-नौ दिनों की कोई विशेष बात याद नहीं, सिवाय इसके कि एक दिन पुरी साहब मुझे, बग्गू और तिषा दीदी को लेकर फ़िल्म 'आशा' के सेट पर गए। मुझे और बग्गू को मेकअप-रूम में बिठाकर वे फ़िल्म की अभिनेत्री रामेश्वरी से मिलने चले गए। इसी बीच, उस फ़िल्म की नायिका रीना रॉय आई जो उस समय की बहुत बड़ी स्टार अभिनेत्री हुआ करती थी। हमें वहाँ बैठना अटपटा लग रहा था। बग्गू उनकी चूड़ियों से खेलने लगी। तिषा दीदी उसे मना करने को उठीं। उससे पहले ही रीना रॉय ने बड़े प्यार से उसे खेलने को और भी चूड़ियाँ दे दीं।

पुरी साहब काकाजी से एक साल छोटे थे। इसके बावजूद सब उन्हें पुरी साहब ही पुकारते थे। मैं भी उन्हें पुरी साहब पुकारने लगी। हमारी बातचीत नहीं होती थी। मैं वैसे भी बड़ी संकोची और शर्मीली थी। उस पर बम्बई में ज़्यादातर लोग अंग्रेज़ी बोलते थे, मैं संकोच में रहती थी। मैं ठहरी हिन्दी माध्यम से पढ़ने वाली। अंग्रेज़ी

बोलना तो दूर, समझने के भी लाले थे। कभी-कभार इस अंग्रेज़ी की ग़ुलामी की वजह से मुझे अंग्रेज़ों पर बड़ा ग़ुस्सा आता था। क्या मानसिकता दे गए वे। अगर आपको फ्रेंच, जापानी, चीनी, डच या रूसी भाषा नहीं आती है तो आप शर्मिन्दा नहीं होते लेकिन अंग्रेज़ी अगर ग़लत बोल दें, तो आप हँसी के पात्र हो जाते हैं।

मेरा पढ़ा हुआ भारी-भरकम साहित्य, बम्बई की पाँचवीं कक्षा के अंग्रेज़ी बोलने वाले बच्चे के आगे गूँगा बना देता। हुआ यह कि एक दिन हम लोग दिनेश ठाकुर, उस समय के प्रसिद्ध नाटककार, फ़िल्मों के लेखक और अभिनेता के घर खाने पर गए। उनके घर में शायद उनकी पत्नी की बहन और उनके छोटे-छोटे बच्चे आए हुए थे। एक बच्ची मुझसे अंग्रेज़ी में बात करने लगी। मेरे तो पसीने ही छूट गए। सारे क्रान्तिकारी भाषण, रैलियाँ, मार्क्सवाद, रूसी, हिन्दी साहित्य, अंग्रेज़ी के मारे धरे के धरे रह गए। मैं चुप। आगे चलकर इसी चुप्पी को मैंने हथियार बना लिया। लोग समझते, मैं बड़ी ख़ामोश रहती हूँ। कुछ घमंडी भी समझते। आगे चलकर यही मेरी आदत-सी बन गई।

हमारा 'गृह प्रवेश' के सेट पर रहना जारी था।

बम्बई के प्रवास के दौरान राखी आई। पुरी साहब राखी लाए और मेरे हाथ पर रख दी। बोले, "अपने काकाजी को बाँध दो" न जाने क्यों मुझे अच्छा लगा कि एक ही राखी लाए, उन्हें नहीं बाँधनी पड़ेगी। वैसे हमारे घर में हमेशा चलन रहा था—बड़े भाई के दोस्त भाई। उन्हें भैया पुकारने का चलन था। इसीलिए मैं, काकाजी और अन्नू भैया के बचपन के दोस्त हों या एन.एस.डी. के दोस्त सबके लिए मेरे मुँह से भाई साहब का ही सम्बोधन निकला, और उन लोगों की तरफ़ से भी ऐसा ही स्नेह मिलता। लेकिन एक पुरी साहब ही थे जिन्हें मैंने हमेशा 'पुरी साहब' ही पुकारा।

उस समय जुहू स्थित पृथ्वी थियेटर, कला का गढ़ था। समुद्र के किनारे बना यह प्यारा-सा थियेटर, शाम होते ही अपने कलाप्रेमियों से खचाखच भर जाता। सिगरेट के धुएँ, लकड़ी के सेट, महँगे परफ़्यूम की ख़ुशबू, छत पर बँधी बड़ी-बड़ी लाइटें, पृथ्वी थियेटर के कैफ़े में बनती कॉफ़ी और इन सबकी मिली-जुली गन्ध मुझे रोमांचित करती। एक साथ अभिजात वर्ग के इतने लोगों को देखना, उनके नये डिज़ाइन के कपड़े, उन्मुक्त ठहाके, चेहरों की चमक, बीच-बीच में जाने-पहचाने फ़िल्मी चेहरों का दिख जाना, सब कुछ परी-कथा-सा लगता। मैं दूर से सबको देखती और इस दुनिया को समझने की कोशिश करती।

'बिच्छू' में पहले रहमत की भूमिका में नसीरुद्दीन शाह को लेने का सोचा गया था। काकाजी के कहने पर मुख्य भूमिका पुरी साहब करने को राज़ी हो गए थे। अभी तक उन्होंने जितनी भी भूमिकाएँ की थीं, सब गम्भीर थीं। लेकिन काकाजी को पुरी साहब में वह दिखा जो कोई और उनमें देख नहीं पाया था। इसी रहमत की भूमिका की वजह से आगे चलकर पुरी साहब को फ़िल्मों में हास्य भूमिका में

निर्माता-निर्देशकों ने लेना शुरू किया था।

पुरी साहब नाटक में इंटरवल नहीं रखना चाह रहे थे। उन्हें लग रहा था कि नाटक का प्रवाह टूट जाएगा। लेकिन ज्यों-ज्यों रिहर्सल आगे बढ़ता गया, रहमत का पात्र निभाते हुए पुरी साहब को एहसास हुआ कि यह पात्र काफ़ी दौड़-भाग वाला है। रिहर्सल में ही उनको थकान हो जाती थी। उनकी थकान देखकर काकाजी ने ग्लूकोस की व्यवस्था करवाई हुई थी। पुरी साहब ने सोचा भी नहीं था कि इस नाटक में इतनी मेहनत और ताक़त की ज़रूरत होगी। एक दिन वे हँसकर बोले, "रंजीत, मैं ग़लत था। इस प्ले में एक नहीं दो मध्यान्तर होने चाहिए।"

पृथ्वी थियेटर से निकलकर बम्बई के जुहू इलाक़े की चौड़ी सड़कें और बड़ी-बड़ी आसमान छूती इमारतों के बीच, छोटे-छोटे सर उठाए, अहंकार से भरे बँगले थे। उनके हरे-भरे बाग़, ज़ोर-ज़ोर से चीख़कर अपने-अपने मालिकों के अभिजातपन वर्ग और अमीरी की घोषणा करते नज़र आते थे। लेकिन उन्हीं इमारतों के पैरों तले, कुछ सँकरी, गन्दी, छोटे-छोटे कमरों और ग़रीबी से लिपटी गलियों में बसी कई बस्तियाँ भी थीं। उन बस्तियों को झोंपड़पट्टी के नाम से पुकारा जाता था। हमारे क़स्बों या गाँवों में ग़रीबी थी, लेकिन झोंपड़पट्टी नहीं होती थी। न ही इस तरह की गन्दगी थी। हमारे क़स्बे में ग़रीबों के झोंपड़ों में भी खुले आँगन होते और नीम, पीपल के पेड़ लहराया करते थे।

मेरा मन झोंपड़पट्टी में भेड़-बकरियों की तरह ठुँसे लोगों को देखकर ख़राब हो जाता था। मैं सोचती शहरों में ग़रीबी भी इतनी ग़रीब होती है कि इनसान खुली, स्वच्छ फ़िज़ा को तरस जाए! ईश्वर ने हवा-पानी सब मुफ़्त दिये हैं लेकिन महानगरों में आते-आते सब दूषित हो जाते हैं।

आज तो पानी भी मुफ़्त नहीं है, उस समय हम पानी के बिकने की कल्पना भी नहीं कर सकते थे। आज मुझे लगता है, कुछ सालों में हवा भी बिकने लगेगी। मनुष्यता का यह ह्रास मैं न देख पाऊँ ईश्वर से यही प्रार्थना है।

बम्बई की इन्हीं झोंपड़ियों में कई व्यवसाय चलते थे, जैसे कच्ची दारू का बनना-बिकना, और छोटे-मोटे ढाबे।

रिहर्सल के बाद पृथ्वी थियेटर की चकाचौंध से कोसों दूर पृथ्वी थियेटर से ही सटी यह झोंपड़पट्टी पुरी साहब के खाने का पुराना ठिकाना थी। वहीं पर हमें भी खाना खिलाया जाता।

इस ढाबेनुमा झोंपड़ी के सामने दो बेंच लगी होतीं, जिनके नीचे से एक गन्दी नाली निरन्तर बहती रहती थी। खाने में सिर्फ़ कीमा वह भी ढेर सारी मिर्च वाला और चावल होते या फिर कीमा पाव। वहाँ का यही एकमात्र राष्ट्रीय भोजन हुआ करता था। माँ कहती थीं, खाने को कभी बुरा नहीं कहना चाहिए। इसीलिए कह रही हूँ 'तौबा-तौबा'। लेकिन सच में मुझे उस खाने से कराहियत (घृणा) होती थी।

मगर मजबूरी थी, खाना पड़ता था। मेरा तो उस खाने से न कभी पेट भरा न ही मन।

पुरी साहब ने 'शायद' फ़िल्म में, जो शायद पुरी साहब की पहली व्यावसायिक फ़िल्म थी। एक छोटा-सा किरदार किया था। मुझे याद है उन दिनों उस फ़िल्म के विज्ञापन रेडियो पर आया करते थे। कहीं से भी गुज़रते हुए, अगर रेडियो पर उस फ़िल्म का विज्ञापन सुनाई पड़ जाता तो पुरी साहब चलते-चलते रुक जाते, हाथ से होंठों पर उँगली रख के चुप रहने का इशारा करते, और कहते, 'देखना अब मेरा नाम आने वाला है।' इस फ़िल्म की हीरोइन को मैं 1975 की फ़िल्म 'पोंगा पंडित' में देख चुकी थी। इसलिए मैं भी उत्सुकता से सुनने लगती। जैसे ही हीरो-हीरोइन के नाम के बाद पुरी साहब का नाम रेडियो पर गूँजता, एक विजयी मुस्कान उनके होंठों पर बिखरती वह सबकी तरफ़ देखकर आगे बढ़ जाते। अपना नाम रेडियो पर सुनकर उनकी आँखों में जो चमक आती, उसे मैं देख सकती थी। फिर कभी उनकी आँखों में वैसी चमक मैंने नहीं देखी। मंज़िल का रास्ता जितना ख़ूबसूरत होता है, शायद मंज़िल नहीं।

पुरी साहब के चेहरे में अगर कुछ था तो वह थीं उनकी बोलती आँखें, जिसमें मुस्कराहट, हँसी और करुणा थी।

पुरी साहब का मेरे प्रति विशेष ध्यान रखना, मुझे अजीब लगता। खाने-पीने में भी वह सबका ख़याल रखते, विशेषकर मेरा। मेरी चुप्पी, संकोच और शर्मीला स्वभाव उन्हें खल रहा था। मुझसे कुछ भी बुलवाने के लिए उन्हें बहुत प्रयास करने पड़ते थे।

कहते हैं, जिस चीज़ से भागो न वही पास आती है। पृथ्वी थियेटर में सिगरेट पीती अभिनेत्रियों, उनके छोटे-छोटे स्कर्ट और उनकी धाराप्रवाह अंग्रेज़ी ने मेरी तो बोलती बन्द की हुई थी। मुझे हमेशा डर लगा रहता कि कोई अंग्रेज़ी में बातचीत न शुरू कर दे। एक दिन हुआ भी वही। मैं एक अभिनेत्री और उसके मित्र के बीच फँस गई। जब वे मुझ पर अंग्रेज़ी के हथगोले फेंक रहे थे, उस समय सबकी नजरें मुझ पर ही थीं। मैं घायल हिरनी की तरह अपने बचने का रास्ता ढूँढ़ रही थी। ऐसे में अचानक देवदूत की तरह पुरी साहब प्रकट हुए और मेरी तरफ़ से जवाब देने लगे। उन्होंने मेरी स्थिति भाँप ली थी इसलिए मुझे बचाने आ गए थे। उस समय पुरी साहब ने मेरे कान में धीरे से फुसफुसाकर कहा,'पहले मेरी भी यही हालत होती थी, फिर अंग्रेज़ी अख़बार ज़ोर-ज़ोर से पढ़कर मैंने अपनी अंग्रेज़ी सुधार ली।' और मुस्कराकर चल दिये। उनकी मुस्कराहट में एक गर्मजोशी, आत्मीयता और मेरे प्रति अपनापन होता था। उनकी पूरी कोशिश रहती थी कि मैं थोड़ा और खुलकर, कम-से-कम उनसे तो बात कर ही लूँ। मगर न जाने क्यों बम्बई में मेरा संकोच और ज़्यादा बढ़ गया था। मैं सिमट गई थी।

हाँ, काकाजी और पुरी साहब की बातें सुनती ज़रूर थी। वहीं मुझे पता चला कि

पुरी साहब भी हमारी तरह संघर्षमय जीवन जी चुके थे और उनका रोज़ी-रोटी का संघर्ष अभी तक जारी है। मेरे मन में उनके लिए एक अपनापन सा जागा। मुझे लगा यह भी हमारे जैसे ही हैं। काकाजी ने शायद उन्हें मेरे मार्क्सवादी होने का बता दिया था। पुरी साहब कभी मुझे सीमा तो कभी 'कॉमरेड' सीमा पुकारते। उनके अलावा मुझे दो लोग बम्बई में पसन्द आए, नाटकों के निर्देशक जयदेव हटंगड़ी जिन्हें मैं जयदेव भाई पुकारती थी और उनकी पत्नी रोहिणी हटंगड़ी।

एक दिन पुरी साहब काकाजी से बोले, 'रंजीत, तुमने महसूस किया कि रास्ते भर हम ख़ूब बतियाते रहते हैं, लेकिन जैसे ही गोदाम (जहाँ हम ठहरे थे) आता है, हम ख़ामोश हो जाते हैं!। दोनों ठहाका लगाकर हँस पड़े। दरअसल गोदाम का दरवाज़ा, लोहे का एक शटर था। जिसे खोलने के लिए दो लोगों की ताक़त भी कम पड़ती थी। पुरी साहब को इसीलिए रोज़ हमें यहाँ छोड़ने आना पड़ता था।

एक रात हम सब खाना खाकर अपने गोदाम पर लौटे। जैसे ही काकाजी और पुरी साहब ने गोदाम का शटर उठाया, पड़ोस के गोदाम से शोर की आवाज़ें आईं। शायद कुछ मज़दूर झगड़ रहे थे। उस आवाज़ में किसी स्त्री की आवाज़ भी शामिल थी। यह बात पुरी साहब के लिए चिन्ता का विषय थी। हम लोगों को अन्दर जाने का इशारा कर, पुरी साहब दौड़े-दौड़े उधर गए। वह थोड़ी देर बाद लौटे। वे उदास और खिन्न दिख रहे थे। पड़ोस का शोर ख़त्म हो गया था। कुछ देर काकाजी से बात करने के बाद वे चले गए।

बाद में तिषा दीदी ने मुझे बताया कि कुछ लोग एक स्त्री को लाए थे। सौदा दो पुरुषों के साथ हुआ था। यहाँ आकर उसे छह-सात पुरुष नज़र आए, इस कारण वह वापस जाना चाह रही थी। पुरी साहब ने उन लोगों से उस बेचारी स्त्री को बचाया और उसे कुछ पैसे देकर वहाँ से निकलने में मदद की। मुझे उस समय ज़्यादा तो समझ में आया नहीं था, क्योंकि मैं देह व्यापार की बातों से पूर्णतया अनभिज्ञ थी। पर उन्होंने किसी बेचारी स्त्री की गुंडों से बचने में मदद की, यह बात मेरे लिए महत्त्वपूर्ण थी।

बिच्छू की रिहर्सल के दौरान पुरी साहब मुझे और तिषा दीदी को बम्बई दिखाने के कार्यक्रम बना ही लेते थे। उस दिन लोकल ट्रेन की यात्रा करवाने का कार्यक्रम बना। पुरी साहब के हिसाब से बम्बई की लोकल में न बैठें तो यहाँ आना बेकार था। लोकल क्या थी, आदमियों का रेला थी। उस भीड़ के रेले में हमें किसी तरह धक्के देकर पुरी साहब ने चढ़ाया। मेरा क़द छोटा था, इसलिए भीड़ में मुझे सिर्फ़ लोगों के पेट नज़र आ रहे थे। पसीने की गन्ध से घबराकर ऊपर देखती तो ट्रेन की छत से लटकते हैंडिल पकड़े ढेरों हाथ नज़र आते। तिषा दीदी की साड़ी और काकाजी के कुर्ते से पता चल रहा था कि वे लोग आसपास ही थे, लेकिन मेरी पहुँच से थोड़ी दूर।

यात्रा गेट वे ऑफ़ इंडिया की थी। मैं ट्रेन के झटकों से इधर-उधर लुढ़क रही

थी। बड़ी मुश्किल से एक सीट का डंडा पकड़ में आया। लुढ़कने का सिलसिला ज़रा सा थमा ही था कि किसी ने मेरे हाथ पर हाथ रख दिया। भीड़ में मुझे सिर्फ़ हाथ ही नज़र आ रहा था। किसका था? मैं हाथ निकाल सकने में भी असमर्थ थी। अचानक पुरी साहब ने ग़ुस्से से मेरे हाथ पर रखे हाथ को झटककर हटा दिया। हाथ वाले आदमी को ग़ुस्से से कुछ कहा और मेरे हाथ के पास अपना हाथ रखकर मेरा बचाव किया। जब कोई पुरुष किसी स्त्री को सुरक्षा और अपनत्व देता है तो स्त्री में उस पुरुष के प्रति आदर उत्पन्न होता है। मैं चाहे छोटी थी, परन्तु मान-अपमान को ख़ूब पहचानती थी। मेरा छोटा-सा पाँच इंच का दिल पुरी साहब के प्रति आदर से भर गया।

समय गुज़र रहा था, सबकी मेहनत रंग ला रही थी। काकाजी ने निर्देशन के साथ मंच की प्रकाश व्यवस्था भी सँभाली हुई थी। 'बिच्छू' नाटक का पहला मंचन था। सबके चेहरों पर तनाव था। भाग-दौड़ थी। पुरी साहब बेचैन थे। नाटक का मंचन हुआ। काकाजी का निर्देशन और पुरी साहब का अभिनय दोनों की चारों तरफ़ सराहना हो रही थी। पुरी साहब के अभिनय के नये आयाम बड़े-बड़े फ़िल्म निर्माता-निर्देशकों के सामने उजागर हो चुके थे। किसे पता था, हिन्दी सिनेमा में एक नया अध्याय लिखा जा रहा था। पुरी साहब की उपलब्धियों के पहले चरण की मैं साक्षी बनी।

पन्द्रह-बीस दिन चुटकियों में कट गए। बम्बई का सफ़र एक काली सलवार और दो काले-सफ़ेद प्रिंट के कुर्तों के साथ पूरा हुआ चाहता था। घर जाने की ख़ुशी और बम्बई की शानो-शौक़त, बड़े-बड़े रास्ते और अन्धाधुंध गाड़ियों की भीड़ अब पीछे छूटने वाली थी। महानगर में रहने की उलझनें और उसके छूटने का ज़रा सा दुख मुझे महसूस होने लगा था।

अब मसला था हम लोगों की वापसी का। काकाजी, तिषा दीदी और बग्गू को दिल्ली जाना था। मेरी परीक्षाएँ सिर पर आ गई थीं, इसलिए झालावाड़ ही जाना था। यह तय हुआ कि पहले मुझे विदा किया जाए।

मेरा टिकट पुरी साहब ने करवा दिया था। ट्रेन रात नौ बजे की थी। उसके अगले दिन सुबह ग्यारह बजे काकाजी वग़ैरह दिल्ली जाने वाले थे। सुबह से ही मैंने अपने छोटे से बैग में थोड़ा सा सामान रख लिया था। दिन में हम सबने गोदाम में ही खाना खाया। पुरी साहब मीटिंग में चले गए क्योंकि वे ही मुझे छोड़ने, स्टेशन जाने वाले थे।

शाम हो चली थी, हम सब उनका इन्तज़ार कर रहे थे। ट्रेन का समय क़रीब आ रहा था। टिकट उन्हीं के पास थे। हम सबकी बेचैनी बढ़ रही थी। पूरे नौ बजे पुरी साहब आए। मेरी ट्रेन निकल गई थी। बाद में मुझे ख़ुद पुरी साहब ने बताया था कि उन्होंने जानबूझकर मेरी ट्रेन छुड़वाई थी, ताकि मेरे साथ वे कुछ और समय बिता सकें। ट्रेन निकल जाने पर उन्होंने बहुत अफ़सोस भी किया। तय यह हुआ अब मेरी

वापसी अगले दिन की ट्रेन से होगी।

सुबह काकाजी और तिषा दीदी की ट्रेन थी और उसी रात मेरी ट्रेन थी। दोनों के जाने के बाद, पूरा दिन अकेले बम्बई में गुज़ारना पड़ेगा? यह सोचकर ही मेरे हाथ-पाँव फूल गए। उस रात मेरे घबराने पर काकाजी ने मुझे बहुत समझाया था, 'पुरी साहब मेरे पुराने दोस्त हैं, अच्छे इनसान हैं, घबराओ मत। जयदेव आ जाएँगे। दोनों तुम्हें रात को स्टेशन छोड़ देंगे।' इन आश्वासनों से भी मेरी घबराहट कम नहीं हो रही थी।

सुबह-सुबह पुरी साहब अकेले आए। हम दोनों काकाजी और दीदी को स्टेशन छोड़कर वापस उसी गोदाम में आ गए। अब सुबह ग्यारह से रात नौ बजे तक का समय था। मेरे लिए समय काटना मुश्किल हो रहा था। तभी जयदेव भाई आ गए अपना स्कूटर लेकर जिसमें एक साइड कार लगी हुई थी। जयदेव भाई स्कूटर चला रहे थे, पीछे पुरी साहब थे और साइड कार में मैं। स्कूटर बम्बई की साफ़-सुथरी, लम्बी-चौड़ी सड़कों पर तेज़ी से दौड़ रहा था। इन लोगों ने मुझे हैंगिंग गार्डन से लेकर चौपाटी तक ख़ूब घुमाया। दोपहर हो चली थी। मुझे बड़ी तेज़ भूख लगी थी संकोच की वजह से मैं कुछ बोल नहीं पा रही थी। वह तो शुक्र था कि पुरी साहब जैसे संवेदनशील व्यक्ति साथ थे। चौपाटी पर रुककर उन्होंने मुझसे पूछा, क्या खाना है? बोर्ड पर मैंने देख लिया था, लिखा था भेलपूरी। मैंने थोड़ी चालाकी दिखाई। मन में सोचा कि पूड़ी खाना ज़्यादा अच्छा रहेगा। इन दोनों ने वडापाव लिया। मैं अपनी पूड़ी के इन्तज़ार में थी। तभी अचानक सामने देखती हूँ, प्लेट में लाई और मुरमुरे मुझे पेश किये गए। मुझे पहली बार पता चला था कि भेलपूरी क्या होती है? मैं उस दिन भूखी ही रही। हमारी चालाकी हमारे ही आड़े आ गई थी।

ख़ैर साहब, पूरा दिन हँसते-हँसते बीत गया। रात को जयदेव भाई हम दोनों को रेलवे स्टेशन पर छोड़कर चले गए। ट्रेन लेट थी। मैं और पुरी साहब, ख़ाली प्लेटफ़ार्म की बेंच पर बैठे थे। बम्बई और पुरी साहब से विदा लेते हुए मैं थोड़ा उदास थी। ट्रेन आ गई। पुरी साहब ने मुझे मेरी सीट पर बिठा दिया। ट्रेन रेंगने लगी और अचानक मैंने देखा पुरी साहब की आँखें भीगी हुई थीं। खिड़की की सलाखों के उस पार वे खड़े थे। बस मेरी तरफ़ देख रहे थे, और धीरे-धीरे दूर होते जा रहे थे। मैं ज़्यादा देर और दूर तक उन्हें देख सकूँ इसलिए मैंने सीट बदल दी। उनकी डबडबाई आँखें जैसे मुझे हज़ारों सवालों के जवाब दे रही थीं। अब पुरी साहब दूर बस एक आकृति से रह गए थे। उनका एक हाथ हवा में ऊपर उठा हुआ था। धीरे-धीरे वे आँखों से ओझल हो गए। ट्रेन अँधेरे में प्रवेश कर चुकी थी। सब अपनी जगह पर जाकर सो चुके थे और मैं उन आँखों को याद कर रही थी जिनमें थोड़ा-थोड़ा पानी था। सोचती हूँ, मेरा और पुरी साहब का मिलना वरदान था या अभिशाप?

बम्बई की जगमगाती, रौशन रातों के बाद किसे पता था? उसी साल मुझे एक गहन अँधेरी रात का सामना करना पड़ेगा।

टूंडला स्टेशन की वह रात

झालावाड़ में अचानक हमें अलीगढ़ से शाहिद भाई का 'तार' मिलता है। जिसमें सूचना थी कि तीन-चार दिन बाद ही मेरी परीक्षाएँ शुरू होने वाली थीं। अब समस्या यह थी कि मैं अलीगढ़ कैसे जाऊँ? कोई भी इन्तज़ाम नहीं हो पा रहा था। फ़रहत भाई ने अपने ज्ञान से मुझे कोटा से चलने वाली एक ट्रेन में एक विशेष डिब्बे में बैठाया। उनके हिसाब से उस ट्रेन की वह बोगी टूंडला में कटकर दूसरी ट्रेन में लगने वाली थी, जो सीधे अलीगढ़ पहुँचा देती। भयंकर सर्दियाँ थीं। इस तरह मैं अपने छोटे से होल्डॉल और एक छोटी अटैची के साथ, ट्रेन में अकेली बैठा दी गई। जनरल कम्पार्टमेंट की भीड़ में भी मुझे घबराहट हो रही थी। उस समय, इतनी कम उम्र की लड़की का नितान्त अकेले सफ़र करना आम बात नहीं थी।

एक परिवार और उसके बच्चे खाना खाने लगे तो उन्होंने अकेला देखकर मुझे भी खाना खाने की दावत दी। खाना खाते हुए, बातों-बातों में मैंने बताया कि मैं अलीगढ़ जा रही हूँ। उस औरत के पति ने मुझे सूचना दी कि यह ट्रेन अलीगढ़ नहीं लखनऊ जा रही है। इसकी कोई बोगी नहीं कटेगी। मुझे काटो तो ख़ून नहीं।

मुझे रात को दो-ढाई बजे के क़रीब टूंडला उतरना पड़ेगा और दूसरी ट्रेन जो शायद सुबह चार या पाँच बजे अलीगढ़ की थी उसी से जाना पड़ेगा। मैं घबराने लगी थी।

एक सज्जन टूंडला ही उतर रहे थे और वहाँ से उनको कहीं और जाना था। वे हमारी बातें सुन रहे थे, उन्होंने आश्वासन दिया कि वे मुझे दूसरी ट्रेन में बिठा देंगे। रात दो-ढाई बजे हम टूंडला उतर गए। मैंने उस व्यक्ति को पैसे दिये, उन्होंने मेरा अलीगढ़ का टिकट लाकर दे दिया। तभी उस आदमी ने मुझसे पूछा, 'अलीगढ़ क्यों जा रही हो? मैंने उसे बताया, मेरी परसों से परीक्षाएँ हैं। अचानक उस आदमी ने मुझसे कहा, 'परीक्षाएँ तो परसों से हैं चलो मैं तुम्हें जलपाईगुड़ी घुमाकर लाता हूँ।' यह रक्षक ही भक्षक बन गया था। मैंने घबराते हुए कहा कि नहीं, मुझे कहीं नहीं जाना है। थोड़ी देर बाद उस आदमी की गाड़ी आई और वह चला गया। मैंने राहत की साँस ली।

लेकिन परेशानी तो अब शुरू होने वाली थी। चार बजे से पहले कोई गाड़ी नहीं आने वाली थी, इसलिए पूरा प्लेटफ़ार्म सुनसान पड़ा था। एक-दो साधुओं को छोड़कर कोई नहीं था। वे भी दूर सर्दी की वजह से चिलम पीकर अपनी गुदड़ी में सो रहे थे। मैं अकेली एक बेंच पर बैठी सर्दी और भय से काँप रही थी। दिमाग़

सुन्न हो गया था। जीवन में ऐसी परिस्थिति कभी नहीं आई थी। अचानक न जाने कहाँ से चार-पाँच आवारा लड़के मेरी बेंच के आसपास मँडराने लगे। मैं अन्दर से तो भयाक्रान्त थी। ऊपर से अपने-आपको शान्त रखे बेंच के एक किनारे बैठ गई। दूसरी तरफ़ मैंने अपना होल्डाल और अटैची रखे हुए थे। ताकि कोई एकदम से मेरे पास न बैठ सके। एक लड़के ने मुझसे पूछा, 'कहाँ जाइएगा?' मैं कुछ नहीं बोली। वे लड़के आपस में गन्दी-गन्दी गालियाँ देकर बातें कर रहे थे। एक लड़का मेरी बेंच पर बैठकर गन्दे फ़ोटो की किताब देखने लगा और न जाने क्या-क्या बकने लगा था। मुझे उस दिन ऐसा लग रहा था, यहीं इसी समय मेरे प्राण निकल जाएँ। उन भयानक क्षणों को सहन कर पाना मेरे बस में नहीं था।

अचानक मुझे एक सिपाही नज़र आया, मैं सामान वहीं छोड़कर उस सिपाही के पास गई और अपनी समस्या बताई। वह मुझे लेडीज़ वेटिंग रूम में ले गया। मुझे तब तक यह भी नहीं पता था कि स्टेशन पर वेटिंग रूम होते हैं। मेरे लिए यह पुलिसवाला किसी फ़रिश्ते से कम नहीं था। मैं अपना सामान उठाए उसके पीछे-पीछे चल रही थी। उसने मुझे लेडीज़ वेटिंग रूम में छोड़ा। वे लड़के थोड़ी दूरी बनाए हुए अब भी पीछा कर रहे थे।

वेटिंग रूम बहुत बड़ा कमरा था। इसकी देखरेख एक बूढ़ी औरत कर रही थी। मैंने जल्दी से उसका मुख्य द्वार बन्द करवा दिया और उस बूढ़ी औरत से आग्रह किया कि किसी के लिए दरवाज़ा न खोलें। वह बूढी अम्मा समझ गई थी। मेरे जीवन के वे दो-तीन घंटे नरक से भी ज़्यादा भयानक थे। मैं और बूढ़ी अम्मा अन्दर थे और बाहर वे लड़के, ज़ोर-ज़ोर से दरवाज़े को खटखटाकर उसे खोलने के लिए कह रहे थे। नींद मेरी आँखों से कोसों दूर थी।

जैसे-तैसे सुबह हुई। सुबह सात-आठ बजे प्लेटफ़ार्म पर गहमागहमी और भीड़ हो गई थी। मेरी ट्रेन में अभी समय था। वेटिंग रूम में अब कुछ औरतें और बच्चे आने लगे थे। एक औरत अपने दो-तीन बच्चों के साथ वहीं बैठी थी। मैंने उससे बातचीत शुरू कर दी। वे लोग भी अलीगढ़ जा रहे थे। मुझे यह सुनकर राहत मिली। थोड़ी देर में उस औरत का पति आया उसने अपनी पत्नी से कुछ कहा, अचानक उस औरत ने मुझसे बात करनी बन्द कर दी। तभी मैंने महसूस किया कि कुछ लोग बार-बार वेटिंग रूम के दरवाज़े से मुझे झाँककर देख रहे हैं। उसमें वे रात वाले लड़के भी थे। स्टेशन पर मुझे देखकर लोगों की जो प्रतिक्रिया हो रही थी, मेरी समझ में कुछ नहीं आ रहा था। मुझे ऐसा लग रहा था मैं निर्वस्त्र वहाँ खड़ी हूँ। उस अजीब और भयानक परिस्थिति में मेरी ट्रेन आई, मैं उसमें बैठ गई। वह औरत भी अपने पति और बच्चों के साथ इसमें बैठी थी। वे रात वाले लड़के भी ट्रेन में सवार हुए। अपनी हालत, मैं बयान नहीं कर सकती हूँ। डर के मारे मेरा गला सूख रहा था, मैं काँप रही थी। अलीगढ़ के पास आते-आते वे लड़के उतर गए। वह आदमी अपनी

पत्नी से बोला, 'यहाँ तक पीछा किया गया है।'

अलीगढ़ आ गया था। टिकट कलेक्टर से वह आदमी मेरी तरफ़ इशारा करके कुछ कह रहा था। टिकट कलेक्टर ने मुझसे कुछ पूछताछ करनी चाही। अचानक मेरी नज़र बाहर मैराज भाई पर पड़ी। मैराज अलीगढ़ यूनिवर्सिटी स्टूडेंट यूनियन लीडर थे। उनके पिता मेरठ में मुशायरे करवाते थे। कई बार माँ, मैराज भाई के घर रुकी भी थीं। मैराज भाई से माँ ने परिचय करवाया था। अलीगढ़ में बड़ों को सलाम करने की प्रथा थी। तब हाथ मिलाना या गले मिलने का दूर-दूर तक चलन नहीं था। मैराज भाई को देखकर मैंने उन्हें आवाज़ दी और दौड़कर उनके गले लग के रोने लगी। मैराज भाई सकते में थे। जो त्रासदी रात मेरे ऊपर गुज़री थी, उसमें मैराज भाई मेरे लिए क्या थे यह सिर्फ़ मैं ही जानती थी।

क़यामत की रात गुज़रने के बाद कोई अपना मिला था। मैंने उन्हें सब हाल सुनाया। मैराज भाई ने टिकट कलेक्टर से माजरा पूछा। पता लगा कि टूंडला से यहाँ तक, सारे लोगों में यह अफ़वाह उड़ गई थी कि सोलह-सत्रह साल की एक लड़की घर से भाग के आई है। आज भी जब कभी मैं उस घटना को याद करती हूँ तो मेरे रोंगटे खड़े हो जाते हैं।

पुरी साहब का वह ख़त जिसे पढ़ने की हिम्मत न हुई

अलीगढ़ में फ़साद की वजह से मेरा रुकना ज़्यादा दिनों तक नहीं हो पाया। सिर्फ़ इम्तिहान देना और देकर लौटने तक ही मेरी पढ़ाई सीमित हो गई थी।

झालावाड़ में अचानक एक दिन माँ बीमार हो गईं। माँ को झालावाड़ के सरकारी अस्पताल में भर्ती करवाया गया। अब मेरी ड्यूटी दोहरी हो गई थी। मैं घर सँभालती थी उसके बाद अस्पताल में जाकर माँ की देखभाल करती। रात के समय बाबूजी और नोनी को खाना खिलाकर, माँ के लिए अस्पताल खाना ले जाना होता।

कोठी से अस्पताल का रास्ता एकदम सुनसान था। अँधेरा भी रहता था, और उन सबके ऊपर बीच में जानवरों के अस्पताल के पास एक बड़ा सा क़ब्रिस्तान भी था। रात के अँधेरे में मैं तेज़ी से साइकिल चलाते हुए वहाँ से गुज़रती थी। माँ को खाना देकर मुझे वापस भी आना होता था। जैसा कि मैंने बताया था, उस समय माँ की तनख़्वाह 455 रुपये ही थी। महीने के आख़िरी दिनों में सब्ज़ियाँ लेने के भी पैसे नहीं होते थे। उस पर महीने के आख़िरी दिनों में माँ का अस्पताल में भर्ती हो जाना अपने-आपमें एक मुसीबत थी।

माँ को देखने के लिए अस्पताल में उनके विद्यार्थियों के अलावा बहुत सारे लोग आते थे। इससे यह पता लगता था कि माँ को शहर में सब लोग कितना प्यार करते थे। लेकिन अकेले प्यार से ज़िन्दगी नहीं चलती। पन्द्रह दिन अस्पताल में बिताने

के बाद माँ को वह प्राइवेट कमरा छोड़ना था। अस्पताल वाले कमरा छोड़ने की इजाज़त नहीं दे रहे थे क्योंकि अस्पताल का पूरा पैसा नहीं भरा गया था। मैं दौड़ी-दौड़ी डॉक्टर अंसारी के पास गई। अंसारी अंकल की वजह से अस्पताल से छुट्टी मिल सकी। बाद में माँ ने उनके पैसे चुकाए थे।

ऐसी हालत में यूनिवर्सिटी फिर खुल गई थी और परीक्षा घोषित हो गई थी। मुझे फिर अलीगढ़ जाना पड़ रहा था। टूंडला की घटना के बाद सबने यह निर्णय कर लिया कि अब मुझे अलीगढ़, दिल्ली होते हुए ही जाना होगा। मैं डायरेक्ट ट्रेन से दिल्ली जाती, स्टेशन पर काकाजी लेने आते फिर दो-तीन दिन काकाजी के पास गुज़ारने के बाद वे मुझे दिल्ली के अजमेरी गेट से अलीगढ़ की बस में बिठा देते। उस समय काकाजी शकरपुर में रह रहे थे। शकरपुर दिल्ली में जमना पार का एक सस्ता इलाक़ा था।

किसी तरह से माँ ने दो सौ रुपये का इन्तज़ाम किया। यह मेरी कॉलेज और हॉस्टल की फ़ीस और आने-जाने का ख़र्चा थी। माँ ने मुझे दिल्ली की ट्रेन में बैठा दिया। अगले दिन काकाजी मुझे लेने स्टेशन आ गए थे। मैं जैसे ही काकाजी के घर पहुँची, मेरे आश्चर्य की कोई सीमा नहीं रही। मैंने देखा पुरी साहब भी शकरपुर में काकाजी के पास ठहरे हुए थे। चार-पाँच दिन कैसे गुज़र गए पता ही नहीं चला। लेकिन इन दिनों में, दो बार काकाजी के घर में मेरे इन्हीं पैसों से मटन बन गया। कुछ पैसे और चीज़ों में ख़र्च हो गए। मैं निश्चिन्त थी। तिषा दीदी ने कह दिया था कि जाते हुए पैसे दे दिये जाएँगे।

मुझे अलीगढ़ निकलना था। काकाजी मुझे अजमेरी गेट से अलीगढ़ की बस पर बिठाने की ड्यूटी पुरी साहब को सौंपकर मंडी हाउस चले गए।

मैं इतनी संकोची थी कि काकाजी से या तिषा दीदी से पैसा माँगते मुझे शर्म आ रही थी। शकरपुर से अजमेरी गेट तक का रास्ता मैंने और पुरी साहब ने बस में तय किया। पूरे रास्ते मैं तनाव में थी। फ़ीस कहाँ से भरूँगी? यही सोच रही थी। अजमेरी गेट बस अड्डा आ गया। पुरी साहब ने मुझे बस में बिठाया और अपने हाथ में मेरा हाथ लेकर, एक काग़ज़ को मेरी हथेलियों के बीच में दबा दिया।

तनाव में एक तनाव और आ गया था। यह पुरी साहब के हाथों से मेरे हाथ में दिये हुए ख़त के रूप में।

बस चल पड़ी थी। फिर वही मंज़र एक बार दोहराया जा रहा था। जो कुछ महीनों पहले बम्बई के प्लेटफ़ार्म पर घटा था। मेरी बस दूर जा रही थी और पुरी साहब दूर तक मुझे देख रहे थे, उनका हाथ हवा में ही था। अन्ततः वह आँखों से ओझल हो गए थे। किन्तु मैं हिम्मत नहीं कर पा रही थी, हथेली को खोलकर उस ख़त को पढ़ने की। मेरे अन्दर कई तरह के विचार और भावनाएँ आ रही थीं। कभी मुझे पुरी साहब पर बहुत ग़ुस्सा आता। उन्होंने क्या समझ रखा है मुझे? क्या

मैं ऐसी-वैसी लड़की हूँ? कभी मैं शर्म से लाल हो उठती थी। कभी मुझे अच्छा भी लगता, उनके दिये पत्र में क्या होगा? प्रेम की कैसी अभिव्यक्ति होगी? मैं सोचती रही, सोचती ही रही। शरीर और मन दोनों ही समय के साथ बदलते रहते हैं। जो मन पंछियों और पेड़ों से ख़ुशबू लेता था, अब उसे किसी व्यक्ति से सुगन्ध आने लगी थी। कहाँ गर्मियों की भरी बस में पसीने से सराबोर लोगों की बदबू, उस पर बस के बोनट से उठती डीज़ल की तेज़ गन्ध मुझे 'मिचली' (वमन आने की देसी दशा) पैदा करती थी। उस दिन सब ग़ायब हो गया था।

इस अनुभूति ने, जिसे प्रेम कहते हैं,मेरे अन्तस में बिखरकर चारों ओर एक ख़ुशबू बिखेर दी थी। उस सुगन्ध के सरोवर में सराबोर कब तीन घंटे गुज़र गए पता ही नहीं चला। तीन घंटों को होश में तौला तो लगा बस कुछ लम्हे ही बीते थे।

अलीगढ़ बस-स्टैंड पर भीड़ नीचे उतर रही थी। मैं सीट पर बैठी हथेली में दबे हुए पसीने में भीगे काग़ज़ को महसूस कर रही थी, जो अब तक पूरी तरह भीग चुका था। दिल कह रहा था, पत्र आँख बन्द करके ही पढ़ डालूँ। हिम्मत कर मैंने डरते-डरते अपनी हथेली खोली, देखा मेरे हाथ में बीस रुपये का नोट रखा था।

उस साल मुझे अपनी फ़ीस के पैसे शाहिद भाई से लेने पड़े थे। जो कुछ महीनों बाद माँ ने उतार दिये थे। लेकिन समय पर मदद के लिए मैं हमेशा उनकी आभारी हूँ।

मैं अब माँ का सहारा बनना चाहती थी। मैंने एक छोटा-सा निर्णय लिया कि क्यों न दिल्ली में ही रहा जाए। अलीगढ़ बार-बार आना-जाना पैसे भी ख़र्च और तकलीफ़ अलग। पर कहाँ रहा जाए? काकाजी का घर अब मंडी हाउस के 'कॉलेज लेन' में था। कमरा भी एक ही था। तिषा दीदी की एक आदत ख़राब थी, वह तानों और उलाहनों में बात किया करती थीं, जो मुझे अच्छी नहीं लगती थी।

अन्नू भैया कस्तूरबा गांधी मार्ग पर नर्सेज हॉस्टल में रहते थे। अंग्रेज़ों के जमाने का यह हॉस्टल एक पूरा मोहल्ला था। बड़े-बड़े हॉलनुमा ऊँची सीलिंग के कमरे, रात के अँधेरे में भुतहा से लगते थे। अन्नू भैया का कमरा भी वैसा ही था, जिसमें वह अपने तीन-चार दोस्तों के साथ रहते थे। खाने-पीने का ख़र्चा चारों मिलकर बाँट लेते थे। जब मेरी पढ़ाई का मसला आया और अलीगढ़ जाने की समस्या सामने आई तो अन्नू भैया ने अपने दोस्तों से बात कर मुझे सहमति दे दी। अब मैं इन चार लोगों की छोटी बहन और ख़ानसामा बन गई थी। सबको अच्छा खाना मिलने लगा था। इसके लिए वे अब तक तरस रहे थे। मेरा अलीगढ़ आना-जाना लगा रहता था।

काकाजी बम्बई में नाटककार के तौर पर पूर्णतया स्थापित हो गए थे। उनका नाटक 'एक रुका हुआ फ़ैसला' बहुत सफल रहा था। जिसमें अन्नू भैया एक अस्सी साल के वृद्ध के किरदार में बहुत सराहे गए थे। उसी वजह से श्याम बेनेगल ने उन्हें मंडी फ़िल्म में बूढ़े डॉक्टर के किरदार में लिया था।

फ़िल्म 'मंडी' की वजह से अन्नू भैया को 1982 में फ़िल्म 'बेताब' में काम

करने का न्योता आ गया। अन्नू भैया का जाना मेरे लिए रहने की समस्या बन गया था! अन्नू भैया को मेरे रहने के लिए रघुवीर भाई का घर ही उपयुक्त नज़र आया था। मैं दिल्ली रघुवीर भाई के घर रहने चली गई। अन्नू भैया बम्बई चले गए थे। उनका अपना सिनेमा में अस्तित्व बनाने का संघर्ष जारी हो गया था।

रघुवीर भैया, बंगला साहब गुरुद्वारे के पास बने सरकारी क्वार्टर में दूसरी मंज़िल पर अपने दो दोस्तों राजू बारोट (जिन्हें मैं राजू दादा कहती थी) और एक और सज्जन की साझेदारी में रहते थे। मैंने उनके साथ कुछ दिनों रहने की अपनी इच्छा जताई और उन्होंने मेरे इस निर्णय का स्वागत किया।

यह छोटा-सा दो कमरे, एक रसोई और दो बालकनी वाला फ़्लैट था। मेरे रहने के लिए अन्दर का कमरा उन लोगों ने सुनिश्चित कर दिया था। दिन रवींद्रालय कि म्यूज़िक लाइब्रेरी में बिताकर मैं शाम तक बंगला साहब आ जाती। रघुवीर भैया,राजू दादा दोनों के पास काम नहीं था, पैसों का अभाव चल रहा था। घर में कुछ बनाने के लिए नहीं था। मैं, राजू दादा, रघु भैया, उदास भूखे बैठे थे। अचानक मुझे कुछ सूझा। मैंने उनसे पूछा, 'खाने में रोटी-दाल चलेगी? वह भी मिठाई के साथ?' दोनों की आँखों में ग़ज़ब की चमक आ गई। मैं दोनों को साथ लेकर सीधे बंगला साहब गुरुद्वारा पहुँची। हम तीनों ने गुरुद्वारे में दर्शन के बाद लंगर में खाना खाया। 'कड़ा प्रसाद' (प्रसाद का हलुआ) लेकर हम घर आ गए। राजू दादा ने ईश्वर को बहुत धन्यवाद दिया और सो गए। मैं मुँह देखती रह गई! अरे भई! ईश्वर के पास लेकर तो मैं गई थी। मेरे हिस्से का धन्यवाद, खा गए क्या?

दिन तो कट रहे थे। किन्तु मेरे मन में उथल-पुथल मची हुई थी। मैं सोचती थी कि बी.ए. के बाद क्या करूँगी? जिससे घर में कुछ मदद हो सके। माँ कब तक हमारा बोझा ढोएँगी? इसी बीच एक दुर्घटना घट गई। रघुवीर भैया को कोई फ़िल्म 'मैसी साहब' मिल गई थी। उसी के सिलसिले में उन्हें रात को घर आने में देर हो जाया करती थी। एक रात जब मैं गहरी नींद में सो रही थी। अचानक, मैं चौंककर जाग उठी। मुझे उस कमरे में किसी के होने का एहसास हो रहा था। आँख खुलते ही सामने खिड़की से आती रौशनी में मुझे एक आकृति नज़र आई। मेरी चीख़ निकल गई। रघुवीर भैया के दूसरे सज्जन दोस्त पलंग पर बैठे थे। उनका नाम लेना मैं उचित नहीं समझ रही क्योंकि अब वह शायद अपने पोते-पोतियों के साथ रहते हों और मैं नहीं चाहती कि वह अपने परिवार की दृष्टि में गिर जाएँ। उन्होंने मुझे अनुचित जगह पर छू लिया था। मेरे चीख़ने के कारण अचानक वह होश में आए और सॉरी-सॉरी कहते हुए बाहर चले गए। बावजूद इसके कि राजू दादा बाहर के कमरे में सो रहे थे, मैं डर से काँप रही थी।

मैंने जल्दी से दरवाज़े की कुंडी अन्दर से लगा ली। अपने दोनों घुटनों में सिर छिपाकर न जाने कितनी देर तक मैं रोती रही। उस दिन मैं इक्कीस साल की युवती

नहीं, जबलपुर की वही छह साल की डरी, सहमी, काँपती नन्ही बच्ची बन गई थी। जो विश्वास धीरे-धीरे लौटा था, वह फिर खो गया था। मुझे सिर्फ़ रघुवीर भैया का इन्तज़ार था। ज़रा सी आहट पर मैं बार-बार खिड़की से बाहर झाँककर देखती।

सुबह चार बजे के क़रीब भैया आए। मैंने दौड़कर दरवाज़ा खोला। भैया को लेकर मैं अन्दर कमरे में आई और उनसे लिपटकर बहुत देर तक रोती रही। किसी अनहोनी घटना के अन्देशे से भैया भी हिल गए थे।

सुबह मैं अपने कमरे में ही थी। राजू दादा, वे सज्जन और रघुवीर भैया में बातचीत चल रही थी। मुझे राजू दादा की तेज़ ग़ुस्से में भरी आवाज़ सुनाई दी, वे कह रहे थे, 'इस घर में वही रह सकता है जो रघुवीर की बहन को अपनी बहन समझे, इससे पहले कि मेरा हाथ उठ जाए तुम यहाँ से चले जाओ' उसके थोड़ी देर बाद ही वे सज्जन अपना सामान लेकर चले गए।

उस हादसे के बाद मुझे लगने लगा था कि मैं रघु भैया की समस्या को और बढ़ा रही हूँ। इसी बीच अलीगढ़ में परीक्षा देने का समय आ गया।

मैंने हिन्दी साहित्य लिया हुआ था। कई बार तो मुझे यह भी पता नहीं होता था कि कोर्स में कौन-कौन सी किताबें चल रही हैं। इस बार भी वही हुआ। इम्तहान में 'अज्ञेय' के उपन्यास 'शेखर एक जीवनी' पर विस्तार से लेख लिखने के लिए प्रश्न आया। कम्युनिस्ट होने की वजह से मैं साहित्य बहुत पढ़ती थी। यह पढ़ाई मेरे इम्तहान में काम आई। मैंने अज्ञेय के इस उपन्यास को छोड़कर बाक़ी सब उपन्यास पढ़े थे।

मेरी समझ में नहीं आ रहा था, इस उपन्यास के पात्रों के बारे में मैं क्या लिखूँ? मैंने सोचा, फेल होना है तो क्यों न दिल की भड़ास निकाली जाए। मार्क्सवादियों को अज्ञेय प्रगतिशील लेखक नहीं लगते थे। मैंने पेपर में उनके सारे उपन्यास के पात्रों और कहानी की चर्चा करते हुए अपनी नापसन्दगी ज़ाहिर कर दी। मुझे पूरा यक़ीन था कि मैं फेल हो जाऊँगी। लेकिन मेरे आश्चर्य का पारावार नहीं रहा जब मुझे इकहत्तर प्रतिशत नम्बर आए। अपनी इस उपलब्धि को लेकर मैं वापस घर आ गई।

अब रघुवीर भैया और राजू दादा के लिए मकान का किराया भरना मुश्किल हो रहा था। किसी तीसरे पार्टनर की ज़रूरत थी। मेरी वजह से वे किसी को भी रखने में हिचकिचा रहे थे। अब मेरा वहाँ रहना, इन दोनों की मुसीबतों को और बढ़ाना असहनीय हो रहा था। मेरी पढ़ाई में अभी कुछ महीने और बाक़ी थे।

मैं झालावाड़ आ गई। झालावाड़ में रहकर मैं, माँ पर बोझ नहीं बनना चाहती थी। मुझे कुछ काम की तलाश थी, ताकि मैं माँ-बाबूजी की आर्थिक रूप से कुछ तो मदद कर सकूँ। मेरी समझ में कुछ नहीं आ रहा था। इसी सोच में थी कि अगर मैं दिल्ली में अलग मकान लेकर रही, तो ख़र्चा कैसे चलेगा?

अन्नू भैया को अपनी स्थिति से पत्र द्वारा अवगत करा दिया था। अन्नू भैया ने मुझे इस स्थिति से उबार लिया। उन्होंने मुझे पाँच सौ रुपये महीना भिजवाने का आश्वासन दिया।

आज सोचती हूँ, अन्नू भैया तो ख़ुद संघर्ष कर रहे थे। उस संघर्ष में मैंने अपना बोझ भी उन पर लाद दिया था। जिसे वह सहर्ष उठाने को तैयार हो गए थे। मेरे बड़े भाई के इस जज़्बे के आगे मैं नतमस्तक और आभारी हूँ। जबकि अन्नू भैया का इस विषय में कहना कुछ और ही है, वे कहते हैं कि 'मैंने बचपन में तेरे पैसों की बहुत सिगरेटें पी हैं।'

अन्नू भैया के वादे से मेरे अन्दर जोश और हिम्मत आ गई थी। एक नया उत्साह, नई तरह से जीने का एहसास मुझमें भर गया था। इस उत्साह में माँ-बाबूजी भी शामिल थे। दोनों चिन्तित थे, मेरे अकेले रहने के निर्णय से, लेकिन मेरी ज़िन्दगी की तरक़्क़ी बड़े शहर में ही है, यह वे जानते थे।

माँ कुछ बर्तन और उपयोगी सामान भारी मन से बोरी में भर रही थीं। सँड़सी, चिमटा, मिट्टी के तेल के बत्ती वाले स्टोव से लेकर थाली, परात और तवा। सब कुछ सुतली से बँधी बोरी में, माँ ने भर दिया था।

ढेर सारी पूरियाँ, पपरियाँ, माँ के हाथ की बनी, ख़ास आलू की जीरे वाली सब्ज़ी और दो बोरी सामान लेकर मैं और लच्छू मामा दिल्ली जाने के लिए रामगंज मंडी रेलवे स्टेशन पर आ गए। माँ, बाबूजी, नोनी हमें छोड़ने आए थे। हम धोखे से प्रथम श्रेणी के डिब्बे में चढ़ गए थे। टी.टी. ने हमें बड़े प्यार से अगले स्टेशन पर उतरने का सुझाव दे दिया।

हम बोरियों के साथ डिब्बे के बाथरूम के बाहर खड़े अगले स्टेशन का इन्तज़ार कर रहे थे। बोरियों के टाट से बाहर झाँकते सँड़सी के लोहे के हत्थे, चिमटे, कड़ाही के हिस्से, बत्ती वाले स्टोव की लोहे की टाँगें, प्रथम श्रेणी में आते-जाते लोगों के सामने हमें शर्मिन्दा कर रहे थे।

रात आठ बजे कोटा आया। यहाँ गाड़ी काफ़ी देर तक रुकती थी। मामा और मैंने बोरे लादे, होल्डाल उठाया और चल दिये अपने जैसे लोगों की तीसरी श्रेणी के डिब्बे में।

डिब्बे में थोड़ी-थोड़ी बदबू का स्थायी वास था। मूँगफली के छिलके ज़मीन पर इधर-उधर बिखरे थे। किसी की सुराही का पानी ढुलककर फ़र्श को गीला कर रहा था। बच्चे चिल्ल-पों मचा रहे थे। कोई दुविधा नहीं थी। पक्का, हम तृतीय श्रेणी के डिब्बे में ही थे।

चलते-चलते अचानक लच्छू मामा की ज़ोरदार आवाज़ गूँजी, 'देखकर चलो भाई, हमारी सुराही टूट जाएगी।' मामा ने बोरी कन्धे पर, एक हाथ में झोला और दूसरे में सुराही पकड़ी हुई थी। मैं भी कुछ इसी तरह से लदी-फँदी अन्दर दाख़िल

हुई। हम जब व्यवस्थित हुए तो ट्रेन में दही-बड़े, पूड़ी के साथ खाने के लिए हमने अख़बार बिछा लिया।

तृतीय श्रेणी। अस्सी प्रतिशत सैकड़ों लोगों की एक अलग दुनिया, जिसमें गन्दगी का स्थायी ढेर तो होता था किन्तु प्रेम और सौहार्द भी उसी मात्र में पाया जाता था। ट्रेन चल पड़ी थी। मेरे जीवन के उस गंतव्य की तरफ़, जिससे मैं बिलकुल अनभिज्ञ और अपरिचित थी।

आत्मनिर्भरता का पहला मक़ाम (1981-83)

अपना ख़ुद का घर बसाने का उत्साह लिये, मैं और मामा दिल्ली आ गए। मंडी हाउस की रेलवे कॉलोनी में तपन बोस का मकान नम्बर ई-63 मेरे आत्मनिर्भर बनने का पहला चरण था।

यह एक दस बाई आठ का छोटा-सा आयताकार कमरा था। इसमें एकमात्र छोटी-सी खिड़की थी जो आँगन में खुलती थी। कमरे का दरवाज़ा तपन बोस की रसोई के सामने बने चौड़े से बरामदे में था। इस बरामदे का दरवाज़ा आँगन में खुलता था। आँगन की ऊँची चारदीवारी का दरवाज़ा पीछे गली में खुलता था। किराएदारों का आना-जाना पीछे की गली से ही होता था। अगर बरामदे का दरवाज़ा बन्द कर दिया जाए तो मैं आँगन में नहीं जा सकती थी और न ही कोई आँगन से आ सकता था।

सुरक्षा की दृष्टि से सब सही था, परन्तु शौचालय और स्नानगृह दोनों का आँगन में होना कभी-कभी इस दरवाज़े के ताले की वजह से शोचनीय स्थिति ला देता था। इसका किराया डेढ़ सौ रुपये था। लाइन से बने ये मरियल से पीले-पीले सरकारी मकान। जिनके आगे बिना फूलों का छोटा-सा बगीचा था।

अन्नू भैया के पैसे बदस्तूर आना जारी थे। मैं और मामा खाते-पीते सो जाते। गरमियाँ थीं, हमारे इस कमरे में पंखा नहीं था। किसी तरह हाथ के पंखे से काम चला रहे थे। मामा ने तरकीब निकाली क्यों न हम दोनों आँगन में सो जाएँ?

आँगन में एक रस्सी का पुराना सा पलंग पड़ा हुआ था। उसे मामा ने किसी तरह खींच-खाँचकर मेरे सोने लायक बना दिया। अब हमें शाम से ही सारी व्यवस्था आँगन में कर लेनी पड़ती थी। बोस साहब को चोरों से डर लगता था। इसलिए दालान में दीवार बना दी थी। क्योंकि पड़ोस में कई चोरियाँ हो चुकी थीं। चोर कुछ नये स्टाइल के थे। वे चोरी करते और शौचालय में शौच करके अपनी उपस्थिति दर्ज कराकर चले जाते। इस कारण हम जब आँगन में सोते तो यह दम्पत्ती दालान जहाँ हमारा कमरा था उसके दरवाज़े में अन्दर से ताला लगा लेते। हम आँगन में क़ैद से हो जाते थे।

सड़क पर देखीं वे विशेष औरतें

बी.ए. करने में मेरा एक पेपर बाक़ी रह गया था, फ़साद की वजह से, फिर मैं दिल्ली आकर रहने लगी थी। अभी मुझे दिल्ली आए दो-तीन महीने ही हुए थे कि मुझे पता चला, माँ, नोनी और बाबूजी अन्नू भैया के पास बम्बई में थे।

मैं भी इन लोगों की याद में बेहाल हो रही थी। माँ ने मुझे बम्बई बुला लिया, वहाँ हमने अन्नू भैया का जन्मदिन मनाया। हम बम्बई में किसी पहचान वाले के घर खाने पर गए। हमें लौटते हुए काफ़ी देर हो गई थी। मैं कार में से बाहर का नज़ारा देख रही थी। जुहू के पास से गुज़रते हुए अचानक मेरी नज़र सड़क के किनारे खड़ी कुछ लड़कियों और औरतों पर गई। मुझे बहुत अच्छा लगा। मैंने अपनी मेजबान मित्र से कहा, 'बम्बई औरतों के लिए कितना सुरक्षित है, दिल्ली में तो शाम से ही लड़कियों का निकलना दूभर होता है।' मेरी मेज़बान चकित होकर फुसफुसाकर बोलीं, 'तुझे नहीं पता? यह औरतें धन्धा करने वाली हैं।' और उन्होंने मुझे 'धन्धे' का मतलब समझाया। मैंने पहली बार उन औरतों को देखा था। फ़िल्मों में भी इस तरह की औरतें नहीं देखी थीं। मेरी जानकारी में तो केवल 'पाकीज़ा' फ़िल्म की तवायफ़ और हमारी कम्पनी की गाने-नाचने वाली औरतें ही समाज की बहिष्कृत औरतें थीं। यह औरतें सड़कों पर चलती, ग्राहक ढूँढ़ती हुई, कैसे सुरक्षित हो सकती थीं। न जाने इन्हें कौन लेकर जाएगा? कोई गुंडा, बदमाश या हत्यारा? मैं उस रात सो नहीं सकी थी। यह कैसा संसार है, जहाँ एक तरफ़ इनसान रोटी के लिए बिक रहा है और दूसरी तरफ़ कोई अपने इन्द्रियों के सुख के लिए इनसान को ख़रीद रहा है।

अब मुझे उस मोहल्ले को देखना था जहाँ ये औरतें रहती थीं। मेरी उसी दोस्त ने अपने बड़े भाई को यह काम सौंपा। उसके और मेरे घर के लोगों से छिपकर हमने यह योजना बनाई। भाई साहब कार चला रहे थे, मैं आगे की सीट पर थी और मेरी सहेली पीछे की सीट पर बैठी थी। हम बम्बई के कमाठी पुरा की गलियों में थे। रात के लगभग सात-आठ बजे का समय था। छोटे-छोटे कमरों के बाहर हर उम्र की स्त्रियाँ खड़ी थीं। बच्चे भी खेल रहे थे। सड़कों पर रौशनी के साथ लोगों की भीड़ थी। उस भीड़ में ख़रीदने और बेचने वाले दोनों थे।

हमारी कार की गति भीड़ के कारण बहुत धीमी थी। कार में एअर कंडिशनर न होने की वजह से खिड़की के शीशे खुले थे। तभी एक आदमी भाई साहब के पास आया बोला, 'चाहिए क्या?' तभी उसने मुझे और मेरी सहेली को देखा और बोला, 'तुम्हारे पास तो है, एक नहीं दो-दो। भाई साहब ने ग़ुस्से से गाड़ी दौड़ाई और उस जगह से बाहर आकर हम दोनों को अच्छी डाँट भी पिलाई। मैं घर आकर फिर से दो-तीन दिन तक सो नहीं पाई। 'ये औरतें कहाँ से आती हैं और कहाँ चली जातीं हैं। इस रहस्य से मैं जूझती रही।'

मेरा इक्कीसवाँ जन्मदिन, जीवन का पहला चुम्बन

मैं वापस दिल्ली आ गई। दिल्ली में एक रात मैं और मामा रेलवे क्वार्टर के आँगन में सो रहे थे। मकान-मालिक ने अपना दरवाज़ा बन्द कर लिया था। हम अन्दर अपने कमरे में जा भी नहीं सकते थे। रात के क़रीब बारह बजे, आँगन के दरवाज़े की कुंडी खड़की। कौन होगा इस समय? लच्छू मामा और मैं सतर्क हो गए। मामा ने पास पड़ा डंडा भी उठा लिया। मैंने लोहे की बाल्टी हाथ में ले ली। शायद चोर बड़ा जाँबाज़ था जो कुंडी खड़का के आना चाह रहा था। बाहर की गली, घरों का पिछवाड़ा थी। वहाँ ज़्यादातर अँधेरा ही रहता था। खटखटाना जब जारी रहा तो मामा को दरवाज़ा खोलना ही पड़ा।

सामने पुरी साहब खड़े थे। वे लुधियाना जा रहे थे। सिर्फ़ मुझसे मिलने के लिए कुछ घंटों के लिए रुके थे।

दिल तो बहुत ख़ुश हुआ उन्हें देखकर लेकिन समस्या थी कि अन्दर नहीं जा सकते थे। दूसरी बात मामा के अलावा किसी और जवान पुरुष के रुकने की मनाही थी।

उस दिन मामा के बिस्तर पर पुरी साहब सोये। अलगनी पर सूखते कपड़ों को नीचे बिछाकर मामा को सोना पड़ा। मकान-मालिक के उठने से पहले ही पुरी साहब को काकाजी के घर निकल जाना था जो कि तीन-चार घरों की लाइन छोड़कर ही था। यह भी साफ़ था कि काकाजी को भी पुरी साहब के आने की और रात को हमारे आँगन में रुकने की सूचना नहीं देनी थी।

उस रात हम दोनों देर तक फुसफुसाकर बातें करते रहे। पुरी साहब के बड़े भाई, वेद पुरी लुधियाना में अपने परिवार के साथ रहते थे। पुरी साहब ने अभी तक जो भी फ़िल्म में काम किया था, बहुत कम पैसे मिलते थे, उसी में से वे गाहे-बगाहे हर तरह से अपने बड़े भाई के परिवार की मदद करते थे। उन्हें वेद भाई से बहुत प्यार था! पुरी साहब के बाबूजी भी लुधियाना में थे।

अगला दिन मेरे जीवन का यादगार दिन होने वाला था। 12 मई, मेरा जन्मदिन था। दूसरे दिन इत्तफ़ाक़ से अन्नू भैया भी बम्बई से दिल्ली आ गए थे। काकाजी पुरी साहब को लेकर मुझे बधाई देने आए थे। पुरी साहब और मैं, अन्नू भैया और काकाजी के सामने ऐसे अभिनय कर रहे थे, मानो अभी मिल रहे हों। एक बात है, अभिनय तो मामा का भी ज़ोरदार रहा।

जन्मदिन मेरा और दिल्ली के लू के थपेड़ों में, मैं ही मटन बना रही थी! उस दस फुट लम्बे और आठ फुट चौड़े कमरे में एक टाँड थी। तक़रीबन तीन-चार फुट ऊँची, इस टाँड को मैंने अपनी रसोई बनाई हुई थी। एक छोटे से मूढ़े पर चढ़कर मुझे खाना बनाना पड़ता था। पूरी दोपहर लग गई खाना बनाते हुए। छोटे से कमरे

में खाना बनाना ऊपर से गर्मी अपना नाम पूछ रही थी। मेरे लिए कोई भी एक धेले का तोहफ़ा नहीं लाया था। उलटे मेरे बचे-खुचे पैसों से मटन आया था, जिसे अन्नू भैया, काकाजी और पुरी साहब चटखारे लेकर खा रहे थे। मामा को कभी माँ-बाबूजी ने मटन खाने की आदत नहीं डाली थी। मामा जैनी थे। हमारे घर में जब भी मटन बनता तो मामा आलू का भुरता बना लेते थे। मई की चिलचिलाती गर्मी, दोपहर और गरिष्ठ खाना। किसी की हिम्मत नहीं थी कि दोपहर में काकाजी के घर जा सकें।

हम सब पत्थर के फ़र्श पर ज़मीन पर ही लेट गए। थोड़ी देर में खर्राटों का बाज़ार गर्म था। अन्नू भैया, पुरी साहब और काकाजी सो गए थे। मामा बाहर दालान में अपना शाकाहारी भोजन खा सोए थे। मैं भी आँख मूँदे लेटी हुई थी कि अचानक मेरे कान के पास किसी की गरम-गरम साँसों के स्पर्श ने मुझे चौंका दिया। पुरी साहब ने चुपके से मेरे होंठों को चूमकर मेरे कान में धीरे से कहा, 'हैप्पी बर्थ डे'! मेरे जीवन का पहला चुम्बन!

मेरे लिए पूरा दिन व पूरी शाम नई-नई थी! मैं तो पुरी साहब से भी आँख नहीं मिला पा रही थी। उनकी मुस्कराहट पर नज़र जाते ही मेरे दिल में अजीब-सी गुदगुदी हो रही थी। मुझे ऐसा लग रहा था, सब मेरी इस चोरी को पकड़ लेंगे। अगर मेरी नज़र दोनों भाइयों से मिल गई तो वे इस चोरी को जान जाएँगे। मैंने सबसे नज़रें चुराते हुए वह पूरा दिन निकाला। आज शायद ये बातें मूर्खतापूर्ण लगें, क्योंकि प्रेम, लज्जा और शारीरिक सम्बन्धों के आयाम बदल गए हैं।

शाम को मैं और मामा पुरी साहब को छोड़ने रेलवे स्टेशन जाने वाले थे। उन्हें लुधियाना जाना था। स्टेशन पर अचानक एक कंघी बेचने वाला लड़का पुरी साहब के पास आया। उसने पुरी साहब की फ़िल्म 'आक्रोश' देखी थी। वह लड़का उन्हें देखकर अभिभूत था। पुरी साहब भी अपने इस प्रशंसक को देखकर गद्गद थे। मुझे भी गर्व हो रहा था। कंघी वाले को कुछ सूझ नहीं रहा था, एक ग़रीब आदमी अपने प्रिय कलाकार को क्या भेंट करे? उसने अपने लम्बे से डंडे में बँधी कंधियों में से एक कंघी निकालकर पुरी साहब को भेंट कर दी। यह उपहार पुरी साहब को जीवन के सैकड़ों उपहारों में सबसे ज़्यादा क़ीमती लगता था।

स्टेशन पर पहुँचकर पुरी साहब को पता चला कि लुधियाना के ट्रेन टिकट का किराया बढ़ चुका था। अब वापसी के लिए रुपये कम पड़ रहे थे। उस समय मैंने उन्हें साठ रुपये उधार दिये, जो कभी अदा नहीं हो पाए। मैं जीवन भर मज़ाक़ में उन साठ रुपयों का तक़ाज़ा करती रही, और हम इस मज़ाक़ पर ख़ूब हँसते रहे।

मेरे जीवन में एक खलबली मचाकर पुरी साहब चले गए। अब उनका आना-जाना ज़्यादा बढ़ गया था। वह कहते भी थे, नसीर और मैं एक ही तरह हैं। तुम भी दिल्ली में और नसीर की दोस्त रत्ना भी दिल्ली में है। रत्ना उस समय एन. एस. डी. में थीं, नसीरुद्दीन शाह और रत्ना प्रेम में पगे हुए थे। इसलिए गाहे-बगाहे नसीर भी

दिल्ली आते रहते थे और मेरी वजह से पुरी साहब के भी दिल्ली के चक्कर लगने शुरू हो चुके थे। हमारा प्रेम निरन्तर बढ़ रहा था। लेकिन इस प्रेम के साथ-साथ मेरे मन में, माँ-बाबूजी के लिए कुछ नहीं कर पाने का मलाल बना हुआ था। अन्नू भैया का मुझे पैसे भेजना बदस्तूर जारी था। उन पर बोझ बने रहना भी मुझे तकलीफ़ दे रहा था।

ख़ाली बैठने के बदले मैंने शास्त्रीय संगीत सीखने के लिए 'भारतीय कला केन्द्र' जाना शुरू कर दिया था। प्रख्यात शास्त्रीय गायक तान सम्राट उस्ताद नसीर अहमद खाँ से मैं संगीत सीखने लगी। नसीर खाँ साहब को मेरी आवाज़ इतनी पसन्द आई कि उन्होंने मुफ़्त में मुझे घर पर सिखाने का प्रस्ताव रखा। खाँ साहब मुनीरका में रहते थे। उतनी दूर रोज़ जाना मेरे लिए असम्भव था। एक तो दूरी, दूसरे मैंने कभी गायन को व्यवसाय बनाने का नहीं सोचा था। तीसरा, मेरे पास रोज़ आने-जाने के बस के पैसे कहाँ होते थे।

मैं गाना स्वान्तः सुखाय के लिए सुनती और गाती थी। लेकिन ख़ाँ साहब का स्नेह मेरे प्रति बढ़ता ही गया। मैं गाना अपनी ख़ुद की ख़ुशी के लिए गाती थी। शायद इसी वजह से सुर सच्चे लगते थे। ख़ाँ साहब को मेरी आवाज़ अच्छी लगती थी। एक बार उनके एक मित्र कलकत्ता से भारतीय कला केन्द्र आए। वरिष्ठ विद्यार्थियों को छोड़कर ख़ाँ साहब ने मुझे राग 'वागेश्वरी' गाने को कहा। मैं गा रही थी। ख़ाँ साहब और उनके मित्र की आँखों से अविरल आँसू निकल रहे थे। माँ कहती थीं, 'सुरों की मार ऐसी होती है कि आँसू निकल जाते हैं।'

बचपन में नाटक, मंच और संगीत की वजह से जो उपेक्षा और तिरस्कार मिला, शायद इसलिए मैंने कभी संगीत को व्यवसाय बनाने के बारे में सोचा ही नहीं।

इस बीच पुरी साहब का दिल्ली आना-जाना बढ़ गया था। मैं उनसे ख़ाँ साहब की तारीफ़ करती। वैसे पुरी साहब शास्त्रीय संगीत समझने में पैदल थे, लेकिन ख़ाँ साहब से मिलना चाहते थे। ख़ाँ साहब ने हम दोनों के लिए दावत रखी।

ख़ाँ साहब ने अपने बेटे से टेप रिकॉर्डर पर पहले से ही अपना गाया राग 'जौग कौंस' लगवा दिया। इधर खाना शुरू उधर टेप पर ख़ाँ साहब ने आलाप भरा। पुरी साहब ने कहा, 'वाह!' ख़ाँ साहब ने ख़ुश होकर, बेटे को वॉल्यूम बढ़ाने का इशारा किया। दूसरे ही पल पुरी साहब बोले, कबाब बहुत अच्छे बने हैं।' ख़ाँ साहब ने बेटे को टेप बन्द करने का इशारा कर दिया।

जाते-जाते ख़ाँ साहब ने चुपके से मुझे नसीहत दी, 'शादी मत करना इससे, ओम कूढ़ है, संगीत में ज़ीरो है। परेशान हो जाओगी।'

खट्टी-मीठी यादों के साथ, दिन-ब-दिन हमारा प्यार प्रगाढ़ हो रहा था और मैं इस रिश्ते के प्रति गम्भीर होती जा रही थी। हम दोनों के हिस्से में जितना भी समय आता, उसे कुछ पल सड़क पर टहलकर धीरे से एक-दूसरे के हाथ में हाथ

डालकर, चुपके से एकाध चुम्बन का आदान-प्रदान कर उन लम्हों को थोड़ी देर के लिए ही सही, जी लेते थे।

हम दोनों आजीविका कमाने के लिए एक ही नाव के संघर्षरत सवार थे।

मुझे अन्नू भैया पाँच सौ रुपये महीना भेजते थे। डेढ़ सौ तो मकान का किराया, दो सौ के क़रीब का राशन, बाक़ी बचे मात्र डेढ़ सौ, उनमें मुझे पूरे महीने दूध, सब्ज़ी के ख़र्चे चलाने होते थे। उस पर इस इश्क़ ने कड़की ला दी थी।

पुरी साहब को कढ़ी, लौकी-चने की दाल और मेरे हाथ के करेले पसन्द थे। उनके दो-चार दिन के प्रवास की यही दावतें होतीं, कभी सुबह-सुबह काकाजी के घर से आकर वे ऑमलेट भी सूँत लिया करते थे। एक-दो बार मटन खिलाने से मेरे पूरे महीने का बजट बिगड़ जाता था। मटन उन दिनों चालीस रुपये किलो था। लेकिन मेरी तरफ़ से उन्हें यही सबसे बड़ा उपहार हुआ करता। उनके उपहार निराले होते। वह कभी ख़रबूज़ा या तरबूज़ जो उन्हें बहुत पसन्द थे, मेरे लिए लाते। ख़ुद काटते, आधा ख़ुद खा जाते। हम दोनों के पास एक-दूसरे को उपहार देने के लिए कुछ नहीं था सिवाय इसके कि मैं उनको दावत देती, या वे मुझे आधे से भी कम का ख़रबूज़ा खिला देते।

यह रोमांस मुझे अच्छा तो लगता पर बड़ा महँगा पड़ता था। लेकिन अन्नू भैया के द्वारा भेजे जाने वाले पाँच सौ रुपये में बड़ी बरकत थी।

इलाहाबाद जाना

एक बार पुरी साहब मुझसे इलाहाबाद चलने की ज़िद करने लगे। मैं ताज्जुब में थी कि इलाहाबाद क्यों? जनाब ने फ़रमाया, "तुम्हें, मेरी बुआ के परिवार से मिलवाना है।" उन्हें मना करने का प्रश्न ही नहीं था। उनको मैंने पूर्ण अधिकार दिये हुए थे। ट्रेन से हम इलाहाबाद पहुँचे। बुआ जी की बड़ी बेटी, हीरा दीदी बनारस में रेडियो स्टेशन की डायरेक्टर थीं। उनके छोटे भाई रघुकुल चड्ढा, भाभी और बच्चों से मेरा बहुत प्रेम हो गया था। चलते हुए भाभी ने मुझे एक सलवार सूट का कपड़ा शगुन के तौर पर दिया। इस तरह रिश्ता पक्का हो गया। हम दोनों फिर अपने-अपने गंतव्य की ओर लौट गए। पुरी साहब बम्बई और मैं दिल्ली।

पहली बार पुरी साहब का झालावाड़ जाना

मैं झालावाड़ जाने की तैयारी कर रही थी। पुरी साहब मुझसे मिलने दिल्ली आ गए। उन्होंने मेरे साथ झालावाड़ चलने की इच्छा प्रकट की। मैं भी कहाँ पीछे हटने वाली थी। हम दोनों ट्रेन से रवाना हुए। न जाने कौन सी ट्रेन थी, जिसने हमें रात नौ बजे

कोटा पहुँचाया। कोटा से हम राजस्थान परिवहन की बस में चढ़कर रात को ही झालावाड़ के लिए निकले। खचाखच भरी बस में पैर रखने को जगह नहीं थी। पुरी साहब ने किसी तरह मेरे लिए आधी-अधूरी सीट का इन्तज़ाम किया और मेरे पास ही खड़े होकर यात्रा प्रारम्भ की।

मैं सोच रही थी कि ट्रेन के भीड़-भाड़ वाले सफ़र के बाद बस का यह तीन घंटे का सफ़र, पुरी साहब कैसे करेंगे? वह मेरे मेहमान थे। मैं उनसे अपनी सीट पर बैठने का आग्रह करती रही पर वे नहीं बैठे।

झालावाड़ में कोठी पर सबने उनका स्वागत किया। मेरी आशंका निर्मूल साबित हुई। काकाजी के दोस्त, जो मेरे साथ आए थे...जो मुझसे बहुत बड़े दिखते थे... जिनके मुँह पर चेचक के दाग थे...जो जीने की मौलिक ज़रूरतों के लिए संघर्षरत थे...उसी संघर्षरत व्यक्ति को लेकर मैं झालावाड़ पहुँची थी। यह उस समय का बहुत बड़ा क्रान्तिकारी क़दम था। एक बाईस साल की अति मध्यवर्गीय और छोटे से क़स्बे की लड़की अपनी पसन्द के पुरुष को घर लाई थी।

उन्हें सबसे मिलवाकर मैं अपने रिश्ते की गम्भीरता की घोषणा 'बिना शब्दों में कहे' कर रही थी। किसी ने कुछ नहीं पूछा, सिवाय खेतों में काम करने वाली एक लड़की, गुड्डी के। उसको ताज्जुब हो रहा था। उम्र में बड़े, दिखने में अति साधारण व्यक्ति का साथ। मुझसे पूछ बैठी, "क्या अमीर आदमी हैं?" मैंने कहा, "नहीं, अपनी ही तरह के हैं।" वह बोली, "हत् तेरे की, तो फिर क्यों?" मैंने कहा, "हत् तेरे की! तो फिर क्यों नहीं?" हम दोनों हँसे, लेकिन गुड्डी चिन्तित थी। गुड्डी को 'मन के रिश्ते' शायद, पता नहीं थे। उन रिश्तों में उम्र, अमीरी और चेहरे नहीं देखे जाते। बस बन जाते हैं मन के रिश्ते।

पुरी साहब, नोनी और मैं एक गाना ख़ूब गाते थे। 'होंठों से छू लो तुम, मेरा गीत अमर कर दो।' पुरी साहब की यों तो बोलने में आवाज़ बहुत अच्छी थी परन्तु वे गाते बहुत बेसुरा थे। उनके गाने पर अगर मैं हँस देती तो रूठ जाते थे। माँ भी उनके गाने पर अपनी हँसी दबा लेती थीं।

नोनी, कैलाश चुपके-चुपके थोड़ा मज़ाक़ उड़ाते। उनका मानना था कि अगर दीदी, पुरी साहब से शादी करेंगी तो शक्कर, चाय की पत्ती तक माँगने नोनी-कैलाश के पास आया करेंगी। पुरी साहब को तो जीवन भर आदिवासी और दलित के ही रोल मिलेंगे, जिनसे जीवन-यापन सम्भव नहीं होगा। उनकी हँसी पर मुझे इतना ग़ुस्सा आता, मैं ग़ुस्से में रो पड़ती थी। फ़रहत भाई ने भी पुरी साहब की ख़ूब दावतें कीं। छोटी जगह का मेहमान सबका मेहमान हुआ करता था।

हमारे घर में पुरी साहब के आने से रौनक आ गई थी। बाबूजी को पंजाबी बोलने का मौक़ा मिल रहा था। माँ को नये-नये पकवान बनाने का लुत्फ़ आ रहा था। मामा को अपनी बेवक़ूफ़ियों पर डाँट पड़ रही थी। मैं रिमझिम गिरती बारिश में भीग रही थी।

तीन-चार दिन रुकने के बाद पुरी साहब बम्बई चले गए। मुझे दिल्ली जाना था। मामा भी मेरे साथ आना चाहते थे। उन्हें माँ और बाबूजी के पास छोड़ नोनी को लेकर मैं दिल्ली आ गई। अब मेरे और पुरी साहब के रिश्ते में दिल्ली-बम्बई के डेढ़ हज़ार किलोमीटर का फ़ासला कोई मायने नहीं रखता था।

प्रेम के नये आयाम, मेरी पहली हवाई यात्रा

ई-63 मकान के आँगन में सुबह-सुबह एक बार फिर से कुंडी खड़की। नोनी ने कुंडी खोली, सामने पुरी साहब खड़े थे। दरवाज़े से ही मिलकर लौट रहे थे। उन्हें, उसी समय रोहतक के लिए निकलना था। कार में अभिनेता सदाशिव अमरापुरकर भी बैठे थे। पुरी साहब मुझे और नोनी को रोहतक ले जाना चाह रहे थे। मैं और नोनी शाम को वापस आने की शर्त पर उनके साथ चलने को राजी हो गए। कार में बैठकर पेट्रोल की गन्ध और ट्रैफ़िक की वजह से मुझे चक्कर आने लगे। पुरी साहब ने मेरा सिर अपनी गोद में रख लिया था और पूरे रास्ते सन्तरा खिलाते रहे।

यह एक हरियाणवी फ़िल्म थी, जिसकी निर्माता और हीरोइन सुमित्रा जी थीं।

जहाँ पुरी साहब को ठहराया गया था, वह एक रिज़ॉर्ट था! छोटी-सी झील के किनारे। बड़ी सुन्दर जगह थी। पुरी साहब बोले, 'आज रुक जाओ। सुबह चली जाना।' दरअसल मुझे बम्बई जाना था। माँ-बाबूजी भी वहीं आने वाले थे और नोनी को झालावाड़ वापस जाना था।

दोपहर में सब कलाकार खाने पर इकट्ठे बैठे थे। एक्टर सचिन ने गाना सुनाया। पुरी साहब ने मेरा गाना सुनवाया। सुमित्रा जी एक समस्या से जूझ रही थीं। दस-पन्द्रह लाइन के रोल के लिए बम्बई से किसी को बुलाना इस छोटे बजट की फ़िल्म के लिए भारी था। सुमित्रा जी ने मुझसे आग्रह किया वह छोटा-सा रोल करने के लिए। मेरे तो पसीने छूट गए। मैंने साफ़ मना कर दिया। मुझे एक्टिंग आती ही नहीं थी।

सुमित्रा जी बोलीं, "तुम्हें बम्बई भेजने के लिए मैं हवाई जहाज़ का टिकट और पाँच सौ रुपया दूँगी।" मैं नहीं मानी। पुरी साहब बोले, "तुम पर कैमरा रखेंगे ही नहीं। बस एक डायलॉग मैं तुम्हें रटवा दूँगा। देखो तो बेचारी सुमित्रा जी कितनी परेशान हैं। उनकी मदद करो, रुक जाओ।" पुरी साहब, सचिन, सुमित्रा जी, सबके आग्रह करने पर मैं रुकने को राज़ी हो गई।

मैं रोहतक में रुकने को राज़ी तो हो गई लेकिन समस्या थी, मेरे और नोनी के पास कपड़े नहीं थे। हम तो बस दिन-भर के लिए ही रोहतक आए थे। इसलिए तुरत-फुरत नोनी को दिल्ली रवाना किया गया। प्रोडक्शन की कार जा रही थी। उसे अगले दिन सुबह आना था। नोनी कपड़े लेने चला गया, उस दिन पुरी साहब और मैं अकेले थे।

पूरा दिन रिज़ॉर्ट की झील में पैडल बोट पर नौका-विहार करते रहे। झील गहरी थी। पानी से मुझे डर नहीं लगता था। पुरी साहब भी तैरना जानते थे। जब बोट झील के बीचोबीच गहराई में गई। मैं मज़ाक़ में बोली, "अगर यह बोट पलट जाए तो मैं तैरकर निकल जाऊँगी और आप?" वह घबराकर ग़ुस्से से बोले, "देखो सीमा, पानी से मुझे डर लगता है, बेकार बातें मत करो।" तब मुझे पता चला की वह 'अनजान पानी' से डरते हैं। हाँ, स्विमिंग पूल वग़ैरह में ज़रूर तैर लेते होंगे। दिन बड़ा प्यारा गुज़रा। शाम गाते-गुनगुनाते बीती। और उस रात प्रेम ने सारी वर्जनाएँ लाँघ दी।

'सांझी' फ़िल्म में मैंने या यों कहिए कि पुरी साहब ने मुझसे छोटा-सा रोल करवा ही लिया। सुमित्रा जी ने पाँच सौ रुपये दिये, साथ ही मुझे इंडियन एयर लाइंस का दिल्ली से बम्बई का एक टिकट भी मिला। उस समय हवाई जहाज़ का टिकट आठ सौ रुपये था। यह मेरी पहली हवाई यात्रा थी। जो मैंने वह किरदार निभाकर कमाई थी। रोहतक की उस यात्रा ने मेरे और पुरी साहब के रिश्ते को और प्रगाढ़ बना दिया।

अब हमारी दोस्ती के आयाम मेरे लिए बदल गए थे। हमारी बातें होतीं उनमें हर विषय शामिल होते। मैं अपने जीवन के अनुभव, सोच और विचार से उन्हें अवगत कराती और वे मुझे अपने जीवन से परिचित कराते। मैं उन्हें दुनिया के हर विषय पर अपने विचार बताया करती। उन विषयों में साम्यवाद देश में लाना ज़रूरी, आबादी की समस्या, सर्वहारा वर्ग की स्थिति और ग़रीबी शामिल होती। मैं मानती थी कि दुनिया में आबादी और ग़रीबी इतनी ज़्यादा है, इसलिए मैं बच्चा पैदा नहीं करूँगी। किसी अनाथ बच्चे को गोद ले लूँगी। मेरे इस विचार से पुरी साहब सहमत थे। वे भी कुछ इसी तरह की सोच रखते थे। उनके हिसाब से उनके भतीजे उनके बच्चे जैसे ही थे। उनकी ज़िम्मेदारी भी पुरी साहब पर ही थी। हमने तय किया कि पुरी साहब के भतीजे ही हमारे बच्चों की खानापूर्ति के लिए काफ़ी थे। इस तरह की आदर्शवादी बातें मुझे गुदगुदा जातीं। मन और विचार के एक होने से मैं बहुत ख़ुश थी। एक-से विचार, एक-से ही आदर्श। वह उम्र का दौर ही ऐसा होता है, जब हम कुछ नया और क्रान्तिकारी क़दम उठाने का सोचते हैं। यह दूसरी बात है कि कुछ समय बाद वे विचार बदल भी जाते हैं।

इस नये रिश्ते की ख़ुशी ने मुझे इतना नहीं बौराया था कि मैं पुराने रिश्तों को भूल जाऊँ। मुझे माँ-बाबूजी की बेटी होना याद था। यह भी याद था कि जल्दी उनका सहारा बनना है। न ही मैं यह भूली थी कि मेरा भाई इतने संघर्ष के बावजूद, मुझे हर महीने रुपया भेजता है। उनका भेजा एक-एक रुपया मेरे लिए भारी बोझ बनता जा रहा था। मैं काम की तलाश में थी जो कि मिल नहीं रहा था। अन्नू भैया को रुपये भेजते हुए पाँच-छह महीने से ज़्यादा हो चले थे।

इसी जद्दोजहद में एक दिन मैंने हिसाब लगाया कि पुरी साहब बहुत दिनों से

दिल्ली नहीं आए, न ही उनकी कोई ख़ैर-ख़बर आई थी। कोई चिट्ठी न पत्री। मेरा दिल उनसे मिलने को बेचैन हो रहा था। दिल्ली में ही अन्नू भैया की मुँहबोली बहन कथक-केन्द्र में नृत्य सीखती थी। उसका पति बम्बई में अभिनय में अपना भाग्य आज़मा रहा था। मैंने उसे अपने मन की बात बताई। वह अपने पति के पास उसी दिन बम्बई निकल रही थी। उसने मुझे बम्बई साथ चलने का सुझाव दिया।

मैं आनन-फ़ानन में तैयार हुई और हम जा पहुँचे सीधे बम्बई, उसके पति के घर जो बम्बई के किसी उपनगर में था। उसी रोज़ मैंने अचानक पहुँचकर अन्नू भैया को चकित कर दिया। वे चकित तो थे लेकिन अपनी उस बहन के साथ मुझे देखकर आश्वस्त भी थे। मैंने उन्हें आने का कारण नहीं बताया, बस कहा कि दो-चार दिन बाद मैं वापस लौट जाऊँगी। अगर अन्नू भैया को यह पता चलता कि मैं सिर्फ़ पुरी साहब से मिलने आई थी तो वे नाराज़ होते। अन्नू भैया रूढ़िवादी और मेरे प्रति बहुत अधिक रक्षात्मक थे। साथ ही मुझे अपराध-बोध भी था; इस तंगी के दौर में जब अन्नू भैया ख़ुद तंगी से गुज़रते हुए मुझे किसी भी तरह पैसे भेज रहे थे। उन मुश्किल पैसों से भला इश्क़ कैसे फ़रमाया जा सकता था? सब कुछ गोपनीय ही था।

मैं अपनी दोस्त के साथ ही ठहरी थी, अन्नू भैया के पास ठहर नहीं सकती थी क्योंकि वे कुछ मित्रों के साथ एक छोटा-सा कमरा साझा करते थे। दिन-भर की भाग-दौड़ के बाद मेरी दोस्त के पति पुरी साहब के मिलने की जगह पता लगाकर आए।

बस में बैठी मैं सोच रही थी, अचानक मुझे देखकर पुरी साहब कितने ख़ुश होंगे, उनसे बहुत-सी बातें करूँगी; यह कहूँगी, वह कहूँगी; न जाने क्या-क्या। सोचते-सोचते स्टूडियो आ गया।

शूटिंग की गहमागहमी में हम दोनों आमने-सामने बैठे थे। मेरी दोस्त और उसके पति ने हमें थोड़ी देर के लिए अकेला छोड़ दिया था। मुझे देखकर पुरी साहब बहुत ख़ुश हुए। लेकिन इन कुछ महीने ग़ायब रहने का न उन्होंने ज़िक्र किया न मैंने।

थोड़ी देर इधर-उधर की बातें होती रही। कोई भी बात तंत की नहीं हो रही थी। मेरी बेचैनी बढ़ रही थी। अचानक, उन्होंने मेरे आने का कारण जानना चाहा। मुझे बड़ा अजीब सा लगा। ऐसा लगा, जैसे मैं किसी अजनबी से बात कर रही हूँ। क्या यह वही पुरी साहब थे? जो झालावाड़ होकर आए थे? रोहतक में जिनकी अन्तरंगता ने मेरे जीवन को एक रसधार से भर दिया था। आज अजनबी की तरह, मुझसे यहाँ आने का कारण पूछ रहे हैं?

मेरे पास कोई जवाब नहीं था। मैं बस इतना ही कह सकी, "आपकी याद आ रही थी। बहुत दिनों से कोई ख़बर नहीं आई थी। चिट्ठी भी मैं किस पते पर लिखती? तो, सोचा मिल लूँ।" पुरी साहब गम्भीर नज़र आए। बोले, "क्या तुम सच

में मुझसे...?" आगे के शब्द सुनने के लिए मेरे कान तैयार ही नहीं थे। उन शब्दों ने मेरे कानों में हथौड़े चला दिये थे। वे बोल रहे थे और मैं सिर्फ़ उनके चेहरे को देख रही थी। उनके शब्द थे, "सीमा, मैं अपनी एक महिला दोस्त के साथ रिश्ते में हूँ (उस दोस्त का नाम मैं नहीं लूँगी)। हम दोनों साथ रहते हैं, शायद जल्दी शादी कर लेंगे।"

मैं धक से रह गई। मेरा दिल धक होने में माहिर हो गया था। कमबख़्त हर बार टूटा पर न जाने क्यों इसकी किरचें बिखरकर किसी को चुभी क्यों नहीं? मैं अपने दिल को सँभालने में लगूँ कि किरचें समेटूँ? मेरी समझ में कुछ नहीं आ रहा था। महानगर में पुरी साहब का दिल भी महाविराट हो गया था शायद, क्योंकि वहाँ बहुत सारी महत्त्वाकांक्षाएँ, बहुत सारे सपने, बहुत सारे लोगों की भीड़ थी। इसी विशाल जगह पर मेरे दिल की छोटी-सी किरच उन्हें कहाँ नज़र आती?

मैं उनके होंठों को देख रही थी जो कह रहे थे, "क्या तुम सच में अपने रिश्ते को लेकर गम्भीर थीं?"

अचानक मैं हँस पड़ी। जब मुझे कुछ नहीं सूझता तो मुझे नींद आ जाती है या मैं हँस पड़ती हूँ। मेरे हँसने से पुरी साहब के मन पर चढ़ा अपराध-बोध शायद कम हो गया था।

मैं कुछ कहती भी तो भला क्या कहती? उन्होंने तो कोई वादा नहीं किया था। मुझे याद आ रहा था, पुरी साहब का जब तब दिल्ली आना, हमारा साथ वह दोस्ती,प्रेम और सामीप्य। तो क्या वह सब शारीरिक और दिल्ली शहर का मनोरंजन भर था? क्या कोई रिश्ता इतना सतही, अगम्भीर और थोड़े समय के शरीर के सुख के लिए ही होता है?

मैं उनके सामने बैठी अपनी कहानी के किरदार को देख रही थी क्योंकि मैं कहानियों के पात्रों को बचपन से ही गम्भीरता से लेती थी।

मुझे सूचित कर वे मुक्त हो गए। शायद रिश्ते की गम्भीरता के लिए किसी और चीज़ की ज़रूरत होती होगी। चलते-चलते उन्होंने मेरे होंठों को चूमा, लगा, जैसे गरम तवे पर पानी की एक बूँद पड़ी—छन्न।

स्टेशन पर मुझे छोड़ने केवल अन्नू भैया आए थे। बम्बई का वही स्टेशन था, जहाँ कुछ साल पहले, दो डबडबाई आँखें लिये पुरी साहब मुझे स्टेशन छोड़ने आए थे, जिन आँखों में मुझे अथाह प्रेम नज़र आया था। आज वही आँखें मेरी आँखों के सूनेपन को पहचान नहीं पाई थीं। पता नहीं कैसे कटा था वह मेरा दूसरी बार का बम्बई से ट्रेन का सफ़र? मुझे कुछ याद नहीं।

वही दिल्ली थी। वही कॉलेज लेन की सुनसान सड़कें जिन पर चलते-चलते पुरी साहब अचानक मेरा हाथ थाम लेते थे। ई-63 के कमरे की वही दीवारें थीं, वही कमरा था जिसमें सबकी नज़र बचाकर मुझे उनके होंठों की छुअन मिली थी। आज

उन्हीं होंठों से अपने लिए मृत्यु का सन्देश सुनकर आई थी।

मेरा मन नहीं लग रहा था। किसी से कुछ कह नहीं सकती थी। मैं सोचती, किसका दोष है मेरे मध्यवर्गीय सोच वाली लड़की होने में? जिसके लिए मन का समर्पण, रिश्ते को बाँधने के लिए काफ़ी होता है। यदि इस मन के रिश्ते में तन भी शामिल हो जाए तो रिश्ता बिन कहे पक्का हो जाता है। उसके लिए किसी काग़ज़ या शब्दों के बन्धन की ज़रूरत नहीं होती। मैं सोचती रहती, सोचती रहती...ऐसा आघात लिये मैं अकेली छटपटाती।

जवानी में बड़ी ताक़त होती है। दु:ख भी होता है और उसे सहन करने की ताक़त भी होती है। मैं भी इस मानसिक आघात-अपमान को सह रही थी। प्रेम के टूटने को किसी से कहना यानी अपनी बदनामी को निमंत्रण देना। इस दु:ख की बात किसी से बाँटा भी तो नहीं जा सकता था। लोग शादियों को गम्भीरता से लेते हैं क्योंकि उसमें समाज, धन-सम्पत्ति, परिवार सब जुड़े होते हैं। शादी के टूटने से बहुत कुछ नुक़सान होने की सम्भावना रहती है। मेरा मानना है, प्रेम-सम्बन्ध टूटना उससे भी बड़ा आघात होता है क्योंकि उसमें आपके साथ कोई नहीं होता। लोगों के लिए यह एक छोटी-सी घटना मात्र होती है; मन के रिश्तों के टूटने को कोई टूटना नहीं मानता।

मैंने सारा जीवन मन के ही आधार पर जिया है। रिश्तों में, दिमाग़ का कम ही इस्तेमाल किया। मैंने बताया न, मैं गणित में कमज़ोर थी। गणित दिमाग़ का खेल है। मेरे जीवन में गणित का सर्वथा अभाव रहा। किसी भी रिश्ते में लाभ-हानि और जोड़-बाक़ी के हिसाब से मैं सर्वथा दूर रही। आज उम्र के अन्तिम चरण में भी इस पर मुझे किसी तरह का पश्चात्ताप नहीं। मैं प्रसन्नता से स्वीकार करती हूँ कि अच्छा ही रहा यह सब नहीं आया। मेरा मन अब तलक मेरे पास है जिसमें मेरे पेड़, पंछी, फूल, तितलियाँ, चाँद और तारे आज भी सुरक्षित हैं।

मेरी नौकरी

अन्नू भैया को पैसे भेजते हुए लगभग साल भर हो गए थे। मैं परेशान थी, कब तक मैं अन्नू भैया से पैसे मँगवाती रहूँगी? ईश्वर को तो मानती नहीं थी, प्रार्थना भी किससे करती? लेकिन शायद ईश्वर नास्तिकों की भी बात सुनता है।

ई-63 में एक दिन दोपहर में अचानक आँगन के दरवाज़े पर दस्तक हुई। मामा ने दरवाज़ा खोला सुभाष भाई थे—तिषा दीदी की छोटी बहन राज दीदी के पति। उन्होंने सूचना दी कि 'पपेट थियेटर' में नौकरी के लिए किसी लड़की की ज़रूरत है। पाँच सौ रुपया महीना मिलेगा और हर साल पचास रुपये बढ़ जाएँगे। यह सुनकर अचानक मुझे लगने लगा जैसे मैंने अन्नू भैया का बोझ हल्का कर दिया हो। मैं पपेट

के बारे में कुछ भी नहीं जानती थी। लेकिन जाकर साक्षात्कार देना उचित समझा।

देश के जाने-माने व्यवसायी ग्रुप, डी.सी.एम. की मालकिन पन्ना भरत राम ने नाटक और पपेट के उत्थान के लिए 'श्रीराम सेंटर फॉर आर्ट एंड कल्चर' नामक संस्था बनाई थी। उसकी एक शाखा 'सूत्रधार पपेट रिपर्टरी' में मुझे नौकरी मिल गई। श्रीराम सेंटर एक भव्य बिल्डिंग थी।

मेरा इंटरव्यू भी अनोखा था। पपेट ग्रुप के डायरेक्टर दादी पुदुमजी ने मुझसे पूछा, "गाना आता है?" मैंने हाँ में सिर हिला दिया। उन्होंने कहा, "सुनाओ।" मैंने ग़ज़ल का ज्यों ही आलाप भरा, दादी बीच में ही उठकर बोले, "ओके!" और बाहर निकल गए। मैंने सोचा कितना बदतमीज़ आदमी है, पूरा गाना भी नहीं सुना। अगले चरण में मुझे श्रीराम सेंटर के डायरेक्टर और जाने-माने नाटककार श्री राजेन्द्रनाथ जी के पास भेजा गया। काकाजी की वजह से उनसे परिचय था। उन्होंने पूछा पपेट के बारे में कुछ जानती हो? मैंने कहा, "मैंने तो बचपन में भी कठपुतलियाँ नहीं देखीं।" राजेन्द्रनाथ जी मुस्कुराए।

1983 शुरू होते ही मुझे पपेट थियेटर में पाँच सौ रुपये महीने की नौकरी मिल गई। अन्नू भैया के भेजे पैसों में बड़ी बरकत थी।

उसी रात मैंने अन्नू भैया को पत्र लिखकर नौकरी मिलने की ख़ुशख़बरी दी और अगले महीने से रुपये न भेजने के लिए कहा।

पपेट की अजनबी दुनिया में जल्दी ही अच्छे मित्र बन गए। कई लोग हमारे डायरेक्टर दादी पद्मजी, भट्ट जी, पूरण, मधु, सीमा, नत्थू राम और ऑस्ट्रेलिया मूल की कैरन स्मिथ। कैरन विदेशी होने के बावजूद भारत और भारतीय परम्परा से बहुत प्रेम करती थी। मेरी उससे घनिष्ठता हो गई। उसे जितनी हिन्दी आती थी, उससे ज़्यादा मुझे अंग्रेज़ी आती थी।

उन्हीं दिनों नोनी मेरे पास दिल्ली आया हुआ था। कमानी में शास्त्रीय संगीत की महान गायिका किशोरी अमोनकर जी का कार्यक्रम था, हम गए। सौ रुपये का टिकट था, नोनी ने गेट पर खड़े संयोजक से अनुरोध किया कि किसी तरह हमें उनका गायन सुनवा दें, वे बोले, "मैं आपको स्टेज की विंग में खड़ा करवा सकता हूँ लेकिन किशोरी जी मूडी हैं, अगर भगा देंगी तो आपको...

हम विंग्स में खड़े थे किशोरी जी आईं, हमें देखते हुए बोलीं, "यहाँ क्यों बैठे हो, और स्टेज पर बैठकर हमें अपने पास बुला लिया, पूरा दो घंटे का कॉन्सर्ट उनके पास सुना, वे स्वर लहरी, उनकी आवाज़ जैसे स्वर्ग से कोई किरण उतरकर रागों के आरोह-अवरोह बनकर हम पर बरस रही थी।

परम्परागत धागे वाली कठपुतलियाँ हों या आधुनिक, मैं अच्छा प्रदर्शन नहीं कर पा रही थी। 'दादी' ने ताना मारा, 'तुमसे अच्छा तो यह भट्ट जी (परम्परागत कठपुतली वाले) पपेट चलाते हैं।' मुझे तानों से हमेशा चिढ़ रही है।

मैं ज़िद में पपेट घर लाकर रात में अभ्यास करती थी। मुझे यह आभास ही नहीं था कि कठपुतली चलाना भट्ट जी का ख़ानदानी व्यवसाय था। मैं, जिसके हाथ में अभी-अभी पपेट आया था कैसे उनसे होड़ लगा सकती थी? कुछ ही महीने हुए थे पपेट थियेटर में आए कि पासपोर्ट बनने लगे। हमें अन्तरराष्ट्रीय पपेट फ़ेस्टिवल में भारत की तरफ़ से विदेशों में सम्मिलित होना था।

जीवन का एक और अध्याय

कॉलेज लेन में काकाजी का घर मेरे घर के पास ही था। एक कमरे का वैसा ही घर जैसा मेरा था। उस दिन पपेट थियेटर की छुट्टी थी। इत्तफ़ाक़ से उसी दिन मैं काकाजी से मिलने उनके घर चली गई।

बम्बई से आए एक मेहमान बैठे हुए थे। वे साहब पूना इंस्टिट्यूट से निकलने के बाद पहली फ़िल्म के निर्देशन के लिए संघर्षरत थे। उस फ़िल्म की स्क्रिप्ट काकाजी लिख रहे थे।

काकाजी ने मुझसे उनका परिचय करवाया। वे महाशय युवा, अति उत्साही, जीवन्त, ऊर्जा से लबरेज़, पुरुष की सुन्दरता के सभी मापदंडों पर खरा उतरने वाले, भोले, अपनी स्त्री साथी के प्रति समर्पित, चुटकियों में दोस्ती करने में माहिर, मेहनती और अपने काम के प्रति समर्पित महाशय थे विधु विनोद चोपड़ा जो आज भारत के बहुत बड़े निर्माता-निर्देशक हैं।

हम दोनों ही हँसमुख और मिलनसार थे। दोनों अपने-अपने दुःख छिपाने में माहिर। विधु के हँसमुख व्यवहार की वजह से मेरी उससे जल्दी और ऐसी दोस्ती हो गई थी मानो हम बचपन के साथी हों। नोनी भी बहुत जल्दी उसका दोस्त बन गया। विधु मुझे मेरे घर के नाम से बुलाता था गुड्डो। हम दोनों एक ही नाव के सवार थे, मैं पुरी साहब के अस्वीकार से आहत और विधु अपनी पत्नी से तलाक़ लेने की प्रक्रिया में ग़मजदा।

बंगाली मार्किट की एक शाम, मैं और विधु कुछ ख़रीदने जा रहे थे। विधु तेज़ी से चल रहा था। मेरे छोटे-छोटे पैर उसकी तेज़ी में पीछे रह जाते, अचानक वह मुड़ा, उसने मेरा हाथ पकड़ा और मुझे तेज़ चलने में मदद करने लगा। अनजाने में बढ़ाया वह दोस्ती स्नेह का हाथ कुछ क्षणों के लिए हम दोनों को अजीब उलझन में डाल गया। अचानक विधु ने कहा, "अब तेरे हाथ को मैं छोड़ने वाला नहीं।"

हमारी दोस्ती बढ़ती जा रही थी। उसने मुझे इतना स्नेह दिया और अपनी अजीबोग़रीब हरकतों से इतना हँसाया कि मेरे आँसू कब सूख गए मुझे पता ही नहीं चला। अन्दर से व्यथित मैंने कभी किसी के सामने ज़ाहिर नहीं होने दिया था कि मेरे साथ क्या कुछ घट चुका था। विधु से मैंने डरते-डरते पुरी साहब से

रिश्ते के बारे में बताया था, लेकिन सेंसर करके। कारण था, विधु अति पज़ेसिव, डिक्शनरी की भाषा में सख़्त स्वामित्व वाला था। वह किसी के भी साथ, अपने प्रेम को ज़रा-सा भी बाँट नहीं सकता था। मैंने उसे टूटे-फूटे दिल के अपने हालात पूरी तरह बयान नहीं किये थे। अर्धसत्य बताने के पीछे दो वजहें थीं। एक, वह उस समय ख़ुद बहुत बड़े मानसिक और भावनात्मक झंझावात से जूझ रहा था। दूसरी, मेरी-उसकी मैत्री अभी प्रौढ़ नहीं हुई थी और मैं इतने प्यारे दोस्त को खोना नहीं चाहती थी। यह दूसरी बात थी कि उसका जब भी जी चाहता अपने किसी भी प्रेम के रिश्ते का ज़िक्र कर हम दोनों के बीच पारदर्शिता की घोषणा कर देता। साथ यह भी कह देता कि "ऐसा तू मत कर लिओ मैं बर्दाश्त नहीं कर पाऊँगा।" उस समय मैं संसार के अपने सबसे प्रिय दोस्त को सब कुछ बताने को छटपटा जाती। मैं तरस रही थी किसी से अपने आहत मन और अपमान को साझा करने के लिए। एक बार विधु दिल्ली आया।

अपने पपेट शो से फ़ुरसत पाकर मैं विधु से मिलने चल दी। मैं उसके ठहरने की चिन्ता में थी।

सर्दियों के दिन थे, शाम गहराने लगी थी। हमारे पास सिवाय मंडी हाउस के बगीचे में बैठने के कोई और जगह थी नहीं। सर्दी में रोमांस एक जानलेवा बीमारी हो जाता है, जब आपके पास गर्म कपड़े और एक अद्द रूमाल का अभाव हो। हाथ-पाँव के साथ नाक ठंडी होकर चेहरे से ग़ायब हो जाती है। उसके होने का एहसास तब होता है जब वह टपकने को होती है। ऐसे सुड़सुड़ाते मुझे विधु की आवाज़ कानों में पड़ी, "गुड्डो मेरे सोने का इन्तज़ाम हो गया है, मैं अपना बैग उस विदेश रिटर्न महोदय के कमरे पर रख आया हूँ।" मैं सकते में थी। वे महोदय लड़कियों की जगह लड़कों को पसन्द करते थे। मैं विधु से इतना खुली नहीं थी कि उसे साफ़ बता सकूँ। फिर भी मैंने हिम्मत कर उसे तोड़-मरोड़कर अपने शब्दों में बता दिया। साथ ही यह भी कह दिया कि कोई बात नहीं इनसान बड़ा अच्छा है। तुम सचेत होकर सो सकते हो, हम लड़कियाँ उसके साथ सुरक्षित महसूस करती हैं। सुनते ही अगले कुछ पलों में हम विधु का बैग लेने उनके कमरे पर थे। उनका कमरा एक बरसाती पर था। ग्रामोफ़ोन पर बाख़ या शोपें बज रहे थे। कमरे की लाइट में मून लाइट-सा एहसास था व फूलों की ख़ुशबू से कमरा गमक रहा था। प्रेम की अभिव्यक्ति का सारा सरंजाम नज़र आ रहा था। हम बैग ले आए। विधु अपने दोस्त के यहाँ चला गया और मैं अपने कमरे पर। सुबह मैं ज्योंही श्रीराम सेंटर पहुँची विदेश रिटर्न मेरे पास आए, लड़कियों वाली नज़ाकत से अपनी टूटी-फूटी हिन्दी में बोले, "मेरे को पता कल विधु कहाँ सोया?" मैंने पूछा, "कहाँ सोया?" वे बोले, "तेरी साथ और कहाँ?" मैं तो आसमान से गिरी, किसी की जान बचाने की यह सज़ा।

दिल्ली में दूसरा और अन्तिम मकान

इसी बीच अचानक एक दिन मेरी मकान-मालकिन ने किराया बढ़ाकर ढाई सौ रुपये कर दिया। पाँच सौ की तनखा से ढाई सौ सिर्फ़ किराये में कैसे दिये जा सकते हैं? मैं बेहद परेशान थी। मेरी दोस्त कैरन ने जब मुझसे उदासी का कारण पूछा तो मैंने उसे अपने मकान के किराए के बारे में बताया। कैरन ने अपनी कोठी में ख़ाली पड़े दो कमरों के फ़्लैट में मुझे रहने के लिए निमंत्रण दिया। दोनों पति-पत्नी अकेले थे। उनके गैरेज के ऊपर बने दो कमरे ख़ाली थे। कैरन के पति डेविड को अमेरिकन दूतावास की तरफ़ से जोर बाग इलाक़े में यह कोठी मिली थी। मैंने कुछ किराया देने की बेवक़ूफ़ी भरी नाकाम पेशकश की। उन दिनों दिल्ली में उस तरह के 'फ़्लैट' का किराया बारह-पन्द्रह सौ रुपये महीने हुआ करता था और मेरी तनखा थी मात्र पाँच सौ रुपये।

1983 में ही मैं अपने सामान के साथ 5, जोर बाग में बिना किराए के आलीशान घर में रहने आ गई।

कैरन ने मुझे एक चार्टर बस का सदस्य बना दिया था, महँगी होने के कारण इसमें सरकारी अफ़सर ही जाते थे। वैसे मैं जोर बाग से मंडी हाउस ज़्यादातर पैदल जाती थी। हमारा ऑफ़िस सुबह दस बजे से शाम पाँच बजे तक होता था। हर शनिवार शाम सात बजे और इतवार को सुबह दस बजे हमारा पपेट शो होता।

दादी के निर्देशन में मैंने जाना कि किस तरह बेजान कठपुतलियों में जान डाली जाती है। वे अपने इन नाटकों में नये-नये प्रयोग करते। दुनिया भर की पपेट कलाओं को संयोजित कर वे भारतीय और विदेशी नाटकों का मंचन पपेट और चुनिन्दा संगीत से जीवन्त करते।

दादी बहुत ही मृदुभाषी, सहृदय और मित्र थे। वे इस विधा के गुरु थे। आज भी मेरी उनसे मैत्री बरक़रार है। इन नाटकों में मुझे बड़ा मज़ा आता था। मुझे अक्सर सूत्रधार और कुछ ख़ास रोल मिलते। इन नाटकों में पपेट के साथ जीवन्त कलाकार भी होते थे। बच्चों-बड़ों से पूरा नाट्य-गृह भरा होता। तालियों की गूँज और क़हक़हों से मैं आत्मविश्वास से भर जाती थी। अब मेरे अन्दर एक आत्मविश्वासी, अपने काम में दृढ़, युवती ने जन्म ले लिया था।

अन्नू भैया ने मुझे दूरदर्शन के सेटेलाइट चैनल की प्रोड्यूसर नीरजा वोहरा से मिलवा दिया था। श्रीराम सेंटर में बाहर काम करने की इजाज़त नहीं थी, इसलिए मैं चोरी-छिपे छोटी-मोटी स्किट भी कर लेती थी। दूरदर्शन में लेखन और निर्देशन का मुझे तीन सौ और नोनी को छोटे-से रोल के लिए पचहत्तर रुपये मिल जाया करते थे। मेरे पपेट ग्रुप के साथी भी अतिरिक्त आय हासिल करने को उत्सुक थे। मैं नीरजा जी से अपनी स्किट के लिए भीड़ लाने की सहमति लेकर अपने इन मित्रों को भी

दूरदर्शन से पचहत्तर रुपये दिलवा दिया करती थी। उस समय हमारा किसी बैंक में खाता नहीं था। इसलिए रीगल सिनेमा के पास 'गेंडा मल' की दुकान पर रिजर्व बैंक का चेक हमसे ले लिया जाता था। दो रुपये काटकर हमें नकद पैसे मिल जाते थे। मैं यह अतिरिक्त आमदनी माँ-बाबूजी को भिजवाकर इसका सदुपयोग करती।

हर महीने की एक तारीख़ को मैं तनख़्वाह पाकर बेहद ख़ुश होती। घर आकर सारे रुपये हवा में उड़ाकर बैठ जाती। जब रुपये हवा में तैरते मुझ पर बरसते तो मैं नोनी से कहती, "देख ये दो-चार दिन के मेहमान नोटों की बारिश।"

सुप्रीम कोर्ट के जज हरिश्चन्द्रा जी की मृत्यु के बाद उनकी पत्नी मिसेज चन्द्रा जिन्हें हम चन्द्रा जी बुलाते थे, अपना समय काटने के लिए श्रीराम सेंटर में कार्यरत थीं। उम्र में मुझसे 30 साल बड़ी होने के बावजूद मेरी उनसे बड़ी अच्छी दोस्ती हो गई। जब कभी नोनी आता तब तनख़्वाह मिलते ही उसी रात, नोनी, मैं और चन्द्रा जी पाँच सितारा होटल 'अशोक' में डेढ़ सौ रुपये में चाइनीज़ खाते।

इस बीच पुरी साहब कई बार दिल्ली आए। मुझसे मिलने की बहुत कोशिश की लेकिन मैंने मिलने में कोई रुचि नहीं दिखाई। वे मायूस होकर चले जाते।

महीने का आख़िरी दिन चल रहा था। मेरे घर में पकाने के लिए कुछ नहीं था। भूख लग रही थी। सिर्फ़ मूँग की दाल और चावल थे वह भी बस एक आदमी भर के। मैंने खिचड़ी बनाई।

अचानक विधु जनाब जोर बाग के घर में आ पहुँचे। मैं बस खाना शुरू करने ही जा रही थी। मैंने उन्हें खिचड़ी परोस दी। जनाब ने चटखारे लेकर सब सफाचट कर दी। मैं दाँत पीसती चुपचाप उन्हें अपने हिस्से की खिचड़ी खाते देख रही थी। खिचड़ी खाकर लम्बी डकार लेकर जनाब बोले, "और तू? तू नहीं खाएगी?" मैंने कहा, "तू मेरी खिचड़ी खा गया, एक बार भी नहीं पूछा कि तूने कुछ खाया?" मैं इस बात से उससे बड़ी देर तक रूठी रही। हम दोनों के पास बाहर से कुछ ख़रीदकर लाने के भी पैसे नहीं थे। जनाब तो चले गए, मैं पूरी रात भूखी रही और उसे अपनी खिचड़ी खा जाने पर कोसती रही।

भयंकर गर्मियाँ थीं। देखा विधु चले आ रहे हैं। मेरा घर चूँकि ऊपर था इस कारण गर्मियों में बेहद गरम रहता था। पुरी साहब तो रात भर फ़र्श पर बाल्टी से पानी डालते थे फिर भी फ़र्श ठंडा होने का नाम नहीं लेता था। वह दूसरी बात थी कि मैं फिर भी सो जाती थी। एक बार गर्मियों में विधु दिल्ली आया! नोनी भी दिल्ली में मेरे पास था।

विधु था बहुत नाज़ुक। गर्मी में थोड़ी देर बैठने के बाद बोला, "भैया, मैं तो अपनी दोस्त के घर जा रहा हूँ। वहाँ ए.सी. है।" उसके जाते ही मैंने और नोनी ने सोचा, क्यों न हम भी कुछ ठंड का इन्तज़ाम करें? हम होटल अशोका चले गए,

उसकी लॉबी में दो-तीन घंटे बिताने के बाद जब हम घर आए तो देखा, बाहर बाथरूम पानी से पूरा भर चुका था और पानी सीढ़ी से होता हुआ नीचे तक जा रहा था। न नल खुला था न बाल्टी लुढ़की थी।

माजरा समझ नहीं आ रहा था। अचानक किसी के तेज़ी से सीढ़ी चढ़कर आने की आवाज़ आई। ग़ुस्से से भरा विधु चुइंगम चबाता हुआ ऊपर आया और मेरे कपड़ों पर चुइंगम लगाने लगा। पूछने पर उसके ग़ुस्से का कारण पता चला।

हमारे घर से ठंडे घर की तलाश में जनाब अपने दोस्त के घर तो चले गए लेकिन वहाँ जाकर इन जनाब को अपराध-बोध हुआ। उन्होंने सोचा, दोनों बच्चे गर्मी में हैं और मैं यहाँ ए.सी. में, तो वे लौट आए और हमारे इन्तज़ार में बाथरूम को ठंडा करने के लिए बाल्टी पर बाल्टी पानी डाले चले जा रहे थे। जब थक गए तो मुँडेर पर बैठ गए जहाँ माँ बदौलत ने चबाकर चुइंगम फेंकी हुई थी। शूटिंग के लिए जनाब ने दो पतलून बनवाई थीं, बस वह गमगर्मी से पिघलकर इनकी पैंट में ऐसे चिपक गई जैसे लिफ़ाफ़े पर टिकट। उसी का बदला लेने वे आए थे।

हमारी दोस्ती बढ़ती जा रही थी।

जाने क्यों विधु के सान्निध्य ने मुझे भैसोदा की बारह साल की बच्ची बना दिया था। उसके तन्मय होकर बेसुरा गाना गाने पर मैं और नोनी बहुत हँसते थे। उसका प्रिय गाना था, 'दुनिया बनाने वाले क्या तेरे मन में समाई, काहे को दुनिया बनाई।'

विधु हँसता रहता, लेकिन शायद कम ही लोग जानते थे कि वह कितना उदास था। उसकी बरसों की दोस्त और फिर उसी दोस्त से शादी। उसका कहीं और रिश्ता, फिर शादी का टूटना। इन सबकी टीस लिये वह हँसता रहता और अपनी फ़िल्म बनाने के सपने को साकार करने की जद्दोजहद करता।

विधु के जीवन में आते ही मैं फिर से जी उठी थी। उसके साथ किसी तरह का संकोच, किसी तरह का दुराव-छिपाव नहीं था।

दिन गुज़र रहे थे। लेकिन आर्थिक मंदी मेरे से ज़्यादा विधु की थी। उसे उसके भाई का सहयोग मिल रहा था, जो कि विदेश में थे। विधु की फ़िल्म बनाने की जद्दोजहद जारी थी। एक दिन हम दोनों मंडी हाउस से जोर बाग, रिक्शे का पैसा बचाने की ग़रज़ से, पैदल चले आ रहे थे। रास्ते में पाँच सितारा होटल ताज खड़ा हमें अपने पास बुला रहा था। विधु बोला, "तेरे पास कितने पैसे हैं?" उसके और मेरे पैसे मिलाकर कुल अस्सी रुपये हमारे पास थे।

हम ताज में पहुँच गए। वहाँ किसी शादी की गहमागहमी थी। विधु बोला, "तू मुँह धोकर आ, मैं तो गोरा हूँ ताज में आने लायक लगता हूँ।" मैंने उसकी बात मानी, और अगले ही पल हम दोनों शादी में शामिल होकर खाना खा रहे थे। यह सीन विधु ने अपनी सुपरहिट फ़िल्म में डाला और मुझे बताया कि "गुड्डो हमारा शादी में फ्री का खाना खाने वाली घटना को मैंने अपनी फ़िल्म में डाल दिया है।"

हर सृजनात्मक व्यक्ति अपनी ज़िन्दगी के ख़ूबसूरत लम्हों को अपनी कृति में पिरोता है।

विधु और मैं कहीं भी जाते तो लोग हमें याद रखते, हम धमा-चौकड़ी मचाने में माहिर थे। घर तक सब शरारतें ठीक थीं, लेकिन एक बार हम कनाट प्लेस गए, वहाँ से हमने गत्ते की दो तलवारें ख़रीदीं और बच्चों की तरह वहीं लगे तलवारबाज़ी करने। लोग रुककर हमें देखते और मुस्कराकर चल देते। ऐसे मौक़ों पर नोनी हमसे दूरी बना लेता था। उसकी शरारत, भोलापन और सहज स्वभाव में, मैं अपना अपमान और दुख भूल गई थी। मुझे ऐसा लगता कि मैं फिर से बच्ची बन गई हूँ। विधु बहुत हँसमुख था। किसे पता था वह हँसता-खिलखिलाता इनसान मन में रिश्ते के टूटने का झंझावात दबाए हुए था।

श्रीराम सेंटर की कैंटीन में मेरा खाता चलता था। उसकी मेहमाननवाज़ी भी मेरे पूरे महीने का बजट बिगाड़ देती थी।

मेरी और विधु की दोस्ती से घर के सब लोग ख़ुश थे। मेरे और उसके घरवाले सब राज़ी और ख़ुश थे। इसी बीच, मैं कनाडा के अन्तरराष्ट्रीय पपेट फ़ेस्टिवल में भाग लेने कनाडा गई। लौटकर आई तो विधु ने अपने घर श्रीनगर बुला लिया। यह 1983 का अप्रैल का महीना था। मैं एक महीना उसके परिवार के साथ रही।

श्रीनगर। झील के पानी-सा ठहरा हुआ शहर। गहमागहमी से दूर, खिले हुए फूल-सा शहर। पहाड़ और देवदार के वृक्ष, झील और चारों ओर खिले फूल। प्रेम का निमंत्रण चारों ओर फैल चुका था। दूर एक बड़े ऊँचे-से पहाड़ पर बना परी महल परियों और राजकुमार की कहानी को सजीव कर रहा था। सब कुछ स्वप्न-सा था। ऊँचे पहाड़ पर बना महल, सुन्दर राजकुमार-सा विधु फूल और प्रेम की सुगन्ध।

दोपहिया स्कूटर पर मैं और विधु परी महल जाने वाली सँकरी-सी पगडंडी पर चले जा रहे थे। स्कूटर के पीछे बैठी मैं सोच रही थी बस एक कमी रह गई, चार घोड़ों से सजा रथ। उस पर बैठकर हम दोनों, बादलों के बीच से गुज़रते, क्योंकि स्कूटर के पीछे बैठी मैं बादलों की नमी से भीग रही थी, स्कूटर चलाता राजकुमार-सा विधु जिसके बदन से उठती भीनी-भीनी ख़ुशबू मुझे ख़ुद को परी होने का एहसास दिला रही थी। तभी मेरी निगाह पहाड़ की गहराई में निकले एक छोटे-से पौधे के सफ़ेद फूल पर पड़ी। मैंने कहा, "कितना सुन्दर फूल है।" बस विधु ने स्कूटर रोका और पहाड़ की खाई में लटकता हुआ फूल तोड़ने लगा। मैं उस सुनसान जगह में डरकर चीख़ रही थी, "मत जा, गिर जाएगा।" लेकिन वह फूल तोड़कर मुझे देते हुए बोला, "ले, तेरे लिए फूल ले आया।" इतनी जोखिम भरी खाई में लटककर मेरे ज़रा से कहने पर...ओह कैसा स्वप्न...मुझे लगा जैसे नानी की कहानी का राजकुमार मेरे लिए राक्षस के पास से गुलबकावली ले आया हो।

मैं अपनी कहानी में खोई बस चुप थी। उसने अपने हाथों में मेरा हाथ थामा

हुआ था, हम दोनों ख़ामोश बैठे रहे न जाने क्या सोचते हुए, कि अचानक शाम घिर आई। चाँदनी चारों ओर छिटकी थी। हम दोनों डल झील के ख़ामोश पानी पर एक छोटी-सी नाव में थे। चारों ओर ख़ामोशी थी। ठहरे हुए झील के पानी में चप्पू के चलने से एक लम्हे के लिए हलचल मच जाती थी। फिर वही चाँदनी, झील का सर्द काला गहरा पानी और हम दोनों। नाव में बैठे-बैठे झील में उतर आए बादलों को देख रहे थे, अचानक आँसू की एक बूँद मेरे हाथ पर टपकी। वह रो रहा था। शायद ख़ुशियाँ जब समेटी नहीं जातीं तो आँख से बूँद की तरह बरस जाती हैं। प्रेम की अभिव्यक्ति शरीर के मिलन के बाद आँसू ही होते हैं।

परीकथा का एक अन्त होता है। हम दोनों दिल्ली आ गए। उसे बम्बई जाना था। हम दोनों एयरपोर्ट पर थे। अपनी परीकथा के इतनी जल्दी ख़त्म हो जाने से उदास। मैं अब धरती पर उतर आई थी। उसका मेरे लिए प्यार पागलपन की हद तक था। एयर क्राफ़्ट में बैठते ही उसने मुझे ख़त लिखना शुरू कर दिया था। जब मुझे वह ख़त मिला था तो उसके काग़ज़ पर कुछ बूँदें आँसुओं की थीं। उसमें लिखा था, 'फ़्लाइट में पूरे रास्ते रोता रहा। तेरी याद आ रही है। शूटिंग न होती तो वापस चला आता।' गाना भी लिखा था, 'याद तेरी आएगी मुझको बड़ा सताएगी' यह गाना हम दोनों गाते भी थे। बिलकुल ऐसा लगता था कि दो साहित्य-प्रेमी नहीं, गाँव खेड़े के दो प्रेमी कोई गाँओटी शायरी जैसे—लिखता हूँ ख़त ख़ून से स्याही न समझना...गा रहे हों, बचपना था, फिर भी बड़ा मासूम और ख़ूबसूरत था।

प्रेम हों और झगड़े न हों? विधु के साथ झगड़े बिलकुल ऐसे होते मानो दो बच्चे लड़ रहे हों। हम दोनों एक-दूसरे को मारते जब किसी का किसी पर बस नहीं चलता तो एक-दूसरे पर थूकते।

उसका प्रेम, उसका मुझे ख़ुश करना, अद्‌भुत था। और अद्‌भुत थी उसकी दावेदारी।

एक बार मैं दिल्ली से बम्बई गई। मेरी सालगिरह थी। विधु आया। और बहुत से लोगों को अन्नू भैया ने खाने पर बुलाया था। हम सब ख़ुश थे। अचानक बिन बुलाए पुरी साहब आ गए। मुझे बधाई दी। थोड़ी देर तक बात की, फिर जाने लगे। विधु उनके साथ पुणे फ़िल्म इंस्टिट्यूट में था। इस कारण पुरी साहब उससे बात करना चाह रहे थे लेकिन वह खिंचा-खिंचा ही रहा। पार्टी ख़त्म होने के बाद मेरी शामत आई। विधु ने मुझसे बहुत झगड़ा किया। उसका कहना था, "आख़िर ओम यहाँ आया कैसे?" मैं लाख कहती रही, किसी ने नहीं बुलाया था लेकिन कोई समझना चाहे तब न? मैंने उसे अपने और पुरी साहब के बारे में बताया था। असुरक्षा की भावना इतनी जटिल हो जाए कि वह शक बनकर दूसरे को परेशान कर दे तो दुखदायी हो जाती है। हमने बात करनी बन्द कर दी। अगले दिन मैं और अन्नू भैया फ़िल्मों के एक सफल लेखक के घर गए। पता चला था कार दुर्घटना के कारण

उनके एक पैर में प्लास्टर चढ़ा हुआ है। इस बीच विधु घर आया तो उसे पता चला कि हम लेखक महोदय के घर गए हैं। वह सीधा उनके घर जानकी कुटीर पहुँच गया। सबने उसका स्वागत किया, पर हम दोनों ने आपस में बात नहीं की। विधु अचानक उठा और बिना कुछ कहे-सुने चला गया। अन्नू भैया ने मुझसे धीरे से पूछा, "तुम लोग बात नहीं कर रहे क्या?" बाद में वह मुझसे बहुत लड़ा। उसका कहना था—वहाँ जो एक बड़ा अभिनेता बैठा था वह तेरी तरफ़ देख रहा था। तूने उसकी शाल क्यों ओढ़ी? दरअसल उस कमरे का ए.सी. बहुत तेज़ था, मुझे ठंड लग रही थी। मैंने सिर्फ़ इतना कहा था कि कमरा बहुत ठंडा है। बस उन जनाब ने अपनी शाल मेरे न-न करने के बावजूद मुझे दे दी। मैंने ओढ़ ली। हमारे विधु जनाब तुनककर चले गए थे।

अब इसमें मेरा कितना दोष था, आज तक समझ नहीं पाई। 'पुरुष अहम्' को ठेस लगी थी। 'विधु' की हक़ जताने, दावेदारी और शक़ करने की आदत ने एक पढ़ी-लिखी आत्मनिर्भर लड़की को घुटन और डर से भर दिया था।

एक शाम जोर बाग में विधु अपनी बेसुरी आवाज़ में बड़ा तन्मय होकर गा रहा था। नोनी दरवाज़े पर ताल दे रहा था। तभी पुरी साहब अचानक फिर आ गए। मुझे विधु के साथ देखकर वे उदास हो गए। विधु को भी पुरी साहब का आना बहुत बुरा लगा। उसके पजेसिव होने की वजह से मैं भी घबरा गई थी। मैं खाना बनाने में व्यस्त होने का बहाना कर रही थी। पुरी साहब को मैंने पानी भी नहीं पूछा। भले ही उन्होंने मेरे साथ जो किया उससे मैं नाराज़ थी,लेकिन वे मेरे घर आए थे। विधु के डर से मैंने उन्हें तवज्जो न दी, कोई कुछ नहीं बोल रहा था। एक अजीब बात हुई, मैं न जाने क्यों अपराध-बोध से पुरी साहब के सामने दबी जा रही थी। मुझे ऐसा लग रहा था जैसे मैं उनके साथ छल कर रही थी। यह भावना मुझमें क्यों आ रही थी? इसका भेद बाद में जाना। मेरे अवचेतन मन में समाई सामन्तवादी सोच। पुरी साहब उदास होकर जाने लगे। हम चारों ख़ामोश थे। नोनी इस ख़ामोशी को तोड़ने के लिए पुरी साहब के लिए पानी ले आया। वह पानी पिए बिना उदास सीढ़ियाँ उतरने लगे।

मुझसे उनका यह अपमान नहीं देखा गया। मैं उन्हें छोड़ने के लिए दौड़ती हुई उनके पीछे नीचे तक गई। क्योंकि चाहे कुछ भी हो वे मेरे घर आए थे, मेरे मेहमान थे। जाते-जाते पुरी साहब मुझसे धीरे से बोले, "आप दोनों की जोड़ी बहुत अच्छी लग रही है।" इस वाक्य में मैंने उनकी पीड़ा का अनुभव किया था।

मेरा पुरी साहब को नीचे छोड़ने जाना विधु को अखर गया। वह ग़ुस्से में बिना खाना खाए चला गया। मैं सोचती रही कि क्या एक रिश्ते को बचाने के लिए दूसरे का अपमान करना ज़रुरी है?

विधु के प्रेम की इंतहा ने मुझे अपराध-बोध से भर दिया था। मैं उसे उतना प्रेम न कर पाई जितना वह मुझसे करता था। अपनी कहूँ तो, मेरे और उसके प्रेम के

बीच हमेशा पुरी साहब आकर खड़े हो जाते थे।

मुझे ताज्जुब होता कि जो व्यक्ति दुनियाभर का साहित्य सराहता हो, पूरी दुनिया की फ़िल्में देखता हो, जो बड़े गर्व से कहता हो कि मैं पुरुष हूँ! किसी से भी इश्क़ कर सकता हूँ! लेकिन पत्नी या प्रेमिका किसी और से प्यार करे, यह बर्दाश्त नहीं कर सके, वह कैसा इनसान है? विधु कहता था। हाँ, मैं सामन्तवादी (फ्यूडल) विचारधारा का हूँ। मैं अगर कभी किसी से कुछ रिश्ता कर बैठूँ तो कोई समस्या नहीं। इस दोहरेपन पर कई बार मैं उससे उलझ पड़ती थी। लेकिन धीरे-धीरे मुझे ये बातें अपमान प्रतीत होने लगी थीं। इकतरफ़ा जीवन का दर्शन मुझे सालने लगा था।

मैंने सोचा, नहीं! मुझसे यह नहीं हो पाएगा। सिनेमा और साहित्य की 'स्वतंत्र महिला पात्र' को सराहने वाले जीवन में आसपास बिखरे लोगों में वह चरित्र क्यों ढूँढ़ नहीं पाते? अपने पर आन पड़ती है तो क्यों आत्मकेन्द्रित हो जाते हैं? विधु की दोस्ती और प्रेम के लिए मैं गम्भीर थी। वह भी अति प्रेम से ओतप्रोत था। लेकिन जो स्वतंत्रता पुरी साहब ने मुझे 'विश्वास' के रूप में दी थी वह विश्वास और स्वतंत्रता दोनों ही यहाँ नदारद थीं। वही स्वतंत्रता और विश्वास मैं विधु से पाना चाहती थी। पुरी साहब मेरे हर मित्र को अपना मित्र बना लेते थे लेकिन इन साहब का तो हाल ही जुदा था।

अचानक आए परिवर्तन

पपेट थियेटर की वजह से मेरे दोस्तों का दायरा बढ़ता जा रहा था। अक्सर पेंटर मंजीत बावा जो बाद में बहुत नामी पेंटर बने, मदन गोपाल सिंह और सफ़दर हाशमी, जिन्हें मैं सफ़दर भाई कहकर पुकारती थी गाहे-बगाहे मेरे घर जोर बाग आते थे। बाद के दिनों में सफ़दर भाई तो हर रोज़ सुबह-सुबह मेरे साथ गाने का रियाज़ करने आते, क्योंकि उन्हें नुक्कड़ नाटक में गाने के लिए बुलंद आवाज़ की ज़रूरत होती थी। नसीर ख़ाँ साहब से सीखे सारे गुण, मैं सफ़दर भाई को स्थानान्तरित कर देती।

कभी मंजीत बावा, मदन गोपाल सिंह और रणवीर कालिका, हम सब मिलकर गाने गाते थे। मंजीत बावा ने तो अपनी ढोलक परमानेंट मेरे पास ही रखवा दी थी।

मुझे जीवन में और कुछ मिला हो या न मिला हो पर उन संघर्ष के दिनों में दोस्त बहुत अच्छे मिले। वे आगे चलकर अपने-अपने क्षेत्र में सफल रहे।

विनोद दुआ ने मेरी मुलाक़ात मधुप मोहता से करवाई थी। मधुप बहुत संवेदनशील, कवि-हृदय व्यक्ति थे। बिलकुल मिट्टी से जुड़े इनसान। कोई लाग-लपेट नहीं। वह तब एम.बी.बी.एस. कर रहे थे, मधुप से दो चीज़ें सीखने को मिलीं। एक, सहजता, दूसरा, दोस्ताना। हम सब मित्रगण हर शाम श्रीराम सेंटर की कैंटीन में एक-दो घंटा ज़रूर बिताते थे। दादी पुदुमजी के ऑस्ट्रेलिया-प्रवास के दौरान विनोद

दुआ ने एक पपेट प्ले 'नीना' भी डायरेक्ट किया था। इसमें मुझे 'नीना' चुहिया की मुख्य भूमिका दी थी।

झालावाड़ में बेरोज़गार बी.ए. की स्कीम के तहत मुझे मिले प्लॉट पर माँ ने स्कूल से लोन लेकर, बाबूजी की देखरेख में एक कमरा बना लिया था। यह कमरा बीस फुट चौड़ा और पचीस फुट लम्बा, पत्थरों की चुनाई वाला, बिना प्लास्टर का था। एक छोटी-सी रसोई, बाथरूम एक आँगन। यह घर शहर से दूर था। कुछ पत्थर पॉलिश की फैक्टरियों को छोड़कर आसपास बस्ती नहीं थी। वे फैक्टरिया भी शाम को बन्द हो जाती थीं। घर के बाहर से एक सड़क जाती थी, बाक़ी जहाँ तक नज़र दौड़ाएँ चारों तरफ़ मैदान और झाड़ियाँ थीं। रात को गहन सन्नाटा छा जाता। माँ को सन्नाटा कभी पसन्द नहीं आया। शहर की गहमागहमी, पास-पड़ोस, उन्हें अच्छा लगता था। रात को रोडवेज़ की एकाध बसों के गुज़रने पर ख़ामोशी कुछ पल के लिए टूट जाती थी।

माँ ने स्कूल जाने के लिए एक साइकिल रिक्शा लगवा लिया था। बस एक ही अच्छी बात थी इस घर में कि यह अपना था। माँ की आधी तनख़्वाह लोन में कट जाती। मैं जब कभी तीज-त्योहार पर दिल्ली से आती तो चहल-पहल मच जाती। मेरे बचत के पैसों से त्योहार धूम से मनाए जाते। नोनी अब कॉलेज में आ गया था।

एक दिन सफ़दर भाई गाने के रियाज के लिए मेरे घर आए। बाहर बने बाथरूम को देखकर बोले, "सीमा तुम अपने बाथरूम में ताला लगाकर रखा करो। कल को कोई यहाँ पर लाश छोड़ जाए तो क्या करोगी?"

मेरा जोर बाग का घर, मुख्य कोठी से थोड़ा पीछे की तरफ़ सुनसान क्षेत्र में था। ऊपर जाने के लिए सीढ़ियाँ ज्योंही ख़त्म होतीं, सीधे हाथ की तरफ़ एक बड़ा-सा बाथरूम था। बाएँ हाथ की तरफ़ जाली का एक पतला-सा दरवाज़ा था। दरवाज़े के अन्दर जाते ही लम्बा-सा कॉरिडोर था, जो मेरी रसोई का काम देता था। इसके एक तरफ़ दो कमरे बने हुए थे। इन कमरों में शीशे की बड़ी-सी खिड़की थी। मैं आज यह सोचकर सिहर जाती हूँ कि कैसे उस कमज़ोर जाली के दरवाज़े वाले घर में मात्र तेईस साल की मैं दिल्ली जैसे शहर में अकेली रह सकी। सफ़दर भाई की बातों से मैं सिहर उठी थी। मैंने बाथरूम में ताले लगाने शुरू कर दिये थे।

पहली बार विदेश जाना और एक बड़ा हादसा

भारतीय संस्कृति सम्बन्ध परिषद (आई.सी.सी.आर.), भारत सरकार के सौजन्य से अन्तरराष्ट्रीय पपेट फ़ेस्टिवल में भाग लेना था। दादी ने राजस्थानी लोककथा पर आधारित पपेट नाटक 'ढोला मारू' तैयार किया। हमारा ग्यारह लोगों का ग्रुप मास्को (रूस) के लिए रवाना हुआ। हमारे साथ पन्ना भरत राम भी थीं। मुझे याद है, 'अल

इतालिया एयर लाइंस' से हम सबने यात्रा की थी। दादी और पन्ना जी को छोड़कर बाक़ी सबकी यह पहली अन्तरराष्ट्रीय हवाई यात्रा थी।

मैं कौतूहल से चारों तरफ़ देख रही थी। मुझसे थोड़ी दूर बैठा एक व्यक्ति मुझे देखकर मुस्कराया। मैंने बड़ा ज़ोर मारा दिमाग़ पर फिर याद आया शायद यह बंगाली फ़िल्मों का हीरो उत्तम कुमार है। हमें शायद बर्लिन में फ़्लाइट बदलनी थी, वह व्यक्ति और हमारा रास्ता अलग हो गया। मुझे ताज्जुब था कि वह क्यों मेरी ओर देखकर मुस्कराया। (वह बात दूसरी है कि भारत आने के बाद सफ़दर भाई ने बताया कि सीताराम तेरी शिकायत कर रहा था कि सीमा ने फ़्लाइट में पहचाना नहीं। दरअसल जनाब सीताराम येचुरी थे जो उस समय सी.पी.एम. की यूथ विंग में किसी बड़े पद पर थे। बाद में वे पोलितब्यूरो सदस्य, फिर सांसद नेता बने।)

मास्को जाने वाले प्लेन के इंजन के शुरू होते ही भट्ट जी ने ज़ोर का नारा लगाया, 'बोल भैरों बाबा की...।' उनके सारे परम्परागत कठपुतली वालों ने समवेत नाद किया, 'जय हो।' वे अँगूठाटेक प्यारे और मासूम लोग सीधे गाँव से निकलकर मास्को जा रहे थे।

मास्को। मेरे प्रिय लेखक 'गोर्की' और मेरे पावेल का देश। इसकी गलियों से मेरा परिचय बहुत पहले ही गोर्की, दोस्तोएव्स्की, टॉल्स्टॉय और आस्त्रोवस्की ने करवा दिया था।

मैं रूस में आकर लोगों से मिलकर ख़ुशी से झूम रही थी। इस नौकरी ने एक साहित्य-प्रेमी के काल्पनिक देश को मूर्त रूप दे दिया था। रात की चमकती रौशनी में रेड स्क्वायर पर बदलते गार्ड्स की रौनक देख मैं, माँ-बाबूजी और नोनी को बहुत याद करती थी। काश वे लोग भी यहाँ होते। वे भी देखते ख़ूबसूरती का नज़ारा, बड़े-बड़े होटल, साफ़-सुथरे रास्ते और प्यारे-प्यारे चेहरे। मैं माँ-बाबूजी और नोनी के लिए तड़प रही थी। मेरी कमज़ोरी रही है मैं ख़ुशियों का आनन्द अकेले नहीं ले सकती, और दुख किसी से साझा नहीं करती।

रूस में हमें सरकार की ओर से कुछ रूबल रोज़ के ख़र्चे के लिए मिलते थे। सरकार की तरफ़ से ठहरने के लिए होटल भी हमें शानदार मिला था। वहाँ काम करने वाली मोटी-मोटी प्यारी ममतामयी बूढ़ी औरतें मुझे 'गोर्की' की आत्मकथा की पात्र लगतीं। वे महिलाएँ मेरे 'कपूर' उपनाम पर मुझे राज कपूर का रिश्तेदार समझतीं जिसकी वजह से वे मुझे प्यार में न जाने क्या-क्या खिलातीं। मेरे कपड़ों पर प्रेस करतीं। बस मुझे राज कपूर की फ़िल्म का गाना 'ये रात भीगी भीगी' या 'आवारा हूँ' सुनाना पड़ता था।

एक और अजीब बात हुई थी, जिसने मुझे फिर से सोचने पर मजबूर कर दिया था। न जाने पुरी साहब ने कैसे और कहाँ से पता लगा लिया मैं मास्को जाने वाली थी। मेरे मास्को पहुँचते ही दूतावास से सन्देश आया कि ओम पुरी अपनी फ़िल्म

अर्धसत्य के लिए रूस आए थे और आपको खोज रहे थे। पुरी साहब वाक़ई एक पत्र मेरे नाम छोड़ गए थे। पत्र क्या था, पूरा माफ़ीनामा था। ग़ुस्से की मन में जमी सख़्त बर्फ़ में कुछ हुआ, मैं द्रवित हो गई।

रूस में दूध-दही सस्ता था। खाना सस्ता, लोग बड़े प्यारे थे। नाश्ता हमें होटल से मुफ़्त में उपलब्ध होता। मैं भरपेट नाश्ता करती, नाश्ते से ही दिन-भर काम चलाती। (दोपहर के खाने के पैसे जो बचाने होते) शाम को पाँच कोपेक की लिप्योश्का (तंदूरी नान) दस कोपेक का दूध की बोतल, दही, टमाटर और उबले चिकन से काम हो जाता था। एक रूबल भी ख़र्च नहीं हो पाता था। मैंने काफ़ी रूबल जमा कर लिये थे। हाँ बस 'बोलशोई थियेटर' में बैले देखने में कंजूसी नहीं करती थी, टिकट महँगा होने के बावजूद देखती थी। 'स्वान लेक' वहीं देखा था!

रूस मुझे बहुत अपना-सा लगता था। रूसी साहित्य ने मुझे उस देश के लोग, घर, खाना-पीना, हँसी-मज़ाक़ सबसे परिचित करवा दिया था। मज़े की बात यह थी कि हम जहाँ से गुज़रे हमें लोग मुस्कराकर 'इन्दिस्की' (इंडियन) पुकारते, गली-कूचों में कोई भी हमें हिन्दी बोलता मिल जाता। चमचमाती सड़कें, इमारतें और दुकानें...हम तो चकरा ही गए थे।

मैंने इतने पैसे इकट्ठे कर लिये थे कि बाबूजी, माँ, नोनी और पहचान के लोगों के लिये भी कुछ-न-कुछ ले सकती थी। मैं बाबूजी को सूट पहने देखना चाहती थी। मैंने उनके लिए एक सूट का कपड़ा पसन्द किया। ख़रीदारी अगले दिन के लिए स्थगित कर होटल आ गई।

आधी रात को अचानक मैं घबराकर उठी। शायद कोई सपना देखा था। लगा जैसे माँ-बाबूजी मुझे पुकार रहे थे। उनकी याद ने मुझे जैसे चारों तरफ़ से जकड़ लिया था। बेचैन होकर मैं उन्हें पत्र लिखने बैठ गई। मैंने उन्हें कई पन्नों का पत्र लिखा। मुझे अचानक अपराध-बोध हो रहा था। मैं यहाँ गुदगुदे पलंग पर सो रही हूँ और वे दोनों रस्सी की चुभने वाली खटिया पर सोते होंगे। मुझे उन दोनों की याद सिर पर हथौड़े-सी चोट कर रही थी। मैं सर्दी में पसीना-पसीना हुई जा रही थी। जो सूट का कपड़ा मैं अगले दिन बाबूजी के लिए लेने वाली थी, उसे ख़त में लिख दिया कि मैंने बाबूजी के लिए सूट का कपड़ा ले लिया है। एक अजब बेचैनी हो रही थी, ऐसी बेचैनी जीवन में कभी नहीं हुई थी। मैं पत्र लिख रही थी और काग़ज़ आँसुओं से बार-बार भीग रहा था। जैसे-तैसे रात कटी। सुबह होते ही मैं पत्र को होटल के पोस्ट बॉक्स में डाल आई।

मुझे क्या पता था जो रात मेरे ऊपर इतनी भारी गुज़री थी वही रात मेरे माँ-बाबूजी पर उससे भी भारी गुज़री थी! उन्हें मृत्यु से जूझना पड़ा था!

अगले दिन मैं जब बाबूजी का सूट का कपड़ा ख़रीदने गई तब अचानक मेरी नज़र रूस के प्रसिद्ध 'ज़ेनिथ' कैमरे पर पड़ गई। वह कैमरा मैंने अन्नू भैया के लिए

ख़रीद लिया। बचत के रूबल ख़त्म हो गए। सोचा, सूट का कपड़ा दिल्ली से ले लूँगी। बच्चे हमेशा माँ-बाप की ख़ुशियों को पीछे की पंक्ति में रख देते हैं। मैंने भी वैसा ही किया था।

मॉस्को से हम ड्रेसडन जर्मनी और बुल्गारिया में शो करते हुए लगभग डेढ़ महीने के बाद वापस अपने देश आए। मैं दिल्ली एयरपोर्ट से सीधे अपने घर जोर बाग गई। सामान रखा, पर घर में दिल नहीं लग रहा था। छुट्टी होने के बावजूद मैं श्रीराम सेंटर चली गई। जैसे ही मैं वहाँ पहुँची, चन्द्रा जी ने माँ का एक महीने पहले आया पत्र मेरे हाथ में रख दिया।

माँ और बाबूजी को चोरों ने ज़ख़्मी कर दिया था। बाबूजी के सिर पर लोहे की रॉड लगने से पचीस टाँके आए थे। माँ को भी कई टाँके लगे थे। दोनों कई दिनों तक अस्पताल में रहकर वापस आए थे। जो रात मुझ पर क़यामत-सी गुज़री वही रात माँ-बाबूजी के हादसे की रात थी। मेरे दिल के तार दोनों से इस क़दर जुड़े थे कि इधर उन्हें चोटें लग रही थीं, उधर मैं तड़प रही थी।

मैं अपना वही बैग, जो अभी खुला भी नहीं था, लेकर स्टेशन गई। जनरल बोगी में बैठकर अगले दिन झालावाड़ पहुँची। घर में हुए इस हादसे के बाद माँ और बाबूजी फ़रहत भाई की कोठी के बाहर उनके चचा के घर में रह रहे थे।

मैं जिस दिन झालावाड़ पहुँची थी, माँ ने उसी दिन से स्कूल जाना शुरू किया था। बाबूजी उन्हें रिक्शे से छोड़ने गए थे। मैं जिस रिक्शे से आई थी उसी से फ़ौरन माँ के स्कूल के लिए निकली। आधे रास्ते में थकी चाल से धीरे-धीरे पैदल आते बाबूजी नज़र आए। मैं उनसे लिपटकर रोने लगी। पहली बार मैंने बाबूजी की आँखों में आँसू देखे। वे रुँधे गले से बोले, "शायद तुझे देखने के लिए ही ज़िन्दा रह गए।" मेरे मुँह से बोल नहीं फूटे। मैं रोती रही और बाबूजी की भीगी आँखें एकटक देखती रहीं। आज भी मुझे याद हैं बाबूजी की नम आँखें और वे शब्द।

हम दोनों माँ के स्कूल गए! माँ पढ़ा नहीं रही थीं, बैठी थीं। मुझे देखते ही उनका भी वही हाल हुआ। तीनों का दुख एक था जो गले लगकर हम तीनों साझा कर रहे थे। तीनों एक-दूसरे से लिपटकर रो रहे थे। कोई नहीं था जो हमें सांत्वना दे सके। न मालूम हम क्यों रो रहे थे? माँ बस इतना बोल पा रही थीं, "अच्छा हुआ तू नहीं थी, वरना क्या होता?" उन्हें अपनी जवान लड़की की चिन्ता हो रही थी। ऐसी पीड़ा में मेरी ख़ैर चाहने वाले दुनिया में सिर्फ़ माँ-बाबूजी ही तो थे।

माँ ने बताया, "इस हादसे के समय नोनी बम्बई में था। अन्नू भैया की फ़िल्म 'बेताब' रिलीज़ हुई ही थी। बाबूजी गर्व से अपने बेटे की फ़िल्म का हर जगह गुणगान करते रहते थे। शहर के हर कुँजड़े (सब्ज़ी वाले), कसाई, मास्टर, दूध वाले सबको ख़बर थी कि अन्नू भैया ने फ़िल्मों में काम करना शुरू कर दिया है। भारत में उस समय बम्बई जाकर रहने वाला लखपति और फ़िल्म अभिनेता करोड़पति

होता था। पूरे शहर को मालूम था कि बाबूजी की बेटी विदेश गई है। चोरों के लिए इतनी सूचना काफ़ी थी।

अगस्त के महीने में उस रात बहुत उमस थी। दोनों आँगन में निश्चिन्त सो रहे थे। चिन्ता किस बात की होती जब घर में एक धेला तक न हो। चोर आधी रात को घर में घुसे। उन्होंने माँ के सिर पर पत्थर और बाबूजी के सिर पर लोहे की रॉड से वार किया। बाबूजी की आँखें खुल गईं। उनके मज़बूत हाथों ने रॉड पकड़ ली। इस वजह से दूसरे चोर ने भी मारना शुरू किया। माँ-बाबूजी बेहोश हो गए थे। पर उन दोनों को इतना याद था कि चोर कह रहे थे, "बताओ, सोना-चाँदी, रुपया कहाँ है जो तुम्हारे फ़िल्म वाले बेटे ने भेजे हैं।"

हमारा घर शहर के बाहर सुनसान में था। सिर्फ़ सुबह में लोग सैर के लिए इस तरफ़ आते थे। उस सुबह नैयर जी जब टहलने निकले तो न जाने क्यों उन्होंने सोचा कि 'दीदी' से मिलता चलूँ। दरवाज़ा खुला था। उन्होंने आवाज़ लगाई। जब कोई नहीं बोला तो नैयर अन्दर गए। देखा तो माँ-बाबूजी ख़ून से लथपथ, बेहोश पड़े थे। माँ कराह रही थीं। उन्होंने घबराकर पूछा, "दीदी, किसे बुलाऊँ?" माँ के मुँह से नाम निकला 'फ़रहत' और वे बेहोश हो गईं। पल की देरी में ही फ़रहत भाई, नसरत भाई, उनके बीवी-बच्चे सब पहुँच गए, गाड़ियों की लाइन लग गई।

पूरा शहर ही अस्पताल में जुट गया। भीड़ को देखकर पुलिस का भी इन्तज़ाम करना पड़ा। माँ का आदर्श टीचर होना उस दिन दिखाई दे रहा था। अन्नू भैया समाचार मिलते ही माँ-बाबूजी को सँभालने फ़ौरन झालावाड़ आ गए।

अस्पताल से निकलने के बाद माँ ने उस घर में जाने से मना कर दिया। अच्छा ही हुआ, क्योंकि कुछ दिनों के बाद बारिश में एक दिन अचानक वह मकान, ताश के पत्तों की तरह गिर गया था।

माँ का कहना था, "ईश्वर को जब कोई बड़ा हादसा देना होता है तो वह छोटी पीड़ा देकर बड़ी पीड़ा हर लेता है। अगर हम लोग उसी मकान में होते तो दबकर मर जाते। भगवान ने छोटी चोट देकर हमें बड़ी चोट से बचा लिया।"

इतना सब कुछ हो गया था। शुक्र है, मेरे माँ-बाबूजी सलामत थे। मेरी चिट्ठी उन्हें मिल गई थी। माँ ने बताया, "बाबूजी तेरी चिट्ठी दिन में कई बार पढ़ते थे। उन्होंने पूरे झालावाड़ में मशहूर कर दिया था कि मेरी गुड्डो ने रूस से मेरे लिए सूट का कपड़ा ख़रीदा है।" शायद ही कोई होगा जिसे यह ख़बर न हो। अब मैं तो सूट के कपड़े की जगह ज़ेनिथ कैमरा ले आई थी और वे मुझसे पूछ रहे थे, "सूट का वह कपड़ा कहाँ है?" उनका उत्साह और ख़ुशी देखकर मैं सिर से पाँव तक हिल गई। माँ-बाप के लिए अपने बच्चों से कुछ भी पाना एक उपलब्धि होती है। इन दोनों ने हमें पूरी ज़िन्दगी बस दिया ही दिया था। आज वह ज़रा-सी चीज़ पाने की ख़ुशी और गर्व से झूम रहे थे। बाबूजी की ख़ुशी देखकर मैंने झूठ बोला कि कपड़ा

दिल्ली में ही छूट गया है।

मुझे यक़ीन था कि मैं दिल्ली जाते ही पहली तनख़्वाह से सूट का कपड़ा ख़रीद लूँगी। ऐसा हो न सका। कुछ महीनों बाद बाबूजी दिल्ली आए तो मैंने झूठ बोला कि कपड़ा मैं बम्बई में छोड़ आई।

उसी साल मैं पपेट फ़ेस्टिवल में कनाडा गई। वहाँ पहली बार मुझे पता चला कि 'फ़ादर्स डे' भी होता है। मैंने अपने कुछ बचे हुए डॉलर से बाबूजी के लिए एक जेब-घड़ी ली जिसे वे सीने से लगाए दुनिया भर को दिखाते थे—"मेरी गुड्डो कनाडा से मेरे लिए लाई है।" बस सूट के कपड़े का मुझे मलाल रहा, मेरे पास कभी अपनी पाँच सौ रुपये तनख़्वाह से इतनी बचत नहीं हो पाई कि मैं अपने झूठ को सही साबित कर दूँ।

वह सूट का कपड़ा मैं कभी ख़रीद नहीं पाई।

फिर से पुरी साहब का आना

पुरी साहब मुझसे दिल्ली मिलने आए। मेरे सामने फूट-फूटकर रोये, अपनी ग़लती मानते हुए बहुत माफ़ी माँगी। मुझसे एक सवाल किया, "अगर ग़लती माँ, बाबूजी, अन्नू या रंजीत से हुई होती तो तुम माफ़ करतीं?" वे जिन महिला के साथ रह रहे थे, वे चली गई थीं। कारण मुझे बाद में पता चला लेकिन पुरी साहब ने अधिक कुछ न बताकर सिर्फ़ इतना कहा, "उन्होंने किसी और को चुन लिया है, और उन्होंने सही किया, ग़लती मेरी ही थी।" मुझे उनकी ईमानदारी बहुत अच्छी लगी। पुरी साहब में एक ख़ास बात थी, उनसे कुछ भी साझा करते हुए घबराहट नहीं होती थी। मैंने अपने और विधु के रिश्ते के बारे में उन्हें बताया। उदास होकर भी वे बोले, "मैंने तो आपको उसी दिन कहा था, आप दोनों की जोड़ी बहुत ख़ूबसूरत है। बस एक बात पूछनी है, हम दोस्त तो रह सकते हैं न? अगर आप बात करना भी छोड़ देंगी तो मैं अपराध-बोध से मुक्त नहीं हो पाऊँगा।" दोस्ती तो टूट भी नहीं सकती थी, हमारी डील पक्की हो गई। यह बात मैंने विधु को नहीं बताई थी। थप्पड़ थोड़ी खाने थे मुझे। वह यह बात बर्दाश्त नहीं कर पाता।

हम दोनों जब भी लड़ते तब थप्पड़ों का आदान-प्रदान आम बात थी। मैं बेकार में अपराधी भी घोषित नहीं होना चाहती थी।

पुरी साहब आते तो मिलते, या मैं जब बम्बई में अन्नू भैया के पास होती तो वे मिलने आते। किसी तरह की शारीरिक माँग या साथ समय बिताने की चाहत के बिना यह रिश्ता चल रहा था। इसमें एक-दूसरे की उपलब्धियाँ, असफलताएँ, उनके, मेरे घर की, उनके भतीजों की समस्याएँ, उनकी पढ़ाई की सलाहें और विधु से मेरे प्रेम और उसके अति स्वामित्व की उलझनें शामिल थीं। मैं उनसे इतना तक बता देती

कि आप मुझसे फ़ोन पर बात करते हैं या मिलने आते हैं यह सब ऑफ़ द रिकॉर्ड है, विधु को पता चला तो वह मेरी खटिया खड़ी कर देगा। पुरी साहब मुस्कराकर मेरी बात सहर्ष मान लेते।

यह राजदारी तो शुद्ध दोस्ती में ही सम्भव हो सकती है। हमारे बेलौस और नि:स्वार्थ स्नेह की दोस्ती के बीच मैं विधु के प्रेम में खोई थी, एक अपराध-बोध भी था कि काश, विधु ने मुझे इतना सहज किया होता कि मैं बिना झिझके उससे पुरी साहब की पहले और अब के रिश्ते और दोस्ती की बातें साझा कर सकती।

अथ श्री रजनीगन्धा कथा

1970 के दशक की एक हिन्दी फ़िल्म थी 'रजनीगन्धा'। इस फ़िल्म की मुख्य महिला पात्र को दो व्यक्ति पसन्द करते हैं। इस मुख्य किरदार की दुविधा और दो प्रेमियों का तुलनात्मक अध्ययन और फिर एक का चुनाव। यही कहानी 1983-84 में मेरे साथ घट रही थी और मैं भी इसी तरह के चक्कर में उलझकर अपराध-बोध के जाल में फँस चुकी थी।

घटना-1

बम्बई के होटल सैंड्स के तंदूरी प्रॉन्स मुझे बहुत पसन्द थे। डेढ़ सौ रुपये में तीन जंबो प्रॉन आते थे। मैं पुरी साहब के साथ वहाँ गई थी। उन्होंने दो प्रॉन मुझे परोसे और स्वयं एक ही लिया। मेरे मना करने पर बोले, "आपको बहुत पसन्द है न!" फिर अपना एक बचाया प्रॉन भी काँटे से उठाकर ज़बरदस्ती मेरे मुँह में डाल दिया।

अब 'रजनीगन्धा' फ़िल्म के अन्दाज़ में, मैं विधु के साथ वही प्रॉन खाने गई। इन जनाब ने सबसे पहले स्वयं को दो प्रॉन्स परोसे फिर मेरे एक प्रॉन में से भी आधा उड़ा गए। बात तो बड़ी छोटी थी। मामला तो एक-दो प्रॉन्स का ही था। क्या 'झींगा मछली के बँटवारे' को देखकर ज़िन्दगी भर के निर्णय लिये जा सकते थे? मेरे लिए बात खाने की नहीं बल्कि मुझे तवज्जो देने की थी; मेरी पसन्द-नापसन्द के सम्मान पर ध्यान देने की थी। शायद छोटी-छोटी बातों से ही जीवन की बड़ी-बड़ी बातें निर्धारित होती हैं। फिर भी मैं रिश्ते तोड़ने की समर्थक नहीं थी। किसी रिश्ते को तोड़ना मेरे बस का नहीं।

जनाब विधु एक बार अन्नू भैया के घर आए हुए थे। हम सब बातें कर रहे थे। अचानक जनाब, उठकर, बिना कुछ कहे चले गए। मैं बाहर भागी। पूछा, "क्या हुआ।" वह बोले, "पिछले पाँच मिनट में तूने एक बार भी मुझे नहीं देखा।" यह 'अति-प्रेमसूचक ग़ुस्सा' उपन्यास में पढ़ते हुए रोमांचक लग सकता है परन्तु यही

प्रेम असल जिन्दगी में घुटन बन जाता है। इस तरह की बहुत सी घटनाओं ने मुझे सोचने पर मजबूर कर दिया था। कोई हमेशा आप के प्रति अविश्वास से भरा रहे, यह अपमान है। इस घुटन में जो विष पीना पड़ता है, वह असहनीय होता है। क्या नाम देंगे इस भावना को? प्रेम या सम्पत्ति का बोध—प्राय: पुरुषों में जिस भावना का आधिक्य है वह है, स्त्री को अपनी सम्पत्ति समझना। उस पर मेरा, एकमात्र मेरा ही अधिकार है। मुझे इस अधिकार-बोध से ठेस लगी थी।

शाम का सूरज सागर में डूब रहा था। सुरमई शाम थी, मैं उदास, विधु के साथ सागर के किनारे चल रही थी। विधु ने एक काग़ज़ पर लिखा, मुझे प्रेम करती हो? और पेन मेरी तरफ़ बढ़ा दिया। मैंने लिखा, हाँ करती हूँ। उसने लिखा, मुझसे शादी करेगी? जाने किस साहस और विश्वास के साथ मैंने लिखा, 'नहीं'। उस दिन मैंने अपने-आपसे भी पूछा था, क्यों मैं विधु से शादी नहीं करना चाहती? क्या प्रेम में कोई कमी थी? क्या वह क़ाबिल नहीं था? या कुछ और? कुछ और ही था। विधु को मैंने अपने और पुरी साहब के बारे में आधी-अधूरी सच्चाई ही बताई थी, वह झूठ मुझे सालता था। झूठ कुछ दिनों के लिए टाला जा सकता है लेकिन मैं ज़िन्दगी भर के लिए किसी झूठ के साथ नहीं जी सकती थी। साथ ही सच कहकर उसे दुख देने की मेरी हिम्मत नहीं थी। मैंने 'न' कहना ही उचित समझा।

कुछ महीनों बाद, विधु की शादी में, मैं भी शामिल हुई। हम आज भी बहुत अच्छे मित्र हैं। जब भी हम बतियाते हैं तो मैं भैसोदा की वही बस्ता लटकाए नन्ही-सी लड़की बन जाती हूँ, और फिर हम दोनों दोस्त झाड़ियों से तोड़कर बेर खाते हैं। विधु मुझे भैसोदा गाँव के मेरे अनबोलते दोस्त, महुआ के पेड़ जैसा लगता है। एक शाश्वत दोस्ती। उसकी लव स्टोरी चल गई, मेरी फ्लॉप हो गई।

सिक्खड़ लोगों की नई पाठशाला (1985-1989)

1985 तक पपेट थियेटर की तरफ़ से मैंने दोबारा रूस, बुल्गारिया, कनाडा, जापान की यात्राएँ कीं। इतनी विदेश यात्राओं के बावजूद आर्थिक रूप से वहीं की वहीं थी। माँ और उनके ख़र्चे भी रेंग-रेंगकर चल रहे थे। अन्नू भैया का संघर्ष जारी था। काकाजी अपने परिवार के साथ थे।

मेरी एक आदत थी, मोटी-मोटी साहित्यिक किताबें हाथ में लेकर चार्टर्ड बस में चढ़ना। कुछ पढ़ने की आदत थी तो कुछ ज्ञान का प्रदर्शन करने की इच्छा। कहते हैं न, 'नया मुल्ला प्याज़ ज़्यादा खाता है।' दिखावा तो लाज़िमी था। इस दिखावे से बस में बैठे बुज़ुर्ग स्त्री-पुरुष, मुझसे बहुत प्रभावित होते थे। बातें करते, मुझसे कहते, इतनी सी उम्र में ये दर्शनशास्त्र की किताबें? चार्टर्ड बस हो या भैसोदा की बस। मुझे बस में जाना पसन्द नहीं था। इसलिए मैं लोदी गार्डन से खान मार्केट होती

हुई मंडी हाउस छह मील पैदल ही जाती थी। मेरे कई मित्र व सहेलियाँ मेरी इस आदत के शिकार हो चुके थे। घर पर चाय पिलाने का प्रलोभन देकर उन्हें इतना पैदल चला दिया करती थी। यहाँ तक कि मेरे मित्रों ने मेरे घर कभी न आने की क़सम खा ली थी।

मंडी हाउस-नाटक, सीरियल, रिश्ते, गायन, साहित्य और कलाकारों का गढ़ था। यहाँ हर लड़की-लड़का कुछ-न-कुछ बनना चाहता था। इस 'बनने' के लिए ओमी की दुकान के सामने का सर्कल उपयुक्त था, जहाँ चाय पीते हुए सपने बुने जाते। मैं भी उन सपने देखने वालों में शामिल थी।

एक सपने के तहत, जल्दी-जल्दी मैंने एक सीरियल लिखा। नाम रखा 'किले का रहस्य' और दूरदर्शन में जमा करवा दिया। इन्तज़ार था उसके अनुमोदन का।

मुझे आगे की कार्यप्रणाली का जरा भी पता नहीं था। मैंने कभी पास से न तो कैमरा देखा था, न ही मुझे ट्रैक-ट्रॉली का कुछ पता था। बस पता था तो इतना कि सीरियल बनाना है। इसके लिए दूरदर्शन के अधिकारियों से मिलना ज़रूरी था।

मैं अधिकारियों के दरवाज़े के बाहर बैठी रहती। सुबह से शाम हो जाती। एक दिन मेरा भाग्य अच्छा था कि मुझे अन्दर से बुलावा आ गया। अधिकारी थे श्रीमान लेले। लेले साहब को मैंने अपने सीरियल का नाम बताया जो मैंने जमा करवा दी थी। मुलाक़ात करके मैं जैसे ही बाहर जाने को मुड़ी, उन्होंने मुझे रोका और पूछा, "सीमा आप तो जोर बाग से चार्टर्ड बस में आती हैं न?" मेरे आश्चर्य का ठिकाना नहीं रहा, जब उन्होंने मेरी मोटी-मोटी किताबों की तारीफ़ की। तब मुझे पता चला कि बस में बैठे बुज़ुर्गों में से एक वे भी थे, जो मेरी उन बड़ी-बड़ी किताबों से प्रभावित हो गए थे। देखा न, कमाल ज्ञान के दिखावे का! सीरियल मिल गया। तारीख़ भी मिल गई बनाने की। मैंने श्रीराम सेंटर की छह सौ रुपये की नौकरी छोड़ दी क्योंकि वहाँ रहते हुए बाहर काम नहीं किया जा सकता था।

उन दिनों भारत में दूरदर्शन ही एकमात्र चैनल था, इसलिए उस पर स्वीकृत धारावाहिक ख़रीदने की प्रायोजकों में होड़ लग जाती थी। मेरे साथ भी वही हुआ। विधु ने अपनी पहचान से मोती सागर जी से मुझे एक लाख अड़सठ हज़ार का लोन एपिसोड बनाने के लिए दिलवा दिया, इस शर्त पर कि उनके रुपयों के अलावा मैं उन्हें हर एपिसोड में से प्रॉफ़िट का दस हज़ार दूँगी। मुझे क्या पता था, नौसिखियों का काम अकेले 'साहस' से नहीं चलता। एक नौसिखिया छह सौ रुपये कमाने वाली लड़की इस समय लाखों के सीरियल का निर्माण करने चली थी। उसे कई और गड्ढों में गिरना अभी और लाखों के क़र्ज़ों के नीचे दबकर छटपटाना था।

विधु ने ही मेरा इंडियन बैंक में अकाउंट खुलवा दिया था। मुझे तो यह भी नहीं पता था कि चेक बुक क्या होती है। अकाउंट खोलने के बाद मैनेजर ने मुझे चेक बुक दी मैंने उस पर साइन करके मैनेजर को चेक बुक वापस कर दी। मैनेजर मेरा

मुँह देख रहा था और विधु ने दाँत पीसकर धीरे से कहा, "यह तेरे लिए है, रख ले।"

जीवन का पहला टीवी

नोनी का क्रिकेट मैच आने वाला था। उसके लिए चौदह सौ रुपये में दिल्ली की 'अंगद' कम्पनी का बना टीवी लिया। यह मेरे जीवन का पहला टीवी था। कुछ दिनों के बाद यह टीवी मैंने झालावाड़ बाबूजी के पास पहुँचा दिया। अब बाबूजी रेडियो के बदले टीवी पर ख़बरें देखते और जब कभी उसमें मच्छर उड़ने लगते तब नोनी को छत पर जाकर एंटिना को इधर-उधर करना पड़ता।

बाबूजी को मेरे सीरियल के टीवी पर आने का इन्तज़ार था।

मैं उधर सीरियल बनाने के लिए पहचान के लोगों को इकट्ठा कर रही थी। मास कम्युनिकेशन से निकले नये कैमरामैन, एन.एस.डी. के कुछ अभिनेता, अन्नू भैया, काकाजी, तिषा दीदी, नोनी और अल्तमश ये सारे मेरे कलाकार थे।

शूटिंग के दौरान मैं किसी की भी बात नहीं मानती थी, जिसे मेरा अहंकार समझा जाता था। मैं ज़िद्दी थी इसलिए ख़ुद ही सब करना चाहती थी। मेरा सोचना था कि अगर चीज़ ख़राब बनती है, तो भी मेरी ही ज़िम्मेदारी होनी चाहिए और अगर अच्छी बनती है तो भी मैं ही ज़िम्मेदार रहूँ। मैं अपनी भूलों से ही सीख सकूँगी। दूसरे के बनाए अच्छे सीरियल की तालियों का वज़न मैं कैसे उठा सकती थी। इस बात पर मेरी सबसे बहस होती। ऐसा कहा गया कि मैं प्रोड्यूसर बन गई इसलिए मेरा दिमाग़ ख़राब हो गया है। मुझे 'दिमाग़ चढ़ी' घोषित कर दिया गया।

यह सच है कि मुझे कुछ नहीं आता था। इसका सबसे ज़्यादा फ़ायदा उन लोगों ने उठाया, जिन्हें बहुत कुछ आता था, इसलिए मुझे आर्थिक नुक़सान तो हुआ ही, सम्बन्धों पर भी बहुत ज़्यादा असर पड़ा। अन्नू भैया, काकाजी, उनका परिवार और कुछ दोस्तों ने बोलना बन्द कर दिया था।

पायलट एपिसोड हमने दूरदर्शन में जमा करवा दिया। अब इन्तज़ार था उसके स्वीकृति-पत्र का।

सीरियल पर तुषारापात

अपनी ज़िन्दगी के हर एक चैप्टर को अगर फ़िल्म की भाषा में कहूँ तो वे होंगे—एक्शन, थ्रिल, हॉरर, जम्प कट, डिसॉल्व, जम्प स्केअर, और फ्रीज। जितनी भी योजनाएँ बनाओ एक झटके में सब उलटी हो जाती हैं।

एक ज़ोरदार जम्प कट आया, झटके की शक्ल में। दूरदर्शन ने मेरे सीरियल को अस्वीकार कर दिया था। अस्वीकार मेरे जीवन का अभिन्न बन चुका था। यह

पहले तो दिल तक ही सीमित था, पर अब जेब और काम की तरफ़ भी इसका रुख़ हो गया था। अभी-अभी तो मेरे क़दमों ने चलना शुरू किया था,अभी-अभी तो मैंने माँ और बाबूजी का सहारा बनने का सपना देखा था। उन्हें एक फ्रीज दिलाने के लिए सोचा भर था।

मैं पौने दो लाख की क़र्ज़दार हो गई थी, लेकिन यह बात मैंने घर में किसी को नहीं बताई। इस समस्या से मैं और नोनी ही जूझ रहे थे, नोनी मेरे पास दिल्ली आया हुआ था।

मेरे पास कोई हल नहीं था, अपने लोग रूठे हुए थे। अन्नू भैया और काकाजी की इतना बड़ा क़र्ज़ा उतारने की क़ुव्वत ही नहीं थी, उन्हें बोलना बेकार था। मेरे जोखिम के खेल का ख़ामियाज़ा वे क्यों भुगतें? मैंने किसी को कुछ नहीं बताया।

सफ़दर भाई और कुछ कॉमरेडों का साथ मेरी इस तकलीफ़ में साथ बैठकर मुँह बिसूरने तक ही था। दरअसल वे सब मेरी तरह पैसों से पैदल थे। किसी ज्ञानी ने सुझाया और मैंने अपने बनाए पायलट को अवलोकन के लिए दोबारा दूरदर्शन में जमा कर दिया।

दिन पर दिन और महीने पर महीने गुज़र रहे थे। मेरे पास कोई जगह नहीं थी, जहाँ से कोई मदद मिलती। एक दिन सफ़दर भाई ने मुझे सूचना दी कि शायद उस अवलोकन का जवाबी पत्र एक-दो दिन में आने वाला है। अगर इस बार भी दूरदर्शन से नकारात्मक जवाब आया तो फिर यह कार्यक्रम मिलना असम्भव हो जाएगा। भास्कर घोष, जो उन दिनों दूरदर्शन के डायरेक्टर थे, ही कुछ कर सकते हैं।

अब भास्कर घोष से समय लेने की क़वायद शुरू हुई। बहुत कोशिश की परन्तु उनसे समय नहीं मिल पा रहा था। लग रहा था, कुछ नहीं हो पाएगा।

छह सौ रुपये की नौकरी छोड़ने वाली लड़की, एक ग़रीब शिक्षिका और एक बिकी हुई कम्पनी के क़र्ज़दार मालिक की बेटी, पौने दो लाख रुपये की क़र्ज़दार हो गई थी। हमारा पूरा ख़ानदान भी बिक जाता तो इतने रुपये इकट्ठे न हो पाते।

मुझे अपने-आप पर, आज ताज्जुब होता है। मेरा पाँच इंच का दिल इतने आघात झेल कैसे गया?

उन्हीं दिनों काकाजी 'अमीर ख़ुसरो' सीरियल बना रहे थे। मेरी और काकाजी की बातचीत तो शूटिंग के बाद से बन्द ही थी, तभी उन्होंने दूसरी शादी कर ली। मैंने उस समय तिषा दीदी का साथ दिया। उनकी दूसरी पत्नी को शायद यह पसन्द नहीं आया। दुर्भाग्य से काकाजी की दूसरी पत्नी और मैं एक-दूसरे से अच्छी तरह परिचित थे। इस महा पारिवारिक ड्रामे के कारण काकाजी भी मुझसे रूठे हुए थे।

मुझे पता चला कि काकाजी और उनके निर्माता खन्ना जी की भास्कर घोष से अगले दिन मीटिंग थी। मैंने अपने स्वाभिमान को ताक पर रखा और काकाजी के नये घर पहुँच गई। वे घर के बाहर आकर मुझसे मिले। मैं समझ तो गई थी कि उनकी

दूसरी पत्नी मुझसे इतनी ख़फ़ा हैं कि घर के अन्दर मेरा जाना वर्जित है। मैंने काकाजी से प्रार्थना की, वे मुझे भास्कर घोष की मीटिंग में साथ ले चलें, शायद मैं उन्हें अपनी परिस्थिति समझा सकूँ। बड़े उखड़े ढंग से उन्होंने मुझे सुबह आने को कह दिया।

अगले दिन नियत समय पर मैं उनके घर पहुँच गई। पता चला, काकाजी और उनके निर्माता खन्ना जी किसी कारणवश भास्कर घोष से मिलने नहीं जाएँगे।

मेरे पास कोई चारा नहीं रह गया था, सिवाय झूठ बोलकर घोष साहब से मिलने का। मैं इन लोगों की मीटिंग के नियत समय पर दूरदर्शन पहुँची। मैंने पी.ए. से कहा मुझे 'अमीर ख़ुसरो' सीरियल के निर्माता ने भेजा है।

मैं अगले कुछ लम्हों में दूरदर्शन के डायरेक्टर जनरल भास्कर घोष के सामने थी। मेरी समझ में नहीं आ रहा था कि मैं उनसे क्या बात करूँ? मैंने उनसे सिर्फ़ इतना कहा, "मैं झूठ बोलकर आपसे मिलने आई हूँ। मेरा अमीर ख़ुसरो सीरियल से कुछ लेना-देना नहीं है। मैं सिर्फ़ अपनी बात कहना चाहती हूँ। मेरा सीरियल 'किले का रहस्य' है। मैं छह सौ रुपये की नौकरी छोड़कर पौने दो लाख रुपये की क़र्ज़दार हो गई हूँ, अगर यह सीरियल नहीं बना तो मेरे पास कोई रास्ता नहीं रह जाएगा।" मैंने अपने ख़ानदान का इतिहास उन्हें बताया।" साथ में यह भी कहा, 'इस परिस्थिति में मुझे क्या करना चाहिए आप ही बताएँ। उन्होंने मुझे ग़ौर से सुना फिर बोले, 'हमने तो आपका सीरियल पास कर दिया है। आप नीचे थर्ड फ़्लोर पर जाकर श्रीमती मधु मालती जी से मिल लीजिए वह लेटर बना देंगी।'

मुझे नहीं पता था कि इनसान ख़ुशी में भी सन्तुलन खो देता है। मैं किसी नशेड़ी की तरह, लड़खड़ाती उठी, बिना धन्यवाद दिये उनके कमरे के बाहर निकलकर लिफ़्ट के पास खड़ी हो गई। भास्कर घोष को शायद मेरी कैफ़ियत का अन्दाज़ा हो गया था, इसलिए वे बाहर आए। ख़ुद मेरे साथ मधु जी के पास गए। मधु मालती जी से मिलवाकर मुस्कराते हुए चले गए। दो-तीन दिन बाद मुझे स्वीकृति पत्र मिल गया।

बाद में मधु जी ने मुझे बताया कि भास्कर घोष ने बोर्ड मीटिंग में कहा था, 'अगर हम अभी इस बच्ची को हतोत्साहित कर देंगे तो यह जीवन भर कुछ नहीं कर सकेगी 'इस बच्ची' अर्थात आज भी भास्कर घोष और मधु मालती जी की आभारी हूँ। काश! भगवान इस मानसिकता के बहुत सारे लोग पैदा करते।

मैं अपना सारा सामान दिल्ली के कालकाजी में काकाजी के घर रखकर बम्बई चली गई।

क्रिमिनल केस

अब दूसरी सीढ़ी थी, सीरियल के लिए प्रायोजक यानी स्पॉन्सर जुटाने की। भाग-

दौड़ शुरू हुई। मुझे तो पता ही नहीं था कि यह होता क्या है? मेरे जैसे ही मेरे एक नौसिखिए भाई ने मुझे अग्रवाल एजेंसी से मिलवाया। उन्होंने मुझसे प्रायोजक के सारे अधिकार ले लिये। पता नहीं, कितने पन्नों का कॉन्ट्रैक्ट था, वह भी अंग्रेज़ी में। मैंने भी पन्नों पर हस्ताक्षर कर दिये। उस दिन इतनी बार अपना नाम लिखा कि शायद अब तक जीवन में मेरा नाम इतनी बार पुकारा भी नहीं गया होगा। मैं बड़े गर्व से लिखे जा रही थी मानो किसी सन्धि पर हस्ताक्षर हो रहे हों। मेरे पैर आसमान पर थे और सिर सातवें आसमान पर था। दूरदर्शन पर 'किले का रहस्य' के प्रोमो और प्रसारण की तारीख़ की घोषणा शुरू हो गई, लेकिन ये एजेंसी वाले किसी प्रायोजक को ला नहीं पा रहे थे, न ही हमें लाने दे रहे थे। वे चाहते थे कि यह प्रोग्राम ज़्यादा से ज़्यादा रुपये में बिके। जितने रुपये की माँग वे रख रहे थे वह बहुत ही ज़्यादा थे।

दूरदर्शन से दो बार आग्रह कर मैंने प्रसारण की तारीख़ आगे बढ़वाई। उधर मोती सागर जी के भी तक़ाज़े आने लगे थे। मुझे एक-दो एजेंसियाँ कह रही थीं अगर आप अग्रवाल एजेंसी से अनुबन्ध तोड़ लें तो हमारे पास प्रायोजक हैं।

तभी दूरदर्शन ने मुझे आख़िरी चेतावनी दे दी। यदि इस बार तय समय पर प्रोग्राम का प्रसारण नहीं किया तो यह कार्यक्रम रद्द समझा जाएगा।

मैंने एजेंसी से आग्रह किया कि वे मुझे इस अनुबन्ध से मुक्त कर दें। उस मुक्ति के एवज़ में उन्होंने मुझसे ढाई लाख रुपये माँगे। मैं राज़ी हो गई। इस शर्त पर कि प्रायोजक मिलने के बाद ही मैं रुपये दे सकूँगी। वे मान गए और उन्होंने मुझसे ढाई लाख रुपये का अग्रिम चेक ले लिया। उसी साल चेक बाउंस का नया क़ानून पारित हुआ था। चेक बाउंस यानी क्रिमिनल केस। इसका मुझे बिलकुल पता नहीं था।

इन्दार, गन्धर्वपुरी, शिवपुरी और झालावाड़ के खेतों-खलिहानों से गुज़रती हुई गाँव की बच्ची को शहरी क़ायदा-क़ानून क्या पता? उसने अभी तक सिवाय शब्दों पर विश्वास करने के और कुछ सीखा न था, उसे न तो मुजरिम से कुछ लेना था और न ही जुर्म से, लेकिन उसकी कुंडली में शनि, राहू, केतु और मंगल की आपस में होड़ लगी थी कि भैया, इस लड़की को हम भारत के नये-नये क़ानून से परिचित कराएँगे और जीवन-पथ के हरेक गड्ढे में गिराएँगे।

कहावत है, जाको राखे साँइया मार सके न कोय। लेकिन यहाँ तो कहावत उलट गई थी। जाको गिरनो है गड्ढे में, बचा सके न कोय। संघर्ष और चुनौती की देवी मेरी बाट जोह रही थी। आसमान से गिरी खजूर में अटकी। और वह खजूर थी एक एजेंसी जिसकी मुखिया भी एक कपूर ही थीं।

तेरह एपिसोड वाले 'क़िले का रहस्य' धारावाहिक का अनुबन्ध अब कपूर एजेंसी के साथ एक लाख तीस हज़ार रुपये प्रति एपिसोड में हो गया। प्रायोजक बनी वीडियोकॉन कम्पनी। एजेंसी की मुखिया वीडियोकॉन से पैसे लेकर कहीं और निवेश कर दिये। वे मुझे उतना ही पैसा देतीं जितने में बड़ी मुश्किल से शूटिंग हो पाती।

दूरदर्शन पर सीरियल का प्रसारण शुरू हो चुका था। हर जगह इसके चर्चे भी होने लगे थे। कपूर मैडम बहाना बनातीं कि प्रायोजक से अभी पैसे नहीं आए हैं, वग़ैरह-वग़ैरह।

'क़िले का रहस्य' बच्चों द्वारा बहुत पसन्द किया जा रहा था। वह छोटा-सा मेरा पहला सीरियल 'अंगद' टीवी पर झालावाड़ में माँ, बाबूजी और नोनी देख रहे थे।

उन दिनों शाम को टीवी देखना एक उत्सव होता था। एकमात्र मनोरंजन का साधन। हमारे घर में 'क़िले का रहस्य' देखने के लिए आस-पड़ोस की औरतें, बच्चे और कुछ पुरुष इकट्ठे हो जाया करते थे।

मैंने 'क़िले के रहस्य' की शूटिंग झालावाड़ में की थी। मुझे कभी इस सीरियल को टीवी पर देखने का मौक़ा नहीं मिला। उस दिन शायद जल्दी शूटिंग से फ्री हो गई थी। बाबूजी के कमरे से टीवी पर मेरे कार्यक्रम की आवाज़ आ रही थी। मैंने झाँककर देखा तो टीवी पर सिर्फ़ एक लाइन आ रही थी। दृश्य ग़ायब थे। मेरे प्यारे बाबूजी मेरे प्रोग्राम से इतना प्रेम करते थे कि दृश्य के बिना भी सिर्फ़ आवाज़ों से काम चला लेते थे। दिल्ली मेड 'अंगद' ख़राब हो गया था और उस सीरियल की निर्माता-निर्देशिका के पास इतने पैसे नहीं थे कि वह उसे सुधरवा सकतीं।

शूटिंग किसी तरह लँगड़ाते हुए चल रही थी। मेरे नौसिखिए होने के कारण हर विभाग में कोई न कोई समस्या थी। झालावाड़ के भुतहा महल में कई वारदातें हो रही थीं। अन्नू भैया कह रहे थे, 'यह जगह अभिशप्त है, यहाँ मत रहो।' मेरा नास्तिक मन इन बातों को नहीं मान रहा था। राजस्थान में शूटिंग करते हुए, मैडम कपूर से पैसे निकलवाना असम्भव हो गया था।

मुझे प्रबन्धन का अ-ब-स, भी नहीं आता था। मैं पूरी तरह बौरा गई थी। बस माँ, बाबूजी और नोनी ही थे जो मेरे साथ खड़े थे, लेकिन वे भी इस विषय में ज़ीरो थे। मेरी छोटी-सी नैया इन झंझावातों से जूझ ही रही थी कि अग्रवाल एजेंसी ने बैंक में चेक डाल दिया। बाउंस तो होना ही था।

मैं एडिटिंग के लिए बम्बई आई तो मुझे उनका लीगल नोटिस मिला। मुझे नहीं पता था कि लीगल नोटिस के बदले वकील से लिखित पत्र ही भिजवाया जाता है। मैंने उन्हें फ़ोन किया और सारी परेशानियों से अवगत कराया। कुछ दिन और रुकने की प्रार्थना की। वीडियोकॉन से पैसा मिलने पर उनको पैसा देने का आश्वासन भी दिया। वे मान गए, बोले, "आप चिन्ता न करें पर जल्दी कर लें।" मैं आश्वस्त हो गई। मैं इनसान के शब्दों पर विश्वास करती थी। किसी पर अविश्वास करना तो माँ-बाबूजी ने सिखाया ही नहीं था।

मैडम कपूर को सैकड़ों बार फ़ोन करो तो भी वे मिलती नहीं थीं। मैं दिल्ली पहुँच गई। कपूर मिली ही नहीं। कहा गया, दिल्ली शहर में ही नहीं हैं। बाद में सुना, मुझे देखकर वह बाथरूम में छिप जाती थीं। मैं बम्बई वापस आ गई। मुझे एडिटिंग करनी थी।

इन मुसीबतों ने मुझे इस क़दर घेरा हुआ था कि कहाँ मैं हूँ और कहाँ मेरे दोस्त अहबाब, मुझे पता ही नहीं था। विधु अपनी फ़िल्म की सफलता में उलझा हुआ था, पुरी साहब अपनी फ़िल्म की सफलता में खोए हुए थे। मैंने किसी से सम्पर्क करने की कोशिश नहीं की, न ही वे ही मुझसे मिले। मेरा कोई एक ठिकाना नहीं था, कभी दिल्ली एजेंसी से पैसा लेने की भाग-दौड़ तो कभी शूटिंग के लिए राजस्थान और कभी एडिटिंग के लिए बम्बई।

मैं बम्बई अन्नू भैया के पास आ गई। कुछ शूट बाक़ी था। एक दिन मैं स्टूडियो जाने के लिए निकली। घर के बाहर ऑटो रिक्शा ले ही रही थी कि अचानक सामने से अग्रवाल एजेंसी वाले का भतीजा एक पुलिस वाले को साथ लिये खड़ा मिला। वह अजनबी की तरह मेरे पास आया और बोला, 'सीमा कपूर?' मैंने 'हाँ' में सिर हिलाया। उसने पुलिस वाले की तरफ़ देखा, पुलिस वाले ने मेरी तरफ़ एक काग़ज़ बढ़ाते हुए कहा, 'आपके नाम कोर्ट का सम्मन है।' मैंने वह काग़ज़ लेकर हस्ताक्षर भी कर दिये। दिल तो तेज़ी से धड़क रहा था। उसके चेहरे के भाव बता रहे थे कि मामला डराने वाला था। मैंने उनसे चाय का पूछा, लेकिन वे नहीं रुके। मैं वह काग़ज़ लेकर अन्नू भैया के उस एक छोटे से कमरे वाले घर में आ गई। शुक्र था, वे घर पर नहीं थे।

मुझे तो 'सम्मन' शब्द का मतलब भी नहीं मालूम था। बस इतना पता चल रहा था कि कुछ क़ानूनी-शानूनी चक्कर है, जिस पर अन्नू भैया की ज़बरदस्त डाँट खानी पड़ेगी।

उनकी डाँट और भाषण सुनने से अच्छा है कि इस बात को उनसे तो कम-से-कम छिपा ली जाए। अब समस्या थी, उस अंग्रेज़ी में लिखे सम्मन को समझने की। अन्नू भैया के दोस्त जिन्हें मैं राखी बाँधती थी, जिनकी अंग्रेज़ी मुझसे अच्छी थी और जो डाँटते नहीं थे, वे थे अजीत दद्दू। उन्होंने वह पढ़ा और बताया कि तुझे दिल्ली में वकील करना होगा, ज़मानत देनी होगी और अदालत में हाज़िर होना ही होगा।

मैंने अपराध नहीं किया था। लेकिन मुझे अदालत में हाज़िर होना था। अब क्या होगा? मैं, एक अजनबी न्यायाधीश को कुछ ही देर में कैसे समझा पाऊँगी कि मैं निर्दोष हूँ। पैसे मेरे पास रहे नहीं। मैं दिल्ली में अन्नू भैया के पत्रकार दोस्त आलोक तोमर के घर पर ठहरी हुई थी। आलोक मुझे बड़ी बहन मानता था। वह भी अभी अपने पैर पत्रकारिता के क्षेत्र में जमा रहा था। वह स्वयं भी घबरा रहा था। मैं ऊपर से तो किसी को डरी नहीं नज़र आ रही थी, अलबत्ता मेरे वमन और मलत्याग में ख़ून की पिचकारी फूटने लगी थी। मेरी आँतों ने भयंकर एसिड बनाना शुरू कर दिया था।

सीमा कपूर हाज़िर हो...

दिल्ली के तीस हजारी कोर्ट (क्रिमिनल कोर्ट) में मेरा नाम पुकारा जा रहा था। अपने नौसिखिए होने के 'अपराध' में, मैं दंड न्यायालय में खड़ी थी।

जिसने अब तक का पूरा जीवन संघर्ष में काटा था, दूसरों की प्रताड़ना सही थी, ख़ुद के साथ अन्याय झेला था, वही नन्ही-सी लड़की, अकेली अपने अजनबी वकील के साथ, न्यायाधीश के समक्ष खड़ी थी। न्यायाधीश चाहतीं तो उसी समय ज़मानत की अर्ज़ी न मानकर मुझे जेल भिजवा सकती थीं। यह बात मेरे वकील ने बाद में मुझे बताई थी।

मेरे पास अपनी बेगुनाही का कोई सबूत नहीं था। मजिस्ट्रेट देखने में ही सख़्त दिखाई दे रही थीं। वे दूसरे वकीलों और अभियुक्तों के साथ जिस सख़्ती से पेश आ रही थीं, वह देखकर मेरा हलक़ सूख रहा था। मुझ पर वैसी ही कैफ़ियत तारी थी जैसे कुरुक्षेत्र में अर्जुन का हाल था, हाथ काँप रहे थे, गला सूख रहा था, सर घूम रहा था और गांडीव हाथ से छूट रहा था। कृष्ण ने गीता का उपदेश देकर अर्जुन को युद्ध करने का साहस दिया था। मेरे साथ तो कृष्ण नहीं थे, मैं अपराधी बनी चेक के बाउंस होने पर न्यायाधीश के सामने थी, मेरे कान बन्द-से हो गए थे, हर आवाज़ दूर से आती प्रतीत हो रही थी।

तभी वह कड़क महिला मेरी ओर पलटीं, मुझे देखा, उनकी आँखों में एक मुलायमियत थी, उन्होंने बड़े कोमल भाव से मुझसे पूछा, "आपको इनके पैसे देने हैं क्या?" मैंने 'हाँ' में सिर हिला दिया। वे बोलीं, "ठीक है। मैं छह महीने का समय दे रही हूँ। तब तक आप सब मामला सुलझा लेगीं?" मैंने फिर 'हाँ' में सिर हिला दिया। यह सुनकर एजेंसी वाले ने कहा, "मैडम छह महीने बहुत ज़्यादा होते हैं।" मजिस्ट्रेट बिफरकर कड़क और उसी रूखी आवाज़ में उनसे बोलीं, "मैं यहाँ सिर्फ़ आपके ही केस के लिए बैठी हूँ क्या?" फिर मेरी तरफ़ देख हौले से मुस्कराकर बोलीं, "आप तब तक निपटा लीजिएगा।" और उन्होंने छह महीने बाद की तारीख़ दे दी।

कृष्ण आ गए थे मुझे बचाने, वे हर युग में रूप बदलकर आते हैं।

मुझे अच्छी तरह याद है, वह सौम्य-साँवला चेहरा। उन मजिस्ट्रेट साहिबा का नाम सुनीता गुप्ता था। न मैंने उन्हें पहले कभी देखा था, न ही इस घटना के बाद कभी देखा।

मैं शुक्रगुज़ार हूँ उनकी! वे चाहतीं तो मुझे अपने रौब से डरा सकती थीं। लेकिन उन्होंने अपने ओहदे से ऊपर उठकर मानवता की दृष्टि से मुझे देखा। क्या मेरे चेहरे में उन्हें मेरी बेगुनाही नज़र आई थी?

मेरी ज़िन्दगी में हर क़दम पर, जाने-अनजाने लोगों का बहुत योगदान रहा है जिनमें मजिस्ट्रेट सुनीता गुप्ता भी शामिल हैं।

अब मेरे पास मात्र छह महीने थे।

मैं अपनी इन परेशानियों में अन्नू भैया को शामिल नहीं करना चाहती थी। एक

तो डाँट का डर और दूसरा, वे ख़ुद जीवन-संघर्ष में उलझे हुए थे। उनके एक कमरे में, उन्हीं का गुज़र मुश्किल था लेकिन वे प्रेम के कारण कभी कुछ नहीं बोलते थे। मैं यह बात समझती थी। उनके सामने की ही बिल्डिंग में तीसरी मंज़िल पर बतौर पेइंग गेस्ट एक हज़ार रुपये महीने पर रहती थी लेकिन खाना नीचे अन्नू भैया के पास ही खाती थी।

केस के कारण, कपूर एजेंसी के चक्कर में मैं कई बार दिल्ली गई। 'क़िले का रहस्य' के पूरे एपिसोड आ चुके थे लेकिन सिर पर सारी यूनिट के पैसे, इस केस के पैसे और मोती सागर के पैसे चढ़े थे। कपूर एजेंसी से पैसे मिले नहीं थे, उनका कहना था कि वीडियोकॉन से पैसे नहीं आए हैं।

मैं बम्बई में तलाश करती-करती वीडियोकॉन के दफ़्तर पहुँच गई। मालिक से मिली, पता चला कि कपूर एजेंसी को सारा पेमेंट किया जा चुका था।

जैसे-जैसे तारीख़ नज़दीक आ रही थी मुझे जेल की सलाखें नज़र आ रही थीं। उसी दौरान पुरी साहब दिल्ली मुझसे मिलने आए। उन्हें मेरी इस परेशानी का पता चला तो वे भी दुखी हुए। सब संघर्ष के दौर से गुज़र रहे थे। वे बोले, "क्या कर सकता हूँ मैं?" मैंने कहा, "जेल में टिफिन ले आया करिएगा।" वे झुंझलाकर चले गए। उनकी शिकायत थी कि मैं विषम परिस्थिति में भी गम्भीर नहीं रहती।

पुरी साहब की इलाहाबाद वाली बहन, हीरा दीदी बम्बई आई हुई थीं। जैसा नाम वैसी ही वे, प्यारी, सौम्य और गम्भीर। मैं उनसे मिलने गई, वे बोलीं, "दिल्ली दूरदर्शन के हेड मेरे जूनियर हैं, उनसे कुछ काम हो सकता हो तो कहना।

दो दिन बाद ही मैं हीरा दीदी का पत्र लेकर दिल्ली दूरदर्शन के मुख्य अधिकारी के सामने थी।

मुझे छह एपिसोड बनाने के लिए मिल गए। साठ हज़ार प्रति एपिसोड के हिसाब से 'बाबूजी का सर्कस' नामक उस प्रोग्राम के भुगतान की रक़म अग्रवाल एजेंसी को देकर उस क्रिमिनल केस से छुटकारा पाया। उधर वीडियोकॉन वालों की फटकार से कपूर ने कुछ पेमेंट दिया, लेकिन मेरे बकाया पैसे कभी नहीं मिले। मोती सागर का भी क़र्ज़ा उतारा लेकिन कुछ क़र्ज़े को मैं बहुत बाद तक उतारती रही। नौसिखिए होने की फीस तो भरनी ही थी।

डॉक्यूमेंट्री और वे औरतें

अब तक मैंने प्रेमचन्द का उपन्यास 'सेवासदन' पढ़ लिया था और बम्बई की सड़क पर देखी वे औरतें अभी तक व्यथित कर रही थीं जो किसी न किसी मजबूरी में देह-व्यापार में फँसी हुई थीं। मन में चाह जगी, वेश्याओं पर एक वृत्तचित्र बनाऊँ।

सब मित्रों ने कहा कि यह प्रोजेक्ट जमा करने के लिए इस पर स्क्रिप्ट लिखनी

ज़रूरी है। मुझे जानकारी जुटाने के लिए वहाँ जाना होगा। महिलाओं का यह मोहल्ला कहाँ था, मैं नहीं जानती थी।

एक मित्र के भाई पुलिस ऑफ़िसर थे, उन्होंने एक अफ़सर को सादे कपड़ों में मेरे साथ उस मोहल्ले में भेज दिया।

मैं अजमेरी गेट के जी.बी. रोड पर थी। दोपहर होने को थी। मेरा दिल तेज़ी से धड़क रहा था। मेरे साथ पुलिसवाला था, फिर भी मैं भयभीत थी।

वे छोटी, तंग सीढ़ियाँ जो एक छोटे-से कमरे के दरवाज़े के पास जाकर ख़त्म हो गई थीं। दरवाज़े से अन्दर जाते ही सीधे हाथ की तरफ़ अचानक मेरी नज़र गई। वहाँ पर पाँच-छह बेजान, दुबली-पतली लड़कियाँ जापान की गीशा की तरह चेहरे पर सफ़ेदा पोते बेंच पर लाइन से बैठी थीं। ऐसा लग रहा था मानो कुछ मूर्तियाँ वहाँ रख दी गई हों। मुझे देखते ही उनकी आँखों में एक क्षण को कौतूहल कौंधा, फिर वे सब बेजान हो गईं। शायद मुझे देख उन्हें लगा हो एक और इस तंग कमरे को और छोटा करने आ गई।

नूरा बाई, यही नाम था उस अधेड़ स्त्री का जो उस व्यापार की सर्वेसर्वा थी। दो आदमी जिन्होंने गन्दा-सा बड़ी मोहरी का पायजामा और पुरानी गन्दी, फटी बनियान पहनी हुई थी, एक बड़े-से लोहे के टबनुमा बर्तन में गवार की फली पकाने की तैयारी कर रहे थे। मुझे देखकर अपने पान से सने दाँत निकालकर हँस दिये। वे शायद उनके दलाल थे जिनका काम खाना पकाना और ग्राहक लाना ही रहा होगा।

नूरा बाई ने अपनी कमर पर एक मोटा-सा छह-सात महीने का बच्चा लाद रखा था। उस बच्चे को देख मेरे मन में एक टीस उठी। वह बच्चा यहाँ आने-जाने वाले ग्राहकों में से ही किसी का होगा। उसका पिता कुछ रुपये में यहीं की किसी स्त्री को ख़रीद, अपनी क्षणिक ऊर्जा का स्खलन कर, जीवन भर की ज़िम्मेदारी इन लोगों को दे गया होगा। वह बच्चा लड़का हुआ तो इन दलालों की तरह खाना पकाएगा और लड़की हुई तो बेंच पर बैठी बेजान मूर्ति बन जाएगी।

नूरा की सब बातें झूठी प्रतीत हो रही थीं। वह कह रही थी, "अरे हम बेड़नियाँ नहीं हैं, वे तो बड़ी गिरी हुई औरतें होती हैं। हमारे बच्चे तो बड़े-बड़े स्कूलों में पढ़ रहे हैं।"

मैं उसकी बातें आधी सुन पा रही थी, आधी मुझे सुनाई नहीं दे रही थीं। वहाँ की तीखी दुर्गन्ध से मेरा मन वमन करने का हो रहा था। मेरे कान बन्द हो गए थे। मुझे घुटन हो रही थी, आवाज़ें दूर से आती प्रतीत हो रही थीं।

नूरा अपनी बड़ाई किये जा रही थी।

मैं तो बहुत सारे सवाल सोचकर गई थी, लेकिन उन बेजान ज़िन्दा पुतलियों को देखकर मेरे सवाल रखे ही रह गए। मुझे अपने सवाल उन्हें अपमानित करने

वाले लगने लगे। क्या उनके पास कोई और विकल्प था? यदि होता तो वे इतनी निर्जीव न होतीं।

यह नज़ारा देखकर मुझे जुगुप्सा हो रही थी। मैंने इस विषय पर वृत्त-चित्र बनाने का विचार त्याग दिया। मैंने अपने साथ आए पुलिसवाले से कहा, "मैं जाना चाहती हूँ।" हम दोनों वहाँ से निकले।

मैं जल्दी-जल्दी वे तंग सीढ़ियाँ उतर रही थी, जितनी तेज़ी से मैं उतर रही थी उससे भी तेज़ी से एक आदमी उन सँकरी, तंग सीढ़ियों पर चढ़ रहा था, सीढ़ियाँ चढ़ते हुए ही अपनी पतलून की बेल्ट भी उतार रहा था।

ख़रीद-फ़रोख़्त से घबराया एक भगोड़ा उन सीढ़ियों से तेज़ी से नीचे उतरकर दूर भाग जाना चाह रहा था, दूसरे को उन बेजान मूर्तियों को ख़रीदने की इतनी जल्दी थी कि सौदा करने से पहले ही उसने बेल्ट उतारनी शुरू कर दी थी। मुझे देख वह ठिठका। शरीर की वासना उसकी आँखों में तैर रही थी। मुझे अपने पूरे शरीर में सुइयों के चुभने का अहसास हुआ। मेरी मित्र के पुलिसकर्मी भाई ने मुझे उस तंग गली और ख़ौफ़ से निकाला।

इनसान की उत्तेजना का इतना बीभत्स रूप देखकर मुझे उबकाई आ गई। घर आते ही मैं नहाने चली गई और देर तक नहाती रही। मुझे लगा जैसे जी.बी. रोड वाला वह घर, वह आदमी, नूरा, वे दलाल, वहाँ की दुर्गन्ध, वे सीढ़ियाँ—सब कुछ मेरे साथ लिपटकर आ गए थे। उन लड़कियों के बारे में सोचकर मैं कई दिनों तक उदास और ख़ौफ़ज़दा रही।

कुछ सूचनाएँ

पुरी साहब को 'अर्धसत्य' के बाद काफ़ी काम मिलने लगा था। जिन महिला के साथ वे रह रहे थे, वह उन्हें छोड़कर जा चुकी थी। रिश्ता टूटने से वे बहुत दुखी थे।

उधर, अन्नू भैया भी दुखी थे। कारण, पुरी साहब के बाबूजी हर रोज़ सुबह पाँच बजे अन्नू भैया के कमरे पर आ धमकते और उन्हें जगाकर नींद ख़राब कर देते, फिर पूछते, "अरे भाई कब करवा रहा है सीमा की शादी गुड्डू से।" पुरी साहब को वे गुड्डू पुकारते थे। अन्नू भैया मुझसे उनकी शिकायत ऐसे करते, मानो किसी माँ से उसके बच्चे की शिकायत की जा रही हो।

उधर झालावाड़ में माँ चाह रही थीं कि जो मकान गिर गया है उसे दोबारा बनवा लिया जाए। मैंने थोड़े से पैसे जो 'क़िले का रहस्य' सीरियल से टुकड़ों-टुकड़ों में मिलते, उनसे वही 'बेरोज़गार बी.ए. वाले' प्लॉट पर घर बनवाना शुरू करवा दिया था। मैं थोड़े-थोड़े पैसे, कभी दो हज़ार, कभी चार हज़ार के रूप में माँ को भिजवा रही थी।

इस बीच, बाबूजी दिल्ली आए। उनका पहला सवाल था, "रूस से लाया मेरे सूट का कपड़ा कहाँ है?" मैंने फिर बहाना बनाया—"बाबूजी वह तो मैं बम्बई ले गई थी ताकि वहीं से झालावाड़ में आपको दे दूँगी।"

शायद बाबूजी को पता चल गया था कि मैं झूठ बोल रही थी क्योंकि उस दिन के बाद से बाबूजी ने फिर कभी सूट का वह कपड़ा मुझसे नहीं माँगा।

मैं दिल में यही सोचती रही कि किसी दिन चुपके से सूट का कपड़ा लाकर बाबूजी को दूँगी और कहूँगी कि यह मॉस्को से लाई थी। लेकिन जीवन के धागों को सुलझाने में इतना उलझ गई कि समय हाथ से निकल गया।

एक-दो बार अपनी उलझनों के बीच पुरी साहब इत्तफ़ाक़ से मिलने आए, उन्होंने उस महिला से अपना रिश्ता टूटने के कारण भी मुझे बताए। मैं उनके द्वारा बताए कारणों को यहाँ लिखना उचित नहीं समझती। मैं इनसान की मानसिकता समझती हूँ, जो रिश्ता तोड़कर चला जाता है, वह अहंकार को ठेस पहुँचाता है। उस अहंकार की तिलमिलाहट में व्यक्ति अपने-आपको सही साबित करने के लिए दूसरे को ग़लत ठहराता चला जाता है। पुरुषों का अपने अपराध-बोध से बचने और अहंकार की ठेस को मिटाने का यही उपाय होता है। फिर रिश्ते इतने व्यक्तिगत होते हैं कि उनमें कौन सही, कौन ग़लत का निर्णय लेने वाला तीसरा कौन हो सकता है?

बाबूजी का बीमार होना

माँ का ख़त आया—बाबूजी बीमार हैं। मैं फ़ौरन बम्बई से घर पहुँच गई। उस चोर वाले हादसे के बाद माँ ने शहर में ही मंगूजी कोटा वाला का मकान किराए पर ले लिया था। वह बड़े-से आँगन के चारों तरफ़ बहुत सारे कमरों वाला मकान था।

आँगन के बीचोबीच बाबूजी ने पपीते के कुछ पेड़ लगाए हुए थे, जिनमें बहुत मीठे पपीते आते थे। माँ इस मकान में सबसे ज़्यादा ख़ुश थीं। इस घर के बाहर निकलते ही चारों तरफ़ बहुत से घर बने हुए थे। सँकरी गलियाँ थीं। आसपास के सब लोग माँ के परिचित थे। झालावाड़ के बच्चों को वह पढ़ाती थीं। वे बच्चे, उनके अभिभावक, शहर के दुकानदार, अफ़सर, सब माँ को 'बड़ी दीदी' कहते थे। मकान-मालिक मंगूजी के यहाँ हर मंगलवार को दाल-बाटी, चूरमा बना करता और पहली थाली बाबूजी के लिए नीचे भेज दी जाती थी। मांस-मछली खाने वाले बाबूजी का भोजन दाल-बाटी हो गया था।

झालावाड़ में बाबूजी को देखकर मुझे गहरा सदमा लगा, वे बेहद कमज़ोर हो गए थे। लच्छू मामा ही उन्हें उठाकर बाथरूम ले जाते थे। अभी पन्द्रह दिन पहले ही तो मैं आई थी, नोनी को उसका पहला स्कूटर दिलवाने। तब तो बाबूजी ऐसे नहीं थे। अब मेरा सारा समय बाबूजी के कमरे में बीतता था। बाबूजी हर किसी को मेरा गाना,

किसी भी जगह पर सुनवा दिया करते थे। पहले तो मैं इस बात से बहुत परेशान होती पर बाद में मुझे बाबूजी पर बहुत प्यार आने लगा था। उन्हें कैफ़ भोपाली की एक ग़ज़ल बहुत पसन्द थी, 'अपने-आप रातों में चिलमने सरकती हैं।' बाबूजी अक्सर मुझसे वह ग़ज़ल आँख मूँदकर सुना करते, बीच-बीच में किसी स्वर पर उनकी आह भी निकल जाया करती।

एक शाम बाबूजी कमज़ोर पीठ के बल पलंग पर आँख मूँदकर लेटे हुए थे। मैंने हारमोनियम उठाकर गाना शुरू कर दिया। बाबूजी के दोनों हाथ एक के ऊपर एक सीने पर रखे हुए थे, जिसके नीचे मेरी लाई हुई घड़ी की चेन नज़र आ रही थीं। वे धीरे-धीरे एक हाथ से ताल दे रहे थे। मैं गा रही थी और अपने आँसू पोंछ रही थीं।

न जाने किसने ये नियम बना दिये हैं—बचपन, जवानी, बुढ़ापा और फिर उसके बाद सिर्फ़ एक शून्य रह जाता है। अचानक बाबूजी ने ताल देना बन्द कर दिया। मैंने सोचा, शायद सो गए हैं। मैं ख़ामोश हो गई। माँ चुपचाप उन्हें देख रही थीं। अचानक बाबूजी फुसफुसाती आवाज़ में उस गीत की आगे की पंक्तियाँ दोहराने लगे। मेरी और माँ की आँखों से अविरल आँसू बह रहे थे।

इनसान मृत्यु के आगे कितना असहाय है! अपने प्रिय का क्षण-क्षण ह्रास, उसे देखना पड़ता है।

कुछ दिनों में बाबूजी की तबीयत में थोड़ा सुधार हुआ और मैं, नोनी और अन्नू भैया तीनों बम्बई चले गए।

अगस्त 1989 : बाबूजी का गुज़र जाना

मैंने किसी के चले जाने का एक भयानक सपना देखा। घबराकर उठ गई। मैं अन्नू भैया के उसी छोटे से कमरे में थी। अन्नू भैया और नोनी भी जग गए। मैं अपने सपने से डर रही थी। दोनों ने मुझे सांत्वना दी।

दूसरे दिन सुबह की बात है। हम लोग खाना खाने बैठे थे। मैंने पहला निवाला हाथ से तोड़ा ही था कि अचानक फ़ोन की घंटी बजी। बीती रात वाला सपना, मेरी आँखों के सामने कौंध गया। कोटा से किसी ने सूचना दी—बाबूजी चले गए। नाटक-कम्पनी में नहीं, कहीं और जहाँ से वे कभी वापस नहीं आ सकते थे।

रात की ट्रेन से मैं, नोनी और अन्नू भैया झालावाड़ जा रहे थे। ट्रेन में सब सो गए थे। बोगी में अँधेरा हो गया था। मैं सीट पर बैठी खिड़की से बाहर देख रही थी। चाँदनी रात के धुँधलके में गाँव, खेत, पेड़, जंगल, नदियाँ सब तेज़ी से गुज़र रहे थे। ट्रेन की आवाज़ के अलावा सन्नाटा था। इस जगत से मेरा प्रिय, मुझे हिम्मत देने वाला, मेरा आदर्श, मेरा मित्र, अन्तरंग, मेरा स्तम्भ और एक पुरुष जिस पर मेरा अटूट विश्वास था—आज शान्त हो गया था। अब उनके बिना ही जीवन बिताना

पड़ेगा। मेरे शरीर और आत्मा का कोई हिस्सा जैसे टूटकर एक गहन रात बन गया था। सिर से वरदहस्त उठ गया था। मेरी दुनिया ख़ाली हो गई थी। अब मुझसे कोई नहीं पूछने वाला था, "रूस से ख़रीदा मेरे सूट का कपड़ा कहाँ है?"

बाबूजी ने जाने के लिए, अपना अस्सीवाँ साल और अगस्त का उमस भरा महीना चुना था। मौसी के जाने के समय, सनावद में माँ थीं। उस दिन झालावाड़ में भी माँ अकेली थीं, उनके बचपन, जवानी और बुढ़ापे का साक्षी, उनके पल-पल के सुखदुख का साथी चला गया था। माँ कहती थीं, "बाबूजी का घर में रहना ही सबसे बड़ा सम्बल है।" माँ का एक हमराज़, हम-क़दम, हमदर्द, उनका विश्वास, जिसके दम पर माँ जीवन के इतने उतार-चढ़ाव में भी हिम्मत से खड़ी रहीं। आज उनका वही तन और मन दोनों से मज़बूत वह व्यक्ति, उनके सामने निस्तेज, अविचल पड़ा हुआ था।

बाबूजी उस दिन अचानक बाबूजी से सिर्फ़ एक शरीर बन गए थे। लोग कह रहे थे बॉडी को ज़्यादा देर नहीं रख सकते, बॉडी को इधर रखो, यह करो, वह करो, मैं सब कुछ सुन रही थी। देख रही थी कि रीति-रिवाजों में बँधा पूरा मोहल्ला खाना त्याग चुका था। सारा झालावाड़ हमारे घर के सामने एकत्र हो गया था। लोगों को जल्दी थी, उन्हें श्मशान पहुँचाने की। शाम होने से पहले ही जीवन की यह आख़िरी रीत पूरी करनी थी।

बर्फ़ की व्यवस्था नहीं हो पाई थी। लाइट की कटौती के कारण एकमात्र बर्फ़ फैक्टरी भी बन्द थी। उस पर किसी को यह पता नहीं था कि हम बच्चों को ख़बर मिली है या नहीं? घर में टेलीफ़ोन थे नहीं।

काकाजी के बचपन के मित्र डी.एल. भाई माँ को ये सारी मजबूरियाँ बता रहे थे। डी.एल. भाई, मकान-मालिक मंगूजी, फ़रहत भाई, कॉमरेड सर्वेश्वर और बाक़ी लोगों ने सारी व्यवस्था सँभाल ली थी। माँ की समझ में कुछ नहीं आ रहा था। उन्होंने सारे निर्णय इन्हीं लोगों पर छोड़ दिये थे। माँ के पास उस समय उनका एक भी बच्चा नहीं था। बाबूजी और माँ अकेले थे, और थे बहुत सारे झालवाड़ के लोग। माँ का अकेली और वृद्ध होना, उस पर 'प्रिय' का वियोग। ऐसे में उनसे सोचने-समझने की उम्मीद कैसे की जा सकती थी?

सैकड़ों लोगों ने मिलकर निर्णय लिया। लच्छू मामा को बाबूजी ही लाए थे। बचपन से बाबूजी और माँ ने ही तो उन्हें पाला था। अभी कुछ दिनों से बाबूजी को गोद में उठाकर बाथरूम ले जाना, नहलाना, मामा ही तो कर रहे थे। माँ और मामा, दोनों ही बाबूजी की सेवा में लगे हुए थे। आख़िरकार सबकी सहमति से तीन बेटे और एक बेटी के पिता का मामा के हाथों अन्तिम संस्कार करवा दिया गया।

बाबूजी अपने प्यारे शहर को देखने की हसरत आख़िरी साँस तक पाले रहे। कहते

रहे, “एक बार वतन को देखने की ख़्वाहिश है।” लेकिन वे कभी वापस नहीं जा सके। यही उनकी आख़िरी साध थी जो कभी पूरी नहीं हो पाई।

पाकिस्तान के भेरे शहर और लाहौर से शुरू हुई बाबूजी की यात्रा, झालावाड़ की नदी के किनारे बने श्मशान घाट पर समाप्त हुई।

मैं आज भी सूट का वह कपड़ा ख़रीदकर बाबूजी को देने के लिए बेचैन हूँ।

अन्तिम पड़ाव

अन्नू भैया, मैं और नोनी किसी तरह दोपहर में तीन या चार बजे झालावाड़ पहुँचे। दिल्ली से काकाजी और तिषा दीदी हमसे कुछ ही देर पहले पहुँच चुके थे। मैंने देखा, बाबूजी वाले कमरे में माँ, अकेली एक कोने में सिकुड़ी-सिमटी बैठी हुई थीं। मुझे देखते ही उन्होंने अपने दोनों हाथ जोड़ दिये और रोते हुए कहा, “मुझे माफ़ कर देना! मुझे कुछ सूझ ही नहीं रहा था...तुम तो मुझे माफ़ कर दो!” माँ का यह रूप देखकर, मैं दहल गई।

दूसरे कमरे में काकाजी और तिषा दीदी ग़ुस्से में बैठे थे। उनकी नाराज़गी की वजह थी, माँ ने उनका इन्तज़ार नहीं किया था और बाबूजी का अन्तिम संस्कार उनके हाथों से नहीं वरन् मामा के हाथों करा दिया था। बेशक कई लोगों की राय से। माँ अपराध-बोध से काँप रही थीं। थोड़ी देर के बाद अन्नू भैया भी काकाजी और तिषा दीदी के तर्क से प्रभावित होकर माँ का साथ छोड़ काकाजी और तिषा दीदी के पास दूसरे कमरे में चले गए।

मैं माँ के गले लगकर रोते हुए सोच रही थी, बाबूजी पर सिर्फ़ माँ का हक़ था; उन्होंने ही पूरी ज़िन्दगी उनकी सेवा की थी। क्या इन लोगों की याददाश्त इतनी कमज़ोर है? क्या यह सब भूल गए कैसे माँ ने हम सबको पाला था, कैसे पिछले बीस साल से बाबूजी को बिना शर्मिन्दा किये उनकी सेवा और फ़रमाइशें बिना थके वे पूरी कर रही थीं। मैंने देखा था, जब कभी बाबूजी को बच्चों की याद आती वे दिल्ली काकाजी के पास चले जाते। तिषा दीदी दो-चार दिन में ही बाबूजी के लिए खाना बनाकर परेशान हो जातीं और मुझसे शिकायतें करतीं। मैं ऐसे में उन्हें अपने पास जोर बाग ले आती। मैं सुबह अपने पपेट थियेटर के ऑफ़िस निकलती तब बाबूजी अकेले रह जाते, इस कारण मैं बाबूजी को काकाजी के घर छोड़ आती। यह वही बाबूजी थे जो सबका बोझ उठाकर, सब पर बोझ बन गए थे। एक अकेली माँ थीं जो उनसे अथाह प्रेम करती थीं। बाबूजी हमेशा माँ के सम्बल रहे।

किसी बच्चे ने उनको ज़िम्मेदारी से न कभी पैसे भेजे और न तीज-त्योहार पर कोई भेंट, लेकिन दोनों ने कभी किसी से शिकायत नहीं की, अलबत्ता अन्नू भैया जब-तब माँ और बाबूजी की मदद कर देते थे।

कभी-कभार के आपातस्थिति में काम आ जाने को मदद नहीं कहते। जीवन में साथ की ज़रूरत हर पल में पड़ती है। बूढ़े माँ-बाप को बच्चों का साथ, हर समय चाहिए होता है जो मेरे माता-पिता को नहीं मिला था। आपातस्थिति में तो पड़ोसी भी आ जाते हैं। जीवन में विपत्ति रोज़ नहीं आती लेकिन छोटी-छोटी उलझनें, ज़रा-ज़रा से दर्द के लिए हर पल, हर क्षण अपनों के साथ की ज़रूरत पड़ती है। माँ ने इसी तरह अपने जीवन का एक-एक पल बाबूजी को दिया था, हमने नहीं।

माँ को उस समय किसी के ग़ुस्से, उलाहने और शिकायत के बजाय सांत्वना की ज़रूरत थी जो किसी के पास नहीं थी।

मेरा काकाजी से ज़बरदस्त झगड़ा हो गया। अन्नू भैया की समझ में नहीं आ रहा था कि उन्हें क्या करना चाहिए। माँ जितनी साहसी और मज़बूत थीं, उस दिन उतनी ही कमज़ोर हो गई थीं, वे डर रही थीं। अन्नू भैया चुप थे। वे दूसरे दिन बम्बई चले गए। मैं और नोनी माँ के साथ रहे।

बाबूजी के फूल लेकर काकाजी, तिषा दीदी हरिद्वार चले गए।

इनसान जन्म के बाद जिस शरीर को साथ लेकर जीता है, उस शरीर के ज़रिये सारे रिश्ते बनते हैं। उसी शरीर के हिस्से बच्चों में तकसीम हो जाते हैं, फिर बचा-खुचा बूढ़ा हिस्सा राख बन गंगा-जमुना या मिट्‌टी में मिल जाता है और रह जाती हैं यादें, यादें और यादें।

बाबूजी की याद भुलाए नहीं भूल रही थी। पता है, मौत की सबसे दुखदायी बात क्या होती है?, ढूँढ़ने और बात करने की हर आस के बन्द रास्ते। अब न तो कोई डाकिया उन तक पहुँच सकता था, न कोई आवाज़। कहाँ पुकारें? कौन थपकी देकर सुलाएगा? कौन कहेगा, डर किस बात का, मैं हूँ न? सारे हौसले खो गए थे। माँ ने ख़ामोशी की चादर ओढ़ ली थी। मेरे पास उन्हें बहलाने के लिए शब्द नहीं थे। अगस्त की उमस भरी रातें। एकमंज़िला मकान की क़तारों से झाँकती काली रात, जैसे उस बड़े से आँगन में बिछ गई थी। आँगन में पड़े पलंग की सफ़ेद चादरों ने स्याही ओढ़ ली थी। मुझे उन रातों के सन्नाटे में माँ की सिसकियाँ तो सुनाई नहीं दे रही थीं, हाँ, गाहे-बगाहे उनकी एक लम्बी उसाँस ज़रूर सुनाई दे जाती थी। उससे पता चलता था कि माँ न जाने कहाँ-कहाँ बाबूजी के साथ घूम-घामकर वापस उन काली चादरों पर लौट आई हैं, और मैं? मेरा प्रेम और मृत्यु से तीसरा साक्षात्कार इस रूप में होगा, मैंने कभी सोचा न था। मुझसे यह सब सहन नहीं हो रहा था।

एक-एक कर दिन गुज़र रहे थे। सबके कहने पर माँ ने स्कूल फिर से जाकर पढ़ाना शुरू कर दिया था। मैं लेकिन वापस बम्बई नहीं गई थी। मुझे लगता था मानो मेरे चले जाने से बाबूजी मुझसे कहीं दूर न चले जाएँ। मैं सारे काम-धाम छोड़कर

दिन-भर बाबूजी के पलंग पर लेटी रहती।

बाबूजी का पलंग वैसे ही रोज़ बिछाया जाता, उस पर रोज़ चादर बदली जाती और वह घड़ी जो मैं जर्मनी से उनके लिए लाई थी उसे उनके तकिये के पास जैसा वे रखते थे, रखी होती। घड़ी वही थी, समय गुज़र गया था।

जीवन का एक और आयाम : पुरी साहब से मँगनी

तीन महीने ही गुज़रे थे। एक दिन अचानक झालावाड़ में पुरी साहब अपने बाबूजी, भाई-भाभी और इलाहाबाद के परिवार के साथ आ गए। सबने सोचा, बाबूजी के दुख में शरीक होने के लिए आए हैं। अकेले में पुरी साहब ने मुझसे फिर से माफ़ी माँगी। वे शर्मिन्दा थे। बाबूजी का जाना दिल को इतना गहरा लगा था कि पुरी साहब का दोबारा मुझसे माफ़ी माँगना अजीब होते हुए भी अजीब नहीं लगा, न ही पुरी साहब के पूरे परिवार के साथ आने पर कोई सवाल उठ रहे थे।

पुरी साहब के सपरिवार आने का राज़ दो-तीन दिन के बाद खुला। वे मुझसे शादी करने आए थे। पुरी साहब शादी करने के लिए ऐसे बेताब थे कि हर कोई हैरत जता रहा था। माँ ने समझाया बाबूजी को गए तीन महीने भी पूरे नहीं हुए हैं, लेकिन उनके पूरे परिवार और पुरी बाबूजी का कहना था कि मैं अपने जाने से पहले गुड्डू (पुरी साहब) की शादी देखना चाहता हूँ। शादी न सही, मँगनी अभी कर दो।

पुरी साहब ने माँ, फ़रहत भाई, कॉमरेड सर्वेश्वर और डी. एल. भाई सबको मना भी लिया। मुझसे कोई पूछ ही नहीं रहा था। जिस लड़की के दिल में पुरी साहब के चले जाने का गहरा दुख था, उनके आ जाने से उसमें कोई उत्साह था न उमंग। जिनकी बेवफ़ाई के कानफाड़ू क़िस्से सुनते-सुनते फ़रहत भाई और नोनी पूरी तरह उकता चुके थे, वे दोनों मेरी इस विरक्ति से अनजान थे या मुझे नज़रअन्दाज़ कर रहे थे। मुझे भी लगा कि शायद बाबूजी के दुख की चादर जो मैं ओढ़े हुए थी, वही मेरे न ख़ुश होने का कारण थी।

मेरा पुरी साहब से प्रेम था, यह सबको पता था। मेरा और किसी से प्रेम नहीं था, यह भी सबको पता था। फिर मेरा शादी करने से इनकार करने का कोई औचित्य नहीं था। आनन-फ़ानन में उसी दिन सौ-डेढ़ सौ लोगों को बुलाकर सगाई की रस्म अदा करवा दी।

कैसे सब मेहमान आए, किसने दावत दी, किसने सब इन्तज़ाम किया—इन सबकी मुझे या माँ को कोई ख़बर नहीं। किसी को यह भी होश नहीं था कि अन्नू भाई को सूचित ही कर दें।

सगाई हो गई और पुरी साहब यह कहकर विदा हुए कि फ़रवरी में शादी करेंगे। अन्नू भैया को मेरी सगाई की सूचना किसी और से मिली। उनका पारा सातवें

आसमान पर था। उनकी इकलौती, छोटी बहन की सगाई की ख़बर उन्हें किसी तीसरे से मिल रही थी। घर के सबसे ज़िम्मेदार बेटे थे वे।

इतने लोगों के साथ पुरी साहब का आना, उनके ठहरने, खाने-पीने की व्यवस्था, फ़ोन और संवादों का अभाव, इतनी जटिलता और पुरी साहब की जल्दबाज़ी, सब कुछ समझ के परे था। स्थिति चाहे कुछ भी हो, इस निर्णय के लिए मैं अन्नू भैया से माफ़ी की हक़दार हूँ।

पुरी साहब रूमी के घर भोपाल गए, जहाँ उन्होंने रूमी, उसकी अम्मी और बहिन के साथ मिलकर मेरे लिए शादी के कपड़े ख़रीदे।

उसी दौरान मैंने एक सपना देखा—मैं और पुरी साहब एक साथ बहुत ऊँचे बुर्ज़ पर खड़े हैं। पुरी साहब नीचे कूदना चाहते हैं। मैं कूदने से डर रही हूँ। वे मेरा हाथ पकड़कर कूद जाते हैं। हम दोनों हाथ पकड़े नीचे हवा में उतरते जा रहे हैं। नीचे गहरा पानी है। मैं डर रही हूँ। फिर हम दोनों एक पुल से गुज़र रहे हैं, पुल पर बड़े-बड़े साँप लेटे हैं। उनके बीच से हमें गुज़रना है।

इन सपनों ने मुझे विचलित कर दिया। मेरे सपने कुछ कहते हैं, इस बात को मैं जानती थी। लेकिन वे सपने क्या कह रहे थे, इससे मैं अनभिज्ञ थी।

मँगनी, फिर शादी की तारीख़ पक्की, सब कुछ इतना आकस्मिक था कि बुद्धि कुछ सोचने का मौक़ा ही नहीं दे रही थी।

शादी के कुछ दिन पहले ही पुरी साहब अपने पूरे परिवार को लेकर झालावाड़ आ गए थे। उनके भतीजों की परीक्षाएँ चल रही थीं इसलिए वे नहीं आ सके थे।

1984-85 के क़रीब पुरी साहब के दो भतीजे, बॉबी और विक्की दो-तीन साल तक झालावाड़ कलेक्टरी स्कूल में माँ के पास ही पढ़े थे। इसलिए पुरी साहब के बड़े वेद भाई और भाभी का आना-जाना माँ के पास बना हुआ था। अब पुरी साहब के तीनों भतीजे बम्बई में पुरी साहब के घर त्रिशूल में ही रहते थे।

नये जीवन में प्रवेश की ख़ुशी भी होती है और डर भी। वही हालत मेरी हो रही थी। वैसे यह जल्दबाज़ी की शादी, पुरी साहब की ज़िद थी। मेरा मन कह रहा था की कुछ ठीक नहीं हो रहा।

घर में मेरी शादी की तैयारियाँ शुरू हो गईं। अन्नू भैया ने महँगे शादी-कार्ड छपा लिये। माँ ने स्कूल से लोन उठा लिया और पुरी साहब के रिश्तेदारों के लिए कपड़े और मेरे लिए कुछ सामान ख़रीदने में लग गईं। उनका कहना था, झालावाड़ में इतने लोगों के शादी-ब्याह में हमने खाना खाया है, अब चुकाने का समय है।

इधर सारी व्यवस्था स्कूल की नौकरी के लोन से हो रही थी। उधर अन्नू भैया ने अपने निर्माताओं से अग्रिम पैसे लेकर फ़रहत भाई को सौंप दिये थे। मेरी शादी की सारी ज़िम्मेदारी उन्होंने फ़रहत भाई को सौंप दी थी।

फ़रहत भाई हमारे घर का महत्त्वपूर्ण हिस्सा थे, ऐसा हिस्सा कि मेरे शादी-कार्ड

पर हमारे परिवार के नाम के साथ उनका और नसरत भाई, दोनों का नाम था।

सबके ठहरने की व्यवस्था होटल द्वारिका में की गई। हलवाई लगाये गए। पुरी साहब कुछ दिन पहले आ गए, अपने सारे रिश्तेदारों को लेकर। इतने लोगों का नाश्ता, खाना और चाय-पानी। ख़र्चे देख फ़रहत भाई ने युक्ति निकाली। सब अन्नू भैया और पुरी साहब से मिलना चाह रहे थे। बस फिर क्या था, मिलने की तमन्ना रखने वालों के घर हर रोज़ पुरी साहब एंड फ़ैमिली का नाश्ता पक्का हो गया। पुरी साहब और बराती आवभगत से ख़ुश और फ़रहत भाई व्यवस्था से।

बाबूजी के मसले पर मैं काकाजी से और वे मुझसे अभी तक नाराज़ थे। माँ को उन्होंने पूरे जीवन के लिए अपराध-बोध में डाल दिया था। साथ ही तिषा दीदी की तानों-उलाहनों में कुछ भी, कभी भी किसी से बोल देने की प्रवृत्ति मुझे और माँ को असुरक्षित कर रही थी। मैं नहीं चाहती थी कि किसी भी तरह का वितंडा हो। मेरे नये जीवन की नींव किसी भी तरह की कड़वाहट पर खड़ी हो, मैं यह नहीं चाहती थी।

इसी वजह से अन्नू भैया ने काकाजी को फ़ोन पर शादी में नहीं आने के लिए कह दिया था।

दरअसल जब काकाजी घर से अलग हुए थे, उस समय मैं मात्र दस साल की थी। बड़े होने पर भी दूरियाँ बनी रही थीं। वे मुझे, मैं उनको, दूसरों के ज़रिये ही जान रहे थे। हमें एक-दूसरे का सान्निध्य मिला ही नहीं था। आज पिछले पन्द्रह सालों से मैं और काकाजी एक-दूसरे से साहित्य, संगीत, कविता, सब कुछ साझा कर रहे हैं। हम एक-दूसरे को स्वयं के द्वारा ही जान रहे हैं। बहन-भाई के लिए भी आपस में एक-दूसरे को जानना ज़रूरी है। शादी में उनका न आ पाना मुझे हमेशा सालता रहा।

शादी

काफ़ी सोचने-विचारने के बाद मैं इस नतीजे पर पहुँची कि जब शादी करनी ही है तो अपने उत्साह में कमी क्यों आने दूँ? क्या यह अच्छी बात नहीं है कि पुरी साहब ने मुझे स्वयं ही अपने 'उस' रिश्ते के बारे में बता दिया था। हर किसी के जीवन में कमज़ोर लम्हे आते हैं। पुरुष को बचपन से समझाया गया है, 'चरित्र की रक्षा सिर्फ़ स्त्री को करनी चाहिए।' शायद इसीलिए किसी से सम्बन्ध बनाने से पहले पुरुष को तनाव नहीं होता है।

पुरी साहब अपनी बरात के साथ होटल द्वारिका में ठहरे थे। शादी के ठीक दो दिन पहले पुरी साहब फ़रहत भाई की फ़िएट कार लेकर अचानक मेरे पास आए, उन्हें मुझसे कुछ ख़ास बात करनी थी, वे मुझे ले गए।

माँ को शादी से पहले मेरा इस तरह उनके साथ जाना, वह भी झालावाड़ में, अच्छा नहीं लगा।

हम दोनों शहर के बाहर, नदी किनारे कार में बैठे थे। पुरी साहब गम्भीर नज़र आ रहे थे। थोड़ी ख़ामोशी के बाद उन्होंने मुझे जो बताया, उसे सुनकर मेरा शादी का सारा उत्साह ख़त्म हो गया।

उन्होंने बताया कि किन्हीं कमज़ोर लम्हों में उनका अपनी काम वाली बाई से सम्बन्ध हो गया था। मुझे याद आया, बहुत पहले जब मैं उनके घर गई थी तब उसी बाई ने मेरे साथ अजीब व्यवहार किया था। अब मुझे उसका कारण समझ आ रहा था। पुरी साहब बता रहे थे और मैं सुन रही थी—वह दक्षिण की महिला थी। झाड़ू, पोंछा, बर्तन, कपड़े और खाना बनाने की ज़िम्मेदारी उसी पर थी। जब पुरी साहब के भतीजे आ गए तो उसने पूरा घर सँभाल लिया था। पति से अलग होकर अपने दोनों बच्चों को पाल रही थी।

अजीब बात थी। यह रहस्योद्घाटन शादी से मात्र दो दिन पहले क्यों? मैं अवाक् बैठी उनका मुँह देख रही थी। पुरी साहब बोले जा रहे थे, "देखो सीमा, अगर कर सको तो प्लीज़ विश्वास करो। मेरा अब उससे कोई रिश्ता नहीं है, ग़लती हो गई थी। मेरा 'करियर' अभी शुरू ही हुआ है। मैं जिस तरह का सिनेमा करता हूँ और मेरी जो इज़्ज़त फ़िल्म इंडस्ट्री में है, उसे मैं खोना नहीं चाहता। वह अनपढ़ और लड़ाकू है। किसी दिन बाइयों की फ़ौज ले आई तो फ़ज़ीहत हो जाएगी। थोड़े दिनों की बात है, मैं उसके गाँव में ज़मीन दिलवाकर उसे वापस भिजवा दूँगा। थोड़ा समय दे दो।" वे बोले जा रहे थे, मैं उनका मुँह देख रही थी।

अपने सपनों को समझ रही थी। अब कोई भी निर्णय लेना अकेले मेरे बस में नहीं था। ख़र्चे हो रहे थे। माँ और अन्नू भैया बड़े क़र्ज़दार हो चुके थे। शादी के कार्ड बम्बई और झालावाड़ में बँट चुके थे। अन्नू भैया अपने सारे दोस्तों, रूमी ज़ाफ़री, आलोक तोमर, सुनील, विजय भाई और कई लोगों के साथ आ गए थे। गाडगिल अंकल-आंटी उनकी बेटी और पुरी साहब के सारे रिश्तेदार यानी बरात होटल में ठहरी हुई थी।

मुझे पता ही नहीं चला कब पुरी साहब मुझे मंगूजी के मकान में छोड़कर वापस होटल चले गए। आँगन में औरतें शादी के गीत गा रही थीं। माँ मुझ पर नाराज़ हो रही थीं, "एक तो बाबूजी का पूरा साल नहीं होने दिया, उस पर झालावाड़ में शादी, वह भी कोर्ट में।"

माँ हमारी कोर्ट मैरिज के ख़िलाफ़ थीं। उनका कहना था, 'यह शादी दोनों परिवार की सहमति से झालावाड़ में हो रही है जो हमारा शहर है। फिर कोर्ट क्यों? उस पर शादी से पहले ओम के साथ कार में घूम रही हो। दो दिन भी सबर नहीं कर सकतीं?'

न जाने क्यों मुझे लग रहा था कि माँ इस शादी से ख़ुश नहीं थीं। मैंने उस समय सोचा, हो सकता है, मेरे दूर चले जाने से माँ असुरक्षित महसूस कर रही हों। माँ के खिन्न व्यवहार से दुखी होकर मैं बाबूजी के कमरे में जाकर उनकी चारपाई पर लेट गई, न जाने कब मेरी आँख लग गई।

अन्नू भैया के लिए आए एक तार से उस दिन खलबली मच गई थी। उस समय क़स्बों में डाकिये भी जासूसों का काम करते थे। मेरी शादी की बधाई का तार अभिनेता 'अमिताभ बच्चन' की तरफ़ से आया था। इस तार की वजह से लोगों में अन्नू भैया की बहुत चर्चा होने लगी। यह छोटी जगह के लिए बड़ा तार था।

28 फ़रवरी के दिन, सुबह दस बजे मैं और पुरी साहब रजिस्टर्ड शादी करने कोर्ट गए। शाम को रिसेप्शन था। ग़ुस्से से माँ कोर्ट गईं ही नहीं। हम दोनों कॉमरेड सर्वेश्वरदत्त और फ़रहत भाई के साथ कोर्ट पहुँचे। ईश्वर अंकल ने हमें बताया कि कोर्ट मैरिज के लिए एक महीना पहले अर्ज़ी देनी होती है। आज तो शादी नहीं हो सकती। क़ानून की इतनी छोटी-सी बात भी हम दोनों वयस्क, आत्मनिर्भर होकर भी नहीं जानते थे।

हमने तय किया कि शादी कुछ दिन बाद कर लेंगे। पुरी साहब होटल चले गए, मैं घर आ गई। शाम के स्वागत की तैयारियाँ चल रही थीं। माँ बौख़लाई हुई थीं। माँ ने यह बात काकाजी के दोस्त डी.एल. भैया और छुट्टन भैया (के.के. शर्मा) को बता दी थी। छुट्टन भैया गुना से मेरी शादी में शरीक़ होने आए थे।

मैं बाबूजी के कमरे मैं बैठी थी। छुट्टन भैया और डी.एल. भैया हाथ जोड़े, आँखों में आँसू भरे मेरे सामने बैठे थे। डी.एल. भैया मुझसे बोले, "बेटा, बिना शादी किये रिसेप्शन का कोई अर्थ नहीं। तेरे हाथ जोड़ते हैं। आर्य समाज में फेरे कर ले।" उनके आँसू कुछ कह रहे थे।

तुरन्त कॉमरेड सर्वेश्वर ने पाटन जाकर आर्य समाज मन्दिर में शादी की व्यवस्था कराई। थोड़ी देर में मैं और पुरी साहब ने मन्दिर में फेरे लिये। एक तरफ़ मन्दिर में हमारे फेरे हो रहे थे। दूसरी तरफ़ माँ नाराज़ मुँह किये बैठी थीं जो तसवीरों में भी दर्ज हुआ। इसके ताने मुझे पुरी साहब से कई बार सुनने को मिलने वाले थे।

फेरों के बाद बाक़ी सब लोग शाम के रिसेप्शन की तैयारी के लिए निकल रहे थे। माँ उदास थीं। उनको बुरा लगा था। अगर फेरे ही लेने थे तो उन्हें कुछ तो तैयारी करने दी होती।

माँ की भावनाएँ मैं उस समय समझ नहीं पाई थी। उनका शहर, उनके सब लोग, उनकी इकलौती बेटी और उस बेटी की शादी में वे ही अजनबी बनी हुई थीं। उनसे पूछकर कुछ भी नहीं किया जा रहा था। कितनी आहत हुई होंगी वे? यह शादी तो हो रही थी लेकिन न जाने क्यों मुझे अच्छा नहीं लग रहा था। पुरी साहब की अपनी 'बाई' से रिश्ते की बात ने हम दोनों के बीच तीसरे को लाकर खड़ा कर

दिया था। यह बात मुझे सामान्य नहीं होने दे रही थी। दिल कह रहा था, 'ना' कह दूँ। मेरी इस दुविधा को साझा करने के लिए कोई नहीं था।

उसी गहमागहमी में पुरी साहब अचानक धीरे से मुझसे बोले, "अगर बच्चों की परीक्षाएँ नहीं होतीं तो बेचारी बाई भी शादी में आ जाती।" धक! यही हुआ था मुझे। मेरे दिल ने जैसे रक्त की नदी बहा दी थी। हमारी शादी में किसी और सम्बन्ध की मौजूदगी ने फिर से दस्तक दे दी थी।

भावनात्मक तनाव मेरे लिए असहनीय हो रहा था। मैं अनगिनत लोगों में भी नितान्त अकेली, उदास थी। रिसेप्शन हुआ। उसके बाद जब हम होटल पहुँचे तो पाया कि गाडगिल अंकल और अन्नू भैया के कमरों के बीच वाले कमरे को रियाज़ (अन्नू भैया का मैनेजर) ने फूलों से सुहाग-सेज की तरह सजा दिया था। मेरे लिए उस कमरे में रुकना बड़ी अजीब-सी शर्म पैदा कर रहा था। मेरा शहर, पास के कमरे में अन्नू भैया, गाडगिल अंकल-आंटी और सुबह की बाई वाली घटना—इन सब बातों ने मेरे मन को विषाद से भर दिया था। मैंने वहाँ रुकने से इनकार कर दिया।

हम दोनों उस दिन माँ के कमरे में अलग-अलग चारपाई पर नोनी और कैलाश के बीच सोए। पूरे घर में मेहमान भरे थे। मुझे बस इतना याद है, दूर सो रहे पुरी साहब ने रात को मेरा हाथ थामा था।

अगले दिन पुरी साहब को किसी फ़िल्म की शूटिंग के लिए पूना जाना था। न कोई हनीमून प्लान, न ही शादी के लिए कुछ आयोजन। मैं खिन्न थी। मैंने पुरी साहब के साथ पूना जाने से मना कर दिया। तीन दिन बाद मैं बम्बई चली गई।

शादी के बाद के दिन-रात

मैं बहुत सारे पूर्वग्रह लेकर बम्बई आ गई, अपने नये घर 'त्रिशूल'। पुरी साहब ने त्रिशूल शायद 1985-86 में ख़रीदा था।

एक नये परिवेश में जहाँ पहले कभी पुरी साहब के घर ठहरी थी, अब रहना एक अलग एहसास था।

न जाने क्यों, पुरी साहब ने अपने तीनों भतीजों को 'पायल' में शिफ्ट कर दिया था।

'पायल', त्रिशूल से थोड़ी दूरी पर बनी बिल्डिंग थी, जिसमें उन्होंने एक कमरा किचन वाला फ़्लैट ख़रीदा हुआ था।

बच्चों के बारे में, मेरे पूछने पर वे बोले, "एक नई ज़िन्दगी हम दोनों शुरू कर रहे हैं, इसलिए मैं चाहता हूँ बस तुम, मैं और बाबूजी ही यहाँ रहें, मुझे और कोई नहीं चाहिए।"

पायल में घर सँभालने का काम उसी बाई का था जिसका ज़िक्र पुरी साहब ने मुझसे किया था। उसकी नौकरी बरकरार थी। उसका होना मुझे असहज बना देता था क्योंकि उसका मेरे साथ व्यवहार अजीब होता।

यहाँ सिर्फ़ पुरी बाबूजी, मैं और पुरी साहब ही थे। उन्होंने थोड़े से समय में ही मुझे सहज बना दिया। हँसी-ठहाकों से घर गूँजता रहता। हम दोनों का 'होना' मात्र माहौल को जीवन्त कर देता।

मैं घर को व्यवस्थित करने में लगी थी। कुछ राजस्थानी बगरू प्रिंट की चादरें, कुशन-कवर ले आई थी। पुरी बाबूजी के साथ रहकर मुझे अपने बाबूजी की कमी महसूस नहीं हो रही थी।

छोटी-छोटी बातें

नये जीवन में प्रवेश के साथ-साथ मेरे सामने नये-नये आयाम खुल रहे थे। मुझे अकेले रहते हुए कई साल हो गए थे। जीवन के नये आयामों में ढलने में अभी समय लग रहा था। कभी-कभी रात को सोते हुए जैसे ही मैं करवट बदलती सामने पुरी साहब को सोया देख मैं चौंक जाती। मेरे इस डर से पुरी साहब भी जागकर मुझे थपथपाकर कहते, "सीमा, मैं ओम हूँ।" मैं अपनी नादानी पर और उनकी नींद के ख़लल पर शर्मिन्दा हो जाती। पुरी साहब मुझे ज़रा-सा भी शर्मिन्दा नहीं होने देते, कहते कि तुम अकेली रही हो न इसलिए तुम्हारी नींद इतनी कच्ची है। रात में बाथरूम भी वे दबे पाँव जाते थे।

ऐसे ही एक रात जब वह दबे पाँव आ रहे थे अचानक मेरी नींद खुल गई। मैंने देखा कि एक साया मेरी तरफ़ बढ़ा आ रहा है। मैं चौंककर उठ गई। उस दिन पुरी साहब थोड़ा झुँझलाकर बोले, "उफ़ सीमा, मैं अभी तक तुम्हारे सिस्टम में नहीं आया हूँ।"

मैं करती भी तो क्या? अकेली स्त्री, असुरक्षा का जीवन जीती है। फिर उसके अचेतन मन पर जो छाप पड़ती है उसे इतनी जल्दी मिटाया भी तो नहीं जा सकता। मैं पुरी साहब के प्यार की शुक्रगुज़ार हूँ जिन्होंने मेरी इस तरह की हास्यास्पद स्थितियों को झेला था। इतना ही नहीं, ऐसी परिस्थितियों में भी मुझे गले लगाकर थपकियाँ देकर प्यार से सुला देते थे।

आत्मिक, शारीरिक और मानसिक हर तरह की सन्तुष्टि से हम दोनों पूर्ण रूप से भरे हुए थे। दुनिया, कला, नाटक और और भी कई विषय होते थे हमारे पास बातों के लिए।

पुरी साहब, जब श्याम बेनेगल की फ़िल्म 'मंडी' में काम कर रहे थे तब वहाँ यूनिट में एक बन्दर भी अभिनय कर रहा था। उसका नाम शायद श्यामू था। पुरी

साहब जब भी आवाज़ देते, वह 'सू ऊ ऊ' की आवाज़ निकालकर होंठों को बाहर की तरफ़ मोड़कर सबको डराता था। यह सब सुनकर मैं भी उस बन्दर की नकल करने लगी थी। मेरे साथ पुरी साहब भी बात-बात में बन्दर की तरह मुँह बनाकर वैसी ही आवाज़ निकालने लगे थे। हम लोग दिन-भर उसी बन्दर की नकल करते रहते और हँसते।

पुरी साहब अच्छे अभिनेता तो थे ही, जानवरों की मानसिकता और उनकी नकल में भी उन्हें महारत हासिल थी। उनकी इन हरकतों पर मैं पेट पकड़-पकड़कर हँसते-हँसते लोट-पोट हो जाती थी। मुझे बहुत मज़ा आता था। हँसते-हँसते कब हम प्रेम के क्षणों में लीन हो जाते, पता ही न चलता था।

एक दिन मुझे फ़ोन पर ख़बर मिली कि पुरी साहब के किसी परिचित की मृत्यु हो गई है। मैं भी उस व्यक्ति से मिल चुकी थी। मुझे बहुत दुख हुआ। इन्तज़ार कर रही थी कि कब पुरी साहब आएँ तो हम दोनों उनके शोक में शरीक़ हों। मैंने जैसे ही यह मृत्यु की ख़बर पुरी साहब को सुनाई उन्होंने अचानक पलटकर श्यामू बन्दर जैसा मुँह बनाकर वैसी ही आवाज़ निकाली। शायद, हम दिन में इतनी बार यह नकल करने लगे थे कि हमें पता ही नहीं चला कब ये हमारे चेहरे के स्थायी भाव हो गए थे। उनका चेहरा देखकर मैं हँस पड़ी। पुरी साहब चिढ़कर बोले, "क्या सीमा, तुम हँसती रहती हो, कभी तो संजीदा हो जाओ।" उनकी चिढ़ से मुझे इतनी हँसी आ रही थी कि रोकना मुश्किल हो रहा था। वे नाराज़ हो रहे थे, इसलिए मैं अपनी हँसी दबाकर किसी तरह बाथरूम में भाग गई।

इसी को शायद 'ब्लैक ह्यूमर' कहते हैं। कभी-कभी बहुत ज़्यादा दुख और मृत्यु भी हमें हँसा सकती है। यह मुझे उस दिन महसूस हुआ था।

पुरी साहब जानते थे, मेरी जीवन-यात्रा को। वे सिर्फ़ पति ही नहीं, प्रेमी और दोस्त भी थे मेरे। मैं अपने सारे राज़ उनसे साझा कर लेती थी, बिना इस बात से डरे कि वे मुझे क्या समझेंगे।

एक दिन मैं उन्हें कैप्टन सारस्वत की कहानी सुनाकर रो पड़ी, मैंने कहा, "कभी-कभी मुझे उसकी याद आती है, उसने ऐसा क्यों किया?" पुरी साहब काफ़ी देर तक सुनते रहे, सांत्वना भी देते रहे। फिर मुस्कराकर बोले, "हद होती है सीमा! गले मेरे लगी हो और रो कैप्टन के लिए रही हो।" एक क्षण के लिए हम दोनों चुप हो गए फिर अचानक एक ज़ोर का ठहाका हम दोनों के मुँह से निकला। हम दोनों बहुत देर तक हँसते रहे। हँसते रहे...यह अजीब मैत्री का रिश्ता था। वे कहते थे, "जितना मैं तुम्हारे साथ हँसा हूँ किसी के साथ नहीं हँसा।" यही हाल मेरा भी था। मेरे होंठों पर सारी हँसी पुरी साहब के साथ आई और आँखों में सारे आँसू पुरी साहब की वजह से ही आए।

माँ से जीवन में कुछ बुरा होता था, तो वह था दही जमाना। उनका जमाया दही

बेहद खट्टा होता था। मैंने पुरी साहब के घर जैसा दही कहीं नहीं खाया था। राज़ पता चला कि दही वे स्वयं जमाते थे। दही जमाने में वे मेरे गुरु बन गए। कितना गरम और कसूना दूध होना चाहिए? वे मेरी छोटी उँगली दूध में डालकर महसूस करवाते। फिर उसमें कितना दही होना चाहिए। कहते, "अरे रे रे! ...सीमा। दूध में दही डालने के बाद उसको हिलाओ मत...। दही अच्छा नहीं जमेगा।" इस तरह मैं दही जमाना सीख गई।

वे खाना बहुत अच्छा बनाते थे। कभी मूड में होते तो ख़ुद बनाकर खिलाते। मैंने उनसे गृहस्थी के कई गुर सीखे, और सीखा कि किस तरह अपने काम को पूजा समझा जाता है। उनके लिए उनका अभिनय और उनका वह पात्र जिसे वे कर रहे होते, दुनिया की हर चीज़ से ऊपर होता था, इसीलिए बहुत सारे छोटे-मोटे मसलों में वे उलझना नहीं चाहते थे।

घर में मुझे 'गुड्डो' पुकारा जाता और पुरी साहब को 'गुड्डू'। पुरी साहब इस पर बचपन की पंजाबी की कविता मुझे सुनाते—*'गुड्डू-गुड्डो गए बाज़ार, गुड्डो गिर गई चितला पार, गुड्डू बोला होर ले स्वाद।'* मैंने उनके साथ बिताए हर क्षण का अलग-अलग स्वाद पाया है। मेरी नादानी और उनका उसे सँभालना। उनकी बेवक़ूफ़ी, मेरा उसे नज़रअन्दाज़ करना। मेरा बचपना, कितनी ही बचकानी बातें, वे झेल लेते थे।

एक दिन रूमी का फ़ोन आया। रूमी तब तक फ़िल्मों का सफल लेखक नहीं बना था, लेकिन वह बम्बई में नोनी की कमी पूरी करता था। मैं उसकी गुड्डो बाजी यानी बड़ी बहन थी। उसका संघर्ष का दौर था। उसे कई दिनों से 'घर के खाने' की याद आ रही थी। मैंने उसे अगले दिन खाने पर बुलाया और बुलाकर भूल गई।

अगले दिन काम वाली नहीं आई थी। मैं और पुरी साहब अकेले थे। उनकी शूटिंग नहीं थी। तय हुआ कि आज आलू के पराँठे और दही खाकर गुज़ारा करेंगे। हम दोनों ने खाना खा लिया। हम खाना खाकर आराम कर ही रहे थे कि रूमी आ गया, वह बार-बार देरी से आने की माफ़ी माँग रहा था। उसे देखकर भी मुझे याद नहीं आया कि मैंने उसे खाने पर बुलाया था।

काफ़ी देर बातें करने के बाद रूमी थोड़ा बेचैन हो गया। पुरी साहब ने पूछा, "कहाँ से आ रहे हो? खाना-वाना हो गया?" अब रूमी के सब्र का बाँध टूट गया। उसने कहा, "गुड्डो बाजी ने बुलाया था खाने पर लेकिन अब पाँच बज गए हैं तो बस चाय से काम चला लूँगा।" पुरी साहब खिन्न होकर मुझे चाय बनाने के लिए कह किसी से समोसे मँगवाने का इन्तज़ाम करने लगे। मैं चाय बनाते हुए रूमी से बोली, "रूमी मेरी मूँछें देखोगे?" और इसी के साथ फ्रिज में रखे गिलास का दूध पी गई। दूध से मेरी मूँछें बन गईं। रूमी और मैं खिलखिला रहे थे, उधर चाय उबल-उबल कर दूध को पुकार रही थी। दूध कहीं नज़र नहीं आ रहा था। मैंने पुरी

साहब को आवाज़ देकर पूछा, "दूध कहाँ है?" पुरी साहब ने कहा, "मैंने पतीली से निकालकर गिलास में रख दिया है। रूमी फ़ौरन बोला, "उसकी तो मूँछें बन गई हैं।"

इन्हीं सब मुस्कराहटों में दिन कट रहे थे। पुरी साहब के भतीजे बीच-बीच में हमारे साथ रहने आ जाते थे। एक रात पुरी साहब के भतीजों को खाने पर बुलाया। तीनों बच्चे आ गए। तंदूरी मुर्ग की टँगड़ी मँगवाई थी। पुरी साहब मुझे बाँह पकड़कर छत पर ले गए। अँधेरे कोने में हम खड़े थे। मैंने आँखें मूँद ली थीं। होंठों को आगे कर दिया शायद...तभी अचानक, लहसुन-प्याज की तीखी गन्ध मेरी नाक में घुस गई। मैंने घबराकर आँखें खोलीं। मुर्गे की एक टाँग लहरा रही थी। पुरी साहब के होंठों पर प्यारी-सी मुस्कराहट थी। फुसफुसाकर बोले, "लो, खा लो वर्ना बच्चे सब ख़त्म कर देंगे।" अब इस अदा पर कौन न मर मिटेगा? मैं इस प्यार को कहाँ रखती, सिवाय सिर आँखों के?

एक दिन अचानक किसी समय कम्पनी की हीरोइन रही कम्मो दीदी का फ़ोन आया। उन्हें कहीं से मेरा और अन्नू भैया का नम्बर मिल गया था। वे गणेश कम्पनी वाले बाबूलाल शर्माजी की बेटी थीं, जिनकी मदद को कभी बाबूजी जाया करते थे। कम्मो दीदी आर्थिक परेशानी से जूझ रही थीं। उनके पति छोटे-से क़स्बे की बिजली की दुकान पर नौकरी करते थे, उनकी नौकरी छूट गई थी।

मैंने कम्मो दीदी को अपने सीरियल में एक भूमिका देकर उनकी सहायता कर दी। वे कम्पनी के पुराने कलाकारों के सम्पर्क में थीं। मैं उत्साहित होकर उनसे सबके बारे में जानना चाहती थी। काश, मैंने न जाना होता! कभी-कभी अज्ञान भी बड़ी सम्पदा होता है। कम्मो दीदी ने जो बताया वह जानलेवा था।

कम्पनियों के बन्द हो जाने के बाद सब कलाकार बिखर तो गए ही थे, पढ़े-लिखे न होने के कारण उनके भूखों मरने की नौबत आ गई थी। अभिनय, गाने और नाचने के अलावा और कुछ वे लोग जानते नहीं थे। पेट भरने के लिये लड़कों ने ऑटो रिक्शा, साइकिल रिक्शा और कुछ अन्य धन्धे अपना लिये थे। अब बारी आती थी लड़कियों की। समाज उन्हें किसी की ब्याहता तो बनने नहीं देता, इसलिए कुछ बार में नाचने लगी थीं; कुछ के भाग्य और भी ख़राब थे, जो 'नौचन्दी के मेले' में रिकॉर्ड डांस करने गई थीं। गुंडों ने उनका अपहरण किया, बलात्कार भी, कुछ की तो हत्या हो गई। कम्मो दीदी से कम्पनी की लड़कियों का हश्र जानकर मैं परेशान हो गई।

सर्दियों के दिन थे। हम पत्रकार आलोक तोमर के पास ठहरे हुए थे। आलोक पुरी साहब से ग्वालियर मेले का उद्घाटन करवाना चाहते थे। हम ग्वालियर पहुँच गए।

शाम को मेले की गहमागहमी...वही बचपन के दूर बजते रिकॉर्ड की आवाज़ें। वही शोर-शराबा। मैं नाटक-कम्पनी की कनातें देखकर मचल गई। मैं

पुरी साहब और आलोक से नाटक देखने की ज़िद करने लगी। उद्घाटन के बाद, मैं, पुरी साहब आलोक साथ थे और हमारे साथ थे दो पुलिसकर्मी जो हमारी सुरक्षा में तैनात थे।

लो जी, हम बैठे थे पहली श्रेणी की पहली लाइन की कुर्सियों पर। इतने बरस बाद भी पूरे पंडाल में मेरे अलावा कोई और महिला नहीं थी। थोड़ी देर में रिकॉर्ड पर फ़िल्मी गाना शुरू हुआ। एक लड़की गाने पर नाच रही थी। उसके हाव-भाव में इतनी अश्लीलता थी कि मुझे शर्म आ रही थी। न जाने क्यों, बीस-इक्कीस साल की वह लड़की जानी-पहचानी लग रही थी।

स्त्री और कला का ऐसा ह्रास मैंने पहले कभी नहीं देखा था। हमारी कम्पनी में तो बिलकुल नहीं। दस मिनट के बाद ही मैं और पुरी साहब वहाँ से निकलने लगे, ज्योंही हम बाहर के लिए उठे, किसी ने मेरा नाम लेकर मुझे पुकारा। मुड़कर देखती हूँ, एक बेहद बूढ़ी जानी-पहचानी महिला, बिखरे, उजड़े-खुजड़े बाल, बदरंग कपड़ों में, तेज़ी से पुकारती मेरी तरफ़ चली आ रही थी। वे पास आकर बोलीं, "अरे गुड्डो, मुझे नहीं पहचाना? मैं बिब्बी, भानुमति और ये जो नाच रही है, अपनी जावदा है।"

मैं घबरा गई, वहाँ अपना किसी तरह का वास्ता उस तरह के लोगों से नहीं रखना चाहती थी। मैं उन्हें बिना पहचाने आगे बढ़ गई। हौले से पीछे मुड़कर बिब्बी को मैंने देखा था। उन आँखों में निराशा, दुःख और अपमान की पीड़ा थी।

वे वही भानुमति अम्मा थीं, जिनके लिए हमारी कम्पनी में भीड़ लग जाया करती थी। जो कभी नाटक की बड़ी कलाकार थीं। कम्पनी वालों ने शायद ख़ुद भी नहीं सोचा होगा कि कभी उनके परिवार को इस स्तर की कला का प्रदर्शन करना पड़ेगा। मैंने भी नहीं सोचा था कि मैं उन्हें देखकर इतनी शर्मसार हो जाऊँगी कि उन्हें न पहचान कर अपमानित कर दूँगी। इस जावदा को मैंने कभी गोद में उठाया था। उस दिन अपनी अधकचरा सोच ने मुझे भी उसी समाज का अंग बना दिया था जिससे कभी बचपन में हम प्रताड़ित हुए थे। मैं बहुत पछताई थी, अपनी अपरिपक्वता पर, काश मैंने ग्वालियर में बिब्बी को पहचान लिया होता। काश यह आज की परिपक्वता, सोच, हिम्मत और आर्थिक सुदृढ़ता मुझे युवावस्था में मिली होती। मैं शायद बहुत सारी उन बच्चियों को नारकीय जीवन से निकाल सकती।

पद्मश्री

मार्च या अप्रैल था। शादी हुए दो-तीन महीने ही हुए थे, एक सुबह ख़बर मिली कि पुरी साहब को पद्मश्री मिल गई है।

दिल्ली के होटल जनपथ में पद्मश्री पाने वाली मौजूद थीं। पुरी साहब ने फ़िल्म

'सुसमन' में कपड़ा बुनकर की भूमिका की थी। वहीं उन्होंने घंटों हाथों से करघे पर बैठकर न जाने कितने मीटर कपड़ा बुना था। सब मित्रों को कपड़ा बाँटा था। ख़ुद भी शर्ट बनवाई थी। मैंने भी कुर्ते बनाए थे। काली और स्लेटी रंग की धारियों वाले इस कपड़े का कुर्ता मैंने बरसों पहना था। पुरी साहब के हाथ का बुना बेशक़ीमती कपड़ा! उस दिन पद्मश्री लेने के लिए उन्होंने उसी कपड़े की शर्ट पहनी थी।

हम दोनों पहुँच गए राष्ट्रपति भवन।

मैं पुरी साहब की सादगी देखकर ताज्जुब में थी। महान कलाकार ऐसे ही होते हैं। देश का इतना बड़ा सम्मान जिसे मिल रहा हो, वह व्यक्ति ज़रा-सा भी उद्वेलित न हो; शान्त और सहज हो। सम्मान या नाम का अहंकार उन्हें छू भी नहीं गया था। इतना सहज कोई विरला ही हो सकता है।

उस साल शास्त्रीय गायक पंडित जसराज, अभिनेता कमल हासन और शास्त्रीय गायक पंडित कुमार गन्धर्व को भी पद्मश्री मिली थी। इस सूची में एक बॉडी बिल्डर का नाम भी शामिल था। मैंने मज़ाक़ में पुरी साहब से कहा, "अपने-आपको बहुत महान कलाकार न समझ लीजिएगा, पद्मश्री बॉडी बिल्डर को भी मिला है।" इस पर हम दोनों ख़ूब हँसे थे।

पुरी साहब को एक ही अफ़सोस रहा—काश! बाबूजी को राष्ट्रपति भवन लाते। मैंने उनसे कहा भी, ले चलिए बाबूजी को, लेकिन पुरी साहब की कंजूसी कभी-कभी उनके लिए ही दु:खदायी हो जाती थी।

मुझे लगता है, महान कलाकारों की सारी ऊर्जा उनके फ़न में सिमट जाती है। पुरी साहब भी अभिनय को छोड़कर अपने बाक़ी कामों में दुविधा में घिरे रहते थे। जीवन के छोटे-छोटे निर्णय लेने के लिए उन्हें दूसरों की मदद लेनी पड़ती थी, जब तक स्वयं से निर्णय लेने की हिम्मत आई तब तक बड़ी देर हो चुकी थी। अनिर्णय की स्थिति ने उनका बहुत कुछ बिगाड़ दिया था।

शादी हो जाने के बाद दिन सुनहरे होते, रातें चन्दन-सी।

देह के मिलन में समाज की स्वीकारोक्ति, सम्बन्धों की सरिता के सारे बाँध तोड़ देती है। रात और दिन कब समाप्त हो जाते, हमें पता ही नहीं चलता। शूटिंग से जिस दिन छुट्टी होती उसकी दोपहर कुछ ज़्यादा मादक होती। ढेर सारी बातें, बातें, फिर हम ही हम होते...मैं मनाती, यह समय ठहर जाए। सोचती, प्रेम के क्षण इतने क्षणिक क्यों होते हैं? क्यों सुबह झट से शाम बन जाती है; क्यों शाम फिर रात की स्याही ओढ़ लेती है? छत जिस पर चाँदनी छिटकी होती उस पर दो आकृतियाँ एक-दूसरे में खोती चली जातीं। कभी न ख़त्म होने वाला यह सफ़र निरन्तर चलता रहता।

मेरी शादी हो जाने के बाद अन्नू भैया को फ़ायदा हो गया था। पुरी बाबूजी ने सुबह-सुबह उनके घर जाना बन्द कर दिया था। सुबह सैर से लौटकर जब वे

घर आते तब मैं जल्दी से उनका नाश्ता बना देती, फिर उन्हीं के साथ बैठकर अख़बार पढ़ती।

एक दिन पुरी बाबूजी को नाश्ता देकर मैं अख़बार पढ़ रही थी। मेरे चेहरे पर धूप पड़ रही थी। उससे बचने के लिए कुर्सी पर बैठी-बैठी मैं अपना सिर इधर-उधर कर रही थी, लेकिन आलस के कारण उठकर पर्दे नहीं लगा रही थी। अचानक देखती हूँ, पुरी बाबूजी उठे और मेरे चेहरे पर आती धूप हटाने के लिए पर्दे लगा दिये। मेरा मन उनके इस प्रेम से द्रवित हो गया। मुझे अपने बाबूजी याद आ गए। मैंने एक बार उनसे कहा, "मैंने कहीं पढ़ा है कि काली मिट्टी बालों के लिए अच्छी होती है।" बस एक दिन दोपहर की चिलचिलाती धूप में पुरी बाबूजी एक बोरी लादे हाँफते हुए आए और बोरी घर में रख दी। पूछने पर पता चला कि दूर तालाब से काली मिट्टी लाए हैं, मेरे बालों के लिए।

उस पल मुझे लगा मेरे बाबूजी कहीं नहीं गए हैं, पुरी बाबूजी के रूप में मुझे फिर से मिल गए हैं। बड़ा प्यारा अनमोल रिश्ता था उनके साथ मेरा।

इस बीच, हम दिल्ली गए। अपने मित्र सुनील के घर ठहरे। उसकी पत्नी दिल्ली यूनिवर्सिटी में अंग्रेज़ी की प्रोफ़ेसर थीं। सुनील ने पुरी साहब के सामने एक प्रस्ताव रखा, एक सिगरेट का विज्ञापन था, लाख रुपये मिल जाते। पुरी साहब 'हाँ' बोलते, इसके पहले ही मैंने अपना मत पेश कर दिया, पुरी साहब को सिगरेट का 'एड' नहीं करना चाहिए—"आप एक ज़िम्मेदार एक्टर हैं, समाज को क्या देना है, आपकी ज़िम्मेदारी है।" पुरी साहब ने उसी समय कला फ़िल्मों के एक नामी निर्देशक को फ़ोन लगाकर पूछा। उन्होंने भी यह एड करने से मना कर दिया।

जीवन में अपने मत, अपनी समझ को एक-दूसरे से साझा करना रिश्ते को प्रगाढ़ बनाता है। कुछ भी करके पैसा कमा लेने की चाह मुझमें और पुरी साहब में नहीं थी।

पुरी साहब के बाबूजी का जाना

एक सुबह जब हम दोनों सो रहे थे अचानक फ़ोन की घंटी बजी। फ़ोन के.ई.एम. अस्पताल से था। पुरी बाबूजी का एक्सिडेंट हो गया था। मैं और पुरी साहब अस्पताल पहुँचे। जिस टैक्सी से उनका एक्सिडेंट हुआ था, उसी टैक्सी वाले ने उन्हें अस्पताल में भर्ती कराया था। अधेड़ उम्र का वह टैक्सी वाला वहीं था। उसका चेहरा उतरा हुआ था। हमारे सामने सवाल उठा, उसे पुलिस में दें या न दें? मैंने अपनी राय बताते हुए कहा, "अगर यह बाबूजी को छोड़कर भाग जाता तो? यह उन्हें लेकर आया है, यही अच्छी बात है। मेरे ख़याल से इसे पुलिस में नहीं देना चाहिए।" उस टैक्सी वाले को मेरे कहने पर छोड़ दिया गया।

हमारी शक्लें, खाने-पीने की पसन्द-नापसन्द और और भी कई चीज़ें माँ-बाप से आती हैं यह डी.एन.ए. की वजह से होता है। अपने माता-पिता से मुझे जो गुण मिले थे, उनमें एक यह कि मैं क्षमा करने में इस क़दर माहिर हो गई थी। इसे सब कमज़ोरी और कायरता मानने लगे थे। मैं भी सोचने लगी थी, क्या वाक़ई मैं कमज़ोर हूँ?

उस टैक्सी वाले को मैंने पुलिस में नहीं जाने दिया। बाद में मेरी इस सलाह पर बड़ा भारी विवाद छिड़ा। मैं महिलाओं की रसोई राजनीति की शिकार हुई। मैं अब किचन के न्यायालय में खड़ी होने वाली थी।

दरअसल, पुरी बाबूजी आर्मी में थे। इस वजह से वे कोलाबा के आर्मी कैंटीन जाते थे। वहाँ से उन्हें बाज़ार से सस्ते दामों में राशन का सामान और दवाइयाँ मिल जाती थीं। उस दिन इसी वजह से वे तड़के कोलाबा निकल गए थे। बारिश में सड़क पार करते हुए टैक्सी वाले की नज़र से चूक गए थे। इसलिए यह दुर्घटना हुई थी।

अस्सी साल की उम्र, उस पर डायबिटीज। पुरी बाबूजी को हमने सरकारी अस्पताल से निकालकर जसलोक अस्पताल में भर्ती करा दिया।

पुरी साहब को कनाडा शूटिंग में जाना था, वे मुझे भी ले जाना चाह रहे थे, लेकिन मेरा मन नहीं मान रहा था। मैं एक बाबूजी को खो चुकी थी, अब दूसरे को नहीं खोना चाहती थी। मैं रुक गई। पुरी साहब ने अपने बड़े भाई और भाभी को लुधियाना से बुला लिया था। मुझे सहारा हो गया था। पुरी साहब कनाडा चले गए।

पुरी साहब के सेक्रेटरी दुबेजी और मैं सुबह में जसलोक अस्पताल बाबूजी के पास चले जाते। सुबह सारे डॉक्टर मिल जाते थे बाबूजी की सेहत की पूरे दिन की जानकारी हमें मिल जाती थी। बाबूजी ज़्यादातर सोते ही रहते थे। कभी-कभी जब दवाइयों के असर से नींद खुलती तो मैं उनसे कुछ बातें कर लेती। दोपहर में वेद भाई और भाभी खाना लेकर अस्पताल चले जाते थे।

त्रिशूल से अस्पताल का रास्ता ट्रैफ़िक से भरा और कोई डेढ़-दो घंटे का था। मुझे वैसे भी कार या बस का सफ़र, वह भी भयंकर ट्रैफ़िक में कभी नहीं सुहाया। इसी कारण जोर बाग से मंडी हाउस तक छह-सात किलोमीटर की दूरी मैं रोज़ पैदल तय किया करती थी।

कुछ दिन की शूटिंग के बाद पुरी साहब भी लौट आए। काफ़ी दिन बीत गए थे। बाबूजी की तबीयत में सुधार नहीं हो रहा था और जसलोक का ख़र्चा भी बहुत था। पुरी साहब ने निर्णय लिया और बाबूजी आर्मी के अश्विनी अस्पताल, कोलाबा में भर्ती करा दिये गए। अभी कुछ ही दिन हुए थे कि एक सुबह फिर फ़ोन की घंटी बजी। पुरी बाबूजी नहीं रहे थे। मेरे लिए यह दूसरी बार बाबूजी का विछोह था।

अभी मैं फ़िल्मी नहीं हुई थी कि शोक-सन्देश के लिए बेहतरीन सफ़ेद कपड़ों

की नुमाइश करती, दुर्भाग्य से उस समय एक जींस और टी-शर्ट हाथ लगी और वही पहनकर मैं और पुरी साहब अस्पताल रवाना हो गए।

मैं हर्स वेन से लेकर श्मशान तक की व्यवस्था दौड़-दौड़कर सँभाल रही थी। पुरी बाबूजी को घर लाया गया। घर में वही स्पेशल बाई, भाभी और मातमपुरसी में आईं बिल्डिंग की महिलाओं को सँभाल रही थी। यह बाई कई सालों से त्रिशूल में थी, इसलिए सभी इसे ही पहचानते थे। मेरे लिए सभी अजनबी थे।

महिलाएँ सत्संग और रोने में व्यस्त थीं, लेकिन रोते हुए जब वे कोई बात कर रही होतीं तो अचानक सामान्य हो जातीं। निन्दा का मार्केट पूरी तरह सजा हुआ था, उनके रडार पर मेरे सुबह के कपड़े—जींस और टी शर्ट—थे, उन्हें बदलने का न तो मेरा मन था, न समय और न तमन्ना। बस यहीं से किचन राजनीति शुरू हो गई, जिसकी सरगना थी वही बाई, जो अपनी अदृश्य कुर्सी की लड़ाई में साम-दाम दंड-भेद की नीति अपना रही थी, जिसका मुझे पता न था।

मेरे बाबूजी की बरसी आ गई थी, झालावाड़ में माँ अकेली थीं, मैं दो दिन के लिए उनके पास गई। बस, इन्हीं दो दिनों में कांड हो गया। पुरी साहब के कान भरे जाने लगे, हमारे पुरी साहब थे भी कान के कच्चे, उन्हें हर तरह की महिलाओं का और हर तरह का सत्संग बहुत भाता था।

इन्हीं महिला विभूतियों ने मेरी अनुपस्थिति में पुरी साहब से मेरी शिकायतें कीं। मुझ पर इतने टुच्चे इल्ज़ाम उनकी सफ़ाई देने में भी शरम आए। मसलन, पुरी साहब के कनाडा प्रवास के दौरान मैं पुरी बाबूजी को देखने अस्पताल न जाकर दिन-भर टीवी देखती रहती थी; पुरी साहब के भतीजों को टीवी नहीं देखने देती थी; वग़ैरह-वग़ैरह।

झालावाड़ से आते ही पुरी साहब मुझसे बिलकुल महिलाओं की तरह तानों में बात करने लगे। मसलन, 'हाँ-हाँ, आप तो दिन-भर टीवी देखो; आपको किसी के जीने-मरने से क्या; आपको तो बस टीवी मिल जाए।' सवाल भी करें तो इस तरह मानो मैं कोई अभियुक्त हूँ। सवाल और उनके पूछने के ढंग से मैं तिलमिला गई। पुरी बाबूजी का दुख और अपने ऊपर लगे बौने इल्ज़ाम लिये, बिना पुरी साहब की बात का जवाब दिये, मैं ग़ुस्से से अन्नू भैया के घर, चार बँगला चली गई।

दो दिन बाद पुरी साहब मुझे मनाने आ गए। मैं वापस अपने घर त्रिशूल चली गई। इसी बीच बच्चे (पुरी साहब के भतीजे) हमारे साथ त्रिशूल में रहने आ गए थे। भरा-भरा घर मुझे अच्छा लग रहा था।

बाई कांड

मेरा जीवन अनिद्रा के रोगी-सा है। इधर-उधर करवटें बदलता रहता है।

घर में सदस्य बढ़ गए थे। भारतीयों को काम करने वालों की आदत होती है। मैं बम्बई में गृहस्थी में नई थी।

यहाँ मैं अपनी पाठक महिलाओं को सलाह देना चाहती हूँ कि यदि वे अपना वर्चस्व ससुराल में जमाना चाहती हैं तो सदैव नौकर अपने 'पाले' के रखें, वरना मेरी तरह बाद में हार का मज़ा चखना पड़ेगा। अरे भई, जैसे मिनिस्ट्री बदलते ही अफ़सरों के तबादले हो जाते हैं, मंत्री अपने अफ़सरों को रखते हैं, बस वैसे ही।

मेरे जैसा महा-मूर्ख, बाई-भाभी पॉलिटिक्स का खेल क्या जाने? सो, भैया मुँह की खाने के दिन आने वाले थे। बाई, वह भी स्पेशल? क्या कहना। अचानक बाइयों का टोटा पड़ गया। सिरे से सारी घर पर काम करने वाली बाइयाँ ग़ायब। झाड़ू, पोंछा, बर्तन, कपड़े, खाना और वह भी छह-सात लोगों का? यह राज़ तो मुझ पर बाद में खुला कि यह सोची-समझी साज़िश थी, किचन पर आतंकी हमले की। इस साज़िश के तहत एक दिन अचानक स्पेशल बाई घर पर काम करने वापस आ गई।

उस दिन के बाद से वह घर, मेरा घर नहीं रहा।

मुझे क्या पता था कि राजनीति में उच्चाभिलाषी, रसोई मंत्री पद के दावेदार मेरे जैसी नौसिखिया की ज़मानत ही ज़ब्त करवा देंगे।

एक दिन मैं चाय बनाने किचन में जा रही थी कि बाई ने बड़े रूखेपन से रोका, "ए, किचन में चप्पल नहीं।" मैं ठिठक गई। मेरी समझ में नहीं आया कि बाई के इस व्यवहार का जवाब मुझे कैसे देना चाहिए। तभी पुरी साहब हँसकर बोले, "यह हम सबको भी चप्पल लेकर अन्दर नहीं आने देती।"

पुरी साहब द्वारा उसका पक्ष लिया जाना, मुझे पसोपेश में डाल गया। मैं उसे कुछ कहे बिना, अपने ग़ुस्से को दबाए, कमरे में आ गई।

बाई दिनोंदिन वाचाल होती जा रही थी।

त्रिशूल में दो बेडरूम, एक बड़ा-सा हॉल, एक रसोई और एक बड़ी-सी टेरेस थी। पुरी बाबूजी के कमरे और बाथरूम पर बाई का क़ब्ज़ा था। एक दिन जब पुरी साहब शूटिंग पर गए हुए थे; दोपहर का समय था; मैं अपने कमरे में लेटी हुई थी, तभी बाई हमारे बाथरूम से नहाकर धड़ल्ले से सीधे मेरे कमरे में आई। उसने पुरी साहब का तौलिया अपने गीले बालों पर लपेटा हुआ था। मुझे घूरते हुए उसने पुरी साहब की अलमारी खोली, उनके एक पाजामे से नाड़ा निकाला और अपने पेटीकोट में वहीं खड़े होकर डालने लगी। इस दुस्साहस का सामना करने का उस समय मुझमें साहस नहीं था।

जंगल में जैसे जानवर अपनी सीमा निर्धारित करते हैं, यहाँ भी वही हो रहा था। इतनी तुच्छ बात के लिए मेरा कुछ कहना उसकी बराबरी करना था। मैं भी अपने सम्मान को बचाने की युक्ति ढूँढ़ रही थी। इस लड़ाई में भाग लेना ही मुझे अपनी

बेइज़्ज़ती प्रतीत हो रही थी। सारा काम उसके ज़िम्मे था। मैं इस घर और शादीशुदा ज़िन्दगी, दोनों ही में नई थी।

मैंने पुरी साहब को बाई के अजीब और बदतमीज़ी वाले व्यवहार के बारे में बताया जिसका जवाब मुझे इस तरह मिला, "तुम्हारे अलावा बाई से किसी और को तो कोई समस्या नहीं है।" साथ ही मुझे कहा गया कि मैं उन दोनों के भूतकाल के सम्बन्धों के कारण उससे डाह करती हूँ।

"सीमा आपका समाजवाद कैसा समाजवाद है? एक सर्वहारा को आप घर से निकालकर बेघर करना चाहती हैं? उसके छोटे-छोटे बच्चे हैं। साम्यवादी, मार्क्सवादी होने के बावजूद एक सर्वहारा के पेट पर लात मारना, क्या यही आपके मार्क्सवाद ने सिखाया है?"

वे बात तो सही कह रहे थे पर ग़लत क्यों लग रही थी, मेरी समझ में नहीं आ रहा था।

मैं मार्क्स की किताबों में ढूँढ़ रही थी कि बाइयों को कैसे हैंडल किया जाए? मुझे तो कहीं ढूँढ़े से नहीं मिल रहा था वह चैप्टर जो बाइयों पर हो और ऐसी बाई पर जो अपने-आपको घर की मालकिन समझे। मैं रूस का ज़ार भी नहीं थी। फिर भी वह बाई मुझे नेस्तनाबूद करना चाहती थी। सर्वहारा वर्ग ने क्रान्ति कर ज़ार को बेदख़ल कर लिया था। वह तो हमें बड़ा अच्छा लगा था परन्तु यह सर्वहारा मुझे क्यों अच्छी नहीं लग रही थी? मैं समझ नहीं पा रही थी।

अचानक यह सर्वहारा बाई अपनी पूरी तनख़्वाह से पाँच सितारा होटल ताज से बाल कटवाकर आ गई। उन दिनों मेरे भी बाल बड़े स्टाइल में कटे हुए थे।

यह कैसी सर्वहारा है जो मुझसे होड़ कर रही है? उसका कटु व्यवहार असहनीय होता जा रहा था। मार्क्सवादी होने का ऐसा ख़मियाज़ा भुगतना पड़ेगा, मैंने मार्क्सवादी बनने से पहले सोचा नहीं था, वर्ना क़सम से, मैं न बनती कम्युनिस्ट!

एक बार तो ग़ज़ब ही हो गया। एक दिन शाम को घर में पन्द्रह-बीस लोग खाने पर आ रहे थे। पुरी साहब का घर में नहीं होना, एक तरह के शीतयुद्ध का आग़ाज़ होता था। मैंने भी सोच लिया था, घर की उलट-फेर करूँ तो शायद दिमाग़-ए-शरीफ़ में कुछ नुस्खे आएँ। दिन-भर अकेली ही सुबह से घर के फ़र्नीचर की उठापटक में लगी रही। मजाल है जो किसी और ने एक पत्ता भी हिलाया हो। इसी बीच, मैंने झींगा मछली को अपने स्टाइल का मसाला लगाकर रख दिया। अलग-अलग तरह के व्यंजन, माँ के तरीक़े से भूनने को चढ़ा दिये।

शाम हो चली थी। पुरी साहब के आने का समय हो रहा था। अच्छी पत्नी की तरह सारा काम समेटकर मैं बाथरूम में तैयार होने चली गई। बाहर निकलकर देखती हूँ कि पुरी साहब अन्दर आ चुके हैं और साफ़-सुथरे घर में बाई झाड़ू लिये सफ़ाई कर रही है। किचन से खाने का सामान बाहर निकला हुआ था और वह

किचन में कुछ कर रही थी, यानी यह साबित किया जा रहा था कि सारी सफ़ाई और खाना उसने बनाया था। मेरे बनाए सामान पर देसी मुहर! मैंने सोचा कोई बात नहीं, हमारे यहाँ तो वैसे भी चलन है। भारत में बनी चीज़ पर ठप्पा मेड इन जापान का। पुरी साहब मुझे देखते ही बोले, "कमरे से बाहर तो निकलो," मानो मैं पूरा दिन अन्दर ही थी, वे बोले, "देखो सीमा बाई ने सारा घर व्यवस्थित कर दिया। और इतने लोगों का खाना भी बना लिया है!" मैं भौचक रह गई।

मेहमान बाई के प्रॉन की मुझसे ही तारीफ़ कर रहे थे। मेहमान वही थे जिन्हें बाई कई सालों से जानती थी। वह उन्हें प्रॉन में डाले गए मसालों का व्योरा दे रही थी। मेरी समस्या यह थी कि अगर मैं मेहमानों से कहती भी कि यह खाना मैंने बनाया है तो लोग समझते कि मैं उसके बनाए खाने को अपना बताकर झूठी तारीफ़ बटोरना चाहती थी। मैंने चुप रहने में ही अपनी ख़ैरियत समझी।

मैं पसोपेश में थी। अगर मैं उसे निकल जाने को कहती और पुरी साहब उसे काम से नहीं निकालते तो उसके सामने मेरी क्या हालत होती? वैसे भी वह सीधे मुझ पर प्रहार नहीं करती थी। पर उसके तरीक़े आजकल के डेली सोप टाइप सीरियल की तरह ही थे। आज के दौर में जब कभी भाभियों के कारण इत्तफ़ाक़ से टीवी देख लेती हूँ तब मुझे लगता है कि महान डेली सोप की रचनाकार तो वह बाई थी। उसने जिस कालजयी रचना का सृजन किया, वह हर युग में 'समसामयिक' है।

मेरी पराजय वह भी बाई से? मैंने महाराणा प्रताप की तरह युद्ध करने के बजाय, कलिंगयुद्ध के बाद सम्राट अशोक की तरह तलवार फेंक दी और झालावाड़ चली गई।

मैं अपनी तुच्छ समस्या किसी को बता नहीं सकती थी और ख़ुद कॉमरेड सीमा हैंडल नहीं कर पा रही थीं। कुछ तो माँ के अकेलेपन ने और कुछ बाई के कारण मैं एक साल में दो बार झालावाड़ हो आई थी। मैं स्वीकार करती हूँ कि मैं पलायनवादी थी।

आज सोचती हूँ उस बाई का क्या दोष था? इतने बड़े नामी इनसान ने उसकी देह को स्वीकार किया था, उसके हाथों पूरा घर सौंपा था। उसने भी शायद एक सपना देख लिया होगा, अपनी सामर्थ्य से ज़्यादा और अब उस स्वप्न की सबसे बड़ी बाधा बन गई थी, मैं। पुरी साहब के जीवन में वह जो स्थान चाहती थी, वही मुझे मिल गई थी; उसे लगता था, जिस कुर्सी पर वह पहले से आसीन थी अब वह मैंने छीन लिया था।

सम्मान का स्वाद बड़ा जानलेवा होता है। उसने भी बड़े आदमी की पत्नी होने का स्वप्न देखा होगा पर जिस व्यक्ति ने उसकी देह स्वीकार की, वही व्यक्ति उस स्त्री को पत्नी स्वीकार करने में क्यों असमर्थ था?

उस समय अगर मेरी समझ आज जितनी होती तो मैं मन-ही-मन व्यथित होने की जगह, बाई के प्रति दुख से भर जाती।

पुरी साहब ने एक बार फिर उसका स्थानान्तरण अपने भतीजों के साथ 'पायल' में कर दिया। मुझे उनके भतीजों का घर में रहना अच्छा लगता था परन्तु यह 'पैकेज डील' मुझे नहीं भा रही थी। मेरे मन में हमारे रिश्ते के प्रति अजीब-सी उदासीनता आ गई थी। दो बार किसी और बात पर बहस करके मैं अन्नू भैया के घर भी हो आई थी। इस पूरे बाई-भाभी यानी महिला कांड में मेरा रस नहीं था। उस समय की बातें आज की 'किचन पॉलिटिक्स' का वास्तविक रूप थीं। उन बातों के सूक्ष्म विवरण में जाकर क्या करूँगी? अशोक कलिंग हार चुका था।

हमारे रिश्ते के छोटे-से समय में ये सब हादसे आते जा रहे थे। पुरी साहब को काम भी बहुत मिल रहे थे। अचानक फ़िल्मों की बाढ़-सी आ गई थी। 'नरसिंहा' फ़िल्म में उन्हें मुख्य खलनायक की भूमिका मिली थी। बाहर की व्यस्तता, घर की भावनात्मक खींच-तान, किचन पॉलिटिक्स के बीच हम दोनों को अपने लिए समय ही नहीं मिल रहा था। मैं दिन-भर पढ़ती रहती। सोचती, जल्दी काम में व्यस्त हो जाऊँ, तभी शायद इन उलझनों से मुक्त हो सकूँगी। इसी सिलसिले में दिल्ली गई। मेरा और पुरी साहब का रुकना अक्सर सुनील के घर होता था। सुनील की पत्नी समझदार और व्यवहार-कुशल थी, उसने हम दोनों को कभी वहाँ असहज नहीं महसूस होने दिया।

हॉलीवुड की फ़िल्म 'सिटी ऑफ़ जॉय'

अचानक घर में हलचल मच गई थी। पुरी साहब का 'ऑडिशन' लेने हॉलीवुड से कास्टिंग डायरेक्टर प्रिसिला जॉन आई थीं। उनकी बड़ी आवभगत हो रही थी। अमेरिकन इंग्लिश ने मेरी तो जान ही निकाल दी थी। वह तो शुक्र था परवरदिगार का कि उसने मुझे बड़ा अच्छा दिमाग़ दिया था। चेहरे के भाव से 'हाँ' या 'न' में मुस्कराकर जवाब दे देती थी।

बहुत-सी पार्टियों और अच्छे ऑडिशन से, पुरी साहब को फ़िल्म 'सिटी ऑफ़ जॉय' मिल गई। हॉलीवुड के रोलैंड जेफ्फ उसे निर्देशित कर रहे थे। पुरी साहब फ़िल्म की तैयारी में व्यस्त हो गए। कलकत्ता में शूटिंग थी। पुरी साहब के व्यावसायिक जीवन का यह बहुत बड़ा मोड़ था। फिर से चर्चा हुई कि मैं लकी हूँ। लेकिन दुर्भाग्य मेरी राह देख रहा था।

फ़िल्म 'सिटी ऑफ़ जॉय' की शूटिंग के दिन, मेरे जीवन के सबसे दुखद दिन थे। इस फ़िल्म ने मेरे जीवन को बदलकर रख दिया। पुरी साहब इस फ़िल्म की शूटिंग के लिए कलकत्ता चले गए। मुझे कुछ दिन बाद उनके पास जाना था। काम

के सिलसिले में मेरी दिल्ली की भाग-दौड़ चल रही थी। बाबूजी का जाना, उस पर घर में चलते बाई-धारावाहिक ने मुझे थका दिया था। मैं थोड़े समय के लिए अकेले रहना चाह रही थी। बाई भी दूसरे घर में थी। हाँ बाई की माँ अभी हमारे घर में ही काम कर रही थी। बेचारी सीधी-सादी औरत थी। घर में सिर्फ़ मैं और वह, दो ही जन थे।

मैं दो बार कलकत्ता हो आई थी। पुरी साहब दिन-रात शूटिंग करते, मैं या तो शूटिंग देखती या होटल के कमरे में उनका इन्तज़ार करती। मेरा मन नहीं लग रहा था। मैं अपने-आपको बेकार-सा महसूस कर रही थी। अभी तक का जीवन काम करते बीता था। बेकारी मुझमें हमेशा ऊब पैदा करती थी, फिर भी मेरा कलकत्ता आना-जाना लगा रहता था। कलकत्ता में मेरे पास सिवाय खाने,सोने और शूटिंग देखने के कोई काम नहीं था। पैसे पास थे नहीं कि मैं कुछ ख़रीदारी कर लेती। पुरी साहब से माँगना मुझे अच्छा नहीं लगता था। घर का राशन, सब्ज़ी, दूध और बाइयों का हिसाब वे ख़ुद बड़ी अच्छी तरह सँभाल लेते थे। मैं इन्तज़ार कर रही थी कि वे कब यह भार मुझे सौंपें और वे शायद इस इन्तज़ार में थे कि मैं कब उनसे यह भार ले लूँ। ख़ैर, भार का आदान-प्रदान होने से पहले ही जीवन ने कई मोड़ ले लिये। मेरा आना-जाना बम्बई से कलकत्ता लगा रहता। मुझे पता ही नहीं चला कि कब रिश्ते की डोर हाथ से छूट गई।

मैं बाई की खाई से निकलकर पुरी साहब के नये कांड की खन्दक में जा गिरी वहीं अटक गई।

पुरी साहब का बाल कांड

मेरे कलकत्ता प्रवास में कुछ घटित हो गया। मैं वहाँ थी। हम हँस भी रहे थे... खा भी रहे थे...फ़िल्म के मुख्य कलाकारों के साथ गा और बतिया भी रहे थे...देह के रस में लीन भी हो रहे थे। परन्तु मुझे पुरी साहब में 'वह' पुरी साहब नज़र नहीं आ रहे थे। कुछ था, जो नहीं था। मैं उस 'कुछ' को पकड़ नहीं पा रही थी।

कलकत्ता में एक रात पुरी साहब के शूटिंग पर चले जाने के बाद मैं होटल के कमरे में अकेली रह गई। आठ या नौ बजे होंगे। तभी दरवाज़े पर सरसराहट हुई। मैंने देखा एक कार्ड दरवाज़े से अन्दर ज़मीन पर कोई सरका गया था। मैंने दौड़कर दरवाज़ा खोला। कोई नहीं था। शायद भाग गया था। छोटे-से कार्ड पर गुलाबी लिपस्टिक से होंठों का चुम्बन अंकित था। पुरी साहब के जीवन में किसी स्त्री के प्रवेश की आहट की मुझे सौगात दी गई थी। वैसे इस बात की आहट मुझे पहले ही मिल गई थी, बस पता बाद में चला। यह नन्दिता चौधरी थी। जब मैंने पुरी साहब से उस कार्ड का माजरा जानना चाहा तो वे बोले, "देखो तो, कैसे

पीछे पड़ जाती हैं लड़कियाँ। अब कोई सँभले भी तो कैसे?" वह मज़ाक़ में कह रहे थे लेकिन मैं उन शब्दों में सच्चाई देख रही थी। मुझे लगा, मैं कुछ ज़्यादा सोच रही हूँ।

फिर सब कुछ सामान्य हो गया। हमारा रिश्ता और प्यार। पर न जाने क्यों, मेरे मन में उदासी-सी उतरती जा रही थी। मेरा वहाँ रहना पुरी साहब को खिन्न कर रहा था जबकि पहले वे मुझे कलकत्ता ले जाने के लिए उतावले थे।

कलकत्ता में इस फ़िल्म के लिए झोंपड़पट्टी का एक बहुत भव्य सेट लगाया गया था। हम लोग होटल ओबेरॉय में ठहरे हुए थे। सेट वहाँ से दूर था। मैं सेट पर थी। उस फ़िल्म का मुख्य कलाकार हॉलीवुड स्टार पेट्रिक स्वेज़ी शायद बौद्ध धर्म में विश्वास रखता था। एक दिन उसने मुझे देखकर पुरी साहब से कहा, "ओम आपकी पत्नी का चेहरा कितना स्निग्ध है, जैसे नन्हा बुद्ध हो।" खिन्न होकर पुरी साहब उससे बोले, "मुझे तो यह तानाशाह लगती हैं।"

अजीब लगा था मुझे; लगा, कुछ ऐसा था जो खो गया था।

पुरी साहब सेट पर चले गए थे, मैं अकेली होटल में थी। इस फ़िल्म की मुख्य किरदार का कमरा हमारे कमरे के बगल में ही था। उन्होंने मुझे अपने पास बुला लिया, उनकी एक मित्र भी आई हुई थी। हम लोगों ने साथ-साथ खाना खाया, बातों-बातों में अचानक वे बोलीं, "सीमा, क्या तुम बच्चा पैदा करने के ख़िलाफ़ हो?" मैंने ताज्जुब से कहा, "नहीं तो, हाँ एक सोच है हम दोनों की जब दुनिया में इतने अनाथ बच्चे हैं तो हम क्यों पैदा करें? हम बच्चा गोद लेंगे।" वे बोलीं, "लेकिन ओम तो बच्चा चाहते हैं। वह कह रहे थे कि सीमा बच्चा नहीं चाहती।" मैंने हँसकर कहा, "नहीं, यह हम दोनों की सहमति की बात है। मेरे अकेले का निर्णय नहीं। इस बारे में बात हुए भी बरसों हो गए। नये सिरे से तो कोई बात हुई ही नहीं।" मेरा उत्तर सुनकर वे थोड़ी चिन्तित दिखीं।

उस रात जब पुरी साहब शूटिंग से लौटे तो मैंने बातों-बातों में पूछा कि आपने यह क्यों कहा कि सीमा बच्चा पैदा करना नहीं चाहती और आप बच्चा चाहते हैं? पहली बात, इस बारे में हमारी शादी के बाद तो कोई बात हुई ही नहीं और शादी के बहुत पहले मैंने जब आपसे कहा था कि दुनिया में इतने अनाथ बच्चे हैं, मैं उन्हें गोद लूँगी, पैदा नहीं करूँगी, तब आपने कहा था कि "आपका भी यही मानना और यही सोच है। फिर यह बात कि मैं बच्चा नहीं चाहती और आप चाहते हैं, कहाँ से आई?"

मेरे आश्चर्य की कोई सीमा नहीं रही जब पुरी साहब ने मेरे ही मुँह पर मुझे झूठा साबित किया और कहा, "बिलकुल नहीं! आप बच्चा नहीं चाहतीं, मैं तो चाहता हूँ। आप मना करती हैं।"

मेरे सामने अकेले में, मुझे ही झूठा साबित किया जा रहा था। मैं समझ नहीं

पा रही थी कि वे ऐसा क्यों कर रहे हैं? लोगों को क्या साबित करना चाह रहे हैं?

'सिटी ऑफ़ जॉय' की शूटिंग का कलकत्ता वाला हिस्सा ख़त्म हो गया। हम बम्बई लौट आए।

मैं और पुरी साहब होटल होराइजन में मेम्बर थे, रोज़ वहाँ स्विमिंग के लिए जाते थे। मेम्बरशिप कार्ड की लास्ट डेट आ रही थी। मैंने पूछा, "कब की लास्ट डेट है?" वे बड़े रहस्य से बोले, "अब इसको आगे बढ़ाने की ज़रूरत नहीं है।" मैं समझकर भी अनजान बन गई। वे चाह रहे थे, कुछ झगड़े हों। पर मेरे मौन ने बात को आगे नहीं बढ़ने दिया।

यह बदलाव धीरे-धीरे बढ़ने लगा था। मैं देख रही थी, वे शनैः-शनैः मुझसे दूर जा रहे थे। अचानक एक दिन पुरी साहब ने मुझे कहा, "तुमने जो झालावाड़ का मकान बनवाया है उस पर कितना और बनना बाक़ी है?" मेरा मकान तो पूरा ही बना हुआ था। बस थोड़ी-बहुत सजावट की बात थी। अचानक पुरी साहब ने मेरे हाथ पर दस हज़ार रुपय रखे और कहा, "तुम जाकर झालावाड़ का मकान बनवा लो।" मैं उनका मुँह देखने लगी। क्या वे मुझे भेजना चाह रहे थे? या सच में उन्हें मकान की फ़िक्र थी? मुझे क्या पता था कि किसी और स्त्री को घर पर बुलाया जा रहा था, जिससे उनका सम्बन्ध कलकत्ता में हो गया था और यह वही नन्दिता चौधरी थी।

मैं झालावाड़ तो चली गई लेकिन मेरा मन वहाँ नहीं लगा।

मैं लौटकर बम्बई आ गई। घर का माहौल पूरा बदल चुका था। पुरी साहब बहुत तनाव में थे। मेरे पूछने पर उन्होंने बताया, "फ़िल्म 'नरसिम्हा' अच्छी नहीं गई।" इस फ़िल्म में वे मुख्य खलनायक थे। इस फ़िल्म के नहीं चलने से उनके करियर पर नकारात्मक असर पड़ सकता था। मगर बात असल में कुछ और थी, कोई आकर रहा और चला गया था, जाते-जाते अपनी निशानी छोड़ गया था।

झालावाड़ से आने के बाद मैं पुरी साहब की अलमारी की सफ़ाई कर रही थी। मुझे किसी महिला का अन्तर्वस्त्र मिला। मैंने वह वस्त्र उनके सामने फेंक दिया। उनके पास कोई जवाब नहीं था। हमारा वाक्-युद्ध चला। मैंने उनसे बात करनी बन्द कर दी थी। इसके अलावा मेरे पास कोई हथियार नहीं होता था। इसी युद्ध के दौरान वे 'सिटी ऑफ़ जॉय' की शूटिंग के लिए जयपुर चले गए।

मैं फिर से काम शुरू करना चाहती थी। इसलिए एक नया सीरियल जमा करवाने दिल्ली चली गई। मैं सुनील के घर ठहरी हुई थी। पुरी साहब का फ़ोन आया। उन्होंने बड़े निर्भय होकर मुझे अपने नये रिश्ते के बारे में बताया। मैंने उनसे पूछा, "आप मुझसे क्या चाहते हैं?" उन्होंने कहा, "मैं तुमसे अलग होना चाहता हूँ।"

फ़ोन रखने के बाद मैं बड़ी देर तक सिर पकड़े बैठी रही। मेरे दोस्त दम्पती ने

मुझे सांत्वना दी। मेरी समझ में कुछ नहीं आ रहा था, कहाँ ग़लती हो गई थी? क्या मैं परिस्थिति को सही ढंग से सँभाल नहीं सकी थी? मैं अपराध-बोध में डूबती जा रही थी। मुझे इस दुख से निकालने के लिए सुनील ने कहा, "मेरे विचार से यह पुरी साहब की धमकी मात्र है। वे शायद तुम्हें असुरक्षित कर, तुम्हारा ध्यान चाहते हैं। उन्हें तुमसे ज़्यादा अपेक्षाएँ हैं जो तुम पूरी नहीं कर पा रही हो। तुम्हें अपने काम के बदले अब उन पर ध्यान देना चाहिए।"

मैं सोच रही थी, हर रिश्ते को सँभालने का काम क्या औरत का ही होता है? मित्र की बातों को मैं सुन रही थी लेकिन मेरा दिल कुछ और ही कह रहा था।

मुझे पुरी साहब की आवाज़ में सच्चाई नज़र आ रही थी। उनकी आवाज़ में मैंने एक जुनून महसूस किया था। मैं सोच भी नहीं सकती थी कि पुरी साहब मेरे प्रति कभी इतने उदासीन और पत्थर हो जाएँगे। मुझे यक़ीन हो चला था कि हमारे रिश्ते पर नज़र नहीं आने वाले प्रेत की छाया पड़ गई थी। शादी के बाद जैसे-जैसे मेरा प्रेम प्रगाढ़ होता जा रहा था वैसे-वैसे पुरी साहब की कुछ और की तलाश शुरू हो गई थी।

मेरे मित्रों का मानना था कि उन्होंने पुरी साहब की आँखों में मेरे प्रति जो प्रेम और स्नेह देखा है उसका कम होना असम्भव था। वैसे भी अगर रिश्ते को बचाना है तो बच्चे के बारे में सोचना चाहिए। परिवार बढ़ाना चाहिए। यही सीख और मन में अपने रिश्ते को बचाने की चाह और विश्वास लिये मैं जयपुर उमराव दादा के पास पहुँच गई।

माँ-बाबूजी के चोरों वाले हादसे के समय उमराव दादा झालावाड़ में कलेक्टर थे। उस समय अन्नू भैया की उन्होंने बहुत मदद की थी। उनका पूरा परिवार माँ और बाबूजी को बहुत प्यार करता था। तब से ही मैं उन्हें राखी बाँधने लगी थी।

जयपुर में पुरी साहब होटल जय महल में ठहरे हुए थे। हमें पता चला, वे जयपुर से पचास मील दूर शूटिंग कर रहे हैं, शाम को होटल आएँगे। हम लोग शाम को होटल पहुँच गए। हमें देखने के बावजूद पुरी साहब उदासीन-से बने रहे। उमराव दादा और उनके परिवार को उन्होंने चाय के लिए भी नहीं पूछा, जबकि उनसे पुरी साहब की बड़ी दोस्ती थी। वे लोग मुझे छोड़कर घर लौट गए। उनके जाते ही पुरी साहब ने मुझे गले लगा लिया। उनके गले लगाने का जो भाव था उसमें स्नेह, प्रेम, अपनापन सब कुछ था। उनके बेतहाशा प्यार करने से मेरा सारा डर, शंकाएँ, घबराहट सब दूर हो गए। उनके स्पर्श मात्र से मेरा सारा बोझ उतर गया। उस दिन मैंने उन्हें धीरे से कहा था, "अब हमें परिवार बढ़ाना चाहिए।" शायद दीवारों के भी कान होते हैं, उसी तरह ब्रह्मांड भी सुनता है, देह भी सुनती है। उस रात मेरी देह ने मेरे मन की बातें सुन ली थी। शायद उसी दिन सारे अस्तित्व ने मन बना लिया था किसी को मेरी देह में, भेजने का।

दीव की यात्रा और पुरी साहब का दूर चले जाना

हम फिर से बम्बई आ गए। पुरी साहब के प्रेम ने सारी सीमाएँ लाँघ दी थीं। अब वे पूरी तरह मैदान में उतरकर युद्ध के मूड में थे।

मैंने देखा है, जब आपके साथ दोस्त न हों, आप अपने संघर्षरत भाई को अपनी गृहस्थी के दुख न देना चाहती हों, तब आपकी ताक़त खोखली हो जाती है। इस स्थिति में इनसान अकेले से और अकेले और कमज़ोर होता चला जाता है। इस तरह की लड़ाई न मैंने घर में देखी थी और न मैं लड़ सकती थी। कभी-कभी रास्ता ढूँढ़ने में हमें इतनी देर हो जाती है कि सब कुछ हाथ से छूट जाता है। मेरे साथ भी यही हुआ।

प्रेम के जुनून में अब बदतमीज़ी भी आ गई थी। आँख की शरम और पानी मर गया था। अब मेरे सामने ही पुरी साहब की नई प्रेमिका के कलकत्ता से रोज़ फ़ोन आते। मैं दम साधे बैठी रहती। मेरे ही सामने पुरी साहब बात करते, कभी झुँझलाते। मैं ख़ामोश थी। मैं उन्हें झगड़े का कोई अवसर नहीं देना चाहती थी।

पुरी साहब दीव की शूटिंग के लिए रवाना हो गए।

श्याम बेनेगल की फ़िल्म स्वाध्याय आन्दोलन पर बन रही थी।

एक बार अन्नू भैया ने कहा था, "क्या तू खद्दर पहने रहती है? अरे, पति के सामने तो ज़रा बन-ठन के साड़ी-वाड़ी पहना कर।" मुझे लगा यही पुरुष की मानसिकता है। स्त्री का सजना-सँवरना ही पुरुष को भाता है। यह दूसरी बात है कि पुरुषों का ख़ुद बिना मंजन के स्त्री को चूमते हुए बदबू की यातना देते रहना चलता है। क्या स्त्री होने का ख़मियाज़ा भुगतना ही पड़ता है?

सारे शास्त्र भी विरोधाभासी बातें करते हैं—शरीर तो गौण है! आत्मा न स्त्री है न पुरुष! तो क्या, स्त्री का शरीर बिना आत्मा के चलता है? और यदि उसके पास आत्मा है तो फिर स्त्री दोयम दर्जे की क्यों? मैं भी दोयम दर्जे की थी। इसीलिए शायद अपने पुरुष द्वारा छोड़ दिये जाने का डर मुझे उसको रिझाने के उपाय ढूँढ़ने के लिए मजबूर कर रहा था।

ऋषि दा, (ऋषिकेश मुखर्जी, प्रसिद्ध निर्देशक), माँ, हीरा दीदी ने जो साड़ियाँ शादी में दी थीं, उन्हें मैंने पैक किया और हिम्मत कर दीव के लिए रवाना हो गई।

बचपन का वही डर मुझे घेरे हुए था। वह जो अपना था, आज किसी और का लग रहा था। यह 'अजनबीयत' जानलेवा थी।

मैं जैसे ही दीव पहुँची, देखा, पुरी साहब फुटबाल खेल रहे थे। मुझे देखकर बोले, "आ गईं।" सब कुछ सामान्य-सा दिखने पर भी सामान्य नहीं था। वे दिन-भर शूटिंग करते और मैं उनके बैग में रखी नन्दिता की सारी चिट्ठियों को बार-बार पढ़ती।

June 4, 1991

10

My dearest baby,

How are you? I miss you. I'm dying to squeeze and hug you and pull your cheeks. I hope you're looking after yourself and everything's fine out there.

I'm much better now. Crawling back to normalcy. And a bit of work too. I've done a small piece on Dhulikhel. Right now I'm writing on the Kumari Worship. By this week I propose to have a few articles under my belt. And next week I should be knocking at the various newspaper offices.

Incidently, my neighbour's phone no. has changed to electronic. The new no. is 405392. Ask for Srimoti or Raja & tell them to call me. A bit of bad news — I'm having problems with our phone. They are going to disconnect our line (as if is its dead) as it is registered under my late uncle's name, though we've been paying the bill for years. Today I'd been to the exchange and they were giving me all the shit of electronic etc. etc.. Basically, they want money. Anyway, I'm already going to apply for a new phone to be on the safe side. Trying to pull some journalistic strings too. But what's worse is all my work's going haywire because of it. Loadshedding and phones – two reasons why I hate Cal. Right now there's been some respite from loadshedding, thanks to the elections. Touch wood!

I've been out of circulation, socially. But I'm enjoying this period of relaxation. Tomorrow I'll be going out for a Truffaut film at Nandan. The weather's quite hot and humid, though it rained a bit, didn't help much. How's things out there?

Its around 10.30 p.m. and mummy's gone to bed. I suddenly felt the urge to talk to you and touch you. Hence I'm writing. I hope by now you must have got my previous letter. To phir hal: kaisa hai janab ka? You're not keeping your promise. You're suppose to write once a week. Not necessarily by speed post. Just ordinary post. But write you must. Alyque's (Padamsee) ~~has~~ sent me a telegram and a letter in the past one week. But my Om hasn't even sent me a post card. But I still love him so much. I don't know why.

Sorry for boring you with all the crap. Just felt like talking to you. So goodnight (you must be yawning by now). And take care. And,

lotsa luv,

Nandita

When we're apart, my life changes.
As I go through my day,
I'm always reminded of you.
Each time I see something that frustrates or delights me,
I instinctively look for you so that we can share it,
But, instead, I can only tell you about it later.
If things are not always smooth
When we're apart, its only because
We weren't meant to be apart.
And I just want you to know
That I think of you every day
And I can't wait until the time
We're together again. Forever.
Om, I really miss you.

Nandita

June 28, 1991

WARNING: This letter might be boring, sentimental and l-o-n-g. Even if you die of boredom, atleast read the whole thing. Then you can throw it out if you want to.

Dated: August 22, 1991

Time: Just after dinner, and two hours after our conversation.

Om, when you are away,
Everyday seems longer,
But as I write to you this note,
My love grows stronger.

love: What exactly is this four letter word over which we all fuss so much? Do you know its meaning? I don't. Though the dictionary has defined it, I feel love is something inexplicable. But nevertheless, over the years, I have given it some shape — partly concrete, partly abstract.

Before I'd met you, I'd known you as an actor. After meeting you, I started liking you as a person. Gradually, I discovered the man behind the actor. Sensitive, talented, warm, considerate, affectionate, tender, charming, attractive, modest, sincere, genuine, though a little aloof with a mild temper. It was perhaps all these qualities that attracted me to you. And slowly this attraction turned to admiration and admiration to love — or call it whatever you may. But behind all these qualities and beneath all your worldly achievements, I also felt that there was a sad little child calling out desperately for genuine warmth, affection and care. For the heaviest, strongest creatures in this world seem to be the loneliest, like the old bear, following his own breath in the dark forest. There's no warm pack, no herd to comfort him. Suddenly, I wanted to cradle you and protect you. I still do. I want to take you back to 25 years ago and make you relive your youth, this time the way you want to — full of zest, vigour and vitality.

But I definitely do not want to pull a tired man across forcibly through life's path, who thinks life has no meaning for him and he's too old to start afresh. I can give him the warmth and caring, but the sparkle should come from within. Om, you only live once. But within this single lifetime, you can live a thousand lives if you want to.

Life is an undulating road. Sometimes its rougher than its smooth. Perhaps you've had more bumps and potholes than you deserved. But since you've managed to overcome them, you should look forward to a smooth journey ahead— forwards and not backwards or static. Look at me. I too have faced a lot of bumps. Emotionally, mentally, socially. And yet, I haven't let life cow me down. I lost my father 13 years ago, at an impressionable age, when I needed him most. I needed someone to guide me and yet I've emerged without one. Though my mother did a lot for me, I still couldn't get over his loss. In a way you give me that fatherly warmth and comfort. The fatherly protection I missed out on, I sometimes try to get it out of you. And hence I behave like a silly and immature girl at times. But the voice that cries out doesn't have to be a weakling, does it? Tears are not a sign of weakness, but strength and fresh hope.

In these last few days (while you were in London), I questioned myself over and over. Do I really like him? Am I fooling myself? Or him? And then I realized that if I go on torturing myself with these questions, I will end up being a cynic. And I don't want to. Life is too beautiful for it. For the last few months I've been thinking of you, our new life together and how I could be useful to you — in your work and at home. What you need most now is looking after. And I have mentally prepared myself to be your nurse for the next ten years, even if this means sacrificing my work temporarily. I've received some warmth all these years from family and friends and now I'd like to share it with you. But after you've been rejuvinated and fit, then you'll have to take turn in nursing me. Alright?

Remember in one of your letters you'd written:

"The statement that I love you immensely, intensely
is being written in all my senses." ?

I think it is one of the most beautiful lines I've ever read. There's a poet deep down in you to be able to think that way. I don't think I'll be able to express my feelings any better. So today I'm going to borrow those same lines from you for you. Will you lend them to me? I mean it, Om.

At times I feel a little angry, a little insecure, a little scared. I love this man so deeply and yet I have to behave like a thief. He loves me too and yet he cannot acknowledge me. Isn't this hypocrisy? Why this humiliation? I haven't stolen love Om, I think I've got it honestly, sincerely. Then why the hell do we behave like a couple of criminals?

Like everyone else you too must have had a lot of dreams, hopes and aspirations regarding your marriage. They may have been shattered, but all is not lost. That does not mean you will have to turn cynical. If there is no hope in man, then all hope is lost. Man just couldn't go on. Haven't you seen Hasari? How do you know a second time won't work out well? You must try and forget all the unpleasant moments and incidents in your life. And with only the pleasant memories, embark on a journey that will be as beautiful as the rainbow. And I promise you my friend, I'll stand by your side through rain and sunshine. (I personally don't believe that signing a piece of paper means marriage. Marriage to me is a state of mind. But I do believe in the sanctity of marriage and marriage as an institution. Because as a child I've been brought up to regard it as something sacred, (and no amount of western education could alter a 5,000 year-old tradition). Besides, don't forget that we live in a society and society will create practical problems which in turn will affect us mentally and emotionally. But at the same time, I don't want to hurry you. I'll be by your side, whatever you wish.)

Oh Om, I wish you could understand how much I love you. I love you and my love is stronger than my knowledge. If you can love me, then you'll love yourself in the end. Thats all I can say.

Nondita

P.S. I wonder whether this letter will make any sense to you. Maybe I've been a bit sentimental. But I do mean every word I've written. Take care love.

P.P.S Its 1.10 am. Goodnight.

P.P.P.S Reply soon. Please.

Sept. 13, 1991

Oh my dear Om,

I've been trying not to think of you and concentrate on my work. I just about managed to type out one review. Got a couple of more to ~~go for the~~ finish by today. But I had to put a stop for sometime because I badly wanted to talk to you. Maybe I'll feel lighter later and will be able to work.

Om this will be a long letter, I'm warning you. ~~Because~~ There's a lot I want to say and I'm using you as my diary. Because I feel wonderful baring my heart out to you. आप सुनोगे ना? (check spelling, grammar!).

I've been wanting to be with you for a long time. I was looking forward to Diu. But things happened otherwise. ~~O~~ Om, I may not be legally married to you, but that does not take away my right to love you or make my love any less for you. I don't think I care or love myself as much as I care and feel for you. Because if we cannot love unconditionally, love is already in a critical condition. And maybe because of this, I'm suffering a lot — mentally, physically, emotionally. ~~and~~ My work too is suffering. Please don't take this as a sign of immaturity or impatience. I'm not even blaming you one bit. I'm just telling ~~this to you~~ you this because I know only you alone will understand it.

Darling, I know how much you must be suffering. But I trust you totally. I have full faith and confidence in you and I know you will never betray me. Since you are much more ~~sensible~~ wiser and mature, ~~I have everything to you~~ I am sure you will do things in a proper way.

This is the most trying time for you, I know. You've made the first move to tell her, but there's lots more to be done. I know there'll be some ~~difficu~~ hurdles to cross, but its my belief that you will.

come out of them successful. And much stronger. But don't forget, throughout your trial, I'm with you — emotionally, mentally and physically. So any time you're exhausted, you can fall back on me. Don't forget I'm your nurse. Do confide your worries, your anxieties to me. I may not be as wise as you, but I'll try to exercise whatever little wisdom I have to the best of my ability. Remember Om, love does not merely consist in gazing at each other, but in looking together in the same direction. So your problems are mine too, and vice versa. So you must share them with me. Even if I'm not present physically to comfort you, you are in my prayers always. Everyday I pray for your good health, happiness and success. Do you pray Om? Don't worry, even if you don't, my prayers will be enough for both of us.

I feel so helpless at times. You may not be my husband, but my little world revolves around you. I just can't control myself from feeling this way. Its not a crime, is it, Om? All I want is to be with you and genuinely and sincerely make you happy. At times I feel jealous, but its a healthy jealousy. I'm not petty. Because if you're not jealous, then you're not in love. The moment indifference creeps in into a relationship, it becomes dull. I know that even twenty years from now, I'll still be a little jealous. Its not bad, its healthy. Will you be a little jealous too?

Remember Om, you'll have to be a little firm now. Not rude, but firm. Because if you are not firm now, everyone will start taking advantage. This world's a big bad place, and a good and honest man like you will have to suffer a lot. But nevertheless, all my strength is there for you and I will protect and guard you as much as I can.

When you are away, I feel like a helpless mother, whose baby's gone. And like a mother, the pain is mine alone and I cannot share it with others, all the time, wondering whether my baby's eating well, sleeping well, feeling well. You left Cal on 9th August and its over a month since we've met. I think this has been our longest separation since we met. Atleast in the past, we've been meeting once in three weeks. I can't bear this separation anymore. Baby, please come back to me I need you. Really. Om, please, come to Cal the moment you're free. I can't explain how much I miss you.

You must have been through the synopsis by now. At the moment I'm conceptualizing the contents of the book, chapterwise. Also roughly making a list of photographs and other documents needed. We'll have to start work immediately as there will be several drafts. I want it to be of excellent quality and on par with any international bestseller. So we have to get going from now. Afterall its our baby and both of us must put in our best efforts. So after Diu, lets plan the programme accordingly so that it may fit in with your schedules. This should not be difficult, I guess.

ART, Thats all for the moment. I miss you terribly. Yesterday, I was going through all your letters. I felt much better. Why haven't you written? Nevermind, we'll soon meet and from now on we'll be able to spend more time together. Atleast for the sake of our baby (book)! Do look after yourself and take good care till I'm there to do it for you. Love,

Nandita

THE FORT OF GWALIOR
EARLY 19TH CENTURY ETCHING BY C.COUSEN

November 14, 1991
Thursday, 12·30 a.m
(midnight)

Om, I've been thinking a lot about our silly quarrels.
I'm sorry it happened.
But I'm not sorry that we feel secure enough in our relationship to say exactly whats on our minds. (And we should always do it).
Because, in the long run, our conflicts and disagreements will help us learn about each other. (And this is important in any relationship).
And that is how we will grow together — secure and comfortable in our love and with each other.

Know something Om?
Today, I can feel that I've grown a lot since we've first met. (And I am still growing).
This is because you have, for the first time in my life, made me truly feel like a woman.
Through your words, gestures, thoughfulness, kindness, warmth and love. And sometimes also, anger.
Your love is the greatest blessing I have today (and mind you, I'm not being emotional. Nor am I drunk. Or dishonest)
Its the plain truth and I hope you too feel/will feel that way.

Only, be a little patient with me, love.
I'll be patient with you and stand by you through good and bad times.
You too must be a little, (only a little), patient during this growth process of mine.
I promise you, I'll be a fast learner. I'll learn from my

mistakes and try and rectify them.
I may not always succeed, but I'll try.
But, please, do not be harsh with me.
Give me some time. Not too long. Not too short. Just some time.
I love you and I want us to be happy forever. And ever.
Because my happiness depends a lot on your happiness.
(And I mean it and every word I say)

Om, I cherish your letters so much. They mean a lot to me
I've been going through your letters and I've noticed that
you haven't written for a long time.
Please, write to me soon. Like, say, today. Just now. Immediately.
I need to hear from you, just like I need you.

Do take care and look after yourself, love,

Nondita

P.S. Since Katy's phone is out of order for a while, please
do not call me tomorrow (i.e. Nov. 16, Sat). Instead call me
a week later, next Sat, Nov. 23rd, after 8.30 - 9 pm at
741740 (I hope I'm not asking too much. I promise I'll
not delay for long. Just want to hear you. I'll work hard
the whole week and ~~for~~ wait for 23rd).
Incase you want to call before that or leave a message,
then call ~~me~~ at the office between 11 am - 3pm at
281740/287315/289015. Okay. Take care.

* If you meet Alok Tomar, tell him I haven't got the letter yet.
I'd called Laveleen, she's sent you her love. Give my love
to Feroze and all the best to both of you in Delhi.

Nondita

एक तो चिट्ठी की लम्बाई-चौड़ाई यानी आयतन बहुत बड़ा होता। दूसरे, हाथ की लिखी अंग्रेज़ी पढ़ना, अपने-आपमें एक अलग तरह की पहलवानी होती। कहाँ मैं, भैसोदा गाँव की, कहाँ वह कलकत्ता की।

स्त्री को लेकर भारत के मध्यवर्ग के पुरुष की कुछ माँगें होती हैं। अगर आप अख़बार के वैवाहिक विज्ञापन पढ़ें तो लड़के वालों की माँग कुछ इस प्रकार होती है—'गौर वर्ण, अंग्रेज़ी बोलने वाली, माँ-बाप की सेवा करने वाली पत्नी चाहिए।' पुरी साहब की उपरोक्त माँगों में कम-से-कम एक माँग, जो कि सबसे बड़ी थी, पूरी हो रही थी, वह माँग थी—अंग्रेज़ी बोलने वाली।

बाक़ी के बारे में आगे बात करेंगे।

पुरी साहब ने मुझे बाद में बताया था कि नन्दिता के पिता की असमय मृत्यु के कारण उनकी नौकरी, उसकी माताजी को मिल गई थी। कलकत्ता में, उसके जिस मकान में पुरी साहब गए थे वह बहुत छोटा था। उन्होंने बताया था कि उनके तीन गुणा तीन के बाथरूम में नहाने में उन्हें कितनी असुविधा हुई थी। लेकिन नन्दिता की माताजी ने हज़ार तकलीफ़ों के बावजूद नन्दिता को कलकत्ता के अच्छे स्कूल में पढ़ाया था। नन्दिता की अंग्रेज़ी बहुत अच्छी थी। लेकिन तब पुरी साहब को उसकी एक और ज़बरदस्त एवं छुपी हुई प्रतिभा का पता नहीं था। वह प्रतिभा थी, प्राकृत भाषा पर उसकी पकड़। वह प्राकृत भाषा की बहुत अच्छी जानकार थी, उस प्राकृत भाषा की जिसे सुनकर अच्छे-अच्छों के छक्के छूट जाते हैं। पुरी साहब के भी छूटने वाले थे।

विलक्षण प्रेम, विलक्षण प्रेमी और इनके बीच में फँसी एक साधारण बेवक़ूफ़ मैं उन पत्रों में प्रेम की प्रगाढ़ता ढूँढ़ रही थी। मुझे उन पत्रों में सामाजिक रिश्ते की मुहर की माँग और शादी नहीं हो पाने की असुरक्षा ज़्यादा नज़र आ रही थी। आज सोचती हूँ, हमारे समाज के ढाँचे ने स्त्री को एक समर्थ, समृद्ध, प्रसिद्ध पुरुष को पाने के लिए कितना बेबस कर दिया था। एक स्त्री थी, जिसे सामाजिक स्वीकारोक्ति यानी विवाह संस्था को किसी भी मूल्य पर पाने की चाह थी। दूसरी स्त्री यानी मैं उस संस्था में होकर भी असुरक्षित थी। इस असुरक्षा ने मुझे अन्नू भैया की सीख की एक बार फिर याद दिलाई, "क्या गुड्डो, तू खद्दर के लबादे-से कुर्ते पहनती है। अरे बन-ठन के साड़ी-वाड़ी पहना कर।" और, पति की नज़रों में फिर से सुन्दरी बनने की चाह में, हर शाम मैं साड़ी पहनकर रिझाने की तैयारी में बैठी इन्तज़ार करती कि कब पुरी साहब कहेंगे, "वाह सीमा, क्या ख़ूब लग रही हो!"

ऊँऽऽऽहूँऽऽ! ऐसा कुछ नहीं हुआ। वे बोले, "यह क्या हो गया है सीमा तुम्हें? हर रोज़ कमरे में साड़ी पहनकर बैठी रहती हो। दिमाग़ तो सही हैं?" अन्नू भैया का आइडिया फेल हो गया; साड़ी बेअसर रही, ऐसे भी कोई रीझता है? सारी तरकीबें

नाकाम हो गई थीं। कुछ बचा ही नहीं था, जिसका इस्तेमाल कर उन्हें फिर से हासिल किया जाए।

अब सिर्फ़ 'धैर्य' था जो मेरे पास बचा था। उसी के साथ, मैं उनका मन बदलने का इन्तज़ार कर रही थी। वैसे तो वे मेरे साथ सामान्य व्यवहार कर रहे थे। मैं उम्मीद लिये बैठी थी कि शायद चीज़ें ठीक हो जाएँ।

अचानक शरीर ने नई अदा सीख ली। हर शाम मुझे हल्की-सी सर्दी देकर बुख़ार चढ़ने लगा। मुझे समझ नहीं आ रहा था कि ऐसा क्यों हो रहा है?

श्याम बाबू से पुरी साहब मेरे बारे में कुछ बात कर रहे थे। मेरे वहाँ पहुँचते ही एक अजीब-सी चुप्पी दोनों ने इख़्तियार कर ली। श्याम बाबू को ऑकवर्ड देख पुरी साहब बोले, "मुझे इजिप्ट से इन्वीटेशन आया है।" मैं ख़ुश होते हुए बोली, "मिस्त्र, मुझे हमेशा रहस्य और प्राचीन कहानियों का देश लगता है। मेरा सपना है, मिस्त्र देखूँ। हम चलेंगे ना?"

पुरी साहब की ख़ामोशी, शायद श्याम बाबू को बहुत रूखी और क्रूर लगी होगी। उन्होंने मेरे बारे में सोचा होगा कि इन सपने देखती आँखों के सपने, कम-से-कम मैं तो न तोड़ूँ, फ़ौरन बोले, "ज़रूर जाओगी, है न ओम?" पुरी साहब ने नज़रें झुका ली थीं। मेरे दिल पर श्याम बाबू के सामने, अपमान की सैकड़ों बिजलियाँ गिरीं। अपने अपमान को छिपाने के लिए मैंने विषय बदलकर श्याम बाबू से कहा, "मुझे आजकल शाम को बुख़ार आ जाता है।" वे बोले, "दीव में मच्छर बहुत ज़्यादा हैं। मलेरिया फैल रहा है।" फिर उन्होंने मुझे 'मेटासिन' की गोली दी जो मैंने खा ली और मुस्कराते हुए वहाँ से चली गई, ताकि पुरी साहब अपनी प्रेम-कहानी, जो अचानक मेरे आ जाने के कारण अधूरी छूट गई थी उसे पूरी कर लें।

उनकी कहानी वहीं से फिर शुरू हुई या नहीं, नहीं मालूम पर मैं अपनी कहानी कहने दूर तक फैले मटमैले समुद्र के किनारे चली आई थी। समुद्र किनारे पर सिर पटक रहा था और मैं भी किसी अपने के कन्धे को तरस रही थी।

मेरे शरीर में भी परिवर्तन हो रहे थे, जिसे मैं उस यूनिट की एक अभिनेत्री जयश्री से शेयर कर मन हल्का कर रही थी। उसके ख़याल से, मैं शायद माँ बनने वाली थी। यह सोचकर मन-ही-मन मैं ख़ुश हुई, कहा, "जयश्री तेरे मुँह में घी-शक्कर।" वैसे मुझे पता भी नहीं था कि सच में मुझे गर्भ है या नहीं? यह तो बम्बई जाकर ही पता चलने वाला था।

उसी रात पुरी साहब ने सिद्ध कर दिया कि उनका जो व्यवहार मुझे सामान्य दिख रहा था, वह बिलकुल असामान्य था।

दीव के कलेक्टर या किसी अधिकारी ने सारी यूनिट को खाने पर बुलाया था। पुरी साहब ने मुझे छोड़कर सबका परिचय उस अधिकारी से करवा दिया। उस बेचारे ने पूछा भी लेकिन पुरी साहब कुछ नहीं बोले। उस दिन मुझे अपने-आप पर शरम

आई। क्यों हूँ मैं? किसलिए मैं प्रयास कर रही हूँ? कितना मुश्किल होता है किसी को दिल में बसाना और उससे भी मुश्किल होता है, किसी के दिल में अपने लिए जगह बनाना। पुरी साहब का कहना था, तुम स्ट्राँग हो, मज़बूत हो। नन्दिता कमज़ोर है, वह यह दुख झेल नहीं पाएगी। तुम झेल लोगी, क्योंकि तुमने जीवन में इतने संघर्ष किये हैं। मेरे मज़बूत होने का यह परिणाम होगा मैं नहीं जानती थी।

अब हम बम्बई आ गए थे। तन और मन, दोनों से मुझे कुछ अच्छा नहीं लग रहा था। दिन-भर नींद आती रहती थी। शायद तनाव था। मैं डॉक्टर अवस्थी के क्लिनिक जाने की सोच ही रही थी कि बाई एक दिन बोली, "आपको महीना नहीं आया है न?" मुझ कमअक्ल ने एक बार भी नहीं सोचा कि मेरे महीने की इसे क्यों इतनी पड़ी थी? और यह भी कि यह कैसी जासूसी थी जो मेरे अन्दर तक की टोह ले रही थी।

चलो उसने याद दिलाया तो मुझे याद आया। मैंने पुरी साहब के दोस्त डॉक्टर अवस्थी के क्लिनिक में टेस्ट करवाया तो पता चला कि मैं माँ बनने वाली हूँ।

मैंने सीधे झालावाड़ मंगू जी के घर माँ से बात करने के लिए फ़ोन लगाया। मंगू जी हमारे मकान-मालिक थे, तब तक उनके घर फ़ोन आ गया था। माँ को सूचित किया, "माँ, आप नानी बनने वाली हैं और नोनी, तू मामा।" वे लोग बहुत ख़ुश हुए। मैं उन्हें कुछ बता भी नहीं पाई। यहाँ, कितना कुछ हो रहा था। फ़ोन रखने के बाद मैं फिर उदास हो गई। जिसे सबसे पहले यह ख़ुशख़बरी देनी चाहिए, उसे बताते झिझक और डर क्यों? जिसे सबसे ज़्यादा ख़ुश होना चाहिए, क्या उसे बताना अभी उचित है?

तभी बाई बोली, "मैं आपकी मालिश करेगी।" मैंने सोचा, बेचारी सुधर गई है। उसने ख़ूब ज़ोर से मेरी मालिश कर दी। पेट भी अच्छे से मल दिया। मुझे बाद में पता चला कि गर्भवती होने पर मालिश नहीं करवाई जाती। मैं तहे दिल से स्वीकार करती हूँ कि मैं इतनी मूर्ख थी, हूँ और शायद रहूँगी।

मैंने सोचा जब मेरी रिपोर्ट पुरी साहब देखेंगे तो उनके अन्दर का पिता जाग जाएगा और सब ठीक हो जाएगा। लेकिन हुआ कुछ अलग ही। मेरे गर्भवती होने की ख़बर से नन्दिता बौखला गई। पुरी साहब से रो-रोकर फ़ोन पर बातें कर रही थी। पुरी साहब बोले, 'डोंट पुश मी टू द वॉल, लैट मी हैंडल दिस, इट्स ए वॉर!' (मुझ पर दबाव मत डालो, मुझे निपटने दो, अब ये युद्ध है।) पुरी साहब के लिए यह बच्चा नन्दिता से शादी में बाधा था। नन्दिता के साथ वह नेपाल और न जाने कहाँ-कहाँ घूम आए थे। अब नन्दिता के फ़ोन मेरे ही सामने उठाने लगे थे। उन्हें लगता मैंने युद्ध छेड़ दिया था।

कलकत्ता के किसी पेपर में छपा था कि ओम पुरी अपनी पत्नी, यानी मुझे मारते-पीटते हैं। पुरी साहब को यह कहा गया कि ऐसा इंटरव्यू मैंने कलकत्ता में

किसी पत्रकार को दिया था। बस, उन्हें लड़ने का बहाना मिल गया। पर मैं उन्हें कैसे समझाती कि मैं तो कलकत्ता में किसी को जानती तक नहीं। मैं तो पूरी कोशिश कर रही कि यह रिश्ता बच जाए, फिर यह किसने छपवाया? यदि मुझे कुछ छपवाना ही होता तो मैं बम्बई के पेपर में छपवाती। कलकत्ता की इस न्यूज़ से किसको फ़ायदा होने वाला था लेकिन कुछ महीनों बाद, सब साफ़ हो गया। मुझे एकतरफ़ा निर्णय लेने वाली, ज़िद्दी, पति की बात न मानने वाली औरत साबित किया जा रहा था। पुरी साहब की शूटिंग ज़ोरों पर चल रही थी। सुबह जाते तो रात को लौटते थे। बाई और बच्चे शाम को वापस 'पायल' चले जाते।

जब शूटिंग नहीं होती, तो हमारे झगड़े होते और बहस होती। ग़ुस्सा दोनों तरफ़ से बढ़ रहा था। मैं बाई के सामने झगड़ा नहीं चाहती थी, उस समय उसकी आँखों में ख़ुशी की जो चमक होती वह मेरे लिए असहनीय होती।

जब पुरी साहब दिन में घर पर होते तो मैं अन्नू भैया की उसी मुँहबोली बहन के घर चली जाती जो दिल्ली में थी। अब वे लोग पायल अपार्टमेंट में ही रहने लगे थे। उसके पति को पुरी साहब अपनी फ़िल्मों में लगातार छोटे-मोटे काम दिलवा रहे थे। वे लोग साथ ही शूटिंग करते थे। अब उसकी भी अभिनय की गाड़ी चल निकली थी। कभी इन लोगों ने महीनों तक हर रोज़, अन्नू भैया के घर खाना खाया था। दिल्ली में मेरे कमरे में वे ख़ूब रही थीं। इस पुराने रिश्ते के चलते मैं दिन-भर वहीं बैठकर शाम का इन्तज़ार करती, ताकि बाई चली जाए और तब मैं घर पहुँचूँ। उन लोगों ने भी अब तक जान लिया था कि पुरी साहब मुझसे पूरी तरह विमुख हो चुके हैं। अब मुझसे उन्हें कोई फ़ायदा नहीं बल्कि नुक़सान ही हो सकता था।

एक दिन दोनों बोले, "सीमा, तुम यहाँ मत आया करो। हम पुरी साहब को नाराज़ नहीं करना चाहते।" उसके बाद मैंने उनके घर में कभी क़दम नहीं रखा। मेरे सामने लोग धीरे-धीरे बेनक़ाब हो रहे थे।

प्रेम में बाधा होने से प्रेम और निखरता है। मैं और मेरा बच्चा इस प्रेम-कहानी के खलनायक थे। मेरे शब्दों का मुझ पर ही बुरी तरह से प्रयोग किया जाता। मुझे याद दिलाया जाता कि मैं तो पहले बच्चा पैदा करना नहीं चाहती थी, अब अचानक मेरे अन्दर ममता कैसे आ गई? सचमुच, मुझे भी पता ही नहीं चला कि 'विचार' कब 'ममता' बन जाते हैं।

अभी कुछ दिन पहले ही की बात थी। मैं ख़ुश थी। मेरा पूरा जीवन कमाने की मशक़्क़त में बीता था। शादी के बाद लगा था चलो, अब काम मजबूरी से नहीं बल्कि मुक्त होकर किया जाएगा, लेकिन अब तो काम करना ही था, इसलिए मैं दूरदर्शन के पत्र का जवाब देने के लिए फ़ाइल निकालने लगी। देखा, मेरी फ़ाइलें, चेक बुक, सारे पत्र और काग़ज़ नदारद थे।

पूछने पर पुरी साहब ने रूखेपन से कहा, "सब मेरे वकील के पास जा चुकी

है, फ़ैसला होने पर मिलेंगी।" इसी के साथ वे बोले, "कोर्ट में इतनी छीछालेदर करूँगा कि तुम पछताओगी। यह बच्चा तुम्हारी चालाकी है, मुझे फँसाने के लिए।"

पहली बार पुरी साहब ने ग़ुस्से से मेरा हाथ पकड़ा और बोले, "इसे गिरा दो मुझे नहीं चाहिए।"

उस दिन हिम्मत से मैंने कहा, "चाहिए या नहीं इसका निर्णय मैं करूँगी। यह मेरे पेट में है और यह निर्णय इतना आसान नहीं।"

इसके बाद उन्होंने जो कहा वह जानलेवा था। वे बोले, "दो-तीन महीने का गर्भ कुछ भी नहीं होता, इसकी औक़ात ही क्या? इतने तो मैं रोज़ बाथरूम में फेंक देता हूँ।"

मैंने देखा बाई खिड़की से झाँक रही थी। उसकी आँखों में चमक थी और होंठों पर विद्रूप मुस्कराहट।

उस रात पुरी साहब मेरे कमरे में नहीं सोये। मैं अकेली थी। मेरे अन्दर एक डर समा गया था। अभी तक की सारी लड़ाई ज़ुबानी थी। उनका यह जुनून कहीं हाथापाई तक न उतर आए। उनका एक परायी स्त्री को पाने का पागलपन ऐसा ज़बरदस्त था कि डर लगने लगा था। वे परिस्थितियाँ बनाकर लड़ाई का आगाज़ करना चाहते थे। मैंने सोचा, हमें अपनी लड़ाई की मर्यादा रखनी होगी। मैंने कमरे को अन्दर से बन्द कर लिया।

वह गहन काली अमावस्या की रात बड़ी अजीब थी। मैं खिड़की के पास खड़ी दूर तक फैले सागर और उसकी शोर मचाती, आती-जाती लहरों को देख रही थी। रात ने सागर पर काली चादर बिछा दी थी। उस पर चाँदी के तारों-सी चमकतीं लहरें, किनारों पर सर पटक-पटककर मुक्ति के लिए बैचेन हो रही थीं। चारों तरफ़ बेचैनी बढ़ाने वाला शोर बरपा था। आसमान की स्याही, ढेर सारे तारों से भी कम नहीं हो रही थी। इस अँधेरे में एक गहराई थी, एक अस्तित्व के साथ एकाकार हो जाने का आवाहन था और थी दुनिया के सारे सवालों के रसातल में विलीन हो जाने की क्षमता।

उस दिन मैंने जाना था कि अमावस की रात कितनी पवित्र होती है। सारे अन्धकार को समेटे, रहस्य और नीरवता में लिपटी यह रात। सिद्धार्थ से गौतम बुद्ध बनने में सहायक यह अँधियारी रात। महावीर को कैवल्य उपलब्ध कराने की रात। राम के वनवास से घर लौटने की रात। यह शाश्वत अन्धकार भरी रात मेरी चेतना को झकझोर रही थी। मेरे कानों में फुसफुसाकर पूछ रही थी, "तुम इस घर में क्यों हो? क्या तुममें इस घर को छोड़ने की हिम्मत नहीं? या कुछ और है जो तुम्हें रोक रहा है?" जैसे यह रात कह रही थी, "स्वयं के और अपने गर्भ में पल रहे बच्चे के सम्मान के लिए यहाँ से निकल जाओ।" अचानक कई दिनों की छटपटाहट के बाद इस अन्धकार ने जैसे मुझे जगा दिया था।

मैं नींद से चेत गई थी। जहाँ मेरा सम्मान नहीं, मेरे स्त्री शरीर और मेरे स्त्रीत्व का जहाँ अस्वीकार हो वहाँ मुझे नहीं रहना है। प्रेम का मोह और समाज की प्रतिक्रिया का डर, यह सब छोड़ना होगा मुझे। उस रात मैंने निश्चय किया कि सुबह होते ही अपने पति का घर छोड़ दूँगी। आश्चर्य कि पति के घर को अपना मान कैसे लिया था मैंने? मैं अपने नहीं, अपने पति के घर में थी। मुझे उस समय पूर्णतया पता नहीं था कि औरत का असल घर होता कहाँ है? इस घर की दीवारें, फ़र्श, पर्दे, मुझे अजनबी बनकर डरा रहे थे।

क्या मैं ही थी वह लड़की, जो कॉलेज के दिनों में झंडा उठाए, रैलियों में पुलिस की मार से बेख़ौफ़ नारे लगाती थी। जो कुएँ अपनी गहराई से सबको दहशत में डाल देते थे, उन्ही में कूदकर सबको ताज्जुब से भर देती थी। क्या वाक़ई, मैं वह लड़की थी जो अलीगढ़ और दिल्ली जैसे शहरों में अपनी हिम्मत के बल पर अकेली रहती थी। ताज्जुब, उस निडर लड़की को क्या हो गया था? क्या वह लड़की कहीं खो गई थी? शायद अपने गर्भ के बच्चे की सलामती के लोभ ने उसे डरपोक बना दिया था या रिश्ता टूटने के डर ने बौखला दिया था!

अपने पति का दूसरी स्त्री को पाने का जुनून यह मैंने पहले भी देखा था, जब वे मुझे पाना चाहते थे, तब ऐसी ही कैफ़ियत थी उनकी। उस समय उनका यह जुनून मुझे लुभाता था और आज यही मुझे डरा रहा था।

स्त्री, प्रेम के स्थायित्व की तलाश करती है और पुरुष, अपने अनेक आयामों की पूर्ति अनेक स्त्रियों में ढूँढ़ता है।

माँ बनने का उत्सव होता है। घर में ख़ुशियाँ मनाई जाती हैं। मेरे साथ ऐसा कुछ नहीं हो रहा था। मेरे गर्भ की ख़बर से तो वे ग़ुस्से से पागल हो गए थे। उनके आने वाले 'स्वर्णिम' दिनों के स्वप्न को यह बच्चा ध्वस्त करने आ रहा था। ज़मीन, स्त्री और साम्राज्य को पाने के जुनून में तो बड़े-बड़े युद्ध हुए हैं। उनके लिए यह बच्चा बहुत छोटी-सी रुकावट था।

इतनी लम्बी रात मेरे जीवन में फिर कभी नहीं आई। बस, सुबह होने की उम्मीद मुझे ज़िन्दा रखे हुए थी। शादी के कुछ ही अर्से के बाद यह रिश्ता इतना बदशक्ल क्यों हो गया था? किसी और स्त्री का प्रलोभन? सोचती रही, शादी से पहले इतना ही तो प्यार किया था उन्होंने मुझसे जितना आज किसी परायी स्त्री से कर रहे थे। वह भी तो ऐसी ही जुनूनी चाहत थी। अब फ़र्क़ बस इतना था, यह चाह किसी और स्त्री के लिए हो गई थी। पूरी रात यह सोचते कटी कि किसी तरह यह रात कट जाए। यह अमावस की रात मेरे जीवन में निर्णय की गहनता लेकर आई थी। उस दिन मुझे लगा था कि न मैं सुरक्षित हूँ, न मेरा बच्चा और न ही मेरा सम्मान।

सुबह आई भी थी

अक्टूबर की वह बड़ी अजीब सुबह थी। पंछियों की चहचहाहट गुम थी। सागर की लहरें भी चुप थीं। न रास्ते नज़र आ रहे थे, न आसमान पर बादल थे। सड़क पर गाड़ियों का शोर भी नहीं था। सब सड़कें ख़ामोशी से रेंग रही थीं। मैं अकेली सड़क पर चली जा रही थी। क़दम ठिठक गए। अन्नू भैया का घर आ गया था।

मैंने अन्नू भैया से कहा, "कुछ मत पूछिएगा। बस मेरा झालावाड़ का टिकट करवा दीजिए।"

दो-चार दिन रुकना पड़ा था। टिकट कन्फ़र्म होने तक। ख़ाली हाथ आई थी। अन्नू भैया के कपड़े पहन रही थी। मेरे कुछ भी कहे बिना अन्नू भैया समझ गए थे। वे पुरी साहब से बहुत नाराज़ थे। अपने कुछ मित्रों (जिनमें कुछ स्टार अभिनेता भी थे) के साथ प्रेस कॉफ्रेन्स रखकर इस पूर्ण 'सत्य' को लोगों तक पहुँचाना चाह रहे थे। मैंने मना कर दिया था। समानान्तर सिनेमा की एक बहुत बड़ी अभिनेत्री का मुझे फ़ोन आया, वे बेताब थीं 'कुछ' जानने के लिए। अन्नू भैया और काकाजी को वे राखी भी बाँधती थीं। मैं भी बेताब थी किसी को अपना हाल सुनाने के लिए। मैंने जल्दी से कपड़े बदले। ऑटो रिक्शा तक पहुँची ही थी कि अचानक मेरे दिल ने कहा, "तू अभी भरी हुई है। वहाँ जाकर सबके सामने वमन करेगी। उसके छींटे तुझे ही गन्दा करेंगे।" मैंने उन्हें फ़ोन कर अपने न आने की सूचना दी। वे बोलीं, "जितना मैं तुम्हें जानती हूँ मुझे यही उम्मीद थी, तुम नहीं आओगी।"

हमारी नाइत्तफ़ाक़ी की ख़बर अन्दरखाने पुरी साहब और उनके लोगों ने शायद फैला दी थी। इसी बीच, न जाने कैसे पत्रकारों को भनक लग गई। कई मैगज़ीन और अख़बार के पत्रकारों के मुझे फ़ोन आए। मैंने कुछ भी कहने से इनकार कर दिया।

ताज्जुब की बात यह थी, मेरे इस तरह घर छोड़कर चुपचाप चले आने के बाद, मैं ज़िन्दा थी या मर गई, यह जानने की कोशिश भी पुरी साहब ने नहीं की। उनका एक बार भी अन्नू भैया को फ़ोन नहीं आया। अफ़सोस! यह कैसा रिश्ता था जो इनसानियत को रौंदता हद दर्जे तक कठोर हो गया था!

इसी बीच अन्नू भैया के एक दोस्त जो उस समय के नामी सितारे थे ने एक बड़ी महिला वकील का इन्तज़ाम कर लिया जो पुरी साहब को दो-तीन दिन तक हवालात की हवा खिलवा सकती थी। बस, मुझे मारपीट की झूठी पुलिस रिपोर्ट करनी थी। झूठ? वह भी पुरी साहब के लिए? जिस व्यक्ति से प्यार किया, शादी की। आज इतनी दुश्मनी सिर्फ़ एक दूसरी औरत के लिए करूँ? मैंने मना कर दिया। उन लोगों ने और उनके वकील मित्र ने मुझे समझाया, "तुम त्रिशूल चली जाओ, वह घर तुम्हारा है। ओम को घर से निकलना चाहिए न कि तुम्हें।"

मुझे उस घर में रहकर क्या करना था जिसके मालिक के दिल में अब मेरा कोई

स्थान नहीं था। मैं, सबकी मर्ज़ी के ख़िलाफ़ थी। नन्दिता के ढेर सारे ख़त और उनमें बढ़ती असुरक्षा और अलग-अलग ढंग से सामाजिक मान्यता की माँग का दबाव, पुरी साहब यह सब सँभाल नहीं पा रहे थे। उनका सारा रोष मुझ पर उतर रहा था।

यह कहते मुझे ज़रा भी संकोच नहीं है, न ही घमंड या महानता का भाव कि मैं ही थी जिसने हमारे सम्बन्धों को इस सीमा तक नहीं आने दिया था, जहाँ मारपीट की नौबत आती। उस परिस्थिति के आने से पहले ही मैं वहाँ से चली आई थी। पुरी साहब का हाथ पकड़ना शायद उस स्थिति का पहला चरण था।

मेरे पास जाने के लिए सिर्फ़ एक ही जगह थी, जहाँ मुझे प्यार से बाँहों में समेटा जाता, जहाँ मुझे सही-ग़लत होने के तराज़ू में नहीं तौला जाता। दुनिया में ऐसा कौन था? सिर्फ़ माँ थीं। मैं जल्दी से जल्दी माँ के पास झालावाड़ जाने के लिए बेचैन हो उठी। एक वे ही थीं जिन्होंने बुरे से बुरे समय में संयम नहीं खोया था। वही मुझे रास्ता दिखाएँगी। मैं झालावाड़ के लिए रवाना हो गई और नन्दिता कलकत्ता छोड़कर हमारे घर बम्बई आ गई।

लोहे की ज़मीन

फिर वही ट्रेन थी, वही रात और वही रेल की पटरियों की आवाज़! लेकिन अब मैं 'वह' नहीं रह गई थी। मेरी सोचने-समझने की शक्ति ही चली गई थी। असम्भव था दोबारा उस रिश्ते में वही गरमाहट पैदा करना।

मैं गणित में कमज़ोर होने के बावजूद एक रिश्ते को दिये अपने जीवन के सबसे महत्त्वपूर्ण वर्षों का लेखा-जोखा करती हुई इस लम्बे सफ़र के अन्तिम सिरे को ढूँढ़ रही थी।

माँ ने झालावाड़ में मेरे पैरों को लोहे की ज़मीन दी। पैर तो मेरे मज़बूती से ज़मीन पर थे लेकिन मैं अपने दिल का क्या करती जिसमें सैकड़ों तूफ़ान थे। माँ ने मुझसे कुछ नहीं पूछा न मैंने बताया। लेकिन उनके चेहरे पर उभर आईं लकीरों से अनुमान लगाया जा सकता था कि उन्हें मेरी पीड़ा का एहसास हो गया था। धीरे-धीरे वे भी इस शादी के परिणाम से परिचित हो गईं।

मेरी ज़िन्दगी कोई जासूसी कहानी नहीं जहाँ मैं हर समय चौंकाने का प्रयास करूँ। यह मेरी लिखी नहीं। मैं तो लिखी हुई ज़िन्दगी को बस दोहरा रही हूँ, जिसको न जाने किसने लिखा था।

झालावाड़ में उन दिनों माँ से कोई मेरे आने का कारण पूछता तो माँ का जवाब होता, "गुड्डो की तबीयत ख़राब थी, इसलिए मेरे पास आ गई।" कुछ लोग यह समझते कि पहला बच्चा मायके में होता है इसलिए मैं झालावाड़ आई थी। माँ मेरे

रिश्ते का टूटना लोगों से छिपा रही थीं। छिपातीं क्यों नहीं? उन दिनों छोटी जगह पर स्त्री का पति द्वारा छोड़ा जाना एक कलंक होता था। जिसमें दोष सिर्फ़ स्त्री का ही माना जाता था।

मेरे कपड़े, पुरी साहब के घर छूट गए थे। उन्हें लाने के लिए लच्छू मामा को बम्बई भेजा गया। मैं मामा के वापस आने का इन्तज़ार कर रही थी। इसलिए नहीं कि कपड़ों की ज़रूरत थी बल्कि मैं वहाँ के हालचाल जानने को उत्सुक थी। मुझे एक हल्की-सी उम्मीद थी। शायद पुरी साहब का हृदय, ग्यारह साल पहले वाले पुरी साहब का सा हो जाए जिसमें मेरे लिए अथाह प्रेम था।

कुछ ही समय पहले, मैं और पुरी साहब ट्रेन से कहीं जा रहे थे। मैं बाहर देख रही थी। अचानक पुरी साहब ने कहा, "सुनो, इधर देखो।" मैं जैसे ही उनकी तरफ़ घूमी। उन्होंने मेरी फ़ोटो खींच ली। उस फ़ोटो को उन्होंने न जाने कब मढ़वाकर घर के ड्राइंग रूम में लगा दिया था।

मामा जब मेरे कपड़े लेने गए तब उन्होंने देखा, मेरी वही ट्रेन वाली तसवीर और कुछ छोटे-मोटे सामान मेरे ही दुपट्टे में एक पोटली की तरह बँधे हुए एक कोने में पड़े थे। मेरे कपड़े देते हुए पुरी साहब ने मामा से पूछा, "कोई सूटकेस क्यों नहीं लाए? काहे में ले जाओगे?" फिर ख़ुद ही एक सूटकेस लेकर आए और मेरे कपड़े मामा के हवाले कर दिये।

सुनने के लिए अब बचा ही क्या था। वे कपड़े बाइज़्ज़त मेरे पास आ गए थे। कुछ चीज़ें अभी भी बाक़ी था। जैसे काग़ज़, फ़ाइलें, मेरे शूटिंग के ट्रंक। मैंने न तो मँगवाए न उन्होंने इस विषय में बात की।

मैं बहुत चिड़चिड़ी हो गई थी। मेरा बढ़ता चिड़चिड़ापन और उसके प्रहार, मेरा सारा अनुचित, असंगत व्यवहार, माँ, मामा, नोनी, कॉमरेड सर्वेश्वर, फ़रहत भाई और शकीला भाभी को झेलना पड़ रहा था। अपने इस अस्थिर व्यवहार पर मुझे शर्म आती और ग़ुस्सा करने के बाद इन लोगों से माफ़ी माँगती।

एक बार मैंने फ़रहत भाई से पूछा, "आपने कभी यह नहीं पूछा कि ग़लती किसकी है? मेरी या पुरी साहब की?" उस पर फ़रहत भाई बोले, "हम तुम्हें प्यार करते हैं और इस वक़्त तुम बहुत दुख से गुज़र रही हो। हमारे लिए इतना काफ़ी है, तुम्हारा साथ देने के लिए।"

वह घर जो बेरोज़गारों की फ़ेहरिस्त में मेरा नाम होने के कारण मिला था हमारे साथ-साथ, मेरे आने वाले बच्चे के लिए भी सिर छिपाने का आसरा बन गया था।

दिसम्बर, अस्पताल और तुम

चींटी से रेंगते दिन और रात चले जा रहे थे। तभी एक दिन अचानक पेट में एक टीस

उठी। डॉ. चित्रा माथुर को दिखाया। उन्होंने मुझे कोटा जाने का सुझाव दिया। उन दिनों कोटा में नई-नई सोनोग्राफ़ी मशीन आई थी। मुझे फ़रहत भाई की कार से कोटा ले जाया गया। डॉक्टर गिरि के अस्पताल में मेरी सोनोग्राफ़ी हुई और पता चला कि अब बच्चा नहीं रहा था। मुझे उन मशीनों पर भरोसा नहीं हो रहा था। मैं स्वस्थ थी। न कोई दर्द न किसी तरह का इशारा उसके नहीं रहने का! मुझे भरोसा था कि वह मेरे अन्दर साँसें ले रहा है।

शुरू हुई जद्दोजहद अपने बच्चे को बचाने की। मैं कैलाश को साथ लेकर इस शहर से उस शहर, इस पहचान वाले से उस पहचान वाले, इस अस्पताल से उस अस्पताल तक डॉक्टरों का हुजूम, राय-मशवरा और मेरी एक ही उम्मीद, कोई कह दे कि बच्चा साँसें ले रहा है। जहाँ-जहाँ पहचान थी, वहाँ-वहाँ गई। भोपाल और दिल्ली के अस्पतालों के चक्कर लगाए। दिल्ली में बत्रा अस्पताल के एक डॉक्टर ने तो मुझे डाँटकर कहा, "क्या अनपढ़ लोगों की तरह व्यवहार कर रही हो, अगर एक बार रक्तस्राव शुरू हो गया तो तुम्हारा बचना मुश्किल हो जाएगा, ऑपरेशन अभी और इसी समय ज़रूरी है।"

अब मेरे पास कोई चारा नहीं था, सिवाय लौट जाने के। मैंने माँ को सूचित कर दिया कि मैं सुबह की ट्रेन से कोटा पहुँच रही हूँ। झालावाड़ में अच्छे अस्पताल नहीं थे, इसलिए कोटा में ऑपरेशन करवाना उचित था।

मैं और कैलाश सुबह कोटा पहुँचे। लच्छू मामा स्टेशन पर लेने आए थे। उनसे पता चला, माँ पैसों का इन्तज़ाम कर रही हैं, शाम तक पहुँचेंगी। माँ ने मेरी शादी के लिए अपने स्कूल से बड़ा लोन लिया हुआ था, इस कारण आधी से ज़्यादा तनख़्वाह कट जाती थी।

जज्जी भाई के परिवार के साथ माँ का बहुत स्नेह था। मैं, कैलाश और मामा उनके घर पहुँच गए। जज्जी भाई के दोपहिया के स्कूटर पर बैठकर मैंने पूरा कोटा घूमकर अपने लिए ख़ुद अस्पताल तलाशा। शाम तक माँ और नोनी थोड़े से पैसों का इन्तज़ाम कर कोटा आ गए। हम सब डॉक्टर के क्लिनिक पहुँचे, आश्चर्य कि वे माँ को पहचान गई थीं, उन्होंने माँ को किसी कवि-सम्मेलन में कविता पाठ करते सुना था। एनिस्थिशिया वाले डॉक्टर जज्जी भाई की पहचान के थे, माँ के हिसाब से मैं सुरक्षित हाथों में थी।

कोटा के उस छोटे-से क्लिनिक का बरामदा माँ की पहचान वाले दस-पन्द्रह लोगों से भरा था। मनोरमा आंटी मुझे सांत्वना दे रही थीं, उनके पति माँ से पुरी साहब के नहीं आने का कारण पूछ रहे थे। माँ ने उन्हें बताया कि वे यू.पी. के किसी गाँव में शूटिंग कर रहे हैं, वहाँ फ़ोन नहीं है। माँ कह रही थीं, इमरजेंसी नहीं होती तो बम्बई ही जाती गुड्डो। ओम को पता होता तो गुड्डो को जहाज़ से ले जाता पर कोटा में ऑपरेशन न करवाता।

माँ को झूठ बोलने में कितनी तकलीफ़ हो रही थी, मैं देख पा रही थी।

फिर अगली दोपहर, मैं थी! अस्पताल था! एक तेज़ रौशनी और था एक इंजेक्शन जिसे देते वक़्त डॉक्टर पूछ रहा था, "पुरी साहब कहाँ हैं?" मैंने कहा, "वे तो...।" फिर अन्धकार छा गया था।

बेहोशी टूटी। मेरे कान में दूर से आती माँ की रोने की आवाज़ पड़ी, "लड़का था, नहीं रहा।"

दो-तीन दिन जज्जी भाई के घर रुकना पड़ा था। दूसरे शहर में किसी और के घर, कोई रोये भी तो कैसे? डॉक्टरों ने सबके सामने कहा था, "छह महीने बाद फिर दूसरा बच्चा प्लान कर सकते हैं।" माँ, मामा, नोनी और मेरे सिवा किसी को नहीं पता था कि अब बच्चा नहीं आने वाला था, क्योंकि...

मैं किसे बताती? अब वे छह महीने आने वाले नहीं हैं। कितना मुश्किल होता है, दुख को अपने अन्दर समेटकर रखना।

मेरी यह स्थिति देखकर मुस्कराकर शकीला भाभी चुपके से बोलीं, "यह किसी फ़िल्म में सीन होता तो मीना कुमारी मन्दिर में जाकर भगवान के सामने भजन गातीं, 'सुन ले पुकार आई, आज तेरे द्वार आई,' फिर बच्चे की किलकारी गूँजती" लेकिन जीवन, किताबों और सिनेमा से ज़्यादा नाटकीय होता है। यहाँ न तो मीना कुमारी थी, न मन्दिर और न किलकारी। फिर मैं तो नास्तिक थी।

सारी घुटन, तमाम सवाल, प्रेम और मृत्यु के तमाम लम्हों से मेरा परिचय नये रूप में हुआ, जिसे मैंने एक रात सबसे छिपकर काग़ज़ पर उकेरा। मैंने एक पत्र लिखा, उस चले गए अतिथि के नाम :

एक ख़त तुम्हारे नाम

मेरे प्यारे बेटे!

सवाल ज़िन्दगी में कुछ ऐसे हैं जिन्हें सुलझाना मुश्किल होता है, फिर भी पूछने से हम चूकते नहीं हैं। कुछ सवाल जटिल होते हैं, कुछ भावुक और कुछ जानलेवा। मेरा भी सवाल कुछ ऐसा ही था तुमसे। तुम आए, एक झलक दिखलाई और चले गए। न जाने कहाँ? जहाँ से किसी के लौटकर आने की कभी ख़बर नहीं मिली।

कुछ महीनों से मेरे गर्भ में तुम आराम कर रहे थे, एक अतिथि की तरह। क्या तुम्हें मेरी परवाह नहीं थी, जो तुम आ न सके। मैंने तुम्हारे लिए कुछ सपने सँजोए थे। सोचा था, इस दुनिया में तुम आओगे तो तुम्हें इसकी अच्छाई-बुराई से परिचित करवाऊँगी। इस दुनिया की सुन्दरतम वस्तु तुम्हें दूँगी।

मैं तुम्हारी कोई आकृति भी नहीं बनाती थी। बस, तुम्हारे इन्तज़ार में थी। तुम मेरे गर्भ में थे। नन्हे-से! मेरे अपने! मेरे सबसे क़रीब! तुमसे क़रीब तो कोई हो नहीं सका था। मेरा रक्त तुम्हारी शिराओं में दौड़ रहा था। मैं साँस भी लेती थी तो आहिस्ता, तुम्हें कोई ख़लल न पड़े। मेरी सारी थकन, सारी दुनिया की तकलीफ़ें इस ख़याल मात्र से धूमिल हो जाती थीं कि तुम मेरे पास आने की यात्रा में हो।

मैं कल्पनाओं में, तुम्हारी उँगली पकड़े एक लम्बे सुनसान रास्ते पर अकेली, बेख़ौफ़ दूर तक चली जाती थी। आर्थिक, शारीरिक और भावनात्मक परेशानियों से गुज़रते हुए भी, हर वह चीज़ तुम्हें देती जो तुम्हें ओजपूर्ण, स्वस्थ, सुखी और सुन्दर बनाती। तुम्हें देने की कोशिश करती।

मैं तुम्हें अपनी साँसों, अपने भोजन, अपनी सोच और जीवन के प्रति अपने विश्वास से सींचती थी। जीसस ने कहा है, "दुख का एक लम्हा अनंत होता है।" ऐसे कई लम्हों में, बस एक ही उम्मीद और साध से मैं भरी थी। तुम आ रहे हो। मेरा और तुम्हारा परित्याग किया गया था। मैं तुम्हारी राह देख रही थी कि तुम आओ और एक माँ को जन्म दो। तुम्हारा साथ पाकर मैं फिर से सौन्दर्य के सागर में डुबकियाँ लगा सकूँ।

तुम्हारे इन्तज़ार में दिन गुज़र रहे थे। कभी तुम अपने छोटे-छोटे पैरों को मारकर मुझे जगाते। कभी तुम मुझे गुदगुदाते। मेरे पूरे शरीर और अस्तित्व को तुम कभी कबड्डी, कभी क्रिकेट का ग्राउंड बना देते और कभी-कभी मुझे लगता तुम बुद्ध, महावीर, रमण की तरह ध्यानमग्न हो, तो कभी मीरा, कबीर और सहजो की तरह इकतारा लिये कहीं दूर, बहुत दूर किसी बर्फ़ीली पहाड़ी पर कुछ गुनगुना रहे हो। तुम मुझे कभी ध्यान मार्ग में, कभी भक्ति की ख़ुशबू में डुबोते-उबारते रहते थे। लोग कहते थे कि तुम्हारे होने से मेरे चेहरे पर चमक आ गई थी।

कभी तुम्हारे बाबा ने ऐसी ही चमक को और मेरे रूप को नये-नये प्रतीकों और उपमाओं से सजाया था। तब मेरा स्त्रीत्व खिल उठा था। मैं अपने शरीर और उसके रूप पर ख़ुद ही इतराती थी। मुझे तब पता नहीं था कि दूसरों के द्वारा दी जाने वाली हर चीज़ छीनी जा सकती है। वे सौन्दर्य की सारी उपमाएँ जिसने दी थीं उसी ने छीन ली थीं।

एक दिन अचानक, तुम्हारी टीस मेरे अन्दर उठी। एक पीड़ा का एहसास हुआ। डॉक्टर ने मुझे घंटे भर के अन्दर एक इंजेक्शन लेने को कहा। अभाव अपनी चरम सीमा पर थे। बिना इंजेक्शन के चार दिन कट गए। फिर मशीनें थीं, डॉक्टर थे और थी एक उम्मीद तुम्हें देखने की। बस इसके सिवा मेरे पास कुछ नहीं था। मैं शहर-शहर और डॉक्टरों के

इर्द-गिर्द घूमी, इसी उम्मीद पर कि काश कोई कह दे कि 'तुम ज़िन्दा हो!' लेकिन नहीं, तुमने तो वज्रपात ही कर दिया। आने से साफ़ इनकार कर दिया। इक्कीस दिन पहले ही तुम जा चुके थे। जाते-जाते बस तुमने इतना ज़रूर ध्यान रखा कि मेरे शरीर में ज़हर नहीं फैलने दिया। फैलता भी क्यों? तुम्हारे अन्दर ज़हर होता तब न। तुमने तो ध्यान करने और गीत गाने के लिए यह ज़मीन चुनी थी जिसे मैंने अपना गर्भ समझा था।

क्या बता सकोगे, तुम क्यों नहीं आए? क्या यह विश्वासघातों से भरी दुनिया तुम्हें डरा रही थी? अभाव ने तुम्हारे हौसले पस्त कर दिये थे? या एक लम्बा तन्हाई भरा जीवन तुम्हें सहमा गया था?

मैंने माना। मैं उस समय तुम्हें अभाव, अकेलापन और संघर्ष के सिवा कुछ नहीं दे पाती, लेकिन यह तो सोचा होता कि मेरे मीठे-मीठे स्वर एक लोरी, एक संगीत बुन रहे थे। मेरे हाथों की थपकियाँ बेताब थीं तुम्हें सुलाने को। मेरी आँखें तुम्हारी आँखों में अपने सपने देख रही थीं। तुम्हारे नन्हे-नन्हे पैरों को चूमने को मेरे होंठ बरबस मुस्करा उठते थे। तुम नहीं आए। मुझे आहत, लहूलुहान, रक्त में भिगोकर चल दिये। क्या मुझे तुमसे यह पूछने का अधिकार है कि तुम क्यों चले गए?

तुम्हारी,
माँ।

प्यारी माँ,

मैं नहीं आया। कारण जानना चाहती हो? तो सुनो! मुझे तुम्हारी दुनिया नहीं सुहाई। क्या तुम सच में मुझसे प्यार करती थीं? क्या तुमने मुझे चाहा था? नहीं माँ, तुमने तो सिर्फ़ बाबा को चाहा था। उन्हें खो देने के डर ने तुम्हें मुझको जन्म देने के लिए प्रेरित किया था। तुमने मुझे उनके बाद ही चाहा। नहीं! मेरे स्वाभिमान ने यह गवारा नहीं किया। उनके खो जाने के डर ने तुम्हें बौखला दिया था। मेरी, सिर्फ़ मेरी चाहत तुम्हें कब हुई? मुझे याद है जिस दिन तुम्हें पता लगा था कि मैं आने वाला हूँ, तुमने तकिये पर मेरी रिपोर्ट रख दी थी, ताकि बाबा देखें तो उनके दिल में मेरे लिए प्यार उमड़े। मेरी ख़ातिर या यों कहूँ पिता के तुफ़ैल में, माँ को भी थोड़ा-सा प्यार मिल जाए। तुम ग़लत थीं। प्यार किसी वजह से नहीं मिलता। बस, मिल जाए तो अच्छा। और बाबा? वाह! वाह! उनके तो कहने ही क्या? मेरे आने की ख़बर ने उन्हें आगबबूला कर दिया था। उन्होंने मुझे नकार ही दिया था। मेरे दिल की शिराओं ने तो उसी दिन से टूटना शुरू कर दिया था। मैं बहुत नाज़ुक था न। मैं बाबा का अंश था। उनका मुझे नकारना

ऐसा लगा जैसे हिमालय के छोटे-छोटे टुकड़े हो गए हों। उन पत्थरों की छोटी-छोटी तीखी किरचें मेरे अंग-अंग में धँस गई हों।

उफ़! आज भी याद करता हूँ, अपना और तुम्हारा अपमान तो हिल जाता हूँ। क्या किसी और से प्रेम, किसी जीती-जागती हाड़-मांस की ज़िन्दगी से इतनी घृणा का कारण हो सकता है? प्रेम, अगर किसी के अस्तित्व में है तो घृणा का होना नामुमकिन है। उनका एक स्वप्न किसी स्त्री को पाने का, उनकी लालसा ने मुझे हैरान कर दिया था। तुम दोनों की खींचा-तानी में मेरा अस्तित्व बिखरना तो तभी से शुरू हो गया था, बस, तुम्हें पता महीनों बाद चला। मन का टूटना पता नहीं चलता माँ, शरीर का टूटना पता चलता है। तब तक देर हो चुकी होती है। था तो मैं तुम्हारी ही सन्तान! जितनी स्वाभिमानी तुम हो उतना ही मैं भी था। दूसरों की चाहत का, मैं क्यों ज़रिया बनता? मैंने सोचा मेरा यहाँ से जाना ही ठीक है। मुझे याद है, मैं अन्तिम साँसें ले रहा था। थोड़ी ऊर्जा शेष होने से कचरे की टोकरी में पड़ा तुम्हें दूर से निहार रहा था। तुम रक्त से लथपथ उस छोटे-से अस्पताल के गन्दे बिस्तर पर बेहोश पड़ी थीं। मुझे जाते हुए भी एक हल्की-सी आशा थी कि तुम्हें होश आए और तुम एक बार, सिर्फ़ एक बार मेरा नाम पुकारो ताकि फिर मैं अपनी अन्तिम और अनंत यात्रा पर निकल जाऊँ। तुमने नीम-बेहोशी की हालत में पहले बाबा का नाम पुकारा! यह नाम भले ही मेरा अपना भी था, पर मुझे तीर की तरह चुभ गया था। यह असहनीय पीड़ा मेरी अन्तिम विदाई की वेदना बन गई माँ... मुझे अपने निर्णय पर ख़ुशी हुई। समझ में आ गया। इस संसार में अपेक्षा हमेशा दुखदायी होती है। इसलिए मैंने चुनी 'अनंत की यात्रा' और किसी ने मुझसे कहा, 'अप्प दीपो भव'। मैं जा रहा था, तुम सबसे दूर...अपने फ़ैसले पर गर्व करता हुआ।

यक़ीन मानना, भले ही तुम मेरे अभाव के दर्द में सारी ज़िन्दगी उदास रहोगी। पर, मुझे अपने निर्णय पर ज़रा-सा भी पछतावा नहीं है। माँ, तुम ही नहीं, मैं भी लहूलुहान था। जिस लहू की धार से तुम्हारा बिस्तर सना हुआ था वह तुम नहीं, मैं था। सिर्फ़ तुम और मैं ही नहीं, बाबा का भी लहू वहाँ से रिस रहा था। फ़र्क़ बस इतना-सा था कि उस पीड़ा से केवल मैं और तुम ही गुज़र रहे थे।

अब कहो? क्या यह जगत रहने लायक़ है? शायद, तुम मेरे जवाब से सन्तुष्ट होगी। मैं सदा तुम्हारे हृदय में धड़कता रहूँगा। जब भी किसी मुस्कराते फूल को देखो तो मुझे महसूस कर लेना। हवा से झूमते पत्तों की सरसराहट में, पंछियों की चहक, खेतों की पगडंडी, जंगल, नदी,

सागर की लहरों और आकाश के तारों को देखो तो ग़ौर से देखना, मैं वहीं मिलूँगा! मुझे यक़ीन है! तुम मुझे ढूँढ़ ही लोगी, और हाँ माँ, ज़रा पीछे मुड़कर अपनी ज़िन्दगी में भी देख लेना। क्या वाक़ई जीने लायक़ कुछ था? अब चलता हूँ, भोर होने को है। तारों को विलीन होना है।

तुम्हारा,
बेटा

अपना पत्र पढ़कर मुझे याद आई बोधगया शहर की वह सुबह जब मैंने जेब के सारे पैसे पिंजरे में क़ैद चिड़ियों की मुक्ति के लिए बहेलिये को दे दिये थे। पिंजरे के छोटे-से दरवाज़े से ढेर सारी चिड़ियों का आकाश में उन्मुक्त पंख फैलाकर उड़ जाना देख, मैंने राहत की साँस ली थी। लगा था, जैसे मैं मुक्त हो गई। उस दिन पता चला था, वे चिड़ियाँ, वह जाल और उन्हें मुक्त करवाना बहेलिये का धन्धा था।

यही धन्धा तो स्रष्टा ने चला रखा है। बहेलिये की तरह हमें संसार में लाता है। मोह, प्रेम, सपनों के पाश में बाँधता है। फिर हम मुक्ति के लिए छटपटाते हैं। यही चक्र चलता रहता है। इसीलिए शंकर ने जीवन को भ्रम, बुद्ध ने दुख, और कृष्ण ने उत्सव माना।

अपने बनाए प्रेम-जाल में उलझी अपने शरीर पर तो नहीं, हाँ, मन पर ढेर सारे ज़ख़्म लिये वापस झालावाड़ आ गई।

कुछ दिनों बाद अचानक फ़रहत भाई के घर से बुलावा आया। पुरी साहब का फ़ोन था। हमारे घर फ़ोन नहीं था। मैं वहाँ पहुँची, बात हुई। पुरी साहब ने एक शब्द भी तसल्ली का नहीं कहा। हाँ, शिकायतें और उलाहने ज़रूर देते रहे कि मैंने उन्हें बच्चे के ऑपरेशन की सूचना क्यों नहीं दी? मैं क्या कहती? रिश्ते की डोर का सिरा तो उन्होंने ही तोड़ा था। शायद फ़रहत भाई ने ही उन्हें बच्चे के जाने की सूचना दी थी। मुझे ताज्जुब हो रहा था। मेरी ऐसी हालत पर भी उनके पास सांत्वना के शब्द क्यों नहीं थे? यह रहस्य मुझ पर बाद में खुलने वाला था।

उस दिन के बाद फिर उनका कोई फ़ोन नहीं आया। हाँ, कुछ दिन बाद उन्होंने अपने सेक्रेटरी के हाथों पचीस हज़ार रुपये भिजवाए। मैंने रुपये लेने से इनकार कर दिया। इसे फिर से मेरा अहंकार समझा गया। इसके बाद महीनों तक उस तरफ़ से एक लम्बी ख़ामोशी छाई रही। मुझे पता चलता रहा कि वे नन्दिता को सब दोस्तों से मिलवा रहे थे और उसके बारे में सबसे राय ले रहे थे। वे दोनों मुझे लालची और बद-दिमाग़ घोषित कर रहे थे और वह महिला त्रिशूल यानी समाज के हिसाब से मेरे घर में ही रह रही थी।

एक दिन सुबह के वक़्त मैं उठकर घर के बाहर आई। देखा सड़क के उस पार एक गधा मरा पड़ा था। माँ और मैं उसके पास गए। वह पलकें झपका रहा था।

उसके सीने में ढेरों कीड़े कुलबुला रहे थे। वहाँ एक बड़ा गहरा गड्ढा बन गया था। मैं उसे ठेले पर लादकर अस्पताल ले गई। डॉक्टर ने बताया दो-चार घंटे में कीड़े उसके दिल तक पहुँच जाते। कुछ दिनों के इलाज के बाद वह ठीक हो गया। अब समस्या थी उसे पालने की। मैं उसे घर में रखना चाह रही थी। माँ हाथ जोड़कर बोलीं, "बेटा, अब तुम घर में गधे पालोगी?" ख़ैर साहब, उसे ठीक देख उसका मालिक आकर उसे ले गया। यह दुनिया भी जाने क्या है?

उसी ख़ामोशी के दौर में मैंने देखा कि एक कुत्ते के बच्चे के जिस्म पर ढेर ज़ख़्म थे। खुजली की बीमारी की वजह से वह गर्मी में सड़क पर इधर-से-उधर भाग रहा था। वह एक बड़े चूहे के बराबर था। नोनी और मैं उसे घर ले आए। मैंने उसका नाम रखा तैमूर। मैं अब उसकी सेवा में लगी रहती।

कुछ महीनों के बाद, एक दिन अन्नू भाई को पुरी साहब ने अपने घर बुलाकर अच्छी तरह समझा दिया था। सीमा के साथ गुज़ारा हो न सकेगा। क्यों न हो सकेगा? इस सवाल का उनके पास कोई जवाब नहीं था।

कुछ दिन बाद फ़रहत भाई नोनी को लेकर बम्बई के लिए रवाना हो गए। साथ में ले गए थे, मेरी इस रिश्ते को बचाने की कुछ उम्मीदें और मुझसे छिपाकर डग (झालावाड़ के पास का क़स्बा) वाले हाफ़िज़ जी की काग़ज़ पर, केसर से लिखी हुई दुआ। इस मंशा के साथ कि 'इस जादुई पुड़िया का पानी पिलाने से पुरी साहब के ऊपर से इश्क़ का भूत उतर जाएगा। इन्हीं हाफ़िज़ जी का मतरा (अभिमंत्रित) धागा फ़रहत भाई और शकीला भाभी मेरे लिए लाए थे ताकि मेरे बच्चे को बचाया जा सके। उस समय माँ ने धागा मेरी कमर में बाँध दिया था। माँ, जो थिओसोफ़िकल सोसाइटी की सदस्य थीं, जिन्होंने आडम्बर और पोंगे विचारों का घोर विरोध किया था वही। उस दिन पुत्री के दुख से व्यथित किसी भी हास्यास्पद गंडे-तावीज़ के आगे घुटने टेक रही थीं। आज अति प्रेम में एम.एससी. पास प्रगतिशील फ़रहत भाई भी वही कर रहे थे। उनकी क्या बात करें! मैं, जिसने सिरे से ईश्वर की सत्ता को ही नकारा था, कमर में धागा बाँधे किसी चमत्कार की प्रतीक्षा में बैठी थी।

मुझे अपने-आप पर आश्चर्य होता, क्या मैं वही थी जो माँ के मना करने के बावजूद, सड़क पर ठीकरे में पड़ी कटी मुर्गी, सिंदूर और उड़द की काली दाल को देख उसे लाँघ गई थी। वही जादू-टोना न मानने वाली मैं और वही साइंस के विद्यार्थी फ़रहत भाई, हाफ़िज़ जी के धागे के फेल होने के बावजूद, अब हाफ़िज़ जी की पुड़िया पर उम्मीद लगाये हुए थे।

वाह रे बहेलिये! मोह का कैसा सुरमा आँखों में डाला कि सारे तर्क, सारे साहित्य और सारा प्रगतिशील दिमाग़ ताक़ पर रखवा दिया।

पुरी साहब के घर, त्रिशूल में फ़रहत भाई इस फेरे में बैठे थे कि किसी तरह पुरी साहब को वह पुड़िया पिलाई जाए? जिस पर अल्लाह का नाम लिखा था, दुआ

लिखी थी। फ़रहत भाई ने नज़र बचाकर किसी तरह वह पूरी पुड़िया उँगलियों सहित पुरी साहब के चाय के गिलास में डालकर निचोड़ दी। उनकी उँगलियाँ जल गईं। इसी के साथ पुरी साहब ने मुझसे मिलने की इच्छा ज़ाहिर की। पुड़िया का चमत्कार! जब फ़रहत भाई बम्बई से वापस आए तब मुझे पुड़िया के बारे में बताया गया।

पुरी साहब मिलना चाह रहे थे। यह एक सकारात्मक ख़बर थी। मैं बम्बई आ गई लेकिन अन्नू भैया के घर ठहरी।

होटल सेंटॉर में मेरी पसन्द के रेस्टोरेंट 'ओशियन साइड' में रात के खाने पर मिलना था। मैं अन्नू भैया की गाड़ी से निकली। अन्नू भैया के ड्राइवर केशव ने आधे रास्ते में गाड़ी रोककर कहा, "दीदी, हाफ़िज़ जी का सुरमा तो लगाया नहीं। आप भूल गईं?" केशव को फ़रहत भाई ताकीद कर गए थे। बिना सुरमे के सीमा को जाने मत देना। बेचारा केशव! वह भी चाहता था, सब ठीक हो जाए और दीदी का घर न बिगड़े।

हाफ़िज़ जी का जादुई सुरमा मेरी आँखों से पुरी साहब के दिल में उतर जाने वाला था और फिर कहानी में 'जैसे उनके दिन फिरे वैसे सबके दिन फिरें' से हमारी प्रेम कथा सुखान्त हो जाती। यह हाफ़िज़ जी के सुरमे-उरमे की बातें अन्नू भैया से सबने पूरी तरह से छिपाई थीं।

मैं सुरमा लगाने वापस आई। हमें इतनी जल्दी वापस आया देख अन्नू भैया शंकित नज़र आए। मैंने कुछ बहाना बनाया और उनसे छिपकर चुपके से सुरमा लगाया और निकल गई।

मैं फ़िल्म 'साहब बीबी और ग़ुलाम' की बड़ी बहू मीना कुमारी बन गई थी। फ़र्क़ बस इतना था कि उसमें बड़ी बहू पति को दूसरी औरत के पास जाने से रोकने के लिए भूतनाथ से जादुई सिन्दूर मँगवाती है और यहाँ मेरे मुँह-बोले भाई सुरमा लाए थे।

रास्ते भर सोचती जा रही थी। पुरी साहब के गले लगकर ख़ूब रोऊँगी। शिकायत करूँगी, बहुत देर तक उनकी मज़बूत बाँहों में लिपटी, उन्हें उलाहने दूँगी। जब ख़ूब रो लूँगी...तो कुछ देर हम यूँ ही ख़ामोश एक-दूसरे की धड़कनों को सुनते रहेंगे। फिर उनके दुखी हो जाने पर मैं उन्हें सांत्वना दूँगी।

फिर अचानक वे मेरा सामान उठाकर कहेंगे, 'चलो घर चलो, बहुत दिन हो गए।' फिर हम अपने घर त्रिशूल लौट जाएँगे।

फ़िल्म 'कोरा काग़ज़' चलचित्र मेरी आँखों के सामने से गुज़रने लगा। उसके अन्तिम सीन में बिछुड़े नायक-नायिका रेलवे प्लेटफ़ॉर्म पर बहुत सुन्दर संवाद कहते हुए मिल जाते हैं। बस मेरी सिचुएशन में लोकेशन बदलकर सेंटॉर होटल हो गई थी।

ओशियन साइड में हम दोनों अजनबी की तरह आमने-सामने बैठे थे। न गले लगे, न रोए। खाने का ऑर्डर मुझसे पूछा जा रहा था। मुझे याद आए वे दिन जब

हम खाना खाने कहीं जाते तो खाने की डिश के आगे लिखी क़ीमत देखकर ऑर्डर करते थे। उस दिन खाने के दाम की दिशा में मैंने देखा भी नहीं।

पुरी साहब मुस्कराए। मुझे ज़रा राहत महसूस हुई। मैं हाफ़िज़ जी का सुरमा लगाए किसी चमत्कार के इन्तज़ार में खाना खा रही थी। अचानक पुरी साहब बोले, 'सीमा तुम समझ नहीं रही हो, मैं फँस गया हूँ, नन्दिता का रो-रो कर बुरा हाल है। कहीं कुछ कर न बैठे। तुम तो हिम्मती हो, झेल जाओगी। उस बेचारी का क्या होगा? वह मुझे बहुत प्यार करती है। मेरे लिए जूस एअरपोर्ट पर लेकर आई थी।' (शायद यह जूस वाली अदा उन्हें भा गई थी।) मैंने सोचा पाँच रुपये का जूस! हमने जो कई बार उस कड़की में भी अपनी छोटी सी तनख़्वाह से चालीस रुपये किलो का मटन खिलाया, उसका क्या? लेकिन हम ख़ामोशी से हाफ़िज़ जी के सुरमे का फ़ेल होता देखते रहे। फ़िल्म की एंडिंग बदल चुकी थी।

आज मैं इस सुरमे और धागे वाली अपनी बेवक़ूफ़ी भरी हरकतों पर बेहद शर्मिन्दा हूँ।

दिल के मसले जब हल नहीं होते तो अच्छी-अच्छी विचारधारा वाले भी अजीब और मूर्खतापूर्ण हरकतें करने लगते हैं। मैं इसका जीता-जागता उदाहरण हूँ। पहले मैंने सोचा, मुझे यह सब नहीं लिखना चाहिए, लेकिन अपने जीवन के सबसे कमज़ोर और शर्मिन्दगी वाले क्षण याद कर, मैं ख़ुद से शर्मिन्दा होती रहती थी। आज सबसे साझा कर लेने से मन हल्का हो रहा है।

जादुई सुरमे की अपार असफलता ने आत्मविश्वास को हिलाकर रख दिया। मैंने सीधा झालावाड़ का रुख किया। अन्नू भैया और फ़रहत भाई का कहना था, "यह लड़ाई हम सर्वोच्च न्यायालय तक लड़ेंगे।" मैं ख़ामोशी से सब सुनती। मेरे साथ बस एक माँ ही थीं जो इस तरह की लड़ाई के ख़िलाफ़ थीं।

परित्यक्ता बनने की दुर्गम यात्रा

वह अप्रैल की दोपहर थी। अचानक पुरी साहब ने चुप्पी तोड़ी। मेरे नाम कोर्ट से तलाक़ के काग़ज़ आए थे, जिनमें मेरे ऊपर ढेरों इल्ज़ाम के साथ क्रूरता और व्यभिचार के आरोप मुख्य थे। मुझ पर आरोप थे, मैं पुरी साहब को लोगों के सामने मारती और गालियाँ देती थी। मेरे परिवार ने उन्हें फाँसकर मुझसे शादी करवाई आदि-आदि। लेकिन सबसे जानलेवा इल्ज़ाम यह था कि मैंने जानबूझकर गर्भपात करवाया और सबसे नाक़ाबिले बर्दाश्त इल्ज़ाम यह कि मेरे बच्चे के पिता पुरी साहब नहीं, मेरा मित्र सुनील था।

आँखों के आगे अँधेरा छाना क्या होता है, उस दिन मुझे पता चला था। यह सब मैं उस इनसान से सुन रही थी जिसने कभी किसी स्त्री का मज़ाक़ नहीं उड़ाया था।

जो बड़ा विनम्र था और जिसे सबकी फ़िक्र रहती थी।

मुझे डर लग रहा था। कहीं किसी ने ये इल्ज़ाम सच मान लिये तो? मैं किसके पास जाऊँ जिसके सामने मुझे शर्मिन्दा न होना पड़े। ईश्वर अंकल अपने थे। मुझे बचपन से देखा था। वे तो कम-से-कम मुझे समझेंगे।

मैं भवानी मंडी ईश्वर अंकल के पास गई। मैं रो रही थी। अंकल मुस्करा रहे थे। मैंने कहा, "अंकल, मैं मानती हूँ कि मैं सही ढंग से इन परिस्थितियों को सँभाल नहीं पाई, शायद बीस परसेंट मेरी ग़लती होगी।" अंकल बात काटकर बड़े प्यार से बोले, "इसे तीस परसेंट कर ले बेटा। मैं इतनी तकलीफ़ में भी हँस दी।" अंकल ने कहा, "दिल पर मत लो। लड़ाई में दबाव डालने के लिए इसी तरह के झूठे इल्ज़ाम लगाए जाते हैं, लेकिन स्तर से गिरकर लड़ाई भी नहीं करनी चाहिए। क्रूरता तक ठीक था, पर बच्चे वाला इल्ज़ाम उन्हें नहीं लगाना चाहिए था।"

पहली पेशी

मैं बांद्रा फ़ैमिली कोर्ट की पाँचवीं मंज़िल पर थी। मेरे पास खड़े थे, अन्नू भैया, फ़रहत भाई-भाभी और उनके तीन बच्चे, सुनील, उसकी पत्नी और उसका चार-पाँच साल का बेटा। फ़रहत भाई को मजबूरी में अपने तीनों, छोटे-छोटे बच्चों को लाना पड़ा था। कारण, उनका सबसे बड़ा बेटा उस समय मात्र दस-बारह साल का था। सबसे छोटे बेटे फ़राज़ को पीलिया था। ये सब लोग मेरा हौसला बढ़ाने आए थे, लेकिन सुनील तो बाक़ायदा अभियुक्त बनाया गया था। उसे क़ानूनी नोटिस देकर बुलाया गया था। हम दोनों पर व्यभिचार का आरोप था। सुनील की पत्नी दिल्ली विश्वविद्यालय में अंग्रेज़ी की प्रोफ़ेसर थी। छुट्टी लेकर अपने पाँच-छह साल के बच्चे के साथ सिर्फ़ इसलिए आई थी, ताकि मैं किसी तरह के अपराध-बोध में घिरकर अपने-आपको दोषी न मान लूँ।

मैं अब तक काफ़ी दुबली और काली हो गई थी। मेरा चेहरा उदासी को स्थायी किरायेदार बना, अपनी चमक कहीं रखकर भूल गया था। लाख खोजने पर भी वह तेज जो मेरे साँवले चेहरे को दमकाता था, कहीं मिल नहीं रहा था। मैं एक कोने में पड़ी, बेंच पर बैठी बच्चों को खेलता हुआ देख रही थी। फ़रहत भाई के तीन बच्चे और सुनील का एक बच्चा, चारों सबसे बेख़बर धमा-चौकड़ी मचाते कभी जज साहब के चेंबर में झाँकते, कभी हमारे वकील के पीछे छिपते-छिपाते खेलने में मस्त थे।

तभी पुरी साहब आए, बड़ी गर्मजोशी से फ़रहत भाई और अन्नू भैया से मिले। अन्नू भैया उनके साथ रूखेपन से मिले। पुरी साहब, सुनील और उसकी पत्नी से भी जाकर बड़े प्यार से मिलकर अपने वकील और परिचित के साथ दूर खड़े हो

गए। इतना क़रीबी रिश्ता, अब कितने दूर हो गया था। यह पहली बार था कि मैंने औपचारिकता भी नहीं निभाई। उन्हें देखकर मुँह फेर लिया। इस बात की शिकायत उन्होंने बाद में फ़रहत भाई से की।

अजीब लड़ाई थी यह। इतने गम्भीर, दिल को छलनी करने वाले इल्ज़ाम लगाकर इतनी सहजता से उनका सबसे मिलना-मिलाना। जिस व्यक्ति को सबसे ज़्यादा शर्मिन्दा होना चाहिए था, वह घूम-घूमकर सबसे मिल रहा था और मैं ऐसे शर्मिन्दा हो रही थी मानो मैं ही गुनाहगार हूँ।

बच्चा-मंडली के खेल में अब पुरी साहब के वकील को धकियाना, उसके पीछे छिपना भी शामिल हो गया था। वे हँसते, खिलखिलाते इधर-से-उधर दौड़ लगा रहे थे। यह देख, इतनी गम्भीर स्थिति में भी फ़रहत भाई बोले, "परिवार पूरा है, बस स्टोव की कमी है, वरना पकौड़े यहीं छान लेते।"

मैं बच्चों को देखकर सोच रही थी, मैं बड़ी क्यों हो गई? जो कुछ घट रहा था, वह बड़े होने का ही तो परिणाम था।

हम दोनों की लड़ाई में सुनील के परिवार को घसीटना, क्या न्यायसंगत था? सुनील और उसके परिवार को मुझसे दोस्ती करने की इतनी बड़ी क़ीमत चुकानी पड़ रही थी। वह तो शुक्र था, सुनील की पत्नी बहुत समझदार और मेरे बहुत क़रीब थी, वर्ना किसी का भी घर ख़राब करने के लिए शक का एक ज़रा-सा कीड़ा ही काफ़ी होता है।

अचानक न्यायालय में हम दोनों का नाम गूँजा। मुझे अजनबी मजिस्ट्रेट के सामने अपने-आपको निर्दोष साबित करना था। मजिस्ट्रेट तो पराया था। मुझे अपने ही लोगों पर शक हो रहा था। शायद यह सब मेरे बारे में वही सच मान रहे होंगे जो पुरी साहब ने अपनी याचिका में लिखा था। सुनील की पत्नी क्या सोच रही होगी? यह सब सोचकर मैं व्यथित थी। बस, माँ को छोड़कर मुझे सबकी नज़र सवालिया लग रही थी। अन्दर मजिस्ट्रेट के सामने भी मुझे लग रहा था जैसे, वे भी मुझे ही दोषी मान रहे हों। मैंने महसूस किया, पुरी साहब को देख मजिस्ट्रेट की आँखों में भी प्रशंसा के भाव थे। मैं बिलकुल निराश हो गई। मेरी निराशा पर किसी ने ग़ौर नहीं किया। अगली पेशी कुछ महीने बाद थी।

कुछ दिनों बाद मैं परिवार न्यायालय में 'घीवाला' नामक महिला काउंसलर के सामने बैठी थी। बातचीत में मैंने उन्हें बताया, "पुरी साहब किसी और महिला के लिए मुझ पर इल्ज़ाम लगा रहे हैं।" मेरे आश्चर्य और दुख की कोई सीमा न रही, जब घीवाला, पुरी साहब का पक्ष लेती हुई बोलीं, "वे कोर्ट में आए हैं, कुछ तो सच्चाई होगी।" एक महिला का दूसरी महिला पर अविश्वास! मुझे लगा, अब मेरी बात न कोई समझेगा, न ही कोई मुझे सही मानेगा। मैं पूरी तरह आत्मविश्वास खो चुकी थी।

मेरी जितनी भी चिट्ठियाँ जो मैंने माँ, कॉमरेड सर्वेश्वर, अन्नू भैया या अपनी किसी भी सहेली को लिखी थीं या उनकी ओर से आई थीं, वे सभी अर्थ का अनर्थ कर याचिका में लगाई गई थीं। मुझे अपनी तरफ़ की पूरी कहानी वकील के लिए तैयार करनी थी। कुछ काग़ज़ात जुटाने थे। इस लड़ाई को लड़ने के लिए मेरे साथ अन्नू भैया, फ़रहत भाई, और फ़िल्म इंडस्ट्री के कुछ नामी लोग शामिल हो गए थे। सबका कहना था, सुप्रीम कोर्ट तक नहीं छोड़ेंगे। जंग छिड़ चुकी थी। मेरे लिए यह लड़ाई मुश्किल हो रही थी। मैं लड़ भी लेती लेकिन बेचारा सुनील जिसका इन सबसे लेना एक न देना दो था, उसके परिवार वाले क्या कहेंगे? कोर्ट पेशी के लिए उसके बम्बई आने-जाने का और वकीलों का ख़र्च कौन उठाएगा? वे लोग भी तो मध्यवर्ग से ही थे। किराए के मकान में गुज़र-बसर कर रहे थे।

मैं आत्म-मंथन के दौर से गुज़र रही थी। एक दिन मैंने निर्णय कर माँ को कहा, "माँ मुझे यह केस नहीं लड़ना है।" माँ मेरे चेहरे को देखने लगीं। शायद वहाँ उन्हें मेरे निर्णय की दृढ़ता नज़र आ रही होगी।

फ़रहत भाई और अन्नू भैया से बहुत बहस हुई। उनका कहना था, अगर तुम लड़ना नहीं चाहती तो कम-से-कम आर्थिक रूप से निर्भर तो हो जाओ। उनसे अपना स्त्री-धन, जो शादी में अन्नू भैया, माँ, फ़रहत भाई और रिश्तेदारों से तोहफ़े के रूप में सोना और नकद रुपया मिला था, उसे तो वापस लो। साथ ही पुरी साहब का फ़्लैट त्रिशूल भी लो ताकि तुम्हें सर छिपाने की जगह तो मिले। ज़मीन और मुन्ना भाई के रुपये भी उनसे चुकवाओ।

पुरी साहब को झालावाड़ में साढ़े छह बीघा ज़मीन पसन्द आई थी, उन्होंने शायद डेढ़ लाख में उसको ख़रीद लिया था। सत्तर हज़ार नकद देने बाक़ी थे, जो वे बाद में देने वाले थे। झालावाड़ के मुन्ना भाई ठेकेदार को उन्होंने पूरी ज़मीन पर सन्तरे के दो सौ पेड़ लगाने और पाँच फुट ऊँची बाउंड्री दीवार, एक बड़ा कमरा और बाथरूम बनाने का ठेका भी दे दिया था। वह पेमेंट भी वे दो-चार महीने बाद करने वाले थे। मुन्ना भाई पेमेंट की तरफ़ से निश्चिन्त थे, एक तो पुरी साहब जैसे नामी अभिनेता, उस पर माँ के दामाद, झालावाड़ में इतना ही काफ़ी था। उधर मुन्ना भाई को दिया सब काम पूरा हुआ, इधर पड़ोसी ने ज़मीन का विवाद शुरू किया। पुरी साहब ने इस विवाद में पड़ोसी खेत वाले जो एक राजपूत पुलिस इंस्पेक्टर था, उसे कहा, "ज़्यादा परेशान किया तो चीफ़ मिनिस्टर से मिलकर तुम्हारी वर्दी उतरवा दूँगा।" बस, तब से वह खार खाए हुए था। उसने ज़मीन की नाप कराई, बेईमानी से कुछ ज़मीन अपने क़ब्ज़े में निकाल ली और बाउंड्री की दीवार भी गिरा दी। इस विवाद में मुन्ना भाई के दो लाख रुपये फँस गए। उधर पुरी साहब भी फँसे हुए थे, लेकिन 'इश्क़ के फेर में'। मुन्ना भाई के तक़ाज़े कुछ महीनों से माँ झेल रही थीं, जो ख़ुद मेरी शादी के लोन में फँसी हुई थीं।

कुल जमा मसला यह था कि हम सब अपने-अपने जंजाल में फँसे थे। मुझे अकेले इन सारे झमेलों का समाधान करना था। झमेला नम्बर-1, पुरी साहब का इश्क़; झमेला नम्बर-2, सुनील और उसके परिवार को झंझट से निकालना; झमेला नम्बर-3, माँ को मुन्ना भाई के झमेले से बचाना; झमेला नम्बर-4, बेचारे क़र्ज़दार अन्नू भैया पर अतिरिक्त झमेलों का बोझ नहीं डालना।

मैंने अन्नू भैया और फ़रहत भाई से कहा, "मैं सहमति से तलाक़ देने को राजी हूँ। आप लोग बस काग़ज़ात तैयार करवा लें।" दोनों के पास कोई जवाब नहीं था।

उस साल बाबरी मस्जिद और मन्दिर के साथ मेरा रिश्ता भी ढह गया था। अयोध्या के विवाद के बाद बम्बई में बम धमाके हुए थे।

मुझे याद है बम्बई का वह दिन। बारह बजे दिन से कर्फ़्यू लगने वाला था। मैं, नोनी, अन्नू भैया और उनके सी.ए. कोर्ट की पाँचवीं मंज़िल पर थे।

एक बड़े-से लम्बे कमरे में जज, क्लर्क, पुरी साहब, उनके वकील और कुछ अन्य लोग बैठे थे। सब जल्दी में थे। पुरी साहब को अपनी प्रेमिका को तलाक़ हो जाने की ख़ुशख़बरी सुनाने की जल्दी थी जबकि जज को व कोर्ट के अन्य कर्मचारियों को कर्फ़्यू से पहले घर पहुँचने की। मेरे जीवन भर के कर्फ़्यू की किसी को चिन्ता नहीं थी। कुछ काग़ज़ तैयार थे, कुछ हो रहे थे। मैं भी मानस-पटल पर कुछ लिख रही थी और कुछ लिखा, पढ़ रही थी।

कई चाँदनी रातें मैंने और उन्होंने घर की छत पर बिताई थीं। दूधिया, हल्के आसमानी रंग की रौशनी जिस्मों को एक होते देखा करती थी। दूर तक फैला आकाश उनकी और मेरी साँसों में सिमटकर मानो विलीन हो जाता था। उसके बाद उनके होंठों से तृप्ति के कुछ शब्द बिखरकर मेरे अन्तस में समाते तो कुछ इधर-उधर घर की दीवारों में गुम हो जाते। वे कितना कहते थे, "तुम्हारे साथ जैसा कोई साथ नहीं। मुझसे कभी दूर मत जाना।" मेरा भी उन पलों में हमेशा के लिए समा जाने का दिल करता। सब तरफ़ ख़ामोशी होती, कुछ सुनाई नहीं देता सिवाय दिल की धड़कन के। बस, वहाँ उन क्षणों में कोई नहीं सिर्फ़ अनुभूति होती थी। क्या वे पल ध्यान में लीन किसी साधक के होते थे? मेरे लिए सृष्टि रुक जाती थी। गहन निस्तब्धता...

"आपका नाम?" जज मुझसे पूछ रहे थे। उन्होंने दोहराया, "आपका नाम?" मुझे कुछ सुनाई नहीं दे रहा था। वे बार-बार अपना सवाल दोहरा रहे थे। मैं अचानक उस चाँदनी रात वाली छत से कोर्ट की पाँचवीं मंज़िल पर पहुँच गई। जज की मंद और दूर से आती आवाज़ फिर आई। वे बोल रहे थे, "यह तलाक़ आप किसी दबाव में तो नहीं ले रही हैं?" मैं उनके होंठों को पढ़ने की चेष्टा कर रही थी। मैं उस बड़ी-सी दीवार में बनी खिड़की से नीचे कूद जाना चाहती थी। मेरे कान बन्द हो गए थे। बस दिल कर रहा था, धरती फटे और मैं उसमें समा जाऊँ। जज ने फिर मुझसे पूछा, "अपना सामान ले लिया है न? बाद में आप दावा नहीं कर सकतीं।"

जज के सवालों के जवाब कैसे दिये, मुझे याद नहीं।

मैं क्या दावा करती, मेरा रिश्ता तो खो गया था। जो मेरे लिए सबसे अहम था। अब क्या बचा था। मेरा मन कह रहा था, मैं पुरी साहब को ग़ौर से देखूँ। मैं देखना चाहती थी, वह चेहरा जो मुझे इतना बड़ा दुख देकर ख़ुश होने जा रहा था, वे बहुत जल्दी में थे। कोर्ट में जब तक हम नीचे आए, वे निकल चुके थे। शायद अपने भावी जीवनसाथी को ख़ुशख़बरी सुनाने।

जैसे तय हुआ था, कोर्ट के बाद हम सीधे पुरी साहब के दूसरे फ़्लैट, 'पायल' आए, जहाँ मेरी शूटिंग के सामान के ट्रंक रखे हुए थे। पुरी साहब मुझे ट्रंक सौंप रहे थे। मैं अपने बाबूजी का टूटा चश्मा ढूँढ़ने लगी, जो मैंने सँभालकर ट्रंक में रखा हुआ था। मैं अड़ गई, मुझे चश्मा चाहिए। सब चश्मा ढूँढ़ने में लगे थे। मैं चश्मे के बहाने शायद कुछ देर और ठहरना चाह रही थी। मेरी आँखों में अन्नू भैया ने आँसू देखकर धीरे से कहा, "तेरी आँखों के आँसू मुझसे बर्दाश्त नहीं हो रहे हैं।" कुछ अनहोनी के डर से मेरे आँसू भी बन्द हो गए।

ट्रंक आ गए जो मेरे अब किसी काम के नहीं थे। तलाक़ के बदले फ़रहत भाई ने सौदा किया था। पुरी साहब ने छह लाख रुपये और वह झालावाड़ वाली विवादित ज़मीन मेरे नाम कर दी थी। यह सौदा फ़रहत भाई ने यह सोचकर किया था कि इससे मुन्ना भाई के पैसे दिये जा सकेंगे। मेरे गहनों व गिफ़्ट की रक़म भी इसमें शामिल थी। मुन्ना भाई को उन रुपयों में से दो लाख पन्द्रह हज़ार दिये गए। उस ज़मीन की लड़ाई हम कैसे लड़ते? वह भी यूँ ही पड़ी रही। पुरी साहब का पैसा मेरे किसी काम का नहीं था। मैं फ़रहत भाई से ख़ूब लड़ी थी। मुझे निर्वाह के लिए उनके पैसे की ज़रूरत नहीं थी।

फ़रहत भाई की दलील जायज़ थी। हमें झालावाड़ में ही रहना था। मुन्ना भाई के पैसे हम कहाँ से चुकाते? वे पुरी साहब को नहीं जानते थे। न ही वे बम्बई जाकर अपना पैसा पा सकते थे। तब रह जातीं माँ जिन्हें इन रुपयों के लिए तंग होना पड़ता। माँ कहाँ से दो लाख चुका पातीं? वैसे ही मेरी शादी और ऑपरेशन के ख़र्चे के लिए माँ ने अपने स्कूल से लोन लिया हुआ था। मेरी शादी, कोर्ट के ख़र्चे और अन्नू भैया ने अपने प्रोड्यूसरों और पहचान वालों से पैसे लिये हुए थे। इन सबका बोझ मुझ पर था।

मेरा गुरूर तो क़ुदरत को चकनाचूर करना ही था, सो किया। पुरी साहब ने मेरे जीवन भर की निर्वाह-निधि मिली मात्र छह लाख जिनमें माँ के दिये गहनों की क़ीमत भी आ गई थी। मेरा स्त्री-धन मुझे ही मेरी क़ीमत की तरह लौटाया गया। मुझे यह निर्वाह-निधि बोझ लग रही थी। मैं आत्मनिर्भर मदन लाल और कमला कपूर की स्वाभिमानी बेटी किसी के पैसों से निर्वाह कैसे करती? मैंने इन रुपयों से अन्नू भैया का उधार चुकाना चाहा लेकिन मेरे स्वाभिमानी भाई ने लेने से इनकार कर दिया।

सेवानिवृत्ति के बाद अहमदाबाद में गाडगिल अंकल, मालन आंटी ने बच्चों का बाल-घर खोला था। काकाजी की डाकुओं की फिरौती की रक़म में इन दोनों की मदद के रुपये भी शामिल थे। बरसों बाद मैंने योगदान के रूप में दो लाख रुपये गाडगिल अंकल-आंटी के बाल-घर को दिये। मुझे ऐसा लगा था मानो मैंने उनकी मदद करके अपने माता-पिता का क़र्ज़ा उतारा हो। साथ ही मेरा अभिमानी मन पुरी साहब के उन रुपयों से मुक्ति भी पा रहा था।

परित्यागी जीवन और पुरुष-प्रधान समाज

जीवन के जाने कैसे-कैसे अनुभव मुझे हो रहे थे। मैं जब अविवाहित थी, तब पुरुषों की दृष्टि मेरे प्रति अलग थी। कोई दुस्साहस नहीं करता था।

पति के द्वारा त्यागी गई स्त्री के लिए समाज का हर शादी-शुदा पुरुष अपनी सेवाएँ देने को लालायित हो जाता है। वही मेरे साथ हुआ। जिनसे मुझे सहानुभूति और समझ की उम्मीद थी, वे ही लोग मेरी देह पाने को लालायित हो उठे। मेरे घावों पर मरहम की जगह अपने शरीर को परोसने वाले वे पुरुष किसी अजनबी ग्रह-नक्षत्र से नहीं आए थे। वे बहुत ख़ास और क़रीबी लोग थे। पुरी साहब के मित्र, परिचित, यहाँ तक कि कुछ बड़े नामी फ़िल्म-निर्देशक और अभिनेता भी जो अपने क्रान्तिकारी विचारों से समाज की चेतना को झकझोरने की सामर्थ्य रखते थे। ऐसे प्रगतिशील पुरुष, मेरी किसी के द्वारा छोड़ी हुई देह को पाने के लिए लार टपका रहे थे।

गहन संवेदनशील लोग, इतने संवेदनहीन निकलेंगे यह मैंने सोचा न था। इन्हें यह भी पता नहीं था कि उस स्थिति में स्त्री की ज़रूरत, उसकी देह की भूख नहीं बल्कि उसके मन को संवेदना के साथ समझने की होती है। देह, मन का ही तो विस्तार है। यदि मन अपमानित और हताहत है तो देह गौण हो जाती है।

मुझे उस समय प्रतीत हुआ कि दुनिया में पुरुष अपनी सत्ता ऐसे ही क़ायम रखना चाहता है। मेरे सामने बड़े-बड़े प्रगतिशील पुरुषों की क़लई खुल गई थी। उन्हें लग रहा था, पति से अलग हुई स्त्री सबसे पहले किसी पुरुष की देह का संसर्ग चाहती है। वह सबकी भोग्या हो सकती है। इतने बड़े लोगों का यह विद्रूप रूप? मेरे अन्दर जुगुप्सा, घृणा और दुख पैदा कर गया।

मैं फिर से पुरुष का वह रूप देख रही थी जो मैंने बचपन में देखा था। हाँ, अब उसकी अदा बदल गई थी। अब डराने-धमकाने की जगह फूलों के गुलदस्ते और काम के अनुबन्ध पेश किये जा रहे थे। मैं पलायनवादी, फिर से माँ के पास पलायन कर गई।

काम तो फिर भी करना था। एक डॉक्यूमेंट्री के सिलसिले में भोपाल गई। पुरी साहब शायद फ़रहत भाई के सम्पर्क में बने हुए थे। उनका अपराध-बोध उन्हें चैन

नहीं लेने दे रहा था। इसी के चलते न जाने कैसे उन्हें पता चल गया था कि मैं भोपाल में हूँ।

होटल के कमरे में उन्हें अचानक आया देख नोनी बाहर चला गया। उसे डर था कहीं युद्ध की घोषणा न हो जाए। हम दोनों के बीच, वही चिर-परिचित मौन पसरा हुआ था। मैं बहुत कुछ कहना चाहती थी, लेकिन शब्द थे कि समेटे नहीं जा रहे थे। मौन उन्होंने ही तोड़ा। ठंडी साँस लेकर बोले, "सॉरी।" मुझे कुछ सूझा नहीं मैं चुपचाप उठकर चली गई। शायद वे कुछ कहना चाहते थे, लेकिन अब तक मेरी उनको सुनने की क्षमता समाप्त हो चुकी थी।

वह समय, देवताओं और दानवों का समय

जब मैं पैदा हुई थी, माँ ने मेरा नाम, 'नें' रख दिया था क्योंकि मुझे रोना नहीं आता था। भूख लगने पर या दर्द होने पर एक ध्वनि मेरे मुँह से निकलती थी, 'नें'।

मुझे रोना तब भी नहीं आता था और अब भी नहीं आता। सामाजिक और न्यायिक तौर पर पुरी साहब से रिश्ता टूटने पर भी नहीं रोई, न ही बच्चे के बिछड़ने पर मैं रो पाई। ऐसा लगता था जैसे सारी सृष्टि मुझे रोना सिखाना चाह रही है। लेकिन मैं तो 'ढा' थी। सीखती कैसे? मैं गहन तकलीफ़ में थी इसीलिए अपना ध्यान कहीं और लगाना चाहती थी। ऐसे में तैमूर कुत्ता और अमृत गधे से अच्छा साथी कौन हो सकता था?

इसी बीच मुझे पता चला कि पुरी साहब अपने अपराध-बोध से निकलने के लिए दिल्ली जाकर सुनील और उसकी पत्नी से माफ़ी भी माँग आए थे।

मैं बम्बई में ज़्यादातर अन्नू भैया के पास रहती। उन दिनों ज़ी टीवी नया-नया शुरू हुआ था। दिन-भर एक ही फ़िल्म आती थी। मैं दिन-भर वही देखती रहती थी। मेरी इस हालत पर अन्नू भैया ने विधु को फ़ोन कर कहा, "सीमा को प्लीज़ बाहर ले जाओ, वरना यह पागल हो जाएगी।" समय को बीतना था, बीत रहा था।

जया बच्चन *चिल्ड्रन फ़िल्म सोसाइटी* की चेयर पर्सन हो गई थीं। अन्नू भैया का उन दिनों बच्चन परिवार में बहुत आना-जाना था। मैंने अन्नू भैया से आग्रह किया, मुझे उनसे मिला दें। मैं उन्हें ऑस्कर वाइल्ड की एक कहानी, 'केंटर विल घोस्ट' सुनाना चाहती थी, ताकि मेरा कुछ काम शुरू हो जाए। हम दोनों जया जी से मिलने उनके घर गए। मेरी थोड़ी औपचारिक बातों के अलावा कुछ ज़्यादा बात नहीं हुई।

मैं दिल्ली में काम की तलाश में काकाजी के घर ठहरी हुई थी। वहीं अन्नू भैया का फ़ोन आया। जया जी को कहानी बहुत पसन्द आई थी। मैं ख़ुश हो गई। मुझे काम की सख़्त ज़रूरत थी। अन्नू भैया के दूसरे वाक्य से वज्रपात-सा हो गया—"फ़िल्म वह बनाएँगे, तुम चाहो तो लिख सकती हो।"

मैंने फ़िल्म लिखी, उसका नाम रखा 'अभय'। अपनी सामर्थ्य से मैंने प्रोडक्शन भी सँभाला।

शूटिंग का पहला दिन गुजरात के राज-पीपला क़स्बे में था। नाना पाटेकर आ गए थे। नाना से मेरी पहचान पुरानी थी लेकिन मुझे डर था कि अब वह मुझे पहचानेगा या नहीं? नाना आया, मेरे चुपचाप बैठे रहने पर बोला, "तेरी तबीयत तो ठीक है न?" मुझे थोड़ी राहत मिली। दोस्त अभी भी पहचान रहे हैं। नाना को मेरी लिखी स्क्रिप्ट पसन्द आई थी। उसने 'अभय' में नि:शुल्क काम करना स्वीकारा। पहला दिन, नाना स्क्रिप्ट लेकर आया और मुझसे बोला, "यह आख़िरी का मोनोलाग (स्पीच) तुझे बड़ा नहीं लगता?" मैंने कहा, "नहीं नाना, यह बड़ा नहीं है, तुझे बोलने में दिक़्क़त आ रही हो तो मैं छोटा कर सकती हूँ।" नाना मान गया। बिना रद्दोबदल उसने फ़िल्म पूरी ख़त्म की।

मैंने बताया था न कि मैं बहुत चिड़चिड़ी हो गई थी। ज़रा-ज़रा-सी बात मुझे क्रोध से भर देती थी। इसी कारण, मेरा अन्नू भैया से भी झगड़ा हो गया था। मुझे उनकी और उनकी होने वाली बीवी की थोड़ी-सी भी उपेक्षा अन्दर तक चुभ जाती थी। उस समय मुझे ऐसा लगता कि सब मेरी उपेक्षा कर रहे थे।

नवजीवन : ईंट, गारा, मिट्टी फिर से समेटना

झालावाड़ में रहते मुझे महीनों हो गए थे। एक दिन माँ और फ़रहत भाई ने कहा, "अब तुम्हें काम शुरू कर देना चाहिए। यहाँ जीवन बरबाद हो जाएगा, बम्बई लौट जाओ।" मेरे पास पैसे नहीं थे। अन्नू भैया से मैं रूठी हुई थी। फ़रहत भाई-भाभी ने वादा किया, "ज़रूरत पड़ी तो हम रुपये का इन्तज़ाम करेंगे लेकिन तुम जाओ।" हालाँकि फ़रहत भाई के दिल का ऑपरेशन हो चुका था। उनके एक दोस्त करोड़ों का क़र्ज़ा कर आजमगढ़ भाग गए थे और वह क़र्ज़ा फ़रहत भाई उतार रहे थे। कहावत है, ख़ुदा भी मिले तो नंगे सर।

माँ, कॉमरेड सर्वेश्वर, मैं और नोनी, बम्बई के लिए रवाना हो गए।

1995 की सर्दियों में, अँधेरी के लोखंडवाला की न्यू आकाश गंगा बिल्डिंग में अकेली महिला होने की सारी तकलीफ़ें झेलते हुए, मुझे सी-26 में 603 नम्बर का फ़्लैट, सात हज़ार रुपये मासिक के किराये पर मिल गया।

नोनी और कॉमरेड उसी समय एक झाड़ू, बाल्टी, मग ख़रीद लाए। मेरी सहेलियाँ और पुराने ज़माने की अभिनेत्रियाँ, मनीषा जी और सोनिया साहनी जी सब आ गए। इत्तफ़ाक़ से इसी बिल्डिंग में काकाजी भी दूसरी मंज़िल पर रहते थे। इस वजह से तिषा दीदी भी आ गईं। हमारे मित्र, आचार्य वागीश जी के वैदिक मंत्रों के साथ मैंने, नये घर में, नये सिरे से फिर से जीने की राह पर क़दम रखा।

1995 से 97 तक मैं 603 में रही। वे साल बड़ी मुश्किल से गुज़र-बसर वाले थे। ज़ी टीवी के कुछ छोटे-मोटे लेखन-कार्य से किसी तरह घर चला लेती थी। कुछ फ़िल्मों की घोस्ट राइटिंग से काम चलता।

हमारी बिल्डिंग में मेरी विंग की लिफ़्ट ख़राब थी। इस वजह से छत पर जाकर दूसरी विंग की लिफ़्ट से आना-जाना हो रहा था। ऐसे ही एक दिन मैं सामान उठाए दूसरी विंग की लिफ़्ट से छठी मंज़िल पर पहुँची तो क्या देखती हूँ, एक कबाड़ी अच्छी जिल्द वाली दर्शनशास्त्र की बहुत सारी किताबें उस मंज़िल पर रहने वाले किसी व्यक्ति से ख़रीद रहा था। मैं किताबों का लोभ संवरण नहीं कर पाई और तीन सौ रुपये में वे किताबें मैंने कबाड़ी से ख़रीद लीं। ये अलग-अलग धर्मों और दर्शन पर ओशो की किताबें थीं।

बुद्ध, महावीर, लाओत्से, झेन मास्टर और कृष्ण से ओशो ने मेरा परिचय करवाया। मैं अब जीवन के प्रति और अधिक करुणा से भरती जा रही थी। लोगों को समझ पाना अब आसान होता जा रहा था।

जीवन अब मुझे समझ आने लगा था। ओशो मुझे मात्र तीन सौ रुपये में कबाड़ी से मिले और हमेशा के लिए मेरे साथ हो लिये।

अस्तित्व से पहली मुलाक़ात

मैं ज़ी टीवी के प्रेसिडेंट से अपने प्रोजेक्ट के बारे में बात करने पहुँची। उन्हें मेरा प्रोजेक्ट बहुत पसन्द आया, उन्होंने फ़ौरन इस पर पायलट बनाने के लिए मुझे प्रोत्साहित किया। ज़िन्दगी में एक बार फिर से थोड़ा-सा बहाव आने की सम्भावना बनी। 1994-95 में मैं झालावाड़ आ गई। यात्रा के लिए फ़रहत भाई से गाड़ी माँग ली, उनका ड्राइवर और मैं शूटिंग के लिए जोधपुर लोकेशन देखने के लिए निकल गए।

रास्ता बहुत मनोरम था। किसी घाटी जैसे घुमावदार ऊँचाई से उतरते रास्ते और चारों तरफ़ फैला जंगल। बड़े-बड़े चमकीले पत्तों वाले आकाश छूते पेड़। उसी प्रकृति से मेल खाते गाँव और वन के लोग। हर ओर शान्ति थी। ऊपर पहुँचने के बाद गाड़ी धीरे-धीरे उस पहाड़ी और घुमावदार रास्ते से नीचे की ओर आ रही थी। जंगल, पेड़ों और पहाड़ों से निकलती एक पतली-सी जलधार।

मैंने ड्राइवर को रोका। गाड़ी रुक गई। मैं जंगल में चलते-चलते ऊँचाई पर आकर नीचे बहती पतली-सी नदी को देख रही थी। प्रकृति ने मुझे घेरा हुआ था। न जाने कब तक उस जगह को निहारती मैं खड़ी रही कि अचानक मुझे अपने चारों तरफ़ एक अजीब-सा अनुभव हुआ, जैसे मुझे किसी ने कहा हो, "क्या तू यह सोचती है कि यह सब अपने-आप बना है?" मुझे ऐसा लगा जैसे किसी ने

बहुत ज़ोर से मेरे सीने में इस प्रश्न का घूँसा मारा हो। एक शक्तिशाली ऊर्जा ने मुझे अपनी बाँहों में जकड़ा हुआ था। कोई कह रहा था, "मैं हूँ! मैं हूँ!" इस अनुभव को व्यक्त करने के लिए मेरे पास कोई भाव नहीं था, सिवाय मेरी आँखों के जो निरन्तर, अविरल बह रही थीं।

ध्यान के वे पल जैसे मेरे पूरे अस्तित्व पर जम गए थे। इसके साथ मुझे ऐसा लगा जैसे मेरा दोबारा जन्म हो गया। एक अजीब-सी शान्ति मेरे अन्दर समा गई थी। उन लम्हों में मुझे किसी से शिकायत नहीं थी। मुझे किसी से शिकवा नहीं था। न किसी के जाने का दुख, न किसी के मिलने का आनन्द। वहाँ मैं थी, सिर्फ़ मैं और था पूरा अस्तित्व।

मैं न जाने कितनी देर तक वहाँ पर खड़ी रही। समय ठहर गया था। मेरे ऊपर 'ध्यान' की नज़र पड़ गई थी और मैं आस्तिक बन गई।

> लाइफ़ इज नॉट अ प्रॉब्लम टू बी सॉल्व्ड, लाइफ़ इज अ मिस्ट्री टू बी लिव्ड —**ओशो**

और मैं जीने लगी थी...

वे भेदती नज़रें

1995-96, वे साल मेरे बदलाव के साल थे। मैं झालावाड़ में थी। उन्हीं दिनों शकीला भाभी के बड़े भाई, सलीम भाई जर्मनी से आए हुए थे। माँ ने उन्हें खाने पर बुलाया था। खाना बनाने की ज़िम्मेदारी मेरी थी।

मैं नोनी के साथ मटन लेने बस-स्टैंड पर गई। दुकानदार ने कहा, "दीदी थोड़ा-सा इन्तज़ार कर लो, मैं अभी ताज़ा गोश्त लाया।" पास ही एक बकरी और एक छोटा बकरा बँधे थे, दोनों पत्ती खा रहे थे। वह कसाई बच्चा बकरे को कान पकड़कर अन्दर ले गया।

अचानक बकरी ने पत्ती खाना बन्द कर दिया। शायद वह उस बकरे की माँ थी। उसके मुँह का पत्ता आधा बाहर, आधा अन्दर ही रह गया था। वह हिल भी नहीं रही थी, एकटक मुझे ही देखे जा रही थी। यह सिलसिला तब तक चला जब तक दुकानदार ने मेरे हाथों में गरम-गरम गोश्त की थैली नहीं रख दी। वह बकरी का बच्चा जो अभी अपनी माँ के साथ पत्ते खा रहा था, थैली में मेरे हाथ में था।

गोश्त लेकर मैं पलटकर चल दी। पीछे घूमकर देखा, बकरी ने मेरे जाने की दिशा में सिर घुमा लिया था, और मुझे एकटक देखे जा रही थी। वह पत्ता अब भी उसके मुँह में उसी अवस्था में दबा हुआ था।

इस घटना के बाद कई दिनों तक मेरा दिल चाहा कि मैं अपनी नसों का सारा

ख़ून बदल दूँ, जिनमें अब तक न जाने कितने जानवरों का मांस और रक्त मिल गया था। उस दिन से मैं पूर्ण रूप से शाकाहारी हो गई।

शेख़चिल्ली यानी मैं

काम की सख़्त ज़रूरत थी। उसी दौरान एक प्रोड्यूसर मुझसे यशपाल के उपन्यास 'दिव्या' पर सीरियल बनवाना चाह रहे थे। उसकी लोकेशन देखने मुझे हम्पी जाना पड़ा। मैंने सोचा, पहले अकेले जाकर जगह देख आऊँ और बाद में अपनी टीम के साथ जाऊँ ताकि कुछ ख़र्चा बच सके। वहीं के एक प्रोडक्शन वाले से मेरे प्रोड्यूसर ने व्यवस्था करवा दी थी।

मैं हम्पी के 'मल्लिगे' नामक सरकारी निवास में ठहरी हुई थी। मुझे नहीं पता था कि पुरी साहब वहाँ से कोई पचास-साठ किलोमीटर की दूरी पर फ़िल्म 'चाइना गेट' की शूटिंग कर रहे थे। एक शाम मैं लोकेशन देखकर लौटी तो पाया कि एक फ़ोन मेरा इन्तज़ार कर रहा था, पुरी साहब थे। उन्होंने बताया कि वे लोग वहीं शूटिंग कर रहे हैं। मैंने आश्चर्य से पूछा, "आपको कैसे पता चला कि मैं हम्पी में हूँ?" उन्होंने कोई जवाब नहीं दिया।

उस फ़िल्म में मेरे कुछ परिचित भी थे। अगली सुबह लोकेशन देखने मुझे वहाँ भी जाना था। मैं यूनिट में सबसे मिली और लौटकर वापस हम्पी चली आई। सुबह पुरी साहब का फ़ोन आया। वे शाम का खाना मेरे साथ खाना चाहते थे।

मेरे अन्दर किसी के भी प्रति ग़ुस्सा, क्षोभ नहीं रह गया था। शाम को पुरी साहब शूटिंग का बड़ा-सा टिफिन लिये आ गए। अचानक उन्होंने अपने रात के कपड़े पहन लिये और पलंग पर लेटते हुए बोले, "आप पलंग के इस तरफ़ सोएँगी या उस तरफ़?" मैं हतप्रभ, समझ नहीं पा रही थी कि हो क्या रहा है? मैं सिर्फ़ इतना कह सकी, "आप यहाँ सोने आए हैं?" उन्हें जैसे बिजली का झटका लगा। वे उठकर बैठ गए और बोले, "यानी आप मुझे जाने को कह रही हैं?" मैंने कहा, "बिलकुल।" वे बिना खाना खाए निकल गए। स्त्री का अस्वीकार पुरुष के अहं को ठेस पहुँचाता है। वे आहत थे और मैं अपमानित। न जाने, मैं क्यों रो रही थी। मुझे ऐसा लग रहा था जैसे एक पराया पुरुष एक परित्यक्ता स्त्री को भोगने आया था।

थोड़ी देर बाद उनका फ़ोन आया। वे बेहद हर्ट और अपमानित महसूस कर रहे थे।

अहो! घोर आश्चर्य! मेरा अपमान कर वे स्वयं अपमानित हो रहे थे। अब भी वे हार नहीं मान रहे थे। बोले, "कल शाम आप वापस जा रही हैं। मैं भी जा रहा हूँ। हम दोनों कार के बदले ट्रेन से बंगलौर चलेंगे, पूरी रात का सफ़र है। काफ़ी समय मिलेगा मुझे कुछ ज़रूरी बातें करनी हैं।"

मुझे याद आए वे ट्रेन के सफ़र जो हमने साथ-साथ कई बार फ़र्स्ट ए.सी. के दो लोगों के कूपे में किये थे। जहाँ रोमांस था...हँसी थी...क़हक़हे थे...मेरे फ़ोटो खींचे जाते थे...।

मैं सुबह होते ही उन्हें बताए बिना बंगलौर चली गई।

मेरे वहाँ से लौटने के काफ़ी दिनों बाद, पुरी साहब लगातार मेरे घर आते रहे। वे शायद मुझसे अपने कुछ दुख साझा करना चाहते थे। लेकिन मेरे लिए अब वे, एक अजनबी से ज़्यादा कुछ नहीं थे। जब यह बात उनकी समझ में आ गई तो उन्होंने आना बन्द कर दिया।

पुरी साहब और उनके दुखों की गठरी

एक रात, डेढ़-दो बजे के क़रीब मेरे घर के फ़ोन की घंटी बजी। मैंने घबराकर फ़ोन उठाया। पता नहीं क्यों, आधी रात और बहुत सुबह फ़ोन की घंटी बजने से मुझे बहुत घबराहट होती है।

जिस घर में वृद्ध माता-पिता, मामा, चाचा हों उन्हें असमय फ़ोन डराता ही है। दूसरी ओर से मेरे सीरियल के प्रोड्यूसर की घबराई हुई आवाज़ सुनाई दी। वे बोले, "सीमा जी आप ठीक तो हैं न? मैंने सपना देखा आपका एक्सीडेंट हो गया है। मैं तो डर ही गया था। सॉरी, आपको जगाया। आपका दुख मुझे पता है। कितना संघर्ष।" मैंने बात बीच में काट दी और कहा, "सुबह बात करते हैं।" बड़ी शालीनता से उन्होंने ओके कहकर फ़ोन रख दिया।

बात, मेरी समझ में आ गई थी। वह महिला जिसने जीवन के पैंतीस सालों में इतने उतार-चढ़ाव देखे हों...जो नाटक-कम्पनी के दो सौ लोगों से वाक़िफ़ हो... उसके लिए अनुमान लगाना मुश्किल नहीं था कि इन जनाब की मंशा ठीक नहीं थी। मुझसे स्वतंत्रता लेना चाह रहे थे। क्योंकि इस तरह के फ़ोन पर मैं उन्हें डाँट तो नहीं सकती थी। ख़ैर, दुनिया समझ से बाहर थी।

अगले दिन उन्हीं प्रोड्यूसर के भेजे दस-बारह गुलदस्तों से मेरा घर भर गया। गुलदस्ते मेरी सलामती के लिए आए थे। क्या कहें?

अगली मीटिंग में उन्होंने प्रस्ताव रखा कि मेरे द्वारा ही प्रोडक्शन की देखरेख हो। कारण, वे अपने व्यापार से समय नहीं निकल पाएँगे। इसलिए मेरे बैंक खाते में दो करोड़ रुपये डालकर निश्चिन्त हो जाना चाहते थे। फिर बोले, "सीमा जी, मैं जीवन भर आपके साथ काम करना चाहता हूँ। कैसे सम्भव होगा यह? आप तो राइटर हैं, बताइए?" मैंने कहा, "एक ही तरह से सम्भव है कि मैं अब आपकी सीरियल न करूँ।" इतना कह, मैं उठकर आ गई।

स्त्री, वह भी जवान, उस पर परित्यक्ता। औरत होने का ख़मियाज़ा तो भुगतना

ही था। अब मैं फिर बेरोज़गार और पैसों से ख़ाली थी।

अस्तित्व से मुलाक़ात के बाद का जीवन

अस्तित्व मुझे उतना ही काम दिलवाता, जितने से मेरे दो-तीन महीने का ख़र्च निकल जाए। साल भर की निश्चिन्तता क्या होती है? यह मैं अभी तक जान नहीं पाई थी। ज़ी टीवी, स्टार टीवी और दूरदर्शन के छोटे-मोटे लेखन-कार्य चल रहे थे। एक फ़िल्म भी लिखने को मिली। जीवन-यापन की जद्दोजहद बरक़रार थी।

मैं आत्म-चिन्तन और ध्यान में ज़्यादा उतरने लगी थी। काकाजी के ऊपर क़र्ज़ा हो चुका था। इस दलदल से बाहर निकलवाने के लिए उन्हें मुझसे बहुत उम्मीदें थीं। मैं, जो उस समय ख़ुद बेरोज़गारी और अभाव के दलदल में डूबी बाहर निकलने के लिए हाथ-पाँव मार रही थी, गर्व से भर गई। मुझे लगा, मैं कुछ महान-सी हूँ क्योंकि इतना सक्षम, नामी बड़ा भाई मुझसे मदद माँग रहा था। मैं अभिमान से फूल गई।

मैंने अपने मकान के एजेंट लाम्बा जी से पूछा और वे एक ब्याज पर पैसा देने वाले को ले आए। मैं, काकाजी, वह व्यक्ति और लाम्बा जी आमने-सामने थे। काकाजी ने वादा किया कि वे तीन महीने में पैसा चुका देंगे। अचानक वह व्यक्ति काकाजी से बोला, "मुझे आपका चेक नहीं, सीमा जी का चेक और हुंडी चाहिए।" मैंने अपना चेक दिया, हुंडी पर साइन किये और अपनी ज़मानत पर ढाई लाख रुपये काकाजी को दिलवा दिये।

बस तभी से मुझ पर जैसे दुर्भाग्य की नज़र पड़ गई। काकाजी के होने वाले सारे काम ठप्प पड़ गए। पैसा चुका पाना उनके लिए असम्भव था, वे प्ले का निर्देशन करने दिल्ली चले गए। मैं अब अपने मकान का किराया रोककर उनका ब्याज भरने लगी। काकाजी ने मेरे फ़ोन उठाने बन्द कर दिये। घर में कुछ भी राशन नहीं था। कुछ रास्ता नहीं सूझ रहा था, मैं और लच्छू मामा किसी तरह टिकट का इन्तज़ाम करके झालावाड़ माँ के पास चले गए।

सखी का ज़िन्दगी में आना

काम और पैसों के अभाव की वजह से मैं लगातार आठ महीने झालावाड़ में रही। समझ नहीं आ रहा था कैसे क्या होगा? उसी साल 4 दिसम्बर, 1998 को हमारी रेक्सी ने छह बच्चे दिये। कोई ले ही नहीं रहा था, बेचारों का कुसूर था, उनका देसी कुत्ता होना। उनको बाँटते हुए हमें पसीने आ गए, एक बच्ची कहीं नहीं जा पाई थी, उसका कोई लेनदार नहीं मिला, जिसका कोई नहीं उसे मैं कैसे छोड़ देती? उसका नाम रखा 'सखी'।

बम्बई में मैंने और अन्नू भैया ने किराए की साझेदारी में ऑफ़िस लिया हुआ था। कुछ महीनों से वहाँ भी मेरा सहयोग नहीं हो पा रहा था। उस पर यह काकाजी के क़र्ज़े की बात मैंने अन्नू भैया से छिपाई थी। मेरी बेवक़ूफ़ियों के कारण उन्हें बहुत भुगतना पड़ा था और मैं थी कि मुझसे मुर्खता छूट ही नहीं रही थी। मुझे अन्नू भैया से सबके सामने डाँट नहीं खानी थी, लेकिन यह व्यक्ति जिससे मैंने काकाजी को पैसे दिलवाए थे शुद्ध ब्याज का काम करता था। मुझे नहीं पता था कि जो ब्याज पर पैसे देते हैं, उन्हें बदतमीज़ होना ज़रूरी होता है। लोग अगर उनसे डरेंगे नहीं तो उनका पैसा डूब जाएगा। ऐसा ख़तरनाक व्यक्ति 12 मई को अपने पैसे लेने ऑफ़िस आ रहा था।

मैं, सखी और कैलाश को लेकर 12 मई को बम्बई वापस आ गई। उस दिन मेरा जन्मदिन था। मैं ऑफ़िस में अपने कमरे में उदास बैठी थी। डर रही थी कि वह बदतमीज़ व्यक्ति आएगा तो उसे क्या कहूँगी? दूसरे कमरे में बैठे अन्नू भैया के सामने वह अनाप-शनाप बकने लगा तो? ऑफ़िस में अन्नू भैया के कर्मचारियों के सामने मेरी क्या इज़्ज़त रह जाएगी? तभी अजीत भाई मुझे बधाई देने मेरे कमरे में आए। अजीत भाई, अन्नू भैया के दोस्त थे जिन्हें मैं पिछले अट्ठारह-बीस साल से राखी बाँधती थी। मुझे उदास देखकर उन्होंने कारण पूछा। मैं अपने-आपको रोक नहीं पाई और रोते हुए सब बता दिया। अजीत भाई उठकर अन्नू भैया के कमरे में चले गए।

थोड़ी देर बाद अन्नू भैया ने मुझे अपने कमरे में बुलाया। वे खाना खा रहे थे, मेरे मुँह में एक कौर डालते हुए बोले, "वैरी अन हैप्पी बर्थडे टू यू।" मेरा बाँध टूट गया था।

एक बार फिर अन्नू भैया मेरी मदद के लिए खड़े थे। उन्होंने कहा, "जीवन में मदद भी उतनी ही करो जितनी तुम्हारे अन्दर करने की औक़ात हो।" उन्होंने मेरा क़र्ज़ा उतारा। मैंने बाद के कुछ सालों में अन्नू भैया का क़र्ज़ उतार दिया था, लेकिन उनका उपकार आज तक उतार नहीं पाई। उसी दिन से मेरे पास कामों की झड़ी लग गई। लगा, जैसे काम मेरी राह देख रहे थे। मुझे ज़ी टीवी और स्टार टीवी के—दो सीरियल लेखन के लिए मिल गए। 'सखी' मेरे लिए दोस्त, हमदर्द और भाग्यवान साबित हुई।

भौतिक जीवन में बदलाव

सन् 2000 से मेरे भौतिक जीवन में बहुत बड़ा बदलाव आया। ज़ी टीवी पर मेरा एक सीरियल स्वीकृत हुआ। मुझे अग्रिम राशि भी मिली। लगातार चलता सीरियल और लगातार आते पैसे की निरन्तरता से मैं तो बौखला गई।

आदत तो अभावों की थी। मैंने सबसे पहले एक सेंट्रो कार ख़रीदी क्योंकि बम्बई में वह अब ज़रूरत बन गई थी। किसी महिला या लड़की को कार चलाते

देख मैं सोचती, कब वह दिन आएगा जब मैं अकेली बम्बई की सड़कों पर कार चला सकूँगी, जल्दी ही वह दिन भी आ गए। मैं अकेली, गर्मी में कार के शीशे चढ़ा, कुमार गन्धर्व सुनती। जब इस महानगर में समतल सड़कों पर बेवजह गाड़ी दौड़ाती तो मुझे आज़ादी का एहसास होता। मुझे लगता, मैं हूँ और बस मैं ही मैं हूँ। मेरी कार, मेरा ब्रह्मांड होती। जितना बचपन में साइकिल चलाने में मज़ा आता था, उतना ही अब कार चलाने में आता।

मुम्बई में मेरा पहला 'अपना घर'

मेरा काम ठीक-ठाक चलने लगा था। माँ कुछ महीने मेरे पास आकर रह जाती थीं। झालावाड़ में नोनी की शादी हो गई थी, एक बेटा भी हो गया था। लेकिन उसका काम ठीक से नहीं चल रहा था। कारण मुझे एक ही नज़र आता था, उसकी उदासीनता और नकारात्मकता। कहीं भी, किसी भी काम के लिए जाते हुए कहता, "जा तो रहा हूँ, होना-जाना तो कुछ है नहीं।"

मेरे मकान-मालिक को यह फ़्लैट जिसमें मैं रहती थी, बेचना था। हमारे पास दो-चार महीने का ही समय था। मुझे इस सोसाइटी में रहते हुए आठ साल हो गए थे। सब लोग मुझे जानते थे। सबने एक अकेली महिला को सम्मान के साथ स्वीकार किया था। पास-पड़ोसी और बच्चे सब अपने-से लगते थे। यहाँ तक कि बिल्डिंग के सारे चौकीदार पहचानते और वक़्त-ज़रूरत पर काम आते। नई जगह, नये लोग—अकेली स्त्री को इन सब मसलों से निपटने के बारे में सोचना पड़ता है।

शुरू में जब मैं यहाँ आई थी तब मुझे अकेली, जवान लड़की होने की वजह से इन्होंने ही मकान देने से इनकार कर दिया। तब मुझे अपना चरित्र और अपने व्यापार की निश्छलता को सिद्ध करना पड़ा था। अब जब सब मुझे जान गए थे, तब और कहाँ जाया जाए? अचानक माँ के मुँह से निकला, "क्या यह फ़्लैट हम ख़रीद नहीं सकते?" दिमाग़ में जैसे बिजली कौंध गई।

मैं सीधे अपने बैंक पहुँची और तुरत-फुरत मुझे होम-लोन मिल गया। यही किराये का मकान अब मेरा अपना हो गया था। जिसमें मैं आज तक हूँ। यहाँ से जाने का अब दिल नहीं करता। यहाँ के लोग, पंछी, दुकानदार और गली के कुत्ते, सब मुझे पहचानते हैं। सबसे मेरी बातचीत होती है। यह सिलसिला सुबह से शुरू होता है, जब राजू कौवा सुबह-सुबह मेरे हाथ से पनीर खाता है। शाम, गली की चम्पी कुत्ती को कुछ न खिला दूँ तो मेरा दिन पूरा नहीं होता। इस घर ने मुझे त्यागने के बदले मेरा होना स्वीकारा। क्या कहूँ? बस कहूँगी, "शुक्रिया!"

2003 में मुझे पता लगा कि एन.एफ़.डी.सी. फ़िल्म की स्क्रिप्ट्स ले रही है। मैंने अपनी एक स्क्रिप्ट 'वयम् रक्षाम:' जमा करवा दी।

31 अक्टूबर, 2003 को शबाना आज़मी को मैंने स्क्रिप्ट सुनाई। उन्हें बेहद पसन्द आई। तुरन्त बीजा के चरित्र के लिए उन्होंने मुझे अपनी स्वीकृति दे दी। रवीना टंडन ने भी इसी फ़िल्म के दूसरे पात्र के लिए स्वीकृति दे दी। बाद में मैंने इसी स्क्रिप्ट का नाम बदलकर, 2009 में एन.एफ़.डी.सी. के लिए फ़िल्म 'हाट द वीकली बाज़ार' नाम से बनाई।

उसी दौरान मुझे एक सीरियल मिला जिसे चित्रेश श्रीवास्तव और प्रसन्ना प्रोड्यूस कर रहे थे। शूटिंग दुबई में थी। माँ अब तक कभी विदेश नहीं गई थीं। मेरी शूटिंग में वे एक महीना दुबई रहीं और ख़ूब घूमीं। मुझे लगता है, शायद यही एक थोड़ा-सा पुण्य था जो मैंने कमाया। माँ बेहद ख़ुश थीं। यह दूसरी बात थी कि मुझे उस सीरियल का एक रुपया भी नहीं मिला, दोनों पार्टनर के झगड़े में हमारा मेहनताना मारा गया।

माँ सेवानिवृत्त हो चुकी थीं। वे पूरी तरह नोनी के पुत्र आयाम के मोह में पड़ चुकी थीं। कहावत है न, मूल से सूद प्यारा होता है। इसलिए वे कभी झालावाड़ और कभी बम्बई रहती थीं।

भारतीय सांस्कृतिक सम्बन्ध परिषद, विदेश मंत्रालय, भारत सरकार (आई.सी.सी.आर.) से मुझे पारसी थियेटर पर एक वृत्तचित्र बनाने का अनुबन्ध मिला। वृत्तचित्र बहुत अच्छा बना था। भारतीय क्लासिक कहानियों पर कई धारावाहिक लिखे। दोस्तोएव्स्की की कहानी पर अलग-अलग चैनल पर एक-एक घंटे की फ़िल्म बनाई। धारावाहिक लिखने की बाढ़-सी आ गई थी। मैंने माँ के लिए, नोनी को सेंट्रो कार दिलवा दी। मैं जीवन में निश्चिन्त-सी हो गई थी। मेरा काम ज़ोरों पर चल रहा था, मैं ख़ुश थी।

1994-95 से 2005 तक का समय मैंने अपने काम और अपने-आपको स्थापित और व्यवस्थित करने के संघर्ष में बिताया। जीवन ढर्रे पर आने लगा था।

मुझे लगता है, मेरी ज़िन्दगी की कथा थोड़ी नीरस हो गई है। है न?

जब कभी हमने मसर्रत[1] का एहतराम[2] किया,
बड़े तपाक से ग़म ने हमें सलाम किया।

तो मुलाहिज़ा फ़रमाइए मेरी ज़िन्दगी के कुछ और रस।

मेरे जीवन के वे नौ साल

एक रात मैं गहरी नींद में सोई हुई थी। तभी मेरे घर के फ़ोन की घंटी बजी। रात के लगभग एक बजे थे। मैंने घबराकर फ़ोन उठाया। दूसरी तरफ़ से पुरी साहब की

---

1. खुशी, 2. स्वागत।

बहुत थकी और उदास आवाज़ थी वे बोले, "सीमा, मैंने तुम्हारे साथ बहुत ज़्यादती की है। मैं ऐसा कैसे कर सका? मैं वह रहा ही नहीं जो मैं था। मुझे पता नहीं क्या हो गया था। आज सोचता हूँ तो मुझे ख़ुद पर शर्म आती है। आज मैं बड़ी हिम्मत कर तुमसे बोल पा रहा हूँ। ज़िन्दगी में अगर मुझे कोई पछतावा है तो वह बस यही है कि मैंने तुम्हारे साथ बहुत नाइंसाफ़ी की है।"

मुझे आश्चर्य हो रहा था। मैंने पूछा, "आप ऐसी बातें क्यों कर रहे हैं?" वे दुखी होकर बोले, "मुझे कहने दो, शायद फिर न कह पाऊँ।" वे थोड़ा रुके, लगा जैसे शब्द तलाश रहे हों या साँसों को पूरी तरह सीने में भर रहे हों। वे सीने में जमे शब्दों को बाहर उलीचना चाह रहे थे। उनकी मध्यम-सी आवाज़ आई, "सीमा एक बार कह दो कि तुमने मुझे माफ़ कर दिया है।" मैं इस अचानक माफ़ीनामे और उनकी आवाज़ की लर्ज़िश से बेचैन थी। मैंने कहा, "पहले बताइए, आप यह सब क्यों बोल रहे हैं? क्या आप नशे में हैं?" वे रोने लगे। उन्होंने बताया, 'वे लन्दन में हैं और अगले दिन उनका बहुत बड़ा ऑपरेशन होने वाला है। उनके जीवन-मरण का प्रश्न है और वे लन्दन में अकेले हैं, अपने के नाम पर केवल उनका सेक्रेटरी ही है। वे बहुत अकेला महसूस कर रहे थे और किसी अपने की उन्हें ज़रूरत थी। उनके घर का कोई भी उनके साथ नहीं गया था। उन्हें नहीं पता था कि अब वे बच भी सकेंगे या नहीं?'

वे बड़ी देर तक बातें करते रहे। उन्होंने बताया कि अपनी पत्नी और बच्चे के साथ पटियाला गए थे, त्रिशूल वाले घर में पुताई का काम चल रहा था इसलिए इन लोगों ने पंजाब घूमने और नया साल वहीं मनाने का कार्यक्रम बनाया था। इस यात्रा के दौरान वे पटियाला में अपने किसी मित्र के घर ठहरे थे।

एक दिन अचानक सुबह सैर करते हुए उन्हें लगा, जैसे उनकी रीढ़ की हड्डी में करंट लगा हो। वे घबरा गए। बड़ी मुश्किल से चलकर कमरे में आए। डॉक्टर बुलवाया गया। उसने मरीज़ की हालत की जानकारी परिवार को दे दी, लेकिन पुरी साहब को बताया गया कि थोड़ा-सा बी.पी. है जल्दी ही ठीक हो जाएगा। दो-चार दिन बाद वही समस्या दूसरे रूप में सामने आई। वे दाढ़ी बनाने के लिए रेज़र उठाना चाह रहे थे पर असमर्थ हो गए। उनका हाथ उनका कहना ही नहीं मान रहा था। वे बहुत घबरा गए। बमुश्किल, वे कमरे में आए और अपनी हालत बयान की, इस बार उन्होंने सीधे डॉक्टर से बात की और पूछा, "मुझे जो भी हुआ है, आप खुलकर बताइए।" डॉक्टर ने बताया कि उन्हें पैरालिटिक अटैक हुआ था। पहले अटैक में ही उन्हें फ़ौरन बम्बई वापस ले जाने की सलाह दी गई थी। पुरी साहब की पीठ का इलाज बम्बई हॉस्पिटल के डॉक्टर बंसल से चल रहा था। इस सबके बावजूद, हालात ऐसे बने कि उन्हें बम्बई लौटने में कई दिन लग गए।

बम्बई आते ही वे डॉक्टर बंसल के पास पहुँचे। तब तक स्थिति गम्भीर हो चुकी थी। उन्हें फ़ौरन लन्दन के लिए रवाना कर देना पड़ा। उनका ऑपरेशन बड़ा

और जोखिम भरा था। काफ़ी घंटे चलने वाला था, इसलिए शायद पुरी साहब अपना आत्मविश्वास खो चुके थे। मैं जितनी हिम्मत बँधा सकती थी, मैंने बँधाई।

फ़ोन रखने के बाद मैं सोचती रही। मुझसे उनका माफ़ी माँगना, क्या मेरी जीत थी? नहीं! जीत नहीं थी! किसी पुरुष का इस तरह माफ़ी माँगना यह साबित करता है कि उसके अन्तस में कहीं एक मुलायम, नर्म स्त्रैणचित्त है। उस चित्त को ग़लत और सही का बोध होता है। इस स्त्रैण-चित्त में अपराध कर लेने पर अपराध-बोध भी होता है। इस चित्त को अन्त समय प्रत्यक्ष देखकर, ख़ुद को झुकाकर भी अपनी आत्मा का बोझ हल्का करना ही सर्वोपरि लगता है। मैं उनके लिए अस्तित्व से प्रार्थना करती रही। उस दिन मेरा ग़ुस्सा, भादों के बादल-सा बरसा, ख़ूब बरसा और फिर बिखर गया।

फिर महीनों तक पुरी साहब का फ़ोन नहीं आया। मैं उनकी ख़ैरियत जानना तो चाहती थी पर मैंने ख़ुद फ़ोन नहीं किया। वैसे भी नामी इनसान थे, इसलिए कोई ख़बर नहीं आना यानी अच्छी ख़बर थी।

रिश्ता जो प्रगाढ़ होता चला गया

मैं अपने काम में व्यस्त थी, तभी एक दिन दरवाज़े पर दस्तक हुई। मैंने दरवाज़ा खोला, सामने पुरी साहब खड़े थे। सही-सलामत, बस गले में कॉलर बँधा था।

उन्होंने बताया, अगर उन्हें लन्दन जाने में एक-दो दिन की भी देर हो गई होती तो वे हमेशा के लिए व्हीलचेयर पर आ जाते।

अब पुरी साहब रोज़ फ़ोन करने लगे थे। घर भी आ जाते थे। जब आते तो तब उनकी आँखों में एक शर्मिन्दगी-सी होती थी। मैं सोचती, एक ज़माने में वे मेरे बेहतरीन दोस्त थे। हम एक-दूसरे को समझते थे। हमारी ज़िन्दगी की यात्रा एक-सी थी। दोनों बहुत संघर्ष और विपरीत परिस्थितियों के बावजूद ज़िन्दा थे। बीच में आए तूफ़ान और भँवर के बावजूद, कम-से-कम दोस्ती की गरिमा को बनाए रखना मेरा फ़र्ज़ था।

धीरे-धीरे उन्होंने शूटिंग पर जाना शुरू कर दिया था। एक बार वे पूना में शूट कर रहे थे। शूटिंग के बाद, रात के बारह-एक के बीच उनका फ़ोन आया। इधर-उधर की बातों के बाद अचानक वे गाने लगे, गाने में उनकी आवाज़ बेसुरी हो जाती थी, लेकिन उस दिन उस आवाज़ में मासूमियत और सच्चाई थी। ऐसा लग रहा था, वे शब्द जो गाने के थे, पुरी साहब मुझे ऐसी ही जगह ले जाना चाह रहे थे, और गाते-गाते वे रो रहे थे।

गाना था, 'आ चल के तुझे, मैं ले के चलूँ, एक ऐसे गगन के तले, जहाँ ग़म भी न हों, आँसू भी न हों, बस प्यार ही प्यार पले।'

हम एक ऐसा गगन बनाना चाह रहे थे जहाँ बस शान्ति हो, सुकून हो। वे शूटिंग पर होते तो फ़ोन पर घंटों बातें होतीं। अगर बम्बई होते तो उनका समय मेरे साथ ही गुज़रता। एक बार मैं उन्हें छोड़ने नीचे तक आई। मैंने पाया कि वे अपनी गाड़ी कहीं दूर पार्क करके आए थे। मेरे पूछने पर बोले, "नन्दिता के कुछ दोस्त इस तरफ़ रहते हैं। उनकी नज़र से बचने के लिए।"

मेरे तन-बदन में आग लग गई। मैंने कहा, "तब आप आते ही क्यों हैं? अच्छा-ख़ासा मधुर दोस्ताने का रिश्ता अचानक अपराध-बोध से भर दिया आपने। या तो डरें नहीं, और अगर डरें तो यहाँ मत आइए।"

मुझे उस ओर का ज़्यादा कुछ पता नहीं था, बस इतना पता था कि वे प्राकृत भाषा का बहुत ज़्यादा प्रयोग करती थीं। पुरी साहब हमेशा से वितंडावाद (यानी लोगों के सामने गाली-गलौच) से डरते थे। उनके डरने का कारण शायद इसी भाषा का अत्यधिक प्रयोग था या कुछ और, मुझे नहीं पता। इतना पता था कि वे सबके सामने किसी तरह की हुज्जत में न पड़कर अपनी इज़्ज़त को बरक़रार रखना चाहते थे।

धीरे-धीरे पुरी साहब खुलने लगे। एक दिन उन्होंने अपनी व्यथा-कथा कही। उनकी आपबीती इतनी जटिल थी कि विश्वास करना मुश्किल हो रहा था।

लन्दन में ऑपरेशन के बाद वे पूरी तरह बिस्तर से लग गए थे। फ़िल्म इंडस्ट्री में अक्सर अभिनेता अपनी बीमारी छिपाते हैं, ताकि काम हाथ से न निकल जाए। पुरी साहब भी अपवाद नहीं थे।

पुरी साहब ने बताया कि लन्दन से ऑपरेशन कराकर लौटने के बाद वे चलना तो दूर, बिस्तर से उठने के लिए भी उन्हें सहारे की ज़रूरत पड़ती थी। वे पूरी तरह बिस्तर और नौकर पर निर्भर थे।

लोहे का अस्पतालों में काम आने वाला पलंग त्रिशूल के हॉल में लगा दिया गया था। वे एक या दो दिन ही त्रिशूल बिल्डिंग वाले अपने घर में रह पाए। उसके बाद उन्हें फ़ौरन रूपल बिल्डिंग के फ़्लैट में यह कहकर शिफ़्ट कर दिया गया कि यहाँ रहने पर किसी को कभी-न-कभी उनकी बीमारी का पता चल जाएगा।

रूपल बिल्डिंग में पुरी साहब ने एक छोटा-सा फ़्लैट लिया था, जिसे बाद में फ़िल्म के म्यूज़िक-डायरेक्टर आदेश श्रीवास्तव के बड़े भाई चित्रेश श्रीवास्तव ने ख़रीद लिया था।

रूपल में यों पहुँचा दिया जाना, उनके मन को चोट पहुँचा गया था। उन्हें लगा, जैसे उन्हें हमेशा के लिए अपाहिज समझ लिया गया था। उन्हें अपना यह विस्थापन कहीं बहुत गहरे आहत कर गया था।

त्रिशूल का फ़्लैट उनकी मेहनत की कमाई का पहला घर था। वह घर उन्होंने बहुत प्यार से सहेजा और बनाया था। आज अपने उसी घर में उनके लिए जगह नहीं थी। उन्हें ऑफ़िसनुमा मकान में पहुँचा दिया गया था। उन्हें लगने लगा था,

शायद वे ज़िन्दगी भर बिस्तर से उठ नहीं पाएँगे। अपाहिज बन जाने की सोच भी उनके लिए असहनीय थी। उनकी सेवा के लिए उनके ड्राइवर मिश्रा जी थे जो उनके साथ रूपल में रहते थे। मिश्रा जी ही उनके खाने-पीने से लेकर दवा और मालिश का ज़िम्मा उठाते थे। सबसे छिपाया गया था कि वे बीमार हैं, इसलिए कोई मिलने भी नहीं आता था।

एक दिन अचानक उनके दिल में जीने का जज़्बा फिर से जाग उठा और उन्होंने जीने की ठान ली। उनका व्यायाम बढ़ गया। ज़िद में सामर्थ्य से ज़्यादा वर्ज़िश करते, घिसटकर ही सही, पर घंटों शिद्दत से चलने की कोशिश करते। कुछ महीनों के अथक प्रयास के बाद वे थोड़ा-थोड़ा चलने लगे।

जीवेष्णा जाग गई थी। वे स्वीमिंग पर जाने लगे और जो पाँव उनका कहना नहीं मानते थे, उन्हें वे ज़बरदस्ती स्वीमिंग पूल के पानी में चलाने लगे। उनकी ज़िद के आगे उनका शरीर और क़ुदरत भी झुक गए थे।

पुरी साहब फिर से धीरे-धीरे चलने लगे। यह दूसरी बात थी कि वे हल्का-सा पैर को उठाकर चलते थे, और उनके हाथ काँपने लगे थे। उन्हें फिर नन्दिता ने त्रिशूल में बुला लिया था।

अपने बनाए संसार के इस व्यवहार से क्षुब्ध, आहत पुरी साहब को तनाव के कारण मनोचिकित्सक की शरण में जाना पड़ा था। वे ढेर सारी दवाओं पर थे।

उन्होंने मुझे तो यह क़िस्सा सुनाया ही था, बाद में अन्नू भैया, फ़रहत भाई, अजित भाई और रूमी को भी यह क़िस्सा कई-कई बार सुनाया था। उन्हें ही नहीं हम सबको उनके इस हादसे ने अन्दर-ही-अन्दर दहला दिया था। पुरी साहब में बड़ा बदलाव आया था। वे अब ज़्यादा समझदार हो गए थे।

हमारा रिश्ता प्रगाढ़ से प्रगाढ़तर होता जा रहा था। हम बहुत ख़ुश थे कि देर से ही सही पर दो प्रिय मित्र फिर से हँसने लगे थे। उनके जीवन में आई तकलीफ़ें अब कम होने लगी थीं। वे कहते, "सीमा अब मैं और जीना चाहता हूँ। अब जल्दी नहीं मरना मुझे। मैं तुम्हें इतनी ख़ुशियाँ देना चाहता हूँ कि तुमसे सँभाले नहीं सँभलें।" वही हाल मेरा था। मैं भी अब और जीना चाहती थी। हम एक-दूसरे के लिए जीना चाहते थे। हमारे पास करने के लिए बहुत सारी बातें थीं और हँसने के बहुत से बहाने। हम घंटों अपनी पुरानी बेवक़ूफ़ियों को याद कर हँसा करते थे।

अब शरीर और विचार दोनों प्रौढ़ हो गए थे। उम्र में ठहराव का दौर था। आरोप, प्रत्यारोप और शिकायतें, एक-दूसरे को ग़लत साबित करने की इच्छा और अहंकार की तुष्टि जैसी बातें अब बचकानापन लगती थीं। अब वह बचकाना सोच, वासनाएँ और आकांक्षाएँ समाप्त हो गई थीं। नई यात्रा शुरू हो गई थी जहाँ समझदारी, साझेदारी, एक-दूसरे की चिन्ता और एक-दूसरे के प्रति करुणा, दया व प्रेम था। हम दोनों 'किसी का कुछ छीन नहीं रहे थे' वरन् ख़ुश थे इसलिए

एक-दूसरे को भी ख़ुश रखना चाह रहे थे। इस उम्र में कुछ भी तो खोने जैसा नहीं रहता।

एक दिन उन्होंने हँसते-हँसते मुझे बताया कि जब भी उनके घर में झगड़ा होता तो वे रात को सोने से पहले घर के सारे काँटे-छुरियाँ, कैंची आदि कहीं छिपा देते थे। मैं ख़ूब हँसी थी। इस हँसी में उन्होंने और इज़ाफ़ा किया। कहने लगे, "मैं तो वही खाना खाता हूँ जिसे घर में सब खा रहे होते हैं।" कोई कुछ खिला दे तो? उनके बोलने के अन्दाज़ से मैं हँसी के मारे लोट-पोट हो गई थी। मेरे लिए सब बातें मज़ाक़ थीं। फिर भी मैं सोच रही थी कि पुरी साहब इस तरह की सोच लेकर क्यों चल रहे हैं?

थोड़े दिनों के लिए माँ भी झालावाड़ से आ गई थीं। पुरी साहब को घर में देखकर वे चौंकीं लेकिन उन्होंने पुरी साहब को कभी ताने या उलाहने नहीं दिये। कभी कुछ याद नहीं दिलाया। कभी उन्हें असहज नहीं बनाया। बस, मुझसे इतना कहा, "बेटा, ओम चींटियों भरा कबाब है, आज़माए हुए को कभी मत आज़माओ।"

बाद में, मैं पुरी साहब को 'चींटियों भरा कबाब' पुकारने लगी थी।

इन नई मुलाक़ातों के बारे में अन्नू भैया को ज़रा भी ख़बर नहीं थी। एक दिन मैं, माँ, लच्छू मामा और सखी अन्नू भैया के फ़ार्म हाउस जा रहे थे। तभी पुरी साहब भी आ गए और हमारे साथ फ़ार्म हाउस जाने के लिए ज़िद करने लगे। मेरे पास उनको न ले जाने का कोई बहाना नहीं था। हम बदलापुर अन्नू भैया के फ़ार्म हाउस के लिए रवाना हो गए।

रास्ते भर मैं तनाव में गाड़ी चलाती रही। इसी सोच में कि अन्नू भैया पर पुरी साहब के वापस आने की क्या प्रतिक्रिया होगी? और, वही हुआ जिसका डर था। अन्नू भैया उन्हें देखकर असहज हो गए। मैंने और माँ ने किसी तरह माहौल सँभाला।

सीबीआई का आना

जिसका मंगल बारहवें में हो और उस पर शनि की दृष्टि भी हो, तो उसे अपने को सुरक्षित समझने की भूल नहीं करनी चाहिए।

उस दिन भी शनि की वक्र दृष्टि के कारण मैं घर में अकेली थी। सुबह दस या ग्यारह बजे के क़रीब घर की घंटी बजी। मैंने दरवाज़ा खोला, तीन-चार लोग खड़े थे। साथ में हमारी सोसाइटी का चौकीदार था। उन लोगों में से एक बोला, "हम सीबीआई से आए हैं। कुछ बात करनी है।" मैंने सखी को बाँधने का बहाना करके दरवाज़ा बन्द कर लिया, थोड़ी देर तक साँस ली। सोचती रही, पूरी ज़िन्दगी हम सीधे-सीधे रास्ते पर चले हैं। न हमारे पास दौलत है, न किसी तरह का क्रिमिनल बैकग्राउंड तो फिर ये लोग क्यों आए हैं?

वह तो शुक्र था कि सखी को बाँधने के बहाने मुझे थोड़ा-सा वक़्त मिल गया। साथ ही डर से काँपते अपने हाथ-पाँव को सँभालने का मौक़ा भी।

अपने-आपको संयत कर मैंने दरवाज़ा खोला, उन्हें बिठाया। उन लोगों ने सबसे पहले पूछा, "यह घर आपका है?" मैंने कहा, "जी, इससे पहले मैं इसी घर में किराए पर थी। अब यह मेरा है।" अब सवाल पूछने की बारी मेरी थी। मेरे सवाल पूछने के जवाब में उन्होंने एक और सवाल दागा, "आपने भारतीय सांस्कृतिक सम्बन्ध परिषद, विदेश मंत्रालय, भारत सरकार के लिए कोई डॉक्यूमेंट्री बनाई थी? क्या इसके लिए आपने किसी अधिकारी को रिश्वत दी थी?" मैंने कोई रिश्वत दी ही नहीं थी तो क्या कहती। बस इतना कहा, "जी नहीं।" थोड़ी देर इधर-उधर की बातों के बाद वे लोग मुझे कह गए कि ज़रूरत पड़ने पर आपको दिल्ली आना पड़ेगा।

उनके जाते ही मैंने अन्नू भैया और उनके मित्र व बम्बई के जाने-माने वकील नितिन प्रधान को फ़ोन किया। उन्होंने अगले दिन मुझे सुबह अपने घर बुलाया। इसी बीच, पुरी साहब का फ़ोन आया और मैंने उन्हें भी इस मामले की सूचना दे दी। नितिन भाई ने मुझे आश्वासन दिया कि यह तो कोई केस ही नहीं बनता है। जब आपने कोई रिश्वत दी ही नहीं तो डरने की क्या ज़रूरत है? अब नितिन भाई को कौन समझाए? मध्यवर्ग के लोगों के घर बिना किसी अपराध के भी अगर पुलिस या सीबीआई आती है, तो उनकी हालत ऐसे ही ख़राब हो जाती है।

ख़ैर साहब! 'खोदा पहाड़ निकली चुहिया'। आईसीसीआर की एक मंत्री जिनका ख़ानदान एवं वे स्वयं एक ज़माने में कांग्रेसी थे, उन्होंने कांग्रेस पार्टी के परिवारवाद के ख़िलाफ़ न सिर्फ़ बयान दे दिया था बल्कि कांग्रेस छोड़कर बीजेपी में शामिल हो गई थीं। उन्हीं को किसी तरह घेरने की कवायद में उस विभाग के कुछ अधिकारियों के ख़िलाफ़ कार्रवाई की जा रही थी और भैया, अब गेहूँ के साथ घुन तो पिसेंगे ही तो जिन लोगों ने भी आईसीसीआर के लिए कुछ काम किये थे, उन्हें किसी तरह विवाद में घसीटे जाने का प्रयास किया जा रहा था। ख़ैर, न हमने कुछ किया था, न हमारा कुछ अहित हुआ। सब कुछ अपने-आप ही रफ़ा-दफ़ा हो गया था।

उस दिन एक बात सीखी। अपनी फूँक न सरकाएँ, चाहे सीबीआई आए या कोई और बकौल बाबूजी, 'कर नहीं तो डर नहीं' की नीति अपनानी चाहिए।

2007-08 में छत्तीसगढ़ सरकार के पर्यटन विभाग के लिए मैं एक वृत्तचित्र बना रही थी, 'महानदी'। मुझे शूटिंग के लिए जाना था। पुरी साहब की ज़िद थी कि वे भी साथ चलेंगे। यह तय हुआ कि वे इसमें सूत्रधार रहेंगे। उनका शुल्क निश्चित हो गया।

हम रायपुर शूटिंग में गए। वृत्तचित्र में मेरी वर्षों की साध पूर्ण हुई। इसमें लता मंगेशकर ने गीत गाया था। बचपन में जिन महान कवि नीरज जी से मुझे अपने लिए

'वैरी गुड' सुनने को मिला था, वे मेरा गीत लिख रहे थे। नीरज जी से मिलकर मुझे मेरे बाबूजी याद आते, बेख़ौफ़-बेबाक।

इसी बीच 2008 में मुझे एनएफ़डीसी (नेशनल फ़िल्म डेवलपमेंट कॉरपोरेशन) से फ़ोन आया कि मेरी स्क्रिप्ट को राजस्थानी भाषा के वर्ग में रखा जा रहा है। फ़िल्म की शूटिंग मैंने झालावाड़ में शुरू की ही थी कि पुरी साहब अपने सेक्रेटरी के साथ शूटिंग पर पहुँच गए। इस फ़िल्म में माँ भी एक छोटा-सा पात्र निभा रही थी। शूटिंग ख़त्म करके मैं बम्बई आकर इसकी एडिटिंग में व्यस्त हो गई। अब पुरी साहब की मुलाक़ातें बढ़ने लगी थीं। लोगों को हमारे रिश्ते के फिर से विकसित होने का पता चल चुका था। अन्नू भैया व्यथित हो गए थे। वे नहीं चाहते थे कि मैं एक बार फिर उस पीड़ा से गुज़रूँ। उन्होंने पुरी साहब को बात करने के लिए अपने घर बुलाया। मैं इस मीटिंग से अनजान थी।

अन्नू भैया का पुरी साहब को बुलाना

पुरी साहब मेरे पास आए और तुरन्त जाने लगे। जाते हुए बोले, "आशीर्वाद लेने आया हूँ। जा रहा हूँ, दुआ करना कि सब ठीक हो।" मैंने पूछा, "कहाँ जा रहे हैं कि आशीर्वाद की ज़रूरत पड़ गई?" उन्होंने बताया, "अन्नू ने बुलाया है।"

पुरी साहब तो निकल गए। मैं उनके वापस आने तक तनाव में बैठी रही। उनके आने पर पता चला कि अन्नू भैया ने उन्हें आगाह करते हुए साफ़ कह दिया था, "मैंने अपनी बहन को बहुत तकलीफ़ में देखा है। मैं नहीं चाहता वह फिर से किसी तरह के दुख में पड़े। अब वह सुख की हक़दार है। उसके साथ फिर से धोखा मत करिएगा।"

पुरी साहब ने उन्हें पूर्ण रूप से आश्वस्त कर दिया था कि अब वे किसी तरह की ग़लती नहीं करेंगे। साथ ही उन्होंने जो मेरे साथ पहले किया था, अपने उस कृत्य के लिए अन्नू भैया से माफ़ी भी माँग ली थी।

बाद में अन्नू भैया ने मुझे बताया था कि उन्हें पुरी साहब के माफ़ी माँगने पर दुख हुआ था। वे बोले, "पुरी साहब न सिर्फ़ उम्र में बड़े थे बल्कि एनएसडी में भी मुझसे सीनियर थे। उनका माफ़ी माँगना मुझे बहुत बुरा लग रहा था, लेकिन दूसरी तरफ़ बहन का प्रश्न था।"

2009 की बात है। एक दिन पुरी साहब मेरे घर आए। वे बहुत ख़ुश नज़र आ रहे थे। कहने लगे, "वह तलाक़ के लिए राज़ी हो गई है। मैंने प्रॉपर्टी गिफ़्ट कर दी है और अलग होने के पेपर भी बनवा लिये हैं।"

उन्होंने जब अपनी पहचान के वकील को वे काग़ज़ात दिखाए तो उसने पढ़ते ही माथा ठोंक लिया। सम्पत्ति तो स्थानान्तरित हो गई थी किन्तु तलाक़ के लिए राज़ीनामा कहीं इंगित नहीं था। यह जानकर पुरी साहब उदास हो गए और मैं सोचने

लगी, ये तो मुझसे भी बड़े मूर्ख शिरोमणि निकले।

इस बात से पुरी साहब बहुत परेशान हो गए थे। उनको लगता था कि जब तक उनके पास प्रॉपर्टी है, तब तक ही उनकी पूछ होगी। मुझे इस तरह की सोच और रिश्तों पर हमेशा आश्चर्य होता था। मेरी दृष्टि में प्रेम का सम्बन्ध भौतिक वस्तुओं से नहीं होता। प्रेम में सबसे निकृष्ट चीज़, धन और जायदाद होती है। अगर आपके सम्बन्ध सिर्फ़ धन और जायदाद तक ही सीमित हों तो फिर वे सम्बन्ध क्या कहलाते हैं? इसके लिए मेरे पास शब्दावली नहीं है। मैंने तो अपने माता-पिता को ऐसा ही पाया था। प्रेम में खरा सोना।

आत्मकथा पर झमेला

एक दिन तड़के पुरी साहब मेरे पास आए। वे बहुत व्यथित थे, पूरी रात सो नहीं पाए थे।

दरअसल पुरी साहब ने कुछ समय पूर्व अपनी मित्र अपराजिता कृष्ण को स्वयं की आत्मकथा लिखने के अधिकार दे दिये थे। अपराजिता ने दिल्ली, पंजाब, पूना, चंडीगढ़ और कई शहरों में जाकर उनके सारे दोस्तों, पहचान वालों से बातचीत कर किताब के लिए सामग्री भी जुटा ली थी। उसने पुरी साहब के साथ बैठकर उन्हीं की आवाज़ में कई घंटों की रिकॉर्डिंग भी की थी।

यह ख़बर नन्दिता को लगी। वे आगबबूला हो गईं। ज़िद करने लगीं कि किताब वे लिखेंगी। यह किताब लिखने की उनकी मंशा बहुत पहले से थी। पुरी साहब का तर्क था, "अब तक क्यों नहीं लिखी? जब मैंने किसी और को लिखने के लिए अनुबन्धित किया तब यह बहस क्यों?" थक-हार कर उन्होंने नन्दिता को किताब लिखने के लिए सहमति दे दी।

इस तरह थक-हार जाने पर मैंने पुरी साहब से कहा, "आपने अपराजिता को अनुमति दे दी थी, उसके साथ आपने घंटों बैठकर अपना पूरा वृत्तान्त भी टेप करवाया। इतनी मेहनत करवाने के बाद आप उसे किस तरह मना करेंगे? वह आपकी दोस्त है।" पुरी साहब बोले, "रोज़ की भयंकर लड़ाई का बच्चे पर बहुत ख़राब असर पड़ेगा। मैं भी परेशान हो जाता हूँ; झेलना मुझे पड़ता है, उससे बचने के लिए मैंने उसे लिखने को कह दिया है, अपराजिता भी लिख ले।" मेरी समझ में नहीं आया, "एक व्यक्ति पर दो किताबें?" इस पर वे चुप हो गए। मुझे यह सब ग़लत लग रहा था।

इसी बीच नन्दिता के द्वारा लिखी ओमपुरी साहब की आत्मकथा 'अनलाइकली हीरो' किताब प्रकाशित हुई। उसकी चर्चा होने लगी, पुरी साहब के सम्बन्धों को लेकर। किताब के कुछ भाग की झलकियों की आलोचना ने पुरी साहब को व्यथित

कर दिया, उन्होंने अख़बारों में इस किताब के बारे में कुछ नकारात्मक कहा। पुरी साहब का कहना था कि उन्होंने इसकी पाण्डुलिपी पढ़ी ही नहीं थी। लेकिन घर जाकर न जाने क्या हुआ कि अगले दिन उन्होंने अख़बारों में नन्दिता से माफ़ी माँग ली। उनकी किताब, उनकी समस्या! मेरा क्या लेना-देना था?

इधर मेरी फ़िल्म 'हाट' को इजिप्ट से, काइरो इंटरनेशनल फ़िल्म फ़ेस्टिवल का बुलावा आ गया था। मैं, माँ को मिस्त्र दिखाना चाहती थी। उसमें दो अड़चने थीं, एक, उस समय मेरे पास सिर्फ़ पचास हज़ार रुपये ही थे। दूसरे, माँ का पासपोर्ट एक्सपायर हो चुका था जिसे बनवाने में समय लगता।

अपनी उस ग़लती को मैं आज तक मानती हूँ कि मुझे किसी भी तरह से व्यवस्था कर माँ को मिस्त्र ले जाना चाहिए था। समय हाथ से निकल जाता है और हम हाथ मलते रह जाते हैं।

काहिरा से आते ही मुझे पता लगा कि इंडियन पैनोरमा में मेरी फ़िल्म का चयन हो गया है। मुझे तुरन्त गोवा के लिए निकलना पड़ा। मैं गोवा फ़िल्म फ़ेस्टिवल में थी।

तभी पता चला कि पुरी साहब भी आए थे। उनकी किताब का लोकार्पण, जगह-जगह चल रहा था।

माँ, नोनी, उसकी पत्नी जेसल और नोनी का बेटा आयाम सब बम्बई में थे। मुझे गोवा से आए शायद अभी दो दिन भी नहीं हुए थे कि अचानक एनएफडीसी से शाम चार बजे फ़ोन आया कि शम्मुखानन्द हॉल आ जाइए, आपको अवार्ड मिल रहा है। मैं, माँ, नोनी तेज़ी से भागे। वहाँ पहुँचते ही मेरा नाम पुकारा जा रहा था। थर्ड आई एशियन फ़िल्म फ़ेस्टिवल का स्पेशल जूरी अवार्ड मिला था। मुझे इस बात की बेहद ख़ुशी थी कि यह अवार्ड लेते समय, माँ मेरे साथ थीं। बाद में मुझे 'जागरण इंटरनेशनल फ़िल्म फ़ेस्टिवल' में 'हाट' के लिए सर्वश्रेष्ठ कहानी और स्क्रीन प्ले का अवार्ड भी मिला। 'हाट' फ़िल्म के लिए मैंने कई इंटरनेशनल फ़िल्म फ़ेस्टिवल में भाग लिया।

इन सब व्यस्तता के बाद बम्बई आने पर मुझे पता चला, पुरी साहब ने किताब के लोकार्पण के समय अपने भाषण में कहा था, "मैंने अपनी पहली पत्नी सीमा के साथ जो अन्याय किया, उसके लिए मैं बहुत शर्मिन्दा हूँ।" किताब के कारण पुरी साहब की छवि को भी आघात लगा था।

किताब में मेरे परिवार और मेरे बारे में ग़लत और अपमानजनक बातें लिखी थीं। किताब की वजह से माँ और अन्नू भैया मुझसे ख़फ़ा थे। उनका क़हना था, "जब भी पुरी साहब तुम्हारी ज़िन्दगी में आते हैं, तुम्हारे और पूरे परिवार के लिए कुछ-न-कुछ मुसीबत खड़ी कर देते हैं।" अन्नू भैया न सिर्फ़ ख़फ़ा हुए, उन्होंने मुझसे बात करनी बन्द कर दी। मैं फिर अकेली हो गई।

पुरी साहब से मैंने कुछ नहीं कहा। हाँ, मैंने पुरी साहब से बात करनी बन्द कर दी। मैंने सोचा नन्दिता ने पुरी साहब को नहीं बख़्शा वह मुझे क्या बख़्शेगी?

पुरी साहब ने अपनी पहुँच के कारण, किताब का लोकार्पण बड़े-बड़े शहरों में बड़े-बड़े नामों से करवाया।

पुरी साहब के लगातार फ़ोन आते थे, पर मैं फ़ोन नहीं उठाती थी। हर बड़े शहर से वे लोकार्पण के समय मुझे फ़ोन करते। मैं फ़ोन नहीं उठाती। वे सन्देश देते। मेरी तरफ़ से कोई जवाब नहीं होता। कुछ महीने के बाद, मेरे इस बेरुखे व्यवहार के कारण मेरी अनुपस्थिति में वे माँ को मनाने के लिए फ़रहत भाई के पास झालावाड़ पहुँच गए।

फ़रहत भाई और माँ को मनाने के बाद वे मुझ तक पहुँचना चाह रहे थे। मैं उनसे बात करने के लिए बिलकुल भी तैयार नहीं हुई, उन्होंने माँ और फ़रहत भाई से बहुत अनुनय-विनय किया, उन्हें बताया कि वे अपने बेटे ईशान से बहुत प्यार करते हैं, और उसी की वजह से वे बहुत सारे समझौते भी कर रहे हैं। माँ और फ़रहत भाई के कहने पर मैं उनकी बात सुनने के लिए तैयार हो गई।

वे सबके सामने हाथ जोड़कर मुझसे बोले, "प्लीज़, मुझे माफ़ कर दो सीमा।"

किताब में मेरे परिवार पर हुई छींटाकशी के कारण मैं क़ानूनी कार्रवाई करना चाहती थी।

इस पर वे बोले, "क़ानूनी कार्रवाई मत करना। मैं और ज़्यादा परेशानी में पड़ जाऊँगा।" उनकी डबडबाई आँखें और याचना भरे शब्द सुनकर मुझे आश्चर्य हो रहा था, इतना बड़ा और सक्षम व्यक्ति क्यों किसी से डर रहा था? क्या कारण हो सकता था? क्या वे मुझसे झूठ बोल रहे थे?

फिर मेरा तार्किक मस्तिष्क यह भी सोच रहा था कि किताब ने उनकी छवि तो बिगाड़ी ही थी, ऐसी क्या मजबूरी या डर था जिसके कारण अपनी बिगड़ी हुई छवि को दुनिया के सामने प्रस्तुत होने से न रोक पाए। अगर ऐसा कुछ था, तो फिर मेरे पास आने में क्यों नहीं डर रहे थे? वे बहुत रसूखदार व्यक्ति थे, उनकी मजबूरी मेरी समझ में नहीं आती थी और अब वे मुझसे क्या चाहते थे? मुझसे, मेरे परिवार और झालावाड़ के लोगों से सम्बन्ध क्यों रखना चाहते थे? क्यों वे बार-बार झालावाड़ और बम्बई में मेरे रिश्तेदारों और परिचितों के पास जाकर अपनी ग़लती मानकर माफ़ी माँग रहे थे?

यह सब कुछ काफ़ी सन्देहास्पद था; बुद्धि की परिधि से परे था। वे कहते, "सीमा मुझसे दूर मत जाना। मैं बहुत अकेला हो जाऊँगा।" उन जैसे मज़बूत आदमी को इतना कमज़ोर देखने की क्षमता मेरे अन्दर नहीं थी। अब मुझे उन पर

25

Friday

December 2015

Week 52

Day 359 • 006

Date 25 • 12 • 2015

DEC '15	S	M	T	W	T
			1	2	3
	6	7	8	9	10
	13	14	15	16	17
	20	21	22	23	24
	27	28	29	30	31

प्रिय सीमा,

मैं अपने दिल की गहराइयों से निकली आवाज आप तक पहुँचाना चाहता हूँ, हमारे रिश्ते का इतिहास बहुत पुराना है, मानता हूँ कि इसमें अच्छे क्षण कम और दुख भरे क्षण ज्यादा रहे हैं, विश्वास कीजिए मेरी लाख कोशिशों के बावजूद मैं आपको समाज में ~~आपका~~ उचित स्थान नहीं दिला पाया

सीमा आप मेरे अतीत को जानती है, 6 साल का बच्चा जो चाय की दुकान में बरतन धोता था आज वो ओमपुरी है. आपके जीवन की यात्रा भी मेरी कठिनाईयों से कम नहीं रही है,

मैं फिर एक बार दोहराना चाहता हूँ, कि मैं अपनी आत्मा की गहराईयों से बोल रहा हूँ. 65 साल के जीवन में मैंने बहुत कुछ देख लिया जो साधारण व्यक्ति के लिए सम्भव नहीं हूँ अब ऐसा लगता है कि और देखने के लिये अब कुछ बाकी नहीं रहा। एक समय में मैं आपसे कहता था कि आप मेरे जीवन में दो नम्बर पर हैं, और एक नम्बर पर शायद मेरा बेटा ईशान है लेकिन आज क्योंकि उसका भोलापन चला गया। और आपकी सादगी, सम्वेदना, गहराई, स्वाभिमान, और क्षमा करने की ताकत मौजूद है इसलिये आज आप मेरे लिए नम्बर वन हैं

शायद ये भाषा आपको नाटकीय लगे, लेकिन ये दिल की आवाज है, पिछले पाँच से छः सालों से मैं इस उम्मीद पर जीता रहा हूँ कि शायद कोई अन्जानी ताकत हमें एक सूत्र में बांध सके; लेकिन उस रूहानी ताकत ने अभी तक हमारी विनती स्वीकार नहीं की।

Notes

Birthday / Anniversary

23
Wednesday

December 2015
Week 52
Day 357 • 008 2
Date 23 • 12 • 2015

	S	M	T	W	T	F
DEC '15			1	2	3	4
	6	7	8	9	10	11
	13	14	15	16	17	18
	20	21	22	23	24	25
	27	28	29	30	31	

मैंने अपने बच्चे और उसकी माँ के प्रति सब जिम्मेदारीयाँ बखूबी निभा दी है। आपके मेरे साथ न होने से मुझे अपने जीवन में किसी किस्म की आशा या अर्थ नज़र नही आता। इतना कहना काफी है। ये धमकी नहीं है, न ही ब्लेकमेल करने की कोई साजिश है। मुझे सिर्फ दुख इस बात का है कि बरसों पहले मैंने आपके साथ अन्याय किया जिसकी झलकियाँ मेरे ज़हन में आजकल लगातार उभरती रहती है मैंने सोचा था कि आपको इतना सुख दूँ कि उस अन्याय का थोड़ा बहुत प्रायश्चित हो सके।

मुझे आपकी और आपके भविष्य की बहुत गहरी चिंता है खासकर इसलिए कि आपके आदर्श और स्वाभिमान रास्ते का रोड़ा बनते है। जहाँ तक समाज का ताल्लुक है मेरे विचार शायद अलग हो, जैसे कि अगर किसी गरीब घर की बेटी भूख से मर रही है, तो समाज उसके मुंह मे रोटी का टुकड़ा डालने नहीं आता, लेकिन वो बेबस लड़की अगर किसी के साथ भाग जाती है तो समाज में हा-हा कार मच जाता है। समाज किसी के लिए करता कुछ नही है, बस सिर्फ जवाब मांगता है. मुझे नहीं मालूम मेरा भविष्य क्या है लेकिन जीवन के अंत तक आपको पाने की कोशिश करता रहूंगा या तड़पता रहूँगा, उस तड़प का अंजाम क्या होगा मैं नहीं जानता। जैसा मैं पहले कह चुका हूँ मैंने जीवन के बहुत सारे सुख भोग लिए है। देश विदेश की यात्रा है, बड़े बड़े होटलो में रहना, बड़ी-बड़ी कारों में घूमना, लोगो से प्रशंसा मिलना, तो बचा क्या है तरह-तरह के पकवान भी खा लिये, सोचा था अब

Notes

Birthday / Anniversary

इस उम्र में किसी शांत जगह पे रहके सादा जीवन बिताऊंगा। बस मेरी इक ही विनती है आपसे कि मेरा तिरस्कार न करें, जब तक मैं जीवित हूँ। मुझे अब भी आशा है कि शायद कोई रूहानी शक्ति हमारी सहायता के लिए आ जाये।

ऐसा नहीं कि मैं आपकी वेदना को महसूस नही करता हूँ, आपका सारा जीवन कठिनाईयों से भरा है। उन कठिनाइयों की तस्वीरे मेरे दिमाग मे घूमती रहती है। मैं अपने को सिर्फ आपका प्रेमी ही नहीं बल्कि आपका भक्त मानता हूँ। बहुत कम लोगों में इतने सारे गुण, इतनी प्रतिभा होती है। आप एक खालिस ~~इंसान~~ और शुद्ध इंसान है। सीमा पिछले ६८ साल से आप मेरी ताकत रही है, अब अगर वो ताकत मुझसे छीन जायेगी तो मै एकदम खोखला हो जाऊंगा। आगे क्या कहूं आपके उसूलो से, मैं परिचित हूं इसलिए इससे ज्यादा कुछ नहीं कह सकता। मेरी प्रभु से प्रार्थना है कि आपको और कष्ट न दें शांति दे, धैर्य दे, इस कठोर संसार को झेलने की ताकत दे।

अमीन

आपका अपना

पुरी साहब

Notes: कभी-कभार मैंने अपनी इन्द्रियों पर नियंत्रण खोया है ये मेरी कमजोरी ~~है~~ रही है जिससे जाहिर है आप आहत हुई है मैं इसके लिये शर्मिंदा हूँ।

Birthday / Anniversary

Puri Sahib

OM PURI

dear Seema.

I feel miserable without your contact. I have been insensitive to you (Not intentional) I can not ask forgiveness.

There has been no change in my feelings for you. I remember you whole day. I feel your presence all the time. You haunt me. First thought in the morning is you. But I feel helpless. I do not know what to do.

Its Ishaan who is coming in the way. I feel at this stage separation may effect him badly. I feel concerned about his eye. Though he has been managing quite well with one eye.

Last but not the least I admire you, respect you, fond of you, Love you.

I hope you trust my feelings.

God bless you. With love

Puri Sahab.

P.S. I hope you will allow me to keep in touch with you.

703, Trishul II, Seven Bungalows, Versova, Mumbai - 400 061. India
Tel.: 91-22-26392126 Tel./Fax: 91-22-26318147 e-mail: texco@vsnl.com

OM PURI

My dear Seema.

I wish I was a poet-
I could have written
two lines.

I miss your company
all the time –

God bless.

Om

703, Trishul II, Seven Bungalows, Versova, Mumbai - 400 061. India
Tel.: 91-22-26392126 Tel./Fax: 91-22-26318147 e-mail: texco@vsnl.com

April 1979 से

19 February 2013
चेन्नई

सीमा,

अतीत में मैंने आपको बेहद तकलीफ़ दी है जिसका मुझे मलाल है। लेकिन एक चीज़ मैं यक़ीन और ईमान से कह सकता हूँ कि मैं आपसे बेहद प्यार करता हूँ और बीच में जो टूटा था मुझे लगता है कि वो प्यार रबड़ की तरह था जिसे खींचो तो दूर चला जाता है। छोड़ो तो फिर उसी ~~जगह~~ जगह पे लौट आता है।

मैं डायलाग नहीं मार रहा हूँ। मैं आपको सैंकड़ों images दे सकता हूँ जो फ़ौरन आपकी याद दिलाते हैं मसलन Prawn जो आप छोड़ चुकी हैं रजनी गंधा, नीम का पेड़, आम, अमरूद, चंपाकली वगैरह।

मैं आपको छोड़ ही नहीं सकता। आप ही मेरी ताकत हो आज। ऐसा लगता है आपके बिना ~~मेरा~~ मेरा कोई वजूद नहीं। मैं यहीं हूँ तेरे पास। —

[illegible]

[illegible]

My dear Seema (Chaggo, Guddo, Baby, Munni, ~~sto~~ honey)

I don't have to proove that I love you, adore you, worship you. I ~~k~~ Know your first choice is not me because I am not delicious. Your first choice is mango and Guava, I come at number 3 but you are number 1 for me. You are delicious, sweet more than honey. I wish you the very very best. Your adorable, delicious, tempting, irresistable.

Puri Saab (Guddu).

P.S.

I hereby promise In front of Gud behen, Manisha Captain Laxmi Chand Jain (Halwai) and hereby Promise that I will not give public appearence along with Nandita Puri except on Isaan Puri's birthday. Recently I made a blunder. I went to see a film along with Nandita Puri and Ishaan Puri, such blunders will not be repeated. Pleading for forgiveness. Please consider this appeal

PTO

Your's Only since Last 34 years and another 50 years to go. May God bless you with longest life ever with good health and the sweetest tounge.

BABY
I LOVE
YOU

Your Husband
for ever

Witness.
1) [illegible]
2) [illegible]

[illegible] (Guddu)
Date 10.7.2013

copy to – Farhad Khan,
" " – Sharveshwar Datt (commerade)
" " – Quyaum
" " – Ishwar Uncle (Lawyer)
" " – Mrunalini Deshmukh."
" " – All the ex-boyfriends –
Captain, Painter;

Hai

OM PURI

प्रिय सीमा,

आपकी इच्छा अनुसार आपकी वेदना और पीड़ा से भरी कृति भेज रहा हूँ। मैं इस वेदना का हिस्सा तो नहीं बन सका केवल कारण बना हूँ। इसका केवल अहसास भर कर सकता हूँ।

प्रभु से प्रार्थना करूँगा कि सही मानों में - और सम्मान के साथ मुझे आपके समीप लादे! और मैं आने वाले लम्हे बाँट सकूँ।

मैं आपके धैर्य और शक्ति का आदर करता हूँ! लिखने को काफ़ी कुछ है लेकिन फ़िलहाल इतना ही! आपके आदेश अनुसार फ़ोन नहीं किया - लेकिन इस आदेश का हमेशा पालन करूँगा ऐसी उम्मीद न रखें! हाँ इंतज़ार करूँगा। और आपकी परेशानियाँ नहीं बढ़ाने का वादा करता हूँ।

आप हाफ़िज़

स्नेही

पुरी साहब

703, Trishul II, Seven Bungalows, Versova, Mumbai - 400 061. India
Tel.: 91-22-26392126 Tel./Fax: 91-22-26318147 e-mail: texco@vsnl.com

AUGUST
Week · 34

2013

TUESDAY **20**
(232-133)

8

9

10

11 love you

12 missing

1

2 you

3

4 on my table

5

6 Priti Sahib.

SEPTEMBER						2013
S	M	T	W	T	F	S
1	2	3	4	5	6	7
8	9	10	11	12	13	14
15	16	17	18	19	20	21
22	23	24	25	26	27	28
29	30					

Follow up

Phones

When you are angry, a great deal of energy is used up and wasted. Use energy wisely

ग़ुस्सा कम और दया ज़्यादा आने लगी थी। उन्होंने अपने कुछ दोस्तों से राय-मशविरा कर कहा था, 'इससे अधिक मैं झेल नहीं सकता' और उन्होंने नन्दिता से क़ानूनी तौर पर अलग होने का निर्णय ले लिया। साथ ही निर्णय लिया की वे एक अलग फ़्लैट ख़रीद लेंगे, उन्होंने अपने लिए एक नये घर की तलाश शुरू कर दी थी।

सहानुभूति होते हुए भी मैंने पुरी साहब से थोड़ी दूरी बना ली थी और अपनी फ़िल्म 'हाट' के बाद एक सरकारी डॉक्यूमेंट्री बनाने में व्यस्त हो गई।

क्षति

2010, मैं बम्बई में थी। अपने-आपको बहुत अकेला महसूस कर रही थी। मुझे माँ की कमी खल रही थी। वे नोनी और आयाम के साथ आने को तैयार थीं। उनका कोटा से ट्रेन का टिकट बीस मई का था।

20 मई की सुबह, तीन-चार बजे के क़रीब मैंने स्वप्न देखा कि एक बड़ा सा कमरा है। उसमें बाबूजी ज़मीन पर बिस्तर बिछा रहें हैं, वहीं अन्दर की ओर रसोई नज़र आ रही है, जिसमें बहुत सारे जूठे-बर्तन बिखरे हैं, तभी ओशो रसोई से बाहर आकर एक खटिया पर सोने लगते हैं। मैं खटिया की गन्दी चादर देख उन्हें रोकती हूँ और स्वच्छ चादर लेने निकल जाती हूँ।

चादर कहीं मिलती नहीं, ढूँढ़ते हुए मैं किसी और शहर में पहुँच जाती हूँ। वहाँ मुझे आभास होता है समय के बीत जाने का। जल्दी पहुँचने के लिए मैं एक घोड़ा-गाड़ी में बैठ जाती हूँ। जिसमें कुछ जानी-पहचानी सवारियाँ बैठी हुई थीं। उन सवारियों में काकाजी, तिषा दीदी, जूजू, (काकाजी का छोटा बेटा मीशा) मैं, पुरी साहब और डॉली अहलुवालिया हैं। मैं ताँगेवाले से कहती हूँ, 'जल्दी चलो, सोचो अगर तुम्हें सौ किलो सोना मिले और मिट्टी हो जाए! बस इतना ही बड़ा मेरा नुक़सान होने वाला है।' ताँगे से हम जैसे ही घर पहुँचते हैं, ओशो उस खटिया पर आँख बन्द किये दोनों हाथ सीने पर बाँधे चिरनिद्रा में लीन दिखते हैं। मैं स्वप्न में बहुत रोती हूँ।

मैं नींद से घबराकर जाग गई थी। सुबह के पाँच ही बजे थे, मैं इन्तज़ार कर रही थी कब सुबह हो और मैं माँ से इस सपने की ताबीर जानूँ।

रह-रहकर मुझे लच्छू मामा के बारे में नकारात्मक विचार आ रहे थे। सुबह दस बजे के क़रीब मैंने माँ को फ़ोन किया। उसी दिन शाम की ट्रेन से माँ, नोनी, आयाम और लच्छू मामा बम्बई के लिए रवाना हो रहे थे।

मैंने जब फ़ोन किया तब वे सफ़र की तैयारी कर रही थीं। माँ हमेशा कहा करती थीं, सफ़र में कच्चा खाना ले जाना अशुभ होता है। लेकिन इस बार अजीब

बात हुई, माँ ने सफ़र के लिए पूड़ी की जगह कच्चा खाना यानी रोटी ही बनवाई थी। उस समय मुझे इसका ध्यान नहीं रहा। क्योंकि मुझे तो मेरा सपना सता रहा था। मैंने माँ से पूछा, 'मामा कहाँ हैं?' एक ही ट्रेन में सबका आरक्षण न होने के कारण उन्हें दूसरी ट्रेन से भेज दिया गया था। मैंने माँ को अपना रात का स्वप्न सुनाया और बताया मुझे मामा के साथ अनहोनी का आभास हो रहा है। हमेशा माँ सपने की ताबीर करती थीं, उस दिन भी वे बोलीं, 'रोना, देखना अच्छा होता है।'

जाने क्यों मुझे ऐसा लग रहा था जैसे लच्छू मामा हमेशा के लिए चले जाएँगे। कोई खोने वाला था। दोपहर को नोनी को फ़ोन किया। वे लोग कोटा के रास्ते में किसी ढाबे पर खाना खा रहे थे। पाँच बजे गाड़ी के चलने से कुछ मिनट पहले मैंने नोनी को फिर फ़ोन किया। नोनी ने बताया कि माँ की तबीयत अजीब-सी हो रही है। वे एकदम निढाल हो गई थीं। मैंने कहा, "ठंडा पानी पिलाओ, वातानुकूलित ट्रेन में बैठकर सब ठीक हो जाएगा लेकिन माँ की तबीयत बिगड़ती जा रही थी। मैंने फ़रहत भाई को फ़ोन कर कोटा के डॉक्टर का नम्बर लिया। माँ की तबीयत का सुन फ़रहत भाई और भाभी कोटा के लिए रवाना हो गए थे। झालावाड़ से कोटा का सफ़र ढाई घंटे का था। कोटा स्टेशन पर डॉक्टर क्षेत्रपाल को दिखाकर नोनी उन्हें लेकर साधना हॉस्पिटल भागा।

इस बीच, अचानक पुरी साहब का फ़ोन आया, मैं सारी शिकायतें और ग़ुस्सा भूलकर माँ की हालत बयान करने लगी। वे महाराष्ट्र के वाई क़स्बे से कई मील दूर एक छोटे-से गाँव में शूटिंग कर रहे थे। मेरी बात सुनकर उन्होंने अपने निर्देशक से बात कर ली और मुझे बताया कि वे रात को ही मेरे पास बम्बई पहुँच जाएँगे। मैं जयपुर जाने के लिए टिकट बुक कर ही रही थी कि झालावाड़ से हमारी दीदी डॉक्टर सुषमा पांडेय का फ़ोन आ गया। मैंने उन्हें बताया कि मैं माँ को बम्बई ला रही हूँ। यहाँ अच्छी तरह इलाज करवा सकूँगी। सुषमा दीदी ने मुझे इन्दौर से सीधे झालावाड़ आने के लिए कहा और बताया कि वे लोग माँ को लेकर झालावाड़ जा रहे हैं। मेरे सोचने-समझने की सारी शक्ति समाप्त हो गई थी।

पुरी साहब की किताब के कारण अन्नू भैया मुझसे बात नहीं कर रहे थे। अचानक उसी दिन शाम छह बजे मुझे अन्नू भैया का फ़ोन आया। वे उसी दिन विदेश से आए थे और अपने शो के लिए जयपुर पहुँचे थे। उसी शाम उनका शो था। अन्नू भैया की आवाज़ सुनकर मैं रोने लगी। मैंने उनसे कहा, "मैं भी जयपुर आ रही हूँ, माँ को बम्बई लाना है, सही इलाज करवाना है।" कुछ क्षण वे चुप रहे फिर बोले, "अभी मेरी नोनी से बात हुई है, माँ जा चुकी हैं!"

मेरा प्रेम एक बार फिर मृत्यु ने छीन लिया था। मेरा नाता अब इस संसार से टूट चुका था। उनके अलावा मेरा न भूत, न वर्तमान, न कोई भविष्य था। मेरे शरीर,

मेरी आत्मा, मेरे मन का अब कोई विस्तार नहीं था। मेरी इस संसार से जैसे गर्भ-नाल कट गई थी। आघात से मुझे न जाने क्यों नींद आ जाती है। बाबूजी के समय भी सो गई थी।

अन्नू भैया का फ़ोन रखते ही मैं वहीं की वहीं बैठ गई। थोड़ी देर के लिए मुझे निद्रा ने घेर लिया था। शायद शरीर का आघात को बर्दाश्त करने का यही तरीक़ा हो या अपने बचाव में उसने छोटी-सी बेहोशी का रास्ता ढूँढ़ लिया हो।

काकाजी को ख़बर लगी। वे दिल्ली में थे। उनका सुबह दिल्ली से इन्दौर का टिकट हुआ। मैं, पुरी साहब, जूजू और तिषा दीदी भी सुबह इन्दौर पहुँच रहे थे। इन्दौर से चार घंटे लगते थे झालावाड़ पहुँचने में। पुरी साहब वाई से निकल चुके थे। उन्होंने अपनी मित्र सारिका जी को मेरे पास भेज दिया था क्योंकि मैं बिलकुल अकेली थी। बस, कैलाश मेरे पास था। रात तीन बजे पुरी साहब आ गए। 21 मई की सुबह, सात बजे इन्दौर में काकाजी हमारा इन्तज़ार कर रहे थे। हम सब एक ही गाड़ी से झालावाड़ के लिए रवाना हो गए।

कार में सारी वही सवारियाँ थीं, जो एक रात पहले मैंने स्वप्न में ताँगे में बैठी दिखी थीं। बस, डॉली अहलुवालिया की कमी थी। हम एयरपोर्ट से बाहर निकले ही थे कि अचानक काकाजी को डॉली का फ़ोन आ गया। उन्हें अन्नू भैया से माँ के जाने का समाचार मिल गया था।

माँ बर्फ़ की सिल्ली पर दोनों हाथ सीने पर बाँधे हुए लेटी हुई थीं। मैं अन्दर-ही-अन्दर रेत की दीवार की तरह भरभराकर गिर गई। चुपचाप उनके सिरहाने बैठकर उनके बालों को सहलाने लगी थी। ये वही माँ थीं जिन्होंने पूरा जीवन हर क़दम पर मुझे हौसला दिया था, मुझे कभी टूटने नहीं दिया और मुझे हमेशा लगता रहा कि मैं उनका सहारा हूँ, सम्बल हूँ जबकि असल में माँ मेरा सम्बल, मेरा हौसला थीं। उन्होंने ही मेरी ग़लतियों को नये आयाम देकर मुझे अपराध-बोध से उबारा था। मेरी माँ जिन्होंने संघर्ष में कभी हार नहीं मानी, कभी अपने आदर्शों से समझौता नहीं किया वही मेरे सामने सो रही थीं। मैं उनसे पूछना चाहती थी, "माँ, तुम तो सुबह जल्दी जाग जाती थीं! आज तक हम जब भी सुबह सोकर उठे, तुम्हें हमेशा नहाकर, कलफ लगी साड़ी में तैयार पाया। हमने कभी तुम्हें सोते नहीं देखा। हमेशा तरो-ताज़ा सुबह-सुबह गुनगुनाते हुए पाया। आज सुबह के समय यह कैसी नींद आई है तुम्हें? आज क्यों सो रही हो अब तक?" मैं उन्हें झिंझोड़कर जगाना चाहती थी, लेकिन मैं चुपचाप उनके बालों को सहलाती रही। उनके कोमल चेहरे को छूती रही। मुझे उस समय बस यह लग रहा था कि काश, कोई मुझे जगाकर कह दे कि तुम नींद में एक भयानक सपना देख रही थी।

'राम नाम सत्य है' की आवाज़ से ख़ामोशी की तंद्रा टूटी। माँ अपने बेटों के कन्धों पर घर के बाहर आ रही थीं। बाहर बहुत से लोग थे। सब अपने, आत्मीय

और परिचित, न जाने क्यों मैं पुरी साहब से लिपट गई। सिर्फ़ इतना कह सकी, "यह कैसा सत्य है?"

मुझे पता नहीं था। बिना सोचे-समझे मैं उन्हीं से क्यों अपना सबसे बड़ा दुख साझा कर रही थी?

माँ के पैर चिता की लकड़ियों से थोड़े बाहर झाँक रहे थे। मुझे ऐसा लगा जैसे जलती लकड़ियों की आँच उनके कोमल पैरों को पीड़ा देगी। फिर एहसास हुआ, वे अब संसार की हर पीड़ा से परे थीं।

झालावाड़ के लोगों से श्मशान भरा हुआ था। माँ ने सबके दिलों में जगह बनाई थीं, बस एक श्मशान ही बाक़ी रह गया था। अब वहाँ भी उनका वास हो गया था। मैं मन-ही-मन माँ से पूछ रही थी—ऐसा ही तो घर चाहती थीं न माँ तुम। ऐसा ही खुला-खुला। बहुत से पेड़ों से घिरा...फूलों से लदी झाड़ियों वाला घर...जहाँ पंछी चहकते हों। हाँ, तुम अपने घर के नक़्शे में एक नदी भी तो बनाती थीं। तुम्हारे इस नये घर से कुछ क़दम की दूरी पर नदी भी है। माँ, तुमने और बाबूजी दोनों ने सदैव के लिए यहाँ अपना बसेरा कर लिया।

हर छह महीने-साल में अब जब कभी झालावाड़ जाती हूँ तो अक्सर अकेली माँ-बाबूजी के इस नये घर जिसे सब मुक्ति-धाम कहते हैं, उसके आगे बहुत-बहुत देर तक खड़ी उनका आशियाना देख आँसू बहा आती हूँ, और घूम आती हूँ अपने बचपन की गली, गाँव और क़स्बों की ओर जहाँ ये दोनों और हम सब बच्चे एक साथ थे।

माँ के जाने के कुछ साल बाद उन्हें ढूँढ़ती हुई, उन्हें याद करती हुई मैं झालावाड़ से तीन सौ किलोमीटर दूर इन्दार गाँव पहुँच गई। शायद युवा माँ को देखने की तीव्र इच्छा, बचपन को दोबारा जीने की असम्भव लालसा, वे पल जहाँ सब अपने थे, मेरे अपने, मेरी शिराओं में दौड़ते रक्त के सहभागी, जिनसे मेरा अस्तित्व दुनिया में आया। माँ, बाबूजी और मेरा बचपन मुझे इन्दार ले आया।

मैं बावन साल बाद वही मसीद घाट पहुँच गई जिसके गहरे पानी ने माँ को छुआ था। जहाँ वे तैरती हुई दूर तक निकल जाती थीं और मैं किनारे के पत्थर पर बैठी, हरे पानी से झाँकती उनकी सुन्दर गोरी-गोरी पिंडलियों को देखती। जहाँ फ़िज़ाओं में उनके गाने की मीठी आवाज़ घुली हुई थी—'लग जा गले के फिर ये हसीं रात हो न हो, शायद इस जनम में मुलाक़ात हो न हो।' लेकिन अब वह मसीद घाट खो सा गया था। वह नदी अब काफ़ी सूख गई थी। अपनी खोखली गहराई से अपने होने का एहसास करवा रही थी। किनारे लगे ढेर-सारे खजूर के वही पेड़ थे जिन्हें एक आदमी कुल्हाड़ी से काट रहा था। इस नीरवता में कुल्हाड़ी का प्रहार मुझे ऐसा लग रहा था मानो मेरे बचपन के साक्षी की हत्या हो रही हो। मैं चाहती थी उस जगह से सब चले जाएँ और मैं अकेली उस नदी, उन पेड़ों और उन धुँधली यादों

को महसूस कर सकूँ। मैं फिर वही पाँच साल की बच्ची बनकर माँ के पीछे-पीछे करौंदे के फूलों की ख़ुशबू से लिपट जाना चाहती थी। मैं माँ के साथ और जीना चाहती थी, उन गुज़र चुके पलों को महसूस करना चाहती थी। उस दूर तक बिछी नदी, जिसमें अब भी कहीं-कहीं गीलापन दिखाई दे रहा था, उसके पास थोड़ी देर बैठकर फिर से उसको निहारना चाहती थी। नदी वही थी, इन्दार गाँव वही था, मैं वही थी, पर न मेरा बचपन वहाँ था और न माँ वहाँ थीं। ऐसा लग रहा था जैसे कहीं दूर से अस्पष्ट फुसफुसाती माँ के गाने की आवाज़ आ रही हो। मैं वहाँ बैठकर रोना चाहती थी लेकिन लोगों की वजह से रो न सकी। मैं उन फ़िज़ाओं में माँ के गाने की आवाज़ बनना चाह रही थी, मैं ज़ोर-ज़ोर से गाना चाह रही थी ताकि माँ तक मेरी आवाज़ पहुँच जाए। जी किया माँ को सुना दूँ उनका ही गाना उनकी अपनी गुड्डो की आवाज़ में, 'लग जा गले के फिर ये हसीं रात हो न हो, शायद फिर इस जनम में मुलाक़ात हो न हो'।

नया मोड़

बम्बई आने के बाद, माँ और बाबूजी के बिना जीवन में किसी तरह का कोई रस नहीं रह गया था। इस उदासी को दूर करने के लिए अक्सर पुरी साहब मेरे घर घंटों बैठा करते। वे बहुत कुछ अपना सुनाते। उनके और मेरे जीवन में फैली उदासी को हम एक-दूसरे से कहते। दुख की साझेदारी रिश्ते को प्रगाढ़ बनाती है। वही हमारे साथ हो रहा था। हम एक-दूजे की अच्छाई-बुराई से परिचित थे।

समय बदल गया था। संघर्ष, वह भी रोटी का कहीं दूर खड़ा अपनी हार पर शर्मिन्दा हमें देख रहा था। हम सब बहन-भाई अपने-अपने क्षेत्र में अपनी-अपनी तरह से सफल हो ही गए थे। अब न रोटी, न सम्मान की समस्या थी।

काकाजी को नाटक में योगदान के लिए राष्ट्रपति एपीजे अब्दुल कलाम ने पुरस्कृत किया था। अन्नू भैया भी राष्ट्रीय सम्मान से नवाज़े गए थे। वे अपने अभिनय में दिनोंदिन प्रसिद्धि पा रहे थे। मुझे भी काफ़ी काम मिल रहा था और घर अच्छी तरह से चल रहा था। नोनी अपने परिवार के साथ झालावाड़ में अपने काम, परिवार और कविता में अपने-आपको व्यस्त कर माँ के जाने के दुःख से उबरने की कोशिश में था। हुए हम सब अपनी-अपनी तरह से उसे सहन करने की कोशिश कर रहे थे।

बम्बई में एक दिन अचानक पुरी साहब मेरे घर मय सामान आ गए। नन्दिता से किताब पर उनका भयंकर झगड़ा हुआ था। उनका मेरे घर में रहना उचित नहीं था। इसलिए मैंने अपने ऑफ़िस में उनके रहने की व्यवस्था कर दी जोकि मेरी बिल्डिंग के फ़र्स्ट फ़्लोर पर था। दूसरे दिन मुझे बताए बिना पुरी साहब मय सामान अपने घर वापिस त्रिशूल चले गए थे।

प्राकृत भाषा से परिचय

8 जून। माँ का जन्मदिन। यह दूसरा साल था जब माँ अपने जन्मदिन पर मौजूद नहीं थीं। लेकिन मुझे हर पल उनकी मौजूदगी का एहसास होता रहता था। ऐसी ही उदासी भरी एक शाम मैं, मामा और सखी घर पर थे। शायद ऑफ़िस वाली घटना की वजह से एक बार फिर पुरी साहब से दूरी बन गई थी। जब वे अपने घर त्रिशूल में होते तो न मैं उन्हें फ़ोन करती और न ही उनका फ़ोन उठाती।

उस रात वे अचानक आ गए। न जाने क्यों, वे जाने का नाम ही नहीं ले रहे थे। काफ़ी शराब पिये हुए थे। मामा परेशान, मैं भी परेशान। ये क्यों बैठे हैं? सुबह का झुटपुटा हो चला था। अचानक बिल्डिंग के चौकीदार का इंटरकॉम पर फ़ोन आया, उसने बताया कि एक महिला ज़ोर-ज़ोर से चीख़कर 'प्राकृत' भाषा में मेरी और मेरी माँ-बहन की बखिया उधेड़ते हुए, पुरी साहब की पत्नी होने का दावा कर रही है और प्राकृत भाषा में ही उन्हें ले जाने का दावा कर रही है।

सुबह के समय बिल्डिंग के स्कूल जाने वाले बच्चों से लेकर उनके माता-पिता भी खिड़कियों से झाँककर इस तमाशे का आनन्द लेते हुए इस प्यारी, भाषा का मनोयोग से सेवन कर रहे थे।

मेरी विंग थोड़ी दूरी पर थी। अफ़सोस, मेरे कानों में वह सुरीली झंकार नहीं आ पा रही थी। अलबत्ता मैंने अपनी मित्र मनीषा जी के बेटे को फ़ोन कर वीडियो कैमरे के साथ बुला लिया था ताकि वह ये दृश्य क़ैद कर सके। वह आकर पत्रकार की तरह छायांकन करने लगा था।

मैं इस भाषा और स्थिति में निपुण नहीं थी। इत्तफ़ाक़ से उस दिन हमारी लिफ़्ट भी ख़राब थी। मेरा घर चौथी मंज़िल पर था। पुरी साहब को ऑपरेशन की वजह से चढ़ने-उतरने में दिक़्क़त थी। इसके बावजूद मैंने उनसे कहा, "आपकी समस्या है, आप जाइए और सुलझाइए।" बेचारे चार मंज़िल उतरकर नीचे गए। उनका नशा ऐसे ग़ायब हो गया था जैसे 'गधे के सिर से सींग'। मैं इस तरह की फ़ज़ीहत से हमेशा दूर भागती थी। मैंने न कभी इस तरह के झगड़े मोल लिये और न ही मैं लड़ाई में निपुण थी। मैं जीवन में वही काम करती थी जो मुझे आते थे।

थोड़ी देर में पुरी साहब उनको समझा-बुझा कर भेज आए। अभी वे वृत्तान्त सुना ही रहे थे कि मनीषा जी का बेटा सनी, रिकॉर्डिंग वाला वह वीडियो कैमरा हमारे पास रख गया। अब मुझे समझ में आया कि सार्वजानिक जगह पर इस तरह की प्राकृत भाषा जिसमें माँ, बहन, बेटी सबका प्रयोग धड़ल्ले से होता है, वही शायद पुरी साहब की बदहवासी का सबसे बड़ा कारण था।

थोड़ी देर बाद, चौकीदार का दोबारा फ़ोन आया बोला, "दीदी, वे मैडम अपने साथ दो और मैडम को लेकर आई हैं और ऊपर आपके घर ही आ रही हैं।" अब

पुरी साहब थोड़ा घबराकर, खिसियाये-से बोले, "उनकी सहेलियाँ मार-पीट वाली हैं। उन्हीं के साथ आ रही होंगी।" मेरे तो हाथ से तोते उड़ गए। मैंने चौथी मंज़िल से सीढ़ियों पर झाँककर देखा। तीन जानदार महिलाएँ सीढ़ियाँ चढ़ रही थीं। मेरे भागने का कोई रास्ता नहीं था। स्थिति तो बहुत ही चिन्ताजनक और शोचनीय थी। पुरी साहब के शब्दों में, "उनकी मित्र 'विकट चंडिकाएँ' थीं।"

यह 'बाल-खेंचू युद्ध' जिसमें प्राकृत भाषा का पूर्णरूप से समावेश था, मेरे लिए लड़ना सम्भव न था।

मैंने हथियार डाल दिये। मैं देख रही थी, तीन महिलाएँ, आँखों में ज्वाला, जिह्वा पर अंगारे लिये सीढ़ियाँ चढ़ रही थीं। मुझे अपनी इन देवी-स्वरूपा अतिथियों के लिए अफ़सोस भी हो रहा था। बेचारियों को लिफ़्ट ख़राब होने की वजह से सीढ़ियाँ चढ़नी पड़ रही थीं। असीम क्रोध, उस पर इतनी मशक़्क़त, मुझे डर था कि उनकी ज्वाला जो धधक रही थी, कहीं और प्रबल होकर ज्वालामुखी न बन जाए। सवाल उनके पति का था, जो दूसरी स्त्री के पास बैठा था। हर सामान्य नारी इसी तरह प्राकृत भाषा का उपयोग कर उसे वापस पाना चाहती है। मैं ठहरी गँवार। छोटी बोधिसत्त्व, जो हमेशा समर्पण में विश्वास करती थी। मैं तो वह डरपोक थी जिसने बाई तक के आगे घुटने टेक दिये थे, तो फिर ये तो पढ़ी-लिखी, बौद्धिक महिलाएँ थीं। जिन्हें प्राकृत भाषा का उच्च-स्तरीय ज्ञान था, उनके समक्ष क्या करूँ?

'आवश्यकता आविष्कार की जननी होती है।' बचपन में पढ़ा था, सिद्ध होते उस दिन देखा। न्यूटन की तरह मेरे दिमाग़ में एक सिद्धान्त कौंधा, उसने सेब को पेड़ से नीचे गिरते देखा था। मैं मुसीबत को नीचे से ऊपर आते देख रही थी। मैंने फ़ौरन अपनी कार की चाबी उठाई और छह मंज़िल पर पहुँचकर छत का सहारा ले, दूसरी बिल्डिंग की लिफ़्ट से सीधे नीचे पहुँच गई।

थोड़ी दूरी पर ही मनीषा जी का घर था। उन्हें फ़ौरन नीचे बुलाया और निकल गई। मनीषा जी मुझसे उम्र में काफ़ी बड़ी थीं, अपने समय की बड़ी कथक नर्तकी रही थीं, अब बुढ़ापे में उनके घुटने बोल गए थे।

मेरा दिमाग़ डर और तनाव में अच्छा चलता है। मैं गाड़ी चलाते हुए सोच रही थी, इन प्राकृतभाषी लोगों का तोड़ क्या हो सकता है? अन्दर से जवाब आया जो इनसे ऊँची और ज़्यादा प्रवाहपूर्ण प्राकृत भाषा के जानकार हों उनकी शरण में जाओ। बस, मैं सीधे पुलिस स्टेशन पहुँच गई। वहाँ महिला पुलिस नहीं थी। पुरुष-पुलिस महिलाओं को हाथ नहीं लगा सकते। उस दिन यह ज्ञान-चक्षु भी खुले। न पुरी साहब, न पुरुष-पुलिस और न मैं उन महिलाओं का मुक़ाबला करने में सक्षम थे। स्त्री-शक्ति की कायल होने के बावजूद मैं अपने-आपको किसी भी श्रेणी में रखने में असमर्थ पा रही थी। मैं और मनीषा जी लेडी पुलिस का इन्तज़ार कर रहे थे।

तभी न जाने कैसे पुरी साहब भी उन लोगों को चकमा देकर पुलिस स्टेशन पहुँच गए। अभी हमने साँस भी नहीं ली थी कि तीन महिलाओं की वह पूरी टीम भी पुलिस स्टेशन पहुँच गई। सारी औरतें मुझे घेरे खड़ी थीं।

सच कहूँ तो मनीषा जी को छोड़कर हम दोनों की फूँक सरकी हुई थी। मनीषा जी थीं तो बहादुर लेकिन गठिया रोग के कारण थोड़ा मजबूर थीं। एक धक्के के बाद उठाने के लिए किसी को बुलाना पड़ जाए ऐसी हालत थी मेरे सेनापति की। नन्दिता मेरे पास आकर बहस करने लगीं। उनके बिना ब्रश के दाँतों से बड़ा भारी भभका उठा। मैंने कहा, "ज़रा दूर से बात करें आपके मुँह से भभका उठ रहा है।" उस स्थिति में भी वे मेरी बात तुरन्त मान गईं। उन्होंने बताया सुबह तीन बजे से उठी हुई थीं।

माफ़ करना नन्दिता, अगर आपको मेरी यह बात बुरी लगी हो। इससे शिक्षा मिलती है आइन्दा जब कभी कोई स्त्री अपने खोए पति को ढूँढ़ने निकले तो मंजन करके जाए। (अगर यह नसीहत न देनी होती तो मैं कदापि इस बात का ज़िक्र न करती)

अब उन महिलाओं की ज़िद थी कि वे पुरी साहब को अपने साथ लेकर ही जाएँगी। पुरी साहब मान नहीं रहे थे। उनका कहना था, मैं थोड़ी देर के बाद आऊँगा। चूँकि बला उनके जाने से टलती दिख रही थी तो मैंने पुरी साहब के सामने हाथ जोड़कर कहा, "ज़िद मत करिए, आप चले जाइए।" लेकिन कहाँ साहब! उन्हें तो आफत मोल लेने का शौक़ था। वे बोले, "सीमा तुम गाड़ी में बैठो।" मैं तब भी खड़ी रही। तभी उन वीरांगनाओं में से एक मेरी तरफ़ आक्रमण की मुद्रा में बढ़ी। मैं पुलिस वाले को देख रही थी जो बन्दूक़ उठाए मेरी क़ातर दृष्टि को, मूकदर्शक बना देख रहा था। लेकिन न जाने कहाँ से पुरी साहब ने हिम्मत जुटाई और उन्होंने छलाँग लगाई, सीधे मेरे सामने चट्टान की तरह खड़े होकर ज़ोर से बोले, "हाथ मत लगाना" और फिर उससे भी ज़ोर से मुझसे बोले, "सीमा, गाड़ी में बैठो।" अपने कमांडर का आदेश पाकर मैं उचककर अपनी कार में जा बैठी। मेरा सेनापति पहले ही पीछे बैठ चुका था। मेरे गाड़ी स्टार्ट करते ही कमांडर साहब भी मेरे पास बैठ गए। उन तीन बहादुर औरतों से डरे, हम तीनों वहाँ से निकलकर फर्राटे से मनीषा जी के घर पहुँच गए। वहाँ पुरी साहब जी-भरकर रोए। मनीषा जी के पति, विमल जी ने उन्हें सांत्वना दी।

मैंने पुलिस में एक एन.सी. रिपोर्ट लिखवा दी। सुना है, अगले दिन नन्दिता को जब यह पता चला तो उन्होंने भी पुलिस में एन.सी. लिखवा दी थी।

इस तरह की लड़ाई न मैंने कभी न देखी और न कभी की थी। हमें इस तरह की निचले स्तर की बात करने का तरीक़ा नहीं अपनाना चाहिए। मैं इस तरह की लड़ाई से सदा से घबराती हूँ। उस दिन भी मन खट्टा हो गया। ये किस तरह के लोग हैं। हम

सब वयस्क और पढ़े-लिखे लोग हैं। नन्दिता को पुरी साहब से बात करके अपनी समस्या का हल निकालना चाहिए था। सड़क पर खड़े होकर चीखने-चिल्लाने का क्या तुक था? वे शायद तमाशा खड़ा करके पुरी साहब को डराना चाहती थीं और उसमें उन्हें पूर्ण सफलता भी मिली। पुरी साहब पब्लिक में हुए तमाशे से वाक़ई ख़ौफ़ खा चुके थे। आख़िर वे एक सुप्रसिद्ध व्यक्ति थे। उनकी छवि एक गम्भीर और अच्छी फ़िल्मों के अभिनेता की थी। जो भी हुआ था मेरे लिए बहुत शर्मनाक और दुखद था। इस बिल्डिंग में रहते हुए मुझे सत्रह साल हो गए थे, कभी किसी से बहस नहीं हुई थी। मेरी बिल्डिंग के लोग मुझे बहुत सम्मान और स्नेह देते थे। मैं बाहर निकलने में संकोच कर रही थी।

मैंने बहुत गम्भीरता से पुरी साहब को समझा दिया था। अब यह घटना किसी भी रूप में दोहराई नहीं जानी चाहिए। मैंने स्पष्ट शब्दों में कह दिया कि यदि आपको मुझसे साबक़ा रखना है तो अपने जीवन की उलझनों को सुलझाकर ही आएँ। मैं अपने लिए किसी और तरह की परेशानी नहीं चाहती।

पुरी साहब के घर में, उनकी आत्मकथा के बाद से झगड़े तो चल ही रहे थे। अब इस तरह के वितंडावाद ने उन्हें हिलाकर रख दिया।

हादसों के साल

आने वाले साल दर साल हादसों से भरे होते जा रहे थे। समझ नहीं आता मैं कहाँ से शुरू करूँ...किस हादसे को मैं पहला या बीच का हादसा मानूँ? क्योंकि जब तक़लीफ ज़्यादा होती है तो समय और काल याद रखने योग्य नहीं रह जाता।

मैं अपनी मूर्खता का ब्योरा लिखते हुए ख़ुद ही शर्मिन्दा हो रही हूँ। किस तरह मैं बिना सोचे-समझे विश्वास के आधार पर ज़िन्दगी में कोई भी क़दम उठा लेती थी और उसके बाद में उसके परिणामों को भुगतने में पसीने-पसीने हो जाती थी।

पुरी साहब जिस वितंडावाद से बचना चाहते थे वही उन्हें रोज़ झेलना पड़ता था। वे ग़ुस्से और क्षोभ से भरे हुए थे। उनके लिए अब त्रिशूल में रहना मुश्किल से मुश्किल होता जा रहा था। लड़ाई-झगड़े और ख़राब भाषा (प्राकृत) अपने से छोटी उम्र के लोगों से सुनना, केवल बच्चे से मिलने के कारण?

पुरी साहब ने कई घर देखने के बाद मेरे घर के पास ही ऑकलैंड बिल्डिंग में एक घर तलाशकर ख़रीद लिया और उसमें रहने लगे, ताकि बच्चे से जब भी मिलना होगा वे उसे वहाँ बुला लिया करेंगे।

पुरी साहब की शूटिंग लगातार चल रही थी। ऑकलैंड वाले घर की सारी तोड़-फोड़, साज-सज्जा, फ़र्नीचर, सब मेरे ज़िम्मे था।

इधर मैं ऑकलैंड का घर बनवा रही थी, उधर पुरी साहब ने झालावाड़ में एक

छोटा-सा मकान ख़रीद लिया था। वे वहीं बसना चाहते थे। उस घर को बनवाने की ज़िम्मेदारी भी मुझ पर ही आ गई थी।

ऑकलैंड का मकान पूरा बनवाने के बाद हमने वहाँ हवन किया। बहुत सारे मेहमान आए। पुरी साहब चाहते थे कि मैं ऑकलैंड में उनके साथ रहूँ। इतना सारा वितंडावाद देखने के बाद मैं उस घर में कैसे रह सकती थी? वह घर मेरा नहीं था, वहाँ रहकर मुझे कैसे चैन मिलता? बरसों पहले, पुरी साहब का घर त्रिशूल भी मैं इसीलिए छोड़ आई थी।

मेरे लिए जीवन में सबसे क़ीमती, मेरा सम्मान और मेरी शान्ति थी, जो मुझे पुरी साहब और उनके आसपास के लोगों में नज़र नहीं आती थी।

मैंने उनसे कहा, "आपको रहना है तो मेरे छोटे से घर में रहिए, मैं आपके घर में नहीं रहूँगी। आप ऑकलैंड वाले घर को अपने बच्चे से मिलने और अपनी स्क्रिप्ट सुनने के लिए ऑफ़िस की तरह इस्तेमाल करें।" वे मुझसे बहस करते रहे। लाख आश्वासन दिये, "कुछ नहीं होगा।" जब मैं उनके फ़्लैट में रहने के लिए राज़ी नहीं हुई तो उन्होंने हथियार डाल दिये। इस तरह वे मेरे साथ मेरे ही फ़्लैट में रहने लगे।

पुरी साहब की शूटिंग, मेरी सीरियल लेखन और शूटिंग, सबसे हमें जब फ़ुरसत मिलती हम घर होते तो मैं शाम का खाना पुरी साहब की पसन्द का बनाती। उन्हें मेरे हाथ की पकौड़ा-कढ़ी, भरवाँ करेले, बैगन का भरता और लच्छा-पराँठा पसन्द था।

यह ही वे सारी चीजें थीं जो बाबूजी, माँ, काकाजी और अन्नू भैया को भी मेरे हाथ की पसन्द थीं।

मैं शाकाहारी हो गई थी फिर भी अन्नू भैया और काकाजी के लिए मांसाहारी खाना माँ के जैसा बना देती थी। पुरी साहब मेरे साथ रहते हुए शाकाहारी बन गए थे। कभी जब बेटे से मिलने जाते तब शायद मुर्गी या मटन खा लिया करते थे। खाना बनाकर खिलाने और सबको हँसाने का उन्हें भी बहुत शौक़ था।

कुछ पल ठहाकों के

एक दोपहर मैं मीटिंग से लौटी तो देखा मेरी ख़ानसामा पुष्पा और दूसरी काम करने वाली ताई ने मुझे अन्दर जाने का इशारा किया। अन्दर जाकर क्या देखती हूँ, एक औरत मेरा स्कर्ट और ब्लाउज़ पहने मेरे दुपट्टे से घूँघट किये बैठी सिगरेट पी रही थी। ये पुरी साहब थे।

पूरा घर सबके ठहाकों से गूँज गया था। पुष्पा और ताई पेट पकड़कर हँस रही थीं और पुरी साहब सबको ख़ुश होता देख आनन्दित हो रहे थे।

उनके प्रेम की अजब दास्ताँ है। मैं जब कभी शूटिंग के सिलसिले में बम्बई से

बाहर होती और वे घर पर होते। तो वे मेरी याद में मेरे ही कपड़े पहन लिया करते थे और लच्छू मामा के साथ फ़ोटो खिंचवाकर मुझे भेजते। इस तरह के कितने ही फ़ोटो से मेरा फ़ोन भरा हुआ है।

मेरे पैर उन्हें बहुत पसन्द थे, कहते थे, 'बच्चों की तरह हैं। पहले भी मुझे बताए बिना वे फ़ोटो खींचते थे, लेकिन जब से मोबाइल आए इतने ज़्यादा मेरे फ़ोटो खींचने लगे थे कि ख़ुदा की पनाह। उनका इस्तेमाल वे तब करते जब मैं उनसे रूठी रहती, और वे बम्बई से बाहर शूटिंग कर रहे होते। मेरी फ़ोटो बड़ी करवाकर दीवारों पर लटका देते और उनके साथ ख़ुद खड़े होकर फ़ोटो खिंचवाकर मुझे भेजते।

मेरे घर में काम करने वाली बाइयों से लेकर हमारे सारे चौकीदारों के चहेते थे पुरी साहब।

उनकी शूटिंग और मेरी एडिटिंग व सीरियल लेखन चल रहा था। लगातार शूटिंग के चलते उन्हें बम्बई और मुझे भी बाहर ही ज़्यादा रहना पड़ता था।

कुछ लम्हे चुरा लिये थे

उन्हीं फ़सादों में से हम ख़ुश होने के कुछ लम्हे चुरा लिया करते थे।

कनाडा वासी पुरी साहब के दोस्त राजेन्द्र सैनी कनाडा में पी.फ़ा यानी पंजाबी फ़िल्म फ़ेस्टिवल करना चाह रहे थे, पुरी साहब उनकी कलाकारों को जुटाने में मदद कर रहे थे। बहुत सारे कलाकारों के साथ पुरी साहब और मैं अभिनेता धर्मेन्द्र जी के घर भी गए। उसी सिलसिले में एक बार वे पंजाबी गायक गुरदास मान के घर गए थे। वहाँ से मुझे फ़ोन किया और बोले, 'तुम्हारा 'प्रोफ़ेशन' बदलवा रहा हूँ। अब तुम सिर्फ़ गाना गाओगी। गुरदास मान ने गाने गाकर इतना बड़ा घर बना लिया है, इसमें क्रिकेट खेल सकते हैं।' जब मैं गायक बनने को तैयार न हुई तो दूसरा प्रस्ताव जो काफ़ी पहले उनकी तरफ़ से आया था उस पर ग़ौर करने के लिए मुझे कहा गया। प्रस्ताव तब था जब हम एक बार वृन्दावन गए थे। वहाँ पूरे रास्ते बाबाओं, महाराजों और साध्वियों के बड़े-बड़े 'होर्डिंग' देखकर वे बोले, 'तुमने जो इतने उपनिषद और शास्त्र पढ़े हैं उनका सही इस्तेमाल मैं करूँगा। तुम्हें सिर्फ़ प्रवचन देने होंगे, जो मुझे देती रहती हो, भीड़ मैं जूटा दूँगा, आज से तुम्हारा नाम 'माँ ठिंगनी' हुआ। मेरी 'हाईट' इतनी भी कम नहीं थी। पाँच फुट दो इंच वाली को वे 'माँ ठिंगनी' पुकारने लगे थे।

इस सपने को साकार करने के लिए, उन्होंने फ़ोटो शॉप से मेरे चेहरे को किसी साधु के शरीर पर लगाकर एक तसवीर मढ़ाई और मेरे कमरे में लगा दी, जिसका शीर्षक था, माँ ठिंगनी।

अपने मसखरेपन से मेरे घर में काम करने वाले, बिल्डिंग के चौकीदार और

झालावाड़ के दोस्त सबको क़हक़हे बाँटते हुए हम नाटक 'तेरी अमृता' को लेकर कनाडा गए।

उसी दौरान राँची से मुझे जागरण इंटरनेशनल फ़िल्म फ़ेस्टिवल से फ़िल्म 'हाट' के प्रदर्शन का निमंत्रण मिला। पुरी साहब भी साथ थे। अब लोग हम दोनों को साथ बुलाने लगे थे। जाने कब फ़िल्म फ़ेस्टिवल वालों से कहकर पुरी साहब ने हम दोनों का वापसी का टिकट बम्बई आने के बदले पटना का करवाया। वे मुझसे बोले, 'बुद्ध तुम्हें प्रिय हैं इसलिए मैं तुम्हें 'बोध गया' ले जा रहा हूँ।'

बोध गया के वे चार-पाँच दिन मेरे जीवन के सबसे महत्त्वपूर्ण दिन थे। उस समय मुझे बुद्ध के सामीप्य की बहुत ज़रूरत थी। पुरी साहब का नास्तिक होते हुए भी मुझे बोधगया ले जाना, उनका मेरे प्रति संवेदनशील होना, मुझे कहीं भीतर तक छू गया था।

मैं पुरी साहब को अपनी आस्था में नहीं घसीटना चाहती थी। मैं ध्यान करूँ और दिमाग़ में यह रहे कि कोई वहाँ बैठा इन्तज़ार कर रहा है, यह मुझे सही नहीं लगता इसलिए उन्हें होटल में छोड़कर मैं अकेली ही सुबह मन्दिर निकल जाया करती। चिड़ियों को पकड़ना और पैसे लेकर उनको पिंजरे से मुक्त करना, ग़रीब लोगों का व्यवसाय था। मैं भी उस व्यवसाय में शामिल हो गई। मैं उन्हें मुक्त करवाकर उस पीपल के वृक्ष के नीचे बैठ जाती जहाँ मेरे प्रिय को ज्ञान प्राप्त हुआ था।

एक दिन मैं आँख मूँदे उसी वृक्ष के नीचे बैठी थी अचानक मुझे ऐसा लगा कोई मेरे पास आकर बैठ गया है। देखा तो पुरी साहब बैठे थे। हम दोनों भाव और उस अनदेखी ऊर्जा से भरे थे। मैं सिर्फ़ इतना ही कह सकी, 'बुद्ध ने ऐसा क्या पाया था कि हज़ारों लोग ढाई हज़ार साल बाद भी उस अनुभूति की खोज में हैं?' शब्द मेरे गले में रुँध गए थे। मैंने देखा, पुरी साहब भी रो रहे थे। हम दोनों बोधी वृक्ष के नीचे आँसू बहा रहे थे। मुझे पता नहीं उनकी आँखों में आँसू क्यों आए थे? मैं तो बुद्ध की ऊर्जा से भरी हुई थी और शायद उसी ऊर्जा ने उन्हें भी छू लिया था।

बम्बई में शाम की सैर को जाना मेरा रोज़ का नियम था। उस दिन भी गई, एक छोटी-सी और ज़ख़्मी चितकबरी बिल्ली मरने की कगार पर थी। मैं उसे घर ले आई और वह मेरे परिवार की सदस्य बन गई। नाम रखा मीमी। अब सखी को खेलने के लिए एक साथी मिल गया था।

इधर मेरे और पुरी साहब के दिन कभी ख़ुशी-कभी ग़म में गुज़र रहे थे। न जाने कैसे हमारी मित्रता की भनक पत्रकारों को लग गई। मुझे कभी अपने व्यक्तिगत रिश्तों को लोगों तक पहुँचना अच्छा नहीं लगा, लेकिन एक तो पुरी साहब का नाम और कुछ 'लोगों' की पत्रकारों से पहचान। मेरी बदनामी के लिए काफ़ी थी।

पुरी साहब के जीवन में आते ही मेरे बारे में तरह-तरह नकारात्मक बातें अख़बारों में छपने लगी थीं। जिससे मैं तो व्यथित होती ही, अन्नू भैया भी झुँझला

जाते थे। बात तो वे कर नहीं रहे थे, कभी जब मुझे उनकी याद आती तो मैं उनके घर चली जाया करती थी। पुरी साहब को लेकर अन्नू भैया के खिन्न रवैये की वजह से मैंने अन्नू भैया के घर जाना, छोड़ दिया।

मेरा दूसरा गुनाह

सखी बूढ़ी हो चुकी थी और काफ़ी बीमार रहने लगी थी। मेरा पूरा समय उसकी सेवा में निकल जाता था। वह चल-फिर ही नहीं पा रही थी। एक ही करवट सोते रहने के कारण उसको ज़ख़्म हो गए थे। ज़ख़्मों के कारण उसे उठा पाना भी दुश्वार हो रहा था। उसकी यह हालत देखी भी नहीं जा रही थी। मेरी पूरी रात उसकी तीमारदारी में बीतने लगी थी। वृद्धावस्था का कोई इलाज नहीं था। नींद पूरी न होने से और भावनात्मक उतार-चढ़ाव के कारण मैं भी थकी और बीमार रहने लगी थी। पुरी साहब यह सब देख़, दुखी होते। मुझसे एक दिन बोले, 'सखी का दुख और तकलीफ़ें मुझसे देखी नहीं जा रही हैं। इसको जाने दो। सुला दो।' सुला कैसे दूँ? मैंने उसे बच्चे की तरह पाला था। पुरी साहब ने सखी के डॉक्टर से बात कर ली थी। डॉक्टर ने भी यही सुझाव दिया और कहा, 'सखी के लिए यही निर्णय सही है। उसे और तकलीफ़ में मत डालो।' मैं बहुत व्यथित थी। पुरी साहब ने सारी ज़िम्मेदारी अपने ऊपर ले ली थी।

सुबह का समय था। उस दिन सखी को ले जाना था। सखी शुद्ध शाकाहारी थी। भूल से खाया मांसाहार भी वह वमन में निकाल देती थी। उसका रोज़ का प्रिय भोजन मूँग की दाल, लौकी की सब्ज़ी और रोटी था।

उस दिन सुबह उठकर मैंने उसकी अति प्रिय पूड़ी, खीर और कद्दू की सब्ज़ी बनाई। मैं उससे आँखें नहीं मिला पा रही थी। उसके अन्दर ज़रा भी ताक़त नहीं थी लेकिन उस दिन न जाने क्यों मुझे सिर उठा-उठाकर इधर-से-उधर जाते देख रही थी। उस दिन उसने ख़ूब खाना खाया।

मैं और पुरी साहब कार में थे। सखी पीछे लेटी थी। डॉक्टर के आने में देर हो रही थी। इतने में पुरी साहब उतरकर गए और देखती हूँ कि वे एक बर्तन में पानी लेकर सखी को पिला रहे थे। मैं अपने-आपमें शर्मिन्दा हो गई, सोच में पड़ गई यह मेरा कैसा प्यार था? मैं अपने दुख की जुगाली करने में यह भी भूल गई कि सखी को प्यास लगी होगी। मैं तो प्यार का दावा करती थी फिर बस रोए जा रही थी और एक यह व्यक्ति था जिसने कोई दावा नहीं किया फिर भी उसके प्रति इतना संवेदनशील था कि 'अन्तिम यात्रा' से पहले उसकी प्यास बुझा रहा था।

बस एक इंजेक्शन और एक पल में सखी की सारी जुम्बिशें, दर्द, तकलीफ़ ख़त्म। लेकिन मेरी तकलीफ़ आज तक वैसी की वैसी है। मुझे कोई हक़ नहीं था

ईश्वर बनने का। उसे मारने की स्वीकृति मुझे नहीं देनी चाहिए थी। यह मेरे जीवन का जानते-बूझते किया गया दूसरा पाप था, जो कस्तूरी के बाद मुझसे हो गया था।

पुरी साहब का तलाक़ के लिए जाना

अब मैं जीवन को, अपनी नानी की कहानी की तरह यह कहकर तो नहीं समेट सकती थी, 'कि जैसे उनके दिन फिरे...' कारण, यह मेरी कहानी नहीं अपितु मेरा जीवन है और इसके रास्ते में अभी बहुत से घुमाव बाक़ी थे।

पुरी साहब परेशान हो चुके थे, एक दिन उन्होंने फ़ैसला किया कि अब उन्हें कोर्ट की शरण में जाना चाहिए और उन्होंने कोर्ट में तलाक़ का मुक़दमा डाल दिया था। बस फिर क्या था,

वो आए बज़्म में इतना तो मीर ने देखा
उसके बाद चिरागों में रौशनी न रही।

मुसीबतें तो अब शुरू होने वाली थीं, क्योंकि पुरी साहब बच्चे से बात किये बिना रह नहीं सकते थे और नन्दिता उससे बात नहीं करने देती थी।

बच्चे से बात करने के लिए पुरी साहब को मिन्नतें करनी पड़तीं तब जाकर कभी-कभार बात हो पाती थी।

पुरी साहब का पंजाबी नाटक 'तेरी अमृता'

उस दौरान मैंने महसूस किया था कि पुरी साहब बातें करते-करते कहीं भी सो जाते थे। मैंने उनसे जब इस नींद का कारण पूछा तो उनके पास कोई जवाब नहीं था। पुरी साहब मधुमेह की दवाइयाँ लेते थे। मैं उन्हें 'डायबिटोलोजिस्ट' डॉक्टर मनोज चावला के पास लेकर गई। वहाँ पता चला कि जनाब दवाइयों की ओवर डोज़ ले रहे थे।

मैं कुछ दिनों से महसूस कर रही थी। पुरी साहब जब भी सोते कुछ पल के लिए उनकी साँसें रुक जाती थीं। मैं उन्हें फिर डॉक्टर के पास लेकर गई। एक दिन के लिए अस्पताल में भर्ती भी करवाया और पूरी जाँच के बाद पता चला कि उन्हें 'स्लीप-एपनिया' नामक बीमारी थी। इस कारण पुरी साहब को रात में ऑक्सीजन मास्क लगाकर सोना पड़ता था। इसी के चलते हम एशियन हार्ट अस्पताल गए जहाँ उनके फेफड़ों और हृदय का चेकअप हुआ। मुझे शंका थी, सिगरेट ने फेफड़ों का पता नहीं क्या हाल किया होगा? पता चला, उनके फेफड़े और दिल मुझसे बेहतर स्थिति में थे। यह जानकर मुझे दिली ख़ुशी हुई।

अपने व्यावसायिक जीवन, पारिवारिक और भावनात्मक तनाव में किसी तरह से भी सन्तुलन न बिठा पाने के कारण वे अवसाद की दवाइयाँ लेते, उस पर नींद की गोली खाते, और शराब पीते, फिर भी उन्हें नींद की समस्या यथावत थी।

दिन में तो पाँच-छह मिनट सो लेते पर रात में नहीं सो पाते थे। मैं समझ नहीं पाती कि पुरी साहब को इस संकट से कैसे निकाला जाए?

इसी बीच मैंने महसूस किया कि पुरी साहब बहुत उदास रहने लगे थे। वे कहा करते, हर तरह के रोल तो मैंने कर लिये हैं, अब काम करने के लिए मेरे पास कोई चुनौती नहीं रही।

मैंने सोचा बरसों हो गए थे उन्हें नाटक किये हुए, बातों-बातों में यह तय हुआ कि पुरी साहब को दोबारा नाटक शुरू कर देना चाहिए। काफ़ी सोच-विचार के बाद यह निर्णय लिया गया कि जावेद सिद्दीकी साहब का नाटक 'तुम्हारी अमृता' जिसमें मात्र दो ही पात्र थे, करना ज़्यादा उपयुक्त है। लेकिन यह नाटक शबाना आज़मी और फारूख शेख़ उर्दू में कर रहे थे। पुरी साहब को एक युक्ति सूझी उन्होंने यह प्ले पंजाबी में करना उचित समझा।

महिला-पात्र के लिए किसे लिया जाए? जिसे पंजाबी भी आती हो और अभिनेत्री भी अच्छी हो। मैंने दिव्या दत्ता का नाम सुझाया। मेरी फ़िल्म हाट में उसने बहुत अच्छा अभिनय किया था। उसकी पंजाबी अच्छी थी और वह इनसान भी बहुत अच्छी थी। नाटक की रिहर्सल शुरू हो गई।

कनाडा के टोरंटो में शो के बाद, कुछ दिन बिताकर मैं और पुरी साहब उनके दोस्त साधु के घर 'वेनकूवर' में रुके। वहीं से हम फ़रहत भाई के साले सलीम भाई के पास फ्रैंकफ़र्ट चले गए। जहाँ उन्होंने हमें कार से नीदरलैंड और बेल्जियम की सैर करवाई। मैं और पुरी साहब ख़ुश थे। वहाँ से आने का दिल नहीं चाह रहा था। लेकिन बकरे की अम्मा कब तक ख़ैर मनाएगी।

लौट के बुद्धू घर को आए। यहाँ हमारा स्वागत एक और ख़ुराफ़ात ने किया।

पंचायती राज मंत्रालय के लिए एक प्रोजेक्ट मैंने तैयार किया। उसका पायलट बनाया। मैं कई बार दिल्ली जाकर अधिकारियों से मुलाक़ात करवाई थी। पुरी साहब को उस प्रोजेक्ट का ब्रांड एम्बेसडर बना लिया। मेरे इस प्रोजेक्ट में काफ़ी पैसे ख़र्च हो गए थे। मेरा अनुबन्ध मंत्रालय के साथ बनने वाला था।

पुरी साहब जोधपुर में शूटिंग कर रहे थे। पुरी साहब को अन्ना हज़ारे के मंच पर आमंत्रित किया गया। वे जोधपुर से सीधे दिल्ली चले गए। मंच पर पहुँचकर उन्होंने संसद के सदस्यों के लिए कुछ अनपार्लियामेंटरी भाषा का उपयोग किया। इस बात पर पार्लियामेंट में हंगामा भी हुआ था। चौंकी मेरे प्रोजेक्ट में पुरी साहब का नाम था इसलिए पंचायती राज मिनिस्ट्री का प्रोजेक्ट मेरे हाथ से निकल गया। मेरा काफ़ी पैसा डूब गया।

'तेरी अमृता' नाटक का निमंत्रण पाकिस्तान से आया। पुरी साहब ने मुझसे पूछा, 'चलोगी लाहौर?' लाहौर का नाम सुनते ही मेरी आँखों के आगे बाबूजी का चेहरा कौंध गया, जो पूरी ज़िन्दगी कहते रहे, 'एक बार वतन जाना है, वतन देखने की चाह है।' मेरी आँखों के आगे बाबूजी मुस्कराए, जैसे कह रहे हों, गुड्डो मेरे बचपन की गलियों का नज़ारा नहीं देखोगी बेटा? मैंने फ़ौरन 'हाँ' कर दी। अपने बाबूजी के बचपन की सरज़मीन पर कुछ दिन ठहरने को मन बेताब हो गया।

पाकिस्तान जाने से पहले हम अमृतसर पहुँचे। पुरी साहब मुझे यह दूसरी बार अमृतसर में गोल्डन टेम्पल में दर्शन करवा रहे थे।

लाहौर में प्रवेश करते समय ऐसा लगा जैसे बाबूजी मेरे साथ चल रहे हों। कार, कैनाल के किनारे-किनारे दौड़ रही थी। इस नहर से मैं पहले भी मिल चुकी थी। बाबूजी के ज़रिये खींची गई मंज़रकशी में। वे अक्सर मुझे बताया करते थे इस नहर के बारे में। मैं मुँह छिपाकर आँसू बहाती रही। मुझे ऐसा लग रहा था जैसे मैं लाहौर के हर घर, हर गली से वाक़िफ़ थी, हर सड़क पर मैं बाबूजी को देख पा रही थी। मैंने बाबूजी के कॉलेज में जाकर उन दीवारों से बात की जिन्होंने कभी बाबूजी के बचपन को देखा था। उनकी आवाज़ सुनी थी। बहुत सारी यादें और प्रेम लेकर हम भारत लौट आए।

वही उलझनें, वही गम और दुविधाओं ने हम दोनों का स्वागत किया।

उफ़...बस अब अन्तहीन फ़साद थे, मैं थी और पुरी साहब थे।

पुरी साहब भी ख़ूब थे। अपने तलाक़ के केस को बहुत अच्छी तरह बिगाड़ रहे थे। इसी बीच पुरी साहब की शूटिंग शायद पंचमढ़ी में चल रही थी। पता चला कि दबाव में आकर और बच्चे को ख़ुश रखने के लिए उन्होंने बच्चे और नन्दिता को पंचमढ़ी बुला लिया था। वकीलों ने पुरी साहब को समझाया था, या तो तलाक़ का केस लड़ो मत या फिर इस तरह से उसे बिगाड़ो मत, लेकिन पुरी साहब बच्चे के प्रेम के आगे बहुत कमज़ोर पड़ जाते थे।

मुझे लगता है कि मैं अपनी आख़िरी साँस तक ग़लतियाँ करती रहूँगी और यह जो सीखने की प्रक्रिया है, वह बदस्तूर जारी रहेगी। बड़ी भारी और भयंकर सिक्खड़ हूँ, और सिक्खड़ लोगों का नुक़सान होता ही रहता है।

मेरी सेंट्रो कार के साथ जो हुआ कमाल ही था। पुरी साहब की कार शायद सर्विस के लिए गई हुई थी, वे अपने बेटे से मिलने उसकी पियानो क्लास में जाना चाह रहे थे। चूँकि मैं कार ख़ुद चलाती हूँ इस वजह से मैंने ड्राइवर नहीं रखा था। मेरी बिल्डिंग के चौकीदार को कार चलानी आती थी, इसलिए पुरी साहब उसे वहाँ ले गए।

जैसे ही पुरी साहब बिल्डिंग के नीचे पहुँचे, उन्हें देखते ही नन्दिता ने ग़ुस्से से

कार को कई लातें मारी और पुरी साहब को भी बहुत कुछ कहा, एक तमाशा...वह तो सब उनकी आपस की बात थी, लेकिन मेरी कार ने जो सदमे उठाए और उस सदमे के कारण ग़रीब के कुछ गड्ढे से पड़ गए सो अलग।

पुरी साहब जिन परिस्थितियों से गुज़र रहे थे कुछ मुझे पता थीं और बहुत सारी उनके कहे बिना समझ सकती थी।

पुरी साहब पर डोमेस्टिक वायलेंस का केस (2013)

पुरी साहब को हॉलीवुड की एक बड़ी फ़िल्म मिली, 'द हंड्रेड फुट-जर्नी'।

सारी तैयारियाँ हो चुकी थीं। पुरी साहब में जैसे फिर से जान आ गई थी।

मुझे घोर आश्चर्य हो रहा था, पुरी साहब ने अब शराब बहुत कम कर दी थी। वे सेहत और अपने किरदार पर ध्यान दे रहे थे।

कुछ ही दिनों में उन्हें फ्रांस के लिए निकलना था। हम दोनों ख़ुश थे। वे मुझे ले जाना चाह रहे थे। मेरी शूटिंग सिर पर थी। मैंने वादा किया कि मैं बीच में आ जाऊँगी। वैसे भी उनका प्रवास दो महीने का था।

सब कुछ अच्छा चल रहा था। पुरी साहब मुझसे कहते आ रहे थे कि वे शान्ति से इस मसले को सुलझाना चाहते थे।

वकील की मर्ज़ी के ख़िलाफ़, वे शान्ति के चक्कर में उस घर में बच्चे से मिलने जाते रहे, रुकते रहे। पुरी साहब कहते थे, 'मैं उनको किसी भी सुख से वंचित नहीं रखता हूँ। सबसे अच्छे महँगे स्कूल में बच्चा पढ़ रहा है। और तो और मेंटेनेंस के नाम पर अच्छी-ख़ासी रक़म उन्हें देता हूँ। उस रक़म में बढ़ोतरी की है, उनके वकील को भी केस लड़ने के लिए मैं ही पैसे देता हूँ। मुझसे जो वह केस लड़ रही हैं मेरे ही पैसों से लड़ रही हैं। उनकी वकील बहुत महँगी है। यानी मैं अपने ऊपर कुछ ख़र्च नहीं करता सब उनका है, उन पर ही ख़र्च करता हूँ। कुछ सोचेंगे वे, शायद वे लोग मुझ पर दया कर मुझे आज़ाद कर देंगे। ख़ुद जिएँ, और हमें जीने दें।'

इसी उम्मीद पर वे वहाँ जाते और लौट आते। एक बार त्रिशूल से लौटकर आने पर चिन्तित थे। मुझसे बोले, "सीमा और नन्दिता और मेरा झगड़ा हुआ, मैं बहुत पिए हुए था उसने मेरी बातें रिकॉर्ड कर ली हैं, न जाने मैं क्या अनाप-शनाप बोल गया। मैं अपराजिता (उनकी दोस्त जो पहले पुरी साहब की जीवनी लिख रही थीं) के पास कुछ रिकॉर्डिंग करके उसके पास सुरक्षित रख आया हूँ।"

मेरे लिए सब बातें बेमानी थीं। वे केस बिगाड़ रहे थे और लड़ना भी चाहते थे।

मुझे एक सीरियल मिला और मैं झालावाड़ शूटिंग की तैयारी के लिए चली गई। पुरी साहब बम्बई में थे। वे अपने फ्रांस जाने की तैयारी में व्यस्त थे।

एक शाम झालावाड़ में पुरी साहब का मुझे फ़ोन आया। मुझसे बोले, 'सुनिए पढ़े-लिखे लोगों की ज़रा भाषा सुन लीजिए।' उन्होंने फ़ोन का स्पीकर ऑन कर दिया। एकदम तो मेरी समझ में नहीं आया कि क्या बोल रहे हैं, और किसके सन्दर्भ में बोल रहे हैं? पीछे से मुझे किसी स्त्री के प्राकृत भाषा में भाष्य की आवाज़ आ रही थी, जिसमें माँ, बहन, और भी न जाने क्या-क्या था। मैंने पुरी साहब से पूछा, आप कहाँ पर हैं? उनका जवाब था, "त्रिशूल में और नन्दिता की भाषा सुनिए।"

मुझे बहुत ग़ुस्सा आया। मैंने उसी समय यह कहते हुए फ़ोन काट दिया, 'वहाँ से मुझे फ़ोन मत कीजिए, जब आप बाहर पहुँचें तब मुझे फ़ोन कीजिएगा।'

उसके बाद मैंने अपना फ़ोन ही बन्द कर दिया। मेरा यह मानना था कि अगर आप केस लड़ रहे हैं तो उस लड़ाई को भी मर्यादित ढंग से लड़िए और अगर नहीं लड़ना है तो न लड़िए। लेकिन मर्यादा मत ख़त्म कीजिए।

वक़ील कहता, आपको उस घर में नहीं जाना चाहिए। बच्चे से बाहर मिल सकते हैं। ऑकलैंड में फ़्लैट लेने का मुख्य मक़सद यही था। उसको अपने साथ दो-चार दिन रखें। ताकि बच्चा पिता से वंचित न रहे। लेकिन इतनी ग़लाज़त हो गई थी कि कीचड़ अब दलदल बन गया था। मैं उस ग़लाज़त का हिस्सा तो क़तई नहीं थी।

उस फ़ोन के बाद से पुरी साहब मुझे फ़ोन करते रहे मैंने नहीं उठाया, मेरा अगले दिन बम्बई का टिकट था। मैं यह सब सुनकर उस टिकट को सुबह कैंसिल करवाने का सोच रही थी।

अगले दिन सुबह-सुबह मुझे बम्बई से एक पत्रकार का फ़ोन आया। उन्होंने कहा, 'सीमा दीदी, नन्दिता ने, पुरी साहब के ख़िलाफ़ वर्सोवा थाने में एफ.आई. आर. दर्ज करवाई है। उनसे कहिए वे अपनी अग्रिम ज़मानत करवा लें, नहीं तो वह उन्हें 'अरेस्ट' करवा देगी। मैं पुरी साहब को फ़ोन लगा रहा हूँ वे फ़ोन नहीं उठा रहे।' पत्रकार ने अपने हितैषी होने का कर्तव्य निभाया।

मैं अब बौखला गई थी। स्तरहीन लड़ाई में कुछ लोग किसी भी हद तक जा सकते हैं, उसकी झलकियाँ मिल रही थीं। मैंने पुरी साहब को फ़ोन लगाया, उन्होंने उठाया नहीं। मैंने उनके ड्राइवर मिश्रा जी को फ़ोन लगाया। पुरी साहब शूटिंग में थे और वैन में सो रहे थे। उन्हें जगाकर जब मैंने उनको यह ख़बर दी तो वे भी भौचक रह गए। मुझसे वे बोले, 'तुम जितनी जल्दी आ सकती हो आ जाओ।'

मेरा उसी शाम बम्बई का टिकट था। मैंने अन्नू भैया के दोस्त क्रिमिनल वकील नितिन प्रधान का नम्बर पुरी साहब को दे दिया।

शाम तक हर टीवी चैनल पर नन्दिता के इंटरव्यू आ रहे थे। वे गन्दगी परोस रही थीं। मुझे ट्रेन रामगंज मंडी से लेनी थी। मैं बम्बई जाने के लिए झालावाड़ से रामगंज मंडी के लिए रवाना हुई। रास्ते में मुझे एक प्रसिद्ध अभिनेत्री एवं पुरी साहब की मित्र का फ़ोन आया। वे घबराई हुई बोलीं, 'सीमा जी आपको बम्बई नहीं आना

चाहिए, यहाँ चैनल्स पर गन्द मची हुई है।'

फ़रहत भाई फ़ोन पर मुझे समझा रहे थे और वापस आने के लिए दबाव डाल रहे थे। वे बोले, 'मुझे लगता है तुम्हें गिरफ़्तार करने के लिए यह साज़िश रची जा रही है।'

मेरी समझ में नहीं आ रहा था कि मैं किससे राय लूँ? मेरे हितैषी नहीं चाहते थे कि मैं बम्बई जाऊँ।

मेरा छोटा भाई नोनी ही था जिसने कहा, 'दीदी यदि सच में पुरी साहब को आपकी ज़रूरत हुई तो? इस समय अगर आप नहीं गईं तो वे अकेले पड़ जाएँगे।'

मैं शायद किसी के मुँह से यही सुनना चाह रही थी। मैं हिम्मत करके ट्रेन में चढ़ गई, ट्रेन में बैठने के बाद तक फ़रहत भाई का फ़ोन आया बोल रहे थे, 'अगले स्टेशन पर उतर जाओ।'

सुबह होने को थी। रात भर सो नहीं पाई थी। मेरी ट्रेन को अभी बम्बई पहुँचने में थोड़ी देर थी। पुरी साहब का फ़ोन आ गया। वे घबराए हुए थे। मुझसे बोले, 'सीमा अपने घर मत जाना। पता नहीं क्या जाल बिछाया हुआ हो। जब मुझ पर इतना झूठा केस लगा सकती है तो तुम किस खेत की मूली हो?' पुरी साहब को ज़मानत के लिए नौ बजे तक वकील नितिन भाई के पास पहुँचना था।

मैं बम्बई स्टेशन पर थी। अन्नू भैया से बातचीत बन्द थी। शुरू भी करूँ तो पुरी साहब की दी हुई इस मुसीबत के साथ? वे बेचारे कब तक मेरी इन मुसीबतों को झेलेंगे? मैंने उन्हें फ़ोन नहीं किया।

मेरी ट्रेन सुबह साढ़े चार बजे बम्बई पहुँच गई।

बम्बई में सब देर से सोकर उठते हैं। मैं ट्रेन से उतरकर प्लेटफ़ार्म पर बेंच पर बैठ सुबह होने का इन्तज़ार करते हुए सोच रही थी, यह मेरा शहर अचानक अजनबी और पराया कैसे हो गया? जहाँ मैं अपने घर नहीं जा सकती।

सुबह मैंने मनीषा जी को फ़ोन किया। वे फ़ोन नहीं उठा रही थीं। वही हाल प्रतिभा जी का था। अब मेरे पास जाने के लिए कोई जगह नहीं थी।

मैं ऑटो रिक्शे में बैठी थी। सोच-सोचकर परेशान थी कि जाऊँ कहाँ? सड़क के किनारे रिक्शा रोके खड़ी, वक़्त बदलने का इन्तज़ार कर रही थी। मेरा घर होते हुए भी मैं बेघर थी। बचपन में जब कुर्की आई थी, ऐसा तो तब भी महसूस नहीं हुआ था। क्या था जो अब नहीं है? थोड़ी देर लगी पर समझ आया, अपनों का साथ नहीं था और लोगों के अन्दर इनसानियत नहीं थी, जो मुझे और पुरी साहब को सड़क पर खड़े होने पर मजबूर कर रही थी।

प्रतिभा जी जाग गई थीं उनसे बात हुई। मेरी पूरी बात सुने बिना वे बोलीं, 'आपको सीधे घर आना चाहिए। संकोच किस बात का आप मेरी मित्र हैं।' मुझे लगा अभी कुछ अपने बाक़ी हैं। मैं प्रतिभा जी के घर चली गई।

मनीषा जी से भी बात हो गई थी। थोड़ी देर प्रतिभा जी के घर रुककर मैं मनीषा

जी के घर के लिए निकली। पुरी साहब वहीं आ रहे थे। प्रतिभा जी का घर मेरे घर के बहुत क़रीब था। हम ख़तरे की ज़द में आ सकते थे।

पुरी साहब और मैं मिले, गोरेगाँव के पुल पर, वे बेहद थके और घबराए थे। मनीषा जी के घर शाम तक वापस आने का कह वे कोर्ट के लिए निकल गए।

तीन-चार बजे तक पुरी साहब थके और उदास लौटे। ऐसा लग रहा था जैसे मीलों दौड़कर आए हों। ज़मानत नहीं हुई थी। मनीषा जी के पति विमल कुमार उन्हें सांत्वना दे रहे थे। पुरी साहब चाहते थे कि हम किसी होटल में रहने चलें जाएँ। अग्रिम ज़मानत होने तक छिपकर रहना था। नन्दिता गिरफ़्तारी करवाने पर आमादा थीं। चार दिन बाद पुरी साहब का फ्रांस का टिकट था।

नन्दिता हर चैनल पर कह रही थीं, 'सीमा कपूर ने फ़ोन पर ओम से कहा, नन्दिता को मारो, और ओम ने उसके कहने पर मुझे मारा। ओम पुरी का पासपोर्ट ज़ब्त किया जाए वरना वह भाग जाएगा। उसे गिरफ़्तार करो।' आदि-आदि। अब ऐसे में होटल में रुकना ख़तरनाक था। मनीषा जी और विमल जी ने हमें जाने नहीं दिया। हम उनके मेहमान बन गए।

नन्दिता ने मुझे और पुरी साहब को ऐसा पेश किया जैसे हम कोई निचले दर्जे के स्तरहीन लोग हों। पुरी साहब और मैंने मेहनत और संघर्ष से जीवनयापन किया था। कभी समझौता नहीं किया। भुखमरी, ग़ुस्से और लड़ाई में इनसान की क़माश, उसकी औक़ात और उसके ज़र्फ़ का पता चलता है। हम दोनों तो इन वर्षों में सिर्फ़ आक्रमण से बचते रहे थे। अफ़सोस कि हम दोनों को इस तरह के निचले दर्जे की लड़ाई नहीं आती थी।

एफ़.आई.आर. के मोटे इल्ज़ामात के खर्रे जब वकील ने पुरी साहब को दिखाए, तो हम सब दंग रह गए। नन्दिता ने पुरी साहब के ख़िलाफ़ तीन-चार पुलिस रिपोर्ट की हुई थीं। यह उन दिनों की रिपोर्ट थीं, जब वे कभी-कभी बच्चे से मिलने उन लोगों के पास रहने चले जाया करते थे। उन रिपोर्टों में उसने पुरी साहब पर मारने-पीटने और शराब पीकर लड़ने के इल्ज़ाम लगाए थे।

उन इल्ज़ामों में यह भी इल्ज़ाम भरपूर मात्रा में लगाया था कि ओम पुरी जब सीमा कपूर से मिलकर घर आते तो वे नन्दिता के साथ झगड़ा और मार-पिटाई करते थे। एक में तो यह लिखा था कि ओम पुरी और सीमा कपूर एक दिन नन्दिता से ख़ूब लड़े और उसे घर से निकल जाने को कहा। तीन रिपोर्ट अलग-अलग तारीख़ और महीने की थीं।

शायद एफ़.आई.आर. दर्ज होने के लिए तीन रिपोर्ट होना लाज़िमी होता होगा या भगवान जाने! अहो! घोर आश्चर्य, जब नन्दिता पुरी साहब के साथ थीं, बाहर भी घूमने जा रही थीं, पार्टी भी कर रही थीं, तब यह पुलिस रिपोर्ट की गतिविधि क्या भविष्य की तैयारी थी? भविष्य के प्रति इतनी मिथ्या तैयारी के लिए साधुवाद!

पुरी साहब के डरने और घबराने के कारण, अब मेरी समझ में आने लगे थे। उन जैसे कर्मठ, मेहनती और काम के प्रति ईमानदार व्यक्ति को कहाँ फ़ुरसत इतनी ख़ुराफ़ातों की?

हर चैनल पर गन्दगी के नये आयाम अवतरित हो रहे थे। पुरी साहब की फ़िल्मों के वे दृश्य भी पृष्ठभूमि में चैनल पर चल रहे होते जिनमें वे किसी स्त्री के साथ सम्बन्ध बनाते नज़र आते। इन दृश्यों पर रिपोर्टर की मेरे नाम के साथ रिपोर्टिंग चालू हो जाती थी। कहा जाता, 'सीमा कपूर झालावाड़ से फ़ोन पर ओम पुरी को कहती हैं कि नन्दिता को ख़ूब मारो। इस कारण उन्होंने अपनी पत्नी को मारा।' इसी तरह की बातें हर चैनल पर अलग-अलग रूप, शब्द, दृश्य और नन्दिता के इंटरव्यू के साथ दिखाई जा रही थीं। मैं किसी बिल में दुबक जाना चाहती थी। मुझे मेरा, ऐसी स्त्री होना बेहद खल रहा था जो इस तरह की लड़ाई नहीं लड़ सकती थी।

सबको अपनी बेगुनाही के सबूत कैसे दूँ? सिर्फ़ माँ, बाबूजी, अन्नू भैया, कॉमरेड सर्वेश्वर, फ़रहत भाई, भाभी, कय्यूम, मेरी दोस्त मनीषा जी, प्रतिभा जी, कुछ ऐसे लोग थे दुनिया में, जिन्हें मुझे कभी कोई सफ़ाई नहीं देनी पड़ती थी। वे मुझ पर और मेरी मूर्खताओं पर पूर्ण रूप से विश्वास करते थे, करते हैं और करते रहेंगे।

वे छह दिन हम पर बहुत बुरे गुज़रे। मैं दिन-भर नितिन प्रधान के ऑफ़िस में बैठी रहती। पुरी साहब कोर्ट में होते। उन्हें अपनी फ़िल्म की चिन्ता थी। ज़मानत के बिना वे फ्रांस नहीं जा सकते थे।

मुझे अपनी थियेटर कम्पनी के ख़ुराफ़ाती शरीफ भाई याद आ रहे थे। कहाँ फ़र्क़ था, उन अनपढ़ और इन पढ़े-लिखे ख़ुराफ़ातियों में।

तौबा-तौबा पुरी साहब तो बिलकुल वैसे ही डरे हुए थे, जैसे बेचारी कम्पनी की हीरोइन। शरीफ भाई शो में ढोलक की जगह लोहे की कुर्सी बजवाकर 'पब्लिक' को उल्लू बनाते थे। यहाँ तो 'पब्लिक' के सामने हमारी खोपड़ी पर इज़्ज़त का तबला बजाया जा रहा था। 'गब्बर 'खुस' हो रिया ता' लेकिन 'पब्लिक' मनोरंजन करती हुई मौन थी।

सबको पता था कि वे ज़मानत के लिए मारे-मारे फिर रहे थे। इसके बावजूद किसी दोस्त ने मदद के लिए हाथ नहीं बढ़ाया था। इंडस्ट्री से किसी का एक फ़ोन तक नहीं आया था। न किसी का एक भी वक़्तव्य आया।

पुरी साहब को बड़ा सदमा लगा था। वे टूटने लगे थे। मेरा मानना था कि इस लड़ाई में जिस तरह के निचले स्तर की युक्तियों और भाषा का प्रयोग हो रहा था, उसमें कूदने के लिए उसी स्तर पर उतरना ज़रूरी था, इस तरह का बनकर लड़ना मेरे और पुरी साहब के बस में नहीं था। मैं और पुरी साहब तो फँसे ही थे। दूसरे जानते-बूझते इसमें क्यों कूदते? उन लोगों की ख़ामोशी मेरी समझ में आ रही थी।

पुरी साहब का अपने काम के लिए समर्पण समझ में आता था। लेकिन, मैं?

मैं तो यहीं रहने वाली थी। इस गन्दगी का सामना मैं अकेली कैसे कर पाऊँगी? यही सोच-सोचकर मैं परेशान हो रही थी। झालावाड़ जाकर मैं लोगों का सामना कैसे करूँगी? वहाँ भी तो लोग टीवी देखते हैं, अख़बार पढ़ते हैं। और इस तरह की गन्दी और उथली रिपोर्टिंग को सच भी मानते होंगे।

पुरी साहब की अग्रिम ज़मानत के लिए मैं, हमारा वकील और पुरी साहब क्रिमिनल न्यायालय में खड़े थे।

हम लोग थे और आसपास थे बहुत सारे जेबकतरे, चोर, चाक़ूबाज़ और न जाने कैसे-कैसे लोग। मैंने पुरी साहब को पन्द्रह हज़ार की ज़मानत दी। इस तरह वे फ्रांस के लिए रवाना हो गए।

उनके जाने के बाद मैं उलझी हुई थी। अपने-आपसे पूछ रही थी। यह क्या हो रहा था? क्यों हो रहा था? मुझे याद आया, माँ कहा करती थीं, 'नादाँ की दोस्ती जी का जंजाल।' मैंने झालावाड़ जाने का टिकट करा लिया।

मेरे जाने से पहले एक पत्रकार विक्की लालवानी ने मेरा इंटरव्यू लिया। वह कई दिनों से मुझसे इंटरव्यू लेना चाहते थे। उसके इस आश्वासन पर कि वे कुछ उलटा-सीधा नहीं लिखेंगे, मैं इंटरव्यू देने के लिए राज़ी हो गई। सब दोस्त भी यही चाहते थे कि मुझे अब तो बोलना चाहिए जब मेरे ख़िलाफ़ इतनी गन्दगी परोसी जा रही थी। यदि अब भी मैं न बोली तो वह मेरी कमज़ोरी समझी जाएगी। मैंने इंटरव्यू दिया। मुझसे पत्रकार ने जो पूछा मैंने उसका जवाब दिया।

पुरी साहब फ्रांस में थे। मैं झालावाड़ में। उनके फ़ोन आने कम हो गए थे। मेरी समझ में नहीं आ रहा था कि क्या हुआ है?

एक दिन अचानक सुनती हूँ, नन्दिता और उनका बेटा फ्रांस पहुँचे हुए हैं। अहो! घोर आश्चर्य! कहावत सही थी।

'दर्द सहें बी फ़ाख़्ता कौवे अंडे खाएँ।' पुरी साहब के वकील भी परेशान थे। पुरी साहब के निर्णय सिर्फ़ अभिनय में सही होते थे। व्यक्तिगत जीवन के उनके सारे निर्णय मेरे लिए और उनके ख़ुद के लिए प्राकृतिक आपदा से भी भयंकर होते थे। मेरा तो ग़ुस्सा सिर्फ़ बात बन्द करने तक ही सीमित होता था। 'सबसे भली चुप।'

शायद दो-तीन महीने गुज़र गए थे। ठीक से दिन और महीने याद नहीं और याद करना भी नहीं चाहती। ऐसी बातें जितनी बार याद करो उतनी बार दिल की कोई न कोई शिरा चटक जाती है। मैं हृदय रोगी बनने में क़तई उत्सुक नहीं। पर कहना तो पड़ेगा ही।

पुरी साहब और उनका परिवार फ्रांस से लौटकर आ चुका था। मेरी उनसे दूरी बनी हुई थी। उनके फ्रांस-कांड से मैं और उनके वकील दोनों विस्मय और चोट से उबर भी नहीं पाए थे कि...।

दादा कर्नल डॉक्टर कृपाराम कपूर; 1926

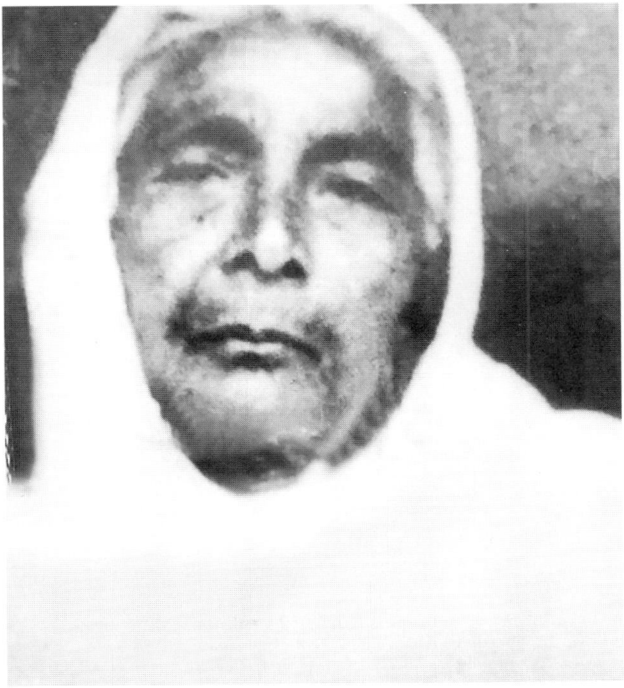

दादी भिरांवान्वाली; 1948

माँ कमल कपूर 'शबनम' और बाबूजी मदनलाल कपूर; 1948

बाबूजी मदनलाल कपूर; 1978

माँ कमल कपूर 'शबनम'

तायाजी बलराज कपूर

बचपन का भवानी मंडी

रणजीत कपूर, अन्नू कपूर, कमल कपूर, सीमा कपूर और अन्य (बाएँ से); 1965

परिजनों के साथ

माँ कमल शबनम शमीम जयपुरी मुशायरे में; 1970-71

अपने प्रिय मित्र ईगल के साथ; 1971

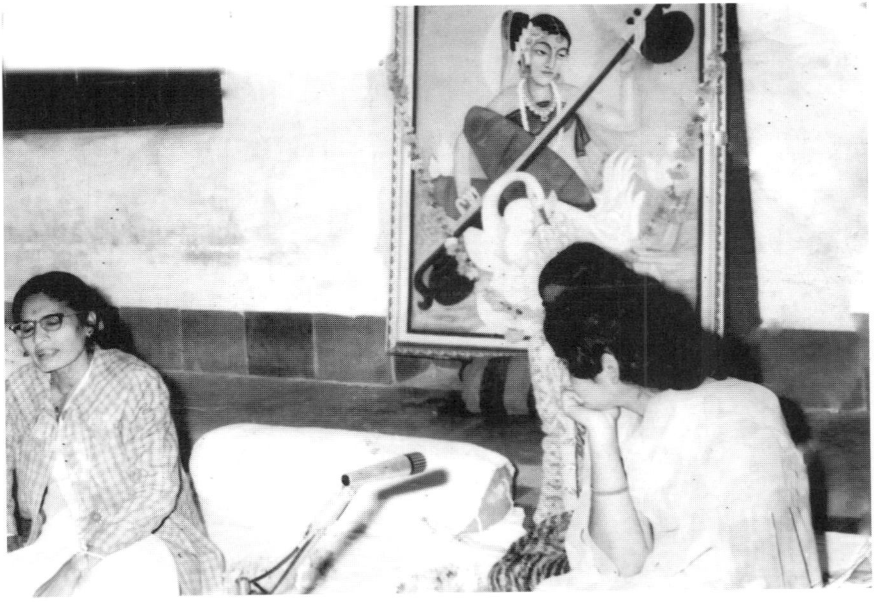

माँ कमल कपूर शबनम कवि सम्मलेन में; 1972

रघुवीर यादव, सीमा कपूर, ग्रूषा कपूर, बाबूजी के ख़ास खानसामा गोबर्धन; 1979

सीमा कपूर; 1980

सीमा कपूर; 1980

बाएँ से निखिल कपूर, ओम पुरी, सीमा कपूर और अन्य, झालावाड़; 1981

बाएँ से रवि केमू ,सीमा कपूर,अन्नू कपूर विद्दू विनोद चोपड़ा, मुम्बई; 1983

'किले का रहस्य' सीरियल की शूटिंग—बाएँ से दाएँ-अन्नू कपूर, माँ कमल शबनम, सीमा कपूर, रणजीत कपूर, बाबूजी मदन लाल कपूर, लच्छू मामा, झालावाड़; 1984

रेनू सलूजा और सीमा कपूर

कैनेडा में; 1984

सीमा कपूर पारम्परिक पपेट नाटक ढोला-मरू के लिए, टोकियो (जापान); 1983-84

दिल्ली के कमरे में कार्ल मार्क्स का पोस्टर; 1984

दादी पद्मजी, पन्ना भरतराम, सीमा कपूर और अन्य पपेटियर, मॉस्को; 1984-85

दिल्ली में पपेट मंचन के दौरान; 1986

बाएँ से दाएँ दादी पद्‌मजी, पूरन भट्‌ट, सीमा कपूर, पुष्पा, सुधीर, बेला शोधन पपेट फेस्टिवल के लिए समरकंद में; 1987

ओम पुरी के साथ मंगनी; 1990

सीमा कपूर, ओम पुरी विवाह प्रीति भोज झालावाड़; 1990

सीमा कपूर, पुरी ओम शादी के दूसरे दिन; 1990

सीमा कपूर, ओम पुरी और डी.एल. गुप्ता शादी के दूसरे दिन झालावाड़; 1990

ओम पुरी द्वारा ट्रेन में खींची गई तसवीर; 1991

सीमा कपूर दिव्या दत्ता और जोहरा सहगल गजेन्द्र सिंह व अन्य शूटिंग विजय ज्योति 1999

सीमा कपूर—पूरा परिवार; 1999

निखिल कपूर की शादी के मौके पर तिषा कपूर, सीमा कपूर, अन्नू कपूर, माँ कमल कपूर, मित्र कय्यूम और अन्य परिजन, झालावाड़; 2001

डाक्यूमेंट्री के लिए रिकार्डिंग के दौरान स्वर कोकिला लता मंगेशकर, हृदयनाथ मंगेशकर के साथ; 2007

भैसोदा गाँव की पगडंडी पर माँ कमल कपूर 'शबनम', कॉमरेड सर्वेश्वर, लच्छू मामा और पीछे है सीमा के बचपन का दोस्त महुए का पेड़; 2008

माँ कमल कपूर, सीमा कपूर, लच्छू मामा, सखी बचपन के गाँव के मंदिर में; 2008

1970 के भैसोदा गाँव का सीमा कपूर का स्कूल जो आज भी ऐसा ही है; 2008

बचपन की वह छत

माँ के साथ सीमा कपूर

भाई अन्नू कपूर से गुफ़्तगू

गांधीनगर इंटरनेशनल फ़िल्म फेस्टिवल में बाएँ से केतन मेहता, लेज़ली, ओम पुरी आदि के साथ; 2011

गांधीनगर इंटरनेशनल फ़िल्म फेस्टिवल में ओम पुरी, नरेन्द्र मोदी, अनुपम खेर, केतन मेहता के साथ; 2011

ओम पुरी, दिव्या दत्ता के साथ, लाहौर; 2012

ख़ुशी के पल : ओम पुरी के साथ, कैनेडा; 2012

ओम पुरी सीमा कपूर कैनेडा, ख़ुशी के पल 2012

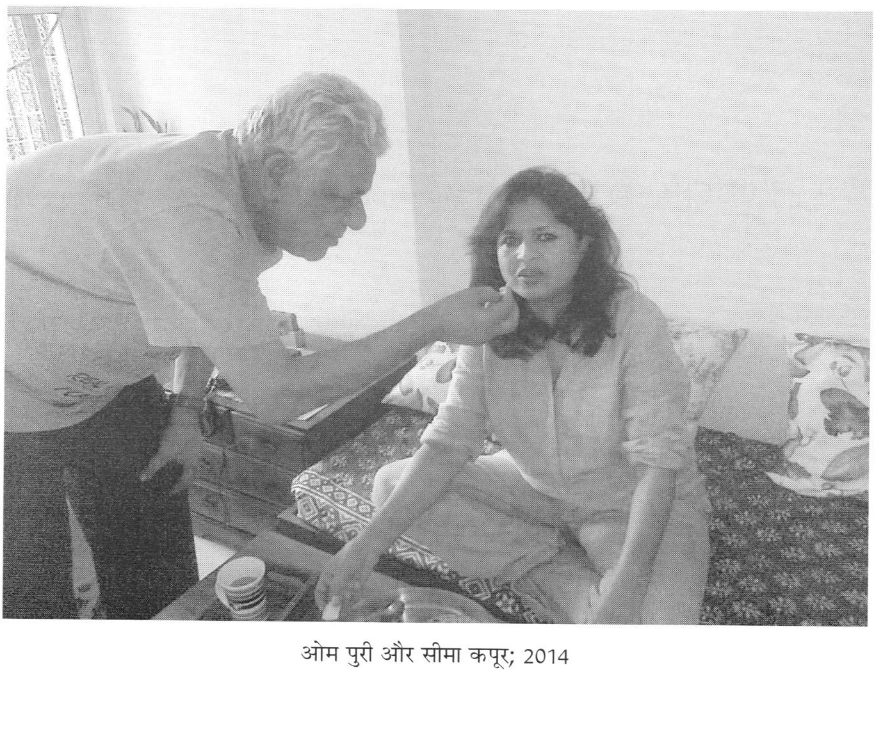

ओम पुरी और सीमा कपूर; 2014

ओम-सीमा झालावाड़; 2014

सीमा कपूर और ओम पुरी, फ़रहत खान की पोतियों के साथ, झालावाड़; 2014

सीमा कपूर, शबाना आज़मी फ़िल्म हाट के लिए वौइस ओवर; 2014

फिल्म मिस्टर कबाड़ी के दौरान ओम पुरी को काजल लगते हुए सीमा; 2015

ओम पुरी लच्छू मामा के साथ सीमा कपूर के कपड़ों में; 2015

छतीसगढ़ में शूटिंग के दौरान मशहूर पण पंडवानी गायिका तीजन बाई, ओम पुरी व अन्य के साथ; 2015

दाएँ से रंजीत कपूर, ओम पुरी, तिषा कपूर के साथ; 2016

सीमा और ओम, अन्तिम दीपावली; 30 अक्टूबर, 2016

जसपिन्दर नरूला, रूमी जाफ़री, सीमा कपूर, अन्नू कपूर, प्रमोद शर्मा; 2022

ओम जी के गुजरने से पहले की सीमा के साथ आख़िरी तस्वीर जिसे ओम ने ज़बरदस्ती वाक पर जाते हुए स्टूडियो में खिचवाया। आखरी, दिसम्बर 2016

मुझ पर मानहानि का केस

वे सारे साल हादसों से भरे साल थे, जब से पुरी साहब दोबारा हमारे परिवार से जुड़े।

मेरे ख़िलाफ़ पेपरों में नन्दिता अपने इंटरव्यू में तरह-तरह की बातें बोल रही थीं। ऐसी सैकड़ों बातों के जवाब में मैंने सिर्फ़ एक ही इंटरव्यू दिया था, वह भी नन्दिता के किसी सवाल का जवाब पत्रकार ने मुझसे माँगा था। मैंने जवाब ही दिया था बस...

जब बाढ़ और तूफ़ान एक साथ आते हैं, तब आप यह नहीं कह सकते कि, हवा से हमारे कपड़े पहले उड़े, फिर बाल,फिर घर की छत ढही, सब कुछ एक साथ हो रहा होता है। बकौल आइंस्टीन, सापेक्षता का सिद्धान्त यूँ है, जब आप ट्रेन में बैठकर उसके चलने का इन्तज़ार करते हैं, और बगल की पटरी पर ट्रेन चलने लगती है, तो कई बार कुछ पल ऐसे होते हैं जब आपको यक़ीन नहीं होता कि कौन सी ट्रेन चल रही है। सब कुछ सापेक्ष है। एक स्थिर वेग से आगे बढ़ने वाले और देखने वाले के बीच अन्तर नहीं करते हैं। मेरे भी दिन-महीने-साल में कोई अन्तर नहीं थे, कौन सी घटना पहले कौन सी बाद, घटनाओं के क्रम गड्ड-मड्ड हैं, बस एक ही चीज़ स्थिर है और वह है, हादसे—एक के बाद एक।

उस दिन फिर एक कोर्ट का लिफ़ाफ़ा आया। मेरे उस एक इंटरव्यू के बदले नन्दिता ने मेरे ऊपर मानहानि का फ़ौजदारी केस डालकर मुझे एक नई सौग़ात दे दी थी।

अहो! घोर आश्चर्य! किसके मान की हानि हुई थी यह तो ईश्वर ही जानता था।

मैं प्रतिभा जी के साथ क्रिमिनल कोर्ट में खड़ी थी। चारों तरफ़ जहाँ तक नज़र जाती, अजीब-अजीब ख़ौफ़नाक चेहरे नज़र आते। किसी ने जेबें काटी होंगी, किसी ने चोरी, किसी ने डकैती की होगी और हम पर इल्ज़ाम थे कि हमने टाइम्स ऑफ़ इंडिया में अपनी सफ़ाई में दिये जवाब से उनका अपमान कर दिया था। मुझे अकबर इलाहाबादी का शेर याद आ गया,

हम आह भी भरते हैं तो हो जाते हैं बदनाम
वो क़त्ल भी करते हैं तो चर्चा नहीं होता।

मैं अपने वकील के साथ थी और नन्दिता अपनी वकीलों की फ़ौज के साथ आई थीं। मैं, जिसकी वजह से यहाँ बिन-बात गुनहगार बनी बैठी थी वे अपनी अनियमित सोच और कार्यप्रणाली की वजह से मेरे लिए तो कम-से-कम दूर जा ही चुके थे।

बड़ी देर से खड़े होने के कारण मेरे पैर दुखने लगे थे। मुझे हिम्मत देने प्रतिभा जी मेरे साथ कोर्ट आई थीं। हम दोनों एक बेंच पर बैठ गए। हमारे साथ ही बैठी थीं कई औरतें जिन पर केस चल रहे थे या जिनके परिवार वालों की आज अन्तिम सुनवाई थी।

बड़ी आक्रामक दिखने वाली ये कुछ महिलाएँ भी अपने प्रिय जन के लिए तस्बीह (जपने की माला) अल्लाह का नाम ले रही थीं। मैं अपने उच्च रक्तचाप के साथ बैठी थी और पड़ोसी महिलाओं से आती पसीने की बदबू से लड़ रही थी।

अचानक प्रतिभा जी बोलीं, 'पुरी साहब आए हैं कोर्ट में।' मैंने देखा वे कोर्ट रूम में अन्दर आकर चारों ओर नज़र दौड़ा रहे थे। जैसे ही उन्होंने मुझे देखा वे सीधे मेरे पास आकर बैठ गए। सिर्फ़ बैठे ही नहीं मुझसे बात करने लगे। बोले, 'तुम नाश्ता करके आई हो या नहीं?' मैंने हाँ या न में जवाब दिया होगा। उतने पर भी वे नहीं रुके पूछा, 'क्या नाश्ता किया?'

हद्‌द है भाई। इतना सब हो गया, चार महीने से बातचीत नहीं की मैंने, कोर्ट में मैं कुछ कह नहीं सकती, डर के मारे मेरी तो जान ही निकली जा रही थी और ये नाश्ते में क्या खाया पूछ रहे थे। जी में तो आया कि कह दूँ, 'भूखी हूँ थोड़ा ज़हर ला दो खा लेंगे। इस पसीने की बदबू से तो निजात मिलेगी।' बाद में उन्होंने बताया कि वे सबको बताना चाह रहे थे कि वे मेरे साथ हैं।

केस चल रहा था। मेरी पेशी होती, वकीलों को मैं पैसे देती। नन्दिता को तो लड़ाई के पैसे पुरी साहब से मिल जाते थे। मैं तो अपनी गाढ़े पसीने की कमाई इन बेकार, फ़िज़ूल बातों और निचले दर्जे की लड़ाई में गँवा रही थी।

पुरी साहब के दिमाग़ की थाह पाना हर किसी के बस में नहीं और मेरे तो बिलकुल भी नहीं था। वे फ्रांस से आकर फिर से अकेले ऑकलैंड में रहने लगे थे। मुझे विश्वास दिलाने के लिए कि वे मेरे लिए कितने गम्भीर हैं। वे मेरे पहचान वाले वकीलों को बुलाकर अपने तलाक़ के मुक़दमे की रणनीति को मज़बूत बनाने लगे थे। मैं टस से मस नहीं हुई। अब उनके माफ़ीनामे की भी मेरी ज़िन्दगी में कोई गुंजाइश नहीं थी। इस बार उन्होंने काकाजी को ऑकलैंड वाले घर बुलाया और ख़ूब रोए, कहा, 'रंजीत सिर्फ़ एक बार सीमा से बात करवा दो, वह कह दे कि उसने मुझे माफ़ कर दिया है।' काकाजी को उन्होंने बताया कि तलाक़ की कार्यवाही तेज़ हो रही है, मैं उस घर में नहीं रहता हूँ बस मिलने जाता हूँ, मुझे बच्चे की वजह से समझौता करना पड़ता है, और न जाने क्या-क्या...!

मुझे लगता है पुरी साहब भी भावनात्मक दबाव सहन नहीं कर पा रहे थे। धीरे-धीरे उनका ज़्यादा शराब पीना शुरू हो गया था। अब वे दिन में भी पीने लगे थे। वे बार-बार झालावाड़ जाते, मेरी अनुपस्थिति में भी वे झालावाड़ चले जाते।

मैं, मेरे मित्र, मेरी सहेलियाँ, और मेरे हितैषी सब पुरी साहब की तकलीफ़ को समझ रहे थे। परन्तु कुछ कर नहीं पा रहे थे। पुरी साहब झालावाड़ जब भी जाते अपनी व्यथा, नोनी, फ़रहत भाई, कय्यूम, अखिलेश और कॉमरेड को सुनाते और रोते। उनकी इस बेचारगी पर सब द्रवित हो जाते। इतना बड़ा आदमी कितना मजबूर। मेरे मित्र और परिवार के सदस्य, मुझे पुरी साहब से सम्बन्ध न तोड़ने का आग्रह करते। जब झालावाड़ के दोस्तों का मैं आग्रह न मानती तो पुरी साहब अचानक मेरे घर आ जाते। उस समय अगर मेरी सहेलियाँ या कोई भी बैठा होता वे सबके सामने हाथ जोड़-जोड़कर मेरे पैर छूकर मुझसे माफ़ी माँगते। मेरे लिए और सबके लिए यह सब बहुत असहनीय और शर्मिन्दा करने वाला होता। वे हर लिहाज़ से बड़े थे। दोस्तों के सामने वे यूँ माफ़ी माँगे, किसी को भी अच्छा नहीं लगता था। मैं उनकी इज़्ज़त करती थी। उनके कलाकार होने की वजह से नहीं बल्कि वे उम्र में मुझसे बड़े थे। एक रिश्ता था, जो मैं उनके साथ जी चुकी थी। वे मेरे मित्र थे। सबसे बड़ी बात यह थी कि वे बहुत उलझ गए थे। मैं चाहकर भी उनके उलझाए धागों को सुलझा नहीं पा रही थी।

मैं अपने सीरियल की शूटिंग के लिए चली गई। मेरे लिए इस तरह के भावनात्मक संघर्ष को सहन करना बहुत कठिन था।

अब तक मेरी समझ में आने लगा था कि वे भी भावनात्मक दबाव सहन नहीं कर पा रहे थे। एक तरफ़ वे मेरे बिना नहीं रह सकते थे, दूसरी तरफ़ उनका बेटा था, जिससे मिलने के लिए उन्हें जद्दोजहद करनी पड़ती थी। धीरे-धीरे उनकी शराब ज़्यादा होती जा रही थी। अब वे मेरी अनुपस्थिति में भी बार-बार झालावाड़ जाने लगे थे।

बम्बई के मेरे सारे मित्रों, परिचितों के पते और फ़ोन नम्बर अब पुरी साहब को पता चल चुके थे। मैं अगर कोई सख़्त क़दम उठाती तो वे उन लोगों के पास चले जाते। मेरे मित्र, सहेलियाँ सभी पुरी साहब की तकलीफ़ समझ रहे थे। परन्तु कुछ कर नहीं पा रहे थे।

इतने मज़बूत इनसान का यूँ कमज़ोर पड़ना, माफ़ी माँगना; न मुझे न मेरे दोस्तों को अच्छा लगता और इस तरह वे फिर से जीवन में प्रवेश पा जाते।

इस उम्र में क्या प्रलोभन था? न वे जवान थे न मैं जवान हम दोनों ही उम्र के उस पड़ाव पर थे जहाँ ठहराव, प्रेम और साथ चाहिए होता है और कुछ नहीं। क्यों वे कोई नाटक करेंगे? वे सच में ही परेशान होंगे। सबसे बड़ी बात यह थी कि वे बहुत उलझ गए थे। मैं चाहकर भी उनके द्वारा उलझाए धागों को सुलझाने में उनकी मदद नहीं कर पा रही थी, और मैं भी इस दुश्चक्र में उलझती चली गई।

कि अचानक...

एक और ख़ुराफ़ात

पुरी साहब चंडीगढ़ में अपने मित्र के घर थे। मैं बम्बई में स्क्रिप्ट लेखन में व्यस्त थी, तभी मुझे वर्सोवा पुलिस स्टेशन से ख़त के साथ फ़ोन आता है, पुलिस इंस्पेक्टर मुझसे मिलना चाहते थे।

मैंने मीटिंग अन्नू भैया के ऑफ़िस में रखवा ली।

मैं अपनी मित्र मनीषा जी के साथ अन्नू भैया के ऑफ़िस में उन पुलिस अधिकारी से मिली। चंडीगढ़ से पुरी साहब ने भी उनसे फ़ोन पर बात की।

11 मई, 2013, मेरी सालगिरह से एक दिन पहले मुझे नन्दिता ने एक बढ़िया सा गिफ़्ट भिजवाया था। उन्होंने मेरे ख़िलाफ़ कुछ अजीब बेसिर-पैर की शिकायत दर्ज की थी। वर्सोवा पुलिस स्टेशन में उन्होंने शिकायत लिखी कि मेरी कार उनके बच्चे का और उनका पीछा करती है।

पुलिस को कोर्ट ने सत्यापन के लिए भेजा था।

इब्ने सफ़ी के जासूस कर्नल विनोद को मैं नौवीं कक्षा में बहुत पीछे छोड़ आई थी और चम्पक के मोटू-पतलू का भी दौर ख़त्म था, फिर यह क्या था?

इस तरह की लड़ाई, जिसमें न सत्य था, न स्तर, सिर्फ़ पर-पीड़ा सुख था। मैं इस स्तरहीन लड़ाई का हिस्सा नहीं बनना चाहते हुए भी बन रही थी, सिर्फ़ पुरी साहब के कारण।

इन सबको न मैं झेल पा रही थी और न पुरी साहब। इसमें से निकलने का हमारे पास कोई रास्ता नहीं था, क्योंकि यदि मैं या मेरा परिवार कोई सख़्त क़दम उठाने की बात करता तो पुरी साहब को बच्चे से मिलने नहीं दिया जाता, अब बच्चा भी बड़ा हो गया था। वह ख़ुद भी जवाब देने लगा था। पूरी साहब भरसक कोशिश कर रहे थे नन्दिता और उनके बेटे को ख़ुश करने की, लेकिन सब असफल हो रही थीं।

पुरी साहब को मैं कहती, 'आप ख़ुद तो दुःख में हैं ही, इसमें मुझे क्यों घसीटते हैं?' वे कहते, 'तुम बताओ मैं कहाँ जाऊँ?'

पुरी साहब ने एक ख़त नन्दिता के हाथ का लिखा मुझे देते हुए कहा, 'इसे पढ़ो और बताओ इस मानसिकता के साथ कैसे जिया जा सकता है। ख़त क्या था, उसमें ड्राइवर मिश्रा जी पर इल्ज़ाम लगाए थे कि वे बच्चे को नुक़सान पहुँचाने के लिए उसे कुछ पाउडर खिलाने की कोशिश कर रहे थे। और भी कई आपत्तिजनक बातें थीं मिश्रा जी और पुरी साहब के सम्बन्ध में। वे बोले, 'घर के सबसे पुराने मिश्रा जी हैं, यह कैसी मानसिकता है?' मैं हैरान थी वह पेपर पढ़कर, घबरा भी गई थी, किस तरह के लोग हैं यह?

हम दोनों के जीवन में भावनात्मक उथल-पुथल मची हुई थी। साँप-छछूँदर

वाली स्थिति थी। मैं निकलना चाहकर भी निकल नहीं पा रही थी। यह छटपटाहट हम दोनों में थी। लेकिन मुझे पुरी साहब की स्थिति और भी नाज़ुक लगती थी। वे बताते थे कि शायद उनकी बातें रिकॉर्ड की जाती हैं।

पुरी साहब काफ़ी दिनों से मुझे अपने गाल के अन्दर छाले की शिकायत कर रहे थे। मैंने देखा उनके गाल में अन्दर की तरफ़ सफ़ेद चकत्ते हो गए थे। मैं उन्हें लेकर शहर के जाने-माने ओंकोलोजिस्ट डॉक्टर सुल्तान के पास गई। बायोप्सी के लिए हम पूरा दिन सांताक्रुज़ के क्लिनिक में रहे। रिपोर्ट अच्छी नहीं आई थी। हम फिर से डॉक्टर सुल्तान के पास गए। हिन्दुजा अस्पताल में उनका छोटा-सा ऑपरेशन होना तय हुआ।

दो-तीन दिन के लिए उन्हें एडमिट रहना था। मैंने अपने कपड़े वग़ैरह सब एक बैग में रख अस्पताल जाने की तैयारी कर ली। वे नीचे से आए और मुझसे बोले, 'नन्दिता को पता लग गया है कि हिन्दुजा में ऑपरेशन है। वह हिन्दुजा आ रही है। अगर नन्दिता ने किसी तरह का बवाल किया तो तुम अकेली पड़ जाओगी। मुझे लगता है सीमा तुम मत चलो। बेटा और नन्दिता आ रहे हैं।'

मैंने चुपचाप अपने कपड़े वापस निकाले और कहा, 'ठीक है अगर वे लोग आना चाहते हैं आपकी देखरेख के लिए तो मुझे कोई एतराज़ नहीं है।' उनका ऑपरेशन हुआ। वहाँ से सीधे उन्हें त्रिशूल ले जाया गया। दो-तीन दिन के बाद वे फिर किसी बात से हताहत, लौट आए थे। उनका तलाक़ का केस, कोर्ट में चल ही रहा था। उनका वकील परेशान था। अगर पुरी साहब यूँ ही त्रिशूल जाते रहे तो तलाक़ का केस बिगड़ जाएगा। पुरी साहब के पास कुछ नहीं था, उसके पास बेटा था, जिसमें पुरी साहब की जान थी। उसके लिए उनसे जैसा चाहो वैसा करवाया जा सकता था और वह करवाया जा रहा था।

झालावाड़ का जो घर पुरी साहब ने ख़रीदा था, वह सस्ता लेकिन सुन्दर था। यह घर सारे घरों के आख़िर में था। इसके बाद खेत और तालाब था। थोड़ी-सी ज़मीन के टुकड़े पर उन्होंने मेरी पसन्द को ध्यान में रखते हुए कुछ पेड़ लगा दिये थे, जो आज भी फूल और फल देते हैं। अचानक पुरी साहब बोले, 'सीमा तुम यह घर ख़रीद लो। मैं तुम्हारे घर में रहूँगा। क्योंकि तुम्हें मेरे घर में नहीं रहना चाहती।'

उस दिन फ़रहत भाई और क़य्यूम की दौड़-भाग से मैंने बैंक से लोन लेकर वह मकान पुरी साहब से ख़रीद लिया।

उस घर में हम ख़ुश रहते थे। वे मेरी अनुपस्थिति में मिश्रा जी के साथ काफ़ी दिन वहाँ बिताया करते थे। वे दिन बड़े अच्छे थे! बागबानी किया करते थे। उनको अपना बुढ़ापा झालावाड़ के तालाब के किनारे, खेतों के पास, ढेर सारे उनके लगाये आम, चीकू और फूलों के पेड़ों के नीचे गुज़ारना था।

अब उन पर मुसीबतें और भी बढ़ने वाली थीं। एक तरफ़ उनका बेटा बड़ा हो रहा था। जिसके लिए वे परेशान रहते थे। उससे मिलने के लिए उन्हें बहुत जद्दोजहद करनी पड़ती थी और दूसरी तरफ़ मैं थी।

इतना सक्षम इनसान कितना असहाय था। उनका बच्चे की ख़ातिर वहाँ आना-जाना जारी था। वकीलों के अनुसार वे अपना केस बिगाड़ रहे थे। लेकिन वकीलों को कौन समझाए, ये दिल के मामले थे। एक तरफ़ जिसे सबसे ज़्यादा प्यार करते थे, वह बेटा और दूसरी तरफ़ जिसके बिना रह नहीं सकते थे वह, मैं थी। कोई कैसे इस मामले में कठोर हो सकता था?

मेरी समझ में नहीं आता था कि क्या करूँ। कितनी बार मैं यह रिश्ता तोड़ चुकी थी पर वे हर बार वापस आ जाते थे और मैं उन्हें स्वीकार भी कर लेती थी क्योंकि उनके पास जाने के लिए कोई और जगह बाक़ी नहीं थी। मैं अगर पूछती कि यह सब क्या हो रहा है? वे कहते, 'तलाक़ का केस तो चल रहा है न। मैं मज़ाक़ में थोड़ी कोर्ट में खड़ा होता हूँ।' मैं पूछती, 'केस चल रहा है तो वहाँ जाकर केस क्यों बिगाड़ते हैं?' वे कहते, 'बच्चे से मिलने जाता हूँ। उससे मिले बिना नहीं रह सकता।' मैं कहती, 'ऑकलैंड का घर उसी से तो मिलने के लिए लिया था। उसे वहाँ क्यों नहीं बुलाते आप? वह आता भी तो है वहाँ कभी-कभी आपसे मिलने।' वे ठंडी साँस लेते। चेहरे पर उदासी और क़ातर भाव लिये कहते, 'मुझे अपने बेटे से मिलने के लिए दूसरों के रहमोकरम पर रहना पड़ता है।' ये गूढ़ बातें मेरी छोटी-सी बुद्धि से परे थी। इस तरह के संवाद मुझे थका देते और मैं सो जाती। मेरा एकमात्र बचाव, नींद!

मैं अक्सर कहती, वे लोग सारी प्रॉपर्टी चाहते हैं तो दे दीजिए। हम दोनों कमा रहे हैं न, काम चल जाएगा। उनका कहना था कि फिर बुढ़ापे में हम क्या खाएँगे, इतना तो दे दिया है।

इन आठ-नौ सालों में, मैंने सिर्फ़ एक सालगिरह उनके साथ मनाई थी। उनकी भी एक ही सालगिरह मेरे साथ मनी थी। होता क्या था, मेरी सालगिरह वाले दिन उन लोगों की तरफ़ से बच्चे का कुछ-न-कुछ ज़रूरी काम निकल आता। जिसकी वजह से पुरी साहब नहीं आ पाते थे। कोई त्योहार, कोई सालगिरह हमने साथ नहीं मनाई।

मैंने तो हमेशा रिश्तों में भी घाटे के सौदे किये थे। मेरे बाबूजी की तरह कभी व्यापारी नहीं बन पाई। उनकी बर्थडे का भी यही हाल होता था। वैसे मुझे उनके बर्थ-डे की चिन्ता नहीं रहती थी, क्योंकि पुरी बाबूजी से जब मैंने पुरी साहब के जन्मदिन के बारे में पूछा था तो उन्होंने मुझे बताया था कि 1949 में दशहरे से एक दिन पहले पुरी साहब पैदा हुए थे। मैंने पंचांग निकलवाकर देखा था, उनका सही जन्मदिन आठ अक्टूबर था।

दरअसल पुरी साहब के जन्मदिन की सही तारीख़ उन्हें ख़ुद भी पता नहीं थी।

18 अक्टूबर तो स्मिता पाटिल के कहने पर उन्होंने स्वीकार कर ली थी।

मैं उन्हें कहा करती, "18 अक्टूबर को इंडस्ट्री मनाती है, आपका परिवार मनाता है। 8 अक्टूबर को हम मना लिया करेंगे।" लेकिन इस बात का पता चलते ही वह सुख भी मुझसे छीन लिया जाता था। हमेशा कोई आपातकाल आ जाता। जिसे मैं समझ सकती थी, बाद में पुरी साहब भी समझने लगे थे।

मैं 12 मई, अपने जन्मदिन पर ज़्यादातर अकेली ही होती थी। उस दिन किसी घर से निकाला गया एक छोटे से कुत्ते का बच्चा मुझे मिला। बिन माँ की इस बच्ची को देख मैं और मुझे देखकर वह, ऐसे मिले जैसे बरसों के बिछड़े हों। मैंने उसका नाम भी 'सखी' रखा। अब हम दोनों ही 12 मई को अपना जन्मदिन मनाते हैं।

इन सब कोर्ट-कचहरियों की उलझनों, पेपर में निकले उलटे-सीधे बदनामी वाले वक़्तव्यों की तकलीफ़ों के बीच बस एक ही अच्छा काम हो रहा था कि मेरा और पुरी साहब का काम अच्छा चल रहा था। उन्हें अच्छी फ़िल्में मिल रही थीं। मुझे सीरियल और वृत्तचित्र। वही एक कोना था जहाँ हम चैन की साँस ले पा रहे थे। मैं कवि नीरज जी के जीवन पर फ़िल्म बना रही थी, जिसके लिए मुझे बहुत ज़्यादा यात्रा करनी पड़ रही थी। जब मैं शूटिंग से वापस आई तो देखा उनकी शराब का सेवन और बढ़ चुका था।

पुरी साहब की तबीयत ख़राब हो गई। वे अकेले ऑकलैंड के घर में थे। वे मेरे घर आ गए। फिर वहीं...

मेरी एक स्क्रिप्ट पर अनूप जलोटा प्रोडक्शन ने फ़िल्म बनाने की सहमति दे दी थी। मैं उसमें व्यस्त हो गई।

उपरोक्त वितंडावाद के बावजूद पुरी साहब ने दो जुलाई को अपने बच्चे का अठारहवाँ जन्मदिन बम्बई के पाँच सितारा होटल में बहुत सारे फ़िल्म के प्रसिद्ध मेहमानों के साथ बड़ी धूमधाम से मनाया था।

सबका मुझसे कहना था, क्या ज़रूरत है इस रिश्ते को ढोने की। वाकई यह सच था, मैं पहले ज़्यादा ख़ुश थी। लेकिन वे अकेले थे, ग़लत ढंग से ही सही अपना तलाक़ का केस लड़ रहे थे। तबीयत ठीक नहीं थी। अवसाद और उम्र। क्या ऐसे में उन्हें इस तरह अकेला छोड़ देना सही होता? क्या यह रिश्ता तोड़ना मेरे लिए सम्भव था? पुरी साहब से मैंने क्या पाया? क्यों इस रिश्ते को ढोया? लोगों के लिए यह एक बेबूझ पहेली थी, क्योंकि लोगों से उन्होंने अपना यह निरीह रूप छिपाया था लेकिन मुझे पता था, वे कितने असहाय और बेबस थे। दूसरों की नज़र में मेरा और उनका रिश्ता साँप-छछूँदर की तरह था, जबकि मेरे लिए यह रिश्ता बिलकुल ऐसा था जैसे एक मित्र का दूसरे मित्र से। बुद्ध ने तो इस युग का नाम ही मैत्री रखा था।

यदि अपना पिता, भाई, बेटा या मित्र कमज़ोर हों या ग़लत निर्णय लेकर अपनी ज़िन्दगी दुश्वार बना लें तब भी तो उसका साथ दिया ही जाता है। उनके प्रति मेरा स्नेह और करुणा ही थी जो इस रिश्ते को बाँधे हुई थी। वह दूसरी बात थी कि वे शेख़चिल्ली की तरह अपने जीवन को सही करने की जो भी योजनाएँ बनाते थे, वे योजनाएँ अगला बंदा, चुटकियों में भस्म कर देता था और श्रीमान का स्वादिष्ट भरता बना दिया जाता।

जीवन के हर दुरूह रास्ते को मैंने बहादुरी से पार किया था। बस एक यह 'बाल-खेंचू' महिला युद्ध और छिपकली ही थी जिनसे मैं डरती थी।

पुरी साहब का नरक

निरन्तर तनाव में रहने के कारण पुरी साहब की नींद नहीं आने की समस्या और अवसाद अधिक बढ़ गया था। अब उनके मनोचिकित्सक के साथ सीटिंग और क्लिनिक के चक्कर अधिक हो गए थे। नींद की गोलियाँ, ढेर सारी अवसाद की दवाएँ और शराब पर वे पूरी तरह से आश्रित हो गए थे।

जब तक़लीफ़ ज़्यादा होती है तो समय और काल सब कुछ उसके परे चला जाता है। 2011 के अन्त में जैसा कि मैंने बताया था, पुरी साहब मेरे ऑफ़िस में रहने आए और चले भी गए थे। उसके बाद मैंने उनसे दूरी बना ली थी, क्योंकि इस तरह के भावनात्मक संघर्ष को सहन करना मेरे लिए बहुत कठिन था।

मुझे नन्दिता का व्यवहार समझ नहीं आ रहा था। पुरी साहब के साथ समझौता-ज्ञापन बनाने के बाद फिर यह सब क्या और क्यों? मैं तो उनके ऊपर किसी भी तरह का दबाव नहीं डाल रही थी। अब मैं इस रिश्ते से सच में निकलना चाहती थी। परन्तु हर बार पुरी साहब घर आ जाते और अपनी मजबूरी बयान करते और थोड़ा सा समय माँगते। उन्हें मेरा साथ चाहिए था वह भी बिना किसी हील-हुज्जत के। वे अच्छी तरह जानते थे कि ऐसा सम्भव नहीं है इसलिए वे अपनी तरह से इस समस्या को सुलझाना चाहते थे।

मैं उन्हें मेरे घर में शराब नहीं पीने देती थी। इस वजह से वे किसी भी मीटिंग का बहाना बनाकर अपने ऑकलैंड वाले घर चले जाते। कभी-कभी तो वे दिन में ही इतनी ज़्यादा शराब पी लेते कि नौकरों को सहारा देकर घर लाना पड़ता। मेरे लिए उनका यह हाल देखना कठिन हो रहा था। अक्सर मेरी बिल्डिंग में उनको चौकीदार और ड्राइवर लादकर लाते थे। कितनी ही बार वे मेरी बिल्डिंग की लॉबी में वमन कर दिया करते थे। उनकी सुबह तो वमन से ही शुरू होती थी। उनके हाथों में बेहद दर्द होता, जिसके लिए वे जब देखो तब पेन किलर गोलियाँ खाने लगे थे। मैं उन्हें ज़बरदस्ती डॉक्टर जिन्दल के पास ले गई। उनका कहना था, पुरी साहब की नर्व्ज़

यानी स्नायु इतनी क्षतिग्रस्त हो चुकी है कि इनके लिए शराब का एक पेग भी ज़हर के समान है।

मैंने उन्हें कितनी ही बार समझाया, आप त्रिशूल वापस चले जाइए। वे जाते और एक-दो दिन में ही अपमानित, प्रताड़ित वापस आ जाते। उनका जीवन, यातना शिविर बना हुआ था, जिसका कुछ अंश मैं भी भोग रही थी।

पुरी साहब के डिप्रेशन और शराब ने मुझे भी परेशान किया हुआ था। 2015 में मैं झालवाड़ में अपनी सीरियल की शूटिंग कर रही थी। पुरी साहब से मैंने वादा ले लिया था कि हम शूटिंग के बाद जिन्दल फ़ार्म जाएँगे ताकि वहाँ प्राकृतिक चिकित्सा से उनकी शराब की लत को छुड़ाया जा सके। वे तैयार हो गए थे।

मेरी शूटिंग के ख़त्म होते ही हम जिन्दल पहुँच गए। कुछ दिनों बाद पुरी साहब को वहाँ अच्छा महसूस होने लगा था। उनको शराब और सिगरेट पिए लगभग दस दिन हो चले थे। उन्हें योग क्लास में बेस्ट पेशेंट भी बताया गया था। वाक़ई वे हर ट्रीटमेंट करवा रहे थे। वह चाहे मिट्टी का लेप लगाकर एक घंटे लेटना हो या सुइयों द्वारा एक्यूपंक्चर हो, वे बड़े उत्साह से सब कर रहे थे। फ़ोन उस कॉटेज में अन्दर नहीं लगता था। वैसे तो वे रोज़ ही बेटे से बात करने के लिए त्रिशूल फ़ोन करते थे, लेकिन बात नहीं हो पाती थी। बेटा व्यस्त होता था, सिर्फ़ नन्दिता से बात होकर रह जाती थी। एक दिन उन्हें बेटे की बड़ी याद आ रही थी। वे उसे फ़ोन करने बाहर गए। जब लौटे तो वे खिन्न और उदास थे। न जाने उन लोगों से क्या बात हुई थी। उस दिन वे ट्रीटमेंट में गए ही नहीं।

शाम को अचानक मुझे सिगरेट के धुएँ की बदबू आई। मैं ढूँढ़ते हुए कॉटेज के पीछे गई, पुरी साहब चुपके से सिगरेट पी रहे थे। इतनी सुरक्षा होते हुए उन्होंने एक अदद ऐसा बंगाली व्यक्ति ढूँढ़ लिया था जिसने उनके लिए सिगरेट उस कैम्पस में मुहैया करवा दी थी।

मैंने खिन्न होकर निर्णय लिया और अगले दिन उन्हें जिन्दल छोड़कर मैं बम्बई के लिए निकल गई।

जिन्दल से आकर वे फिर अपने बेटे ईशान से मिलने त्रिशूल गए और वहाँ न जाने क्या हुआ, पुरी साहब ऑकलैंड में जाकर दिन-भर शराब पीते रहे। वे डरे हुए बेहद कमज़ोर पिता थे। न जाने कौन सा डर था उन्हें, जिस वजह से वे इतना अपमान, इतनी बेज़्ज़ती सह रहे थे। क्या था जो उन्हें खींचता था और क्या था जिसकी वजह से वे वहाँ रहना नहीं चाहते थे।

अपनी सारी कमज़ोरियों, अपने सारे डर, अपने निर्णय से बार-बार चूकने वाले, मौत से डरकर भागने वाले, बुढ़ापे से घबराने वाले, स्त्रियों के मामले में कमज़ोर, अन्दर से बेहद डरे, सहमे, पुरी साहब बस एक ही जगह अडिग, मज़बूत, और निर्णायक रहते थे, वह था उनका अभिनय क्षेत्र। जब कोई फ़िल्म कर रहे होते,

तो घंटों उस स्क्रिप्ट को पढ़ते, अपने किरदार में देर रात तक कुछ नया ढूँढ़ते। मैं उन्हें ताज्जुब से देखती। इतना सब होते हुए, इतने तनाव और डरावने माहौल में वे अपनी स्क्रिप्ट में जैसे डूब ही जाते थे। छोटी से छोटी भूमिका में अपना समय और सारी ऊर्जा डालते हुए कहते, मैं, मेरे काम और मेरे किरदार...मेरे जीने के लिए काफ़ी हैं।

मैं सोचती हूँ, वे जीवन में भी विरोधाभासी किरदार निभा रहे थे। वे चाहते थे कि हर तरह से नन्दिता ख़ुश रहे, बच्चा ख़ुश रहे। जिस दिन बच्चे को सबसे बड़े स्कूल में भर्ती करवाकर आए तो ख़ुश थे। बोले, 'बहुत महँगा है लेकिन वे दोनों ख़ुश हैं, इस बात की मुझे ख़ुशी है, जबकि प्रतिभा सिर्फ़ अच्छे स्कूल से नहीं आती। मैं भी कहाँ था और कहाँ आ गया।'

उन लोगों के लिए छुट्टियों में विदेश जाना हो या और कुछ, पुरी साहब पीछे नहीं हटते थे, फिर उदास हो जाते और कहते, 'वे कभी मुझसे ख़ुश ही नहीं होते। मैं उनसे कुछ छीन नहीं रहा, बस मैं भी ख़ुश रहना चाहता हूँ, थोड़ा आदर और प्रेम चाहता हूँ।'

इसी ऊहापोह में वे दिन पर दिन अवसाद में और गहरे जा रहे थे।

भयानक झूठ

एक रात खाना खाने के बाद पुरी साहब ने शराब पी, अपनी अवसाद और नींद की गोलियाँ लीं और ऑक्सीजन मास्क लगाकर सो गए।

अचानक उनका मोबाइल बजने लगा। नन्दिता का फ़ोन था। वे उठाना नहीं चाह रहे थे। बार-बार फ़ोन की घंटी बज रही थी। मैंने कहा, 'उठा लीजिए।' वे बोले, 'छोड़ो सीमा, तनाव ही देना होगा।' मैंने कहा, 'बहुत रात हो चुकी है आप फ़ोन उठा लीजिए। कहीं वे आ न धमकें, फिर वही बिल्डिंग में चीख़ना-चिल्लाना होगा।' उन्होंने फ़ोन उठाया। दूसरी ओर से नन्दिता के चीख़ने की आवाज़ आ रही थी। उसने कहा, 'ईशान ने सातवीं मंज़िल से छलाँग लगा दी है। एम्बुलेंस और पुलिस आई है।' वह कह रही थी, 'मैं किसी को नहीं छोड़ूँगी। जेल करवा दूँगी।' पुरी साहब एकदम से पलंग पर गिर पड़े। उनसे खड़ा नहीं हुआ रहा जा रहा था। मैंने उन्हें सहारा देकर उठाया। हालत तो मेरी भी चिन्ताजनक हो रही थी। पुरी साहब के ड्राइवर मिश्रा जी बहुत दूर रहते थे। मैं नहीं चाहती थी कि पुरी साहब ऐसी हालत में गाड़ी चलाएँ। मैं उन्हें लेकर जा नहीं सकती थी।

मेरी बिल्डिंग के चौकीदार को कार चलानी आती थी। मेरे कहने पर वह उन्हें त्रिशूल ले गया। पुरी साहब के जाने के बाद मेरे ऊपर नर्क से वे पल गुज़र रहे थे। किससे पूछूँ क्या हुआ है, पुरी साहब की क्या हालत होगी?

पुरी साहब का फ़ोन आ गया। उन्होंने बताया कि वे जब त्रिशूल पहुँचे तब वहाँ सब कुछ शान्त था। चौकीदारों ने बताया कि कुछ भी नहीं हुआ था। पुरी साहब के बहुत बार दस्तक देने पर भी उन लोगों ने दरवाज़ा नहीं खोला था। यह क्या था? यह कौन सी यातना देने का तरीक़ा था? उन्हें भी पुरी साहब की स्थिति, नींद, अवसाद की दवाएँ और तनाव में शराब, सब मालूम था क्या यह इनसान को तिल-तिल कर मारना नहीं है? क्या यह भी पर-पीड़ा सुख था।

पुरी साहब वापस आ गए। घर में हम दोनों सिर झुकाकर, देर तक बैठे रहे।

अगले दिन उन्होंने अपनी इस प्रताड़ना की पुलिस में रिपोर्ट भी कर दी थी। अब पुरी साहब की शराब और भी बढ़ गई थी। वे न दिन देखते न रात। ईशान से मिलना भी मुश्किल होता जा रहा था। मैं उनकी उदासी देख उन्हें ज़बरदस्ती त्रिशूल भेज देती। मैं सोचती, कम-से-कम बेटे से तो मिल आएँ भले ही केस बिगड़ जाए। इस चेहरे पर कुछ तो मुस्कराहट आए। मेरे कहने पर वे जाते और फिर ग़ुस्सा पीकर या अपमानित होकर वापस आ जाते।

यह सिलसिला लोगों के लिए मखौल बन गया था। कोई इसे गम्भीरता से नहीं ले रहा था। इसे सुलझाना उतना आसान नहीं था जितना सबको लग रहा था। दिन पर दिन मेरी और उनकी छवि ख़राब की जा रही थी।

मेरे मित्र, अन्नू भैया और पहचान वाले मुझे कमज़ोर और न जाने क्या-क्या कहने लगे थे। एक दिन मेरे मित्र विधु का फ़ोन आया। मैंने उसे सारी स्थिति बताई और कहा, 'कहीं पुरी साहब को अपमानजनक रिश्ते (अब्युसिव रिलेशनशिप) की आदत तो नहीं हो गई?' उसने कहा, 'और क्या तुझे भी?'

मुझे कोई जो भी समझता, मैं जानती थी कि मैं इस हालत में पुरी साहब को अकेला नहीं छोड़ सकती थी। बस दुःख इस बात का था कि अन्नू भैया नाराज़ थे। अख़बार में पुरी साहब ने एक इंटरव्यू दिया था। उन्होंने कहा था, 'मैं अपनी वृद्धावस्था सीमा के साथ गुज़ारना चाहता हूँ।' इसका जवाब जब पत्रकारों ने अन्नू भैया से माँगा तो उन्होंने जवाब दिया, 'अगर ओम पुरी साहब वृद्धावस्था में मेरी बहन के पास आना चाहते हैं तो उन्हें पत्नी की नहीं, 'मेड सर्वेंट' की ज़रूरत है।'

उठते-बैठते मुझे पुरी साहब अन्नू भैया के उलाहने देते।

अचानक, मेरे जैसी योग, ध्यान करने और अच्छी सेहत वाली महिला को उच्च रक्तचाप रहने लगा। मैं दिन-रात थकी और बीमार सी रहती।

ऐसी ही दलदल रूपी परिस्थिति की गाड़ी में सवारी करते हुए मेरे सीरियल की शूटिंग आ गई। दो महीने के लिए मुझे थोड़ा सुकून मिलने वाला था।

Exhibit - L (120)

st Information Report in respect of Non-Cognizable Offence (under section 155 Cr.P.C.)

अदखलपात्र गुन्ह्यांचे संबंधातील प्रथम खबरी अहवाल (कलम १५५ फौजदारी दंड प्रक्रिया संहिता)

Mumbai Police Commissionerate / मुंबई पोलीस आयुक्तालय

Police Station / पोलीस ठाणे

N.C.R. No. / अदखलपात्र गुन्हा क्र. १८७४/११

Date / दिनांक : [illegible]/०६/२०११

1. Acts (s) / कायदा : द. वि.

Section (s) - / कलम- ५०४, ५०६.

2. Occurrence of Offence / गुन्हा घडल्याचा तपशील : १५/६/२०११ ०६.३० वा.

(a) Information received at P.S. / (अ) पोलीस ठाण्यास माहिती मिळाल्याची — Date / तारीख : / / — Time / वेळ : वाजता

(b) Station Diary Reference / (ब) पोलीस ठाणे दैनंदिनी संदर्भ — S.D.E. No. / ठा.दै.क्र.: १९/०६/२०११ — Time / वेळ २०.१५ वा वाजता

3. (a) Name and Residence of Complainant / तक्रारदाराचे नाव व राहण्याचा पत्ता : श्रीमती नंदिता [illegible] पुरी. [illegible] धंदा. पत्रकार. रा. ठि. ५०३ [illegible] २. [illegible] वर्सोवा मुंबई. मो. नं. 9820060766.

3. (b) Name and address of the Non-Complainant (s) / विरोधक / गैरअर्जदारांची नावे व पत्ते :

(१) श्रीमती [illegible] कपूर. रा. ठि. ७०३, आकाशगंगा. C. [illegible] नगर, अंधेरी [illegible].

(२) एक अनोळखी इसम.

4. Complaint in Brief / तक्रारीची थोडक्यात माहिती :

[illegible] विरोधक हे [illegible] माहिती आहे [illegible] घरी आहे [illegible] यांना [illegible] विरोधकाच्या [illegible] फोन केला. [illegible] मी [illegible] घरी जाणार नाही. [illegible] विरोधकांनी [illegible] अनोळखी इसम [illegible] रेकॉर्डिंग [illegible] धमकी दिली. सदर अनोळखी इसमाची [illegible] नं. MH02-[illegible]-6338 [illegible] म्हणून फिर्यादीची विरोधकाविरुद्ध फिर्याद आहे.

5. Name and full address of witnesses / साक्षीदारांची नावे व पूर्ण पत्ते : श्रीमती [illegible] हि.५०

6. Received a copy of Non-Cognizable Report and I also understood that I will have to approach the concern Court. (As per under section 155 of Cr.P.C. to proceed further in the matter)

६. अदखलपात्र अहवालाची प्रत मिळाली व या प्रकरणी फौ.दं.प्र.सं. कलम १५५ नुसार संबंधित कोर्टाकडून दाद मिळविण्याची समज देखील मिळाली.

Nandita Puri

Signature / Thumb Impression of the Complainant / तक्रारदाराची सही / अंगठा

Complaint recorded by / तक्रार घेणारा

[signature]

Signature of SHO / Officer on Duty

Name / नाव : आ. [illegible]वडकर

Rank / हुद्दा : A.S.I.

प. नि. [illegible] सावंत.

(म.पु.) के २६५६-अे (०,००,०००-१२-२००६)

(1405)

Exhibit - L1 (121)

अदखलपात्र गुन्ह्यांचे संबंधातील प्रथम खबरी अहवाल (कलम १५५ फौजदारी दंड प्रक्रिया संहिता)

Mumbai Police Commissionarate मुंबई पोलीस आयुक्तालय

Police Station
पोलीस ठाणे वर्सोवा

N.C.R. No.
अदखलपात्र नों. क्र. 2320/10

Date
दिनांक : 28/10/2010

(1) Act(s)
(१) कायदा भा.दं.वि.

Section (s) :
कलम : 323, 504, 506

(2) Occurance of Offence
(२) गुन्हा घडल्याचा तपशील

(a) Information received at P.S
(अ) पोलीस ठाण्यास माहिती मिळाल्याची
Date : तारीख : 28/10/2010 Time : वेळ : 11 : 50

(b) Station Diary Reference
(ब) पोलीस ठाणे दैनंदिनी संदर्भ
S.D.E. No. ठा.दै.क्र.: Time वेळ :

(3)(a) Name and Residence of Complainant :
(३)(अ) तक्रारदाराचे नाव व रहाण्याचा पत्ता : श्रीमती नंदिता ओम पुरी, वि. 43 वर्षे, धंदा-लेखक (पत्रकार) रा.ठि : 703, त्रिशूल II, सात बंगला, अंधेरी (प) मुंबई.

(3)(b) Name and Address of the Non-Complainant (s) :
(३)(ब) विरोधक/गैरअर्जदारांची नावे व पत्ते : श्री ओम टेकचंद पुरी, वि. 61 वर्षे, धंदा-अभिनय रा.ठि : 703, त्रिशूल II, सात बंगला, अंधेरी (प) मुंबई

(4) Complaint in Brief :
(४) तक्रारीची थोडक्यात माहिती : यातील फिर्यादी ह्या विरोधकाच्या पत्नी आहेत. फिर्यादी व विरोधक यांचा विवाह 1993 मध्ये झालेला आहे. त्यांना एक मुलगा आहे. गेल्या तीन वर्षांपासून विरोधक हे फिर्यादी यांच्यासोबत सिमा कपूर नावाच्या महिलेसोबत विरोधकाचा संबंध असल्याने त्यावरून वाद निर्माण झाल्याने वेळोवेळी भांडतात.

दि. 28/10/2010 रोजी सकाळी 07:00 वा. च्या सुमारास सदर सिमा कपूर यांच्यासोबत विरोधक त्यांच्या वर नमूद बिल्डिंगच्या गेटजवळ आले व विरोधक एकटे घरात गेले. सदर बाब बिल्डिंगच्या वॉचमनने फिर्यादीस सांगितली. फिर्यादी यांनी संध्याकाळी घरी आल्यानंतर रात्री 10:00 वा. च्या सुमारास विरोधकास त्याबाबत विचारले असता विरोधकाने फिर्यादीस हाताने मारहाण केली व शिवीगाळ करून वडून टाकण्याची धमकी दिली अशी फिर्यादीची विरोधकाविरुद्ध तक्रार आहे.

(5) Name and full address of witnesses
(५) साक्षीदारांची नावे व पूर्ण पत्ते :

(6) Received a copy of Non-Cognizable Report and I also understood that I will have to approach the concern Court. (As per Under Section 155 of Cr.P.C. to proceed further in the matter)
(६) अदखलपात्र अहवालाची प्रत मिळाली व या प्रकरणी फौ.दं.प्र.सं. कलम १५५ नुसार संबंधित कोर्टाकडून दाद मिळविण्याची समज देखील मिळाली.

Complaint recorded by : (तक्रार घेणारा) :

Nandita Puri

Signature/Thumb Impression of the Complainant

Signature of SHO/Officer on Duty

Exhibit- L2

(176) (122)

First Information Report in respect of Non-Cognizable offence (Under Section 155 Cr.P.C.)

अदखलपात्र गुन्ह्यांचे संबंधातील प्रथम खबरी अहवाल (कलम १५५ फौजदारी दंड प्रक्रिया संहिता)

Mumbai Police Commissionarate मुंबई पोलीस आयुक्तालय

Police Station
पोलीस ठाणे वर्सोवा

N.C.R. No. 286/07
अदखलपात्र नों. क्र.

Date: 26/2/07
दिनांक

(1) Act(s)
(१) कायदा भा.द.वि

Section (s):
कलम : 504 506 323

(2) Occurance of Offence
(२) गुन्हा घडल्याचा तपशील

(a) Information received at P.S
(अ) पोलीस ठाण्यास माहिती मिळाल्याची

Date: 24/2/07
तारीख :

Time: 16.30
वेळ :

(b) Station Diary Reference
(ब) पोलीस ठाणे दैनंदिनी संदर्भ

S.D.E. No.
ठा.दै.क्र.:

Time
वेळ :

(3)(a) Name and Residence of Complainant
(३)(अ) तक्रारदाराचे नाव व रहाण्याचा पत्ता : सौ. नंदिता ओमप्रकाश पुरी वि. ४२ [illegible] 9820060766

(3)(b) Name and Address of the Non-Complainant (s):
(३)(ब) विरोधक/गैरअर्जदारांची नावे व पत्ते : ओमप्रकाश पुरी वि. ६० वर्षे धंदा (ॲक्टींग) [illegible] मो. 9870583355

(4) Complaint in Brief :
(४) तक्रारीची थोडक्यात माहिती : [illegible] दि. 23/2/07 रोजी रात्री 00.30 वा दरम्यान [illegible]

(5) Name and full address of witnesses
(५) साक्षीदारांची नावें व पूर्ण पत्ते :

(6) Received a copy of Non-Cognizable Report and I also understood that I will have to approach the concern Court. (As per Under Section 155 of Cr.P.C. to proceed further in the matter)
(६) अदखलपात्र अहवालाची प्रत मिळाली व या प्रकरणी फौ.दं.प्र.सं. कलम १५५ नुसार संबंधित कोर्टाकडून दाद मिळविण्याची समज देखील मिळाली.

Complaint recorded by : (तक्रार घेणार) :

Nandita Puri

Signature/Thumb Impression of the Complainant
तक्रारदाराची सही/अंगठा :

हि फिर्याद अदखलपात्र असल्याने कोर्टात [illegible] कारवाई करण्याची समज मिळाली

Signature of SHO/Officer on Duty
Name/ नाव : [illegible]
Rank/हुद्दा : पो. ना [illegible]

(151)

Exhibit-N1 (130)

First Information Report in respect of Non-Cognizable offence (Under Section 155 Cr.P.C.)

अदखलपात्र गुन्ह्यांचे संबंधातील प्रथम खबरी अहवाल (कलम १५५ फौजदारी दंड प्रक्रिया संहिता)

Mumbai Police Commissionarate मुंबई पोलीस आयुक्तालय

Police Station
पोलीस ठाणे : वर्सोवा

N.C.R. No.
अदखलपात्र नों. क्र. 2068/11 Date : दिनांक : 7/12/11

(1) Act(s)
(१) कायदा : भा.दं.वि.

Section (s) :
कलम : 504, 506

(2) Occurance of Offence
(२) गुन्हा घडल्याचा तपशील

(*a*) Information received at P.S
(अ) पोलीस ठाण्यास माहिती मिळाल्याची — Date : तारीख : 7/12/11 — Time : वेळ : 12.15

(*b*) Station Diary Reference
(ब) पोलीस ठाणे दैनंदिनी संदर्भ — S.D.E. No. ठा.दै.क्र.: — Time वेळ :

(3)(*a*) Name and Residence of Complainant :
(३)(अ) तक्रारदाराचे नाव व रहाण्याचा पत्ता : श्रीमती- नंदीता ओम पुरी वय ५५ धंदा- पत्रकार. रा. ७०३, [illegible] II साम बंगलो, नाना नानी पार्क जवळ, वर्सोवा, अंधेरी (प) मुं - 9820060766

(3)(*b*) Name and Address of the Non-Complainant (s) :
(३)(ब) विरोधक/गैरअर्जदारांची नावे व पत्ते : श्री ओम पुरी व त्यांची मैत्रीण सीमा कपूर. रा. वरील प्रमाणे. 9870503355

(4) Complaint in Brief :
(४) तक्रारीची थोडक्यात माहिती : यातील विरोधक ओमपुरी हे फिर्यादीचे नात्याने [illegible] आहेत. [illegible] व विरोधक यांच्यात गेल्या काही वर्षांपासून कौटुंबिक कारणा वरून वाद- विवाद आहेत.
आज रोजी अंदाजे 07.30 वा.चे दरम्यान यातील विरोधक क्र. १ ओमपुरी व त्यांची मैत्रीण सीमा कपूर यांनी फिर्यादीना घराजवळ, निघून जा म्हणून शिवीगाळ केली व बघुन घेण्याची धमकी दिली. म्हणून फिर्याद.

(5) Name and full address of witnesses
(५) साक्षीदारांची नावे व पूर्ण पत्ते : [illegible]

(6) Received a copy of Non-Cognizable Report and I also understood that I will have to approach the concern Court. (As per Under Section 155 of Cr.P.C. to proceed further in the matter)

(६) अदखलपात्र अहवालाची प्रत मिळाली व या प्रकरणी फौ.दं.प्र.सं. कलम १५५ नुसार संबंधित कोर्टाकडून दाद मिळविण्याची समज देखील मिळाली.

Complaint recorded by : (तक्रार घेणारा) :

Nandita Puri
Signature/Thumb Impression of the Complainant

Signature of SHO/Officer on Duty

Information Report in respect of Non-Cognizable Offence (under section 155 Cr.P.C.)

[illegible]

Mumbai Police Commissionerate [illegible]

[illegible]	N.C.R. No. 1343/11 अदखलपात्र गुन्हा क्र.	Date : 16/06/11
	Section (s) - 504, 506	[illegible]
	15/06/2011	05.30 [illegible]
Occurrence of Offence		
Information received at P.S. पोलीस ठाण्यात माहिती मिळाल्याची	Date : 16/06/2011 तारीख :	Time : 19.45 [illegible] वेळ : वाजता
Station Diary Reference पोलीस ठाणे दैनंदिनी नोंद	S.D.E. No. स्टे.दै.क्र. : —	Time : — वेळ : — वाजता

Name and Residence of Complainant

तक्रारदाराचे नाव व राहण्याचा पत्ता : [illegible] मदनगोपाल कपूर, वय - 50 वर्षे, [illegible] प्रायव्हेट, [illegible] C-25, प्लॅट नं. 404, [illegible] नगर, [illegible], अंधेरी (प.) [illegible] मोबाईल नं. 98220 [illegible]

Name and address of the Non-Complainant (s)

विरोधक / बिनतक्रारदाराचे नाव व पत्ते : (1) श्रीमती - [illegible] पुरी, वय - 46 वर्षे, [illegible] अंधेरी (प.) मो. नं. 9820060766.
(2) श्रीमती [illegible], व (3) [illegible]

Complaint in Brief

तक्रारीचा थोडक्यात मजकूर : [illegible]

Name and full address of witnesses

[illegible]

Received a copy of Non-Cognizable Report and I also understood that I will have to approach the concern Court as per under section 155 of Cr.P.C. to proceed further in the matter.

[illegible]

Signature / Thumb Impression of the Complainant

तक्रारदाराची सही / अंगठा

[signature]

खरी नक्कल

[signature]

Complaint recorded by

तक्रार घेणार

Signature of SHO / Officer on Duty

16/6/11

To

The Senior Police Inspector

Oshiwada Police Stn/ Versova

Versova/ Oshiwada, Mumbai 400 053

Date: 10th May 2012

Received

Dispatch Writer

Varsova Police Stn

11/5/12

From:

Nandita C Puri

703 Trishul II

7 Bunglows, Versova

Mumbai 400 061

Cel: 9820060766

Dear Sir,

This is to bring to your notice that my son, a minor of 14 years, Master Ishaan Puri has been followed twice by a car, No. 6698. The first instance was on April 26, 2012, at 4pm in Basera building, flat of Mrs. Nyla Masood, where he attends piano classes. This said building is opposite Food Inn Restaurant on First Cross Road in Lokhandwala. The said car a white Santro was driven by a Nepali watchman who works in Akash Ganga building in Yamunanagar, Lokhandwala. He was driving the car of one Miss Seema Kapoor living in Flat 404 of the same building (Akash Ganga CHS). When questioned what he was doing in the building he fled/drove off.

The second instance was today, 10th May 2012 when I came to drop my son for his drawing classes in Chaya building, Flat 505 B under Mrs Manju Auddy where I saw the same car belonging to Miss Seema Kapoor, Santro 6698 and

10/5/12

पोलीस निरीक्षक

ओशिवरा पोलीस ठाणे 17/55 pm

138 driven by the same watchman of Akash-
Ganga CHS. On seeing me he drove off.
I fear my son being followed and I fear for
his life as the owner of the Santro, Seema
Kapoor has been threatening my son and
me on several occasions earlier.
I fear that she may have sent the Nepali
watchman cum driver to follow me and
my son's movements. I can identify the Nepali driver
I request the authorities to take the necessary
legal action.

Thanking you,
Yours faithfully

(NANDITA C PURI)
Housewife/Mother
& Freelance Journalist

जा.क्र.   /२०१३
वरिष्ठ पोलीस निरीक्षक,
वर्सोवा पोलीस ठाणे, मुंबई
दि. २५/०३/२०१३

प्रति,

सिमा कपुर,
४०४, आकाश गंगा, को.हा.सो,
यमुना नगर, ऑफ न्यु लिंक रोड,
वर्सोवा, अंधेरी (प),
मुंबई

विषय:— न्यायालईन चौकशी करीता उपस्थित राहणेबाबत.....

उपरोक्त विषयास अनूसरून आपणास कळविण्यात येते की, आपल्या विरूध्द श्रीमती नंदीता पुरी यांनी मा न्यायालय अंधेरी यांच्याकडे तक्रार अर्ज केला असता मा हुजुर न्यायालयाने सदर प्रकणी चौकशी करणे बाबत आदेश दिलेले आहे तरी आपण सदर चौकशीच्या अनुषंगाने आपले म्हणणे मांडणे कामी सपोनि दहिफळे यांना दोन दिवसांच्या आत कार्यालईन वेळे येवुन भेटणे.

गैरसोय टाळण्यासाठी चौकशी अधिकारी सपोनि दहिफळे यांचा मोबाईल क्र. ०९८६९९६८९६५ यावर संपर्क साधावा.

for 25/3/13

वरीष्ठ पोलीस निरीक्षक,
वर्सोवा पोलीस ठाणे,मुंबई

FIR from Nandita / omji

Uncertified Copy of FIR

रेल्वे मोबाईल कोर्ट
अंधेरी, मुंबई.

Inward No. 936/13
23/8/13

FORM - IA

पहिली खबर

FIRST INFORMATION REPORT

फौजदारी प्रक्रिया संहितेच्या कलम १५४ अन्वये (Under Section 154 Cr. P.C.)

N.C.R.B.
I.I.F.-I

1. राज्य State महाराष्ट्र जिल्हा District मुंबई पोलीस ठाणे Police Station वर्सोवा पहिली खबर क्र. FIR No. 230 वर्ष Year 2013 दिनांक Date 23/8

2. (i) अधिनियम Act भा.दं.वि. कलमे Sections 323, 504, 506 ...
(ii) अधिनियम Act .... कलमे Sections ....
(iii) इतर अधिनियम व कलमे Other Acts and Sections ....

3. (a) अपराधाची घटना : वार Occurence of offence : Day गुरुवार तारीख पासून Date from 22/8/13 वेळ Time 21.00 तारीख पर्यंत Date to 22/8/13 वेळ Time 21.30

3. वेळेचा अवधी (प्रहर) (योग्य ठिकाणी अशी खूण करा. Tick applicable portion)
(1) 00.00 ते 03.00 (2) 03.00 ते 06.00 (3) 06.00 ते 09.00 (4) 09.00 ते 12.00 (5) 12.00 ते 15.00
(6) 15.00 ते 18.00 (7) 18.00 ते 21.00 (8) 21.00 ते 24.00 (9) 06.00 ते 18.00 (10) 18.00 ते 06.00

(b) पो. ठा. ला माहिती मिळालेची Information received at P. S. तारीख Date 22/8/13 वेळ Time 23.40

(c) गुन्हा दाखल झालेचा सर्वसाधारण स्टेशन डायरीचा नोंद क्र. General Diary Reference : Entry No. 04/13 तारीख Date 23/8/13 वेळ Time 09.25

4. माहितीचा प्रकार Type of information : लेखी / तोंडी Written / Oral तोंडी

5. गुन्हा घडल्याचे ठिकाण (a) पोलीस ठाण्यापासून अंतर व दिशा Place of Occurence (a) Direction and distance from P.S. 1 कि.मी. चौकी/बीट/दुरक्षेत्र नाव व क्र. Chouki/Beat/O.P. Name and No. 03
(b) गुन्हा घडल्याचे ठिकाणाचे नाव Address of Occurence Name फ्लॅट नं ६०३, त्रिशूल III, सात बंगला, वर्सोवा, अंधेरी, मुंबई. ठिकाणाचे नंबर No. if any .... / गल्ली Ward .... / रस्त्याचे नाव Name of road ....

जवळचे ओळख चिन्ह/ठिकाण Nearest Adentifiable Place .... गाव Village .... पोस्ट Post .... तालुका Taluka .... जिल्हा Dist. .... राज्य State ....

(c) पोलीस ठाणेचे हद्दीबाहेर असल्यास त्या पो. स्टे. चे नाव In case, outside the limit of this Police Station .... तालुका Taluka .... जिल्हा Dist. .... राज्य State ....

6. तक्रारदार / खबर देणाराचे नाव व पत्ता Complainant/Informant : Permanent Address

(a) नाव Name नंदिता (b) वडिलांचे / पतीचे नाव Father's / Husbands Name ओम पुरी

(c) जन्मतारीख व वय Date of Birth & Age ४६ वर्ष (d) राष्ट्रीयत्व Nationality भारतीय फोन नं. Phone No. 9820060766

(e) पारपत्र क्रमांक Passport No. .... दिल्याचा दिनांक Date of Issue .... दिल्याचे ठिकाण Place of Issue .... (f) व्यवसाय Occupation गृहिणी

(g) धर्म Religion हिंदू जात Caste .... जनजात Sub-Caste ....

(h) पत्ता : गल्ली/सर्व्हे नं. Address : Ward .... घर/नाव नंबर House/Name No. .... फोन/मो. नंबर Phone/M. No. .... पॅन नं. Pan No. .... ओटर्स नं. Card No. ....

रस्त्याचे नाव Road .... जवळचे प्रसिद्ध ठिकाण Nearest identifiable place .... गाव Village .... पोस्ट Post .... पो.स्टे ....

तालुका Taluka अंधेरी, जिल्हा Dist. मुंबई राज्य State महाराष्ट्र सध्याचा पत्ता Present Address फ्लॅट नं ६०३, त्रिशूल III, सात बंगला, वर्सोवा, मुंबई

7. माहिती असलेल्या आरोपीचे संपूर्ण नाव व पत्ता (आवश्यक असल्यास स्वतंत्र कागद जोडावा) (संशयिताचे वर्णन प्र. ख. रिपोर्टच्या फॉर्म I B वर वेगळ्या सिटवर घेऊन तपासिक अंमलदाराच्या प्रथम खबरीसह व स. अभियोक्ता यांच्या फाईलला जोडावे).
Details Name & Address of known Accused (Attach separate sheet, if necessary) (If suspect particular of physical feature write on Form IB of attach FIR I-B to case diary).

ओम पुरी, वय - ६२
मो. क्र. 9870603355

Seen & filed
27/8/2013

ठाणे अंमलदार
वर्सोवा पोलीस ठाणे
मुंबई

2).

मी मागील प्रमाणे असून नमूद ठिकाणी मागील वीस वर्षापासून रहावयास आहे. माझे सोबत माझी आई नामे श्रीमती सति चौधरी व मुलगा नामे ईशान हे रहावयास आहे. माझे पती ओम पुरी हे सिने अभिनेता असुन त्यांच्या उत्पन्नावर आमच्या कुटुंबियांचे उदनिवाई चालतो. मागील दोन वर्षापासून माझे पति हे माझ्या पासून वेगळे रहावयास आहे व अधुनमध्ये ते मी राहत असलेल्या ठिकाणी येतजात असतात. माझे पति यांनी मागील एक वर्षापासुन मला घरखर्च देण्याचे बंद केल्यामुळे मी कौटुंबिक न्यायालयात माझे पतीविरूध्द मेंन्टनन्ससाठी तक्रार दाखल केली आहे व त्याची सुनावणी दिनांक २३/०८/१३ रोजी आहे.

दिनांक २२/०८/२०१३ रोजी सुमारे २०.३० वा दरम्यान माझे पती मी राहत असलेल्या घरी आले व २१.०० वाचे दरम्यान माझे पती यांना त्यांची मैत्रीण नामे सीमा कपूर यांचा फोन आला त्यावेळी मी त्यांचे बाजूला बसलेली होती. त्या वेळी माझे पती हे मध्ये मध्ये मला शिवीगाळ करत होते आणि माझे पति व सीमा कपूर यांच्या फोन संभाषणा वरुन मला असे समजले की माझे पति मला मारहाण करणार आहेत आहेत जेणे करून मला दिनांक २३/०८/१३ रोजी कौटुंबिक न्यायालयात पोहचणे शक्य होणार नाही.

माझे पती यांनी फोन ठेवताच मला हाताने व पायाने मारायला सुरूवात केली व त्यानंतर त्यांनी आमचे हॉलमध्ये असणारी वेताची काठी घेतली व मला पाठीवर मारले म्हणून मी जोरजोरात आरडाओरडा करु लागली त्यामुळे माझा मुलगा, आई, घरकाम करणारी महिला नामे रेखा साहु व माझे मुलाचे टयुशन शिक्षक श्री तौसिफ शेख हे बाहेर हॉलमध्ये आले व माझे मुलाने माझे पतीस मला मारण्यापासून सोडवले.

त्या नंतर माझे पति हे मला व माझ्या मुलास शिवीगाळ करत तसेच मला बघुन घेण्याची धमकी देवुन घराबाहेर निघुन गेले व परत आले नाही. त्या नंतर श्री तौसिफ शेख यांनी माला माझी महिला वकिल मैत्रीण नामे कुरशिद शेख यांच्या घरी लोखंडवाला मार्केट येथे

8. तक्रारदाराने/फिर्यादीने तक्रार करण्याकरिता झालेल्या विलंबाची कारणे वैद्यकिय उपचार घेवून
Records for delay in reporting by the Complainant/informant

9. चोरीस गेलेल्या / अंतर्भूत मालमत्तेचा तपशील (आवश्यकतेनुसार नमुना फॉर्म जोडावा) सविस्तार मजकूर पाठीमागे लिहावे.
Particulars of properties stolen and involved (Attach necessary Proform) write down details on blank back page.
—

10. (a) चोरीस गेलेल्या / अंतर्भूत मालमत्तेचे एकूण मूल्य —
Total value of properties stolen and involved

(b) चोरीची मिळालेली मालमत्ता (Recover Properties) —

11. अकस्मात मृत्यू / अपघाती मृत्यू असल्यास त्याचा क्रमांक
Unnatural/Accidental Death Case No., if any

12. पहिल्या खबरीची थोडक्यात हकिगत (आवश्यक असल्यास स्वतंत्र कागद जोडावा) सविस्तर पाठीमागील कोऱ्या पानावर लिहावे.
First Information brief contents (Attach separate sheet, if required) : Detail write down back blank page.
सदरील नमूद तारीख वेळी व ठिकाणी फिर्यादी यांचे पतीने फिर्यादीस शिवीगाळ करून तसेच फिर्यादी यांनी कौटुंबिक न्यायालयात मेंटेनन्ससाठी याचिका दाखल केल्याचा राग मनात धरून फिर्यादीस वेताच्या काठीने तसेच हाताबुक्क्याने मारहाण करून बघून घेण्याची धमकी दिली म्हणून गुन्हा कलम ३२४, ५०४, ५०६ भादंवि अन्वये नोंद

13. केलेली कार्यवाही — 1. वरील फिर्यादीवरून कॉलम नं. 2 मधील कलमाप्रमाणे गुन्हा दाखल करून तपासावर घेतला. तपास करण्याचे आदेश दिले त्या तपासिक अंमलदाराचे नाव व हुद्दा अमोल लक्ष्मण केसकर पो. नि. पो. उप. निरीक्षक

2. तपास नाकारण्यात आला त्याचे कारण.

3. दुसऱ्या पोलीस ठाण्याकडे वर्ग करण्यात आला. पोलीस स्टेशन .... जिल्हा .... राज्य ....

Action taken .— Since the above information reveals Commission of offence (s) u/s. as mentioned at Item No. 2 :
(1) Registered case and took up the investigation or Directed (Name of I. O.) .... Rank .... No. ....
to take up the Investigation or
(2) Refused Investigation due to .... (3) Transferred to P. S. ....
District .... on point of jurisdiction.

तक्रारदाराने / फिर्यादीने फिर्याद वाचून पाहिली. फिर्याद बरोबर लिहिली असल्याचे पाहून/वाचून/ऐकून बरोबर नोंदविली असल्याचे त्याने मान्य केले व त्याची एक प्रत त्यास दिनामूल्य देण्यात आली.
F.I.R. read over to the Complainant/Informant, admitted to be correctly recorded and a copy given to the Complainant/informant, free of cost.
(R.O.A.C.)

Nandita Ghose

पोलीस ठाणे प्रभारी अधिकाऱ्याची सही.
Signature of Officer Incharge, Police Station.
संपूर्ण नाव Name अमोल ल. केसकर
पदनाम Rank पो. नि. पो. उप. निरीक्षक
तपासिक अं. चा कोड क्र.
Posting
Coding No. of I. O. ....

14. तक्रारदाराची सही व अंगठा
Signature and Thumb impression
of the Complainant/Informant

15. १. न्यायालयास सादर केल्याची तारीख ....
1. Date and time of submitted to the Court

प्रत. 2. फिर्यादी, 3. पोलीस अधीक्षक (संगणक), 4. तपासिक अंमलदार, 5. कार्यालय प्रत.
Copy to, 2. Complainant, 3. Supdt. of Police (Computer), 4. Inv. Officer, 5. Office Copy.

Attachment to item 7 of First Information Report

(शा.म.मु.) के-१५३१ (१-ए) (-८-२०१०)

(क) -Form

ठाणे अंमलदार
वर्सोवा पोलीस ठाणे

(4)

सोडले व त्यांना भेटुन मी सर्व हकिकत सांगुन त्यांच्या सोबत वर्सोवा पोलीस ठाणेत माझ्या पति यांच्या विरुद्ध तक्रार देण्याकरिता आले व त्या ठिकाणी मला महिला पोलीसांची मदत देण्यात आली व मी कुपर हॉस्पीटल, जुहु येथुन औषधोपचार घेवुन वर्सोवा पोलीस ठाणेस परत आले व माझ्या महिला वकिल मैत्रीण नामे श्रीमती कुरशिद शेख यांच्या हजेरी व मपोशि क्र ०८११२८/रहाणे यांच्या हजेरीत वरील प्रमाणे हकिकत सांगितली.

तरी आज दिनांक २२/०८/२०१३ रोजी सुमारे २१.०० वाचे दरम्यान माझे पती यांना त्यांची मैत्रीण सीमा कपूर हिचा फोंन आला असता माझे पती यांनी मला शिवीगाळ करुन मी कौटुंबिक न्यायालयात माझे पतीविरूध्द मेंन्टनन्ससाठी याचिका दाखल केली असल्याचा राग मनात धरुन मला वेताच्या काठीने तसेच हातापायाने मारहाण केली तसेच बघुन घेण्याची धमकी दिली म्हणुन माझी माझे पति नामे ओम पुरी यांच्या विरुद्ध कायदेशिर तक्रार आहे.

माझा जबाब मराठीत संगणकावर टंकलिखित केला असुन तो मला हिन्दीत समजावुन सांगितले व तो मी सांगितल्याप्रमाणे बरोबर आहे.

समक्ष

पोलीस उप निरीक्षक,
वर्सोवा पोलीस ठाणे,
मुंबई

Application No 170/13
Applied for on:
Ready on 27-8-13
Delivered on

Page No 4
Urgent/Ordinary copy
Typed Zerox copy

Zen Jurists By Advocate Adnan

Bombay High Court

ADVOCATES & CONSULTANTS

Adv.Khurshid NH Shaikh (B.A/B.Ed./LLB) Ph: 9833991277 / +44 7471 289844 | Adv.Yogita Joshi (B.com/LL.B) Ph: 7678080877 | Adv.Amani Khan (B.M.S/ LLB) Ph: 7506627308

Mumbai Office: 1/D/103, Oshiwara Link View CHS, Patliputra Nagar, Near Mega Mall, Oshiwara, Mumbai-400 102
London Office: 71-75 Shelton Street, Covent Garden, London, WC2H 9JQ, United Kingdom. Website : www.zenjurists.com

To,
Seema Kapoor
Address: 404, C25,
New Aakash Ganga CHS. Ltd
Yamuna Nagar, Lokhandwala Complex,
Andheri West, Mumbai 400053.
Phone: 9322508412.

Subject: Your proposal for settlement and resolution of dispute.

Ma'am,

Under Instructions of our client Shri Ishaan Om Puri permanently residing at 703 Trishul II, Seven Bungalows, Versova, Mumbai 400061, we would like to address to you as under:

1. Our client is pleased to hear through mutual friends, that you intend to propose a settlement towards the dispute being pursued through case number 902/2017.

2. Our client is looking forward to a settlement proposal from your end which can be sent to our office on any of our addresses as well as through whatsapp or telegram.

3. Our client will also look forward to resumption of friendship and peaceful ties once a settlement is reached.

4. Consider this as a letter sent with the best of intentions and spirit of resolution in the minds of our client.
   This dated 17th June 2021

Advocate Yogita Joshi

Metropolitan Magistrate, Andheri, Mumbai

In The Court Of : Judicial Magistrate (First Class), 44th Court

CNR Number : MHMM190050142012

Case Number : Summons warrent Cases SW/0000242/2012

Date : 31-08-2021

NANDITA PURI **Versus** SEEMA KAPOOR

Daily Status

Business	Nature of Disposal	Disposal Date
Complainant and his advocate absent since long. Complainant failed to take step. Hence case kept for dismissal in default . Today matter is called out repeatedly But Complainant absent. His adv also absent. It seems that complainant is not interested to proceed with the case. Hence, the case is dismissed in default for wants of prosecution. Separate order passed below Exh. 1. Case disposed of accordingly. All the court fee stamps are punched and canceled	DISMISSED IN DEFAULT	31-08-2021

Civil Court, Dindoshi

In The Court Of : Judge City Civil Court and Additional Sessions Judge

CNR Number : MHCC040103472017

Case Number : Sum.Civ.Suit/0200902/2017

Date : 15-06-2024

Ishaan Puri **Versus** S.K.Media Entertainment

Daily Status

Business	Nature of Disposal	Disposal Date
15/06/2024 CORAM H.H. JUDGE SHRI.M. MOHIUDDIN M. A. (C.R.NO.2) SUMMARY CIVIL SUIT 902/17 Plaintiff and Adv. for plaintiff are absent. Adv. Vishwakarma for defendant present. The ordersheet shows that the matter is of the year 2017. Since 05-11-2022 Plaintiff and Adv. for plaintiff are absent. On 21-10-2023 S/J dismissed in default, thereafter plff did not turn to take effective step. The conduct of plaintiff shows that he is not interested to proceed in the matter. Hence, matter is dismissed the default for want of prosecution.	DISMISSED IN DEFAULT	15-06-2024

Exhibit - M (127) (123)

Confirmation number:	**C5ZOC4**

Receipt and Itinerary as of Sat-25Sep2010 12:52

Service Tax Invoice

PAN: AACCG2599K
Service Tax No.: AACCG2599K ST001

Go Airlines (India) Pvt. Ltd.
Neville House, J. N. Heredia Marg,
Ballard Estate, Mumbai - 400 001.

- This is a Service Tax Invoice.
- The PNR Number is a unique number and may be treated as Invoice Serial Number.
- This is a Computer Generated Invoice and carries a digital signature.

To Fly Smart, please present either the itinerary receipt or the E-ticket with a valid photo identification at the airport and check-in counter. Our check-in counters are open 2 hours prior to departure and close strictly 40 minutes prior to departure.

Booking by Travel Agent :

TRAVEL BOUTIQUE ONLINE
75-76, ADHCHINI, 2ND FLOOR SRI AUROBINDO MARG
NEW DELHI 110017

ITINERARY:

FROM/TO	FLIGHT	DAY	DEPARTURE	ARRIVAL	STOPS
BOM (MUMBAI TERMINAL 1B) / IXC (CHANDIGARH)	G8 - 141	04Oct2010	Mon-04Oct2010 09:10	Mon-04Oct2010 11:20	0

Passenger(s)	Charge Description	Original Amount	Amount
PURI, OM	B - BUSINESS - BGocomf2	3,900.00 INR	3,900.00 INR
	TAX - Service Tax + EC + HSEC - BOM	103.00 INR	103.00 INR
	TAX - Airport Fees-UDF - BOM	100.00 INR	100.00 INR
	TAX - Passenger Service Fee - BOM	228.00 INR	228.00 INR
	FUEL - Airline Fuel Charge - BOM	2,600.00 INR	2,600.00 INR
	PHF - Transaction charge - BOM	50.00 INR	50.00 INR
	Transaction Charge	786.00 INR	786.00 INR
KAPOOR, SEEMA	B - BUSINESS - BGocomf2	3,900.00 INR	3,900.00 INR
	TAX - Service Tax + EC + HSEC - BOM	103.00 INR	103.00 INR
	TAX - Airport Fees-UDF - BOM	100.00 INR	100.00 INR

TAX - Passenger Service Fee - BOM	228.00 INR	228.00 INR
FUEL - Airline Fuel Charge - BOM	2,600.00 INR	2,600.00 INR
PHF - Transaction charge - BOM	50.00 INR	50.00 INR

Reservation Totals:			
	Air fare		7,800.00 INR
	Taxes and Surcharge		6,162.00 INR
	Special Service		786.00 INR
	TOTAL		**14,748.00 INR**

Payment Summary:			
	25Sep2010, INVC		14,748.00 INR
	TOTAL PAYMENTS		**14,748.00 INR**

For Go Airlines (India) Pvt. Ltd.

(Authorised Signatory)

Fare Conditions

k you for choosing GoAir !
y confirm the status of your PNR within 24 hrs of booking, as at times the same may fail on account of payment failure, internet connectivity, booking engine or due to any other reason nd our control.
Customers who book their flights well in advance of the scheduled departure date it is necessary that you re-confirm the departure time of your flight between 72 and 24 hours before the duled Departure Time, by visiting our website at www.goair.in or calling our Call Centre at the contact numbers provided herein.
acts of Terms and Conditions
eck-In

- If you have booked tickets with your credit card, please carry a photocopy (both front and back) of your credit card while travelling
- If the booking has been made on someone else's credit card, please carry an authorisation letter from the credit card holder as well as a photocopy of that credit card (both front and back)
- While submitting the photocopy of the credit card, make sure you strike off the CVV number on it

reserves its right to cancel any booking without any notice to the passenger, in case of suspected fraud, where booking is done through credit card.
-in commences 2 hours prior to scheduled departure (180 minutes incase of Srinagar and Jammu airports).Passengers to report 60 minutes prior to scheduled departure time (90 es in case of Srinagar and Jammu airports).
k-in counter closes strictly 40 minutes prior to the scheduled departure time. boarding Gate closes 20 minutes prior to scheduled departure time. If you fail to show the check-in counter or the boarding gate before the closure time, you will be treated as "no show" passenger and fare paid will be forfeited.
reserves its right to refuse passage to any Customer who is under the influence of alcohol or drugs, violent or abusive, or where the Company or its duly authorised representatives believe that it is necessary for the safety and comfort of other Customers or for the protection of the aircraft and / or other assets. Such passengers will be treated as 'no show' ngers and fare paid will be forfeited.

gage Screening Check-in baggage would be screened through an X-ray machine before check-in which will be closed 30 minutes prior to departure of flight.

anges to Bookings/Cancellation Subject to availability and payment of all applicable amounts, changes can be made to your Booking as follows:

i. Customer name changes are not permitted.
ii. Changes to date or time can be made to your booking if Customer notifies GoAir at least 2 hours prior to the scheduled departure time by visiting GoAir website, Airport ticketing counter or calling GoAir Customer Call Centre.
The onus for canceling the PNR within the stipulated time rests with the passengers and if necessary should be done by visiting our Airport ticketing counter.
For charges pertaining to rebookings/cancellations under GoSmart , GoFlexi and GoBusiness please refer to our website www.goair.in for more details.
iii. In case of cancellation of a booking made by a Go Channel partner, refund has to be collected from that respective Go Channel partner

gage Allowance
ed Baggage allowance is 20Kg per Customer (no baggage allowance for infants)for GoSmart and GoFlexi; and 35kgs for GoBusiness; excess baggage is charged at Rs 100/Kg. Cabin ge allowance is 10Kg per Customer (no baggage allowance for infants). The maximum size of the cabin hand baggage cannot exceed 55 cm x 40 cm x 20 cm (20 x 14 x 9ins). GoAir es no responsibility or liability for delay in carriage of baggage by air. Please note that no hand baggage, other than laptop and digital camera; is permitted from Srinagar and Jammu ts.
ngers are also advised that some items such as valuables (including jewellery) computers and electronic devices, keys, important documents (including passports) and medications or al equipment that cannot be replaced easily, should not be included in the checked baggage.

cks and Beverages For passengers flying GoBusiness complimentary snacks/ beverages are offered. For other passengers, select range of snacks and beverages are available for mption on board on chargeable basis

s, taxes and surcharge

are subject to change until purchase of ticket. This fare is non-refundable, except as provided in GoAir's Terms and Conditions of Carriage.
and Fees include the applicable passenger service fee, fuel surcharge and additional airport fee (UDF) on flights from certain airports.
of 'No-Show' or in case of cancellation of 'promotional fare tickets' only the applicable Passenger Service Fee shall be retained in a credit shell for a period of 6 months which the nger may use for future travel.

1219

125

Hotel Mountview

SECTOR - 10, CHANDIGARH - 160 011 (INDIA)
Ph. : 91-172-4671111, 2740544
Fax : 91-172-4644414, 2742220
E-mail : hmv10@glide.net.in • citco10@sancharnet.in

CITCO

Service Tax Registration No.:
01/ST/M.K./R-II/CHD/97
Dated : 07.06.1997
TIN No. : 04730003224

GUEST NAME & ADDRESS	ROOM NO.	TYPE	GUESTS	RATE	REG. NO.
IR PURI *FILM ACTOR* OM IRS PURI	304	A	2	8000.00	1107

CHECK IN	CHECK OUT	FOLIO NO.	PAGE
04/10/2010 13:01	06/10/2010 11:06	9625	

No.	DATE	REFERENCE	PARTICULARS	AMOUNT (Rs.)
	04/10/10	/304	ROOM TARRIF	6800.00
	04/10/10	10207 /304	ROOM SERVICE	557.00
			Day Total	7357.00
	05/10/10	/304	ROOM TARRIF	6800.00
	05/10/10	10253 /304	ROOM SERVICE	315.00
	05/10/10	264 /304	COFFEE SHOP BAR	96.00
	05/10/10	10643 /304	LAUNDRY	60.00
	05/10/10	10262 /304	ROOM SERVICE	173.00
	05/10/10	10654 /304	LAUNDRY	10[illegible].00
			Day Total	[illegible]
			Round Off	[illegible]
			Net Amount	[illegible]

Bill Summary :-

ROOM TARIFF	[illegible]
ROOM SERVICE	1345.00
LAUNDRY	[illegible]

By Cash

CASHIER

BILLING INSTRUCTIONS

MANAGER

PLEASE DEPOSIT YOUR ROOM AND LOCKER KEY

I agree that my liability for this bill is not waived and agree to be held personally liable in the event that the indicated person, Company or Association fails to pay for any part of the amount of these charges.

GUEST'S SIGNATURE

Exhibit N

Dr Avtar Singh Sahota
Joint Secretary
Tel : 011-23747910
Fax: 011-23747930
E-mail: as.sahota@nic.in

पंचायती राज मंत्रालय
भारत सरकार
सरदार पटेल भवन, नई दिल्ली–110 001
MINISTRY OF PANCHAYATI RAJ
GOVERNMENT OF INDIA
SARDAR PATEL BHAWAN, NEW DELHI-110 001

D.O. No. J-11011/38/2010-Media

Dated the 12th October 2010.

Dear Shri Om Puri,

This has reference to your preliminary conversation with our Media Consultant, Ms. Uma Iyer regarding your consent for becoming the brand ambassador "Sutradhar" for the Ministries of Panchayati Raj and Rural Development.

I would like to inform you that your meeting has been fixed with the Committee of Secretaries on Monday, 25 October 2010 at 11.30 A.M. in the office of Secretary, Panchayati Raj (Room No. 7, Gate No.2, Krishi Bhavan, New Delhi).

Kindly make it convenient to attend the aforesaid meeting.

With regards.

Yours Sincerely,

(Dr. Avtar Singh Sahota)

Shri Om Puri
C/o Mrs Seema Kapoor
703 Trishul II Seven Bungalows,
Versova Andheri,
Bombay 400061.

Email- seemackapoor@gmail.com

NC By Om ji for NC [illegible]

अदखलपात्र गुन्ह्यांचे संबंधातील प्रथम खबरी अहवाल

(कलम १५५ फौजदारी दंड प्रक्रिया संहिता)

पोलीस ठाणे ओशीवरा अदखलपात्र गुन्हा नोंदणी क्र. 1493 तारीख 2/5/2015

१) कायदा भा.द.वि. कलम : 504, 506, 507

२) गुन्हा घडल्याचे ठिकाण सात बंगला वर्सोवा तारीख 2/5/2015 वेळ 12.10

अ) पोलीस ठाण्यास माहिती मिळाल्याची तारीख 2/5/2015 वेळ 13.15

ब) पोलीस ठाणे दैनंदिनी संदर्भ ठा.दै.क्र. वेळ

३) तक्रारदाराचे नांव व राहण्याचा पत्ता	३) (ब) विरोधकांची नांवे व पत्ते
ओम प्रकाश पुरी वय-74	नंदिता पुरी वय 49 वर्षे
वर्षे धंदा. कलाकार, रा.ठि.	धंदा-पत्रकार रा.ठि 703/
303, 218, ओकवुड पार्क	त्रिशूल -2, सातबंगला वर्सोवा
यमुनानगर लोखंडवाला	अंधेरी (प) मुंबई
कॉम्प्लेक्स अंधेरी (प) मुंबई	मो. क्र. 9820060766
मो. 9870603355	

४) तक्रारीची थोडक्यात माहिती : यातील तक्रारदार व विरोधक हे नात्याने पती पत्नी असून ते गेल्या 4 वर्षांपासून वेगवेगळे राहतात व त्यांची डिवोर्स केस बांद्रा फॅमिली कोर्ट येथे चालू आहे. तरी विरोधक हे वेळोवेळी तक्रारदार यांना प्रत्यक्ष भेटून शिवीगाळ करून धमकी देत असतात व त्यांच्या मुलगा नामे ईशान याचेविषयी कोर्टाचे आदेश तक्रारदार यांना सांगत असतात.

आज दि 2/5/15 रोजी 12.10 चे दरम्यान तक्रारदार हे त्यांचा मुलगा नामे ईशान याची शाळेची फीचा चेक देण्यासाठी विरोधक यांचे घरी गेले असता विरोधक यांनी तक्रारदार यांना शिवीगाळ करून धमकी दिली म्हणून तक्रार नोंद.

५) साक्षीदारांची नांवे व पूर्ण पत्ते : ईशान ओम पुरी वय 17 वर्षे धंदा शिक्षण रा.ठि. 703 त्रिशूल-2 सातबंगला वर्सोवा.

६) अदखलपात्र अहवालाची प्रत मिळाली. या प्रकरणी फौ.दं.प्र.सं. कलम १५५ नुसार संबंधीत कोर्टाकडून दाद मिळविण्याची समज मिळाली.	[signature]
[signature] तक्रारदाराची सही / अंगठा	ठाणे अंमलदार / कर्तव्यावरील अधिकाऱ्याची स्वाक्षरी नांव : आरती गवारे हुद्दा : पो.उ.नि. / पोलीस उपनिरीक्षक

जबाब दि 2/5/15

श्री ओम प्रकाश पुरी वय-75 वर्षे धंदा-कलाकार रा.ठी. 303, 21B, ओकलँड पार्क यमुनानगर लोखंडवाला कॉम्प्लेक्स अंधेरी (प) मुंबई मो.क्र. 9870603355

मी वरीलप्रमाणे असून वर नमूद पत्त्यावर मी एकटा राहतो व माझी पत्नी नामे नंदिता पुरी व मुलगा नामे इशान पुरी हे 703 त्रिशूल-2, सातबंगला वर्सोवा अंधेरी (प) मुंबई-61 या ठिकाणी राहतात.

माझे श्रीमती नंदिता पुरी यांचेसोबत सुमारे 20 वर्षांपूर्वी लग्न झाले असून आम्हाला इशान नावाचा 17 वर्षांचा मुलगा आहे. परंतु नंदिता व माझेन कौटुंबिक कारणावरून वाद आहेत. त्यामुळे आम्ही 2011 साली वांद्रा कौटुंबिक न्यायालय येथे डिवोर्स केस फाईल केलेली असून सध्याने न्यायप्रविष्ट आहे. परंतु त्यावरून माझी पत्नी नंदिता ही माझे मुलाबाबत मला काहीएक सांगून घाबरवत असते.

दि 1/5/15 रोजी नंदिता व माझे लग्नाच्या वाढदिवसा निमित्ताने माझा मुलगा नामे इशान याने मला त्याच्या मो.क्र. 9702722222 यावरून फोन करून मला लग्नाच्या वाढदिवस साजरा करण्यासाठी माझे मो.क्र. 9870603355 यावर फोन करून बोलावले असता मी तेथे जाण्यास नकार दिला व मी त्याला उद्या येईन असे सांगितले त्यानंतर सुमारे रात्री 10.00 वा चे सुमारास नंदिता हिने मला तिच्या मो.क्र. 9820060766 यावरून माझे वर नमूद मोबाईलवर फोन करून मला इशान याने 7 व्या मजल्यावरून खाली उडी घेतली

असुन त्याला लागत आहे त्यामुळे मी दवाखान्यात जात आहे असे सांगितले. व मी तिच्याकडे अधिक चौकशी केली असता तिने मला असे काही झाले नसुन मी खोटे बोलले असे सांगितले. तरी पण मी लागलीच सदर ठिकाणी गेलो परंतु नंदिता हिने घराचा दरवाजा उघडला नाही. मी सुमारे 5 ते 10 मिनिटे घराचे समोर बेल वाजवत होतो परंतु कोणीही दरवाजा उघडला नाही. म्हणुन मी परत माझे राहते घरी निघुन आलो.

त्यानंतर आज दि 25/1/25 रोजी मी माझे राहते घरी परत निघुन आलो. माझा मुलगा ईशान याच्या शाळेची फि भरण्यासाठी चेक देण्याकरिता नंदिता हिचे राहते घरी सुमारे 12.15 च्या दरम्यान गेलो होतो. तेव्हा नंदिता हिने मला शिवीगाळ केली व तेव्हा ईशान हा पण घरी होता. तेव्हा मी लागलीच सदर ठिकाणाहुन घरी निघुन आलो.

तरि माझे व माझी पत्नी नंदिता हिचे विरोधात केस बांद्रा कौटुंबिक न्यायालय येथे न्यायप्रविष्ट असतानाही नंदिता हि कायम मला माझे मुलाबाबत काहीतरी खोटे सांगुन व मला फोन करुन प्रत्यक्ष भेटुन शिवीगाळ करुन धमकि दिली देते.

माझा वरील जबाब मराठीत लिहिला असुन तो मला मराठीत वाचुन व हिंदीत समजावुन सांगितला तो माझे सांगण्याप्रमाणे खरा आहे.

समक्ष
Aawaee

(आरती गवारे)
परि. पो. उपनिरिक्षक
ओशिवरा पो. ठाणे, मुंबई

पुरी साहब की अन्तिम फ़िल्म

प्रसिद्ध गायक अनूप जलोटा के बैनर तले मैं एक फ़िल्म का निर्देशन कर रही थी। फ़िल्म का नाम था, 'मिस्टर कबाड़ी'। फ़िल्म बनाने की प्रक्रिया शुरू हो चुकी थी। इस दौरान पुरी साहब ने अनूप जी से शिकायत की, सीमा ने 'हाट' में भी मुझे काम नहीं दिया था। अब भी नहीं दे रही है। हम सब ख़ूब हँसे थे। उस फ़िल्म में पुरी साहब जैसे कलाकार के लिए, उस उम्र का कोई रोल नहीं था।

पुरी साहब बोले मुझे सूत्रधार का ही रोल दो, पर दो। दरअसल वे मेरे साथ शूटिंग में रहना चाह रहे थे। कर्मठ व्यक्ति थे, फ़ालतू बैठना उन्हें पसन्द नहीं था। इस तरह सूत्रधार का चरित्र अनूप जलोटा जी के कहने पर मुझे फ़िल्म में डालना पड़ा और उन्होंने सूत्रधार का चरित्र फ़िल्म में निभाया।

पुरी साहब ने मुझे बताया एफ.आई.आर. वापस लेने के समझौते पर बात चल रही थी। कोर्ट के द्वारा नन्दिता को वे मोटी रक़म का मासिक-भत्ता दे ही रहे थे। काम भी अब थोड़ा कम हो गया था। शराब की वजह से कभी-कभी लम्बे-लम्बे डायलॉग याद नहीं हो पाते थे।

जनवरी 2016 में उनका और उनकी पत्नी का न्यायिक-अलगाव (जुडिशियल सेपरेशन) हो गया। जिसमें उन्होंने करोड़ों रुपये दिये। नन्दिता ने घरेलू हिंसा का केस भी वापस ले लिया था।

इस बात पर मैं पुरी साहब से नाराज़ भी हुई थी। मेरा कहना था यदि आप इतना लेन-देन कर ही रहे थे तो मेरे केस को भी वापस करवा लिया होता। मुझे भी क्रिमिनल कोर्ट में, चोर-उचक्कों के बीच खड़े होना उतना ही असहज लगता है जितना आपको।

एक दिन वे उदास मुझसे बोले, 'मैंने सारा जीवन मेहनत और ईमानदारी से रुपये जोड़े थे। अपने बुढ़ापे को अच्छी तरह काटना चाहता था। बुढ़ापे के अभाव के बारे में सोचकर भी मुझे डर लगता है। रुपये मेरे पास रहें तो रुपये और मैं दोनों सुरक्षित रहेंगे वर्ना मैं अपने-आपको असुरक्षित महसूस करता हूँ। आजकल अच्छे अस्पताल कितने महँगे हो गए हैं। क्या मैं किसी सस्ते और गन्दे अस्पताल में बुढ़ापे में इलाज करवाऊँगा? क्या मुझे क़ीमत चुकाकर ही रिश्ते में थोड़ा साथ, थोड़ा प्यार मिलेगा?'

मैं अनूप जी की फ़िल्म की शूटिंग लोकेशन देखने के लिए लखनऊ के चक्कर लगा रही थी। फ्रांस की इतनी बड़ी घटना और उसके बाद भी ग़लतियाँ, पुरी साहब की कथनी और करनी दोनों पर से मेरा विश्वास उठ गया था। धीरे-धीरे मैं उनसे दूर हो अपने काम में व्यस्त हो रही थी। लेकिन वे मेरे ही घर में रहते थे।

2 जुलाई, 2016 को उनके बेटे ईशान का 19वाँ जन्मदिन था, जिसे वे अपने बेटे के साथ मनाना चाहते थे।

सुबह मेरे घर से नाश्ता करके निकल गए। जब वे घर में होते तो मैं उनकी रुचि का खाना बनाती थी पर उस दिन उन्हें ईशान के साथ बाहर खाना था इसलिए मैंने निश्चिन्त होकर सादा खाना बनवाया और खाकर आराम ही कर रही थी कि पुरी साहब का फ़ोन आया। उनकी आवाज़ में बहुत घबराहट और जल्दबाज़ी थी। वे बोले, 'मिश्रा जी फ़ोन नहीं उठा रहे हैं।' मैंने पूछा, 'आप कहाँ से बात कर रहे हैं?' वे झुँझलाकर लगभग चीख़ते हुए बोले, 'ज़्यादा मत पूछो, तुम उन्हें फ़ोन करो और जल्दी ऑकलैंड भेजो। नहीं तो अपने वॉचमैन को भिजवाओ वीडियो बनाने के लिए।' पीछे से कुछ ज़ोर-ज़ोर से चिल्लाने की और दरवाज़ा पीटने की आवाज़ें आ रही थीं।

मिश्रा जी का फ़ोन लग नहीं रहा था, थोड़ी देर बाद जब मेरी मिश्रा जी से बात हुई तो वे फ़ौरन पुरी साहब के पास पहुँच गए। लेकिन तब तक डरकर पुरी साहब ने 100 नम्बर डायल कर पुलिस को बुला लिया था। पहली बार में पुलिस समय पर नहीं पहुँची तो उन्होंने दोबारा फ़ोन किया था।

घर आने पर मैंने पूछा क्या माजरा था? उन्होंने बताया, 'बेटा पैसे माँग रहा था पार्टी करने के लिए। मैंने उसके अकाउंट में एक लाख डाल दिये थे। माँ और बेटे के नाम करोड़ों रुपये मैं पहले ही दे चुका हूँ इसलिए मैंने और रुपये नहीं दिये। एक लाख बहुत था।' सिर्फ़ इस वजह से उनका बेटा दरवाज़े पर लातें मार रहा था? मुझे यह बात हज़म नहीं हो रही थी। एक 19 साल के लड़के को छियासठ साल के नामी व्यक्ति का छोटी-सी रक़म के लिए यों मना करना और डरना मेरे लिए आश्चर्यजनक था।

उस समय पुरी साहब ने वह सब वॉइस रिकॉर्ड अपने ड्राइवर मिश्रा जी से करवा लिया था। वह मुझे बाद में भेजा था। वह वॉईस रिकॉर्डिंग आज भी मैं जब कभी सुनती हूँ तो पाती हूँ पुरी साहब कैसे डरे हुए थे अपने बेटे ईशान से, जो शारीरिक रूप से—आँखों से माज़ूर है, जिसके लिए पुरी साहब सदा चिन्तित रहते थे।

इसी खट-पट के दौरान दिल में खटास लिये मैं सोच रही थी कि मैं कहाँ ग़लत और कहाँ सही थी? मुझे क्या करना चाहिए था और क्या नहीं? मेरे सारे निर्णय ग़लत साबित हो रहे थे क्योंकि मैं भावना को सर्वोपरि मानकर निर्णय लेती थी। क्या उम्र के इस आख़िरी पड़ाव में, मैं अपने स्वभाव को बदल सकती थी?

अपने जीवन में हर लड़ाई मैंने बहुत बहादुरी से हँसते-हँसते लड़ी थी। मुझसे बहुत ग़लतियाँ हुईं, लेकिन यह तय है कि मैंने एक भी ग़लती को दोहराया नहीं, ना ही ऐसी ग़लती की जिसमें किसी के सम्मान और जीवन को आघात पहुँचे। हर बार मुझसे नई ग़लती ही हुई।

बस एक ही ग़लती है जो मैं पूरे जीवन दोहराती रही, 'पुरी साहब के प्रति संवेदना और करुणा।'

दिसम्बर 2016 के वे दिन

उनका किसी शो के लिए अमेरिका जाने का कार्यक्रम था। वे मुझे ले जाना चाह रहे थे। कुछ ऐसी बातें जो लिखी नहीं जा सकतीं, मैं उन्हीं बातों की वजह से खिन्न थी। मैंने पुरी साहब को एक दिन बुलाकर हाथ जोड़ विनती की और कहा, 'मुझे कुछ दिन के लिए निश्चिन्त होकर जी लेने दीजिए, कुछ दिन चैन से साँस ले लेने दीजिए।' वे बोले, 'इसके लिए मुझे क्या करना होगा?' मैंने कहा, 'मुझसे बात करनी और कुछ दिनों के लिए मेरे घर आना बन्द करना होगा।' थोड़ी देर वे चुपचाप बैठे रहे फिर बोले, 'बहुत मुश्किल है, कोशिश करूँगा।'

उनकी कोशिश तो नाकाम रही। मिश्रा जी से पता लगता रहता था कि वे दिन-रात शराब पीने लगे थे। लेकिन मैं अपने स्वास्थ्य की वजह से युद्ध, संग्राम, और झमेले से दूर जाना चाहती थी। मैंने मिश्रा जी का फ़ोन उठाना भी बन्द कर दिया था।

धीरे-धीरे मैंने अपने-आपको काम और ध्यान में डुबो दिया था। डूबकर ध्यान और काम, मैं पहले भी करती थी, लेकिन अब मैं भावनात्मक तनाव से भागने के लिए शिद्दत से इसमें गोता लगा रही थी। मेरा योग, ध्यान, और शाम को बगीचे में सैर के लिए जाने का नियम था। सब कर रही थी, बीच-बीच में पुरी साहब के फ़ोन आते जिसे मैं नहीं उठाती थी। मुझे घबराहट होती, न जाने कब क्या कुछ केस का लेटर आ जाए। नन्दिता और पुरी साहब की आपसी लड़ाई थी। वे लड़ते और ईशान की वजह से फिर उनका त्रिशूल आना-जाना रहता। मुझे सिर्फ़ और सिर्फ़ कोर्ट केस और पेपर में उलटी-सीधी बातें झेलना होतीं।

मैं उनसे बहुत पहले से कह रही थी, जिन दिनों आप ऑकलैंड रह जाते हैं, उन दिनों अकेले मत रहा कीजिए देखरेख के लिए किसी लड़के को रख लीजिए। इस पर उनका कहना था कि वे ज़्यादातर समय शूटिंग पर या मेरे घर रहते हैं। तो फिर ऑकलैंड में किसी को रखने का क्या फ़ायदा।

वैसे भी मिश्रा जी सुबह से शाम तक उनके साथ ही होते थे। आगे वे कहते, 'जब तुम रूठ जाती हो तो खाना भी मिश्रा जी बना देते हैं या उनके घर से ले आते हैं इसलिए किसी को रखने की क्या ज़रूरत है।' बात भी वाजिब थी। मैं मान गई।

वे दुनिया के किसी भी कोने में होते दिन में कम-से-कम दस बार फ़ोन करते। मैं अगर ब्यूटी पार्लर में होती तो वहाँ भी कई बार फ़ोन झोंक देते। अगर मैं कहती,

'पुरी साहब मैं फेशियल करवा रही हूँ।' उनका कहना होता, 'ज़रा निलोफर (पार्लर वाली) को फ़ोन देना।' उससे कहते, 'कितनी देर तक तुम लोग इसको खूबसूरत बनाओगी? हमें तो ऐसी ही पसन्द है, जल्दी घर भेजो।' सब उनकी बातों पर हँसतीं। जब बम्बई से बाहर होते तो मुझे पल-पल का ब्योरा उन्हें फ़ोन पर देना पड़ता था। एक बार वे विदेश में थे। मैं घर में अकेली थी। पुरी साहब का फ़ोन आया, इधर-उधर की बातों के बाद पूछा, 'खाना क्या खाया?' मैंने कहा, "दिल नहीं चाह रहा था तो बनवाया नहीं।" उन्होंने यह कहकर फ़ोन काट दिया, 'अभी करता हूँ।' थोड़ी देर में मेरी पसन्द के रेस्टोरेंट से मेरा मनचाहा खाना आ गया, साथ ही उनका फ़ोन भी, बोले, 'खाना कैसा लगा?' मैंने कहा, 'खाना तो ठीक है, पर आपकी यह अदा बहुत भा गई।'

एक दिन लच्छू मामा सुबह सैर को नीचे गए हुए थे। मैं ध्यान कर रही थी तभी दरवाज़े की बेल बजी। मेरा दिल धक से हो गया। बेल बजाने का यह ख़ास ढंग तो पुरी साहब का ही था। मैंने तो उनसे वादा लिया था कि कुछ दिनों के लिए वे मुझे अकेला छोड़ दें।

मैंने दरवाज़ा खोला, पुरी साहब ही थे। वे बोले, 'अन्दर आने की इजाज़त दोगी?' हम आमने-सामने बैठे थे और वे बोलने लगे, 'सीमा मेरी वजह से तुमने बहुत कष्ट झेले हैं। बस मन से मुझसे दूर मत होना, मेरा इन्तज़ार करना। मैं अपनी सारी समस्याएँ बहुत जल्दी सुलझाकर तुम्हारे पास आ रहा हूँ। मुझे मालूम है तुम्हें विश्वास नहीं हो रहा। लेकिन एक आख़िरी बार, तुम्हें मेरा विश्वास करना होगा। हम झालावाड़ में अपने बुढ़ापे के बाक़ी बचे हुए दिन शान्ति से गुज़ारेंगे। बस बात करना मत छोड़ो, और मेरे साथ अमेरिका चलो।' मैंने अमेरिका जाने से साफ़ इनकार कर दिया।

हाँ, उनको यह आश्वासन ज़रूर दिया कि मैं उनसे दूर नहीं जा रही। बस अब आप आएँ तो समस्याएँ साथ न लाएँ और कुछ दिनों के लिए मुझसे बात न करें, मैं कुछ दिन अपने स्पेस में रहना चाहती हूँ।

किसी महान लेखक ने कहा है, आदमी को उदास होने के लिए कुछ ख़ास नहीं करना पड़ता, बस थोड़ी देर खामोश होकर भूली बातों को याद कर ले।

इन्हीं बातों को याद करती हुई मैं 'वाक' कर रही थी। यादों ने उस शाम को कुछ अजीब और उदास बना दिया था। लेकिन मैं अपने निश्चय पर दृढ़ थी। जब तक पुरी साहब मज़बूती से कोई फ़ैसला नहीं लेते तब तक मुझे भी मज़बूत रहना होगा। यह निश्चय हम दोनों के लिए सही रहेगा। उन्हें शराब छोड़नी ही पड़ेगी, मुसीबतें तो हमें छोड़ नहीं रही थीं।

17 दिसम्बर, 2016

पुरी साहब मुझे मनाने के लिए कुछ-न-कुछ नया करते थे। वे शायद शूट पर बम्बई से बाहर थे। उन्होंने मेरी वे तसवीरें जो उन्होंने खिंची थीं, जिनमें मेरे पैर की तसवीर भी थी। उन सब तसवीरों को होटल के कमरे में चारों तरफ़ लटका दिया और एक बड़ी तसवीर ख़ुद पकड़कर फ़ोटो खिंचवाई और मुझे भेज दी। मुझे हँसाने के लिए एक बन्दर का वीडियो भेजा। कुछ भी दिल दुखाने की बात होती, वे शराब में डूबकर सो जाना चाहते। अफ़सोस शराब उन्हें अनिद्रा रोग की गहराइयों में धकेलती जा रही थी।

10 : 36 बजे रात नूरजहाँ की गाई ग़ज़ल का वीडियो भेजा। ग़ज़ल थी—

जो न मिल सके वही बेवफ़ा, ये बड़े अजीब-सी बात है
जो चला गया मुझे छोड़कर वही आज तक मेरे साथ है।

मैंने उसका कोई जवाब नहीं दिया।

19 दिसम्बर, 2016

मेरा एक फ़ोटो मुझे ही भेजा।

23 दिसम्बर, 2016

उनके कई मिस कॉल और एक नूरजहाँ की ग़ज़ल का वीडियो भेजा। ग़ज़ल—

कभी किताबों में फूल रखना कभी दरख़्तों पे नाम लिखना
हमें भी है याद आज तक वो नज़र से हर्फ़-ए-सलाम लिखना।

2 जनवरी, 2017 की रात

10:07 पर पुरी साहब अपने खंडाला वाले बँगले से सड़क के कुत्ते को दूध पिलाते हुए एक वीडियो भेजते हैं।

11:09 रात, एक और वीडियो उसी कुत्ते के साथ जिसमें वीडियो बनाने वाले से कहते हैं, मुझे भी इस वीडियो में शामिल कर लो।

11:12 रात, एक वीडियो। 'दिस इज़ माय प्रेयर टुडे मे द लॉर्ड गाइड एंड पेव योर वे।'

5 जनवरी, 2017 की शाम

शाम साढ़े पाँच बजे के क़रीब मैं अपनी मित्र प्रतिभा जी के साथ रोज़मर्रा की तरह सैर कर रही थी। अचानक मिश्रा जी का फ़ोन आया। दो-तीन बार आने पर भी मैंने नहीं उठाया। मुझे पूरा यक़ीन था कि पुरी साहब ही बात करना चाह रहे होंगे। थोड़ी देर में पुरी साहब का फ़ोन आया। लगातार बजती घंटी सुन, मेरी मित्र ने कहा, 'फ़ोन तो उठा लीजिए।' मैंने फ़ोन उठाया। पुरी साहब बोले, 'आप मिश्रा जी का फ़ोन नहीं उठा रही। वे दुकान ढूँढ़ रहे हैं। मुझे आपके जैसा चिड़ियों का 'फीडर' मँगवाना है। पता बता दीजिए, आपने कहाँ से लिया था।' मैंने उन्हें पता बता दिया। फिर वे बोले, 'मैं मिलना चाहता हूँ। सन्धि कर लें?' मैंने कहा, 'मेरा आपसे कोई युद्ध थोड़ी है कि हम सन्धि करें।' वे बोले, 'मुझे आपसे मिलकर बात करनी है।' मैंने कहा, 'तीन दिन बाद बात करूँगी। वे बोले, 'तीन दिन तो बहुत दूर लग रहे हैं।'

उस शाम यही आख़िरी बात हुई।

6 जनवरी, 2017 की सुबह

सुबह तो रोज़ आती है, उस दिन भी आई थी, लेकिन वह सुबह मेरे जीवन की सबसे स्याह सुबह थी।

कोई छह-साढ़े छह बजे लच्छू मामा रोज़ की तरह घूमने नीचे चले गए थे। मैं ध्यान में बैठने ही वाली थी कि मिश्रा जी मेरे घर आए और बोले, 'साहब दरवाज़ा नहीं खोल रहे, न ही फ़ोन उठा रहे हैं। वीज़ा के लिए एम्बेसी जाना है, आप चाबी दे दीजिए।' पुरी साहब के फ़्लैट की एक चाबी मेरे पास रहती थी।

ऐसा एक-दो बार पहले भी हो चुका था। पुरी साहब जब ऑकलैंड में बेटे ईशान से मिलने के लिए रुकते, उसके जाने के बाद रात ज़्यादा देर हो जाती तो वे वहीं सो जाते थे। नींद न आने के कारण कई बार सुबह तीन-चार बजे वे दोबारा नींद की गोली खा लिया करते और मोबाइल साइलेंट कर देते थे। तब भी चाबी मेरे पास से ही ली जाती थी। इस बार भी कुछ नया नहीं था।

ड्राइवर मिश्रा जी के जाने के काफ़ी देर बाद भी जब उनका फ़ोन नहीं आया, तो मन थोड़ा विचलित था। मैं पुरी साहब की तबीयत के बारे में जानना चाहती थी। मिश्रा जी को फ़ोन करती तो पुरी साहब भी उनसे फ़ोन लेकर मुझसे बात करने लगते, इसलिए असमंजस में थी। फ़ोन करूँ? या न करूँ? कोई आधे घंटे के बाद मैंने मिश्रा जी को फ़ोन किया पूछा, 'पुरी साहब कैसे हैं?' वे घबराई, बदहवास आवाज़ में बोले, 'वे तो गए दीदी...वे चले गए। उनके हाथ-पाँव ठंडे हो गए हैं, किचन में निर्वस्त्र पड़े हैं, मैंने नन्दिता को फ़ोन कर दिया है।'

मैं बिस्तर पर गिरी और शायद कुछ लम्हों के लिए सो गई, कुछ मिनट के बाद जैसे होश आया मैंने डॉक्टर अवस्थी को फ़ोन किया। वे पुरी साहब के दोस्त थे। वे बोले, 'ऐसा कुछ नहीं, शुगर कम हो गई होगी। एम्बुलेंस भेज दो।' मैंने हड़बड़ी में दो एम्बुलेंस भेज दी।

मुझे उस वक़्त कुछ नहीं सूझ रहा था। मैं अन्नू भैया को फ़ोन लगा रही थी, लग नहीं रहा था। (बाद में पता चला वे फ़्लाइट में थे।) मेरे पास कोई भी नहीं था। सबसे पास प्रतिभा जी रहती थीं। उन्हें भी आने में कम-से-कम दस-पन्द्रह मिनट तो लगते। मैं निस्तेज पड़ी थी। मुझे लग रहा था, शायद मौत के समय ऐसा ही होता है।

मौत मेरे सामने थी। मेरा दिल बैठ गया था। उठकर दरवाज़ा खोलने की भी स्थिति नहीं थी, इसलिए फ़ोन करते हुए मैंने दरवाज़ा खुला छोड़ दिया था। ख़बर मिलते ही छठी मंज़िल पर रहने वाले लेखक मुनीर साहब अपनी बहन के साथ मेरे पास आए। दोनों मुझे सहारा देकर ऑकलैंड ले जा रहे थे। बिल्डिंग के ही कुछ और लोग आ गए। उन्होंने बताया कि नन्दिता पुरी साहब को पोस्टमॉर्टेम के लिए कूपर अस्पताल ले गई हैं।

प्रेम और मृत्यु के वे पल मुझसे सँभाले नहीं जा रहे थे। मैं फिर से वही दो साल की नन्ही गुड्डो बनकर मौसी को देख रही थी, जड़ होकर। मेरे जीवन की पहली याद—प्रेम के और मृत्यु के पल से शुरू हुई और...

मेरा घर लोगों से भर गया था। अन्नू भैया का अहमदाबाद से फ़ोन आ गया था। तभी अभिनेत्री शबाना आज़मी का मुझे फ़ोन आया वे बोलीं, 'सीमा अभी तक आपने बहुत 'ग्रेस' के साथ स्थितियों को सँभाला है, मैं चाहती हूँ आप अब भी अपने को सँभालें।' मैंने कहा, 'मुझे दर्शन करना है।' वे बोलीं, 'मैं आपको समय पर ख़ुद लेकर चलूँगी, बस इन्तज़ार कीजिए।'

अब इन्तज़ार के अलावा और रखा क्या था?

कूपर अस्पताल से निकलने के बाद पुरी साहब को त्रिशूल ले जाया गया। शाम को शबाना जी का फ़ोन आया, वे मुझे लेकर पुरी साहब के पास गईं, श्मशान घाट।

विद्युत शव-दाह गृह भीड़ से भरा था।

अनिद्रा का रोगी भीड़ में निश्चिन्त सो रहा था। चारों तरफ़ लोग बिखरे हुए इधर-से-उधर सन्नाटे में आ-जा रहे थे। अब तो उनका बेटा, जिसके लिए वे तड़पते थे पास ही खड़ा था, फिर भी वे आँखें नहीं खोल रहे थे। मैं उनके पास बैठ गई, उनके माथे पर हाथ फेरने लगी। वे कहा करते थे, 'तुम सिर पर हाथ रखती हो तो मुझे बहुत सुकून मिलता है।'

मैं उन्हें देख रही थी। मैंने पहले भी उन्हें सोते देखा था। तब चेहरे पर तनाव होता था। तनाव नहीं था। यह कैसी नींद थी पुरी साहब? जिसने इतनी भीड़ इकट्ठा

कर ली थी। भीड़ में सभी तो थे, जिनसे आपको शिकायतें थीं। ज़रूरत पड़ने पर जब आपके पास कोई नहीं आया था। अब तो सब लोग आ गए थे। दोस्त थे, प्रशंसक थे, सब ही तो थे।

भीड़ से घिरे होने पर भी वे निर्विकार भाव से शान्त चित्त सो रहे थे। अब उन्हें कोई नहीं सताएगा।

अहो! आश्चर्य। यह लोग तब कहाँ थे, जब वे नितान्त अकेले हो गए थे। जब अपमान और पीड़ा में जल रहे थे। तब इनमें से एक भी नज़र नहीं आया था। अब उनके जाने के बाद उनके नाम की नींव धरी जाएगी। उनकी फ़िल्मों की चर्चा होंगी। फ़ेस बुक भर जाएगा। श्रद्धांजलि देने वालों का ताँता लग जाएगा। उनके लिए बड़े-बड़े लेख लिखे जाएँगे, लेकिन अफ़सोस वे इसे देख नहीं पाएँगे। क्योंकि वे सो रहे थे। अब वे किसी से न डरेंगे, न किसी का लिहाज़ करेंगे।

अब न उन्हें बीमार पड़ने का डर होगा और न ही बुढ़ापे में किसी की सेवा न मिल पाने का खौफ़। अब तो वे चिर काल तक मौन रहेंगे...

शबाना जी मेरे साथ खड़ी थीं, उन्होंने धीरे से पूछा, 'यहाँ रहना है, या...?' मैं उठ गई, वे मेरा हाथ पकड़कर मुझे कार तक लाईं।

पुरी साहब की ख़बर से फ़रहत भाई-भाभी हिल गए थे। वे शाम की ट्रेन से आ रहे थे। लेकिन उसी दिन फ़रहत भाई की तबीयत ख़राब हुई। वे अस्पताल में भर्ती हुए और कोमा में चले गए। पुरी साहब के जाने के बाद अठारह दिन तक कोमा में रहने के बाद 24 जनवरी को फ़रहत भाई भी नहीं रहे। वे भी पुरी साहब के पास चले गए थे। मेरी ज़िन्दगी का आख़िरी स्तम्भ भी ढह गया।

पुरी साहब मौत से डरते थे। ख़ासकर अपाहिज मौत उन्हें डराती थी। इसलिए कभी कहते, 'मैं मरना नहीं चाहता, यहाँ से चलते हैं। झालावाड़ जाकर खेती करेंगे। वहाँ सब अपने हैं। छोटी जगह है, कम में गुज़ारा हो जाएगा, वहाँ ख़ुश रहेंगे। मैंने सब लोगों को आर्थिक रूप से सक्षम कर दिया है, 15 जनवरी को 'जुडिशियल-सेपरेशन' का एक साल ख़त्म होते ही मैं कोर्ट में अर्ज़ी डाल दूँगा तो तलाक़ हो जाएगा। इस कोर्ट-कचहरी से निजात पाकर हम आराम से झालावाड़ में बाक़ी की ज़िन्दगी गुजारेंगे।'

कहाँ निभाया पुरी साहब ने अपना वादा? हमेशा यही करते रहे, वादा करते। फिर तोड़ते। और अब जाते-जाते भी वादाख़िलाफ़ी कर गए। वे बड़े माहिर थे ज़बान से मुकर जाने में।

ऐसा कैसे कर सके? शाम को ही तो मेरी बात हुई थी, तीन दिन बाद मिल ही रहे थे। वे अचानक दरवाज़े पर आकर मुझे चौंका दिया करते थे। मेरे डर जाने पर ख़ूब हँसते और मेरी खिसियाहट और चिड़चिड़ापन देखकर मज़े लेते।

आज भी कभी-कभी लगता है वे किसी दिन आकर मुझे चौंका देंगे। 45 साल

से यही तो कर रहे थे, अपनी अजीबोग़रीब हरकतों से मुझे चौंकाने का काम।

कुछ वे चौंकाते और कुछ...। जाते-जाते भी चौंका गए। मैं इस चौंकने से अब ज़िन्दगी भर उबर नहीं पाऊँगी।

ज़िन्दगी ने भी मुझे चौंकाने का ठेका ले रखा है और वह अपना कर्तव्य बख़ूबी निभा रही है।

सुना है, जाने से एक रात पहले, पुरी साहब सुबह से ही दिन भर शराब पीते रहे थे। उनसे मिलने एक प्रोड्यूसर आया हुआ था। शाम को पुरी साहब उसे लेकर अपने एक पारिवारिक मित्र के घर गए थे। उस मित्र के घर शायद जन्मदिन का उत्सव मनाया जा रहा था। पुरी साहब का बेटा और नन्दिता वहाँ पर थे। पुरी साहब बेटे से मिलना चाह रहे थे और मिल नहीं पाने पर ग़ुस्से से वे उस प्रोड्यूसर के साथ त्रिशूल अपने पुराने घर चले गए। वहाँ से उन्होंने ईशान से मिलने के लिए बहुत फ़ोन किये। ग़ुस्सा, क्षोभ और खिन्नता लिये वे रात को ऑकलैंड वाले घर आए। ड्राइवर मिश्रा जी को उन्होंने रात आठ बजे छोड़ दिया था, क्योंकि सुबह उन्हें सात बजे वीजा के लिए एम्बेसी निकलना था। पुरी साहब ऑकलैंड में आते ही वे फिर से शराब पी रहे थे। पुरी साहब के फ़ोन पर किसी का बार-बार फ़ोन आ रहा था जिसे ग़ुस्से में भरे पुरी साहब देखकर भी फ़ोन नहीं उठा रहे थे।

ग्यारह-साढ़े ग्यारह के क़रीब वे प्रोड्यूसर पुरी साहब को ऑकलैंड छोड़कर चले गए थे।

फिर कौन आया? कौन गया? किसी को कुछ नहीं पता। लोग बता रहे थे, पुरी साहब दीवार से टिके पैर फैलाए नग्न अवस्था में रसोई में मिले थे। यह भी सुना है कि उनके सिर के पिछले हिस्से में चोट के कारण गड्ढा पड़ गया था। उनकी मृत्यु का कारण क्या था? चोट? या 'हार्ट अटैक'? उनका टेस्ट तो कुछ महीने पहले ही हुआ था। उनका दिल स्वस्थ था, फिर उस रात क्या हुआ? मैं जानना चाहती हूँ।

बस यही सब सोचती रहती थी कि अचानक मुझे याद आया, उनके फ़ोन में रिकॉर्डर था। मुझसे ही वे ग़ैर-ज़रूरी रिकॉर्डिंग डिलीट करवाते थे। मेरे पूछने पर कहते, 'सब बातें रिकॉर्ड हों तो अच्छा है न, कोर्ट केस चल रहा है, ज़रूरत पड़ेगी।' फिर हँस देते।

एक तरफ़ इतनी सावधानी और दूसरी तरफ़ इतनी लापरवाही करते कि कहीं भी फ़ोन रखकर भूल जाते, तो कहीं भी छोड़कर सो जाते। कोई भी उनका फ़ोन इस्तेमाल कर सकता था। सोचती हूँ अगर आख़िरी दिन की रिकॉर्डिंग कहीं से मिल जाती तो कम-से-कम यह तो पता चलता कि उस दिन किससे क्या-क्या बातें हुई थीं? उनके वे शब्द मुझे आज भी याद हैं, 'सन्धि कर लें?'

कभी-कभी मन में एक आवाज़ गूँजती है। पुरी साहब को हुआ क्या था? वे कैसे चले गए? क्या सच में यह मृत्यु थी? शायद कभी इन सवालों के ईश्वर जवाब

दें, उसी इन्तज़ार में हूँ। मृत्यु एक रहस्य है, उनकी मृत्यु और भी बड़ा रहस्य!

मैं अपने जीवन के ख़त्म होने से पहले मृत्यु के रहस्य को जानना चाहती हूँ। शायद उनकी मृत्यु का रहस्य भी मैं जान सकूँ। कहीं कोई सुराग मिले तो दिल को सुकून आए।

मेरे पास सवाल ही सवाल हैं। किसे लाभ हुआ उस जैसे निरीह व्यक्ति को मारकर? उनकी किसने हत्या की? किसी व्यक्ति ने? परिस्थितियों ने या...दिये गए तनाव ने? मुझे याद हैं वे पंक्तियाँ—

बन्द कमरे में चिड़िया
रास्ते बन्द कर दो तमाम खिड़कियाँ और रौशनदान
अपने-आप हाँफ के गिर जाएगी।

जाने से पहले, वे चिड़ियों को दाना खिलाना चाहते थे। 'चिड़ियाँ' मुक्ति की प्रतीक होती हैं, अब समझ आया वे क्या चाहते थे...

मुझे याद है...वे मुझसे पंजाबी भाषा के कवि 'शिव बटालवी' की नज़्म सुना करते थे,

माय नी माई मैं इक शिकरा यार बनाया...।
चूरी कुटा तो वो खांदा नहीं, असां दिल दा मांस खवाया,
एक उराडी ऐसी मारी, मुड़ वतनी न आया!

मुझे पता है 'शिकरा' पंछी को दोस्त नहीं बनाया जा सकता। लेकिन क्या करूँ मैंने उसी पंछी को प्यार किया जिसे बाँधा नहीं जा सकता, जो खुले आसमान में पंख फैलाकर उड़ने के लिए पैदा हुआ था। मुझे ये भी मालूम है, वे खुले आसमान में पंख फैलाए खेतों, खलिहानों, नदी, सागर और पर्वतों पर अपनी मर्ज़ी से, बिना डरे विचर रहे होंगे...। लेकिन उम्मीद है, मेरा 'शिकरा' पंछी वतन को एक बार तो आएगा, ज़रूर आएगा ही!

पहली बार ऐसा हुआ था कि मेरे सपने ने मुझे, न तो पुरी साहब और न ही फ़रहत भाई के जाने का कोई संकेत दिया। इस बार मेरे सपने भी फ़ेल हो गए...

पुरी साहब के जाते ही कुछ महीनों बाद उनके बेटे ने मुझ पर एक केस किया, उसमें दावा था कि मैंने लाखों रुपये पुरी साहब से लिये हैं। वे मैं लौटा दूँ, साथ उन्हें मैंने यातना दी है उसकी भरपाई करूँ। मैं फिर कोर्ट में थी, केस मेरे वकील संदीप मनुबारवाला लड़ रहे थे।

यूँ भी उनको चैन नहीं था, यूँ भी उनको चैन नहीं
दीवारों से झाँक रहे हैं दीवारें उठवा कर लोग।

कुछ महीनों बाद पुरी साहब के बेटे के वकील का लेटर आया, सुलह करने की सलाह के साथ। सुलह? इस बार अन्नू भैया, मेरे वकील, और मेरी दोस्त प्रतिभा जी सब अड़ गए, लड़ना ही है।

कुछ सालों में उन लोगों की रुचि केस में नहीं रह गई, नन्दिता और ईशान के वकील कोर्ट में आते नहीं थे, मानहानि का दावा 9 साल चलने के बाद, न्यायाधीश ने 2021 में रद्द कर दिया। मुझे एक सवाल पूछना है, इन 9 सालों में मेरा चैन छीनकर, मेरा पैसा बर्बाद कर, न्यायालय और मेरा समय नष्ट करके क्या मानहानि सम्मान में बदल गई? या आपकी उत्सुकता और ख़ुशी मुझे और पुरी साहब को तनाव देने में ही थी।

वही हाल उनके बेटे के केस का हुआ, वकील आए नहीं, 7 साल के बाद वह केस भी न्यायाधीश ने 2024 में रद्द कर दिया।

उपसंहार ही कहना होगा

साल बीते, कम्पनी के मज़दूर हमारे जीवन के अभिन्न अंग लच्छू मामा अब अस्पताल और घर की यात्रा पर थे। नब्बे साल का शरीर जर्जर हो गया था। उन्हें कैंसर था और वे इस क़ाबिल नहीं थे कि उनका ऑपरेशन हो सके। मैं उन्हें कुछ दिन के लिए झालावाड़ में नोनी और एक देखरेख वाले के भरोसे छोड़कर बम्बई शूटिंग कर रही थी। उनसे वीडियो कॉल पर बात करवाई 5 जनवरी, 2024 को। मुझसे मामा बोले, 'बेटा बहुत दर्द है, इलाज से कुछ भी ठीक नहीं हो रहा।' मैंने दुखी होकर कहा, 'मामा अब रुको मत, तुम जाओ, मुझसे तुम्हारा दर्द नहीं देखा जाता।' मामा ने कहा, 'अच्छा बेटा।' 6 जनवरी, 2024 की सुबह मैं शूटिंग कर रही थी, बाई का झालावाड़ से फ़ोन था, मामा चले गए थे। क्या वे मेरी इजाज़त का इन्तज़ार कर रहे थे? उन्होंने भी पुरी साहब की तरह 6 जनवरी का दिन ही चुना था।

अब समझ में आया, प्रेम नहीं मृत्यु मेरे साथ खेल खेलती है।

मैंने अब हर दिन, एक नया दिन बना लिया है। ख़ूब जी-भरकर जीने लगी हूँ। बिछड़े लोगों ने सिखा दिया है, कृष्ण की तरह जीवन को उत्सव बना लेने का गुर।

मैं लेकर बैठ गई फ़ेहरिस्त, उन लोगों की जो पीछे कहीं पन्नों पर आ न सके थे। मेरे जीवन में जिन-जिन लोगों का योगदान रहा। मेरे पास उनको देने के लिए दो ही शब्द हैं। एक, 'धन्यवाद' और दूसरा, 'सॉरी'।

ज़िन्दगी हज़ारों-करोड़ों लोगों के सहयोग से बनती है। मैं भी अपवाद नहीं थी। कभी जब चलते-चलते ठोकर खाकर गिरी और किसी रास्ता चलते अजनबी मुसाफ़िर ने हाथ पकड़कर उठा दिया। वह कौन था? किस ज़ात, किस बिरादरी, किस प्रदेश का था...पता नहीं कहाँ से आया...किधर गया वह...पता नहीं! लेकिन चाहे एक

पल को ही सही, मुझे सहारा दे गया। उसका 'धन्यवाद'। या कभी यूँ ही जीवन की भीड़ में चलते-चलते अनजाने में मेरे पैर से कोई कुचल गया...नज़र भी न आया...सिर्फ़ उसकी एक दर्द भरी सिसकी सुनाई दी...उस मुसाफ़िर के लिए, 'सॉरी।'

मैं फिर से अपने पाषाण युग में आ गई हूँ, लेकिन एक नयापन लेकर! मेरे साथी हैं, पंछी...। पेड़...। नदी...। तालाब और मेरा लौट आया बचपन! अब इस बचपन के साथ ही गंतव्य तक जाना होगा, जिसका 'पाथेय' मैं इकट्ठा कर चुकी हूँ। अपनी कथा लिखी क्योंकि...।

पुनश्चः

वय बढ़ती है। आयु का क्षय होता है। वय के बढ़ने के साथ बढ़ती है समझ, ज़िन्दगी को थोड़ा और जी लेने की इच्छा। कई मौसम बीत गए और कितने बाक़ी हैं नहीं पता...पीछे मुड़ती हूँ तो नन्ही गुड्डो बस्ता लटकाए खेतों से गुज़रती नज़र आती है। बाबूजी टूटी डंडी का चश्मा आँखों पर चढ़ाए उर्दू की पत्रिका से हमें कहानी सुनाते हैं। सारे बहन-भाई दस्तरख़्वान पर बैठ, माँ के हाथ का पका दाल-चावल खा रहे होते हैं। ये दृश्य और ये पल अभी, बस अभी के तो थे। बिलकुल क़रीब। बस एक हाथ की दूरी पर, ज़रा-सा हाथ बढ़ाओ और उन्हें छू लो, लेकिन मैं धरातल पर आ जाती हूँ। यह पल अब बहुत दूर जाकर अनगिनत साल बन गए हैं। बीत चुके हैं, रिक्त हैं...आने वाले साल दूर...बहुत दूर, नज़र आते हैं, लेकिन वे भी बीते सालों की तरह यूँ ही चुटकियों में बीत जाएँगे। इसलिए...।

यूँ गुज़री है अब तलक।

साथ जुड़ें साथ पढ़ें